惊涛1911

邓晨曦>著

海风出版社
HAIFENG PUBLISHING HOUSE

主要人物表

福州陈氏海军世家

陈定剑——陈世恩的次子，同盟会会员，英国格林尼茨皇家海军学院毕业生，大清海军巡洋舰队、长江舰队统制萨镇冰的副官，后为穹甲巡洋舰“海星”号管带。

陈定书——陈世恩的长子，实为贝勒代春与任文娟的私生子，旗人，大清海军长江舰队“江天”号炮舰管带，后投靠袁世凯，成为袁世凯的丫姑爷，为北洋军舰队统领。

陈定棋——陈世恩的三子，美国西点军校毕业生，大清海军陆战队第一营管带。

陈定琴——陈世恩的幼女，同情革命党。

陈世恩——大清海军巡洋舰队统领，后为革命军海军临时总司令。

任文娟——汉军八旗人，原名春喜，贝勒代春的情人，后为陈世恩妻。

顾玉秀——光复会烈士吴天宝未婚妻，上海夷场名妓，苦恋陈定剑，后沦为张勋小妾。

郑安芳——同盟会联络员，上海圣约翰大学学生，买办郑汝才之女，挚爱陈定剑。

李沪生——同盟会会员，上海圣约翰大学学生，暗恋郑安芳。

郑汝才——陈世恩世谊，买办，实为袁世凯的眼线。

周友三——陈定剑的挚友，轮船招商局高级职员，实为清朝军谘府秘使，陈定琴未婚夫。

五爷——上海光复会龙头大哥。

乌鬼——菲律宾人，前华尔洋枪队队员，枪贩。

林水官——陈世恩旧部属，福州肉燕店老板。

林守武——林水官长子，光复会会员，“海星”号穹甲巡洋舰枪炮副军士长。

林守江——林水官次子，海军陆战队士兵，革命党。

林小妹——林水官幼女。

阿金——鸨母。

安娜——教会医院护士，陈定棋未婚妻。

乔治——安娜父，教会医院美国医生。

任细俤——任文娟堂哥，水师炮台弁目。

任春香——任文娟的贴身丫环。

秋菊——袁世凯的丫环，实为清朝军谘府的密探，后嫁陈定书。

皇族海军代春世家

仪凤——格格，从小在德国长大，大清海军巡洋舰队、长江舰队统制部通译，挚恋陈定剑，后奉旨与铁祥议婚。

代春——大清贝勒，后为郡王，天津水师学堂毕业生，筹办海军副大臣。

铁祥——皇族，穹甲巡洋舰“海星”号管带，仪凤未婚夫。

康禄——皇族，铁祥之父，筹办海军帮办大臣，代春姻亲，政敌。

纳兰——代春的夫人，康禄的表妹。

婉容——康禄的夫人。

荣宝——康禄胞弟，广州绿营总兵，革命党死敌。

历史人物

萨镇冰——大清海军巡洋舰队、长江舰队统制，后为海军提督。

隆裕太后——光绪皇帝的皇后。

载洵——贝勒，筹办海军大臣，载沣六弟。

载涛——贝勒，清朝军谘府大臣，载沣七弟。

张勋——江南提督，后任江苏巡抚兼署两江总督，革命党死敌。

小德张——太监总管。

袁世凯——前北洋大臣，后为总统，复辟称帝。

林觉民——同盟会会员，黄花岗七十二烈士之一。

林尹民——林觉民族弟，黄花岗七十二烈士之一。

陈更新——革命党，黄花岗七十二烈士之一。

李準——广州水师提督，革命党死敌。

孙中山——中华民国临时大总统。

载沣——第二代醇亲王，皇族内阁摄政王，老醇亲王奕劻第五子。

溥仪——载沣之子，宣统皇帝。

黎元洪——湖北军政府都督、中华民国副总统。

黄兴——同盟会统筹部部长。

荫昌——清陆军大臣。

张人骏——清两江总督。

严复——大清海军协都统。

陈意映——林觉民妻，烈女。

第一章

1

一九〇九年夏末的一天傍晚，德国汉莎公司的“威廉王子”号轮船辗转穿过浩瀚的太平洋，船体裹着逐渐加厚的海垢，风尘仆仆地驶进了上海吴淞口外的广袤水域。混浊的东海海水编着一层层暗黄的涟漪，似乎在织着一件肮脏的皇帝龙袍，等待着赫然到来的轮船将它剪成碎片。从天边吹来的乌云，一块一块地聚集着，低低地压在海面上，好像在纠合力量，酝酿暴雨，然后再寻觅机会，向貌似无垠的大海发起攻击。

年轻的大清海军军官陈定剑倚靠在前甲板的右舷栏杆上眺望着远方的水平线，已经有一群海鸥的身影跟豆点一样在上下翻飞，预告着他所久久期待的上海吴淞口的灯塔尖顶即将出现，也预告着由同盟会下达的让他赴死的任务即将降临。两年前，由大清海军统制萨镇冰经与英国海军联系，派福州马尾海军学校毕业的统制部英文秘书陈定剑等八名海军军官赴香港，由香港登上英国远东（东方）舰队的“阿尔佛莱君”号巡洋舰学习数学、天文、驾驶、枪炮、鱼雷、信号、电讯、轮机及分队作战部署等课程。嗣后，陈定剑等人再被送进英国格林尼茨皇家海军学院深造，终以优异的成绩毕业。萨镇冰治军赏罚分明，接到格林尼茨皇家海军学院的嘉奖令后，即向朝廷申请奖掖，将陈定剑等八名学员由原来的正军校等级（相当上尉）擢升协参领(相当于少校)。一九〇四年大清海军已经制定三等九级军衔制，拟定海军军衔在正都统（相当于上将）、副都统（相当于中将）、协都统（相当于少将）、正参领（相当于上校）、副参领(相当于中校)、协参领（相当于少校）、正军校（相当于上尉）、副军校（相当于中尉）、协军校（相当于少尉）前，皆冠以“海军”字样，以示区别而委以重任。陈定剑等人被如此破格晋升，显示了自中日甲午战败后，大清重建海军由萨镇冰主政大清海军以来的知人善用的作风。恰好，筹办海军副大臣、贝勒代春领衔率团赴意大利、奥匈帝国、英国和德国考察各国海军，萨镇冰即令陈定剑等人随团回国。登船之前，陈定剑接到将在“威廉王子”号到达上海吴淞口的时候获得密令的通知，他一直期待着这一场暴风骤雨的到来。

这时候，海面上越聚越多的乌云如同舰队逐浪行驶，逶迤前驱，好像充满了无限的生命力，不一会儿占据了整个海面，将海水染成了铅灰色。接踵着，雷声响起了，电光在云层中掠过，乌云闪烁着耀眼的光芒，向大海宣示它亘古长存的威力。

但是暴雨暂时还下不来。陈定剑的脑海里掠过一个航海人准确的判断。

一个穿着海员制服的华人电报生沿着长长的甲板向他走来。电报生的头上没有辫子，理成五分头。他走到陈定剑面前，也没有将拿在手中的瓜皮帽子戴上，帽子后端还连接着一条编好的假辫子。陈定剑知道，电报生跟许多生活在海外的华人一样，回国就戴假辫子，出洋就光着脑袋，华侨戏称“出将入相”。

电报生鞠了个躬，用带着吴侬软语腔调的英语搭讪：“先生，这场雨还下不来。”

陈定剑用行家的口吻回答道：“再拖也拖不了多久了。”

电报生又说：“快到吴淞口了，顶多还有几个字的功夫。”字，指刚刚从西洋传进中国的时钟上的罗马字，一个字五分钟。电报生毕竟出海过洋，见多识广，说得精准。

陈定剑露出了期盼的微笑，说：“终于到家了。”

“祝您走运。”电报生从他的身边擦过，留下一句弦外有音的祝福。他敏感地觉得有一团纸塞进了他的手心，他立刻攥紧了拳头。

陈定剑警觉地四下看看，甲板上阒无一人，才悄悄地展开纸团，终于看见一行让他意想不到的命令：务必在上海码头上刺杀代春，等船到吴淞口码头，自有人送炸弹。

陈定剑本能地将字条塞进嘴里，嚼烂咽下。吴淞口灯塔的尖顶早已从海面的水平线上升上来了，然而陈定剑却视而不见。他的心，乱了。

筹办海军副大臣代春，不仅是陈定剑家的恩人，而且陈定剑在登上“威廉王子”号之后，邂逅了代春的女儿仪凤格格，并情不自禁地陷入了感情的泥淖。

当时有两个日本商人在甲板上缠住了散步的仪凤，蛮横地强迫她将他俩引见给筹办海军副大臣代春。代春领旨采购大宗军火镇压各地起义的革命党，引起日本军火商的垂涎，要求代春购买日本的军火，企图从德国军火商手中分一杯羹。仪凤因为甲午海战北洋海军覆没之痛，对日本素无好感，冷冷地拒绝了。两个日本商人不肯罢休，死缠烂打，不达目的不甘心。恰巧，陈定剑经过，路见不平，上前解围，说：“二位先生如果还是绅士的话，请休对小姐无礼！”

一个日本商人一见陈定剑是个大清海军，讥讽地说：“清国海军是我大日本帝国海军联合舰队的手下败将，有什么资格敢跟我说话？”

陈定剑毫不退却地说：“这里是公海，我们乘坐的是德国的轮船，也就是站在德国的土地上，按德国的习惯，为了这位小姐的安危，我可以跟你决斗，否则请你走开！”

那个日本商人气馁了，不由得往后缩。另一个日本商人狡诈地辩解道：“我们是帝国商人，要跟小姐谈军火生意，你无权干涉。”

仪凤解释道：“我早说过，筹办海军副大臣是不会购买贵国的军火的，请你们离开！”

那个日本商人涎着脸说：“通译小姐，帝国销售军火给清国，只会有利清国。”

陈定剑驳斥道：“据我所知，你们日本人出售军火给盘踞在澳门的海盗，被大清广东水师扣住偷运军火的轮船，日本海军还想用武力威吓广东水师放船，结果引起香港和广州商会联合抵制日本轮船运输。请问，你们的军火，究竟是有利大清还是祸害大清，不是一清二楚了吗？”

两个日本商人自讨没趣，悻悻地溜走了。

“多谢先生出手相救。我叫仪凤，考察团的通译，筹办海军副大臣是家父。请问高姓大名?”仪凤对有胆有识的陈定剑有了几分好感，不顾少女的矜持，自报了家门，想抛砖引玉。

陈定剑一听是个格格，又是父亲顶头上司的千金，不敢孟浪，谦恭地回答：“我叫陈定剑，是随考察团回国述职的留学生。刚才相助，只是区区小事，何足挂齿？打扰格格雅兴，恕我先告辞了。”

“你就不怕我再遇上两个登徒子？不陪陪我散步?”仪凤不愿意就此停下刚刚被掀起的感情波澜，想找个借口挽留住陈定剑。

“当格格需要我帮助的时候，我自然会出现。”陈定剑辞色庄重，不亢不卑地说完后，辞行甚恭地走了。把个仪凤杵在习习的海风中，任凭海风吹，也吹不灭心盆中蹿起的炽热的火苗。半晌，仪凤才记起一句话，冲着他英挺的背影喊：“喂，当兵的，晚上有舞会，你一定来参加……”

但是当天晚上，陈定剑没有贸然到筹办海军副大臣代春下榻的一等舱客厅参加舞会。眼睛都望穿了的仪凤以为住在三等舱的陈定剑不敢僭越礼节才不来的，心中越来越喜欢他了。其实身为革命党的陈定剑不想日后连累贵为格格的仪凤，才想掐断心田中萌生的情愫。

陈定剑正想到这儿，看见刚才那个送信的电报生又神秘地出现了。电报生低声地告诉他：“船靠上吴淞口码头了，你跟我来，送炸弹的人来了。”

2

庞大的“威廉王子”号缓缓地靠上码头，下锚的铰链声嘎嘎地作响，似乎是轮船远足后宣泄疲劳的喘息。舷梯很快伸到码头上，立刻有一群荷枪实弹的水师士兵包围了码头，驱散等候觅活的苦力，扼守住轮船的唯一通道。

陈定剑装作悠闲地倚靠在船边栏杆上，看着电报生走下舷梯。几乎与此同时，码头上有一个挽着花篮的卖花女挤到水师士兵的警戒线旁边向着电报生挥手。电报生看见了，上前向水师哨官打招呼通融：“军爷，洋船的船长要买花办舞会，请让卖花的上船。”

哨官打量着身穿船员制服的电报生，诧异地问：“什么叫舞会？”

“噢，是洋人办的堂会。”电报生发现无法跟哨官解释，就撒了个谎。

“上去吧！”哨官神气地挥挥手，放过卖花女，让她跟着电报生上了舷梯。

陈定剑还在逡巡不决，那个卖花女已经好似一面艳帜在他眼前高张，把他迷茫的思绪集中起来。电报生努努嘴示意接头后早已经离去了，留下卖花女揣摩他的神色，试探地说：“我叫郑安芳，上海圣约翰大学的学生，也是同盟会在上海的联络员。你不必自报家门，上船前我就知道了。顺便告诉你，我还是你的同乡，我老家住在福州城内黄巷，所以他们才特地派我同你接头。”郑安芳生在上海的大买办家，尽管乔装成卖花女，说话口气中时不时透出大小姐的任性。

陈定剑没想到郑安芳竟是自己的同乡，猛然间想到父亲曾经提过一位郑姓乡谊是上海的大买办，就问：“莫非大买办郑汝才世伯是你的父亲？”

郑安芳欣喜地说：“正是家父。他说过与令尊是世交哩！”

陈定剑说：“那就好，咱们是革命同志加乡亲，稀饭加米汤，亲（清）上加亲（清）。”

郑安芳反而口气变严肃了，问道：“革命归革命，乡亲归乡亲，不要混为一谈。我听说令尊大人要从上海赶来护驾了，你不会打消行动的念头吧？”

陈定剑注视着她光彩照人的脸，蓝靛粗衣掩盖不住透出的一片上海夷场的浮华风气，心想，那个哨官真瞎了眼，怎么就轻易放过了这位乔装的女革命党？就反问道：“好大的口气，你不过是个跑腿的，凭什么责问我？”

郑安芳毫不怯懦地瞪他一眼，说：“且不说革命党人不分高低尊卑，换了我有你这样的条件，还轮不到你上阵杀敌！”

陈定剑听了不敢小觑这个倒有军人尚武精神的奇女子，问道：“你知道花篮里藏的是什么样的炸弹？”

郑安芳左顾右盼，见四周无人，才说：“你是门缝里看人，把人看扁了。告诉你吧，是撞针式炸弹，是我安装的。”她挽的是一篮荷花，白色，鲜艳，花苞宛如她的胸脯，挺得鼓鼓，诱人欲吮。

陈定剑一听，才改口说出蕴借曲折的钦佩话：“真是巾帼不让须眉，佩服，佩服。”

陈定剑心想，不能在她的芳名前折膝？就故作挟嫌地又问道：“我虽然久居海外，但是深知革命与暗杀二者相辅而行的道理，为什么小姐单单对暗杀拼命主义如此执迷？”

郑安芳用家乡话福州方言开导他："自广州起义失败以来，革命同志牺牲太多了，只有擒贼擒王，收效才快。从史坚如，吴樾到徐锡麟都是前赴后继的。"史坚如是第一个刺杀两广总督德寿的先行者；吴樾主张革命必须暗杀，谋炸清廷五大臣专车未遂后殉难；徐锡麟行刺安徽巡抚恩铭，遭到残酷地斩首挖心。郑安芳引用革命先烈的事迹企图磨洗他的杌陧心志。

陈定剑听了她矢志忠贞的解说，有意盘桓，说："革命是何等事业，岂能靠刺杀一二宵小就幻想唾手而得?"

郑安芳不由得生气了，说："你知道徐锡麟被捕受审的时候，狗官问他，'恩铭是你的恩师，你为什么毫无心肝行刺他?'徐锡麟严正回答道：'恩铭对我的确好，但那是私惠。而我杀他，是为天下的公愤。'你与徐锡麟相比，简直是霄壤之别！你有顾虑，我自己去!"说完后，挽着花篮转身走了。

陈定剑连忙叫住她："告诉你吧，家父的选择，与我无关。我以身许国，早就视死如归！皇天后土，实所共鉴!"

郑安芳转身，脸上有了几分喜色，说："算我没有看错你。这一篮花就交给你了。"

陈定剑接过花篮，知道炸弹就藏在篮中，说："你等等，我去写一封信交给你。"转身匆匆地走了。

郑安芳故意大声地说："大人，这篮花一共是五个铜板!"然后理理被海风吹乱了的鬓丝，看见了从轮船的塔吊吊上码头的货箱。货箱上打着德国克虏伯兵工厂的火烙字体，一箱箱堆满码头，再由中国苦力抬走。郑安芳知道，这都是筹办海军副大臣代春从德国买回来镇压革命党的军火，不由得从心中蹿起怒火。

不知什么时候，陈定剑已经返回到她身边，发现了她思想升到了哪个沸点，就问道："你看见了这些杀人的武器，很愤怒是吗?"

"我恨不得替你去杀了代春这个老贼!"郑安芳的脸庞在暮色中变得模糊了，但是两只杏眼仍然闪烁着明亮的怒光。

"让我来替你施行大义。"陈定剑将一封信交给她，郑重地说，"这是我的遗书，请替我保管。如果我到九泉之下去拜会前辈徐锡麟，请你将它交到《上海新报》发表。我自感浅陋，无有谭嗣同的豪言，更无秋瑾的壮怀，只是在遗书中声明此举与家人无涉，唯我一意孤行而已!"

郑安芳听了大为动容，说："你我虽然初次相见，但是你的不渝忠贞，让我别具肝肠。如果你追随先烈而去，我生不能以身相许，当为你年年祭墓，终身不嫁。”

陈定剑越听离她越近，越感到一种忽然而来的情感重压，连忙摈拒地说：“万万不可！小姐可当我的红粉知己，切不可当同命鸳鸯！”

郑安芳颠起脚尖，大大方方地在他的嘴唇上吻了一下，似乎是铃下红鸾星动的印记，然后走下舷梯。

陈定剑猝不及防，怔怔地目送着这个碧血侠骨的姑娘走进笼罩在码头的暮色中去。

这一切恰巧被走到前甲板上的仪凤格格看见了。仪凤正在懊恼昨天晚上陈定剑不出席舞会的爽约，刚才她寻遍了轮船想找他问个明白，不料无意中撞见陈定剑与一个卖花女在互织丝萝。仪凤是大家闺秀，看了不该看的，正想退走，却没想到反被追来的陈定剑叫住了。

陈定剑为了让她死心，故意自嘲地说：“格格，我刚刚投身海军的时候，就听说过当年北洋海军积习甚多，其中不乏闽籍军官喜好寻花问柳之弊，今天被格格亲眼所见，总算看清我辈海军的庐山面目了！”

仪凤一想到卖花女毫无顾忌地在陈定剑的红唇上印下热吻，双颊就为火辣辣的，进退无措。不过她毕竟是个阅尽西洋风气的皇族留学生，转而豁然地回答：“当兵的，你想借钟馗打鬼，本格格才不会上当。刚才那个卖花女充其量是个匆匆过客，你无非想借她躲着我！告诉我，你为什么一直躲着我？难道怕本格格把你给生吞活剥了？”

陈定剑心想，既然已经接受了刺杀代春的密令，如今岂能坦荡面对代春的女儿？更不敢陷入爱情的泥淖，以免辜负了同盟会对自己的寄望。于是又以退为进地说：“格格言重了。我只是一个海军中的后辈，必须恪守礼节，不得擅自僭越，请多多见谅。”

仪凤听了春旌摇摇，却反唇相讥道：“当兵的，本格格不是你的管带，何必这样拘束？我早已打听过了，你可是出身福州三坊七巷中的名门望族，令尊是‘海星’号穹甲巡洋舰的管带，堂堂三品大员，海军制统萨镇冰大人是令尊的恩师，你有如此辉煌的门庭，为什么要降尊纡贵，丝毫没有睥睨同辈的优越感？”

陈定剑说：“后生之辈如果仰赖父辈余荫，难成大器。何况，既投身海军，就不能觊觎非分之赏，破格之恩。”

仪凤越听越喜欢面前这个负笈英伦、壮怀未遂的军官了。她的身边不乏追红逐绿的贵介公子、八旗王孙，如今得遇令人焕然一新的陈定剑，更认定这是毕生一遇的爱情了。

于是，一个柔情幽娴，一个英风流露，一个初度钟情，一个视缘如铸，两个红男绿女在滔滔大海上，在乌云滚滚的天穹下，上演了他们情天恨海的第一场序幕。

正当陈定剑面对仪凤的情感攻势难以招架的时候，忽然听见一声汽笛的响声。陈定剑循声望去，只见从上海方向的海面上出现了一艘铁甲战舰，向“威廉王子”号轮船鸣笛致敬，熟悉舰船外形的陈定剑一眼认出来的是他父亲陈世恩的“海星”号穹甲巡洋舰。穹甲巡洋舰比较平甲巡洋舰，是在机舱的保护层上采用中间平两边坡面的穹甲，是完善型的巡洋舰。

仪凤早从小坤包中取出小千里眼，看见了飘扬在桅杆顶上的海军统领旗，惊喜地叫道：“定剑，令尊来了！他一定是来迎接家父的！”

糟糕！陈定剑心中咯噔一沉：他的父亲一定会登上“威廉王子”号护送代春的，他怎么下手行刺目标？

“呜——”“威廉王子”号回应了一声长长的汽笛，向驶来的“海星”号回礼。

排水量四千三百吨的“海星”号穹甲巡洋舰伸着两只巨大的烟窗，仿佛向天穹伸出一双巨手，要把满天的乌云撕碎，如同顶盔贯甲的将军踏浪走来。

陈定剑顿时觉得这个闪烁着他的家族荣光的铁甲巨人是朝着他逼来的，巍巍如山，预示着他父亲陈世恩的到来，只能让他再一次在脑海中翻开了尘封的家族史：筹备海军副大臣代春是令他陈家命运起死回生的恩人。他怎么能向代春投出炸弹？

陈定剑又一次犹豫了。

3

其实，满族皇亲代春贝勒的家族与福州海军陈定剑家族是恩怨互缚的。怨在先，恩在后；陈定剑的父亲陈世恩和子女们只知道恩，懂得怨的只有陈定剑的母亲任文娟，她将夙怨藏在九曲回肠中。

这一场绞肠沥血的怨恨始于二十五年前的一八八四年的中法马江海战。

一八八四年初夏，李鸿章创办的天津水师学堂的第一届驾驶班的三十名学生毕业，其中有一名满族皇家子弟代春。八旗子弟对于学习海军兴趣不大，唯独代春崇尚欧洲各国皇家子弟以出身海军为荣的风气，致力投身海军以期报效朝廷。慈禧太后得知后，也以标榜八旗子弟并非庸才为由，认为代春“器识闳通，天资高朗”，推荐给了北洋大臣李鸿章。李鸿章正想期望天津水师学堂的办学质量逐渐赶上福州马尾的船政学堂，便视代春为至宝，予以呵护。代春也不负众望，寒窗五载，终以优异成绩毕业。李鸿章将大部分毕业学生派上北洋水师的“威远”号练习舰实习，而将代春等四名佼佼者派往福州马尾的福建海军“振威”号炮舰实习，以期向福州船政学堂显示天津水师学堂的实力。

年轻的代春没有老朽的李鸿章那样心怀鬼胎，他景仰福州船政学堂是中国海军的摇篮，培养出北洋海军的一代人才：刘步蟾、邓世昌、林泰曾、叶祖珪、萨镇冰、方伯谦、杨用霖、严复等俊彦，皆是今天固守万里海疆的中流砥柱。而代春所实习的“振威”号炮舰的管驾许寿山也是福州船政学堂首届毕业生，闽县人，军级为守备（正五品武官），才三十二岁已经是福建海军的领军人物，令代春钦佩万分。他梦想，能在不远的将来，他也能当一名管带，率领一艘铁甲舰遨游海疆。

在忙碌的实习之余，闲暇的时候，代春就觉得心头浮上思乡的孤寂。偌大的马尾军港，碰不到一个旗人，更听不到一句乡音。有一天，他从“振威”号炮舰停泊的码头走向煤栈公干，忽然听见有人说了一句悦耳的满语。他循声看去，只见一个面目姣好的姑娘挎着一盒食篮走过，用满语在招呼落在后头的一条狗跟上她。

代春情不自禁地脱口说出一句满语，敦促那只贪玩的狗跟上它的女主人。

姑娘闻声瞅了他一眼，双颊立刻飞上红霞，低下头，加快了脚步。

代春不想错过机会，掉头追上去，用满语继续逗狗。没料到，那只狗听到热络的呼唤声，反而回过头向代春警觉地吠了几声。

“阿黄，不得无礼！”那姑娘转身斥狗。狗儿立刻停止了狂吠，开始向代春摇着尾巴。

“是我无礼了，姑娘！因为我太久没有听到有人说满语了。”代春抱歉地解释。

“这么说你也在旗？是从京师来的吧？”听他说的一口好听的京片子，姑娘有了一种天然的亲切，不再羞涩了，落落大方地询问。

“我是镶黄旗的，叫代春，从京师来‘振威’号兵舰实习的。”

“真了不起，用不了多久就是管带了。”

“姑娘这么熟悉水师，莫非家里有人吃水师饭的？”

“奴家外公在世的时候曾经是水师营炮台的弁目，爹爹是秀才，如今在‘福星’号炮舰上当管钱粮的文案，奴家就是给他送点心去的。”姑娘说话自称“奴家”，完全是东晋战乱时中原先民迁徙到福州留下的语言余韵，如莺啭鸟鸣，令代春听了悦耳动心。

“这么说姑娘是三江口水师旗营的？”代春到了马尾，就听说在马江对面的江口驻扎有一营水师旗营水兵。那是一七二八年雍正帝下旨建立驻守闽江口咽喉的中国第一代水兵。这些水兵祖上都是跟随努尔哈赤起兵的辽东汉人，后来编入“汉军八旗”，随顺治进关，南征北战，最后驻防北京。康熙十八年，福建耿精忠叛乱，他们又随清军入闽平乱后，便定居江口。所以代春见了这姑娘如同他乡遇故知，很亲切，两眼都炯炯有光了。

“你说对了，奴家住在水师旗营。外公是‘汉军八旗’的，爹爹是马尾人，入赘后也跟全村的人一样都说满语。”

“真的？全村的人都说满语吗？”

“世世代代都说满语，不信的话，奴家可以带你去看。”

“好哇，今天是轮我营休，我跟你去看看。”代春喜出望外，生怕姑娘因为害羞，改了主意。

“你在这里等着，奴家去去就回来。阿黄，你留在这儿陪客人。”姑娘说完匆匆地挎着食篮走了。才走了几步又转回来，姑娘打开食篮的盖子说：“你饿了吧？吃块苏子叶饽饽。”

代春的两眼都亮了，他太久没有吃到这种地道的旗人食品了，说：“姑娘，多谢美意，代春就不客气了。”说着拿了一块黄澄澄的饽饽张嘴就咬。

姑娘又拿了一块饽饽塞在他手中，嫣然一笑，说：“奴家叫任文娟，满语名字叫春喜。”她说话的表情已经去掉了小家碧玉的拘谨，而多了几分北地胭脂的豪情。

“我叫代春，你叫春喜，我们俩真有缘份！”代春说得正得意的时候，任文娟已经走了。

代春掰了一半的苏子叶饽饽喂阿黄吃，狗儿一边摇着尾巴，一边往他的腿上亲昵地蹭着。代春摸着阿黄的脑袋说：“阿黄，你家的女主人可比王府里的格格称心多了。”

代春十四岁那年，由于他的父亲老郡王和荣珍福晋的互相利用，就在福晋的“指婚”下，把她十七岁侄女许聘给他。又过了三年，才在他父亲抱孙心切的动机下给他办了婚礼，但是几年过去了，代春膝下依旧空空。本来就不称心的婚姻，更是藤葛丛生。

正当代春触景生情的时候，只听见有人叫他一声。代春回头一看，正是“振威”号管驾许寿山急匆匆地走来，脸色凝重，问：“你怎么在这里逗狗玩?”代春是隐瞒了真实的身份来“振威”号实习的，目的是不让许寿山和舰上的官兵以“八旗子弟”另眼看待他，所以许寿山待他与属下一样严苛。

“许大人，今天是轮到标下营休。”代春恭恭敬敬地解释。

“军情紧急，营休取消。跟我速速回船!”许寿山边说边往前走。代春应了一声，不假思索地跟去。

阿黄见代春离去，向他吠了一声，替任文娟叫屈。代春只好回头，抱歉地向它摆摆手，带着遗憾走了。

等到任文娟拎着空食篮，怀着颤抖的春心，步履匆匆地跑回来的时候，偌大的码头上只剩下阿黄正等候她。阿黄哀哀地叫了一声，传递出长长的无奈。任文娟顿时明白了，回头看着阒无一人的码头，扃闭上情窦初开的心扉，怏怏地带着阿黄回到江边，摇着小舢板，回到江对岸的水师旗营去了。

此时，代春已经跟随着许寿山回到了停在罗星塔下的“振威”号炮舰上，按照许寿山下达的命令做好战斗准备，将刚才与任文娟邂逅的风情月意抛在脑后，陷入了蜩螗的国事中。原来，自从一八八四年六月法军进攻谅山失败后，八月再犯基隆失利，法国远东舰队四十二艘舰艇在孤拔率领下完成了陈兵马尾港，控制闽江口，威胁福州城的军事部署，中法海战随时爆发。在马尾罗星塔江面上法军共有九艘军舰，水雷艇两艘，总排水量约一万五千吨，作战兵员一千八百三十人，火炮七十七门；福建海军共有军舰十一艘，总排水量九千七百余吨，作战兵员一千二百人，火炮四十五门。双方对峙的舰队不仅在吨位、轮机马力、装甲、火力上存在着明显差距，而且福建海军错误地将十一艘军舰集中在一处，形成“连樯列阵”的态势。许寿山面对这种危势，联合了“福星”号管驾林森林、“艺新”号管驾林承谟等五名福州籍舰长直接面见“会办福建海疆事宜”钦差大臣张佩纶，提出蒸汽战舰应与艇船、木排、哨船交错排列，首尾相接，这样“胜则可截可追，败则相援相救。”特别是在朝廷下令不许首先向法舰开火的严令约束下，更不宜把军舰集中一处挨打。这一符合实际实战的建议竟受到张佩纶的严斥。张佩纶以一介儒生任前敌主帅，缺乏实战经验，再加上“会办”只是个副职，不敢有所主张，反而迂腐地要求许寿山五位管驾学习韩信“背水阵”的战法，将舰队置之“死地”，使之“于死中求生，亡中求存。”所以许寿山碰了钉子返回码头才拿代春出气，代春明白了个中原委后，毫无怨言地和全舰官兵投入备战。

这一夜——八月二十二日的晚上，马尾江面出奇得平静，民船照常来往，但是明眼人都能看清这种异乎寻常的宁静正是激战前夜的征兆。许寿山不甘心，又联合福建海军的管驾们再一次赶到船政局，向张佩纶和船政大臣何如璋面呈舰队“连樯列阵”的失误，并呈上图说，要求迅速改正，但是两位统帅置之不理，失去了扭转不利形势的最后机会。

许寿山沮丧地返回“振威”号，向焦急等候的代春说：“火烧连船的悲剧恐怕要在马江上重演了！”

代春义愤填膺地说：“大人，让标下去面见钦差大臣陈情！”

许寿山一把拉住他，说：“钦差大臣已经下了严令，再有闯行辕陈情者，立斩无赦！还是留着你的小命打法国人吧！”

代春本想说要以贝勒的身份去面见钦差大臣陈情，不料许寿山似乎看穿了他的心思，又说：“切勿孟浪。避战求和，可是圣上的谕旨。军机处已经电告钦差大人：‘彼若不动，我亦不发’。代春，眼下唯一能做的就是敌人一有动静，我们就立即开火！”

“是，大人！”代春眼里愤怒的火焰慢慢地熄灭了，代替的是涌满了的恨泪。他不知道是恨谁。皇上，他是不会恨的；钦差大臣张佩纶，他是不敢恨的；他只会恨他自己，为什么不是手握兵权的管驾，否则他宁可冒抗旨的天下大不韪，也要先向法国军舰开第一炮！

果不其然，突然袭击，率先开炮的正是法国舰队。

二十三日下午一点五十六分四十秒，法国舰队料定福建海军不会首先开火，在准备就绪后，全面开火。福建海军来不及起碇就被击中，几秒钟后，两艘运输舰“琛航”号和“永保”号沉没了。

“振威”号炮舰停泊在海关附近，面对着庞然大物法国巡洋舰“德斯丹”号，代春毫不畏惧，向许寿山焦急地大叫：“大人，开火吧！”

许寿山早就憋住怒火，不假思索地下令开炮。排水量仅五百七十吨的“振威”号用六门火炮向排水量二千二百三十六吨、十五门火炮的“德斯丹”号发起怒吼。这是福建海军最早开火的小军舰。“轰轰！”“德斯丹”号的前甲板中弹起火，代春和官兵们雀跃欢呼。不料，法舰“凯旋”号和“费勒斯”号转而配合“德斯丹”号合击“振威”号。面对法国三艘巡洋舰共四十七门火炮的围攻，三级炮舰“振威”号毫不畏惧地开炮还击。法舰“费勒斯”号和“德斯丹”号分别用舷炮炸穿了“振威”号的前后甲板，大火立刻漫卷整艘军舰。许寿山见轮叶被打坏，船身已不能转动，仍旧下令军舰尽力冲向“德斯丹”号，准备与敌舰同归于尽。不料，一颗炮弹在指挥台爆炸。代春抢进指挥台，只见许寿山和大副梁祖勋已经倒在血泊中身亡了。代春立刻代替指挥，下令继续发炮，可是军舰已失去控制，随波漂向下游，渐渐沉没。这时，代春发现浓浓的烟火中冲出一艘法国鱼雷艇向“振威”号发射了一枚鱼雷，就在“振威”号爆炸沉没的最后一刹那，他还下令开了最后一炮，击中了鱼雷艇。

在“振威”号轰然的爆炸声中，代春被气浪抛入了江涛中。

第二章

4

马江海战爆发的时候，任文娟刚好摇着舢板去江边的草洲上捡野鸭蛋。从马江上游传来经久不息的隆隆炮声，吓得任文娟趴在草洲上不敢动。也不知道过了多久，炮声才渐渐地停下来，不一会儿，从上游漂来木块、碎桅和帆船碎片。从小在水师旗营长大的任文娟立刻判断是福建海军的舰队遭陷重创了。她的脑海里掠过一个念头，要去寻找在“福星”号炮舰上当差的爹，他是娘病逝后的唯一亲人！

任文娟爬起来，跳上舢板，向上游摇去。这时候，江上的福建海军的浮尸，被炸毁的桅船的废材，蔽江而下。任文娟满目惊恐，硬着头皮摇橹向前驶去。不料，一颗炮弹飞来，在舢板的不远处炸起一条冲天水柱。任文娟连忙跳入江中，另一颗飞来的炮弹已经将舢板炸成碎片。任文娟快速向草洲游去，只见一个攀援在断桅上的福建海军军官，他已经昏过去了。任文娟将断桅拉近一看，这个落水遇难的军官正是昨天在码头上不辞而别的代春！她早忘了他的薄情，涌上的只有怜悯，拖着攀在断桅上的代春游到草洲上，将他拉进一间芦苇丛中的矮草屋，那是打野鸭的人废弃的窝棚。

任文娟顾不上揩干自己，先将代春湿漉漉的衣服褪尽，开始检查他的伤口。任文娟的爹会治跌打损伤，任文娟从小就开始当帮手，所以面对伤痕累累的代春胴体，一点也不羞涩，也不害怕。代春受得多是皮外伤，无关要害，只有左背被弹片削去一块肉，如果不尽快治疗，天气炎热，一旦发炎溃烂，后果不堪设想。任文娟在窝棚里寻找，终于找到一只装火硝的牛角，那是使用火铳打野鸭的猎人留下的备用品。任文娟将硝粉轻轻地撒在代春左背的伤口上，再用稻草梢搓出火花，然后点着了硝粉。代春痛叫了一声，已经被火硝烧焦了那一块伤口，昏昏沉沉地又睡过去了。

任文娟长长地吁了一口气，才开始脱下自己的湿衣服，拧干，搭在芦苇丛上去晾。她料定荒草洲上没有外人来，代春一时半会也醒不过来，就赤裸着胴体蜷缩在代春旁边歇息着，不料，竟疲倦地睡着了。

半夜里，从江上吹来的习习凉风，唤醒了代春。他发现自己赤裸着身子，左肩膀上的疼痛不再刺刺地发烧，用手轻轻一摸，结着一层薄疤。他正思索是谁救了自己还帮他治了伤的时候，一眼瞥到了旁边的任文娟，在从窝棚外泻进来的月光里肌肤焕着纯洁无邪的银辉。他顿时明白是这位多情的姑娘救了自己，便情不自禁地去轻抚她光滑如绸的肌肤。从她身上散发出来的少女香，轻轻地吹进了他被隆隆炮声震开的心扉。他的内心本来痛苦已极，又不能放声发泄，只能用指尖缓缓地释放着柔情。任文娟惊醒了，面对着岩石般兀坐、一丝不挂的男人，不禁意夺神骇，本能地用双手护住颤抖的乳峰。代春再也无法控制，扑上去搂住任文娟，任凭她半推半就的反抗，他已经将自己翩若惊鸿地飞进丛林里的岩洞中去了。

天亮时分，任文娟被一阵一阵机关枪的枪声从代春的怀抱中惊醒了。她滑溜出沉睡的代春的怀抱，匆匆地穿上早已晾干的衣服，趟过浅浅的江水，向自己的水师旗营跑去。从上游传来的机关枪枪声，时断时续，那是法国海军还没有停止血腥的屠杀，野蛮地攻击马江上遇到的所有中国船只和无辜的船民。任文娟后怕地加快了脚步。

她刚一跑进水师旗营，就被一幅惨状惊呆了。营里营外插满白幡，家眷们披麻戴孝，呼天抢地，地上摆满了一具具用草席遮盖的尸体。这些尸体都是战死的炮台上的水师旗营的官兵，或者是水师旗营在福建海军当兵的子弟，躯体残缺，血肉模糊，甚至留着无法洗净的被炮火熏炱的伤口。

有个大婶看见了呆若木鸡的任文娟，失声叫道：“文娟，文娟，你爹躺在这里！”

宛如晴天响个霹雳，任文娟惊醒了，抢上前去，掀开一张草席，只见她爹安祥地闭着眼睛，胸口被炮弹片洞穿了。她哇地哭了一声，昏倒在她爹的尸体上。

任文娟甦醒来的时候，已经是第三天了。好心的大婶不仅守护着她，还告诉她，她爹和战死的水师官兵们都已经入殓下葬了。她带着香烛纸马到她爹的坟上去祭奠，忽然发现坟前站着那个俏冤家代春，已经在她爹的坟前祭上香烛纸马。

她百感交集，一言不发，开始祭拜她爹。代春在一旁默默地帮她烧着纸马，心里已经做出了大胆的决定。

三天前代春在窝棚里醒来，发现任文娟走了，他心里惦记着福建海军的胜负，连忙游过江去，回到马尾，才知道败局已定。马江一战，法国舰队不仅摧毁了以马尾为基地的福建海军，而且轰毁了堪称中国近代海军摇篮的马尾造船厂和船政学堂。阵亡将士共七百九十六名，其中包括代春最敬仰的管驾许寿山。代春听说“福星”号炮舰也沉没了，全舰官兵英勇战死，便摇船过江，寻到任文娟爹的坟，寄奠上自己的哀思，不想遇上任文娟。

任文娟伏在新坟上低低地哭着，身上还残留着遭命运重创的余韵折磨着她的身子，发髻不整，热孝在身，令他动了恻隐。他扶起她，搂住她因悲伤而轻颤的肩头说：“我已经接到上令，回京师去。文娟，跟我走吧？”

她抬起泪眼，用天真未凿的眼光看着他，那是不容欺骗的眼光。

代春信誓旦旦地说：“实不相瞒，早年家里已给我指婚。可是你如果不嫌委屈，我可以求我爹允许我纳你为妾。”

无依无靠的任文娟看他为自己瘦损容光，不无感动，再听到衷言，便点了点头，突如其来的幸福已经在她身上发生作用，她素服生春，薄晕含花，娇柔无力地倚拥在他的怀中，由他摆布了。

代春带着任文娟回到京师，先将任文娟安排在客栈，才回到郡王府。老郡王见儿子从战火中逃生，与他抱头痛哭。聪明的代春立刻将话题一转，说明自己能够死里逃生，实赖一名秀才的女儿舍命相救，并说与她已经丝萝缚结，请求纳为如夫人，为郡王府添下一男半女。岂料老郡王搬出满汉不准通婚的祖宗家法，命令代春酬谢重金将任文娟打发回原籍。代春一不作，二不休，不辞而别，带上任文娟离开京师去威海卫，投奔在那里巡视北洋海军的恩师李鸿章。东窗事发后，任文娟才恍然得知代春是个贝勒，而自己只是一个蓬门小女，正想向代春提出领情分手，不料发现自己带身喜了，只好打消了念头。

老郡王绝非等闲之辈，立即给李鸿章发去一封求助的电报。等到代春在威海卫行辕大营求见到北洋大臣李鸿章，李鸿章劈面就嘉奖代春在马江海战中“不惧法焰，不畏敌舰，苦战尽忠，不辱使命”，已经向皇上保举代春为海军衙门章京，一俟北洋海军正式成军，再按实缺补授委带兵船。

李鸿章长袖善舞的一席话，正中代春想当兵舰管带的夙愿，他本想开口央求李中堂代他向老郡王陈情，结果他成了锯嘴的葫芦。

代春的心思犹如一碟浅水，早被老辣的李鸿章看透了，料定是个始乱终弃的结果，就先给他一口甜水喝，再给他一记棒喝，警告他少不更事，切勿孟浪，不要因小失大，否则有离开海军之虞。最后，命他立即回京，到海军衙门履新就职。

代春一脚高一脚低地离开了行辕，如同踩在云端中一样，晕晕昏昏地回到他和任文娟下榻的客栈，不知怎么向任文娟表白，在海军和任文娟两者之中，他忍痛选择了前者。

店小二告诉代春，任文娟已经走了。刚才有两个人先后来找过她。一个是店小二替任文娟请来的号脉的郎中，店小二才知道原来任文娟怀孕了。后一个是从行辕大营来的师爷，不知道说了什么以后，任文娟就神色绝望地匆匆离店了。代春一听，脑袋嗡地快炸开了，慌里慌张地冲出店门外，只听见街上传来炸营似的叫声：“有闺女跳海啦！有闺女跳海啦！”

代春的心快从喉咙里蹦出来了，跟着乱哄哄的人群向海边跑去。只见一个目击的小贩举着一只绣花鞋正在向众人解释事情的经过：“那闺女就从这儿跳下去了，等我赶过来，只捡到这一只鞋！退潮的浪头早把她卷得没影了！”

这一只绣花鞋正是代春买给任文娟的，当时任文娟还戏谑地说：“福州人常说，送相好不能送鞋，送鞋会走掉的。”

代春反驳说道：“你要嫁给我了，就要入乡随俗，满族人说，送鞋就是送邪，明白吗?”

不料，预言成真，任文娟当真舍他而去，他明白，选择自绝，她完全是为了玉成他。

事实果真如此。当行辕大营的师爷来找任文娟摊牌的时候，她拒绝了师爷送给的一张大额银票而放弃代春的交易。当师爷说为了实现代春当兵舰管带的夙愿而要她舍弃梦想时，她想到，代春在马江海战中不惜舍身血战不就是为了实践“我辈是大清海军”的誓言吗？她的外公和父亲都是大清的水师，她身为水师的女儿还有什么不能成全代春的海军梦呢？

于是她毅然决然地站到了海边的悬崖边。

她看着被海浪卷起的水泡，瞬间即逝，心想，出身蓬户柴门的穷秀才的女儿，在大千世界中不也是像这样的一个水泡吗？何况这个水泡已经被一缕阳光照亮过，这一缕阳光，就是代春。

她一闭眼睛，心如枯井地跳下悬崖。

5

抑或是黄海对北洋海军天生有缘，对海军的女儿也天生多情，不忍让任文娟抱恨死去，而是举起无数细浪的小手，托住了任文娟，随风漂流。

一条正在训练荡桨的舢板发现了漂浮的任文娟。指挥训练的年轻的北洋海军军官陈世恩停止了用英语发令，连忙吩咐练勇们救人。练勇们七手八脚地将任文娟拉上舢板，又将她伏在一个练勇拱起的背上吐尽了海水，陈世恩下令返航，随后将昏迷不醒的任文娟交给码头旁边的一家渔民照管。

第二天，“康济”号练习舰的二副陈世恩拎了一包点心去渔民家探望任文娟。渔民的妻子告诉他，获救的姑娘叫任文娟，跟陈世恩一样也是福州人，如今正枯坐在海边，愁肠百结，看来死心未消。

陈世恩向海边走去，只见任文娟独坐在岩石上，面海出神。陈世恩用福州话向她打招呼，想用乡音温暖她的心。

任文娟起身道个万福，然后问道：“奴家是个遇人不淑的女子，大人又何必出手相救?”

陈世恩听得出她的话中自责私德不修，便坦然地说：“姑娘敢以死明志，表明正是淑女所为。不过条条道路通罗马，姑娘何必拘泥于一条绝路呢?”陈世恩毕业于天津水师学堂，受过洋教习的授业解惑，所以脱口说出了一句西方的谚语。

任文娟主见甚明地将内心剖析给陈世恩看，说："小女子虽出身寒门，绝非薄倖轻生，而是玉成他人大志，才舍弃薄命。"

陈世恩略感吃惊，认真地打量着这个外表看似芳心无主，内心却感情弥笃的姑娘，她那颀长的，像是用玉凿出来的有边有棱的身影，在柔和的阳光中显得令人心旌摇曳。就说："姑娘，此话怎讲？"

"奴家住在福州三江口的水师旗营，外公是汉军旗人，在世时是水师炮台的弁目，爹是汉人，落第秀才，后来在福建水师的'福星'号炮舰上当管钱粮的文案。马江海战的时候，奴家救了一个受伤落海的水师学堂学员，与他互生情愫，不惜以身相许。他答应娶奴家，并带奴家回京师。不料，他的严父以满汉不能通婚为由，拒绝奴家进门，到此时，奴家才知道他是旗人贵胄公子。他不肯负了奴家，又带奴家到威海卫，他想向李中堂求情，岂料李中堂私下派人劝奴家撒手放弃，否则他有被逐出海军之虞。奴家不想毁掉他的前程，才想到九泉之下陪同奴家的先父去。"

陈世恩见她对海军如此情深，不由心中一动，又问："莫非伯父遇难了？"

"他和许寿山大人一起战死了，奴家再也没有亲人，了无牵挂，不如归去。"说完了，一缕淡淡的悲凉在任文娟的心头浮起，将脸转向大海，那里一片苍苍茫茫。

陈世恩听了心想，姑娘年方十八，云英未嫁，颇趁当海军妻室的心愿，就说："你我他乡相遇，也算老天安排，我未娶，姑娘未嫁，不如嫁给我，我会一生厚待姑娘的。"

任文娟想起老郡王府冷冰冰的高墙，不禁打个寒战，说："奴家出身寒门，大人的令尊高堂断然不会答应的。"

陈世恩说："先严先慈已经不在人世，婚姻大事由我做主，姑娘敬请放心。"

"奴家带身喜已经两个月，更是犯了大忌，日后孩子出世，只会让大人难堪。"任文娟推得一干二净，不给自己留一点幻想。

"不必担心，此事只有你知我知，姑娘既然真情相告，我也真心承担责任，我将视孩子为己出，培养成材。"

"话虽如此，可是大人是北洋官佐，将来前程无限，奴家出身寒门，只会让大人遭同人耻笑，望大人三思。"

"你的话也有几分道理，不过，我定能化解排忧。你先好好歇息，不出三日，我必有好消息。"说完，陈世恩双手一拱，撇下半信半疑的任文娟转身走了，并给渔民家留下一吊铜钱照料任文娟。

其实，陈世恩也根本想不出两全其美的办法，心烦意乱地回到“康济”号练舰停泊的码头。他和北洋舰队的官兵一样长年累月都住在舰上，除非成亲了，才可以再上岸安家。可是如果想不出妥当的办法，任文娟是不愿连累他的。

他正犯愁的时候，只听见有人叫他。他抬头一看，正是自己的恩师——天津水师学堂的正教习萨镇冰从“康济”号练舰的舷梯上走下来。陈世恩喜出望外，连忙迎上前抱拳一揖，问：“恩师，您什么时候到的?”

萨镇冰身体瘦小，走路却是虎虎生风，一副瘦虎雄风的模样，笑吟吟地打量着自己的学生，反问道：“别只顾着问我，问你自己吧，低着头走路，想什么心事呢?”

“恩师，什么事也瞒不过你的眼睛，您来得正好，学生正有事想求恩师出个主意。”陈世恩一向把只大自己九岁的萨镇冰当成良师，而二十九岁的萨镇冰也把这位同乡当成益友，于是师生二人走进离码头不远的一家小酒铺，捡了个座位坐下，沽酒谈心。

萨镇冰是一八七七年中国选派的第一批海军留学生，一八七九年毕业于英国格林尼茨皇家海军学院，与其同时学成回国的还有刘步蟾、叶祖珪、蒋超英、严宗光（严复）、林永升、林颖启、方伯谦等福州马尾船政学堂的优秀学生十二名。北洋大臣李鸿章早就觊觎着这一批由福建水师派出国的留学生，亟想将这些海军栋梁罗致到自己的麾下，又担心被南洋水师和福建水师齐而攻讦，于是给朝廷上了一个奏折，要求在天津兴办水师学堂。清廷很快准奏，于是萨镇冰等留学生便被名正言顺地分配在李鸿章的势力范围内：叶祖珪派到北洋水师镇边兵舰，不久就擢升为该舰管带；林永升、方伯谦、林颖启等都分别派遣到北洋水师各舰，或当大副，或当二副，不久也都升为管带；比萨镇冰等人提早回国的刘步蟾和林泰曾也被分别擢升为定远舰和飞霆舰的管带；连已经在马尾水师学堂任教的严宗光（严复）也被挖到天津水师学堂任总教习。萨镇冰先是派遣到北洋水师的“澄庆”号兵舰任大副，旋即又荣调到天津水师学堂当正教习，恰巧做了陈世恩的老师，可是萨镇冰的心仍旧留在北洋水师，切盼着有朝一日重返管带的指挥台。这一次他跟随李鸿章到威海卫巡察，头一个想见的就是他的学生陈世恩。

陈世恩先敬了萨镇冰三盅黄酒后，就把他的苦恼和盘托出，移樽就教。

萨镇冰出生福州（闽县）一个私塾先生的家庭，仅靠着父亲微薄的束脩和母亲做针凿的收入，从小就过着苦日子。所以他一听到任文娟的多舛身世，就有了几分同情，再一听说她是马江海战中殉国的福建海军文案的女儿，更是产生了十分的怜悯。他停杯在手，沉吟了半晌，才说：“世恩，你的决定，我钦佩万分，不愧是我教出的学生。我有一个办法，可以解忧。”

陈世恩一听，连忙替萨镇冰斟了满盅酒，说：“请恩师赐教。”

萨镇冰胸有成竹地说：“我打算收文娟姑娘为义妹，然后我再将义妹嫁给你，这样既抬高了文娟的身价，又让她明媒正娶、风风光光地嫁进你陈家门，岂不是两全其美?”

陈世恩大喜过望地说：“恩师如此深明大义，成全学生和文娟，请受学生一拜!”说着单膝跪下，拱手一揖。

萨镇冰连忙将他扶起，豪宕地说：“我只不过急着想讨一杯喜酒喝罢了，你何必行此大礼呢？还是留着拜堂的时候再拜吧！哈哈哈！”说着和陈世恩都乐呵呵地大笑起来。

三天以后，陈世恩信守诺言地将任文娟交给萨镇冰，行了八拜大礼，认了兄妹。然后萨镇冰挑了一个黄道吉日，风风光光、吹吹打打地将义妹任文娟嫁了出去。福州籍北洋水师的官佐刘步蟾、叶祖珪、林颖启、方伯谦等人纷纷赶来祝贺。陈世恩在北洋水师衙门的刘公岛上租了一幢民宅，把任文娟安顿下来。八个月后，任文娟生下了她和代春的儿子。陈世恩果然不索问孩子的生父姓名，将他视同己出，并取名陈定书。嗣后的几年里，陈世恩和任文娟先后生下他俩的孩子：老二陈定剑，老三陈定棋，小女儿陈定琴。

6

十年后，一八九四年初夏，十岁的陈定书在刘公岛的海滩上用沙子垒起了一艘沙器的铁甲战舰。然后他挥着一根木棍，好像那是一把跟他的父亲陈世恩一样的指挥刀，嘴里发出英语的军令，下令铁甲舰开炮。

陈定书发出的英语军令，引起了一位路过的海军官员的好奇。他屏退随从，饶有兴趣地向陈定书走去。他正是从京师来刘公岛北洋海军提督衙门公干的海军衙门总办文案代春。自从代春从马江海战中死里逃生后，老郡王压根就不让他再去北洋舰队亲冒烽火，他只能在海军衙门中从章京一职擢升到总办文案，空怀一身驾驶铁甲舰的抱负。当他看见一个孩子竟然能用流利的英语发令指挥沙器战舰，自叹不如，就走到陈定书跟前问道："孩子，是谁教你英语的？"

"大人，是家父教的，他在'康济'号练舰上当帮办管带。"陈定书停下手上的"指挥刀"，很有礼貌地鞠了个躬。

"将门出虎子，难怪兵家儿早识刀枪。可惜我不认识令尊。"

"他在萨镇冰大人手下当差。"

"萨大人我认识他，强将手下无弱兵，令尊也一定是位猛将。"代春知道萨镇冰在天津水师学堂担任两年教习后，调任北洋水师"威远"号练舰当管带，翌年又调"康济"号练舰任管带。"康济"号是马尾船政局于光绪五年（一八七九年）制造的大舰，是一艘专供天津水师学堂毕业生上船见习和培养各舰初级军官的"水上学堂"。于是又问道："你垒的是'康济'号吗？"

"不，我垒的是'镇远'号，专打东洋人的联合舰队！"陈定书有志不在年高，令代春越来越喜欢他身上蕴藏的锐气，夸奖道："你长大了，一定会是大清舰队优秀的管带！"

陈定书向往地说："大人，告诉您一个秘密，再过两年，我就要去报考烟台海军学校。"

代春高兴地看着虎头虎脑的陈定书，说："到时候，我一定来祝贺，参加你的入学仪式。"

这时候，一位英国人摄影师扛着一架照相机路过，见状赶过来，说："大人，让我替你们俩拍张照片。"

代春满心喜欢，说："那就有劳先生了。来，孩子，我们就蹲在你的战舰旁边照相。"边说边拉着陈定书蹲在沙器的军舰旁边让洋人照相。

陈定书也不怯生，紧紧地挨着代春。代春忽然觉得他跟孩子之间有一股看不见的热流在互通心曲，心里暖洋洋的。

忽然，那个洋人说道："大人，你们俩长得很像，真跟一对父子一样。"

一语点破了代春的心病。任文娟投海后，代春根本就无心再纳妾，他的夫人纳兰见自己依旧肚子空空，只好过继了外甥女小仪凤当女儿。可是代春经常会回想起被他抛弃了的任文娟和她肚子里的孩子。如果孩子活着，也有十岁了，跟眼前这个陈定书一般大。

洋人走后，代春有心地问陈定书："孩子，可以告诉我你的名字吗？"

"我叫陈定书，排行老大，还有二弟、三弟、小妹，分别叫陈定剑、陈定棋、陈定琴。”

“书剑棋琴，好有诗意的名字。老家是侯官吗？”

“大人怎么知道我是福州人？”

“北洋海军的官兵几乎都是福州人嘛，福州的马尾可是大清海军的摇篮。”

“大人去过福州吗？”

“去过，十年前去的，我还在那里跟法国舰队打了一仗……”

“我就猜大人一定是位英雄，家母也跟我说过，参加马江海战的大清海军官兵都是英雄！”

“令堂知道马江海战？可以告诉我令堂的芳名吗？”

忽然，陈定书的弟弟、九岁的陈定剑一溜烟地跑过来，拉着陈定书的手就走，说：“哥，妈叫你快回家去！”

不等陈定书回答，已经被弟弟拖走了。代春不无失望地看着哥俩跑远了。第二天，代春带着洋人摄影师送来的他和陈定书的合影照片返回京师，把照片搁在自己的书桌上，也搁上了莫名的憧憬。

而陈定书被弟弟仓促叫回家，完全是母亲任文娟惊惶失措的反应。

在四个孩子当中，任文娟最在乎的是没有亲爹的儿子陈定书。陈定书天生喜欢大海，有空的时候，就会跑到沙滩上玩，任文娟就会用千里眼从远处观察着儿子的一举一动，近了又怕干扰他，远了又生怕他有什么闪失，费尽了一个负疚母亲的苦心。

今天，在任文娟的千里眼中突然出现了一条熟悉的身影，那是只有在梦里出现过的英姿，只有在马江海战的炮火中闪现过的雄姿！她再定睛一看，终于看清了代春的脸！她吓得掉了手中的千里眼，代春竟然跟他的儿子在一起！她最不愿意看到的事终于在十年后发生了！

任文娟慌忙地叫二儿子去把大儿子叫回来，用惠剑及时地斩断了孽缘的余愫。她先把二儿子支走后，开始盘问大儿子：“跟你在一起玩的那个大人叫什么名字？”

“不知道。妈，你不是教过孩儿不该乱问大人的事吗？”

“他问你是谁家的孩子吗？”

“问过了。孩儿告诉他我爹是萨大人的手下，可惜他不知道我爹。”

“他……他问你妈了吗？”

“他正想问你的名字，二弟就把孩儿拉回来了。”

任文娟的心几乎冻住了，脸色白得跟粉墙一样。

“妈，你怎么啦？你怎么啦？孩儿没有跟那位大人说什么，只不过替我们照相的洋人说孩儿和他长得真像，跟一对父子一样。奇怪，孩儿是爹的儿子，怎么会跟陌生的大人一样？那洋人一定是胡说。”

任文娟一把搂住了大儿子，用发颤的声音叮咛：“记住妈的话，今天的事不许告诉你爹！”

陈定书莫名其妙地点点头，说：“记住了，记住了……”

吃晚饭的时候，陈世恩从“康济”号练舰回家来，告诉了一个惊人的决定：日清之间很可能要打仗，任文娟带着孩子们立刻回福州老家。

这正中任文娟的下怀，她担心身居海军衙门要职的代春随时会返回刘公岛，不期然就会再次遇见陈定书，那后果将不堪设想！

任文娟当即表示附和丈夫的决定，两天后，任文娟带着四个孩子乘着一艘运输舰返回阔别了十年的老家福州。

她松了长长的一口气，认为从此陈定书可以远远地摆脱代春这个噩梦。

任文娟母子离开刘公岛的两个月后，中日甲午海战爆发了。一八九四年七月二十五日，蓄谋已久的日本海军联合舰队在丰岛海面突然袭击了方伯谦率领的护送运兵船的分舰队。李鸿章面对日本侵略朝鲜的复杂局势，希望运用纵横捭阖，来消弭中日之间紧张的军事对峙，以阻止海战的爆发，用心可谓良苦。但他显然对列强干预成功期望太高，对日本冒险发动战争估计过低。所以李鸿章不允许北洋海军提督丁汝昌提出的派北洋海军主力出海护卫的请求，放弃主动寻求战机的机会，致使方伯谦的小分队陷入一场力量悬殊的海战陷阱。偏偏“济远”号管带方伯谦在血战的紧要关头，在桅杆上升起一面日本海军军旗和一面白旗，并在日舰“浪速”号发出“立即停轮，否则炮击”的信号威逼下，“济远”号停止发射火炮，却加足马力向西撤离，致使护卫小分队的各舰群龙无首，铸成惨败。

丰岛战败后，李鸿章仍旧主张避战保船，丁汝昌受到李中堂的掣肘，也不去主动寻找战机，争夺黄海的制海权。萨镇冰眼看坐失良机，便带着帮办管带陈世恩去面见丁汝昌请战。丁汝昌出身准军，跟萨镇冰和陈世恩等北洋海军中接受西方科学教育过的管带们对国家防务重点的认识迥然不同。丁汝昌跟他的恩师李鸿章一样，对大清防务重点由内陆向沿海转移缺乏心理准备和足够的认识，对北洋海军究竟采取内线与外线相结合的作战方法，通过控制沿海海域以取得制海权，还是放弃海上争夺，倚据海岸炮台和陆军进行陆基作战这个涉及海军建设的基本战备方针，长期没有取得正确的共识，更遑论对海军如何正确使用都没有把握的慈禧太后以及皇帝了！萨镇冰和陈世恩自然又被一味避战的丁汝昌碰个软钉子，受命去守卫日岛。果然不出萨镇冰和陈世恩的所料，九月十七日，丁汝昌率领的北洋海军主力舰队担任运兵船的护航任务，在大东沟遭遇寻战而来的日本海军联合舰队，丁汝昌以错误的舰队编队仓促下令应战。邓世昌指挥的“致远”号战舰首战沉没，“济远”号管带方伯谦大惊失色，便驾舰退出战场，向旅顺口方向逃逸，致使北洋舰队军心动摇，阵脚大乱，终于全军尽没。持续了五个小时的黄海大海战至此结束，也结束了北洋海军像流星一样耀眼的历史。旋即，一八九五年二月十七日，威海保卫战又战败，日本联合舰队正式占领威海卫港，俘获北洋海军的“镇远”号、“济远”号、“平远”号、“广丙”号、“镇东”号、“镇西”号、“镇南”号、“镇北”号、“镇中”号、“镇边”号等十艘军舰。下午四时，被卸去大炮的“康济”号练习舰，载运着服毒自杀殉国的丁汝昌、刘步蟾、林泰曾、戴宗骞以及战死的“济远”号大副沈寿昌、“广丙”号大副黄祖莲的灵柩和一千余名军民，黯然地离开威海卫基地，前往烟台。驾船的是萨镇冰，旁边站着在威海卫保卫战中负伤的陈世恩，两人一言不发，恨怼在心。陈世恩拉响了汽笛，将他的满腔悲愤冲向九霄。在潇潇的寒雨里久久低回的汽笛声中，北洋海军烟消云散了。

甲午战败，人人痛诋海军误国。朝廷中唯有代春替海军廷争，但人微言轻，海军衙门终于被撤销。叶祖珪、林颖启、萨镇冰、陈世恩等人一并革职，听候查办。从此，北洋海军的各级职务，从建制上被正式取消了。直至过了三年（一八九八年），独具慧眼的侯官人郑孝胥，以总理各国事务衙门章京之职上折保举同乡萨镇冰“练海军兼习陆战，历年管驾兵轮，痛除积习，操行尤属可信”。在此之前，萨镇冰已被两江总督张之洞聘任为自强军吴淞总炮台官。但是慈禧怀疑萨镇冰及遣散回原籍福州的管带们与那主张革新的严复关系甚密，于是下了一道懿旨给兼管北洋海陆军大权的军机大臣荣禄详细察看，据实具奏。代春欣悉上谕已下，荣禄已派自己赴福州“详细察核”陈世恩，自然又想起和他一起合影过的那个男孩子陈定书，心中有着一种莫名其妙的惦念。

7

福州城内分侯官县和闽县，没有大马路，只有四十九坊和六十八巷，居民都住在坊和巷中。至今还传下一句老话：三坊七巷。指的是短短的一条南后街向东西分布的杨桥巷、郎官巷、塔巷、黄巷、安民巷、宫巷、吉庇巷和衣锦坊、文儒坊、光禄坊。历朝历代高官显贵和名士大儒的府第多汇集于此。如果说马尾是中国近代海军的摇篮，那么“三坊七巷”可以说是中国近代海军维护制海权思想的温床。“堪称中国第一个看世界的人”的林则徐住在宫巷，首任船政大臣沈葆桢也住在宫巷，翻译《天演论》的严复家住在郎官巷，北洋海军管带们也多兴宅于此。被革职的“康济”号练舰帮办管带陈世恩的家则住在安民巷。陈家朱门大户，是祖上传下的老宅，共有两进。“进”，是福州特有的民居结构。一进是：进门是一个天井，天井两边是主厢房，前厅堂的后面是后厅堂，两旁是后厢房，最后是厨房；两“进”，是两倍这样的格局。福州最大的官宅则有六“进”透后，两旁各有花园。陈世恩家道中落，没有这样的排场，原本还可靠他的帮办管带的俸禄维持祖宅，如今他革职回乡后，已无俸禄可领，一点微薄的家底，也都全部接济给遣散回家的“康济”号旧属下，消耗殆尽，到了阮囊如洗、家无隔夜粮的田地。幸好，三坊七巷中的官宦富商念他甲午血战、一片孤忠，聘他充当西席，在于山戚公祠内开馆传授西学，才得以拮据度日。

乔装成商人的代春站在陈家剥漆的大门门口，向在门口摆修鞋摊的鞋匠林水官打听到陈家情况，既简单又朴实，如同一碟水，一眼看到底。林水官本是“康济”号的水手，威海战败被裁汰回家后，生活没有着落，全靠老上司陈世恩的接济，摆了修鞋摊。他也想受恩回报，干脆在陈家门口摆摊，也可以守护陈家，不想今天来了一个买茉莉花茶的京商，居然关心受罢黜的海军管带，林水官自然一吐积怨，也好替老上司喊冤叫屈。

代春辞别了鞋匠林水官，受他的指点，便寻到了城内南门边于山上的戚公祠。戚公祠是明朝抗倭名将戚继光的祠堂。明嘉靖四年，戚继光在福建宁德横屿、福清牛田和莆田林墩打了三大胜仗，班师回浙江时，在于山平远台设宴辞别，勒碑记功，后人在平远台旁建祠纪念。陈世恩借戚公祠开馆，可见他老骥伏枥，志在千里，代春心里有了几分钦佩。

代春走进祠堂内，只见松柏参天，楼阁肃穆，好一个授业明志的所在。旁边一口鱼池周围，聚着十几个半大的学童叽叽喳喳争吵不休，代春饶有兴趣地走上前，看个究竟。

鱼池内，摆着十几只用课纸叠的船，列成阵队，威风陡生。细心的代春一看，似乎是个舰队的编队战阵。数数十四条，正是甲午海战中北洋海军出战的舰数；再定睛细瞅，战阵正是北洋海军迎战日本联合舰队的单横编队，中间突出，像个倒“V”字形！代春在梦里出现过的这个导致北洋海军战败的错误编队，四年后居然在孩童们玩耍的鱼池中重演，令代春大吃一惊。

一个约摸十三岁的男孩，手里拿着一根书斋的戒尺当指挥剑，指着鱼池内的编队说：“各位同窗，请看，这就是北洋舰队在甲午年迎战日本联合舰队摆出的单横编队。有谁说说看为什么我军战败了?”

“老二，我来说!”抢先发言的正是十四岁的陈定书。四年不见，他长成半大少年郎了，不是代春怀里揣着那张合影的照片，代春几乎认不出他来了。陈定书接着说：“我在洋人办的《字林西报》上见过我北洋舰队和日本联合舰队对峙的战阵图。当时日本联合舰队司令伊东祐亨下令，以‘吉野’号、‘高千穗’号、‘秋津洲’号、‘浪速’号四舰组成第一游击队为前导，以‘松岛’号、‘严岛’号、‘桥立’号、‘比睿’号、‘扶桑’号六舰组成本队在后面跟上，以单纵队向我方攻击。我方丁军门见日舰以单纵队向我方驶来，便根据战前预定方案，命令舰队改变队形，以双横队迎战敌人。结果，由于北洋舰队在行进变阵中航速没有保持好，侧翼各舰开始落到后面，呈现的竟然是一个散漫的单横编队，战线拉得很开，弱舰散在两翼，缺乏保护。所以错误的战术铸成大败。”陈定书说得如数家珍，仿佛他当年亲身经历过那一场战斗。代春暗暗高兴，当初没有看走眼，这个陈定书胸有抱负，真像年少时的代春，如有进入水师学堂的机遇，一定脱颖成一代管带。

十一岁的林觉民走到那个十三岁的同窗面前说：“定剑，排单纵队不是丁军门的本意，但是当时已经无能为力了。如果不是由陆军出身的丁军门指挥舰队，而是由熟悉海战的刘步蟾刘大人指挥战斗，绝对不会犯这个战术错误!”代春听得出这个小小的读书郎已经蓄藏着对朝廷的不满，不无替他担心。殊不知十三年后，这个林觉民长成反清斗士，参加广州起义，捐躯在黄花岗。

跟林觉民同岁的族弟林尹民长得孔武有力，拎着一只百十斤重的石锁走到鱼池旁边放下，脸不红，气不喘，说："听我说一句，如果丁军门跟我一样从小练石锁，强壮身体，也不会在'定远'舰右主炮塔开第一炮的时候，被大炮声从舰桥上震下来摔伤，铸下没有明确谁来代替他指挥的错误，使北洋舰队从一开战就失去统一指挥，才吃了败仗。"林尹民尽管说得有失偏颇，但是却强调了好体魄对一个海军的重要，代春听了颔首。当然，代春做梦也没有想到，林尹民后来凭借能举起三百斤石担的体魄，带着敢死队冲在攻打广州水师提督衙门的最前列，以身殉国。

"不对，不对，诸君说得都不对。"一个也是十三岁，人称"神童"的陈更新大声地辩解道，"日本联合舰队装备的速射炮数量远胜我方。开战前，丁军门曾经多次呼吁更新北洋舰队的炮械，直到中日宣战后才运来二十门格鲁申一点七九英寸口径速射炮，但是与日舰相比还是难成比例，所以我方才吃了败仗。""神童"毕竟课业最优，不仅能诗词、工草书、善度曲，而且精通算术，所以能从科学角度衡量实力做比较。十三年后，他造的炸弹精准地炸开了广州水师提督行辕的大门，掀开了广州起义的大幕。

十三岁的陈定剑显然有自己独到的见解，说："诸位同窗只是各执一词，以偏概全。我窃以为，甲午海战败在李中堂和丁军门缺乏建立海军而没有建立维护大清制海权的意识！"

他的哥哥陈定书不服，反驳道："老二危言耸听，朝廷如果没有维护制海权的意识，为什么要耗费无数白银购买当时世界上最先进的铁甲舰？李中堂为什么要呕心沥血二十年建立亚洲第一流的舰队？"

陈定剑显然远胜他的大哥一筹，说："各位同窗，我大清是临海大国，除了毗邻海岸的近海地区外，在我国和邻国的邻海中间，往往隔着辽阔的公海，因此形成海军在外线作战的纵深地带。在战争发生后，海军怎样将作战前沿延伸，创造机会进行主力会战，从而消灭敌方主力，掌握海区的控制权，确保我方海上行动自由和安全，这是衡量我大清海军战略和作战能力的重要标尺。这就是争夺制海权。现在我们回头审视我北洋海军采用一味避战保船的战略，缺的正是争夺制海权的意识！"

代春闻言吃惊，这个小小的孩童，竟然一针见血刺中北洋海军失败的根本症结，跟自己反思数年的结果不谋而合。不过，想想当初刘步蟾、林泰曾、萨镇冰等堪称中国一代海军精英考入福州船政学堂和负笈留洋的时候，不也就是十几岁的少年郎吗？有志不在年高，这个陈定剑的才学，日后远在他的大哥陈定书之上。而兄弟俩也少不了观念分野，恪守不一的圭臬处世，甚至不惜兵戎相见。代春想想还有些后怕。

正当孩童们争论得不亦乐乎的时候，从教馆里怒冲冲地走出来授业教师陈世恩，厉声叱责道："定剑，定书，你们怎么又领着同窗在妄议国事?"

显然，学生们已经习惯了，见了严师根本没有哄然逃散。陈定剑申辩地说："爹，你上课从不跟我们提及甲午海战，可是又教我们英语，让我们从《字林西报》上看懂了你不让我们了解的甲午海战战况，我们有什么过错?"

"大胆！孽子竟敢狡辩？脱下裤子，由定书责打十下！"陈世恩恼羞成怒地大发光火，几年的罢黜生活，洗磨去了他从前站在铁甲舰舰桥上指挥若定的冷静。

陈定剑脱下裤子，趴在鱼池上等待兄长的责打。不料，陈定书也脱下裤子，趴在弟弟旁边请求惩罚，说："爹，我是大哥，愿意和二弟一起受罚！"

"爹，我是老三，我也愿意和哥哥一起受罚！"十二岁的三弟陈定棋也脱下裤子，趴在两位哥哥旁边，等待雷霆的降下。

陈世恩见三个儿子拧成一起与他抗争，气得拿起戒尺正要责打，不料，余下的林觉民他们也纷纷脱下裤子，趴在鱼池周围，异口同声地请求："老师，我等愿意一起议论国事，也愿意一起受罚！"

"放肆！"陈世恩狠狠地用戒尺抽了一下陈定剑的屁股，"蛇无头不行！"边说边抽了一下陈定书的屁股。"你们不要以为罚不责众，我是杀一儆百！"说完又抽了一下老三陈定棋的屁股。陈家三兄弟竟然一声不吭，也不求饶，让陈世恩下不来台。

代春见火候已到，抱拳一拱，对陈世恩说道："这位山长先生，在下恭喜了！""山长"一词是用以称呼学塾的校长，代春借此尊称陈世恩。

"鄙人是一位穷教书匠，又饱受孩子的气，请问喜从何来?"陈世恩诧异地打量着面前的不速之客。

代春笑道："在下是从京帅来买茶的生意人，偶过此地，适才听见你的学生们在议论国事，固然宏论参差，书生意气，但是初生牛犊不怕虎，胆识过人，令人钦佩业师的开明。在下可以预言，将来此辈前程远在你我之上，岂不是可喜?"

陈世恩一听，气消了一半，借梯下楼地说："你们还不快谢这位先生说情?真是丢人现眼！"

陈定剑他们纷纷提上裤子，向代春鞠个躬，异口同声地说："多谢先生！"

"还不快回去背书！"陈世恩骂了一声，孩子们悄无声息地跑回课堂。

“见丑了，见丑了！”陈世恩赧颜地向代春作揖，“还没有请教先生台甫。”

代春掩饰地回答：“在下在旗，称代秋即可。”旗人名字习惯取两个字，代春信口编了一个。然后将话题绕上正文，又问：“刚才听见学生的答话，在下妄猜，山长从前可曾是在北洋海军中当差？”

陈世恩不得不吐在喉的骨鲠，说：“惭愧得很，鄙人从前是北洋舰队‘康济’号练舰帮带陈世恩。黄海战败，革职返乡，无颜面世，只能执鞭糊口，虚度光阴。”

代春一语中的地说：“不见得吧？山长开馆的戚公祠紧靠白塔寺。这白塔寺非同小可，当年可是马尾船政学堂的临时校舍，严复、萨镇冰、刘步蟾、林泰曾等第一期学生均在此处读过书，后来成为北洋海军的一代栋梁。山长在此开馆，借北洋学风熏陶新生一代，期盼重振海军雄风，可谓用心良苦！”

“先生过誉了，借戚公祠开馆纯属偶合，鄙人以戴罪之身，能执鞭糊口，已经是感恩不尽，岂敢有不切实际之想？”陈世恩确是诚惶诚恐，推得一干二净。

代春一笑置之，说：“真佛面前不用烧假香。你教学生英语和数学，这都是当海军必备的两只脚，在下没有吃过猪肉，也见过猪跑路，何必掩饰？在下只有钦佩之情，而无叵测之心。在下告辞了！”说完双手一拱，转身走了。

“哎，先生，先生……”陈世恩还想留住他，可是代春已经对陈世恩的忠心核查属实，可以回京复命了。

代春走下于山石台阶的时候，心想，为什么那个孩子陈定书没有认出他？难道自己老了吗？老在宦海沉浮之中？

他匆匆地出了城，雇了一条快船去马尾，准备去任文娟爹的坟上祭奠。

8

马尾水师旗营的坟地上，长天蓝蓝，坟草菁菁。坟茔墓碑井井有条，坟头上飘扬着新插的白幡和纸钱。偶尔有一座坟头上挺着一簇透红的野花，点点似血，霎霎欲语，似乎是长眠地下的马江海战战死的福建海军水兵心犹未甘的倾吐。

任文娟跪在先父的坟前默默地烧着纸钱，习习的江风吹来，将烧黑的纸灰卷起来，宛如一群墨蝶在坟头上空翻飞，不舍轻易地散去。

自从四年前，任文娟带着四个孩子从刘公岛搬回福州，日子发生了天翻地覆的变化。黄海海战战败，丈夫虽然死里逃生，但是顶罪革职，枯荣迥异，故旧门生，婉拒登门，家中食指繁多，仅靠丈夫每月的束脩，勉强维持生计。在这窘境中慨然援手的倒是任文娟娘家水师旗营的乡亲。任文娟刚回福州的时候，就回水师旗营认祖归宗，乡亲们以为她早在马江海战中罹难了，一听说她嫁给贵为帮办管带的陈世恩，又生下三男一女，无不由衷的高兴。尤其是她的堂哥任细俤，在水师炮台当弁目，逢人便夸她好人有好报，逢年过节都到府上走动。陈家家势日蹙后，任细俤不改初衷，反而邀着水师旗营的乡亲隔三差五就来叙旧，走时便留下一大堆瓜果菜蔬，鸡鸭鱼肉，说是家乡土产，留给侄子们解馋，极尽乡谊和乡情。今天任文娟回乡扫墓，任细俤便请了假，摇着舢板陪她来上坟。但是她心事杌陧，一言不发，任细俤也不敢多问，便坐在船头等她。原来刚才任文娟出家门的时候，碰到在门口摆摊补鞋的林水官。林水官告诉她，适才有个从京师来的茶商在她门口踯躅了半天，还向他打听老上司陈世恩的家境近况。任文娟一听，顿觉得可疑。丈夫遭到物议之后，无人闻问，丈夫更是闭门思过，免惹是非，何来有人打听底细？

林水官思忖道：“夫人，莫非是朝廷派人来暗访大人？就像当初两江总督张之洞大人派差官来聘请萨大人去当总炮台官一样？”

任文娟摇摇头说：“天上不会掉元宝的。你家大人跟萨大人不能相比，萨大人是留洋的栋梁，也是刘步蟾大人他们这一批英才捐躯后仅存的硕果。你家大人只是萨大人的学生，不会再有出头之日，安心补你的鞋吧！”

话虽这么说，任文娟一路上心中也忐忑不安。北洋海军在甲午海战中全军覆没后，朝廷亡羊补牢，特向德国伏尔铿厂订制三艘穹甲巡洋舰，分别命名为“海容”、“海筹”、“海琛”，听说已经到达天津大沽口。自甲申、甲午两次海战之后，大清海军精英几乎丧失殆尽，这么多舰船的将领员弁的配备，一时难寻适当的人选。因此朝廷网开一面，重用廉颇，也不是不可能的事，莫非那个京师来的茶商就是来稽核的上差？

任文娟一边胡思乱想，一边跪在父亲的坟前祈求英灵庇佑夫君解厄转运。

忽然，一把撑开的桐油纸伞遮在任文娟的头上，挡去日头，避去江风。

任文娟抬头一看，错愕得跌坐在地上。替她撑伞的人，正是憎恚填膺的代春！阔别十余载，竟又追到这里来，任文娟最担心的事情终于发生了。代春负疚深重地说：“恕我无礼，我又让你受惊了！”说着伸手想去扶任文娟，任文娟拒绝了他的好意，已经爬起来了，冷冰冰地回答：“男女授受不亲，大人请自重。”

代春尴尬地收了纸伞，惭愧地自责道：“夫人，请容我解释，十多年的遽别，你让我好找，我别无他意，只想向夫人赔不是。”

任文娟从自己过去所受的屈辱的无底心井里拉出了一条回忆的念珠，不容代春再继续拨弄这些痛苦的珠粒，用慧剑匆匆地斩断他的绮想，说：“过去的文娟已经死了，她的儿子也夭折了，大人不必费心寻找。如今的文娟已为人妻，她的夫君就在船边等她，大人不必再苦缠，否则只能两不方便，请大人速速回京，从此，天各一方，相安无事为好。”说完了，拎起香篮急急地走了。

代春还想追去，只见穿着水师号衣的弁目任细俤已经从舢板边站起来，满脸的诧异神色，握紧了钵头大的拳头，想过来讨个道理，被任文娟用眼色制止住了。代春看着任细俤五大三粗的模样，与任文娟倒也般配，便相信了任文娟的绝情之言，只好眼睁睁地目送着她由任细俤搀扶着上船，一橹一橹地摇进遥远的遗忘及半的回忆中去。

代春心中怅惋不已，别具肝肠地回京复命，大力保荐陈世恩。于是荣禄向慈禧回奏说：“经详细稽查，该员确是久历海事，一片孤忠，在此海军人才难求之时，堪以重用。”多疑的慈禧终于放心下谕，正式让陈世恩开复革职处分，委为北洋海军穹甲巡洋舰“海星”号管带。陈世恩终于回到了朝思暮想的兵舰上。在兵舰上，他惊喜地与萨镇冰重逢，才知道萨镇冰也被委为北洋海军帮统，协助叶祖珪统领北洋海军舰队。从此，陈世恩追随萨镇冰和叶祖珪共同重建大清海军，使大清海军劫后复兴，并在短时期内就恢复元气，面目一新。然而，陈世恩没有忘记恩人代春——事后经萨镇冰点破，陈世恩才恍然得知当初正是化名代秋的代春南下福州核查，大力保举，始得他重新“出山”。而任文娟对陈世恩只字不提代春的到来，讳莫如深，不想伤害夫君的感情。

不久，修鞋匠林水官和当年“康济”号练舰的旧部，均被陈世恩一一召回麾下，重新登舰。陈家的声誉之隆，顿时在三坊七巷冠绝一时。

一年后，陈世恩的大儿子陈定书以优异成绩考入烟台海军学校；两年后，二儿子陈定剑也以骄人的成绩考入福州马尾海军学校。然而在英国留学的时候，陈定剑秘密加入了孙中山领导的同盟会。促使陈定剑参加革命党反清的直接原因是一八九四年爆发的中日甲午海战，由于清廷的腐败，没有维护制海权的理念，历经半年战事，终使排水量居世界第四、居亚洲第一的北洋海军全军覆灭。另一个间接的原因是一八九五年十月二十六日孙中山领导的第一次广州起义。当时广东水师中最大的军舰之一“镇涛”号炮舰管带程奎光、原“广丙”号巡洋舰管带程璧光兄弟策动一部分广东水师官兵参加起义。不料期前事泄失败，被清吏逮捕，首次起义乃告失败。程奎光在狱中身心备受摧残，于一八九八年保释后不久病逝。程璧光逃往南洋槟榔屿幸免于难。程氏海军前辈的壮举，更令当时的学子陈定剑痛定思痛，在心田中埋下了反清的火种。

参加同盟会入会的仪式是在伦敦的一家华人洗衣店里举行的。

入会的介绍人是孙中山。他只比陈定剑年长二十岁，却已经是同盟会的领袖。他个头不高，乍一看，跟普通的广东人没有什么差别，但是两眼炯炯有神，有如两道黑夜中的闪电，一下子就将陈定剑的灵魂摄住了，大概这就是领袖的人格魅力，吸引着无数的追随者去赴汤蹈火。

孙中山单刀直入地问陈定剑：“你是海军，不知道你对当年黄海海战北洋舰队全军覆没，有什么看法?”

陈定剑心想，孙先生果然是医生出身，谈国事如治病患，一针见血，真是小医治病，大医治道，就回答说：“逸仙先生，黄海海战爆发那一年，我才九岁，但是家父亲历血战，战败后戴罪革职回原籍，我记忆犹新。不过可以一言蔽之，大清的腐败，没有维护制海权，是打败仗的致命原因。”

孙中山深有同感地说：“所言极是。甲午战败后，我曾经写了八千字的进言书，托好友郑观应走罗丰禄的门路，将进言书转呈李鸿章。在进言书中，我试图采用稳健的渐进方法改良国政，岂料，进言书如泥牛入海无消息，连个信函收到的通知也没有。既然我已经将富国强兵之策献给李中堂了，他置之不理，我只好转而用革命的武力击溃腐败的清廷。”

罗丰禄，陈定剑的同乡，与萨镇冰、刘步蟾都是福州马尾船政后学堂第一期同学，著名翻译，嗣入李鸿章幕，视同左右手。陈定剑早就从父亲嘴中久闻他的大名，如今又听得热血沸腾，说：“定剑愿誓死追随先生。”

孙中山高兴地说：“人家叫我孙大炮，我这个大炮只是纸上谈兵，革命需要海军，海军才是革命的大炮!”

入会仪式开始了。陈定剑面对的墙上挂着一面“青天白日满地红”的旗帜。他认出这是孙中山的挚友陆皓东设计的，但是陆皓东已经在第一次广州起义中捐躯了。青天白日的设计图样后来成了国民党的党徽，旗帜即是后来诞生之中华民国的国旗。

陈定剑举起右手，握紧拳头，含着热泪跟着孙中山复颂出了铮铮的入会誓言：

驱逐鞑虏，恢复中华，创立合众政府。创立民国，平均地权，矢信矢忠，有始有卒，如或渝此，任众处罚。

复颂完毕，陈定剑的脑海中忽然闪过一个疑问：“驱逐鞑虏”，不就是尽驱满人吗？满人是中华泱泱五族之一，视同手足，岂能皆逐关外？何况关外沃野千里也是中华疆土，岂能裂土分茅？陈定剑考察过美国诸州，自林肯解放黑奴，黑人已成为美利坚合众国之一份子，虽然美国国内尚有白人至上思潮泛滥，但是宪法赋予黑人合法公民权益坚如磐石。孙先生视美国民主社会为终生奋斗目标，何以提出“驱逐鞑虏”的偏激口号呢？陈定剑又一想，清朝乃马上立国，靠刀枪杀人建立强权政权，开国之初，创设了不少歧视汉人的政策，延续二百六十年。自清初到清中叶，创建盛世，国力强大，百姓对不公正的政策习以为常。但是自英夷用利炮鸦片撞开清廷大门之后，满汉矛盾愈演愈烈，孙先生借满汉矛盾当大题目加以发挥，做杠杆的支点来撬动大清垂垂老矣的帝国，也是非常手段，但是否会带来副作用呢？陈定剑不敢再深思下去，此时此刻他已经被孙先生的人格魅力所深深感染，倏地抹去了心扉上的那一层疑影，宣誓完毕以后，他已经成为了坚定的同盟会战士。

自从参加同盟会以后，置身于英国格林尼茨皇家海军学院繁杂的学习课程中的陈定剑一直有个预感，总有一天同盟会将授命给他，让他去叱咤风云，或者让他去血溅辕门，他都做好了马革裹尸的准备。

可是陈家的家族史上却有一页不可忽视的旧账：改变乖谬命运并使陈家踵事增华的恩人，却是新任的筹办海军副大臣代春！

现在，奉命刺杀筹办海军副大臣代春，成了海军军官陈定剑捧在手中的刺猬：行刺，则让陈家陷入忘恩背德的不义；不行刺，陈定剑则背叛同盟会的誓言，有负民族的大义。在民族大义和家族小义中，陈定剑必须做出当机立断的选择。

第三章

9

在隆隆的礼炮声中“海星”号穹甲巡洋舰缓缓地驶进了吴淞巷。

一条漂亮的白漆舢板从停泊的“海星”号穹甲巡洋舰上放下海面，快速地向德国“威廉王子”号轮船划来。舢板的后部旗杆上飘着一面尾部缺块三角的长方形统领旗，旗的左上方绣着一条金龙，下方缀一颗（少将）星，有别于满清传统上的三角形龙旗，令人焕然一新。这是甲午战败清政府重建海军后，筹办海军大臣载洵和筹办海军副大臣代春“因各国办理海军，自海军大臣以下各级长官均有特制旗式悬挂桅端，以辨等级”，于是仿照西洋样式，设计了中国的海军旗。

舢板靠上停泊的“威廉王子”号，大清巡洋舰队统领兼“海星”号管带陈世恩身穿崭新的西洋式礼服，手握佩剑，登上“威廉王子”号放下的舷梯。他的身后紧跟着年轻的旗人帮带铁祥。铁祥是皇族贝子，十三岁就读专为皇族子弟开办的昆明湖水师学堂，甲午海战爆发前转入天津水师学堂寄读。甲午海战战败海军衙门裁撤，昆明湖水师学堂因此停办，没有毕业的贵族学生星散，满清皇族的海军军官梦就此幻灭。而铁祥却幸运地和一批贵族子弟在天津水师学堂毕业，奉派往“通济”号练习巡洋舰见习。后通过父亲、筹办海军帮办大臣康禄走隆裕太后的门路，铁祥当上“海星”号的帮带，他在海军界本不出名，资历也浅，擢升得如此之快，是隆裕太后想借此平抑福州籍海军军官的势力。而铁祥年少气盛，自恃有皇太后撑腰，便开始垂涎管带的第一把交椅。“海星”号跟“海天”、“海圻”号一样是甲午战败后中国新从英国购进的最大的穹甲巡洋舰，排水量四千三百吨，是铁祥心目中实现大清皇族海军军官梦想的温床。他的父亲康禄贝勒是海军副大臣代春的政敌，与代春认为重建大清海军需靠萨镇冰等北洋海军幸存力量的意见相左，极力主张让旗人尤其是皇家贵族掌控重建的海军。特别是在宣统帝登基，南北洋海军南北洋舰艇统编为巡洋、长江两支舰队后，铁祥的野心极速膨胀，他觊觎的新目标，是有朝一日问鼎巡洋、长江舰队统制的宝座。

德国船长带着下属列队在舷梯口恭迎陈世恩和铁祥。担任翻译的自然是仪凤格格，她代表父亲代春将陈世恩一行迎入头等舱的客厅。铁祥一见仪凤，就跟苍蝇叮上血，不觉忘神，几乎要赶上德国船长的脚步，与仪凤并肩搭讪，被陈世恩不悦地扫了一眼，才恍悟自己失礼，连忙退到陈世恩的身后，竭力保持着自己身为帮带的礼仪。仪凤看在眼里暗暗好笑，不由地拿这个轻浮的贵介公子与脚踏实地的陈定剑相比，有判若霄壤之别。

陈定剑奉命和一群考察团的下级随员列队在客厅外迎迓来宾。当他见到阔别三年的父亲激动得眉际生春，而陈世恩只是从眼角扫了他一眼，传递去无限的关爱，依旧保持着军人的肃穆，身姿板直地走进客厅。仪凤走过陈定剑身边的时候，目光一直搜索到他的海军军帽的底下，与他情怯、不敢往外看的眼光相触，相抚，交织在一起。走在仪凤后头的铁祥像条黑狗用他那靡非斯特的目光发现了这瞬间即逝的变化。熟悉德国文学名著的仪凤后来常常发现铁祥窥视她举止的目光就是酷似靡非斯特的目光。《浮士德》第一部中讲到浮士德同学生瓦格纳出城散步，魔鬼靡非斯特变成黑狗跟着浮士德回到书斋，它的目光能洞察一切。铁祥用瓜分豆剖般的精明判定格格和这个汉人低级军官之间有了鱼水之情，那么，这个挡了他情路的汉人就是他的死敌了。

筹办海军副大臣代春是个不愿被人误认为近幸的一流，尽管威权渐重，但是一见陈世恩步入客厅，连忙上前，迎见如仪。陈世恩不再用北洋海军的旧礼仪，双手一抖马蹄袖打千，而是脱下饺子型的帽子，挟在左腋下，行个标准的西洋式海军军礼，这一瞬间，将两个力主重建新式海军的满汉大员之间的距离拉近了。

一阵寒暄后，代春用笼络的声调问陈世恩："统领大人，听说令公子已经从英国毕业，随团回国，怎么不见他来找我?"

仪凤忍不住地插了一句："阿玛，您贵为筹办海军副大臣，他是个小学员，您不下令让他来见，他岂敢僭越礼节?"

代春为人不善知疼着热，否则当年对心爱的女人任文娟也不会弃如敝屣，就说："女儿，你说这句话，对副统领大人就生分了。你阿玛和副统领大人都是天津水师学堂的同窗，阿玛参加过甲申年马江海战，副统领大人参加过甲午黄海海战，都是大清海军宿将，咱们两家可是世谊，怎么可以分彼此呢?"

陈世恩自知满汉有天渊之别，儿子陈定剑恪守礼节无有差错，但是嘴上却谦恭地说："贝勒爷，犬子少不更事，又自维浅陋，所以不敢造次擅见贝勒爷。如今他就在客厅外候着，如果贝勒爷准允，就差他前来聆听训示。"

代春对仪凤说："女儿，快去请他进来!"

仪凤禁不住高兴地出去了。一直被冷落在旁边的铁祥显得很不悦，心想，代春也太不把他放在眼中了，纵然有筹办海军大臣载洵亲王替代春撑腰，而铁祥的阿玛康禄好歹也是隆裕太后的红人！铁祥正在暗自怨尤的时候，只见仪凤满面春风地引着英俊的陈定剑返回客厅，这个陈定剑正是刚才令铁祥生恨的海军军官，铁祥突然觉得在自己和仪凤之间的鸿沟陡然加宽了!

陈定剑向代春行了个标准的海军军礼，严谨犹如其父。代春看了，心镜上渐渐地凸现出另一条模糊了的人影——陈定书，便问道："定剑，你还有一个大哥叫定书是吗?"

陈定剑回答："回大人的话，定书从福州船政后学堂毕业后，如今在长江舰队任'江天'号炮舰管带。"

代春的脑海里掠过了一个虎头虎脑的男孩形象，他手执木棍当宝剑，在刘公岛的海边，指挥一艘沙器的铁甲舰遨游理想，就欣慰地说："好，好，将门出虎子！将门出虎子!"

陈世恩解释道："贝勒爷，大犬子已奉朝廷之命随同'江天'号赴广东缉查革命党走私武器，日后如有机缘，一定命他来拜谒聆训。"

代春艳羡地说："统领大人，听说你还有一个三子定棋在美国西点军校读书?”

陈世恩回答道：“是的，今年秋天即将毕业回国效命。”

代春于激动中有些悲凉，说：“真是令人羡慕啊，古人说七子打天下，指的是杨家将有七个儿子效力朝廷，定鼎江山。陈家也有三个儿子报效海军，三足鼎立，足矣，足矣！可惜我膝下无子，不能为朝廷效命，不能不是遗憾！”

仪凤爽直地说：“阿玛，赶明儿，女儿给您招一个女婿效力海军，女婿抵半个儿子，聊胜于无，如何?”说着含情地看了陈定剑一眼。

陈定剑的眼睛里游动着一丝战栗和不安。打从见到代春，他就暗忖，这就是他要行刺的目标，父亲视同的手足，他如何下得手？而仪凤又频送秋波，更令他惶恐不已。他的焦灼神情，被铁祥锐利的目光捕捉到了，眼神里立刻有了某种新的念头。只听代春打断了女儿幻想的翅膀，说：“大胆！皇族儿女的终身大事，岂能擅自做主？一切谨从太后的旨意。”

仪凤不从地辩解道：“阿玛，德国皇家的儿女婚姻都是自己做主，为什么女儿不能有自己的愿望?”

代春神往地说：“愿望是美好的，现实是遵从的。”他仿佛重睹了他和任文娟褴褛的往事。

铁祥终于逮住机会表现出贵胄的优越，神气地扫了陈定剑一眼后，走到仪凤面前说：“格格，贝勒爷说得对，婚姻是维系皇家王统的根本，谨从王统，是我们八旗子弟的天职。”

仪凤鄙夷不屑地瞅了铁祥一眼，讥讽地说：“贝子爷，大清海军可是要跟西洋各国海军同制，你身为帮带，如果思想滞后，如何统制大清最先进的巡洋舰?”

铁祥被抢白了一顿，旋即却满脸堆笑地转圜道：“格格言重了。立志当一名跟西洋皇家海军军官一样的管带是我从小的理想，令尊大人也有着这样的抱负，这是八旗中优秀子弟才有的品格。但是谨遵祖制也是天潢贵胄的圭臬，两者并不矛盾。格格如果喜欢的话，我可以请格格参观‘海星’号，看看我在统领大人的麾下是怎么带兵统舰的。”

仪凤弦外有音地说：“我不必参观也知道‘海星’号训练有素，是我巡洋舰队的主力舰，那也是统领大人领兵统舰有方，人家可是北洋海军的前辈，是萨统制的门生，你不过是沾了统领大人的光。”

陈世恩连忙替尴尬的铁祥打圆场道：“格格，贝子爷全无贵介公子的骄娇习气，能同全舰官兵同甘共苦，忠于职守，深得官兵爱戴，是个不可多得的将才。”

代春听了嘉许地说：“女儿，你出洋太久了，不了解八旗子弟中也有不少杰出的海军人才，你眼前就有一个佼佼者。”

仪凤缓和了口气说：“看来士别三日当刮目相看这句名言，在八旗子弟中也可用。”

代春一转话题，由衷地对陈世恩说：“统领大人不辞劳苦到吴淞口来接我，我作为同窗总得投桃报李。如今筹办海军事务处刚刚成立，极需令郎这样品学兼优的人才，如果统领大人肯割爱的话，令郎就到筹办海军事务处任二等参谋官，徐图再进，如何?”

仪凤听了暗暗高兴，这样就可以在京师经常同陈定剑见面，喜形于色地看着陈世恩，等他开口。

陈世恩不想让儿子卷入京师的满汉大员斗争的漩涡中，就婉言拒绝道：“多谢贝勒爷对犬子的厚爱。还是让他先回上海海军巡洋、长江舰队统制部复命，从下层开始为朝廷效力。”

铁祥一听陈定剑不留在京师与格格有接触的机会，就放心了，赞扬地说：“从下层开始效命朝廷，是陈家的传统，这在海军界中有口皆碑的，铁祥今日眼见为实了，佩服佩服。”

代春意犹未尽，问陈定剑道：“定剑，说说你的意愿?”

陈定剑的心头涌上一股惶愧之感，代春如此眷顾他，他怎么能对代春大开杀戒? 只好一推了事，说：“大人，学生当谨从父命。”

仪凤一听凉了半截，还想挽留，被代春用眼色制止了。代春理解陈世恩经过衡情度理后做出的决定，说：“也好，令公子从下层效力，日后进入巡洋舰队，前程不可限量。定剑，往后需要世伯伸出援手，尽管言语。”

陈定剑说：“多谢大人的厚爱。”

仪凤洪炉点雪似的说了一句：“阿玛，远处的不必说，先说近的。今天晚上不是要举行舞会吗?请阿玛下令让定剑和学员们都来参加。”

代春说：“对对，今天晚上‘威廉王子’号要卸货、加水、加煤，明天早上才进上海，德国船长举行酬谢舞会，定剑，你们都要参加，以显示我大清海军的军威。”

“是，大人!”陈定剑一眼瞥见从客厅门外经过的华人电报生向他使个眼色，他预感有事要发生，便说，“请大人的示下，如果没有别的事情吩咐，请允许学生告退。”

代春钟爱地说："去吧，我和令尊还有大事要商量。"

陈定剑向代春、陈世恩、仪凤和铁祥一一辞别后走出客厅，觉得背后牵着仪凤的充满青春怡悦和梦幻的眼光。

仪凤像一只受伤的海鸥跌进泥淖似的大海中，转身走了。铁祥见目的达到了，嘴角掠过一丝得意的微笑追赶仪凤去了。

陈定剑心想，让她对自己产生误解也好，反正明天刺杀她父亲的行动，将导致她对他憎恨终生！

10

德国船长的舞会是在头等舱的大餐厅里举行的。代春率领着陈世恩和考察团的一行官员在女儿仪凤的引导下步入灯火辉煌的舞厅，德国船长笑容可掬地站在门口恭迎，他的身后分列着两队轮船的高级职员和洋人乘客鼓掌欢迎。代春一见受到如此礼遇，不由大喜，即席致词，说："尊敬的船长阁下，这是本人出访贵国以来所受到的不亚于在克虏伯工厂隆重欢迎的礼遇，谢谢船长阁下，谢谢各位贵宾！"

船长兴奋地鼓劲道："小姐们，来熟悉一下这位大清国海军部长吧！"

还没有等代春明白是怎么回事，早有准备的十几名西洋女乘客蜂拥而上团团围住代春，暴风骤雨一样的狂吻，令猝不及防的代春的两颊上密密麻麻地留下美女们的口红印痕。

仪凤见父亲成了大花脸，忍俊不禁，从小手袋中掏出手绢替父亲一一拭去口红，说："阿玛，您办海军办到受洋人欢迎的程度，证明您成功了一半。"

代春听了好不开心，说："明天船到上海，英国、法国、意大利和德国等各国领事和夫人都会到码头来迎接阿玛，你就会明白阿玛筹办海军有多大的影响力了。"

陈世恩接上话茬说："格格，您阿玛已经下令护航的'海星'号明天放礼炮，以在洋人面前显示我大清海军的军威。"

仪凤听了很自豪，略带忧郁的目光不由地往门口觅寻，她在寻找没有随队前来的陈定剑。她猜测他羞于见她，羞于将在傍晚时分与卖花女缱绻的嘴脸再次暴露在她的面前。

铁祥满面于思地走进舞厅。陈世恩低声地问道："怎么迟到了？刚才贝勒爷还问起你哩!"

铁祥见代春已经接受了一位洋人小姐的邀请，在邯郸学步地学跳舞，就掩饰地说："大人，刚才卑职去下令舰上悬挂灯饰，所以迟到了，请见谅。"重建大清海军后，巡洋、长江舰队仿照西洋各国海军惯例，有皇族需要护卫，舰上由日没至日出悬白灯四盏于主桅楼后部，其悬法左右直悬各二盏，上下相隔一米宽。

陈世恩不再追究了，他一向治军甚严，不允许部下有丝毫的失职，然后走向德国船长，举起酒杯向他致意。

铁祥轻轻地吁了一口气，顺手拿过侍者送来的一杯酒，慢慢地呷着，似乎想呷下突如其来的烦恼。

刚才，铁祥接到轮船洋人电报生送来的一封密电。电报是上海道台通过上海德国领事馆发给"威廉王子"号的，警告说明天有革命党在上海码头上预谋刺杀筹办海军副大臣代春。

铁祥扣下电报，盘算着怎么向代春报告。

代春是铁祥父亲的政敌，如果借革命党的手替父亲扫除登极海军大臣宝座的障碍，机会难得。但是隐瞒不报，一旦东窗事发，铁祥不仅丢掉红顶，而且脑袋不保。只有等到明天上午船进上海港的时候，再向代春报告，让他措手不及。可是万一陈世恩得知行刺消息后提出让代春改乘"海星"号，另遁他途怎么办？

正当铁祥在苦思冥想的时候，代春走到他的身边问道："铁大人，不是让你去叫定剑吗，怎么不见他来跳舞？"

铁祥支支吾吾地说："贝勒爷，卑职碰到三等舱的侍应生，才知道定剑大人偶感风寒，不便前来。"

"阿玛，如果您允许的话，女儿愿意替阿玛去探望定剑大人。"仪凤听见陈定剑有恙，心中对他的轻怨早已抹净，不顾唐突，冒失地插了一句，双颊已经飞红了。

代春从眼角用余光扫了女儿一下，说："男女授受不亲，多有不便。"

仪凤转圜地说："阿玛，女儿可以请洋人医生一起去。"

铁祥不愿意让仪凤与陈定剑独处，再生枝蔓，便说："格格，刚才统领大人已经派医生去看过定剑大人了。"

仪凤措辞得体地回答道："阿玛，统领大人派人看望他儿子，是尽慈父之心，是私事；阿玛派女儿去看定剑大人，是体恤下属，是公事。”

代春见几个洋人正向他走来，一定有客套的礼节要周旋，就应付地道：“好，你去吧，代阿玛向他问候。”

“是！”仪凤一阵风地走了，把个铁祥杵在原地，跟冰柱一样僵着。

仪凤出了大餐厅，根本没有去请洋医生，径直下到三等舱。

陈定剑的客舱里空无一人，他的床头摆着一篮荷花，那个卖花女留下的信物。仪凤揣想，陈定剑一定躲在这里，秘密地钦仰着这篮洁白，这篮诱惑，这篮情欲，也许他还用手抚摸着这些饱满的花苞，想像卖花女鼓鼓的乳房。

她想自己的乳房也是挺挺的，蕴藏着无限的青春活力，为什么陈定剑从没有正眼看过一次呢？顿时，一股悲凉流过她体态丰盈的身躯。

忽然，她的身后传来急匆匆的脚步声，她不转身，就猜到是谁赶来了，便怨尤交加地说：“你放心，我可没有动你的这一篮花。”

陈定剑站在舱门口进退不得，被呛得很尴尬。他假装生病，不敢去参加舞会，是害怕见到纯洁无瑕的仪凤，怕自己好不容易才坚定的刺杀意志，见了仪凤就跟雪碰到阳光，慢慢融化了。刚才他去藏匿那颗炸弹，见到有人影进了自己的客舱，怕是居心叵测的铁祥，便赶来了，不料撞上了最不想见的人。陈定剑见仪凤话中有话，知道她在吃郑安芳的隔壁醋，心想，索性让她死了心，就说：“那就好，你也许听说过海军中流传的一句话，家花没有野花香。”

仪凤本来幻想着他会向她解释那是一场误会，求她原谅，然后会张开双臂，不容抗拒地从后面将她拥入怀中，她会挣扎几下，随即就驯服地躺在他有力的臂弯里。没想到，他竟然口出佚荡之言，白披着一身海军的华丽制服了，心地如此粗卑！她气得转身就走，还以为他会叫住她，像绅士犯了过失向她道歉，没料到他把手压在舱门上，眯着吊梢眼，涎着脸对着她，她悔恨得差点哭出来，钻出舱门，失魂落魄地跑走了。

刚才自己怎么装得像个浪荡公子？太失礼了！陈定剑走进客舱，颓然地坐在床上，这一回让她恨死自己了，想到这里，他倒轻松了。他倒在床上，开始仔细地琢磨明天行动的计划。

铁祥看见仪凤返回舞厅步履木樗，全无了刚才的快活，便猜到她与陈定剑有了龃龉，就轻松地跷着二郎腿，呷着杯中酒，继续想他的未解难题。

舞池里，西洋女人捉对似的拥着笨象一般的大清海军官员在跳舞，洋相百出，笑声一片。代春和陈世恩正倚在吧台边与德国船长饮酒交谈。铁祥忽然发现，代春与陈世恩个头一样，面貌相仿。一个恶毒的念头，突然从铁祥的心里钻出来：明天船到码头再向代春禀报行刺的消息，在无法更改行程的紧急关头，为了在各国领事面前不失大清国的脸面，只好请陈世恩冒充代春，桃代李僵。万一陈世恩被刺，自己正好可以名正言顺地顶替“海星”号管带的肥缺！

想到这里，铁祥舒心地一口饮尽杯中的法国红葡萄酒，那不啻是一杯淋淋的鲜血！

第四章

11

就在德国“威廉王子”号轮船举行舞会的这一天晚上，延宕不去的雷声同样笼罩在上海老城厢的棚户区上空。

老城厢，指的是租界外的上海旧县城。一八五三年小刀会发动起义以前，上海县城有人口二十余万。起义失败后，清军屠城纵火，焚毁店铺民房几千间，大火连烧四天，最为繁盛的小东门至大小南门一带变成了一片废墟，“百年富庶精华”于一夕之际皆被抹去。居民纷纷避入“中立区”的租界，残余人口不足三万，为了挡风遮雨，在废墟中搭起一片“棚户”。灾民们最初在芦席作篷的艒艒船上栖身，数年后船破底漏，就将破船搬上岸，住进“旱船”，或利用船篷的旧材料搭成滚地龙等半圆形矮小窝棚。条件略好的人家用毛竹、稻草和泥搭棚，即是棚户。

新军排长吴天宝踩着泥泞不堪的小路，穿行在终年受水侵蚀、破破烂烂的棚户中间，凭着手提的一盏风灯的指引，终于在闪电的蓝光中看见了他要寻找的那间棚户。他掀开一角破竹帘，钻进棚户，在终年被大潮讯带来的河滨的淤泥上架着一叠木箱，木箱上盘坐着一个浑身乌黑油亮的菲律宾鬼佬，宛如一具木乃伊，将自己包围在劣等烟土的臭气中。吴天宝知道找对人了，留在上海的菲律宾人多半是从前华尔洋枪队的旧队员，打散后，这些菲律宾人靠非法倒卖枪支为生。鬼佬手中有吴天宝非买不可的"鬼炮"。"鬼炮"，俗称手枪，灵活方便，异常珍贵，吴天宝要完成刺杀筹办海军副大臣代春的任务，非它莫属。

吴天宝是光复会的秘密成员，也是新军中的神枪手，可是由于近来革命党举事甚多，新军已奉命将枪械锁库，吴天宝虽为排长也轻易拿不到一支长枪，何况刺杀需要的手枪！光复会的龙头五爷找到他，命令他执行刺杀代春的任务，并交给他一笔买"鬼炮"的钱。不料，这笔钱交给同伙、新军士兵阿毛保管，阿毛在赌场中无意泄密，不仅阿毛被清军密探杀害，连买"鬼炮"的钱也被查抄了。五爷漏夜逃走，吴天宝再也凑不齐枪钱，只好硬着头皮来找鬼佬。

吴天宝从手上脱下一粒金戒指放在鬼佬面前的木箱上。这粒戒指是吴天宝买给未过门的顾玉秀成亲用的，如今只好应急了。

鬼佬诨名叫乌鬼，他将戒指用被鸦片熏黑的牙齿咬一咬，用洋泾浜英语说："还差一半，再拿一粒来！"上海开埠以后，纯正的英语难以为普通华人普遍掌握，于是一种用汉字为英语常用口语词汇，短句逐一注音的洋泾浜英语开始流行下层社会，最常使用的是替洋人提供服务的仆役、车夫。而乌鬼为了方便卖枪，也使用流行的洋泾浜英语同上海的会党打交道。

吴天宝当兵前做过仆役，会讲洋泾浜英语，央求道："先欠着，过两天我再送来，先把鬼炮给我！"

乌鬼冷笑一声说："过两天？明年的明天，还是叫你的老婆替你烧纸钱吧！"

吴天宝从靴筒里拔出匕首往木箱上一扎，厉声喝道："给不给？"

乌鬼正眼瞧也不瞧匕首，瓮声瓮气地说："乡下人，老子玩鬼炮的时候，你爹还没有出娘胎，你敢跟老子玩刀子？老子要少了一根汗毛，就有人告到衙门，你革命党就办不成事！"

吴天宝气馁了，乖乖地拔出匕首，重新插回靴筒。五爷叮嘱过他，此举非成功不可，筹办海军副大臣代春归国途经上海，千载难逢，何况又有西洋各国公使在场，杀代春可达到撼动清廷、大快天下的效果。况且，风闻同盟会也想行刺代春，光复会的地盘，岂容同盟会越俎代庖？万一让同盟会抢先下手，雄踞沪杭的光复会有何颜面面对天下会党？再说五爷向来反对同盟会主张举事起义，力主用暗杀替天行道，这个主张，吴天宝也是推崇的，更何况他要替阿毛和众多死难烈士复仇！

吴天宝缓和了口气说：“乌鬼，我没有一枚铜钿了，通融通融吧！”

“我是做生意，你不能让我喝西北风！”乌鬼寸步不让，“没有钱，回去吧！”

吴天宝是个血气方刚的汉子，一诺千金，决不有负五爷，就说：“好吧，拿纸拿笔来，立个字据，我把未过门的小阿媛抵押给你！我若不死，拿钱换回字据，我若回不来，小阿媛就典给你了！”

“快人快语！好汉！好汉一条！”乌鬼从木箱里摸出一张纸，一方砚台，一支毛笔，搁在木箱上。

吴天宝铺纸濡笔，歪歪扭扭地写下卖妻字据。写毕，一抛毛笔，咬破拇指，往字据上印下血手印一方，表明心迹。

乌鬼收了字据，从木箱中摸出一包油布包交给吴天宝。吴天宝打开油布包，现出一支烤蓝发亮的“鬼炮”，和一盒子弹。吴天宝试了一下空枪，重新包上油布，塞入怀中，豪宕地大笑一声，头也不回地走了。

吴天宝剩下要做的最后一件事，就是去见未过门的小阿媛顾玉秀一面。

顾玉秀住的棚户紧挨着夷场的黄泥浜旁边。小刀会没有造反以前，顾玉秀的爷爷在老城厢经营一家殷实的香粉店。清兵破城后，香粉店陷于兵燹，爷爷和奶奶葬身火海，顾家破产了。顾玉秀的爹娘蛰居棚户，顾玉秀出生后唯一见到昔日顾家风光的孑孓——一只珐琅胭脂盒。胭脂盒内的胭脂饼早已干枯，硬得像瓦片，但是仍旧发出淡淡的香味，诱导着顾玉秀有朝一日走出棚户，迁入香气四溢的夷场区内，重新过上憧憬的日子。偏偏替人代写书信为生的老爹病逝，老娘一急之下也跟着西归，一贫如洗的顾玉秀只能头插草标，卖身葬爹娘。偏偏老天有眼，那一天吴天宝刚刚提升了排长，同乡阿毛邀他到老城厢赌钱，恰巧撞见了热孝在身的顾玉秀，便将她买了下来，并答应在守孝百日后娶她为妻，带她住进夷场内的石库门安居。岂知百日未满，吴天宝为了买“鬼佬”竟将她典押，很是内疚。

吴天宝提着风灯，敲开了顾玉秀的家门，顾玉秀见恩人从天而降，又惊又喜，连忙将未婚夫让进家徒四壁的棚屋里。吴天宝新升排长不久，没有积蓄，手中即使有多余的饷钱，也捐给五爷当了会党的会费。厚葬了顾玉秀的爹娘后，吴天宝也只留下拮据的钱供顾玉秀过着简陋的日子。所以顾玉秀见了吴天宝赧颜地说："大哥稍坐片刻，家里还有几块豆腐干，奴家去打点老酒，去去就回。"

吴天宝见顾玉秀才十六岁就如此体贴，心里越不是滋味，说："不必了，我说几句话就回营里去。"

顾玉秀忐忑地恭立在一旁，不知道吴天宝要说什么。

吴天宝拉她坐在床沿，弦外有音地说："阿秀，我明朝要开拔出长差，一时半会回不来。"

顾玉秀说："奴家一定每天晚上早早闩门，等着大哥回来。"

吴天宝狠下心说："如果我有个三长两短回不来，你不要恨我。"

顾玉秀想得很豁达，说："大哥是新军，是营队上的人，奴家要当大哥的女人，知道走马行船三分险的道理，奴家会挺得住的。"恨死了清兵的顾玉秀自从认识吴天宝后，才知道新军跟大清的绿营兵不一样，是北洋大臣袁世凯天津小站练兵训练出六镇（师）军队后，各地督抚纷纷效仿新建的军队，灰布是新军装，来复枪是新武器，洋人是训练的顾问，做派迥然不同。

吴天宝见顾玉秀如此明理，暗暗叹她的命跟中药柜上的抹布一样，揩来揩去都是苦的，尽量往好里的说："如果我有命回来，我一定在夷场里租一间石库门的房子，风风光光地娶你过门。"上海人早先将租界称夷场，经多年华夷融合后，渐渐认同了西方文化的掺糅，才改称夷人为洋人，夷场为洋场。

富贵险中求，顾玉秀从小听爹爹说过这句话，所以她对吴天宝话中蕴藏的危险不会太担心，既然要嫁给当兵的，就要有吃粮又要吃子弹的胆魄。于是松心地说："奴家户间里，刚才结好大一个灯花，明朝会有喜事的，大哥不必担心。"

吴天宝心头一阵感动，情不自禁地抓住她的纤纤小手，说："我走了，你自家照顾好自家。"

顾玉秀顺势抱住他，跟小鸟依人一样，恳求道："大哥，你今晚就不要走了吧？"

吴天宝粗声粗气地拒绝了："我是排长，怎么能不回营队？"

顾玉秀一想吴天宝明朝要出长差，风里雨里谁疼谁怜，便央求道："你这一走，不知道什么时候才回来，奴家没有什么值钱的东西让你带着路上用，就把干净的身子给了你，好让你一路上有个女人疼爱的念想。"说着绯红着脸，开始脱衣服。

吴天宝不想让女人软玉般的酥体消磨了自己旺盛的斗志，抓住了她的手说：

“阿秀，你早晚是我的人，不急。”

顾玉秀惊讶地看着他，问：“大哥，你嫌弃奴家吗？奴家命薄，身子可是金贵的，只留着给大哥。”说着要去解吴天宝的衣服。

吴天宝怕受不了顾玉秀体香的诱惑，一把推开她，起身说道：“休要纠缠了！我走了！”拎了风灯，向门口走去。

顾玉秀追上去，将那一只珐琅胭脂盒塞给他，叮咛道：“这是我爹留给我的，带在身边，见到它就见到奴家。”

吴天宝将信物郑重地放进军装口袋，头也不回地走了。

顾玉秀倚在摇摇欲坠的门框上目送着吴天宝高大的身影融入浓浓夜色里，眼眶中才涌出担忧的泪水。

12

“威廉王子”号轮船鸣着汽笛缓缓地从吴淞口海面驶入黄浦江，在“海星”号穹甲巡洋舰的护送下，载着荣耀、载着阴谋、载着叛逆、载着爱情驶向矛盾的爆发地——英租界的洋船停泊区码头。

一八四三年英国驻上海领事巴富尔抵沪，在上海县城租屋落脚未及一周，就以告示的形式宣布上海开埠，并划定了上海港的港界。港界的范围沿黄浦江下游，涵盖了南起县城北到吴淞口宝山嘴之间的江面。从此，上海港拥有了直通出海口的空间范围，昔日以黄浦江上游内河航运为主的上海港开始跻身近代远东海运枢纽港之列。早期的外贸港地处黄浦江西岸，江面形似弯月，是黄浦江水势最深、水流极平之处，两年后，英国人在这天然良港的位置上建成两座驳船码头，继而又相续盖了十余座。码头后面是沿江纤道，隔着纤道就是错落有致的两层楼洋行建筑，一个新兴的商港终于在黄浦江上形成了。一八五三年，在上海县城的南码头到小东门的区域被划为民船停泊区；该区以北直到吴淞口为止被划为洋船停泊区，专供外轮锚泊、装卸。洋船停泊区的范围内，又以洋泾浜为界划分为法租界外滩和英租界外滩。

陈定剑从三等舱的舷窗里往黄浦江外滩上看见的就是一个因租界繁华而集荣辱于一身的城市。他憎恨清廷的腐败，才导致眼前有一片被洋人瓜分得四分五裂的海岸线，这是身为一名中国海军的耻辱。想到这里，他不由得摸了摸藏在怀中的炸弹，再过片刻，他将在码头上用它向世人宣告自己的呐喊！

雨，终于落下来了。断断续续地响了一夜的雷声，将孕育的暴雨在空中摧散，化成濛濛的雨帘罩住了黄浦江。

陈定剑的心中陡地掠过一个不祥的征兆：是不是刺杀代春的行动也跟这一场雨一样最终落个虎头蛇尾的结局？

他不由得打了个寒战，但是抱着赴死的决心，仍旧正了正军帽，抻了抻军服，往南面跪下，朝福州老家的方向拜了三拜。他知道万一事败，他万死不足惜，可是连累父母和兄弟，那是株连九族的大祸，尽管写了声明登报，恐怕也不能避祸于万一。但是为了民族，为了孙中山先生的重托，他只能担大义，舍小家了。

“轰！轰轰！”“海星”号开始放礼炮了，预告着载着皇族、筹办海军副大臣代春的“威廉王子”号即将靠岸了。

起身后的陈定剑想起了古人赞美荆轲的诗句：“风萧萧兮，易水寒，壮士兮一去不复还。”然后毅然地走出了船舱。

此时，代春下榻的一等舱客房里正忙成一团，代春和陈世恩正在互换海军的金线大礼服。铁祥站在一旁时不时地侍候着代春的换装。

易装的决定是刚刚做出的。

当“威廉王子”号驶进黄浦江的时候，铁祥不失时机地向代春和陈世恩佯称刚刚收到上海道的密电：有光复会的革命党准备在码头上行刺代春，主犯新军士兵阿毛已逮捕到案，不知是否尚有余党继续行凶。陈世恩当即提议请代春移驾“海星”号巡洋舰，另适码头登岸。代春认为此举有损大清海军国威，岂容因为几个革命党的恫吓，就在西洋各国领事面前尽失颜面，又如何争取到列强的经济援助？狡黠的铁祥不擅自表态，静待代春和陈世恩往他预先设下的圈套里钻。可是陈世恩鉴于旗人大臣屡屡遭革命党暗杀，极力反对代春无端冒险。而代春认为自己是筹办海军副大臣，如果当缩头乌龟，怎能重建百废待兴的大清海军？

就在代春和陈世恩争得相持不下的节骨眼上，铁祥提出让陈世恩和代春换装的折中建议。

陈世恩当即同意，义无反顾地说：“贝勒爷，卑职是汉人，万一刺客发现卑职不是贝勒爷本尊，自会中止行刺，请贝勒爷准许。”

代春见箭在弦不得不发，就说：“船马上靠岸了，也只能如此了，请副统领大人多加小心。”

铁祥居心叵测地出了个主意，说：“外头下雨了，二位大人和所有的随员都穿上斗篷，刺客会一时眼花，认不出目标的。”接着详细地说出代春和陈世恩分开行走的路线。

陈世恩听完后说：“铁祥大人，贝勒爷就由你护驾了！”

铁祥故作信誓旦旦地回答：“卑职愿为贝勒爷赴汤蹈火，万死不辞！”

代春很赏识地看着铁祥，说：“一切就按你说的办吧！”

铁祥立即离去部署。代春和陈世恩互道珍重，拱手相别。

这时候，码头上已经聚集着欢迎的各国领事和夫人们，黑色的洋伞和花伞连成一片灿烂，宛如细雨中绽放的百花。公共租界工部局派出的外籍西捕们骑着高头大马已经将码头围得水泄不通，隔阻闲杂人等靠近。在码头外担任警戒的则是巡捕房的华籍巡捕，他们的职责是先用上海话劝告华人离开这是非之地。一个穿着西装革履、头戴英式盔盆帽的华人拿着工部局发的红派司向华捕们晃了晃，华捕们就毕恭毕敬地让他通过警戒线。他叫郑汝才，郑安芳的父亲，上海的大买办，专做供给大清海军煤栈的生意，在上海、福州、厦门、广州和青岛都开设分号，仗着祖籍福州，与闽籍海军官佐稔熟，实际上是开缺回籍的北洋大臣袁世凯安在上海的眼线。自从慈禧咽气，摄政王载沣主政，立刻想对袁世凯杀之而后快，隆裕太后对的袁世凯也没有什么好感，但她缺乏慈禧的霹雳手段，优柔寡断地多次修改谕旨，终于让袁世凯“回籍养疴”。袁世凯初回山林，庆幸自己保住了项上人头，力图韬光养晦。为了把假戏演得逼真，他让人为自己拍了几幅披蓑钓鱼图，发表在上海《东方杂志》上，以向隆裕太后和载沣彰显自己“甫逾五十，精力已衰，遗大投艰，断难胜任”之心。但是这个烟蓑雨笠翁却暗中命令郑汝才在上海利用同乡的关系广交闽籍海军官佐，以期替袁世凯在海军界中拓开一条道路，有朝一日掌握长江舰队和巡洋舰队为重新出山做铺垫。因为创建并掌握了北洋新军六镇的袁世凯深知，自己曾经出任多个重要部门——会办练兵大臣、办理京旗练兵事宜、督办邮电大臣、督办关内外铁路大臣、津镇铁路臣、京汉铁路大臣等职，却没有当过海军大臣，而海军如今已成为朝廷的左右臂膀，岂能膝下空虚？于是袁世凯倚重郑汝才替他惨淡经营，郑汝才也不负袁世凯重托，长袖善舞唯一的缺陷就是管不了任性的女儿郑安芳，更不知道她已经秘密参加了同盟会。郑汝才此行的目的，想通过世交陈世恩结识筹办海军副大臣代春，企图揽取更大注的海军生意。郑汝才顺利地通过西捕的警戒线，站到欢迎人群中间的时候，看见从“威廉王子”号舷梯上已经走下考察团的一行大员。

顿时，久候的工部局洋人乐队奏起《李中堂乐》。这首歌的歌词是一首陈腐的七绝诗：

金殿当头紫阁重，仙人掌上玉芙蓉。太平天子朝天日，五色云丰驾大龙。

从轮船舷梯踏上码头的陈世恩听了心中觉得很抑郁。当年北洋大臣李鸿章作为外交特使，出访西欧，在那些欢迎会上，按照国际惯例，要演奏宾、主两国国歌。腐朽没落的清政府向来没有国歌，只好临时编制一首应付门面，因为是李鸿章最早使用的，后人称它为《李中堂乐》。陈世恩心想，如果今天平安无事，一定奏请新编一首大清海军军歌，并权当国歌，以壮军威。他一边想，一边戴着遮雨的斗篷走在考察团的前头，制服辉煌，勋章闪烁，乍看一眼，与筹办海军副大臣代春毫无二致。他与代春易装的机密，本来只有三个人知道：他、代春和铁祥。可是当他率领考察团走下舷梯时，随行的官员都错愕一惊，但谁也不敢吱声，紧张地跟着他走向欢迎欢呼的外国领事团。站在人群中的郑汝才认出了陈世恩，惊诧地看着穿着筹办海军副大臣华服的世交怎么改装易容，正想上前打招呼，问个究竟的时候，从人群中冲出来一位穿着制服的华人巡捕，从怀中掏出鬼炮对准了陈世恩。他正是乔装的新军排长吴天宝，蒙混进码头后逮住了机会，准备万无一失地实施他的计划。

瞅住这个良机的也另有一个人，他正是同盟会的陈定剑。当他从考察团队伍后靠近目标，准备掏出炸弹行刺的时候，蓦地发现，罩在斗篷帽子下的是一张梦寐不忘的脸！生父陈世恩替换代春站在团首的位置上，举着手正向各国外交官员频频挥手。就在这千钧一发之际，陈定剑陡地看见冲出来的吴天宝准备向自己的父亲开枪，他本能地冲上去，扑向吴天宝。猝不及防的吴天宝犹豫了一会儿，两个西捕发现了，已经拍马向他冲过来，情急之下的吴天宝向陈定剑仓促开枪了！陈定剑左肩膀中弹，踉跄了几步扑倒了吴天宝。两个西捕瞅住这个空隙，向吴天宝射出一串串子弹，吴天宝被打成马蜂窝，倒毙在地。

那一只珐琅胭脂盒鬼使神差地从吴天宝的口袋里滚出来，溜滑到倒在地上的陈定剑身边。陈定剑本能地抓住它，一看是胭脂盒，猛地攥住了。

这时候码头上像炸了窝的马蜂，混成一团，尖叫声、喊叫声、哭泣声、奔跑声、摔倒声乱成一片。一把撑开的黑布伞滚到陈定剑的身边，他蓦地看见代春由铁祥和几个侍卫护送着从码头边溜过去。陈定剑掏出炸弹，往地上磕了一下撞针，借着黑布伞的遮挡朝代春滚过去。这一瞬间，被惊慌躲藏的郑汝才看见了，他记下了陈定剑英俊而苍白的脸。他不惊叫，也不告发，他是个生意人，擅长奇货可居，意识到这个年青的海军军官日后是他可以掌控的筹码！

轰！炸弹爆炸了！

代春没有被炸伤，倒下的是两个护卫。铁祥拉着代春匆匆地上了一辆等候的马车。马车冲出码头，驶向最近的一幢英国洋行大楼，那里已经有一队闻声赶来的西捕将马车拥入大楼的院子里去。

陈定剑忍着伤痛从地上爬起来，茫然地看见父亲在混乱的人群中寻找他。

“英雄在这里！英雄在这里！”忽然有人惊叫着，引来了一堆惊魂甫定的人包围住了浑身血创的陈定剑。

从人群中挤出来惊惶失措的仪凤。刚才她看见陈定剑奋不顾身地朝她的父亲扑去——她浑然不知陈世恩已经替代了她的父亲——她在骤然响起的枪声中认定了今生今世非陈定剑不嫁的定理！

现在仪凤恍悟是陈世恩替换了自己的阿玛，然而她下的嫁给陈定剑的决心至死不变。她真后悔昨天在“威廉王子”号误解陈定剑是登徒子，错把璞玉当瓦砾！

仪凤不顾一切地抱住浑身是血的陈定剑，深情地吻了他一下。

围观的洋人们由衷地替这一对璧人发出祝福的欢呼。

陈定剑发现仪凤弄错了，错把他当成救她阿玛的恩人，松开她正想解释，他的父亲走出人群向他关切地走来。他激动地迎上去，结果枪伤一阵剧痛，腿一软，晕倒了。

13

吴天宝死后几天的一个夜里，几个如狼似虎的差役踢开了顾玉秀家的门。在一片兀现的火把光中，顾玉秀惊慌失措地从床上爬起来，抓起衣服遮住了耸动起伏的胸脯。

“差爷，差爷，奴家……奴家……没有犯事……”顾玉秀莫名其妙地瞪着惊恐的凤眼。

“穿上衣服，到衙门去！”为首班头贪婪地盯着顾玉秀鼓鼓的奶子，要不是这小蹄子犯的是死罪，他早把她生吞活剥了。

顾玉秀背过身子，刚刚穿上衣服，哗啦一声，铁链已经套住了她的脖子。差役们二话不说，拉着她就往门外走。

“差爷，差爷，你们有没有王法？砍头也不过是个碗大的疤，你们说出个罪名来！”顾玉秀毕竟跟着她爹念过几年书，懂得生死要过按司堂的道理，才胆敢驳斥差役。

班头呵斥道：“果然是逆犯的女人，好一张利嘴！告诉你吧，吴天宝行刺朝廷命官，事败身亡。你是他的女人，少不了干系，乖乖跟老子走一趟！”

“奴家还没有过门，怎么算是他的女人？”顾玉秀据理抗争，“差爷一定弄错了！”

班头狠狠地抽了顾玉秀一个嘴巴，骂道：“死鸭子嘴硬，带走！”

“呯呯！”突然两声枪响，班头和另一个差役应声倒毙。随即冲进来乌鬼和两个手下，又开了几枪，将吓得呆若木鸡的差役全打死了。

顾玉秀惊慌，但不尖叫，怔怔地看着乌鬼，不知道他凭什么出手相救。

乌鬼色迷迷地盯着顾玉秀看，说：“果然很俊，我乌鬼没有做赔本生意。”

顾玉秀越听越不明白，回过神后才说：“多谢几位大爷相救。”

乌鬼说：“我救我的货，谢什么？”

“奴家凭什么成了大爷的货？”顾玉秀想想有点后怕了。

“实话告诉你吧，几天前吴天宝向我买枪，带的钱不够，就把你抵押给我了。这是卖身契，你过目！”乌鬼掏出字据往顾玉秀面前一放，那口气是不容置疑的。

顾玉秀定睛一看，几乎晕倒了。好不容易才撑住自己，问道：“天宝哥是怎么死的？”

乌鬼拿出一张《上海新报》给她看，头版刊登着一张吴天宝谋逆被乱枪击毙的照片，旁边是一张勇救筹办海军副大臣功臣陈定剑的照片。

顾玉秀恨得咬牙切齿，问：“这个海军军官是什么人？”

乌鬼解释道：“他叫陈定剑，就是他扑倒了吴天宝，拦阻刺杀海军大臣，要不，也许吴天宝就逃脱了。就差几秒钟的功夫，耽误了吴天宝的行刺。”

顾玉秀恍然大悟，说：“原来是他害了天宝哥！”

乌鬼说：“命数！这是命数！”

顾玉秀说：“要不是他，天宝哥也不会死！”

乌鬼说：“死鬼不挡活人，你想开一点，认命吧！”

顾玉秀说：“天宝哥不能白死！”

乌鬼说："我的钱也不能白丢!"

顾玉秀又问："你准备把奴家怎么样?"

乌鬼说："官府要抓你，反正你走投无路了，我要把你卖给大烟鬼当小老婆。"

"不，你们把奴家卖到长三里，当女'校书'，否则，奴家咬舌自尽，让你人财两空!"顾玉秀言之笃笃，不得不让乌鬼转转脑筋。长三，指租界里上等的妓院，因为妓女一局三元，俗称"长三"。长三多以"里"为经营地，而"里"，是夷场兴建后按商品房编排门面形成的居住小区。长三里的上等妓女称"校书"，这是因为唐朝名妓薛涛喜欢校书，故沿称上等妓女为"校书"。乌鬼不明白的是顾玉秀为什么不嫁人做小，而要当千人骑万人骑的妓女?

乌鬼欲明究竟地看着顾玉秀。

顾玉秀深有远虑地说："奴家听说海军喜欢逛妓院，那个害死吴大哥的是军官，也许他会到长三里来狎游吃花酒的。奴家到了长三里就有一线之机，打听到他的下落，到时候，奴家就有可能替吴大哥报仇!"说完，她将《上海新报》收起，也将仇人陈定剑的相貌镌刻在她的心扉上了。

乌鬼感叹道："你真是个烈女子，吴天宝地下有知，也该闭眼了。好，我乌鬼成全你了，走吧!"

顾玉秀一把夺过乌鬼手中的火把，点着了自家的棚屋，让衙门查无对证，了了无头公案，便头也不回地跟着乌鬼走了。

世上没有不透风的墙。过了两天，上海最大的华文报纸《上海新报》将顾玉秀殃及池鱼的经过捅出来了，让局中人陈定剑大吃一惊。

陈定剑在海军医院里躺了几天甦醒来了，美国医生乔治帮他从左肩膀取出子弹头，本来剩下的事，就是他安心静养了。可是他的心没有安下来。自从他看见《上海新报》刊登的那一则消息后，一直令他寝食难安。消息说，光复会的吴天宝为了买枪不惜典押未婚妻顾玉秀，而顾玉秀在事败后被迫卖入长三里为妓。

陈定剑反省自己罪责难逃，如果不是他半路拦阻，也许吴天宝可以逃脱，而顾玉秀也不会陷入火坑。他和吴天宝同为革命党，同为刺杀代春就应当视同手足，如今天人永隔，只留下一枚珐琅胭脂盒寄语相托，这是天意?还是人心?不得而知了。

陈定剑暗暗地做了一个大胆的决定，待他伤好出院后，他要寻遍上海的长三里妓院，找到顾玉秀，替她赎身。

第五章

14

筹办海军副大臣代春脱险后的第一个黄道吉日，隆裕太后恩赏的上谕很快就到了上海，折差正是从京师乘火车赶回的海军巡洋、长江舰队的统制萨镇冰。

上海高昌庙的海军巡洋、长江舰队统制部大楼里张灯结彩，华洋记者云集，这是代春为了挽回皇族筹办海军几近颓局的虚张声势的措施。

代春穿着朝服，端端正正地面北跪在正厅中间，身后是一大群海军官佐。前面大案桌上香烟缭绕，正中供奉着由萨镇冰奉回的黄绫包封的上谕。代春率领众人面对上谕行了三跪九拜大礼。然后萨镇冰展开上谕，用响亮的福州官话诵读：

“本日官文、代春由六百里加紧红旗奏捷，力挫孙文会党行刺阴谋，逆首歼灭，贼党悉数尽擒一折，览奏之余，实与天下臣民同深嘉悦。”

接下来萨镇冰继续读着，照例复述原折的主要内容。听众中唯有代春是洋洋得意的，他死里逃生后的头一项补救措施，即向垂帘听政的隆裕太后上了一天行六百里的奏捷的拜折，并且巨细无遗地开出一系列保举单，旨在各国领事和舆论面前挽回皇族主政的声威和脸面。现在他切盼的上谕核心到了：

“自宣统元年贝勒代春和海军统制萨镇冰协同郡王衔贝勒载洵主政筹办海军事务以来，统编巡洋、长江两舰队，参仿各国成规，制订海军典章，中兴教学，出访西洋，扩充设备，采购军火，肃清逆党，屡建殊功，实由诸大臣筹策无遗，谋勇兼备，知人善任，调度得宜。贝勒代春着加恩赏加郡王衔，世袭罔替，并赏戴双眼花翎。”

仪凤看着父亲，只见他抑着激动，却从眼神中透出难言的隐秘。她暗暗思忖，自从父亲筹办海军、威权渐重以来，他变得越来越诡谲，越来越陌生。她倒是想从这一道上谕中获得挽救她和陈定剑爱情的一线生机，她忐忑地听下去。

“海军统制萨镇冰，重建海军，深孚众望，调度有方，中流砥柱。萨镇冰授一等第三宝星勋章，并赏戴双眼花翎。”中外记者们看着萨镇冰时，他不但面无喜色，反倒露出一副远忧的神情，令记者们丈二金刚，摸不着头脑。

接下去，萨镇冰提高了声调读道：“海军巡洋舰队统领兼‘海星’号巡洋管带陈世恩临危不惧，勇负重任，维护大局，公忠体国，着加恩锡封一等伯爵，并赏穿黄马褂，赏戴双眼花翎。”众人羡慕地看着陈世恩，陈世恩满面感激，无人能体会他当初被扫地回家、充当西席，于今重返青云、恪尽职责的苦衷。

萨镇冰又念道：“‘海星’号巡洋舰帮带铁祥，临危若定，谋划有方，交筹办海军事务处记名，无论巡洋管带缺出尽先提奏。”铁祥暗暗得意，自己朝登上主力舰“海星”号的管带宝座又向前迈了一步，不由地从眼角偷看了一下仪凤，希望她也正在偷觑自己，不料她低头听旨，脸无表情，很是失望。接下来，铁祥听到了他最不想听到的触望之音。

“海军协参领、留英学员陈定剑，学业优异，不辱使命，归国途中，挺身救主，忠勇可嘉，堪当重用，着赏加副参领，委任巡洋、长江舰队统制部副官。”仪凤一听陈定剑加恩加官，升为中校，有了同自己平衡地位的新筹码，料想父亲不会再反对自己钟情陈定剑，不由得喜上心头，再生憧憬。遗憾的是陈定剑此刻还躺在海军医院的病床上养伤，无福享受，仪凤为他叹惜不已。而铁祥在妒忌之余，想想情敌陈定剑并没有委任上舰，只是留在海军中枢机构内充当萨镇冰的助理，才稍稍吃了颗定心丸。

仪凤正在为自己的感情世界寻找支撑点的时候，好消息接踵而降。萨镇冰又继续念道：“多罗格格仪凤，回国归宗，充任通译，尽职尽责，筹办海军，堪称臂助，委派筹办海军事务处通译，令留巡洋、长江舰队统制部协理通译事务。”清廷宗人府有严格规定皇族不许轻易出京，如今仪凤奉了懿旨可以留在上海，怎么不令她欣喜万分？当然，她不晓得，隆裕太后此举旨在向上海各国领事炫耀清廷皇族人才辈出，又可以让满人插手海军通洋事务，留下眼线。

最后，萨镇冰又念了一长串受赏名单，人人有赏，个个不缺，真是皇恩浩荡，普天同庆。

当上谕诵读完毕，海军官佐们一起山呼万岁，争先恐后地向代春、萨镇冰、陈世恩和铁祥等人祝贺。代春向陈世恩恭喜地说：“副统领大人，父子同日封赏，不仅本朝罕见，也是中兴幸事。”代春一直幻想，自己同载洵等人成为曾国藩、彭玉麟式的中兴名臣。

陈世恩受到脱略礼数的待遇，越发谦恭，回答道：“皇恩浩荡，岂敢忘形？微臣当告诫犬子定剑，骤胜勿骄，庶可长承恩眷。”

萨镇冰听了博得十分心折，便大声地告诫厅内的部属：“诸位当牢记统领大人的告诫，勿使骄躁助长，海军重建伊始，任重道远，恳望各位好自为之。今天确是大喜的日子，本督略备晚宴，祝贺诸位荣升。”

正在弹冠相庆的海军官佐们听了纷纷应诺，然后星散了。而萨镇冰却从部属赍着朝命散去的身影中仿佛重睹了隆裕太后重忧磨难的面孔。

紧急召见是十几天前在京师紫禁城的养心殿进行的，那一天正是代春遇刺脱险的不祥之日。

萨镇冰紧跟着筹办海军帮办大臣康禄匆匆地走进了养心殿的工字形建筑，前殿后殿相连，四周廊庑环抱，结构紧凑。平常垂帘听政之处都在前殿的东暖阁，今天特地安排在西暖阁，这是隆裕太后事事模仿她的姑姑慈禧太后的做派，给汉臣萨镇冰一个恩宠交加的惊喜。

值班大臣传令让康禄和萨镇冰进了西暖阁，萨镇冰一见里头已经坐着筹办海军大臣载洵、德国、俄国和英国公使，就吃了一惊。西暖阁是前代皇帝批阅奏章的地方，从雍正帝设立军机处以后，就成为皇帝与军机大臣密谈的房子。今天隆裕太后竟然在这里垂帘召见洋人公使，可见隆裕有心讨好洋人，总揽外交。

隆裕太后自从姑姑慈禧太后和丈夫光绪皇帝相继死后，立醇亲王载沣的三岁幼儿溥仪为皇帝，改年号宣统，自己尊为皇太后，垂帘听政，并以载沣为监国摄政王，罢免袁世凯，成立皇族内阁，集军政大权于皇族。但是俄国、德国和英国颇有微词，原定由俄、德、英三国财团答应借贷三千万两白银筹办海军的专款竟遭婉拒。俄国出于袒护袁世凯，英国私下与孙文的革命党暗通款曲，而德国由于代春率领海军考察团采购大宗军火才转缓口气，然而三比一还是令隆裕太后一筹莫展，才急召萨镇冰觐见解围。

萨镇冰朝着端坐在黄幔帐后头的隆裕太后跪下磕头，不敢仰视。跪在他前面的康禄，卑微地打着轻颤更不敢看太后的尊容。

“都请起来吧，在洋人面前多了繁文缛节，反倒教人家瞧不起咱们中国人了!”隆裕太后毕竟是光绪皇帝名义上的皇后，没有吃过猪肉，也见过猪跑路，受过兴办洋务之风的熏陶，处处都表现出不想受洋人制约的矜持。

萨镇冰和康禄听了又欣慰又惶愧，坐到皇太后的对面。早有两个宫女用鎏金铜盘端上两杯茶来，泡的都是福州的茉莉花茶。萨镇冰一见皇太后竟记得自己嗜喝家乡花茶的癖好，周身滚过一股暖流。

一向敦厚本分的载洵对海军事务不熟悉，素来倚重萨镇冰，如今又给他个眼色，示意他可以大胆地向洋人阐明意见。不料，英国公使先发制人，想一开始就把萨镇冰打成个锯嘴葫芦，轻蔑地问：“海军总司令阁下，请问贵国重建军后，有多少艘舰船，总吨位是多少?”

萨镇冰如数家珍地回答：“尊敬的公使阁下，大清自从重建海军以后，海军事务处将南北洋残存的舰艇收归统一，分为巡洋、长江两个舰队，巡洋舰队负责海防，长江舰队负责长江河防，把适合于海战的舰艇调拨到巡洋舰队，有巡洋舰五艘，驱逐舰一艘，鱼雷艇八艘，练习船和运输船各一艘。又将适合于江防的舰艇调到长江舰队，有鱼雷炮舰二艘，炮舰十二艘，练习舰一艘，运输船二艘。这两支舰队，巡洋舰实力最强，此外，还有一些省属的舰队，这样合计全国有舰艇一百三十五艘，总吨位约五万一千六百二十七吨。”

英国公使又说：“虽然贵国海军做了统一的调整，有了统一的组织和指挥，但是远不如甲午战争前的实力。我记得八年前李中堂曾经提议将北洋舰队新购买的五艘巡洋舰退还给我国和德国，这不仅表明贵国无对外备战之诚意外，而且还缺乏管理舰队的信心和能力。贵国有一句俗话说得好，一朝被蛇咬，十年怕井绳。既然如此，贵国又何必坚持向我们三国财团履行贷款的协定呢?”

萨镇冰回想起这一段屈辱的记忆，心里还隐隐作痛。当时八国联军入侵，清廷被迫签订《辛丑条约》，退还五艘巡洋舰在几乎已经决定的情况下，萨镇冰和叶祖珪向朝廷据理力争，才最后保住这五艘舰船，没有被卖掉，但是重建海军的速度因为财力的匮乏又减弱下来。而他的同窗宜友叶祖珪因辛劳过度继而病逝，这一副重担独独落到萨镇冰的肩上。所以萨镇冰痛定思痛后，说："大清财力匮乏，海军经费不足，但是重建的决心不变，大力筹款购船造舰是一贯的主张，虽然实力远不如甲午战前，总还是具备了一定的规模，千里之行始于足下，希望三国财团助一臂之力。"

俄国公使讥讽地说："总司令阁下的决心固然不假，但是贵国海军缺乏管理能力，沉船事故不断发生。不仅'福靖'号炮舰沉于旅顺，'开济'号炮舰沉于南京，而且排水量四千三百吨的巡洋舰'海天'号竟然触礁撞沉，三国财团怎敢再贷款给贵国购买军舰?"

康禄趁机攻讦萨镇冰这些汉人海军元勋，说："公使大人所言属实，但是那都是袁世凯主持北洋事务时期，海军遗老们强弩之末所致。如今有我皇族主政军国大事，断不会再出现此类劣迹，尽请公使们放心!"

载洵深知康禄只是弄权的野心家，纸上谈兵的赵括，但是皇族中人才匮乏，又不得不依靠他充当门面，于是又向萨镇冰使个眼色，鼓励他大胆坚持自己的治军主张。萨镇冰明白载洵对他的信赖，一言掩饰了康禄的寻衅，说："我军起步，固然积弊一时难清，但是已经在重振旗鼓，中兴教学，复厂造船，购买军备，这一点德国朝野深有感受的。"说着巧妙地将话茬递给了德国公使。

德国公使不得不溢美，说："此次贵国海军考察团由代春阁下领衔出访我国，受到我国朝野的隆重欢迎，尤其在造访克虏伯军火公司的时候受到热忱的接待，表明贵国的重建海军的决心得到了我国朝野的认可。"德国公使已经得知代春购买了大宗的军火，所以含而不露，打着哈哈。

萨镇冰巧运慧心地接上话茬说："各位先生，此次随同考察团回国的还有八位留学英国格林尼茨皇家海军学院的学员，他们均以优异的成绩毕业，这证明我国海军后继有人。借此，鄙人代表我国海军向英国政府和海军界表示感谢。"

英国公使被堵了个倒呛气，连忙向俄国公使看了一眼，搬兵求救。俄国公使冷嘲热讽地说："贵国罢黜了铁腕汉人袁世凯，改由皇族组阁固然好，可是近年满人大臣屡遭革命党刺杀，这是否表明满人治国能力偏差，如何让三国财团放心借贷?"

载洵一听，出了一头冷汗，与康禄面面相觑。

俄国公使环视周遭后，不由暗暗得意。

萨镇冰感觉到坐在黄幔帐后面的隆裕太后正在用切盼的眼光注视着他，他甚至感到目光的灼人热量。

萨镇冰用波澜不惊的口吻说：“各位先生，就在刚才鄙人来的前夕接到一封从上海海军巡洋、长江舰队统制部发来的电报，得知我国海军在今天上午挫败了一起会党刺杀筹办海军副大臣代春贝勒的阴谋。果敢地领导这一次行动的正是代春贝勒本人!”

一言既出，满座皆惊。萨镇冰详细地叙述了代春如何无畏不惧，甘冒锋镝；统领陈世恩如何乔装顶替，智救代春，而其子陈定剑又如何勇挡刺客的子弹的经过，不啻是在西暖阁里打开了一幅海军官兵筚路蓝缕的开拓图卷。说完后，萨镇冰从靴筒里抽着电报文稿请三位公使过目。

德国公使阅后抢先讨好萨镇冰，说：“贵国有句名言，士别三日，当刮目相看。代春贝勒不愧是皇族中的佼佼者，体现了贵国海军的新风范，我国愿意同这样的海军领导者精诚合作。”

英国公使不想让德国占了大便宜，转圜了口气说：“我国是贵国海军传统的合作方，从北洋海军建军开始就结下友谊，萨大人可是留学我国的海军先驱，希望贵我双方继续合作。”

俄国公使也不想当冤大头，马上改了口气说：“贵国重建海军任重道远，我国身为近邻友邦，决不会坐视有难袖手旁观，愿意尽绵帛之力以表寸心。”

载洵见好就收，说：“感谢各国友邦对鄙国海军的鼎力相助，请各位公使大人移步海军事务处详细洽商借贷条款细则。”

“请各位公使大人移动尊驾。”康裕不肯错过在皇太后面表现的时机，殷勤地对公使们敦促。

公使们向隆裕太后行礼告退。载洵等人离开椅子，就要跪安。

“不必了。”从黄幔帐后传出皇太后轻松中略带刚气的声音，“在洋人面前，更要摆出满汉一家的谱给他瞧瞧。到用晚膳的时候，我会派人跟御膳房打招呼，送一桌好酒菜过去，也不能让洋人们小觑了咱们。”

“奴才明白。”载洵说完领着众人退了出去。早有一个宫女赶上来对萨镇冰说：“请大人留步。”走在旁边的康禄心里怪不自在的，知道今天又比萨镇冰输了一筹，悻悻地走了。

黄幔帐轻轻地卷起来了，露出皇太后端庄而疲倦的脸庞。萨镇冰吃了一惊，皇太后摒除男女授受不亲之古训，以显示对他的倚重，他受宠若惊，正想下跪，被皇太后阻止了。皇太后说："家贫思贤妻，国危思良将，统制大人不必拘礼，大清海军倚重大人之处甚多，若论回礼，当是我孤儿寡母。"隆裕太后将宣统视为己出，所以谦称，让萨镇冰听了又怜悯，又感动，不知不觉地已经从情感上被隆裕绑在了晚清皇朝这一条将沉的破船上了。

萨镇冰一向忠心不渝，说："微臣为大清海军愿肝脑涂地，请太后放心。"

隆裕想起丈夫光绪帝生前说过的一句肺腑之言：真正能办事的还是汉人。她很想有几个像曾国藩和李鸿章这样的中兴大臣，帮她撑起在风雨飘摇中的朝廷大船，可惜除了袁世凯这个野心家，所剩的也就是萨镇冰这样的闽籍海军专才了。她既怕海军的巡洋舰队和长江舰队失控，又不得不倚重萨镇冰这样北洋舰队的老臣，矛盾之中便用笼络的口气说："料想出不了几天，代春会有奏折到的，请统制大人褒奖陈世恩父子。"

萨镇冰不愿意再落个闽人专权海军之嫌，便说："此次挫败会党刺杀阴谋，代春贝勒确是临危不乱，指挥有方，全体将士用命，维护海军声誉，当嘉奖所有有功人员，以壮我海军声威。"

这正符合隆裕起用皇族组阁理政的初衷，便轻轻地颔首，然后在间隙处落个闲笔似的说："看过《金沙滩》这出戏吗?"

萨镇冰知道，《金沙滩》讲的是杨家将的一则脍炙人口的故事：奸臣潘洪私通辽邦，辽邦天庆王设计邀宋王赴双龙会以图谋杀。杨继业长子杨延平自愿假扮宋王，弟兄八人同赴双龙会。席间，延平先发制人，以袖箭射死天庆王悲壮殉国，杨家父子终保宋王脱险返朝。于是说："微臣看过，深受教诲。"

隆裕太后赞叹地说："陈世恩父子有杨家将忠心护主的遗风，是海军的大幸，也是大清的大幸。你回到上海后，当在统制部唱一出《金沙滩》戏，犒赏官兵，弘扬正气。"

萨镇冰领授隆裕太后的口谕后，在回到上海颁布恩赏上谕的当天晚上，就在统制部举办的庆功酒宴上演了一出《金沙滩》京戏。

戏台上的杨继业慷慨地唱道："'事到头来恨奸党，背转身来自参详：哪是赴会把宴尝，分明是摆下杀人战场。我主赴会不能往，除非是扮做了假宋王。继业低头暗思想，偶然一计在心旁。继业撩衣出宝帐，众家儿郎听端详：哪一个儿郎有胆量，替主赴会到番邦。'"

戏台下看戏的代春一边停杯在手，一边拍掌度曲，仿佛重睹了当时陈世恩乔装替他去码头赴难的悲壮情景，不由得情动柔肠。白天颁赏结束之后，已经习惯用西洋女子思维的女儿仪凤不失时机地向他提出要嫁给恩人陈定剑的大胆要求后，代春再没有用“满汉不准通婚”的陋习训斥女儿，只是缓和口气地说：“陈家父子救了阿玛，兹事体大，这不单是为海军尽职，而且是为大清尽忠，阿玛当选择时机向皇太后陈情，求她老人家恩准如何？”陈世恩父子的义举彻底扫清了代春心中残存的对汉人的戒备，何况一旦能与海军世家的陈氏家族联姻，将拥有了庞大的闽籍海军根基，对巩固他在海军中的地位起到举足轻重的作用。往深里说，他的情感世界里还隐藏着对陈家大公子陈定书的幻想，幻想陈定书就是他和任文娟的儿子，鸿飞冥冥，戈人何慕？

仪凤听了喜出望外，说：“阿玛，有您这样识大体，不拘泥旧陋习的干城重建海军，何愁海军不兴？”

所以，代春至今还沉浸在女儿的赞誉声中，和萨镇冰、陈世恩一干海军官佐听戏喝酒，他不知道女儿已经悄悄地离开海军统制部大楼到海军医院向陈定剑报喜讯去了。

15

一辆华丽的马车亮着车头的两盏菱形车灯沿着马路向海军医院驶去。马路的两旁树着一排电灯杆，如同巨手牵着电灯串，替马车铺起一条灯河让它遨游。仪凤坐在马车里，心情恰似这条灯河一样明亮。她没有想到一九〇九年的上海已经用钨丝灯取代了煤气灯，并且进入寻常百姓家。万家灯火，是上海夷场领先全国的新风景。海军医院毗邻夷场，所以海军统制部及时地将文明延拉进海军基地，将夷场才有的马路、电灯、人行道、排污管道、煤气、自来水、德律风（电话）和花园营造了一个设施优越、出入便捷，与夷场居民共享的近代城市公共场所，体现了海军重建后的基地魅力。

电灯的出现，替被黑暗笼罩了数百年的上海夜拓开了夜生活的一片新天地。马路上熙来攘往，人流不绝，叫卖充耳，马车辚辚。仪凤正在惊叹上海的夜晚一点也不比柏林的夜景逊色的时候，只听见一阵喧闹的车铃声响起牵出了一队东洋车车队。几个荡妇各骑着一辆时称东洋车的脚踏车作为出游工具，招摇过市，横冲直撞，出尽风头。为首的荡妇，正是仪凤见过的那个上“威廉王子”号轮船卖花的女子郑安芳。清末上海街头出现的“荡妇”，是特指抛头露面、行为出格，只不过是大胆尝试与男性享受同样乐趣的时髦女子。郑安芳果然是群英领袖，上穿女学的校服，下着女裤，足登便于体育活动的女靴，显得刚健婀娜。尤其引人注目的是她戴着一副装饰的金丝眼镜，胸口别着一朵“钮子鲜花”。这“钮子鲜花”始于西人，用绸绢花或鲜花制成，是沪上男女共悬的时尚。这个郑安芳别了一朵，哪另一朵别在谁的胸口呢？仪凤想想，有点后怕，连忙叫车夫水根驱快了马车，然而郑安芳率领的东洋车队已经一溜烟地消失在前头的人群中去了。

海军医院所在的大楼，是一座古典砖木结构的H形英式建筑，正面底层有五孔券廊，屋顶为四坡面，覆以中国的蝴蝶小青瓦，显得折中而简约，无不透露出萨镇冰主政的矛盾的心态：既想让中国古典文化成为这里的主宰，又忌惮经典的欧洲建筑成为累赘。

仪凤的马车在灯火通明的医院大楼门口停下，她才下车，就被刚才几个见过的荡妇给堵住了。她们都是买办的女儿，从一字形摆开的东洋车阵势，看出“时装仕女”们目空一切的霸气。

“对不起，请借过。”仪凤一时想不起在什么地方得罪了这些惹不起的主。

“我们的小姐妹郑安芳撂下话了，今天晚上凡是漂亮的小姐一律不让进！”为首的荡妇上下打量着仪凤，以证实她够不够所忌讳的漂亮标准。

“为什么？这是医院，公共场所，什么人都可以自由进入。”仪凤不理睬，凛然难犯地往大门里闯。

荡妇们张开玉臂挡住去路。为首的荡妇又说：“你乘坐的是海军统制部的马车，我猜你八成是去探望受伤的军官陈定剑的，所以不能让你进去坏了安芳的好事！”

仪凤说：“我是海军统制部的通译，陈定剑是统制部的副官，为什么不能看望他？”

“你是女人，他是男人，自古男女有别，所以你不能看望他！”另一个荡妇无理取闹地说着，逗引得其他女伴咯咯地笑得花枝乱颤。

“你们太放肆了！”穿着海军统制部差役制服的水根看了气不打一处来，赶过来打抱不平，“你们知道你们跟谁在说话吗？她可是格……”

仪凤连忙打岔道：“各人各有各的路数，你们想挡也挡不住的。”一种受过高度文明陶冶过的达观气质，挫压了这几个荡妇的狂妄。

恰巧，给陈定剑开刀取子弹的美国医生乔治路过大门口，看见仪凤被几个女子无理拦阻，上前问道："这不是仪凤小姐吗？到医院有事吗？"乔治是教会医院的外科医生，被海军医院聘请来替陈定剑开刀的。开刀的那一天，仪凤来过海军医院守候在手术室外，直到陈定剑动完手术，因此仪凤认识了乔治。

仪凤机灵地说："乔治大夫，我是来找您看病的。"

乔治明白了几分，说："仪凤小姐，请随我来吧！"说着引着仪凤往大楼里走，那几个荡妇只好乖乖地让路，面面相觑。

走到一楼的楼梯口，乔治笑着对仪凤说："你不是来看病的，是来看那个军官的吧？"

仪凤立即沉浸在某种向往之中，脸上笼罩上一层淡淡的红晕，问道："乔治大夫，他没事吧？"

"没事，恢复得很好，不久就可以出院了，快去看他吧！"乔治莞尔一笑，走了。

"谢谢大夫！"仪凤禁不住喜悦，匆匆地登上楼梯，怀着幻想去见心仪之人。

此时楼上陈定剑的单人病房里，早有了捷足先登的郑安芳。她不愧是个善于权谋的革命党，能派出她的姐妹伴们封锁医院的大门口，企图斩断其他女人对陈定剑的觊觎视线。她一见到躺在病床上的陈定剑，泪水就涌满眼眶，但是竭力不让它掉下来，说："对不起，我来晚了。出事的那一天，我见你没有按预先的计划撤退到约定的地点，上头就强迫我们撤出上海。避了几天的风头，才回来的。事情的过程，我看《上海新报》的报道了。"

"对不起，我没想到半路杀出个程咬金。"陈定剑想起猝死的吴天宝烈士，心中就隐隐作痛。

"光复会的五爷无非怕我们抢了头功，真是成事不足，败事有余！"郑安芳完全赞成同盟会同仁对光复会五爷擅自行动的评价，啧有烦言。

"都是革命同志，何必强调门户之见？等我养好了伤，再送炸弹给我，继续完成未竟的任务。"陈定剑想留以有待，不负孙中山的寄望。

郑安芳逸兴遄飞地说："现在任务有了变化，孙先生知道你当了巡洋、长江舰队统制部的副官后，命令你当个闲棋冷子，等待时机的到来再行动。"

今天下午早有萨镇冰派了统制部的秘书来向病榻上的陈定剑宣读上谕，他就预感随着他的擢升，革命党对他的寄望也更大。陈定剑明白了几分，问："是不是想夺取军舰？”

“对！革命需要海军，需要舰队！这是孙先生的主意。”郑安芳说到激动处，泪影中透出笑容。

陈定剑说：“我服从命令。”

革命公事了结后，郑安芳终于露出少女的温柔，问道：“伤口还痛吗？”不胜关切地观察着他的伤口。

陈定剑说：“跟蚂蚁叮一样，医生说很快就会好了。”

郑安芳从小坤包中取出一朵“钮子鲜花”别在他的胸口，说：“戴上它，会减轻你的疼痛的。”

陈定剑发现她的胸口也别着一朵“钮子鲜花”，不解地问：“你怎么也有一朵？”

郑安芳故意不挑明这是相好男女共悬的“钮子鲜花”，却慧黠地回答：“这样可以祈祷你的伤口不痛。”

陈定剑不明就里，说：“谢谢，现在你可以把我在船上交给你的遗书还给我了。”

郑安芳说：“花送给一个姑娘了，还能讨回去吗？”

“那不是花，是我写的遗书，你弄错了。”

“革命党的遗书就是一朵碧血花，我视它如生命，所以不想交还给你了。”

“可是刺杀任务取消了，就不用留遗书了！”

“实话告诉你吧，自从在船上收到你拜托的遗书后，我就把它当成你的定情之物了，生生死死永不放弃。”

“可是你只是我的同志，我并没有……”陈定剑知道大凡有才气的女人，都是特立独行的，他不爱这样的女人。

“并没有什么？”郑安芳是个爽直女子，见他咽下了后半截话，就追问到底。

陈定剑怕伤了她的自尊，转圜道：“听说过落花有意，流水无情这句话吗？”

郑安芳逼问道：“你说你不爱我，对不对？”

“在认识你以前，我已经有了一位心仪的姑娘……”陈定剑回答得很迟滞，像溪流壅塞了一团团淤草。

“她是谁？可以告诉我吗？”好强的郑安芳刚才进医院前就叫姐妹伴们堵在大门口，以防有其他芳邻干扰，现在果然应验了。

陈定剑的脑海里冉冉地升起了仪凤楚楚动人的形象，那是他心中的蒙娜丽莎。尽管他曾经向她的阿玛扔过炸弹，但是没有伤及毫发，而且如今刺杀任务已经取消，对她负疚的重担才悄悄减轻了一些。可是一想到自己仍要与她的阿玛为敌，一旦真相公开，他将如何面对她的挚情？但他又不能放弃对她的思念，在革命和她之间，两者都不能抛却。于是陈定剑掩饰地说：“洋人们常说一句话，在一个漂亮的女人面前不能说另一个漂亮的女人。”

郑安芳大胆地表明自己的心迹，说：“阿拉伯人也有一句名言：穆罕默德不向大山走去，大山就向穆罕默德走来。”

这时候门口出现了急急赶来的仪凤，双颊涨红的神采，泄漏出少女藏在心底的秘密。她乍一见在病榻前纠缠的郑安芳，一时怔住了，进退尴尬。

郑安芳转过身来，用咄咄逼人的眼光上下审视着这个竞争的对手，见她分外的凝重而美丽，卷发垂肩，窄衣裹身，长裙曳地，一袭西洋女子时装的典范，料想自己遇到了一位劲敌。仪凤略一定神后，立即恢复了大家闺秀的风范，坦然地走进病房，一边将郑安芳的果敢风采尽收眼底。果然这个轮船上的卖花女与陈定剑有着秘不宣人的隐情。她以出格之举制造时髦，极尽吸引社会注意之能事，但是她忽略了一点，她可以博得十里夷场的喝彩，不能赢得出身传统海军世家的陈定剑的青睐。所以仪凤自信满满地走到陈定剑的病榻前说：“定剑，伯父和阿玛正在看戏，让我过来看你。”仪凤巧妙地在郑安芳面前点出她家和陈家有通家之好的关系。

陈定剑起初见仪凤突然造访，不由错愕，旋即也抱着豁出去的心态，介绍道：“我好很多了，没事的。对了，我先给你们互相介绍一下。这位是郑安芳小姐，圣约翰大学的高材生，我的同乡。这位是仪凤格格，刚和我从德国同船回国，现任海军统制部的通译。”

郑安芳一听，暗暗高兴。据她得到的同盟会情报，仪凤格格的养父正是筹办海军副大臣代春，所以陈定剑心中有鬼，不敢点破。父亲是革命党的死敌，他的女儿成为革命党人陈定剑的太太的可能性微乎其微。一想到仪凤的致命要害攥在自己的手中，郑安芳突然有了高出皇亲一筹的快感，用居高临下的口气说：“在远离京师的地方，能见到格格，真是令民女不胜荣幸。不过这里是租界夷场，不讲究尊卑，失礼之处还望格格见谅。”

仪凤听出她话中有话，也不计较，说：“我在德国读书多年，早把人分尊卑之陋习淡忘了，郑小姐不提，我还真记不起来。”

郑安芳自讨没趣，但是知道仪凤就是陈定剑心仪的女人了，暗暗地骂在大门口挡驾的姐妹伴都是一群饭桶，脸上却笑道："我耽搁太久了，搅得定剑没有休息，该告辞了，回见，仪凤格格。"说完抱着静待其变的心情走了。

仪凤应陈定剑之请坐下，一时不知道话该从哪儿说起。忽然见到陈定剑的胸口别着一朵"钮子鲜花"，是跟郑安芳胸口上别的一模一样，心里更不是滋味了。

陈定剑问："你不是来看我的吗，怎么不说话了？"

仪凤是个坦诚的姑娘，谈吐高贵，颇得皇族风骨，说："我是来向你道歉的。在回国的轮船上我听信了铁祥的话，以为你跟一个卖花女子随便勾搭，认为你举止轻浮。没想到你和郑安芳小姐是同乡，我却妄加听谗，自省惭愧。"

陈定剑听了倒十分喜欢她的坦荡，说："你不说，我也不知，何必自责？"

仪凤含蓄的大眼里显出敦厚的神采，说："不，古人说，君子之交淡如水，岂能有一丝浑浊？"

"好，我接受你的道歉。"陈定剑觉得没有错爱这个姑娘。

"你在码头上奋不顾身去救我的阿玛——尽管不是他——其实是伯父乔装的，但是从那一刻起，我认定了，你是我一生唯一的爱，你能接受吗？"仪凤的血管里流着满族人野性未驯的血，对认定的猎物，就要飞速地射出鸣镝箭，以防止猎物走失。

陈定剑知道他一直害怕的事情终于发生了，期期艾艾地回答："我承认，从见到你的第一眼开始，我就爱上你。可是你不仅是旗人还是皇族，我是汉人，满汉不准通婚这是满清祖制，你就纵然不顾，但是皇太后也不会御准。"陈定剑不能点破他是革命党的真实身份，只好搬出满清祖制这把钝锈之剑来斩断自己与她的情愫。

仪凤松心地笑了，说："这你就不必担心了，今天上谕晓谕之后，我立刻向阿玛直率地表白了我的心事，阿玛听了很高兴，不再反对，而是答应寻找机会向皇太后陈情应允我们的婚事。"

陈定剑心想既然自己已经献身给同盟会了，就不能缠上一段倚红偎翠的公案给革命事业带来损害，便硬着心肠说："大清祖制数百年，不会为了一段儿女情长，弃如敝屣。所以，趁现在格格涉足未深，应当抽身而退，否则，因为降尊纡贵，误了格格的终身大事。"

仪凤说："八旗子弟，纨绔居多，与你相比，有霄壤之别。所以你不必劝我，祖制虽大，不外人情，我相信有阿玛出面求情，皇太后不会不给佛面的。"

陈定剑为了让她死了这份心，撒了个谎，说："实话告诉你吧，我改主意了，我已经爱上别的女人了。”

仪凤说：“不可能，你刚一下码头就受伤了，躺在病房中怎么能发生情变?”

陈定剑故作佚荡地说：“也许你还不了解海军，海军四海为家，水性使然，容易生变的。”

“是刚才的那位郑小姐吗?”仪凤想像剥茧一样剥掉他的谎言。

“不，不是她。”陈定剑想不出如何搪塞她，打发她离开。

“能告诉我她的芳名吗？让我自愧不如，我就离开。”仪凤暗忖，除了郑安芳能同她匹敌，还有谁会是她的对手？就把话说到极致，想堵得陈定剑无路可走。

陈定剑情急之下，将谎言撩深了，说：“她叫顾玉秀，是死去的刺客吴天宝的未婚妻，因为受牵连，无辜的她被卖进长三里妓院，我于心不安，决定要替她赎身，娶她为妻。”

仪凤听了惊讶万分，说：“你连她的人都未见过，哪里产生的爱情？充其量只是怜悯。况且她是革命党的未婚妻，你是朝廷命官，你想娶她，置法理于何地?”

陈定剑说：“她又不是革命党，而且也未嫁给吴天宝，还是清白之名。”

仪凤说：“纵有清白之名，既入娼门，何来清白之身？陈家是海军望族，岂能容许你娶烟花女子?”

陈定剑当然不能说破自己是革命党，出于责任应当娶同志的未婚妻，而是从道义阐明理由，说：“祖宗的门庭遗泽固然重要，但是不如自由与爱情重要，这是我到英国读书后明白的道理。我会说服家严慈母容留我的选择。格格，我的选择，就跟你不顾祖制选择我一样，都是为了心灵自由。”

仪凤没想到他如此多义多情，而且大有一副铁肩，敢担道义之慨，越加喜欢他，越不能放弃他，便朝他的人伦之心轻轻一击，说：“这只是你的一厢情愿，也许人家顾玉秀琵琶别抱呢?”

陈定剑萦萦于怀，颇具童心地说：“你想想，吴天宝为了买枪，竟然将她典押，她逆来顺受，这是何等忠贞之女？曾经沧海难为水，除却巫山不是云，她不会轻易许人的。”

仪凤聪明地预测他的结局只是酣然一梦，听完他的剖白，觉得没有爱错人，就说：“你可以爱她，也不排斥我爱你，我坚信我能达到双栖之愿。你好好养伤，过两天我再来看你。”说完满腹离愁地走了。

陈定剑意兴索寞，没想到举起慧剑，竟然没能斩断她的情丝。

仪凤出了海军医院大门口，冷然听见有人幸灾乐祸地说：“有的爱情，从一开始就有错置的危险，听说过这句话吗?”

仪凤回头一看，只见郑安芳倚靠在她的东洋车上在等着仪凤，对仪凤怀有一种女人的暧昧的妒忌。仪凤不失礼貌地回了一句：“‘式相好矣，毋相尤矣’”然后径自上了等候的马车。

这是《诗经》上的一句话，起源很古，是周公时候的爱情赠言，郑安芳听了忍受不了，追上去再想问得明白，马车已经辚辚地离去了。

任性的郑安芳真想扔出一颗革命党的炸弹，将这个情敌炸回离魂天，可惜她没有炸弹。

第六章

16

上海公共租界里的高级妓院“长三”堂子集中在四马路的会乐里。老上海人习惯将福州路叫作“四马路”，而“四马路”后来成了上海人口中的贬义词，尤其是女人间吵架的时候，骂对方为“四马路的女人”，几乎直称对方是娼妓。但是早期夷场里的娼和妓有区别，娼卖身，而妓“卖艺不卖身”。大多数的长三妓女标榜洁身自好，虽然明里不收过夜费，但是实际上往往以添置衣饰、家具等名目向嫖客索取费用，加上赏钱和点唱费，均以出卖肉体相抵。新入行的“女校书”顾玉秀却认真恪守“卖艺不献身”的例规，成为她所在的“迎春坊”堂子这个香粉地狱中的女神。

“迎春坊”在会乐里连排成行的石库门中间是最气派的三开间妓院，大门入口以花岗岩作门楼，石门框中配着悬有铜环的黑漆厚木门扇。前立面由天井围墙、厢房山墙组成。墙高门厚，黑白对照的传统色调给人以江南民居的凝重和厚实的感觉。当五爷走过弄堂的青石板路，站在“迎春坊”的石库门前打量着顾玉秀栖身的这个金丝笼时，难过的心里像被掏空了一样。当吴天宝行刺失败的时候，五爷正避风头在杭州，等风声不紧了，返回上海，才知道顾玉秀被卖入长三里。五爷立刻找到卖“鬼炮”的乌鬼，逼他供出顾玉秀的下落，乌鬼碍于光复会人多势众，得罪不起，只好招供了。不过，五爷临走了，乌鬼丢下一句话：“你找到顾玉秀也没有用，听说她还是清倌儿，你即使肯出天价，也赎不了她！”

五爷正是怀着挽回不了大错的心情，踏进“迎春坊”大门，挂在天井盆景架上的绿毛红嘴鹦鹉一见来客了，就叫道：“上茶！上茶！”鸨母阿金连忙放下手中的白铜水烟袋，满脸堆笑地迎上来，用充满职业的热络声音说道：“怪不得我一早就听到喜鹊在墙头上叫，原来今朝来个大贵客了！大爷请上座，请上座，阿花，快上好的碧螺春！”阿金恭迎满腹心事的五爷在客厅坐下，已经将半截铁塔般身量的五爷的身份猜了个八九不离十。五爷四十岁，刚剃的头上盘着油光发亮的辫子，辫梢上缠着碎玉，一看就是会党的龙头老大。一袭发亮的湖缎长衫，腰间挂一枚玉佩，上头镌着神秘的图腾，让阿金看了云山雾罩。一双千层底元宝布鞋，虽看风雅，眼尖的阿金发现鞋踢头内撑着硬牛皮，一旦发生格斗，那脚尖上的功夫可以致人死命。

一杯盖碗茶奉上后，阿金见五爷慢悠悠地打开碗盖，轻轻地刮着茶汤上浮的茶叶片，似乎也在刮肠搜肚怎么启齿，便不吭声，静待他的恶语，或是佳音。五爷尖起嘴唇嘬了一口茶汤后，才问：“姆妈，怎么尊称?”

“叫我阿金，贱人取贵名，图个吉利，见笑了，见笑了。”阿金麻利地一转口吻，反问：“敢问大爷怎么尊称?”

“人称五爷。”

“皇帝是九五之尊，五爷占了一半彩头，好名字，好名字。”

“敢拿当今取笑，阿金吃了豹子胆哩!”

“这里是夷场，有夷人管着，皇上挨不着边。再是五爷都敢取名，阿金还不敢叫名吗?”阿金暗示她明白五爷是会党的人，说着与五爷都心照不宣地笑起来。

“听说家里有一位叫顾玉秀的姑娘，是吗?”

“五爷真有千里眼，顺风耳，我挂头牌的清倌儿都摸得一清二楚。”

“开个价吧，我要赎她。”

“五爷真是快人快语，单刀直入，连个人影都没有见着，就要赎身?”

“挂头牌的清倌儿，冰清玉洁，还用看吗？看一眼，损一分，等抱回家，慢慢看。”

“五爷，对不住了，这姑娘是许看不许赎。”

“莫非是皇帝的草鞋亲，还是价值连城？你太埋汰我五爷了！”

“妓爱俏，妈爱钞，哪是我阿金不想要大钱？是姑娘她进堂子的时候和我立下的约定，除非人老珠黄，扫地出门，否则不准替她赎身。”

“这真奇怪了。让我见见姑娘。”五爷说完搁下三块光洋——这就是见长三妓女的规矩，喝一杯茶，付三块光洋的茶资。

阿金明白有蹊跷，也不打听，领着五爷上了二楼，叩开了顾玉秀的门，用宠爱有加的声调说：“女儿，来贵客啦！”

只听见里屋应了一声玲玲盈耳的答腔，珠帘一撩，轻移莲步地走出一位亭亭玉立的姑娘。她穿着晚清上海妓女流行的时装：宽镶边的长衣长裙、大而无当的肥裤遮住莲足，走动的时候，足尖微露，宛如一对嬉戏浪头的小鱼。手里拿着一把日本小扇子，长仅四五寸，不能扇风蔽日，却似她纤纤手指的延伸，好像很远就能轻抚客人，给人舒慰之感。五爷看了心里很舒坦，打招呼道：“冒昧来见姑娘，讨扰了。”

顾玉秀说出一口吴侬软语：“大爷垂顾，奴家高攀了。”

阿金见五爷根本不认识顾玉秀，却又出价赎人，个中肯定诸多奥妙，不敢久留，便说：“女儿好好招待五爷，姆妈去备酒菜。”然后一阵风地离去了。

五爷静听阿金的脚步声远去了，才敞开地说：“顾姑娘，我叫五爷，是吴天宝所在的光复会的龙头老大，我对不住你了！”说完纳头便拜。

顾玉秀大吃一惊，连忙扶起五爷，说：“你是天宝哥的老大，奴家怎么消受得起如此大礼？有话请坐下说。”

五爷一坐下，又抱拳一拱，先解释了一通他委派吴天宝去买“鬼炮”行刺的原委后，才内疚地说：“出事的时候，我不在上海，更不知道吴天宝将你典押买枪，我有负于姑娘，让你蒙受侮辱。不管花多少钱，我都要替姑娘赎身，再在夷场里找个安身的地方。”

顾玉秀听了很感动，说：“多谢五爷的美意，不过姆妈待奴家如同己出，姐妹们也待奴家如同手足，奴家不想赎身。”

果然乌鬼和阿金说得没错，五爷不解地问：“莫非姑娘从小住厌了棚屋，如今住进夷场的石库门很惬意？五爷照样可以让你住石库门，衣食无忧。”又想到她守身如玉，也许要攀高枝，又垫了一语，“我还可以替你找个门当户对的好婆家。”

顾玉秀起身上前，虚掩上门后说：“五爷，奴家留在这里是想寻找机会替天宝哥报仇。”于是一五一十地说出她的秘密。她的倾诉中蕴藏着深深的痛苦和亟待昭雪的冤屈。

五爷恍然大悟，说：“原来害死天宝的是海军统制部的副官陈定剑？这事包在五爷我身上，立刻找手下人打探消息，杀了这条朝廷的走狗！你就不必苦心在这里等，听我的话，收山从良。”

顾玉秀感激不已地说：“五爷如此仗义，奴家没齿难忘。是不是兵分两路，五爷你派人打探消息，奴家在堂子里打探消息，一有姓陈的下落，就转告五爷。什么时候报了仇，奴家跟五爷走，做牛当马也甘心。”

“姑娘如此贞烈，天宝泉下有知，也会瞑目的。”五爷见顾玉秀矢志忠贞，也不好再勉强她赎身，便留下自己的德律风（电话）号码，叮咛有要事可找他，起身告辞了。

顾玉秀按规矩只送到房门口，关切地说：“五爷，路上当心点!”

“想杀我的人还没有出娘胎!”五爷扔下一句掷地可作金声的话，噔噔噔地下楼去了。

阿金早在守候了，摇着鸭屁股，凑上前讨喜地说：“五爷，酒菜都备齐了，怎么不见玉秀陪你下楼吃酒？”

五爷不理她的假客套，从怀里掏出一条小黄鱼塞给她，软中带硬地说：“你听好了，从今朝起，不许强迫玉秀接客、出局，见不见客人由她高兴。你的损失，都记在我五爷的账上。如果玉秀少了一根头发，你就等着买一副棺材!”

阿金掂着手中的金条，笑嘻嘻地说：“五爷，放心，从今朝起，玉秀就是‘迎春坊’的公主格格，见不见客，由着她的小性子。”

五爷丢下一句“回见”，扬长而去。

阿金怔怔地目送着，心里直打鼓，顾玉秀到底藏着什么秘密，让一个龙头老大甘愿在鸨母面前矮了三分？自己收下这条黄鱼，不知是福还是祸？

17

一辆马车在会乐里弄堂口停了下来，先后下车两个风流倜傥的公子。一个是刚刚出院的陈定剑，另一个是他的好友周友三，轮船招商局的高级职员。周友三是个上海夷场通，吃花酒、逛窑子、赌马、听书、进新舞台捧名角、到英国总会看大腿舞，无所不精，今天特地带着陈定剑来开洋荤的。陈定剑一走进五光十色的会乐里，就木木楞楞，完全丧失了在惊涛骇浪中一个海军军官的镇定与灵性。一个龟奴肩负着一个十四岁的雏妓，一边吆喝开道，一边快速地沿着青石板道从陈定剑的身边跑过，出弄堂口局去了。

陈定剑看得目瞪口呆，连忙问道："友三，这个男人扛着女孩干什么去?"

周友三解释道："这是上海妓家的惯例，破了身的雏妓要由龟奴扛着出局。没有破身的妓女，叫清倌人。不知道你要找的顾玉秀还是不是清倌人?"

陈定剑负罪深重地回答："贞节固然重要，但是她是不是清倌人，都是我造的孽，所以找到她，表明我的心意最重要。"

"你呀你，你不是上海滩头号情种，就是头号傻瓜！"周友三对陈定剑肝胆相照，尽管意见相左，但是还是言听计从，鞍前马后地侍候左右。

三天前，周友三刚刚从广东公干回来，听说好友陈定剑回国后发生了一连串的事，连忙去海军医院探望他。陈定剑正准备出院，一见好友遽然出现，真是喜从天降，劈面就说："友三，快帮我想个办法，找一个我从来没有见过的姑娘。"

周友三本来正想嘘寒问暖一番，或者叙叙在伦敦分手后的契阔，没想到陈定剑跟竹筒里倒豆子一样把他要寻找顾玉秀的前因后果全倾诉个遍，当然陈定剑隐瞒了他是革命党的身份。周友三是轮船招商局派他去伦敦公干的时候结识了陈定剑，两人很投缘，遂成了好友，一听陈定剑的满口绮思之言，就劝解道："你拒绝一个格格于千里之外，又放着一个大买办的千金不爱，偏偏为了还良心债去解救一个风尘女子，你是不是在英国看莎士比亚的浪漫戏剧看太多，中邪了?"

陈定剑无法挑明内情，只能说："航海的人，心中有了个既定目标，就一定要把船开到彼岸的。你也是吃轮船饭的，又不是不知道? 如果你还当我是朋友，就快帮我想个办法!"

周友三无可奈何地摇摇头，说："罢罢罢，谁叫我在伦敦大剧院看戏的时候认识了你？不过要在上海烟花界找一个长三妓女，无疑是大海捞针。"

陈定剑说："《上海新报》上说，她的未婚夫是在买枪的时候，将她典押给枪贩子的，如果能找到这个枪贩子，不就是可以顺藤摸瓜找到她的下落了吗?"

周友三说："还是读航海的人，线路分得清楚。我的轮船招商局跟三教九流的人都有打交道，打听的事包在我身上了!"

第二天，陈定剑刚刚到海军统制部报到点卯，萨镇冰还没有叫他办差，周友三就打来电话，约他晚上出去吃茶见人。

见面的地点是在四马路上的"五层茶楼"。华灯初上，车水马龙，高阁张灯，玻璃散彩，左连洋房，右倚青楼，洋景胜出，令人陶醉。陈定剑穿着一身红帮裁缝做的西装，登上最高层的一间雅座，早见眼尖的周友三已经在向他招手了。一个当中间人的白相人见陈定剑到了，就对周友三笑道："周公子，阿拉去吩咐上茶!"收了周友三给的三块光洋中间费，就走了。

坐在边座的乌鬼看了感叹道："周公子出手真阔绰，我把脑袋别在裤腰带上卖三支'乌炮'也不过赚这个数。"

周友三笑道："走马行船三分险，我周某常在水上漂，知道在浪尖讨生活的苦。"说着拿出十块光洋往乌鬼面前一放，又说："你只要回答我这位兄弟的一句话，这钱就归你了!"

乌鬼一见白花花的光洋，两眼都直了，说："无功不受禄，无功不受禄，这位小爷尽管问。"

陈定剑抑住激动，问道："告诉我，你把顾玉秀卖到哪家妓院去了?"

乌鬼呷了一口茶，装着惊讶，说："卖女人？我乌鬼在上海滩上讨饭吃，向来只卖硬货不卖软货，不信你打听打听去!"

周友三哗地一声用手掌把光洋刮回自己的面前，乌鬼连忙用手去拦阻，嘿嘿嘿地干笑："别急，别急，有财不挡道，有财不挡道。"

陈定剑聪明地又在乌鬼的面前添了五块光洋，改口说："我没说你卖女人，你把典押的顾玉秀转押到哪家妓院去了?"

乌鬼又当婊子又立碑坊地说："小爷这就说对了，我乌鬼怕卖女人晦气，坏了我卖硬货的财路。典押姓顾的小娘不假，那是她的男人造下的孽，她愿打愿挨，恨不得我乌鬼。"乌鬼用上海人呼妓轻薄之词"小娘"蔑称顾玉秀，事情就水落石出了。

陈定剑闻言后立刻记起《淞南乐府》中的一句诗："倡家煮出小娘蛏"，大概典出于此吧！但是顾玉秀在他心中决不是一粒可餐的小娘蛏，而是一位女菩萨。

周友三在一旁敲边鼓地说："乌鬼既然佛心未泯，你就发发慈悲，说出顾玉秀的下落。"

乌鬼说："杀人须见血，救人须救彻，我乌鬼送佛送到西天啦，告诉二位，顾玉秀就在会乐里的迎春坊。要嫖要脔，听凭小爷高兴，可是要想赎身，那是瞎子点灯白费蜡！"

陈定剑做事缜密，不想跟乌鬼再费口舌，抱个拳一揖，起身离去。周友三处事滴水不漏，跟乌鬼说了声"后会有期"，相跟着走了。

乌鬼用两只手指夹起一块光洋，轻轻一吹，再放在耳边听到光洋发出细细的振动声，贪婪地笑了。忽然，从门外走进来一个青衣小帽的人用一支"鬼炮"对准乌鬼。乌鬼是在刀口上舔血讨生活的主，不慌不忙地说："大爷，要番洋都拿去好了。"

那人二话不说，用"鬼炮"顶住乌鬼的头，另一只手探入乌鬼的怀中掏出一支"鬼炮"。这时候才从门外走进来阴笃笃的铁祥，绣帽锦衣，贵介打扮，用一只翡翠鼻烟壶嗅嗅鼻子，说："这些番洋还不够买一两上等洋烟丝，你还有什么可给的吗？"

乌鬼知道今天是小鬼碰上阎王了，说："大爷想要什么尽管拿去好了，就是吃饭的家什（脑袋）也不吝啬！"

铁祥说："果然是老江湖，痛快！痛快！福贵，还不快向乌鬼爷赔罪？"

那个持短枪的人连忙收了手，将"鬼炮"还给乌鬼，哈着腰说："乌鬼爷，对不住了！"

乌鬼将"鬼炮"塞入怀中，对铁祥双手一拱，说："大爷是衙门中人，乌鬼有眼不识泰山，还请见谅。"

"告诉我，刚才那两个人向你打听什么？"铁祥用鹰一样的眼光盯着乌鬼，容不得他退避半步。

"打听那个叫顾玉秀的小娘在哪家妓院，我实话告诉了。"乌鬼知道铁祥能找到他，已经摸了八九不离十，想瞒也瞒不住。

"顾玉秀的男人是光复会的，可有光复会的人向你打听顾玉秀的下落？"铁祥刨根问底，穷追不已。

“有，是光复会的龙头老大，叫五爷，我也照实说了。”乌鬼狡猾地辩解道，“大爷，我可是碗边的苍蝇混饭吃的，不说不行呀！”

“我不怪你，以后福贵会找你的，如果不合作，你就不用想在上海滩混饭吃了。”铁祥又嗅了一下鼻烟壶，打了一声痛快的喷嚏，走了。

福贵丢给乌鬼几块光洋当赏钱，又威胁地晃晃手中的“鬼炮”，才走了。

铁祥是个多心的旗人，自从朝廷颁下恩赏之后，海军统制部上上下下都在庆功，唯独他越想越不对头，怀疑海军内部有革命党当接应，才会发生企图刺杀代春的事件。他到夷场的电报局，向远在京师的父亲康禄发去一封他的猜想的电报，康禄回电让他秘密彻查海军中的内奸，并让他找上海道杜仲安协助。杜仲安是康禄的死党，欣然答应，就派旗人侦探福贵当铁祥的助手秘密调查。福贵是上海滩的包打听，所以他很快就找到乌鬼的线索提供给铁祥，果然一箭中的。

当周友三领着陈定剑寻到“迎春坊”门口的时候，尾随而来的铁祥和福贵已经将他俩的行踪打探得一清二楚了。铁祥暗暗思忖，陈定剑迫不及待地要寻找刺客吴天宝的未婚妻顾玉秀一定跟革命党有瓜葛。如果能破解迷底，揭开真相，不仅能掀翻汉人盘踞海军的宝座，让满人分执牛耳，而且还能换得仪凤这个美人归，岂不是一箭双雕？铁祥看见陈定剑和周友三进了“迎春坊”的石库门，一个歹毒的计谋已经从心田中钻出来了。

陈定剑跟随着周友三走进妓院，那只架上的鹦鹉旧例欢叫“上茶”，鸨母阿金一见来了两个绣肠公子，慧业俊彦，就笑得合不拢嘴了。她的眼光是秤，早已称出来人有几斤几两重了，就一边恭请陈定剑和周友三落座，一边指挥丫头奉茶。

来之前，周友三已经事先教过陈定剑，进长三妓院过程繁杂，礼数详尽，不可能直接地一睹丽颜，一亲芳泽，必先有老鸨“打茶围”。“茶围”即捧场初见，作为点缀性应酬，掂掂来客身价份量，花钱手面是否阔绰？才有“进轩”入帷，一睹春色的机会。

陈定剑模仿着周友三端起茶杯，悠悠地呷了一口，清香扑鼻，满心喜欢。

这一瞬间，阿金已经捕捉出陈定剑是个初涉花街柳巷的生手，便试探地问陈定剑：“这是西湖龙井，公子可喝得惯？”

陈定剑是个老实人，说：“有茉莉花茶更好。”

周友三急使眼色阻止已经来不及了，陈定剑已经暴露出他是嗜喝茉莉花茶的福州海军的身份了。清末的时候，上海的福州人不多，不是吃海军饭的，就是当海军的，阿金拿捏得精准，就吩咐丫头道：“给公子换上等茉莉花茶！”

周友三索性将这一层窗户纸捅破了，以显示尊贵挫挫阿金的势利气焰，说：“姆妈，我这位朋友，在海军统制部当差，生来就好茉莉花茶，请不要见怪。”说着在丫头捧来的茶盘上搁下五块光洋。

阿金一见对方出手这么阔绰，就想起顾玉秀刚才出堂差的时候交代过的话：如果有客人点名要见她，或者有海军的嫖客来，务必要对方留下姓名和电话。阿金私忖顾玉秀一定有不可告人的内情，所以就想进一步套陈定剑的话，问道：“海军的客人天生尊贵，不知道想见什么样的先生？”长三妓院的姑娘，亦称“先生”，阿金想考考陈定剑知情不知情。

陈定剑不急不慌地呷了一口茉莉花茶，咂咂嘴，说：“这茶还对胃口，就不知道‘先生’是不是也对我们的胃口？”

阿金谀声连连地回答：“沪上的长三堂子数会乐里，会乐里的数迎春坊，迎春坊的先生数挂头牌的二八佳人顾玉秀。”阿金知道嫖客对十五六岁的二八佳人最有兴趣，过了二十岁，就嫌弃是“逾笄”迟暮的老妓，所以才大声说出“二八”这两个字。

陈定剑故意反问道：“顾玉秀？凭什么她就挂头牌，难道仅仅凭她貌若天仙吗？”

阿金解释道：“上等长三以才艺见长，姿色其次，公子果然是个行家。顾玉秀不仅唱曲唱戏是挂头牌，而且还会说一口流利的夷话，她不挂头牌，谁敢挂头牌？”

周友三说：“既然有缘，就请顾姑娘出来陪我的朋友喝一杯茶。”

阿金轻轻拍拍手掌，就从屏风后摇飐般地走出一位绝色美人，丰满柔美，风姿绰约，深深施礼，令人几乎昏眩。

周友三久经风月场，见了娇娃，竟也觉得气都喘不过来。陈定剑倒很出乎意外的冷静，一副“只要心中无妓，不妨座上有妓”的心态，用英语请她捧茶。

这姑娘其实是冒充的顾玉秀，艺名叫小毛毛，用洋泾浜英语嗲声嗲气地说：“二位公子，幸会了！”说完了分别向陈定剑和周友三敬茶。

周友三已经忘了此行的目的，直勾勾地看着小毛毛，问道：“姑娘怎么不用艺名？”

小毛毛掩饰地说：“奴本碧玉年华女，只待小姑会彭郎。”

周友三说：“初传一曲知心客，赢得宾客满口夸。”

阿金见小毛毛和周友三眉来眼去，三魂走了两魄，正暗暗得意，不料，陈定剑从西服贴袋内掏出一只珐琅胭脂盒问小毛毛：“顾姑娘，见过这只胭脂盒吗？”

小毛毛傻了眼，支支吾吾，说：“奴家没有见过。”

陈定剑正色地对阿金说：“她不是顾玉秀！”

“哈哈哈！”阿金见漏了破绽，转圜地大笑起来，“什么也瞒不过公子的法眼，公子见顾玉秀不就是图见个清倌人吗？小毛毛也是个未开苞的雏，半斤换八两，不是一个样吗？”

“讨扰了！我们走！”陈定剑二话不说，起身拉了周友三就走。

“二位爷，稍安勿躁，稍安勿躁！”阿金连忙拉着陈定剑和周友三坐下，“顾姑娘刚刚出堂差了，二位来得真是不巧，不妨坐等片刻，听听小曲，等顾玉秀回来？”

周友三醉翁之意不在酒，正中下怀地问陈定剑：“就依姆妈的主意如何？”

“还是下回再来吧！”陈定剑不想在妓院里盘桓太久。

小毛毛插了一句，说：“二位公子，玉秀和奴家是体己姐妹，就让奴家替她侍候一回吧？”

周友三说：“姑娘有意，我们也不能无情，是不是？”边说边用眼光贪婪地在小毛毛隆起的胸脯上舔来舔去。

陈定剑说：“烦请姆妈传给顾姑娘，明日我们再来。”

阿金说：“要见顾姑娘的客人太多了，方便的话，请公子留下德律风的号码。”

乖巧的周友三留下自己的电话号码，犹恋不舍地和小毛毛辞别后，才和陈定剑离去。

谁知，两人刚刚才走出会乐里的弄堂口，就被几个守候的夷场华人巡捕扭住，不由分说地塞上巡捕房的马车捉走了。

18

男人的天堂，一是在马背上，一是在女人的胸脯上。

顾玉秀走进新建的跑马厅，她的窈窕寸心顿时有了这种雄浑之想。残阳将落，夕照熔金，秋风飒飒之中，男女夷人们联袂并辔而行，时而策马欢奔，时而御风而翔，意气风发，令人艳羡。

今天不是赛马的日子，没有了往常人如堵墙，叠层拥挤，观赛助威的盛况。顾玉秀在专供华人观看的看台边座捡了个地方坐下，静等叫局的客人出现。跑马厅允许华人进内观赛，是今年刚刚破例的，入场取洋一元，事先已由叫局的客人预付了，可是为什么他还是迟迟不到呢？顾玉秀有些纳闷。

妓女出局，不是去茶楼酒肆，便是去书场戏馆，或者去新兴的英国总会和德国总会，偏偏这位客人约的是跑马厅。她先前看过一次赛马，这项上海滩万人追捧的新运动，让她看到了走火入魔的景象。比赛的时候，夷人骑师着红、黄、绿、紫等各色衣服为区别，当二面红旗相继挥下，群马争先恐后地疾奔，风驰电挚地卷过椭圆型的跑道，掀起了此起彼伏的喝彩声。赛马的这一天，夷场的各国领事馆、银行商店、或半天或全天关门歇业，就连妓院也冷清了许多。也许这位叫局的客人正是一位赌马迷，顾玉秀掏出他事先派人送来的手写的局票，看了又看。

局票

易风君叫 顾玉秀

至跑马厅第一排

华人看台

侍陪勿延

顾玉秀不怀疑叫局人的延宕，但如此怠慢一个红妓，她是头一回遇到。她看看日头偏西了，便不失优雅地站起来舒舒筋骨，心想再等一刻钟，她就回去，来的马车早在跑马厅外等候着哩！

顾玉秀根本不知道，她的一举手一投足全在仪凤格格的视线中。

仪凤坐在华人看台对面的夷人看台上用袖珍千里眼审视着她。假冒“易风”名字花钱买局票约顾玉秀出局的人正是仪凤。

自从仪凤知道陈定剑爱的是妓女顾玉秀后，她一向宽厚的心，突然有了寥廓空旷的感觉。她不断地凝练自己的思路，想不出为什么陈定剑要冒天下之大不韪去爱一个妓女？她在柏林读书的时候，曾经偷偷地读过几本中国传统的闲书，了解“妓家”的来龙去脉。“妓家”固然是旧声色卖艺的总称，却只是个笼统的名词，其分野很广，不可作“卖淫”的代名词，其中有许多是并不出卖肉体的，而且也未必是一种“贱业”，恰恰是女性还没像西洋一样解放自由的时候，男人必去的社交场所。“娼”，仅卖肉体，故曰“娼门”，而“妓”，源于伎，亦作姬，古代专指歌妓、女妓，有敬爱之意。所以今天的“长三里”，仍有古代名妓薛涛的遗风，才敬称妓女为“先生”，“校书”。那么这位令陈定剑神交的顾玉秀是否是承袭了薛涛的古韵呢？

仪凤的烦恼被父亲的忠仆水根看出来了。水根是代春在海军统制部的专用马车夫，代春一向善待水根，曾经派夷人医生救过水根娘的命，所以水根对刚从德国归来的格格也是肝脑涂地的。鱼有鱼路，虾有虾路，水根毕竟是上海老城厢长大的上海通，就替格格出了个瞒着代春的主意：冒名叫局，会会情敌顾玉秀。仪凤起初不肯纡尊，后来想想兵法上不是有“知己知彼，百战不殆”之说吗？衡情度理之后，仪凤同意了采用水根的办法。

仪凤从顾玉秀一走进跑马厅，就从千里眼中将她饱览个够：新编云鬓脑后轻坠，满头珠翠位增妍俏，时新纱罗裁成镶边衣裤，艳色花缎制成的斗篷裹住她高挑的身躯，活脱脱是沪上的时髦典范！她的手腕上吊着一只小手袋，内中一定放着流行的装饰物品：香水瓶、小镜子、胭脂盒、伽罗油和香粉纸。幸喜的是她没有像别的妓女一样爱在公共场所对镜骚首弄姿，名为理妆，实为炫耀名贵泊来品。这使得仪凤对顾玉秀有了几分好感。

落日的余晖将顾玉秀的身影孤独地勾勒在看戏的木板墙上，那么纤细，那么迷幻，让仪凤看了都动心。可惜的是她意兴阑珊地走了。

“对不住了，顾姑娘，为了定剑，我不得不这样骗了你。”仪凤从来没有骗过人，只能内疚地默念着离开了洋人的看台。

顾玉秀失落地走出跑马厅，向等候的马车走去，两名夷场的西捕巡警骑着高头洋马缠上了她。

一个德国籍西捕从坐骑上俯看着顾玉秀，用德语轻蔑地呵斥道："堂里的小姐，跟我去巡捕房走一趟！"

顾玉秀听不懂，用洋泾浜英语问："先生，我听不懂，请用英文，行吗？"

一个英籍西捕这才开口了："贱货！你的马车违反《租界例禁》'夜不点灯'的条例，明白吗？"

顾玉秀据理力争，说："先生们，现在才是傍晚，还不到马车点灯的时候。"

德国籍西捕说："你穿得再时髦也是婊子，你敢违抗租界的条例？"

英国籍西捕侮辱地说："你要不想去，用你娇嫩的红唇亲亲我的皮靴就饶了你！"说着翘起马靴对准了顾玉秀。

顾玉秀羞辱地涨红了脸，瑟缩地往后退。英国籍西捕策马追上来，依旧翘着马靴逼她亲吻。德国籍西捕看了在马上哈哈大笑。早期的外籍巡捕，习称"西捕"，通常是落魄的酒鬼、粗野的水手和走投无路的赌徒充当，欺负华人是他们的家常便饭，与工总局制定的冠冕堂皇的条例格格不入。

"先生们，请马上向这位小姐道歉！"突然一个勇敢的声音传过来，随即走上前来的正是凛然难犯的仪凤，她的身后跟随着穿着海军差役制服的水根，紧攥着拳头，仿佛只等女主人一声令下，就扑上前揪住对手。

德国籍西捕一听来人能用流利的德语顶撞他，知道来头不小，就立刻软了三分，问道："小姐，你是谁？"

"大胆！你敢用这种口气跟我们小姐讲话？"水根知道对付洋痞子必须以势压制，"我们小姐可是大清海军统制部通译！"

仪凤严厉地说："你们身为巡捕，却在滥用条例侮辱妇女，我要到工部局董事会告你们！"

那个英国籍西捕见势不妙，狡猾地说："小姐，我们是和她开玩笑的。"

德国籍西捕连忙打圆场，说："亨利，还不快向小姐道歉？"

英国籍西捕心不甘情不愿，只好说："小姐，请接受一个绅士的道歉。"

"我接受了。"顾玉秀息事宁人地回答。

两个西捕自讨了没趣，连忙拨转马头，走了。

仪凤关切地问顾玉秀："小姐，你没有事吧？"

顾玉秀道个万福，说："奴家多谢小姐搭救。"

仪凤这才面对面地审视着顾玉秀，好一个璧人，让谁看了不心动呢？难怪那两个洋痞子要动歪脑筋调戏她。仪凤说："让我送小姐回家吧！"她不由得联想起当初在"威廉王子"号轮船上，陈定剑是怎么帮助她摆脱两个东洋人的纠缠的，如果他今天在，也一定会路见不平拔刀相助的。

顾玉秀说："奴家也有马车，不敢讨扰。"

仪凤负疚未消，说："有缘千里来相会，小姐就不必推托了。"

顾玉秀说："那就恭敬不如从命了。"

水根早把马车赶过来了，侍候着两位小姐上了车，就"得得得"地让马儿响着蹄声走了。顾玉秀雇来的马车跟在后头。

顾玉秀问道："敢问小姐芳名？"

"仪凤。请教小姐芳名？"

"顾玉秀。小姐如此体面，和奴家同坐，不怕屈尊了吗？"

"西人提倡平等，夷场也要助长此风。"

顾玉秀听了，顿觉与仪凤从情感上贴近了许多，说："小姐一定读了不少洋书？"

仪凤说："我在德国读书多年，刚刚回国不久。"

顾玉秀羡慕不已，小心地问："有婆家了吗？"

仪凤说："有心上人了。"

顾玉秀怀着钦仰的情感，说："那奴家祝福小姐了。"

仪凤反问："你呢？有可心之人吗？"

顾玉秀说："没有。"她不由得想起死去的吴天宝，那只是恩人，不是情人。"堂里人，不敢奢想。"

仪凤试探地问："小姐有落雁沉鱼之貌，万一有人想替小姐赎身从良，小姐愿意吗？"

顾玉秀口气坚执，说："奴家心如枯井，枯井如心。"

仪凤松了口气，知道陈定剑的企图只会落空，顿觉此行不虚。不过想想又替顾玉秀惋惜，又问："枯井也有重波的时候，万一有朝一日碰到心仪的郎君，小姐会改变主意吗？"

顾玉秀叹了口气，说："哀，莫大于心死。"

仪凤不便再问了。转眼，车到了会乐里弄堂口，顾玉秀心有所系，突然问道："小姐在海军统制部高就，可以打听一个人吗?"

仪凤说："请问吧。"

顾玉秀说："海军统制部有位叫陈定剑的副官吗?"

仪凤心一沉，说："有。小姐认识他吗?"

顾玉秀藏起心事，掩饰地说："不认识，因为见过报上登过他的事，随便问问。堂子里的人闲来无事，就爱打听鸡毛蒜皮的事。就此拜别吧!"

仪凤很想追问她为什么要打听陈定剑，但话到嘴边又咽下去，只好怔怔地目送她走进会乐里，走进那纠缠怨怼苦泪、虚情假意的渊薮，才叫马车离去。

顾玉秀一回到"迎春坊"，早有阿金向她数叨今朝来了两位想见她的公子，其中一位正是海军统制部的大人，并留下德律风的号码。

死鬼，你终于送上门来了！顾玉秀背着阿金，立即向五爷打电话，告诉了陈定剑的出现和周友三留下的电话号码。

五爷在电话那一头，回答他的雪恨决定：要用"乌炮"轰陈定剑上西天。

第七章

19

上海高昌庙的海军巡洋、长江舰队统制部大楼灯火通明，与咫尺之遥的停泊在码头上的“海星”号穹甲巡洋舰上的灯光连成一片，汇成基地的灯火海洋，蔚为壮观。

代春临窗伫立，远眺“海星”号穹甲巡洋舰用灯光描绘出的钢铁雄姿，胸中充满自豪和得意。他坚信，他所参与重建的大清海军将是风雨飘摇的社稷大厦的一根顶梁柱。而萨镇冰和陈世恩没有他那样的快意人生的心情，顾自在一块革命党起事的态势图沙盘前，运筹攻防的计划。

态势图沙盘上，插满了代表孙中山领导的同盟会和其他革命党起义的小旗：

一九〇〇年郑士良的惠州起义；

一九〇六年刘道一的萍浏醴起义；

一九〇七年惠州起义；

一九〇七年许雪秋的潮州黄冈起义；

一九〇七年黄明堂的镇南关起义；

一九〇七年徐锡麟的安庆起义；

一九〇七年秋瑾的绍兴起义；

一九〇八年熊成基的安庆起义；

萨镇冰凝视着逐年增多的起事小旗深感不安，大清朝廷岌岌可危，海军将何去何从？这个隐忧不知道从什么时候开始就悄悄地在他的心田里萌生发芽了。他问陈世恩："会党举事日多，你有什么看法？"

陈世恩说："孙文的大本营是美国的檀香山，前沿阵地是香港，举事的主阵地在广东。广东数次遭挫，不排除他有沿着长江向腹地进取的企图。"

代春已经走过来了，说："统领大人怎会有如此的推测？"

陈世恩极有远见地说："广东防范甚严，八旗有广州将军孚琦坐镇，陆路有两广总督张鸣岐统制，水路有水师提督李準协调，此外还有我长江舰队居中驰援，所以革命党屡屡未能得手。革命党虽然有各路会党暗助，但是参加举事的会众人数有限，纵然有精英敢死，也经不起屡战屡损，所以为集中优势兵力，不排除孙文改弦易辙往我军防范薄弱的长江腹地滋扰。"

萨镇冰沉吟了一下，问："长沙、上海、金陵和汉口皆为长江腹地重镇，你以为先有可能滋乱之地是哪里？"

陈世恩说："长沙。那里哥老会势力强盛，离广东又近，将是肇事的火药桶。"

代春说："我以为广东还是孙文的滋事渊薮。孙文背靠南洋，那里有华侨可募集大量资金；近踞香港，各路党徒会众可从各地自由汇聚集结；周旋南海，那里有海盗可以为革命党走私军火。有这三大便利条件，孙文依旧会故伎重演。"

萨镇冰说："孙子兵法讲究用兵取六大要素；道、天、地、将、法、计。所谓'治道'，即为何而战，孙文有口号蛊惑人心，得其一；'天'，即天气，广东气候多变，孙文几次举事遇暴雨，淋湿军火，失其一；'地'，指地利，孙文利用广东各地与香港及南洋的交通便捷，得其二；'将'，指将军的条件，孙文手下死士前赴后继，得其三；'法'，指军纪赏罚，会党视死如归，得其四；'计'，指综合各方面比较计算，孙文屡屡失于计算不周全才遭败，失其二。如此看来，孙文党徒盘踞广东举事得利有四，失弊有二，利多于弊，他还会继续滋扰的。"

代春说："不管孙文在什么地方举事，我海军舰队凭借长江便利均可以重挫贼焰，我以为可以再增派长江舰队的两艘炮舰驰援陈定书的‘江天’号炮舰，防患于未然。”

萨镇冰征询地问陈世恩：“你以为如何？”

陈世恩说：“贝勒爷所言不无道理，请统制大人定夺。”他及时地收回自己的主张，从不与恩师意见相左。

萨镇冰说：“明日即召开巡洋、长江舰队编队会议，商定派舰防守大计。”

代春满意地点点头，说：“二位大人，大清的安危系海军于一身，海军的安危系你我三人于一身。我考虑许多日了，有一个未证实之想法，小女仪凤对统领大人的二公子定剑颇有好感，待我进京征得皇太后应允之后，是否两家可以结秦晋之好？”

陈世恩一听大吃一惊，说：“万万不可，陈家乃蓬门小户，岂能高攀皇亲？”说着求救地看着萨镇冰。

萨镇冰不好拂了代春的好意，便说：“满汉不通婚，祖制不可违，太后是不会破例的，贝勒爷还是收回美意为好。”

代春说：“起初我也以为不可行，没想到此次定剑颇得太后恩赏，擢升副官，协助统制大人襄理军务，前程无限，趁此良机，我才敢斗胆向太后恳求，料想会恩泽两家的。”

萨镇冰不想让闽系海军陷入皇族的掣肘中，说：“即使太后肯恩准，朝中其他皇亲也断不应允，甚至会趁机攻讦贝勒爷，于重建海军大计不利，请三思！”

陈世恩一见击中了代春的要害，也跟着附和：“海军大计，不可为儿女私情所误，请三思！”

代春立刻想起政敌康禄的一副嘴脸，一定会戟手叉腰地在众皇亲中攻讦他，令皇太后左右为难。于是说：“二位大人言之有理，此事不妨暂搁，等到时机成熟，我再向太后恳请。”

陈世恩松了一口气，感激地看着萨镇冰，萨镇冰却已经俯视沙盘，专心研究，权当没有发生过此事。

这时候门口出现了一位秘书，报告夷场巡捕房的副督察员亨利，有紧急公事造访统制大人。

萨镇冰同意会见。

亨利出示公文后，报告了一件惊人的消息：海军统制部副官陈定剑在公共租界企图密会光复会龙头老大五爷，已遭巡捕房拘捕。以“华洋分理”条例，请海军统制部派员担保自行处治，若逾期不理，则由夷场会审公廨。

萨镇冰派秘书礼送亨利后，回头发现房间内一片沉寂。

萨镇冰说："你们怎么都不吱声了？这一定是误会，弄错了，定剑怎么可能是革命党？"

陈世恩说："子不教，父之过，下官请贝勒爷严查！"

代春说："萨大人，我在想，定剑刚刚受了封赏，刚刚伤愈出院，怎么会受到诬告，竟成了革命党呢？"

萨镇冰说："贝勒爷，依下官看立刻派人去将定剑保回来，再盘查也不迟。"

代春说："就这么办。"

不料，门口又出现了秘书，报告上海道台杜仲安派了一位高级侦探福贵要求将陈定剑移交上海道审查。

代春听了火冒三丈，说："这个杜仲安想抓革命党抓昏了头，敢把手伸到海军里来？他忘了这一回他受恩赏可是沾了陈定剑挡子弹的光！"

萨镇冰对秘书吩咐道："给一张我的名帖交那个侦探带回去，叫他告诉姓杜的，管好他的老城厢就好了，少插手海军的事！"

岂知，那个福贵不顾秘书的拦阻，已经闯进来，单腿跪下打千，说："奴才福贵给贝勒爷请安，给二位大人请安！"福贵仗着是旗人，抖胆将了代春一军，"事关我大清安危，所以奴才冒死求见陈情！"

代春见福贵搬出祖制陈情，只好忍住不悦，呵斥道："大胆奴才，不知这是什么所在吗？"

福贵弦外有音地说："这是维系我大清安危的海军统制部重地，福贵人微言轻，但为了江山社稷，只好犯上了！"

代春厉声地说："讲！"

福贵说："奴才受道台大人之命，但求移审陈定剑勾结革命党一案。"

代春斥道："住口！统制部自会调查，无须上海道插手！"

福贵寸步不退地说："高昌庙属老城厢辖地，上海道有权管辖。"

代春说："海军当属筹办海军大臣管辖，上海道无权过问！看茶！"

早有两个卫兵冲进来架起福贵往外拖。福贵不甘愿地大叫："如果不允，我家大人说要上奏力争！"

铁祥从门外冲进来，一把揪住福贵，怒不可遏地抽了他两记耳光，说："放肆！一个小小的侦探，胆敢对贝勒爷、统制大人和统领大人顶撞？拖出去责打三十军棍！”

萨镇冰不想将事情闹大，说：“姑且念他也是职责所在，放了他！”

铁祥狠狠地推开福贵，说：“滚！”

福贵桀骜不驯地抻抻衣裳，向代春打了个千，说：“奴才向贝勒爷，向各位大人告辞了！”然后退了出去。

铁祥故作余气未消，说：“贝勒爷，他诬告陈定剑大人是革命党，纯属捕风捉影！”其实铁祥正暗暗得意这一场他安排的好戏开锣了。他唆使福贵向公共租界巡捕房告发陈定剑和周友三是勾结会党龙头老大五爷的革命党，捕房不分青红皂白即将二人拘押到案。

萨镇冰说：“贝勒爷，是不是立即派得力干员将人保回来？”

陈世恩气得浑身发抖，说：“犬子不知天高地厚，关他一夜也好！”

“不好！”这是闻讯赶进来的仪凤，双颊绯红，看得出她压抑着义愤，申辩道，“统领大人，这不单单是定剑受诬告的小事，而是事关筹办海军声誉的大事！如今朝野均有不少人对皇族筹建海军有微词，而陈家又是深受朝廷器重的干城栋梁，有人故意制造事端拿陈家开刀，分明是冲着筹办海军而来。阿玛，应当马上将定剑保回来！”

铁祥一听仪凤点到代春的心病，马上跟着说：“贝勒爷，格格所言极是，不能让事态扩大，立刻派人担保定剑大人！”

代春点点头，说：“铁祥，你带上仪凤当通译，去把人保回来！”

“喳！”铁祥打个千，领着仪凤匆匆地走了。

20

南京路上的老闸捕房早在一八九九年就正式定名工部局警务处，可是上海人和夷人都依旧称它为“巡捕房”。上海人喜欢续称之“巡捕房”，是因为“巡捕”二字源出中国，清廷在京师沿祖制设有“巡捕营”，掌理“诘禁奸宄，平易道路，肃清辇毂”等事项，长官是“九门巡捕五营步军统领”。所以上海人更喜欢夷场中还有中国名称的警察机构。夷人喜欢沿用“巡捕房”，是为了在夷场中让中国人更有认同感。陈定剑头一回被拘押在“巡捕房”的拘留房里，感觉与他人迥然不同。他觉得这是对自己身为革命党的奇耻大辱，有一天推翻清廷之后，他定要致力收回夷场。想到这里，他砸碎喝水用的瓦钵，拿起一块瓦片在泥墙上写下八个大字：拔剑砍地，投石冲天。

一直冷静地盘坐在地上的周友三始终一言不发，他知道很快就有海军统制部的人来保释他们出去的。他闭目思索的是谁又为了什么目的陷害陈定剑？而他只不过是殃及的池鱼。

周友三的真实身份是大清军谘府密使。军谘府相当各国的参谋总部，起初隶属陆军部，皇族组阁后分开，由贝勒载涛任军谘大臣领政，权倾朝野。周友三的秘密使命是监视海军中的革命党，所以他当初以轮船招商局高级职员身份巡视欧洲，目的是监视中国海军留学生，没想到在伦敦因为共同喜好莎士比亚而与陈定剑成了朋友。他对陈家有过专研，知道陈世恩受恩朝廷才有飞黄腾达的局面，所以对陈定剑丝毫不怀疑。不料今日有人暗中先手一着，棋走险局，借巡捕房拿捏陈家，出乎周友三的意料。本来周友三可以出示军谘府秘密金牌，让巡捕房当即放人，但是他欲明究竟，所以按兵不动。

陈定剑问道："友三，你看我写得怎么样？"

周友三说："我的陈二公子，今天晚上要在这里喂臭虫了，你还有心思练书法？"

陈定剑说："这三尺见方的牢房是锁不住一艘升火待发的军舰的。"

周友三心想，他写的这八个字倒有革命党的气概，可惜他不是，他只是为替一个妓女赎身才身陷囹圄，缺乏革命党的壮怀，就故意试探地说："什么军舰，我是陪着你去坐花船才被抓的，真是冤大头！"

陈定剑说："无情未必真豪杰，为了救风尘坐牢也值得。"

周友三叹了口气，说："可惜的是，连那个俏美人的体香也没有闻到。"

陈定剑心犹未甘，说："出去以后，改天再去找她，让你闻个够少女香！"

周友三说："少拿我开心，自古朋友妻不可欺，我要闻就闻小毛毛的。"

两人正说着开心，牢房门咣当一声打开了，明亮的电灯光下站着一个华捕，大声呵斥道："二位公子，有人来保了，出来！"

两人相视一笑，跟着华捕走了。

陈定剑和周友三一走进警务处副督察员亨利的办公室，就见到一个他最不想见的人和一个他最想见的人：铁祥和仪凤。

仪凤用流利的英语向亨利道谢后，铁祥在文件上签了字，亨利结束地说：

“通译小姐，三位先生晚安。”

四个人一路上各怀心事，一言不发地走出老闸捕房门口，水根驾着马车已经在等候了。

周友三终于忍不住了，说：“各位，我不是你们海军的，这份洋罪我受够了，我该回去了！”

铁祥厉声地说：“住口，小白脸！我刚才已经问明白了，洋督察说是你领着定剑大人去烟花柳巷的，才会发生这档子事，你还想回去？”

陈定剑说：“铁祥大人，他是我的朋友，与这件事无关，让他走。”

仪凤终于开口了，说：“定剑，他如果走了，你在筹办海军副大臣面前就说不清了！”

陈定剑说：“我一人做事一人当，何必连累朋友？”

周友三说：“定剑，我周友三向来能为朋友两肋插刀，去就去，听说你们海军的消夜不错。”说着跟着铁祥他们上了马车。

马车一启动，周友三又说：“定剑，你还没有给我们做个介绍哩！”

陈定剑分别给三个人做了介绍，周友三对铁祥没有好感，故意问道：“格格，定剑是统制部的副官，怎么要一个兵船帮带来保释？”

仪凤回答：“周先生对海军有所不了解，铁祥帮带深得我阿玛赏识，今天为了定剑他说了不少在理的话，阿玛才派他来的。”仪凤尽管不喜欢铁祥，但是一旦有人攻歼满人，她就会毫不犹豫地维护满人的声誉。

铁祥说：“职责所在，格格过誉了。”

陈定剑虽然有疑影在心，但是他相信仪凤的话，径自在思忖，等一会儿见了代春、萨镇冰和父亲，怎么掩饰事情的真相，不暴露自己是革命党的身份？

周友三看出了仪凤虽然在处处替铁祥解释，但是暗中一直却在袒护犯事待究的陈定剑，她顾盼不安的眼神已经流露出钟情陈定剑的秘密。好个风流的陈定剑，刚刚回国才几天，连副官的板凳还没有坐热，就有格格投怀送抱，还有名妓含苞待摘，想想自己情场老手，却是孑然一身，不由得老梗伤韵。

马车进了海军统制部大楼后，铁祥领着仪凤三人进了统领的议事厅。偌大的房间里，坐满了统制部的要职各员。这是代春的明智之举，让萨镇冰连夜请来巡洋、长江舰队的各位大员，共审此案，以堵流言，甚于防川。

铁祥复命之后，居中危坐的代春严肃地问道：“陈定剑，巡捕房以你企图密会光复会龙头老大五爷的罪名将你拘留，请你自行解释。”

陈定剑正色地回答："启禀大人，今天属下受好友周友三邀请去会乐里吃茶，不知为什么被误当成革命党遭到拘留。"

代春又问："周先生，为什么邀请陈定剑去会乐里吃茶?"

周友三解释道："大人，我和定剑是好友，我听说他回国了，想替他接接风，才请他去吃茶，叙叙旧。可是茶楼太俗，夷人的总会又不让华人进，我不请他去高等的长三会乐里又能去哪里?"

坐在代春旁右边的萨镇冰问："周先生在何处高就?"

周友三说："轮船招商局高级职员，长三会乐里是我常常招待华夷客商吃茶的去处。"

海军要职各员们听了交头接耳，纷纷颔首赞成。

坐在代春左边的陈世恩严厉地责问道："陈副官，你身为海军要员，即使不顾家规，难道也不知海军军纪，擅去是非之地吗?"陈世恩的语气中透出恨铁不钢的父爱。

大清海军自重组以来，萨镇冰治军甚严，整饰军纪，严禁嫖妓。所以陈定剑据实回答："大人，部下去的是会乐里，会乐里是上海的社交场所，与帛肉交易的妓院有所区别，请大人明察。"

代春有意将话题一转，切中众人所悬念的要害，问："陈定剑，你认识光复会的五爷吗?"

陈定剑说："不认识。不过，他可能认识部下。"

代春问："此话怎讲?"

陈定剑说："他派了他的党徒吴天宝送给部下一颗子弹!"他巧妙地让在座的大员们想起那一场未遂的行刺。

代春满意地点点头，环视着各位大员："各位大人还有话要问的吗?"

众人摇摇头，他们心清如水，坚信陈定剑是清白的。

代春松了一口气，一锤定音地说："各位，这件事纯属子虚乌有，就到此了结，兹事体大，毋庸再议!"

"喳!"大员们齐声应诺。

铁祥心想，陈定剑，你别得意得太早，这只是敲山震虎，上海道杜仲安不会轻易放过你的。

仪凤终于漾起欣慰的笑容，可是心池里掠过一个疑波：为什么陈定剑不敢说是去会乐里见顾玉秀?

21

上奏太后、皇上的折子拜发出去后，上海道杜仲安下令侦探福贵密捕了卖黑枪的乌鬼，企图让乌鬼当陈定剑与五爷勾结的人证。杜仲安是清廷的忠实鹰犬，他始终怀疑行刺代春的事件中必有海军中的逆党当内应，于是他在折子中，借陈定剑谋逆造反的事件参了陈世恩一本，他自信有康禄在朝中撑腰，朱批很快就下达，又有乌鬼当铁证，很快就能扳倒陈世恩父子，让铁祥顺理成章顶了陈世恩的缺，坐了“海星”号穹甲巡洋舰管带的宝座。

陈定剑尚没有察觉到危险在悄悄地蔓延，在周友二的撮合下，又给“迎春坊”的顾玉秀送去一张局票，请她到女书场奉茶。

在晚清上海夷场，出入公共娱乐场所被视为女界的时尚，书场也启用女唱书弹唱，招徕女界，称为女书场。女书场中雇佣女堂倌吸引了大量的男听众，一时间，男女听众争相到女书场听书蔚然成风。

周友三特地安排陈定剑到女书场开开眼界，固然是赶时髦，其实让陈定剑与顾玉秀见面避免有嫖客与妓女交易之嫌，更是本意，所以陈定剑对好友的用心筹划，十分感激。

他俩捡了雅座坐下，就有一个俊秀的女堂倌赶来伺候，奉上瓜果香茗。陈定剑见这个女堂倌身着男装，放弃裹小脚的弓鞋，除了没有项上长辫，浑身上下有着一股男人的利索气。女书场中左右各设女座和男座，雅座设在前排，以便名妓陪客，沽名钓誉。狎客也需借妓女的知名度，周旋于社交场合，彼此在夷场中维系对方的体面、场面和情面，即上海人俗称人生最难吃的三碗“面”。陈定剑正在焦急等候顾玉秀到来的时候，又来了个女堂倌，轻启玉齿道：“二位公子要奉茶吗?”

周友三一见这个女堂倌白皙的脸庞掩映在她的黑发之间，挽眉低首飘然一鞠，再听到她的吴侬软语，知道等的人到了，说：“我们早给姑娘看座了。”

陈定剑恍然大悟来人正是顾玉秀，不解地问道：“顾姑娘是‘迎春坊’的头牌，为什么要打扮成堂倌的模样?”边说边邀请顾玉秀在身边坐下。

顾玉秀笑道：“说这话的一定是陈公子了。陈公子初涉烟花界有所不知，妓家打扮女堂倌样子出入书场是风流。”

周友三说：“定剑刚从西洋归来，还是个阿木林，顾姑娘日后要多开导开导他。”

顾玉秀已经分辨出谁是仇人了，心想他离死期不远了，还有日子好开导吗？就说：“有一首流行夷场的竹枝词唱得好：‘荆钗布裙越风流，独步城隅秉烛游。扮作女堂倌样子，好听花鼓上茶楼。’”

陈定剑说：“这分明是在倡导女权自由，有机会姑娘可肯唱给我听？”

顾玉秀说：“随时恭候。”心里却在说，你要听的是炸弹的爆炸声了！

周友三有意地把话题引深了，说：“顾姑娘，看来你和陈公子话语投机，你知道今天陈公子为你点了什么书目吗？”

顾玉秀心有灵犀一点通，说：“一定与妓家有关。”

陈定剑觉得与顾玉秀之间有一种款曲在互通，说：“姑娘真是聪慧，请拭目以待。”

话音刚落，女唱书们上台了，九个姑娘粉红黛绿，犹如一片彩霞飘浮台前，围着书桌，摆成门型，各执三弦、琵琶开始弹唱《女起解》。讲的故事是明朝名妓苏三和吏部尚书子王金龙结识，改名玉堂春，誓偕白首。王金龙在妓院钱财用尽，被鸨儿轰出，苏三私赠银两使回南京。王金龙走后，鸨儿把苏三骗卖山西商人沈燕林作妾。沈妻与人私通，毒死沈燕林，反诬告苏三。县官受贿，判苏三死罪。解差崇公道提解苏三自洪洞去太原复审。途中苏三诉说自身的遭遇，崇公道加以劝慰，收为义女。后经三堂会审，巡按恰是王金龙，平反冤狱，王、苏破镜重圆。

顾玉秀对这出戏早在儿时就铭刻在心，那还是爹娘在世领她去乡下走亲戚的时候听过的，今天重听，牵起无限的惆怅：“苏三离了洪洞县，将身来到大街前。未曾开言我心好惨，过往的君子听我言。哪一位去到南京转，与我那三郎把信传：就说苏三把命断，来生变犬马我当报还。”听到伤心处，她的眼睫冒出泪花，泄漏出触景生情的辛酸。

陈定剑瞥见电灯光照亮顾玉秀眼睫上的泪珠，猜度她一定历经百劫千魔，大有终身抱恨之憾，不知如何启齿。

倒是周友三语带机敏，说：“顾姑娘，苏三遇到王金龙三生有幸，才有花好月圆的结局，不知姑娘有什么感慨？”

顾玉秀自察失态了，硬起心肠说：“听戏为古人担忧罢了。”

周友三不肯作罢，说：“不能简单以一言掩千古之韵事，今人也有不少校仿古人替妓家赎身，续定前缘的，姑娘听说过吗？”

顾玉秀说：“听说过，那是姻缘天注定，今生且相报。”

周友三单刀直入地说：“陈公子倾慕姑娘芳名，有心想替姑娘赎身，且无须任何回报，不知姑娘尊意如何？”

顾玉秀心不在焉，不由回头看了一下。她知道在身后不远的男座中，五爷应该入座了，而且怀中揣着一支“鬼炮”。当她认定了陈定剑后，五爷就会伺机开枪的。

周友三追问道：“顾姑娘，听到刚才的话了吗？”

顾玉秀说：“失礼得很，奴家没有听到，请再说一遍。”

陈定剑情坚意笃地说：“我说下面的请求，并不想博姑娘一粲。我有心替姑娘赎身，不附带任何条件，只想让姑娘如鱼一样悠游自如，请笑纳芹意。”

顾玉秀略一吃惊，旋即粲然一笑，刚才听曲怀旧的辛酸早已一扫而光，说：“奴家不是玉堂春，你也不是王金龙，为什么你要替奴家赎身？”

陈定剑说：“洁本洁来还洁去，听说过这句话吗？”

顾玉秀心想，五爷为什么还不从后面开枪？她恨死这个狂妄的仇家了，嘴上却虚与委蛇地说：“奴家并非悲苦无告，也非处境堪怜，不想赎身，多谢公子美意。”

其实五爷就坐在男坐席中，他自从接到顾玉秀打来的电话后，将行动作了一番安排，没想到女书场的男座中坐了一排听书的巡捕房华捕，令他无法下手。五爷很想冲到前面雅座向陈定剑开枪，又怕伤到顾玉秀，所以进退不得。

陈定剑委婉地继续劝道：“赎身之后，我一定会替姑娘做一番妥当安置，敬请放心。”

顾玉秀反问道：“你既不想娶奴家当妻室，也不想纳为偏房，非亲非故，为何替奴家行善？”

陈定剑推诿地说：“我在西洋读书多年，确有行善之心，请姑娘不必介意。”

顾玉秀说：“妓家姑娘成百上千，还请公子另择他人。奴家告辞了。”说着有意起身，要引诱陈定剑也起立，好让五爷从后面朝他开枪。

不料陈定剑听了好气馁，两腿似乎发软，站不起来。倒是周友三见事情陷入僵局，连忙起身恭送顾玉秀，说：“定剑本是一番好意，只是他今天语出冒昧，让姑娘觉得唐突，改日让他单独请姑娘出局陈情。”

顾玉秀没有拒绝，带着报复的快感，出了女书场，上了等候她的妓家蓝呢大轿。她放下轿帘前，终于看见行动失败了的五爷也走出书场匆匆地消失在熙攘的人群中，她很失望。

她决定了，等待陈定剑再一次送来局票，制造机会，让五爷重新下手。

第八章

22

“你是不是还有什么事隐瞒着我和统制大人?”陈世恩严肃地询问着陈定剑。父子间的这一场谈话发生在海军统制部大楼陈世恩的办公室里。陈世恩保持北洋海军的传统，长年住在“海星”号穹甲巡洋舰上，但是他在统制部有一间巡洋舰队统领的办公室。

陈定剑毕恭毕敬地站着，看着父亲焦灼地在房间里踱来踱去，似乎在用脚步丈量事情的严重性有多大。他很内疚，但又不能说实话，只能回答道：“父亲大人，孩儿在筹办海军副大臣大人面前悉数供认了，没有隐瞒。”

陈世恩说：“从上海衙门透来消息，上海道已经向朝廷上了折子参我们陈家一本，贝勒爷知道了后，联同统制大人一道也向太后上折子陈情担保。欲知事态如何发展，唯有静待圣裁。你知道这是为什么吗?”

陈定剑说："筹办海军，贝勒爷依靠的是统制大人和父亲这样的一批北洋海军元老，可是满人中有人掣肘，企图统揽，排挤汉人，于是捏造莫须有的罪名，妄想从我们陈家开刀。"

陈世恩想起朝廷中的康禄等衮衮诸公从旁媒孽，离间太后和代春，相信儿子说的是实情，于是说："相信我们陈家对朝廷忠心的头一人，当数贝勒爷。前几天他还向我提起要向太后恳求，恩准仪凤格格下嫁于你，当时我婉拒了。如今事态发展严重了我考虑是不是可以接受他的提亲?"

陈定剑一听急了，说："父亲大人，万万不可。两家联姻，本是锦上添花，如果夤缘攀附，借拐过桥，只会败常乱俗，声名狼藉，何况孩儿并不喜欢格格。"

陈世恩怀疑地审视着儿子，问道："格格端庄贤淑，慧外秀中，焉能配不上你？你是不是瞒着我，心中另有人选了?"

陈定剑的心镜中渐渐地凸现顾玉秀的倩影，那是一种道义的选择，掩饰地说："孩儿回国时日不长，怎么可能有钟情之事发生?"

陈世恩警告地说："自古风流茶说合，酒是色媒人，以后你少跟那个纨绔子弟周友三进入茶楼酒肆。"

陈定剑辩解道："周友三出身名门，又在轮船招商局高就要职，是个清白子弟，父亲大人日后便会了解他。"

陈世恩语重心长地说："我们陈家是海军世家，子弟服务海军是赍着朝命，你务必铭记在心!"

陈定剑从父亲的话中看到家族的穷亨通塞和飞黄腾达的演变尽在海军复甦的命运中，将来一旦革命党需要掌控海军，易帜反正，用舰炮直指朝廷，自己如何通过离叛父亲这一道难关?

正当陈家父子结束了大有商榷余地的谈话时，一道电报从紫禁城穿过风云变幻的北方天空，传到滔滔涌动的黄浦江畔。这一道电报决定了陈家父子的生死命运。

原来隆裕太后先后接到上海道杜仲安和代春大相径庭的奏折后，立即在养心殿的西暖阁召见了筹办海军大臣载洵、筹办海军帮办大臣康禄和军谘府大臣、贝勒载涛。

隆裕太后也不垂帘，直面诸位皇亲，显得更随和亲切，说："都是自家人，家不叙常礼，免了客套，直说各人的主意吧!"

康禄早已接到儿子铁祥从上海发来的密电，知道儿子正按自己的棋局运子，一旦积毁成山的阴谋得逞，陈家父子垮台，自己的政敌代春岂不是要冷落绛帐？他便有执掌海军巡洋舰队和长江舰队的机会，所以他不急着开口，用眼角的余光偷看着载洵。一向仁厚的载洵深知事态的严重，不想让陈家父子成为枉道戈禽，就抢先奏道："上海道的直陈，尚无确凿证据，仅凭一个卖黑枪的乌鬼的口供，就臆断陈定剑有谋逆之心，难服众人。"载洵还想说充其量只是一段倚红偎翠的公案，想想怕有失海军的脸面，又咽了下去。

载洵掌控军谘府，新从陆军部划分出来，急于立功，又怕落个知情不举之嫌，便说："刻下孙文乱党猖獗，谋逆之心不死，奴才以为不可不防。"

康禄见时机到了，用隆裕太后喜欢的称呼说道："老佛爷，汉人素来注重韬光养晦之术，依奴才微见，不可养虎遗患。大清的舰队还应该掌握在奴才的手里可靠，汉人总归是外人。"康禄向来以能充当皇家的奴才而自傲，在他眼中汉人都是异姓之敌。

载洵说："三国的曹操兵发赤壁，因为中了周瑜的反间计，错杀投降的水军将领蔡瑁和张允，结果导致不谙水战，遭火烧赤壁之惨败。前车之鉴，不可不吸取。"

隆裕太后明白载洵筹办海军所依靠的大将正是萨镇冰和陈世恩，如果贸然处置陈世恩的儿子陈定剑，筹办海军有功亏一匮之虞。可是江山风雨飘摇，又不可不防逆党暗中媒孽，重建的舰队生变，就用求证的口吻问康禄："令公子铁祥不是在'海星'号上当差吗？他可曾经听到过风声吗？"

康禄推得一干二净，说："犬子忠于职守，只知带兵练舰，从不过问非分之事。"他巧妙地将儿子与这件有裨官箴的事剔得干干净净。

隆裕太后满意地点点头，说："孺子可教。"

康禄谀声连连地说："老佛爷过誉了，奴才惶恐。"

隆裕太后事事模仿慈禧，也喜欢人家称她"老佛爷"，但是她尚不会轻信谀言，失了主见。面对这些椒房贵戚，也不能胡乱羼和，就对载涛说："你不是在上海有耳目吗？让他检察陈定剑有无勾结逆党之实，免得刚刚恩赏了陈家父子，又匆匆治罪，岂不是让孙文之流耻笑咱们大清为政草率吗？"

载涛顺从面命，回答："喳！"

隆裕太后说："今儿个你们来得巧，宫里来了谭鑫培的班子，唱的正是拿手的三国戏，你们都留下来一块听谭派的好戏吧！小德张，今天唱的是哪一出啊？

谭鑫培是光绪前后的京剧代表人物，擅演老生，风靡京师。时下有“家国兴亡谁管得，满城争说叫天儿”之誉。小叫天正是谭鑫培的艺名。

太监总管小德张是个乖巧之徒，早已揣摩圣意了，立刻回答道：“回禀老佛爷，唱的是《群英会》。”

《群英会》的剧情讲的是三国时，孙权和刘备联合抗曹。刘备派诸葛亮到吴营舌战群儒，说服吴大都督周瑜施计借蒋干之手盗去假书，使曹操中计错杀水师将领蔡瑁和张允，火烧赤壁，大败曹军。康禄熟知这一段故事，明白太后的用意是不让皇族内阁失和，熔成一堂群英会，只好跟着大家一样谢恩，但是耿耿于怀。

嗣后，载涛给远在上海的属下周友三发去一道密电勘察陈定剑，以择生死。

23

洋场的张园，在晚清时堪称“海上第一名园”。所谓“第一”，是指中国式的园林中头一回安装了照明的电灯和自来水，将白天延接进张园的夜晚，成了名副其实的一座不夜城。夜游张园，是夷场男女的赏心乐事，一艘艘画舫亮着五彩电灯，载着弦歌笑语，掠过夜香鬓影，鼓棹而过，在暗绿色的水面上，洒下了片片耀眼的粼光。花径甬道上，一对红男绿女模仿夷人公开手牵手谈情说爱，两情缱绻，旁若无人。蜗居在老城厢的上海道杜仲安曾经屡以有伤风化的罪名向工部局提出抗议，皆遭夷人嗤之以鼻，因而到张园白相，也成了“海上第一”。

湖边的一座水榭内，电灯缀顶，宛如明星在天，露珠初圆。陈定剑置身其中，恍然如沐在春光里，心旷神怡。一径探进扶疏的花木中，送来款款而至的顾玉秀，她脱下身披的斗篷，抖去一肩的灯光，向恭迎的陈定剑施了深深的一礼，说：“奴家来迟，让公子久等了。”

“往后称我定剑如何？一回生，二回熟，叫公子太生分了。”陈定剑扶她坐下，将斗篷轻搭在另一张靠背竹椅上，热络得如同情侣。

“悉听尊便就是。”她心想，你活不过今天了，还要胡思乱想？

此刻，五爷已经潜进张园，假装成游客，在水榭外徜徉，怀里揣着鬼炮，伺机下手。本来刺杀陈定剑无须他一个龙头老大动手，因为他觉得有负吴天宝，才决定亲自出马。不料，水榭外有两个剃着顶心头的孩子在玩跳家家，五爷怕贸然冲进水榭内开枪，惊吓了孩子，只好耐心等待着。

水榭内，陈定剑见顾玉秀心神不定，以为她顾忌未消，说："今天我不请周友三来做陪，是为了好单独向姑娘澄清误会。"

顾玉秀说："误会何从谈起？你如果想为奴家赎身，奴家就失礼告辞。"

陈定剑说："姑娘莫急。姑娘心地高洁，我很钦佩。姑娘可肯听我讲一个故事。为姑娘消遣？"

顾玉秀说："奴家出堂差，本来是来侍酒奉茶的，倒要你为奴家聊天解闷，真是失敬。"

陈定剑说："姑娘不必见外，听完故事，或许你会亲近几分。有一个海军军官从英国学成归来，船到上海，他下船的时候，突然发现有人想行刺筹办海军副大臣，他一看，这个筹办海军副大臣正是他父亲乔装顶替的。他本能地用身子挡住他的父亲，刺客犹豫了一下，两个西捕发现了追过来。刺客仓促地开枪，打伤了军官。那两个西捕趁这间隙开枪击毙了刺客……"

"不！不是这样的，是那个军官害死了刺客，害死了刺客！"顾玉秀失声惊叫起来，不愿意承认这个事实。

"那个刺客倒下去的时候，从他的口袋里滚出来一只珐琅胭脂盒，恰好滚到军官的身边。军官捡到这只胭脂盒，他感觉到那个刺客将一桩没有了的心愿传递给他，要他承担！"

"你撒谎，撒谎！"

"你看看，这就是那一只胭脂盒！"陈定剑从口袋中掏出那只珐琅胭脂盒展现在顾玉秀的眼前，顾玉秀双眼发直了，痴痴地盯着它。这正是顾玉秀送给吴天宝的信物，她捧着它，双手颤抖了，泪水汩汩地流下来。

陈定剑继续用故事的魔手扣她的心扉，说："那个军官住进医院疗伤，从报纸上获悉，那个刺客有个未过门的女人，被刺客典押了买鬼炮，因此沦落进长三里。军官觉得是他连累了这个女人，欠着一笔良心债，所以决意要替这个素未谋面的女子赎身。可是军官遭到婉拒，军官越加不安，他做了一个决定，要替女子赎身，娶她为妻！"

顾玉秀扃闭的心扉仿佛被一只有力的大手猛地推开，她用力想关，但关不上，说："你疯了！你堂堂一个海军军官，出身名门，怎么可以娶一个青楼女子？你疯了！"

"我是疯了！我的责任、良心促使我发疯了，答应我的请求，顾姑娘？"陈定剑执着地抓住她的手，她的手在发抖。

顾玉秀这才头一回认真地审视着这个冤家，他的脸像坚毅的岩石，丰厚的嘴唇充满热情，身体孕育着威力，顿时使她芳心无主，神魂颠倒，忘了此行的目的要引诱他落入死亡的陷阱。不过她的心里有一道声音在清醒地警告她，不要轻易被男人的花言巧语弄昏了自己的头脑。她省然推开陈定剑，豪宕地笑道："你不要开本姑娘的玩笑了，这一类伤感的故事奴家的耳朵早听出茧了。"

陈定剑认真地说："这个故事是真的，那个军官是我，那个女子是你。"

顾玉秀试探地问道："妓家卑贱，纳她为妾就好，何必言不由衷要妄称娶她为妻?"

陈定剑信誓旦旦，说："我早年负笈求学在外，尚未娶妻，也没有待字闺中的女子等我迎娶，所以我才说要赎身姑娘。"他真想说出他跟吴天宝一样也是革命党，有责任给予她幸福，但是觉得这样有恩赐之嫌，会伤了她的感情。

顾玉秀又问："你人品出众，门第显赫，难道就没有哪位小姐钟情于你，何必要恋栈一个妓家?"

陈定剑说："实不相瞒，归国途中，是有一位贵族小姐倾心于我，可是我已经决定赎娶姑娘，所以婉拒了她的美意。"

顾玉秀发现事情急转直下，不管自己对陈定剑是否误解冰释，产生好感，有一点可以肯定他不是自己的仇人！她连忙转身跑出水榭，要阻止五爷暗杀陈定剑。

陈定剑以为她仍旧拒绝，不辞而别，见她忘了拿斗篷，急忙拿起她的斗篷，追了出去。

藏匿在花木丛中的五爷遽然看见顾玉秀慌慌张张地跑了出来，以为刺杀的行动败露，连忙拔出鬼炮冲了过来。他正撞见陈定剑从水榭里追出来，顾不得顾玉秀的喊阻"不能开枪"，莽撞地向陈定剑开了一枪。

顾玉秀忽地听见枪响，知道欲阻不及的惨事发生了，像猛然被砍断的一片柔荑一样倒了下去。

陈定剑在五爷朝他举枪的一瞬间闪在一座假山背后，复仇的子弹打在太湖石上，溅起一块碎片。

铁塔一般的五爷一边重新装子弹，一边大声吼叫："清妖的走狗快出来，受我五爷一枪!"

这时候几个便衣侦探听到枪声，已经从埋伏的地点围追过来，对着遽然发现的目标——五爷，大声叫喊："革命党在这里！革命党在这里！"

五爷见势不妙，泄恨地又朝假山开了一枪，怒火未熄，喊道："姓陈的，你的脑袋就暂时寄在你的项上！"拔腿冲上小拱桥，朝园子外逃走了。几个便衣侦探紧追不舍地奔过拱桥，扑了个空，只好胡乱地朝天打了几枪，交差了事。其实他们正是周友三派来的军谘府侦探。当周友三接到军谘府从京师发来的密电，大吃一惊。他不相信陈定剑是革命党，顿觉陈定剑被卷入了海军界内满汉之争的漩涡，成了枉死鬼，他必须向朋友伸出援手。他知道陈定剑今天晚上在张园会见顾玉秀，也预感到将有不测之事围绕陈定剑发生，于是派了几个手下秘密潜伏在张园。果然，竟发现光复会的龙头老大五爷要行刺陈定剑，这猝响的枪声，粉碎了企图诬陷陈定剑是乱党的阴谋，也挽救了陈家父子的命运。

周友三匆匆地向水榭跑来，只见陈定剑从假山后出来，抱起了昏倒在地的顾玉秀，焦急地喊着："顾姑娘！顾姑娘！"

周友三焦急地问："定剑，你没有事吧？"

"子弹没打中我，我没事。你怎么来了？"陈定剑一边让周友三帮他抬顾玉秀，一边奇怪地问。

周友三掩饰地回答："你请顾玉秀出局，又不让我来，我能放心吗？这不，就出事了！顾姑娘怎么啦？"

"她以为我中枪了，担心得晕倒了。"

"好事！她能为你晕倒，说明心里有你了！"

"什么时候了，你还开这种玩笑？快把她送医院吧？"

"不用，掐掐人中就好。"周友三拔出顾玉秀发上的玉簪往她嘴唇上方的人中穴位一刺，她果然开始微微地蠕动苍白的嘴唇。

"好了，好了，动了。"陈定剑松了一口气。

周友三说："把她送回去，慢慢就会甦醒的。"

陈定剑抱着晕厥的顾玉秀和周友三急急地往张园门口走去。

张园大门外，挤满了受枪声惊吓而逃出张园的游客，闻讯赶来的工部局巡捕们正在疏散游客。

陈定剑抱着昏迷的顾玉秀和周友三走出大门口，向周友三的马车走去。忽然，陈定剑停下脚步，错愕地与正准备上水根马车的仪凤打个照面。

仪凤因为与顾玉秀见面后心情忧郁，马车夫水根便劝她到张园散散心。她看到张园里红男绿女谈情说爱，想想自己飞鸿失伴，无心游玩，又受枪声惊扰，正准备回家，没想竟然撞见怀抱顾玉秀的陈定剑！挟妒之后，仪凤很快地关心起昏迷的顾玉秀，急问道："定剑，发生了什么事啦？"

陈定剑红着脸说："她被枪声吓晕了，不过没什么事，我和友三送她回去。"

哼！自己偷香窃玉，还拉我当垫背！周友三心里骂着好友，嘴上却说："格格，没事的，没事的，她很快就会甦醒的。"

仪凤不是小肚鸡肠的女人，说："要不要看医生？我认识美国乔治医生，他的医术是很高明的。"

陈定剑很尴尬，说："谢谢，她很快就没事的。"他不想让仪凤知道自己抱的正是名妓顾玉秀，急着想钻进马车。不料，一个好事的西捕发现了，赶过来问道："先生们，发生什么事了？"

周友三连忙打圆场，说："刚才这位小姐被枪声吓晕了，没事的，我们正准备送她回去。"

一个记者抓住这个救难的瞬间，用照相机拍下陈定剑抱着顾玉秀的照片。周友三想阻止也来不及了。

陈定剑抱着顾玉秀倒是有意让仪凤死了这份心，才存心让记者拍了照片，然后离开仪凤痛苦的视线，上了马车。周友三把这一切看在眼里，恪尽职责地问道："老朋友，这辈子，你决定是抱住这个女人了吗？"

小心地搂着昏迷的顾玉秀的陈定剑说："我决定了，矢志不改。"

周友三半信半疑，说："刚才我看得一清二楚，你处处顾忌着格格，表明从内心你是爱格格的，为什么要违心去娶顾姑娘？"

陈定剑被戳破了秘密，又不能说穿自己是革命党无法错爱仪凤，只好掩饰道："满汉不能通婚，你又不是不知道，何况我有责任去拯救顾姑娘，更有道义去娶她！"

周友三钦佩不已，说："老朋友，我没有错看你，那你就等着准备承受一生的风雨吧！"

行刺未遂的第二天，上海道杜仲安无可奈何地释放了乌鬼。

周友三给京师的军谘府载涛大臣发去了勘察证明陈定剑非但无罪而且忠心有嘉的电报。

《上海新报》在头版赫然刊发了一张海军军官陈定剑怀抱昏迷的顾玉秀的英雄救美照片，轰动了上海滩。

24

郑安芳手里拿着一份《上海新报》坐在华人公园的柳树铁椅上等待五爷。报纸上刊载的陈定剑救美的照片深深地刺痛了她纯情的心。她才恍然大悟，情敌并不是仪凤，而是红妓顾玉秀。

华人公园亦称新公园，有别于外滩公园而建的专供华人游玩的近代都市公园。上海第一家公园即外滩公园，限制华人入内，所以晚清租界就有了“华洋分园”的提议，选在苏州河入黄浦江口处的外侨因司的滩地上兴建起这个平民公园。清末上海小说家包天笑与友人合译《迦因小传》就在华人公园里完成的。所以有着强烈民族感的郑安芳便约定五爷在这里谈判。

五爷乔装成富商，衣着光鲜地穿过甬道走到郑安芳身边，见她穿着学生装，手中拿着约定为暗号的《上海新报》，知道她即是同盟会派来的联络员，就在她的旁边坐下，让外人一看，以为是父女谈心。

“门缝里看人，把老子看扁了，同盟会竟敢派个小丫头来?”五爷粗声粗气地说，表达他的不满。

“有志不在年高，八大锤大闹朱仙镇，听说过岳家将少年英雄的故事吗?”郑安芳从气势上压着五爷一筹，“我可是堂堂同盟会的联络员。”

“同盟会算哪根葱，我五爷又不归他管?”

“光复会不是也加入同盟会了吗?你五爷例外?”

“我五爷是野马，上不得马鞍!”

“你还是不是革命党?”

“老子参加革命党的时候，你还在吃奶!”

“那你就得把推翻满清当革命天条，不许随便犯忌!”

“小丫头片子，嘴巴还真厉害!”

“不厉害就不派我郑安芳来了!”

“有话就说，有屁就放，老子还赶着吃花酒去。”

“你为什么要暗杀海军的陈定剑?”郑安芳将报纸摊给五爷看。

五爷早见过报纸了，压着怒火说：“他是清廷走狗，杀了他替吴天宝报仇!”

郑安芳解释道："这就是你不参加同盟会的结果。我们派人刺杀代春，你不知情也派吴天宝行刺，结果双方不通消息，陈定剑不知内情，挺身去救父亲，这才导致吴天宝被巡捕击毙。"

五爷怒火未熄地说："所以陈定剑该死，非杀不可！"

郑安芳小声地说："你错了，陈定剑正是我们派去刺杀代春的革命党，你不能再动手了！"

五爷大吃一惊，说："真是大水冲了龙王庙，一家人不识一家人。你怎么不早通气？"

郑安芳反问道："你为什么不早参加同盟会？"

五爷大大咧咧，说："你见到陈定剑替我五爷传句话，有机会请他喝酒赔罪。"

郑安芳叮咛了一句，说："请五爷务必保密陈定剑的身份。"

五爷说："我知道如今他是海军统制部副官了，小麻雀变老鹰，你们要派他飞天了，需要的话，我也会助他一臂之力，算我还他一份人情。"他悄悄地改称"我"了，不再用"老子"在郑安芳面前充气派，开始从心里佩服这个丫头片子了。

郑安芳弦外有音地说："有一件事还想劳驾五爷。"

"说吧！私事就替你办，同盟会的公事我不搅局！"

"也算私事吧，陈定剑想替顾玉秀赎身娶她为妻，请五爷设法劝阻顾玉秀。"

"这报纸将照片一刊登，消息满天飞了，我五爷能阻止得了吗？"

"能！只有你五爷能！吴天宝是你的手下，顾玉秀是吴天宝押进长三里的，她听你的话。"

五爷心里早盘算过了，顾玉秀是五爷的一块禁脔，岂容同盟会的陈定剑来伸手，如今又有了郑安芳的托请，就硬气地答应了："放心，这事包在我身上。不过，丑话问小姐一句，你是不是看上陈定剑了？"

郑安芳也不回避，说："正是。革命同志不能沉湎温柔乡，大丈夫志在四方，他将来的革命前程无可限量，岂能被锁在迎春坊？"

五爷说："小姐果然是女中豪杰，愿你能同陈定剑比翼双飞，告辞了！"说着起身，双手一拱，走了。

郑安芳稍稍松了口气，尽管陈定剑摒拒她的感情，自信有革命这条船会载她和他到达幸福的彼岸。不过想想，心中还是忐忑，顾玉秀真能听从五爷的摆布吗？

五爷乘着交通马车，很快就到了会乐里的迎春坊，他急着想见顾玉秀。

鸨母阿金一见五爷像见了救命菩萨，连忙说：“我的大爷你来得正好，快劝劝顾姑娘吧，这两天她不吃也不喝，更甭说见客出堂差了！”

五爷瞪她一眼，说：“老子不是早告诉你了，见不见客由她高兴吗？”

阿金赔着笑脸说：“那是那是，大爷的金口玉言我哪敢改啊？可是我女儿瘦得小脸只剩两指宽，我当妈的心痛啊！”

五爷说：“拿碗参汤来，老子伺候她喝。”

阿金的脂粉搽得厚厚的老脸上，裂出笑容，吩咐道：“快把备好的参汤端过来！”

早有一个丫头应了一声，没过一会端着参碗过来交给五爷。五爷对阿金说：“你等着听好信吧！”说着噔噔噔地上楼了。

五爷敲开了顾玉秀的房门，顾玉秀没有好脸色给他看，往床沿一坐，背过脸去。

五爷端着参碗走到她面前，讨好地说：“这两天生我的气了吧？”

顾玉秀没好气地说：“谁敢生你龙头老大的气？杀人跟踩死小鸡一样随便！”

五爷故意地反问道：“我杀姓陈的不是照你的心愿办吗？”

顾玉秀余悸未消地说：“奴家不是叫你不要开枪吗？”

“叫开枪的是你，不让我开枪的也是你，我是猪八戒照镜子，里外不是人了！”

“奴家发现我们误会陈定剑了，天宝的死原来跟他无关，所以奴家才跑出来劝阻你的，怕伤了无辜的人，怎料到你二话不说就开枪？万一打伤了他，怎么办？”

“你心疼他啦？”

“奴家是怕你手上沾上孽血……”

“你放心，我特地来告诉你，日后我不会再伤他一根毫毛了！”

“为什么你改变得比奴家还要透彻？”

“告诉你吧，他也是革命党，是同盟会的人，如果天宝九泉之下有知，也会希望和他交朋友的。”

顾玉秀听了一怔，心里对陈定剑仇恨的残余，也一扫而光了。她不由得捏紧了攥在手中的珐琅胭脂盒，更感到吴天宝冥冥中将一种情感通过胭脂盒传递给了陈定剑，让他来照顾自己。不过嘴上却说："五爷，这件事就到此为止，奴家多谢五爷劳神了。"

五爷顺水推舟地说："既然如此，顾姑娘就由我安排赎身，再找间石库门住下，要从良嫁人，还是开间小店谋生，光复会决不会袖手旁观。"

顾玉秀不知如何回答，借口说："五爷，奴家口渴了。"

五爷立刻递上那碗参汤，说："参汤早给你备着呢，止渴生津。"

顾玉秀接过参碗，打开碗盖，轻轻地刮着汤水，似乎在散热，其实在思索着怎么回答。

五爷关切地说："热参汤冷茶水，正好生津解渴，你就趁热喝了。"

顾玉秀聪慧地想到一个推诿的理由了，说："五爷，等过了天宝的百日忌以后，再议此事可好？否则禁忌在身，对天宝不敬。"

五爷一拍大腿，赞赏地说："难得你对天宝一片真心，就这么定了。我看百日忌内，你也不要再去见客了，我已经交给老鸨足够的补偿金，谅她也不敢逼你！"说完起身告辞了，走出房门口才想起还没有交代顾玉秀不能让陈定剑赎身聘娶的事，不过顾玉秀发誓过了百日忌再议此事，谅她也不会变卦，就放心地走了。

五爷做梦也没想到，他上了顾玉秀的当。

五爷走后，顾玉秀含情地摩挲着手中的珐琅胭脂盒，似乎还感觉得到陈定剑怀揣胭脂盒的体温。

她的心，乱了。

第九章

25

代春跪在紫禁城养心殿东暖阁正中的软垫上，发现东暖阁东面墙壁边的龙椅上没有坐着小皇帝。南边黄幔帐后的龙椅上端坐着隆裕太后，她很在乎小皇帝的健康，所以今天又让太监们带着小皇帝去园子里嬉耍，不让枯燥的政事侵扰孩子幼小的心灵。

“代春。”黄幔帐后面传来隆裕太后恩宠有加的问候声。

“奴才在。”代春连忙磕下沉重的头。

代春已经几天没有睡好觉，奉旨从上海乘火车赶回京师接受觐见。筹办海军大臣载洵和萨镇冰已经率领考察团赴欧洲各国考察海军，隆裕太后下旨要代春回京师与康禄主持筹办海军事务，失眠加上紧张，所以代春的脑袋是昏昏沉沉的。

“这一趟差事，你办得不错，替咱们大清撑住了面子，让革命党在洋人面前栽了大跟斗。”

“那是天朝恩威所至，陈世恩父子用命结果。”代春不是奉承的人，向来不说俗套阿谀之辞，这一点连隆裕也很欣赏。

“说实话，差点儿还冤枉了陈家父子，多亏载涛的人及时地从上海发回勘察的电报，澄清了真相。你不觉得需要给陈家补偿一点什么吗？”隆裕太后深知代春在感情上倾向陈家，把绣球抛给代春，既恩赏了代春，又笼络了陈家父子。

代春说：“陈世恩的三儿子陈定棋刚刚从美国西点军校毕业回国，他可是个优秀的陆军人才。”

隆裕太后听得出他的话中有话，故意反问道：“他是海军派出去读书的，总不能改派去新军当差吧？”

代春趁机奏道：“奴才这一次去欧洲考察，各国海军都有专设的警卫队，叫海军陆战队，便于保卫海军基地、港口和中枢机构。依奴才愚见，大清重建海军也应该仿制建立海军陆战队。”

隆裕太后颇有同感，说：“听说这一回保护海军考察团全靠洋人的巡捕，有失大清的颜面。既然需要，此事交你和康禄合议。陈世恩的三儿子就让他去海军陆战队当管带官带兵，也算朝廷没有亏待人家。”

代春听了正中下怀，又趁着太后高兴，便说：“陈定剑受了委屈，奴才以为也应该给他补偿。”

隆裕问：“你有什么主意吗？”

代春小心翼翼地说：“此次考察团在归国的途中，小女结识了陈定剑，后来又亲眼见到陈定剑在码头上临危不惧的举动，很是仰慕，有心与他结成百年之好。奴才也很器重陈定剑的才干和胆识，所以斗胆请求太后恩准小女下嫁陈定剑。”

隆裕太后说：“姑且不提先帝已经废除满汉不能通婚的禁令，也不论陈定剑有卓越才干，听说他私德不修，可有此事？”话音刚落，一个宫女已经将那份《上海新报》放在代春的面前，报纸上刊登的陈定剑怀抱顾玉秀的照片，赫然地戳入他的眼帘。代春的额头上沁出一层细细的汗粒。

陈定剑决定替顾玉秀赎身和聘娶的消息经《上海新报》捅出来后，陈世恩当即找到代春，答应两家联姻。陈世恩事先没有征求儿子的意见，也不训斥儿子的荒唐，想先斩后奏，让儿子措手不及。代春对陈定剑想赎娶妓女的荒唐主张，也认为是年轻人的一时胡闹。代春联想自己年少时不是也曾经迷失在任文娟的港湾里吗？两人一拍即合，代春答应先求太后应允，再做文章。不料，太后早有准备，断了他的妄想。原来，太后事先接到康禄的禀报和呈来的报纸，她不在乎仪凤和陈定剑的感情选择，她关心的是皇族占多数的责任，内阁必须牢牢掌控朝政，一旦陈定剑与仪凤联姻，责任内阁就会多打进一个汉人楔子，责任内阁皇族失去控制权就有了裂痕。但她又不能明说，只好找了报纸上的绯闻以阻挠，堵住代春的嘴。

代春理屈了，声音也低沉了，说："妓家与名士的结缘，自古是汉人的优雅传统。唐有李商隐和杜牧，宋有柳永和苏东坡，前朝有祝枝山和唐伯虎，本朝的名士文人更是将妓院当做唱和交往的场所，正所谓'只要心中无妓，不妨座上有妓'。所以奴才愚见，一旦男人成家，有如马驹上笼辔，前非尽改。"

隆裕发现代春去了一趟欧洲考察，深受汉人影响，必须用康禄这根铁链羁绊他的思维。就说："汉人多才华，固然不假，只是汉人可以重用，但不可以视为心腹，更不能成为东床快婿。如今的八旗子弟中也不是没有栋梁之才，你不妨广为遴选为妥。"

代春说："小女留学西洋，眼高于顶，都怪奴才将她娇宠惯了。"他以退为进，想坚持自己的主张。

隆裕暗暗笑他无需用女儿的故事铺张扬厉，说道："先帝龙驭上宾，将祖宗家业扔给我们孤儿寡母，外头洋人欺侮，里头乱党造反，要保住这份家业，全靠你和康禄这批皇族亲贵了。皇族亲贵只有亲上加亲，才能合力对付外敌。代春，你可以把这番道理讲给女儿听，只要她的血管里还流着满人的血，她不会不舍弃一己之私，顾全江山社稷的。赶明儿，宣她进宫，让我瞧瞧她长成什么俊模样了！"隆裕婉拒了他的要求，再给了他一个甜头。

代春失望之余，又受宠若惊地说："谢太后隆恩。"

"你跪安吧！"

代春磕头谢恩，托起花翎顶戴，正要退出去，只听得太后又添了一句："代春！"

代春连忙跪下，回答："奴才在。"

"陈定剑是海军统制部副官已经帮萨镇冰处理事务了，就让他去招募海军陆战队，一则让他暂离上海的绯闻，二则让他历练，日后才好堪以重用，这也算是补偿了。"

"喳！"代春咂摸出太后的话中有话，她先将陈定剑支出上海，又提醒代春要同皇族亲上加亲，莫非要将仪凤许配给自己的政敌康禄的儿子铁祥？

他揣着满肚子的不安，返回郡王府。

26

代春平安返回京师，郡王府连唱三天平安戏酬谢神祇。代春的阿玛老郡王年迈体弱，早已不管府中大小事，听戏是他唯一的爱好。夫人纳兰俨然成了府中的掌钥人，领着随父回家的仪凤迎来送往。仪凤离家多年，但是她记得她家府邸的规模：正门五间，启门三，缭以崇垣，基高二尺五寸。正殿五间，基高三尺五寸。翼楼各五间，前墀护以石阑，台基高四尺五寸。后殿三间，基高二尺。后寝五间，基高二尺五寸。后楼五间，基高一尺四寸。共屋五重。殿不设屏座。梁栋绘金彩花卉、四爪云蟒。金钉，压脊各减亲王七分之二，其余与王府相同。仪凤希望有朝一日能在祖宗如此定制的家里迎接陈定剑，以了夙愿。

自从《上海新报》刊登出陈定剑怀抱顾玉秀的照片后，陈定剑想赎娶妓女的真相在高昌庙基地掀起轩然大波。仪凤即使再包容，也不免感到苦闷。仪凤知道，中国妓家前身的“女乐”来自宫廷豪门，而非西方女奴传统为衣食生计的出卖肉体。因而，贵族传统的妓，代夫封闭的妇女与文士结合成为历朝风尚。起初陈定剑想为顾玉秀赎身，她还能理解，后来发展到想娶顾玉秀，就不免伤害了仪凤作为格格的自尊。恰好阿玛要回京师述职，仪凤便跟他回家省亲，以舒缓愁心。

母亲纳兰见女儿出落成亭亭玉立的大姑娘了，又当上海军统制部的通译，笑得合不拢嘴，就暗暗地替女儿相亲。于是七大姑八大姨借口到老郡王府听戏，各自带着贝勒、贝子、阿哥上门送礼会亲。皇亲国戚和天潢贵胄的穿戴与众不同，从头到脚，从春到冬都按照定制打扮，死气沉沉，千篇一律，让看惯了海军充满生机制服的仪凤嗤之以鼻，心中不由地又升起陈定剑军装英挺、朝气蓬勃的形象。

来的客人中摆谱最大的当数康禄的夫人婉容，前呼后拥地跟着一堆妇差、使女、茶房、轿夫，麻雀虽小，五脏俱全，简直就是一座行走的贝勒府。仪凤回家以后，已经按照母亲的吩咐，向来客按尊卑大小叩行头礼，六个头或三个头不等。每当向一位长辈叩完头之后，每位都会拿出一些东西，如珠翠首饰或是衣料、化妆品之类作为赏赐或见面礼。在接受这些礼品时，仪凤还得回叩三个头致谢。三天来，她实在不知跪地多少次和叩了多少头。轮到拜见婉容了，因为康禄官拜筹办海军帮办大臣，仪凤又是他的属下，所以母亲坚持要仪凤行大礼，叩了六个头，可把仪凤叩得娇吁微喘，双颊绯红，越发的迷人。婉容越看越喜欢，越想把仪凤娶为儿媳妇。婉容此行是受了丈夫康禄的指派，上门相儿媳妇的，因为康禄打算用联姻的办法谋取代春的权柄，特地走了隆裕太后的门路，请求赐婚。

婉容连忙搀扶起仪凤，言不由衷地对纳兰说："一家人，不叙常礼，大妹子您这不是折腾坏了咱们女儿吗?"康禄家跟代春家是表亲，但是婉容绕着弯子说，不忌一表三千里，也沾得上亲戚气。

立即就有婉容的十八个使女一字儿摆开，每人打开手中的礼盒，分别是送给仪凤的从头到脚的珠宝金饰，霎时间照花了仪凤和母亲纳兰的眼睛。

纳兰又惊又喜，说："老姐姐，仪凤怎么受得起全台面的大礼?"

婉容拉着仪凤软玉般的手，爱不释手地说："这些首饰只有衬上格格仙女般的模样，才值得炫耀，要不，只是一堆废铜烂铁。"

纳兰喜不自禁，说："老姐姐瞧您夸的，那就恭敬不如从命了。女儿，快谢过夫人。"

仪凤又叩了六个头，委屈得从心里恨死这些俗不可耐的全台面首饰了。

纳兰对婉容的回赠是丰盛的满族佳肴。满族菜讲究"扒"、"烧"、"烀"、"炖"，款待的佳品有烤鹿肉、烤小油猪、白肉血肠、渍菜白肉火锅、扒熊掌、烧野猪肉、煨蛤士蟆、烀肘子以及萨其玛、鹿肉水煮饽饽、太祖吃包、苏叶饽饽、奶乌他、酸汤子，都带着北方森林民族的特点。婉容吃得津津有味，还要求纳兰的厨子借她烧几天菜，好解解她的馋。

只有到了听戏的空当，仪凤才找个借口溜到阿玛的书房图个清静。代春的书房，平常除了他，是不许旁人进的，只有仪凤从小爱使性子独独去阿玛的书房翻书，代春也就由着她。出国多年了，仪凤还是头一回重返阿玛的天地。代春的书房与别的满人贵族不一样，全是航海和造船书籍，多宝格不摆古玩，尽是西洋各国的舰船模型。最醒目的是中间摆着一艘北洋海军的旗舰"镇远"号铁甲舰的模型，似乎挟着万钧雷霆，乘风破浪，有一种余勇可贾的联想。仪凤知道，重树大清海军的雄风，是阿玛多年的梦想，自己到了该助阿玛一臂之力的年龄了。

忽然，仪凤发现在阿玛的书案上有一帧阿玛和一个十岁模样男孩合影的照片，虽然照片发黄了，可是照片中的阿玛依旧神采奕奕，那小男孩虎虎生气。仪凤搜肠刮肚地想了一遍，老郡王府中没有这样的一个男孩亲戚。正当仪凤面对照片发怔的时候，代春走了进来。

"阿玛。"仪凤连忙行礼。

“这里又不是海军统制部，行什么礼？”代春拉着女儿坐下，他有心事，觉得坐着说话，才踏实。

仪凤问：“阿玛，您从宫里回来啦？见到太后啦？”

代春说：“嗯。”代春岔开话题，又问，“刚才看什么呢？都看出神了！”

仪凤饶有兴趣地问：“阿玛，这照片上的男孩是谁呀？”

代春被触动了深藏在九曲回肠中的心事，说：“他叫陈定书，是定剑的哥哥。”

仪凤更好奇了，追问道：“阿玛，您怎么会和他一块照相呢？”

代春被掀动了感情波澜，追踪起遥远的回忆，仔细地说了当年他在刘公岛和十岁的陈定书认识的经过，当然，他隐藏了洋人摄影师说过的他和陈定书长得很相像的预言。

谁知，仪凤眼尖，冒出了一句让代春心惊肉跳的话：“阿玛，女儿怎么看都觉得那男孩跟阿玛长得很相像。”

代春立刻制止地说：“世上长得相像的人多如牛毛，纯属偶然，你在这里说说也就罢了，千万不要再跟你额娘提起，知道吗？”

“知道。”仪凤觉得阿玛的话声很空虚，不像平常那么笃实。

代春换了个话题以掩饰内心的紊乱，说：“明天，太后要召你进宫，你做个准备吧！”

“不就是拉拉家常，有什么准备的？她问什么，答什么，决不给阿玛惹事。”

“自古道伴君如伴虎。你呀，是初生牛犊不怕虎。”

“阿玛，您好像有什么预感，告诉女儿也有个防备。”

代春不敢明说太后可能会赐婚铁祥的事，只说：“宫里规矩多，你千万不可拿夷人灌输的那一套回应太后，明白吗？”

仪凤笑道：“阿玛放心，女儿的血管还是流着旗人的血，哪有不听太后的？”

代春看着女儿轻松的笑脸，心里沉甸甸的，明天万一女儿忤逆了太后的意愿，不知道会有什么样的风暴降临到郡王府的上空？

27

深秋的颐和园，红叶尽染，碧波荡漾，菊花怒放，天高云淡。万寿山下的长廊里，隆裕太后跟母亲一样引领着远足归来的仪凤信步游览。仪凤特地穿着一袭旗袍，镶着时兴的“十八镶”镶边，原本宽大平直的腰身，也变成紧小适体，袖口由宽变窄，衬托着她的轻盈体态，自然美丽。许久不穿的“花盆底鞋”托着她的高挑身材，与太后行姿婀娜的体态珠联璧合，让太后十分满意。

太后为了不让仪凤紧张，早早摒除了出行仪仗，也将随从远远地挡在后头，只留下她和仪凤二人谈心。太后送给仪凤的见面礼出乎她的意料之外，是一件雪白的连衣长裙，在这件洋装上缀着珍珠录纽扣，十分高雅，一下子拉近了她乍见太后的心理距离。仪凤先是回答了太后亲切的问候，再如数家珍地禀报了在柏林学习和生活的情况，最后感谢太后恩赐给她在海军统制部供职当通译的机会。太后用心地听，时不时插一句释疑的垂询，如同春雨滴在她稚嫩的心芽上。

说着说着二人来到昆明湖边，仪凤看见一座汉白玉石舫静静地泊在西侧的水畔，仿佛是一座被遗弃的废军舰在默默地注视她。

太后感触万端地看着石舫，仿佛看到从前喧闹鼎沸的水师操练的盛况，问道：“知道这从前是什么地方吗？”

“知道。从前是昆明湖水操学堂，是咱们皇族培养海军人才的海军学院。”仪凤从小就听阿玛说过，阿玛就是这里瞭望各国海军世界的。

“有些汉人攻讦当初筹办昆明湖水操学堂的直接目的，是为了掩盖修颐和园。错了，燕雀安知鸿鹄之志？汉人子弟可以兴办福州海军学堂，咱们八旗也有俊彦参加学习海军。你阿玛不就是一位杰出的人才吗？”太后说的时候充满了强烈的自豪感，如同射出一支火箭，穿过满族祖先蛰居的古老的兴安岭原始森林，射进仪凤的心扉，点燃了埋藏的火种。

仪凤知道西洋的报纸上曾经大量揭露慈禧太后挪用海军经费修造颐和园，从而酿成甲午战败的悲剧，就直言不讳地说：“太后，固然有康有为等人夸大挪用款项数目，借此攻击朝廷，但是西洋也有一些报纸中肯评判，说颐和园工程毕竟影响了北洋海军的发展。”

太后赞许地点点头，说："你说话也很直率，我不怪你，忠言逆耳嘛！所以重建海军，皇族当起中流砥柱的作用，这其中也有你的一份职责。"

顿时，一股热流滚过仪凤的心田，她说："太后过誉了，仪凤只是一名蒲柳弱女，难堪造就。"

"你在西洋深造多年，又胜任海军统制部通译事务，堪称皇族中的玉树芝兰。想当初，上马打仗，助夫破阵，本是我八旗女子的巾帼本色，如今该到你重振英名的时候了。"隆裕夸奖的是仪凤，实际上说的是自己和姑姑慈禧，女人主政，犹如冲锋陷阵，话音中还有几分得意。

仪凤失去对陈定剑的眷顾之后，对人生一无可资依恋的满人自豪，被太后催生起来，瞬间长成心中的大树，说："仪凤当不负太后的厚望，为重建海军尽忠尽责。"

太后见火候到了，又添了一把火地说："从前在这昆明湖的水操学堂里，有一位与你年纪相仿的贵族子弟，矢志学习海军，梦想当一名铁甲舰的管带。后来这位阿哥被派到福建水师去实习，恰逢甲申海战爆发，他英勇作战，但不幸负伤坠江。"

"他怎么样了?"仪凤紧张地问，仿佛听到中法马江海战中隆隆的炮声，使她神游旧战场。

"这位阿哥落水以后，幸好被一个汉家姑娘给搭救了。两人一见钟情，暗结丝萝。姑娘的父亲是水师文案，也战死马江，于是走投无路，便同阿哥返回京师，指望结成秦晋之好。谁知阿哥家反对满汉联姻，阿哥带着姑娘私奔，到威海卫投奔李中堂。李中堂要阿哥在海军和姑娘二者之间作出一个选择。阿哥在痛苦中选择了海军，因为他深知，皇家需要他，八旗需要他，他牺牲了个人的需要……"太后说到这儿，眼眶有些潮湿了。她不由得想起她与光绪帝的有名无实的婚姻，世人和舆论多褒扬光绪与珍妃的爱情，有谁顾忌到她作为一个无辜女子的感情的存在？就因为她是慈禧出于政治目的选择了她作为牺牲就该遭世人唾弃？她确实把自己放在了社稷的祭台上！

"那个姑娘后来呢?"半晌，仪凤才敢问太后，她从侧面看见了太后沾在睫毛上的泪珠，在阳光里闪烁着。

"听说她跳海殉情了，又听说她被人救了……大海有时是开兵舰的，有时是漂一朵浪花的，没有什么可指责大海的……"太后不知是说给自己安慰用的，还是说给仪凤启示用的，总之，眼中的泪水，干了。

“可以请太后的示下，那个阿哥，是谁吗?”仪凤心中有种预感，打着颤儿地问。

“就是你阿玛。如果当初他没有作出明智的选择，就没有今天的筹办海军副大臣，大清国也没有今天的重建海军!”

仪凤的心鼓被震了一下，多年来阿玛与额娘之间的隔阂，都可以得到解释，阿玛的忍辱负重，也可以得到理解。聪明的隆裕太后无需提赐婚两个字，已经将骄傲的仪凤心理防线击溃了。隆裕太后私下答应了康禄提出的与代春家联姻的请求，认为有利于让铁祥为代表的皇族牢牢掌控海军巡洋舰队。她接到军谘府载涛的情报禀告，孙中山的同盟会又在暗中策划另一起新的举事，令她寝食难安。她不得不防肘腋之击，所以不仅支走陈定剑去招收海军陆战队，以免陈定剑有机会入主“海星”号主力舰，而且削弱以陈家为代表的汉人在海军巡洋、长江舰队中的掌控力量。仪凤成了撬动这支杠杆的支点，这是单纯的仪凤所不知道的。

没过几天，代表隆裕太后来赐婚的大太监小德张到了老郡王府说亲。仪凤没有反对，她的心早在昆明湖畔被太后给俘虏了。本来接下来就是代春和康禄两家的定亲、迎亲、婚礼等一连串充满森林民族色彩的程序上演，谁料到，仪凤的爷爷老郡王太高兴，溘然中风逝世了。

定亲的事跟奔马一样被突然勒住马缰，停了下来。按照宗人府的规矩，三年之后方能提亲，于是在丧礼结束后不久，戴着热孝的仪凤返回上海高昌庙海军基地。到火车站迎接她的正是有名无实却是踌躇满志的未婚夫铁祥。

28

陈定剑的弟弟陈定棋满面春风地走进父亲的办公室，早已在焦急等候三儿子归来的陈世恩连忙迎上来，陈定棋双膝一屈，跪下去叩了三个头，说：“父亲大人，不孝儿定棋回来了!”

陈世恩禁不住老泪涌出，扶起儿子，左右端详，只见他的面部表情、板直的身姿，以及整个外貌都流露出一种远渡重洋的疲惫的神情和军人对周围一切的敏感态度。陈世恩钟爱地问：“已经报到述职了吗?”

陈定棋回答：“诸位大人都很满意。”

陈世恩颔颔首，说：“统制部是基地的中枢，陈家的人决不能成为这里的行尸走肉。你二哥已经奉旨回福州招收陆战队去了，你休息几天，也要回福州训练新兵，你的任命已经决定了，出任新建海军陆战队第一营管带官，这是朝廷的隆恩，记住了！”

陈定棋从美国西点军校毕业归来，梦想就是统兵打仗，没想到壮志得酬，当了营长，激动之余，忽然压低声音问道：“父亲大人，二哥不是读舰船驾驶的吗？怎么改派他去招募陆战队？”

一句话触到陈世恩的痛处。康禄趁载洵和萨镇冰出访欧洲之机，恳请隆裕太后将陈定剑支去福州招兵，旨在削弱代春和陈世恩对海军巡洋和长江两支舰队的控制。陈世恩得知后立即电告萨镇冰，萨镇冰征得载洵同意，去电启奏太后，从满人控制陆战队万全之计出发，改派旗人塔尔布为陆战队统带，下辖三个步兵营，拟作京师海军处及上海高昌庙统制部警卫之用。隆裕太后见载洵和萨镇冰言之有理，复旨“依议”。代春巧妙地又一次挫折了康禄的阴谋，电告陈世恩，一俟陆战队招兵结束，即将陈定剑召回统制部。不过，陈世恩由此感到，帮办管带铁祥是自己背后的一根芒刺。尤其是太后御赐铁祥和仪凤联姻，尽管因为守孝三年所搁置，但是名份已定，铁祥更是恃宠骄横，野心毕露，不得不防。想到这里，陈世恩不愿对儿子和盘托出，让他陡生无端烦恼，就轻描淡写地说：“你二哥是统制部副官，萨统制不在家，他自然要分忧，招兵一结束就回来了。”

陈定棋放心了，说：“父亲大人，没有别的事，孩儿先到各处向同仁、同乡打招呼。”

陈世恩见儿子如此懂事识礼，很高兴，说：“去吧，晚上请几位乡贤为你接风洗尘。”

陈定棋应了一声，欢天喜地地走了。他刚走进走廊，忽然听见背后有人叫了一声：“定剑！”

他闻声回头，只见一位穿洋装的姑娘惊讶地在看他，抱歉地说：“对不起，我错把你当成定剑了，你和他长得太像了。”

适才仪凤走出自己的办公室，猛然发现一条日思夜想的身影从旁边走过，以为是陈定棋回来了，才贸然叫了一声。

陈定棋对着赧颜的姑娘说：“我叫陈定棋，是定剑的弟弟，刚从美国回来。你是仪凤格格吧？”马车夫水根去码头接陈定棋的时候，已经把陈定剑和仪凤以及铁祥的故事，竹筒倒豆子一样一点不剩地都告诉陈定棋了。陈定棋对哥哥想赎娶妓女顾玉秀的义举，异常佩服，不过他从心里更欣赏矢志下嫁哥哥的格格仪凤。如今邂逅这位皇族美人，更觉得她与定剑是天生的一对。

仪凤闻言惊喜，说："原来你就是定棋？早听你二哥说起你了，今日得见，果然名不虚传。"

陈定棋笑道："我不过是大清帝国的一个小军官，格格过誉了。"

仪凤说："以后叫我仪凤就行，我是你二哥的朋友，自然也是你的朋友。走，我带你到各处请安。"仪凤虽然与铁祥有了赐婚的名分，但是从心里依旧把自己当成陈定剑的人，所以爱屋及乌，她打定主意，日后要关心新来乍到的陈定棋。陈定棋也觉得仪凤全没有格格的架子，便高兴地跟着她到各处认门打招呼。不料，俩人才走到楼梯口，正遇见铁祥领着德国克虏伯公司的大班走进统制部。

铁祥视而不见陈定棋似的只顾向仪凤请安，毕恭毕敬地说："格格，这位是德国克虏伯公司大班汉斯先生，有公事求见统领大人。"他在仪凤面前仍旧保持谦恭面顺的模样，心里却撺拨着和她成亲的良辰早日到来。

仪凤立刻向大班打招呼，然后不失机会地向铁祥介绍陈定棋。铁祥这时才装作有缘识荆，堆着笑容说："幸会幸会，原来是管带官大人回国了，今天晚上特备薄酒为管带官大人接风洗尘，请赏光。"铁祥早已知道太后恩赏陈定棋统兵陆战队，出任第一营营长，职同管带，不敢怠慢，又忌惮日后多了一个对头，所以显得小心。

陈定棋婉言拒绝了，说："帮办管带大人的盛情，卑职心领了。行装甫卸，鞍马劳顿，日后有机会再讨扰大人。卑职先行告辞了。"陈定棋比铁祥官卑职小，所以自谦地离去。

仪凤被铁祥挡了驾，很扫兴，只好领着铁祥和德国大班去见陈世恩。

陈定棋办完正事之后，穿上崭新的海军陆战队制服兴冲冲地离开统制部大楼，进了夷场，想给母亲买些礼物。

夷场里，依然保持着江南的基本特征，水网密布，溪渠纵横，每逢水位较低的枯水季节，那些河浜之水就会因体量减少而浓度加重，变得像菜汤一样浓稠，漂浮着无以计数的生活垃圾，成为蚊子苍蝇的温床，每每聚蚊成雷，让人无处可藏。

美国传教士乔治医生设计了一种长方形的薄布袋，让人睡觉时把腿伸进去，两端用绳子扎紧，以防蚊虫叮咬。他领着几个传教士正站在教堂门口分发这种防蚊袋。陈定棋走过来，觉得很好奇，看了又看，但没有开口索取。

乔治说："军官先生，这是赠送的，领一个防蚊袋吧？"

陈定棋说："谢谢。留给更需要的人吧，我有蚊帐了。"

他说的话，恰巧被旁边的乔治的女儿安娜听见了。没有人会拒绝她父亲发明的防蚊袋的，她回头看了陈定棋一眼，立刻被这个英风毕露的海军军官给吸引住了。美国姑娘通常崇尚海军陆战队，而安娜又见是个中国海军陆战队军官，饶有兴趣。她是教会医院的护士，帮助父亲把大幅彩色宣传画张贴在教堂门口的告示牌上。她为了突出苍蝇的危害，把画上的苍蝇画得特别大，描述它们怎样在垃圾堆中爬过后，又飞上人吃的食物，把沾满蝇爪的肮脏最后都送进了人口。

乔装成粪夫的五爷穿着一身粪码头的粗条纹土布衫走到告示牌前面，佯装看画。他在等待乌鬼到来向他联系买"鬼炮"。五爷每次和乌鬼碰头，都约在教堂门口见面，实际上已经引起了军谘府密使周友三手下密探的注意。今天，周友三亲自乘坐一辆窗帘密封的马车停在教堂对面的街边监视五爷的举动。因为周友三发现五爷频频通过乌鬼购买黑枪，怀疑革命党又在密谋新的一次举事，但查不出举事地点。

安娜发现五爷津津有味地看着宣传画，以为他是个忠实的教友，用生硬的上海话问："大哥，有什么看不明白的地方，可以问我。"

五爷用响闷雷般的声音回答："怪不得美国人害怕苍蝇，原来美国的苍蝇长这么大！我们上海的苍蝇小得多，没有什么危险。"

哄地一声，周围的人听了都笑了。

陈定棋上前对五爷说："大哥，这是宣传画，就跟庙里的凶神恶煞一样把它们画大了，记得住危害。"

五爷不满地斜了他一眼，说："你别黄狗插角——装羊（洋），老子也是张飞的鼻子，李逵的脸，惹不得！"说完了看见乌鬼已经混入人群中领取防蚊袋，连忙撇下陈定棋，挤进人群跟乌鬼接头。

安娜见陈定棋无缘无故受了抢白，负疚地对他说："对不起先生，让你受委屈了。"

陈定棋说："小姐，民智未开，您得辛苦一些。"

安娜见他说得一口流利的美国英语，惊喜地问："先生的英语怎么带有美国口音？"

陈定棋说："我在美国西点军校读书，刚刚回国，口音还没有变化。"

安娜欣喜不已，自我介绍道："我叫安娜，安济教会医院的护士。刚才与您说话的教士是我父亲，乔治医生。"

陈定棋说：“我叫陈定棋，在海军统制部代职。今天有幸结识小姐，几天之内小姐若有空，还可以到统制部找我，宣传防治蚊蝇。”

“为什么要在几天内？”安娜觉得很奇怪。

“噢，几天以后，我要奉命回家乡福州训练陆战队新兵。”陈定棋想起多年未见的母亲，眼里亮起憧憬的神采。

“福州？我听父亲说过，那可是中国海军的摇篮，北洋舰队的第一代舰长们几乎都是在那里成长的。”安娜沉醉在崇尚海军的豪兴中，脸上漾起钦羡的神采。

陈定棋听到重提起祖先们留下的巨大的精神财富，一种热血沸腾的宿命天数的感觉传遍他的全身。便邀请道：“有机会，希望小姐到我的家乡做客，我一定尽地主之谊带小姐游览海军故乡。”

俩人正说到热络处，乌鬼和五爷先后从陈定棋的身边匆匆地走过。五爷已经发现有军谘府的暗探在盯梢，便使了金蝉脱壳之计，故意将一件物件放进陈定棋的衣服口袋。

躲在远处监视的周友三中计了，误认为陈定棋与五爷有关系，便一路跟踪陈定棋返回海军统制部，以为钓到一条大鱼。周友三见陈定棋跟门口的马车夫水根打招呼后进了大楼，便上前跟水根搭讪。水根一见是陈定剑的好友，也不提防，很快就把陈定棋的底细告诉了周友三。周友三吃了一惊，原来他是陈定剑的胞弟，自己是否看走眼了？陈定剑已经去福州招兵了，难道兄弟上下其手？

周友三顿起疑云，决定要跟踪陈定棋去福州看个究竟。他推测，革命党的新一次举事的地点，可能就选在福州。

29

五爷机智地摆脱了军谘府密使周友三盯梢的第二天，就约见郑安芳在德国总会的咖啡厅见面。德国总会是专供夷人和华人买办消遣的社交场所，上海滩最瑰丽的镶满五彩玻璃的玻璃世界，普通的华人不准入内，所以军谘府的暗探无法跟踪。郑安芳的父亲是德国总会的会员，郑安芳自然是常客，便将总会当成理想的接头地点。五爷穿着一套红帮裁缝手工缝的名贵西装，嘴上衔着一支粗大的古巴雪茄，时不时炫耀着托在手心的金怀表，不停地轻摇着翘着麂皮鞋的二郎腿，谅夷人侍应生不敢怠慢这个胡子拉碴的粗汉。

郑安芳翩若惊鸿地走进咖啡厅，立刻牵动了一群在座的夷人惊艳的眼光。夷人侍应生连忙赶来伺候，郑安芳公主一般地让侍应生伺候得舒舒服服后，才把他打发走，然后与五爷进入正题的谈话。

五爷惊叹道："想不到侬一个小囡谱摆得比皇帝老子还大。"

郑安芳说："我们要打倒皇帝，自然谱摆得要比皇帝大！"

五爷不得不服她，说："照你的要求，货都到手了。"货，指的是黑枪，是郑安芳托五爷买的。

郑安芳小声地说："你还得想办法运到福州去。这是咱们事先说好的约定。"

五爷说："不行，军谘府的密探盯上老子了，改换别人吧！"

郑安芳故意用激将法，说："怎么，堂堂五爷还怕几只朝廷走狗？你五爷尚且如此胆大，那光复会再也找不出几个有芝麻大胆子的人来了。干脆，全并到同盟会来！"

五爷被激怒了，说："扯淡！老子也是拳头上站得人，胳膊上跑得马的汉子，什么时候丢过人？福州起事，老子要抢头功！"

"好！一言为定！"郑安芳递上一张庄票，说，"这是路费，我在福州跟你碰头。"

五爷收了庄票，说："包在老子身上了。"

郑安芳叮咛道："五爷去福州不如在上海人头熟，你还是想个法子遮挡一下。"

"掩人耳目，老子在行。"五爷头也不回地走了。

郑安芳吁了口气，五爷没有发觉他上了当，实属侥幸。

其实，这一次革命党的举事地点不在福州，而是定在广州，为了怕泄密，对光复会的五爷瞒了实情。郑安芳反对这样做，但是上头的命令不容她违背，她很后悔去香港的时候，没有向同盟会统筹部部长黄兴陈情。

同盟会起义的"统筹部"设在香港跑马地三十五号，部长是黄兴。

郑安芳是代表上海同盟会中部总会来的联络员，自然很受礼遇，副部长嘱她稍候，黄部长即刻见她。她惊讶地发现筹备总部里竟然没有挂一面青天白日旗帜，正在纳闷的时候，黄兴从办公室里走出来，问道："很惊讶没有挂青天白日旗帜是吗？"

郑安芳见到牛高马大、威风八面的黄兴立刻有了一种敬畏感，只敢点点头。

黄兴的口吻却很和蔼，说："为了这一点，我不是没有和逸仙大吵过。"

逸仙是孙中山的字，郑安芳不明白堂堂一个领袖为什么向她这样无名小卒坦白同盟会内的矛盾。同盟会成立后，革命党貌似团结，其实不然。广东香山的孙中山、湖南长沙的黄兴、浙江余杭的章炳麟，是同盟会的不好同辕的三驾马车。黄兴以副会长身份辅佐孙中山，每当孙中山遭各地驱逐，无法入主总会主政，只能辗转各国华人社会为革命募款，全靠黄兴代理，只手撑天，但也常常与孙中山意见相左，甚至不惜大吵。

黄兴继续说："同盟会未定徽章，若以太阳为标志，岂不是与日本的国徽太相似，这样不行。应当是有'井'字的旗帜设计。知道为什么吗?"

郑发芳说："部长的意思是'井'字指周朝的井田法。将九百亩的正方形土地以井字形画成九等分，周围的八区分由八家耕种，中央的一区则由八家合耕，标志着平均地权。"

黄兴的眼睛一亮，夸奖地说："小姐如此聪颖，不愧是上海圣约翰大学的高材生，想不想到总部来工作?"

郑安芳说："我大学刚刚毕业，现在帮忙家父处理生意，近水楼台，更有利做革命工作，感谢部长的厚爱和栽培。"

"也好，要不然我和逸仙吵架的时候，也多一份力量。你知道逸仙是怎么驳斥我的主张的吗？他说：'为了此青天白日旗而牺牲性命的人不知已有上万之众。若不同意此旗，则须先将我孙文打倒！'为了革命，我就这样不惜与逸仙抗争，试问，还有什么不能舍弃的吗?"

郑安芳听得热血沸腾，华丽帽子下的脑袋全部被灌满了革命的偏激主张。

接踵着，转入正题，黄兴交给郑安芳的任务则是到福州去将革命党志士派往陈定剑招募的海军陆战队中，为将来的起义积储力量做准备。历来革命党起义靠会党和新军是一种共识，但是孙中山较偏重会党，屡屡失败后，引起同盟会中有不少人对孙中山的做法采取批判态度。黄兴认为对新军的革命教育渗透水到渠成，现在大可不必依赖像五爷这样的会党，而要改为新军为主的起义，所以海军要成立的陆战队正是争取的新目标。

而郑安芳也赞成黄兴的看法，当初五爷派吴天宝行刺代春失败横生枝节，令郑安芳至今耿耿于怀。况且郑安芳听了黄兴的一席话，大有胜读十年书之感慨，不再提出对五爷陈情，任由他按上头丢卒保车、声东击西的连环计去福州送死。

五爷并不知道自己当了替死鬼，离开德国总会后，径直去了会乐里迎春坊见顾玉秀。他盘算好了，向老鸨阿金借顾玉秀出长差，扮作露水相好，掩护他去福州。

他一进迎春坊，只见阿金像无头苍蝇一样在客厅里团团转，看见他到了，如同见了救星，连忙拉住他的手，说："大爷，你来得正好，玉秀想跟人去福州出长差。可是没有你的点头，我吃了豹子胆，也不敢点头哩！"

自从顾玉秀得知陈定剑也是革命党后，她心中恒定的复仇念头全被击得粉碎，她既不见客，也不出局，更懒得梳妆打扮，每日素面朝天，发痴发狂。阿金见了暗暗着急，好在有五爷留下的一笔丰厚的押金垫底，她也不吃亏。今天突然来了轮船招商局的周友三，说要请顾玉秀的长差，带去福州围一桌花酒，答应给的保证金和长差费，令阿金咋舌。可是没有五爷的应允，阿金不敢贸然点头，先让周友三径自去说服顾玉秀。

五爷一听，肺快气炸了，吼叫道："谁敢到老虎嘴上拔毛？不想活啦？"说着噔噔噔地跑上楼，冲进顾玉秀的房间。

顾玉秀正陪着周友三说话，一见五爷跟点着的炮仗似的快要炸了，便温词娓娓地说："五爷来啦？奴家好多天不见五爷了，正想着去给你老人家请安哩，请坐，请坐。"

顿时，五爷满肚子的气化为乌有了，消消闲闲地坐在一只绣墩上。

顾玉秀接着介绍了周友三，又推荐了恩人五爷。

"五爷，久仰，久仰！"周友三握手言欢，一副西洋做派。心想，这个会党头目今天来见顾玉秀一定有目的，准备放长线钓大鱼。

五爷不知道面前坐的正是军谘府的密使，以为是个花花公子，就粗声粗气地说："难道你没听说顾姑娘一般不见客了，你还想请她出长差？"

周友三装作是个一掷千金的浪荡子，说："我在福州有一场花酒要请，可是福州那地界胭脂粗鄙，拿不出手，就想劳动顾姑娘的玉趾，去撑撑台面，别无他意。"

五爷说："顾姑娘给你薄面了吗？"

周友三说："我正在说服她。"

五爷说："说了也没用，你来迟了一步，我五爷已经决定请在姑娘到福州喝杯花茶了！"

周友三心想，这会党头子果然要在福州造反，还要借顾玉秀掩护运枪！就笑道："这好哇！岂不是一举两得？顾姑娘，刚才我说好的花销一块铜板不少，悉听姑娘尊便！"

顾玉秀真不敢相信，怎么两件好事都赶在一块了？刚才周友三告诉她，陈定剑已经去福州招兵了，可以借吃花酒的机会，去福州见见意中人。顾玉秀的心被他说动了，她也想去看看陈定剑的家乡，寻觅这个开始影响她寝食不安的革命党童年的雪泥鸿爪，也许有一天她要乘坐花轿抬进他的朱漆大门？就顺水推舟地说："周先生既然如此大度，那奴家就听从五爷的安排，到周先生安排吃花酒的那一天，奴家再去侍候，如何？"顾玉秀心想，必须先跟陈定剑保持一段距离，才不会唐突，游刃有余，所以她明智地选择了跟随五爷。

五爷抚掌大笑，说："我说嘛，顾姑娘会给我五爷一碗'情面'吃的！"

周友三试探地问："那就这么说定了。五爷，过两天，我的招商局正好有一班轮船去福州，要不要让我来安排你和顾姑娘的行程？"他想探探五爷要运的枪支是从哪里运到福州，好派绿营兵拦截。

五爷说："敢情坐大轮船走好哇，顾姑娘是金枝玉叶，不能委屈了她，就有劳周先生安排了。"

周友三感到有所不测，五爷不可能随身带大批的枪支上轮船，从陆路运输又关山险阻，究竟怎么运到福州？

30

五爷的大宗枪支是在半夜的时候，偷偷运上穹甲巡洋舰"海星"号的。

负责这项秘密行动的是光复会的秘密会员林守武，他是"海星"号的枪炮副军士长，海军练营毕业，是陈世恩老部下林水官的长子。林水官当年跟着陈世恩复职后不久患病退役，回家开了一家肉燕店谋生，就由大儿子林守武补了缺。林守武暗暗联络了十几个福州籍下级官兵参加了光复会，期待有朝一日能在"海星"号上挂青天白日的旗帜。前两天，林守武得知"海星"号要运送德国克虏伯公司上海大班汉斯一行去福州安装海军炮台的克虏伯大炮，嗣后，他就接到上头的秘密通知，五爷的一批枪支要用"海星"号运抵福州。

十二点一过，一条舢板乘着大雾悄无声息地从黄浦江江面摇过来，贴近“海星”号，并发出三声水鸟声。

早在后甲板上等候的林守武，已经将同党们设法安排今天晚上的各个要害岗位上值更，他听到暗号，连忙和三个同党走到船舷边往外抛出一根船缆勾上了一包用油布包裹的枪械。林守武他们用力往上拉船缆，不一会儿就收上来第一包枪械。周而复始，林守武他们很快就收了三包枪械，江上的舢板继而也消失在浓浓的江雾中。林守武他们通过锅炉房的同党，将三包枪械安全地埋在煤堆中。

天亮的时候，江上的雾霭渐渐地散尽了，“海星”号升火待发。由舰首经各桅顶至舰尾列悬族旌，各桅顶悬上海军旗，这是全舰饰，而且前桅顶和司令旗杆上悬挂着海军次长旗。列队集合的林守武才发现在礼炮声中频频登上军舰的贵宾中，为首的是筹办海军副大臣代春贝勒，后面依次是格格仪凤和德国克虏伯公司上海大班汉斯一行，殿后的则是陈定棋。陈世恩和铁祥率领全舰官兵列队恭迎。代春接到陈世恩从上海发来的急电，知道汉斯要求赴福州实地考察炮台，代春本应丁忧在京，但为了顺利筹办筹建炮台事务，只好奏请太后夺情出京。实际上代春心中藏着一个未了的夙愿，想再去见任文娟，查询儿子的下落。他有个冥顽的预感，他的儿子活着！

仪凤登上“海星”号，心旷神怡，炮塔伟岸，军旗猎猎，官兵尚武，甲板整洁，令她联想起仪态挺然、一丝不苟的陈定剑，如果有一天他能登上“海星”号，指挥若定，肯定是全舰官兵对新管带的一致评价。想到这里，她的嘴角掠过一丝微笑。

对她形影不离的铁祥，发现了她神色的变化，凑过来讨好地问道：“格格，是不是对‘海星’号很满意?”

仪凤回过神来，掩饰地说：“满意，很满意！”

铁祥得意洋洋，说：“以后我要当了管带，一定把‘海星”号治理得更让你满意！”

仪凤讥讽地回应了一句：“我是这次行程的通译，我可不会把这句话译给汉斯大班听的。”说完径自向代春和汉斯走去，他们正等着她翻译。

铁祥毕恭毕敬地目送着仪凤离去，这模样是做给周围的官兵看的，他是太后赐婚的未来郡君额驸，他得有贵族的风度。心里却在悻烦地说：“格格，你看不起我，你瞩目的是陈定剑，总有一天让你看到大清最大的巡洋舰指挥台上站的是我铁祥！”清代贝勒之女封郡君，其夫封郡君额驸，官秩同三品，所以铁祥相当自信能压过陈定剑一筹，稳坐“海星”号管带的交椅。

“海星”号巡洋舰缓缓地启程了，离开它停泊的高昌庙基地码头，驶出黄浦江，过了吴淞口，楔入东海，直奔台湾海峡。

标准航速十二节、最大航速二十四节的“海星”号穹甲巡洋舰乘风破浪，很快就追上轮船招商局的“天华”号轮船。“天华”号正是周友三、五爷和顾玉秀搭乘的驶往福州的班船，一见“海星”号追上来，响了三声汽笛问候海军。搭船的华夷乘客们全跑上甲板向过往的“海星”号挥手欢呼。

“海星”号的全体官兵列队立在左舷甲板上，向“天华”号上的乘客们行注目礼，煞是威风凛凛，振奋人心。

头一回见到这种雄伟壮观场面的顾玉秀禁不住泪花飞溅，雀跃欢呼，她立刻联想起已经让她神魂颠倒的海军军官陈定剑，想像对面的军舰上就屹立着他的英姿。

五爷面对庞然大物的“海星”号，得意地摩挲着胡茬，他仿佛看见他购买的枪支安全地藏在锅炉房的煤堆中。一直在暗中监视五爷的周友三，猛地发现他凹凸不平的脸上填满了笑容，一个惊骇的答案立刻闪过周友三的脑海：莫非枪支藏在“海星”号上？

站在“海星”号指挥台旁边的仪凤正在用千里眼观察“天华”号上的乘客。忽然，她从千里眼里看见了顾玉秀欢呼的身影。她的心脏几乎停止了跳动：天哪，顾玉秀竟然到福州去会陈定剑！

31

“海星”号穹甲巡洋舰跨着凌波的脚步，穿过台湾海峡的千顷波浪，终于站在福州的门户之前，马尾用阳光、轻风抚摩她体魄雄壮的身躯，欢迎大清海军的骄子回到母亲——马尾军港——的怀抱中来。马尾是中国近代海军的摇篮，中国海军的第一代管带多毕业于马尾船政学堂。甲申中法马江海战和甲午中日海战，不仅让一代海军精英魂沉黄海，而且也让马尾船政学堂毁于法国孤拔舰队的炮火，马尾从此沉寂于历史的交替风尘中。直到萨镇冰重建海军，马尾才开始复甦生气，而今天“海星”号的省亲，更是增添了古老军港的风采。

海军码头上轮齿排列着督抚司道、福州将军、船政大臣和海军统制部副官、招兵主考官陈定剑恭迎代春贝勒的到来。但是代春为了防备革命党的刺杀，就驻节舰上，并在军舰上接见了拜访的一干大臣后，由福州将军和船政大臣陪同德国克虏伯公司上海大班汉斯一行上岸考察筹建的炮台。

陈定剑遽见站在代春身边的仪凤吃了一惊，知道她随行来当通译是假，借机见他是真，心里暗暗叫苦。他瞥见铁祥站在代春身后，神气活现的表情正向他暗示铁祥才是仪凤钦赐的未婚夫，仪凤是铁祥的一块禁脔，不许他人染指。

代春钟爱地问道："听说定剑大人招兵辛苦，看看我给你找来了谁当你的帮手?"

陈定棋从人群后走出来，拱手一揖，招呼道："大哥，贝勒爷派小弟到你的麾下，负责训练新兵。"

陈定剑喜出望外，说："三弟，贝勒爷如此器重你我兄弟，当肝脑涂地报效朝廷。"

陈世恩告诫地说："《孔子三朝记》上说：尧取人以状，舜取人以色，文王取人以度。自古选兵如选辅佐，你兄弟二人当必尽力。不负委任。"

"是!"陈定剑兄弟俩齐声回答，充满诚恳。

代春说："女儿，拿书来!"

仪凤应了一声，捧出早已准备好的两本麻沙版线装书。

代春说："这一本是曾文正公的《兵鉴》，专讲如何挑拣新兵的相人之法，给定剑大人。另一本是戚继光的《练兵纪实》给定棋大人。"

仪凤分别将书送给陈定棋和陈定剑。当陈定剑接过仪凤手中的书的时候，他感觉到仪凤的手指有意无意地擦了他一下，一股热流瞬时通过他的指尖，传导到全身，热烘烘的。

这时候，值星的大副急匆匆地赶进指挥台禀报："启禀贝勒爷，统制大人，一队绿营兵封锁了码头，把总奉福州将军的手令，要求上舰搜查!"

代春一听大怒，说："大胆！凭什么绿营兵敢搜查我的军舰?"

陈世恩怒不可遏，说："凭什么绿营兵管到海军头上？拒绝他们登舰!"

大副说："他们持有军谘府载洵大人的令牌，说舰上挟带有革命党的枪支，非查不可!"大副并不知道内情，其实是周友三怀疑"海星"号上藏着五爷的黑枪，便从"天华"号上给京师的军谘大臣载洵发了密电，载洵才电令福州将军彻查"海星"号。

铁祥一听是载洵贝勒下令彻查的，认为借钟馗打鬼的机会到了，就装作辞色庄重地说："贝勒爷，统制大人，末将以为既是军谘府下令彻查，必定事出有因。革命党猖獗活动，无孔不入，还是准查为上策。"

代春得知是载洵贝勒下令搜查，原先的底气先泄了一半，事关社稷安危，他不能不防，可是要让绿营兵一查，一经抄报传遍各省督抚司道衙门，日后海军兵船还有何脸停泊在各大码头加水添煤？便征询地问陈世恩："统制大人，你以为如何？"

陈世恩斩钉截铁地说："海军有专权，无须旁人插手事务！卑职食君之禄，忠君之事，自信严管海军官兵，不许染指会党，更无从谈起私运枪支谋逆，请贝勒爷明察。"

代春频频颔首，说："统制大人追随萨大人筹办海军，忠心可表，毋庸置疑。大副，你去知会岸上的把总，请他退回，我自会向军谘府解释。"

铁祥连忙阻止，道："贝勒爷请三思。事关家国社稷安危，满人责无旁贷，岂能顾海军一己之私？"

陈世恩听了很不悦，说："帮办管带大人，满汉一家是我朝定制，海军岂能分离彼此？海军之事就是大清之事，社稷之事！"

仪凤忍不住地插了一句，说："阿玛，海军忠心体国，是全体官兵的共识，不能挫伤了他们的一片衷情。"

铁祥弦外有音地说："格格，新军也是发誓效忠朝廷的，可是事实证明，参加孙文造反的有不少就是新军！"

陈世恩气得脸色发紫，厉声地说："帮办管带大人，海军不比新军，它是有源之水，有根之木，甲申海战和甲午海战就是佐证！"

代春发现铁祥和陈世恩陡然加大裂痕，连忙朝着一言不发的陈定剑问道："定剑大人，你可有两全其美的办法？"

陈定剑正在私忖，"海星"号上究竟是哪家会党私运了枪支，有心想帮助脱险，见机会来了，就说："回禀贝勒爷，卑职以为不可不查，也不能由绿营兵彻查。"

"此话怎讲？"代春正在左右为难，就寄望甚殷地问道。

陈定剑有条不紊地说："如果舰上真有人挟带黑枪，事关谋逆，所以不可不查。如果纯属捕风捉影，事关海军和军谘府的脸面，所以不能由绿营兵搜查。海军陆战队已经招收一队的新兵，正在码头上候命，他们与军舰上的官兵素无瓜葛，卑职以为可由他们来代行搜查，军谘府也不会有疑义。"陈定剑自信新募的陆战队士兵有指臂之效，定能化险为夷。

代春听了正中下怀，征询地问陈世恩："统制大人以为如何?"

陈世恩说："新招募的陆战队可是皇太后恩准筹建的生力军，是拱卫海军枢纽和基地的臂膀，当然可堪依畀!"他的弦外之音用皇太后来压挫以铁祥为首的舰上一批满族军官的傲慢和盛势。

铁祥本来想借搜枪支事件撬挖陈世恩的墙脚，早日夺取旗舰的管带大权，如今见陈定剑说得笃笃有理，只好见风转舵，说："贝勒爷和统制大人言之有理，卑职愿效犬马之力。"

代春说："定剑大人率陆战队听从铁祥大人调遣搜查，一俟发现可疑官兵，不分满汉，一律扣押!"

铁祥和陈定剑立刻领命，分头行动。铁祥立即用扬声器命令全舰官兵在前甲板列队集合候命；陈定剑命令一个队（连）的陆战队士兵登舰分头搜查。绿营兵的把总见事情有了转圜，也只好改变了主意，但执意留在码头上等待搜查的结果。

铁祥紧盯着陈定剑，随着一个班的新兵搜查可疑点最大的锅炉底舱。

锅炉底舱里又热又闷，熊熊的炉火烤得搜查的官兵汗流浃背。官兵们用枪刺不断地往煤堆里戳探，一旦碰到煤中的铁器硬件，就扒开煤层查看个明白。陈定剑也暗忖，如果有藏枪支，锅炉底舱是最理想的地方，所以故意带着铁祥往最脏的炉边走，不料，铁祥不顾肮脏和炎热，脱下军装准备搜查到底。就在铁祥脱衣分神的一瞬间，陈定剑发现地上有一粒子弹，连忙用鞋子踩住，装作累得走不动了，站在原地休息。

铁祥讥讽地问道："怎么，走不动了。'海星'号太大了，没有好体魄是走不完的。"

陈定剑故意说道："在统制部养尊处优，是无法跟大人相比啊!"

铁祥满头大汗地搜了半天，没有结果，只好灰心地退出锅炉底舱。殿后的陈定剑趁人不备，捡起那粒遗漏掉地的子弹放进口袋，经过右舷甲板的时候，将子弹丢进江里。

全舰的搜查结束了，没有发现枪支。站在列队队伍中的枪炮副军士长林守武会心地笑着，因为早在昨天半夜军舰进闽江口的时候，他已经将枪支吊下军舰，由五爷事先安排的一条舢板中途接走了。此刻，这些枪支大概已经转移上了一条渔船驶往广东了。

心犹未甘的铁祥向代春禀报了结果后，代春自信不已地说："海军一片孤忠，是绝不会给太后蒙尘的。”

仪凤一直悬挂的心，终于放下来了。她没有意识到铁祥有加害陈世恩的夺舰野心，以为他出于对朝廷的忠心才这么做，如今风平浪静，多亏了陈定剑的机智，心中对陈定剑仰慕的砝码更加重了。

陈世恩一言未发，这件未发之祸，给了他一个风信：铁祥夺舰的狼子野心，暴露无遗了！

第十章

32

郑安芳发现五爷偷运的枪支没有落到官府的手中，被他巧妙地转移，同盟会黄兴丢卒保车的计谋没有奏效，她暗暗地替五爷的化险为夷松了一口气。

郑安芳是跟着父亲郑汝才从上海回到故乡福州祭祖的，祖厝在城内三坊七巷中的黄巷，是一幢两进的朱门大宅。郑家祖上是道台，传到郑汝才手上，他涉足洋务之后，弃文从商，才袍笏退尽，执钥秉财。但是自从郑汝才投靠退隐的袁世凯之后，认为他奇货可居，大有当年吕不韦助秦异人之概，不仅重金资助袁世凯，而且在上海为他替西洋各国领事暗通款曲，为袁世凯掌握清廷舰队铺路搭桥，指望有朝一日跟随袁世凯重返青云。当郑汝才得知贝勒代春同陈世恩随“海星”号巡弋福州，认为结识代春的时机已到，连忙带着女儿返乡，企图利用世交陈世恩的关系，攀上代春的高枝，徐图再展。

郑安芳并不知道父亲的用心，趁父亲在家中祭祖会亲，她出了家门，直奔南后街的林则徐祠堂。陈定剑的海军陆战队招兵处就临时设在这里。

两个新招的陆战队士兵分列祠堂边门口左右站岗，陡地增添了祠堂的肃穆。郑安芳说了声要求见主考官陈定剑大人，就有一个士兵引了她进去。她沿着石甬道，经仪门厅，直通御碑亭。御碑亭为正方形重檐九脊顶，内立三方青石牌，成品字形。一为咸丰皇帝的“圣旨”，是林则徐病逝后，降旨慰问家眷的，并将林则徐的官阶从太子太保升为太子太傅，恢复林则徐一切荣誉奖赏，并赏赐林则徐两个正在读书儿子的功绩。其他两方石碑，一为《御赐祭文》，一为《御制碑文》，均可以看出皇帝为林则徐平反是不彻底的，依然有贬责林则徐在广州禁烟、抗英的字句。

郑安芳看完碑文，不由感叹了一声。

陈定剑已经由士兵引着走来，他挥退了士兵，问郑安芳：“怎么，引发了你的什么感慨?”

郑安芳愤愤不平地说：“林则徐禁烟抗英，替中国人立下千古殊功，咸丰还不彻底为他平反，可见满人与汉人判然有别，皇帝老儿非推翻不可!”

陈定剑笑道：“在郑小姐的眼中，一切都是革命的导火索，请到树德堂内喝茶。”

树德堂在碑亭之北，外有围墙，内有庭院，自成院落。厅堂供龛中，高坐一尊林则徐塑像，身着朝服，神采奕奕，和蔼可亲。龛前陈列的一张雕刻精美的青石供案，是惠安石雕名匠蒋源成的作品。郑安芳恭恭敬敬地上了一炷香，揖了三下，竭尽她的崇敬，这让陈定剑看到她的可爱之处和她作为福州人的文化底蕴。

将郑安芳请进边厅后，陈定剑虚掩上门，低声问道：“你从上海赶来，一定有急事?”

郑安芳先将她去香港密见黄兴的事说了一遍，然后说：“黄兴要你将同盟会的同志招进陆战队，积储起义的力量，这是三十人的名单。”

陈定剑兴奋地说：“太好了，我早盼着这么做了。这次招兵共招三个营，福建招一个营，山东招两个营，由满人塔尔布当统带。福建招的第一营由舍弟陈定棋当管带官，我可以把这三十位同志分别安插在每一个排里，再指定几个能干可靠的当队官和排长，一旦一声令下，就是一柄出鞘的革命利剑。”

相当连长的队官和排长均由革命党担当，这一营陆战队就有指臂之效，于是郑安芳问：“令弟可靠吗?”

陈定剑说："他为人正义坦诚，绝不是朝廷的鹰犬"。

郑安芳说："有机会，你不妨探听他的口风，我担心一旦招兵结束，你返回海军统制部，第一营的革命力量就发生变化。"

陈定剑说："舍弟一向听我的，请放心。我问你，为何'海星'号上偷运枪支事先不告诉我?"

郑安芳说："那是五爷的人干的，上头只想让五爷引火烧身，分散军谘府的注意力，保护下一次的广州起义。"

陈定剑不满地说："五爷也是革命党，怎么可以让他当诱饵，成牺牲品?"

郑安芳说："他一向自大，不把同盟会放在眼中，上一次刺杀代春就是因他铸成失败，不服从统一指挥的结果只能是咎由自取。"

陈定剑说："都是革命党，纵有分歧，还是存小异求大同的好。如果被五爷知道真相，引起内讧就糟了。"

郑安芳说："事情都过去了，也该五爷命大，不提他了，好吗?我许多年没回到福州了陪我去游西湖，行吗?"

陈定剑推托道："你没看到我正忙着招兵，一步也离不开，等以后再去吧?"

郑安芳嘟哝着小嘴，说："以后?以后是什么时候?且不说我爹跟你爹是世交，就按夷人的规矩，绅士也不能拒绝一个小姐的请求吧?"

陈定剑理屈了，正不知怎么托词婉拒的时候，从厅堂里传来哨兵的禀报声："大人，有位姓周的先生求见，自称是大人的好友，从上海来的。"

陈定剑喜出望外，连忙开了虚掩的门，只见门口出现了周友三，连忙抱住了他，问道："友三，你怎么来了?"

"我不来怎么应了有朋自远方来不亦乐乎的古话呢?"周友三松开了陈定剑，一眼瞥见满脸不悦的郑安芳，打趣道，"定剑，我是不是来的不是时候?"

陈定剑说："你多心了，她叫郑安芳，上海圣约翰大学的毕业生，如今当她父亲生意上的襄理。她家与我家是世交，这一次随同世伯回祖厝祭祖的。"

周友三眼光犀利，从郑安芳的神情上看出了端倪，说："没有这么简单吧?你和一位美貌女子关在屋里总不会是叙家谱吧?"

郑安芳知道来了援军，就索性把话挑明了，说："周先生，刚才你的这位挚友，又一次拒绝了我的求爱，伤了小姐的自尊心!"

周友三惊讶地感叹道："老天爷怎么如此不公!有人有花不摘，有人无花空折枝!"

陈定剑说：“友三，你不要火上浇油了，是我的好朋友，就带我的小妹妹去逛逛西湖。”

郑安芳气得小嘴一瘪，说：“定剑，当着你的好朋友，我把话砸在这里，这一辈子我缠死你了！”说完气鼓鼓地走了。

周友三说：“好个烈女，我喜欢！”

陈定剑说：“时间久你就知道了，她任性，爱耍大买办千金小姐的脾气。友三，快告诉我，来福州有公干吗？这里我人头熟，有事可以帮忙。”

周友三当然不能说出追查革命党举事的实情，便掩饰说与福州轮船公司有生意处理就搪塞过去了，然后邀请道：“明天晚上我定好在聚春园请客，你可肯赏光替我撑撑场面？”

陈定剑爽朗答应了：“你的事就是我的事，岂有不去之理？”

周友三故意试探道：“听说仪凤格格也来了，可以请她出席宴会吗？”

陈定剑正色道：“格格如今由太后赐婚，名分已定，一俟守孝期满，即为人妇，今后不再提她可好？”

周友三正中下怀，心想明天可以理所当然地请出顾玉秀了，让他猝不及防，其结果必定挑起五爷的怒火，他就可以顺藤摸瓜发现革命党举事的线索了。便铺垫了一句：“您奉命到福州募兵之前，去向顾姑娘辞行了吗？”

陈定剑顿时被牵起满腹离愁，感叹道：“当时我想替她赎身聘娶的事正闹得满城风雨，她又力拒我的好意，我也来不及辞行，不知道结局会不会是酣然一梦？”

周友三一心想与，说：“哪有执壶卖身的烟花女不想从良嫁人的？我担心她有两个难言的苦衷。”

陈定剑急问：“哪两个？”

周友三揣想道：“一是怕您家门槛太高，海军世家不允许她进门。”

陈定剑自信地说：“我相信能说服双亲网开一面。其二呢？”

周友三说：“她未婚夫的死，致使光复会的五爷欠她一笔良心债，我听老鸨阿金说过五爷也想赎娶她，纵然她想答应您，但是碍于五爷有言在先，也让她左右为难。”

陈定剑恍然大悟，说：“一语惊醒梦中人，原来顾姑娘有隐忧在心，等到我见到五爷一定请他割爱。”

周友三说：“五爷是会党的龙头，您不怕他一时性起，拔刀相向？”

陈定剑说："我想娶顾姑娘不是为了贪图美色，而是担当道义，量五爷能够明理，如果他执意不肯，就由顾姑娘选择，我不在乎受五爷一刀之苦。"

周友三笑道："我如今才明白，为何世上最难消受美人恩了！"

陈定剑说："人家在火里，你在水里，你还笑我？"

周友三又笑道："自古美人如烈火，您要经得起煎烤嘛！"

两个好友正说笑着，哨兵送来一封投书。

陈定剑拆信一看，神色骤然黯淡。有个自称"同乡"的人在信上要求陈定剑招收一个叫肖木旺的人加入海军陆战队，并委以排长一职。否则，他将告发陈定剑在上海码头向代春投炸弹的秘密。

投书要挟的人正是郑汝才，他想在新建的海军陆战队中插进一根桩脚。

陈定剑连忙问哨兵："送信的人在哪里？"

哨兵回答："是个孩子，已经走了。"

陈定剑挥退了哨兵，怒而将来信撕碎，也不能尽泄心中的怒火。

周友三看在眼里，知道有蹊跷，但不发问，故作调侃风月地说："又是一段风流债吧？追上门来了也不怕，一切有兄弟我替您包揽了！"

陈定剑心里有点发憷：究竟是谁藏在角落中向他虎视眈眈，伺机下手呢？他不能让周友三引起怀疑，就说："您别念多心经了，哪是什么风流债？是有位同乡想走旁门，要将他的亲戚委任陆战队排长，我，岂能容忍徇私？"他隐藏起对方威胁告发他是革命党的真相。

周友三疑云消失，真心替他出起主意，说："如果对方确实是可造之材，委以小小排长也无妨，反正要找带兵官，不如找个可依靠之人。再者，您是首次替朝廷当差，切勿节外生枝，有碍官声。"

陈定剑点头称是，说："就依您高见照办。"

陈定剑送周友三到祠堂门外，周友三再三叮咛他明晚赴宴之后，才扬长而去。陈定剑心想必须找个可靠的人参加海军陆战队，替他盯住肖木旺，以防日后肖木旺做出有害革命党之事，并且顺藤摸瓜找出那个自称"同乡"的鬼魅。这便是螳螂捕蝉，黄雀在后。

他掂量了半天，忽然想起一个人来了，便拔腿向林则徐祠堂斜对面的一家肉燕店走去。

33

林记肉燕店不大，但生意很兴旺，多亏了店老板林水官是北洋海军的老兵，又是陈世恩的亲信，仗着福州海军荣誉的余荫，半个福州城的人都来光顾他的生意，把林水官笑得合不拢嘴。但是林水官开店有条规矩，凡是海军的家眷来买肉燕皮，他一概不收钱。只有恩人陈世恩的夫人任文娟来买肉燕皮例外，因为陈世恩有言在先，不收钱就另适他人。

林水官的爹是福州有名的打肉燕师傅。肉燕是福州的特产，即用上好的猪后腿精肉，掺进地瓜粉，用木槌打成一张薄如纸的肉燕皮，再切成两寸见方的皮面，包上肉陷即成美味佳肴。包好的肉燕形同飞翔的燕子，所以称肉燕。林水官在北洋海军吃皇粮的时候，他爹病故，肉燕店也关门了。后来林水官遭裁撤回家，只能靠补鞋糊口，直到林水官跟随陈世恩复出，病退回籍，才有了一笔丰厚的海军抚恤金，重操祖业。林水官的大儿子林守武顶了他的缺，在“海星”号上当枪炮副军士长，二儿子林守江不安心继承父亲手艺在店里打肉燕，嚷嚷着要去当海军陆战队，林水官横竖不肯。

陈定剑走进肉燕店的时候，林守江和五个工人正围着三个松木墩台各手执一根木槌在捶打肉泥。一个松木墩台两个人捶打肉泥，木槌轮流捶下，发出有节奏的响声，勾起陈定剑对乡音的回忆。打肉燕皮的人不能分心，一手握木槌，另一只手用手指在肉泥中翻匀，木槌就打在翻起的肉泥上，稍一走神，很容易砸着自己的手指。陈定剑看着林守江挥汗如雨地在打肉燕，围着长围裙的裸露上身油光闪亮，汗珠在肌肤上随着节奏而跳动。

陈定剑等到林守江打完了一轮，才叫他的乳名“依弟”。林守江闻声回头，兴奋地叫道：“定剑哥，今天怎么有空到店里来了？”说着连忙从大茶壶里斟了一碗茶，递给陈定剑，又拉出一条板凳让他坐下。林守江的右手臂因为长年握槌打肉燕的缘故，比左手臂粗，让陈定剑看见了生活的一种艰辛。

陈定剑说：“听说昨天你去祠堂找我，想报名当兵，刚巧我不在，所以今天我就特地过来，问你想不想吃皇粮？”

“想，做梦都想，就我爹不肯。”林守江提起就气馁。

“你是尾仔尾珍珠，又惹人疼又好抚摸。”陈定剑用了一句福州俚语戏谑他。

“什么尾仔？我家小妹才是尾珍珠。我爹怕我走了，没有人替他打肉燕皮！”林守江一口喝干了一碗茶水，似乎想浇灭心中的怨火。

“只要你想当兵，能吃苦，你爹的心事由我来化解。”陈定剑深知林水官心向海军，不会是一根打不开水手结的老船缆。

“定剑哥，我从小就不怕吃苦，当海军是我做梦都想的事。”林守江说得一板一眼，就跟打肉燕皮一样有力。

陈定剑低声地叮嘱道：“你进了陆战队以后，帮我暗暗盯住一个人，他叫肖木旺，是你的排长。记住他经常跟谁来往，背着人做什么事，随时告诉我。”

“记住了。”林守江俨然觉得自己已经加入行伍，连声音都一本正经了。

陈定剑关心地问：“你爹在吗？回来以后我还没有向他请安哩！”

“他收账去了。”林守江刚说完就看见他爹领着一位伙计模样的后生走进店来，急忙叫道：“依爹，定剑哥来了！”

林水官喜出望外，笑得脸上白胖白净的肉都抖动起来，说：“阿剑，你真有心，做了大官也没忘了你水官伯。”

陈定剑见林水官做了小老板后，已经褪尽了一脸的水兵的沧桑，说：“水官伯，您是海军前辈，我怎么能忘了您？看到您享清福，我真替您高兴。”

“高兴？守江不给我气受，我就烧高香了！他整天吵着要去当兵，吵得我头都要炸了！”林水官一提起烦心事，老脸上就泛起铁青色，跟兵舰油粿灰漆一样死板。

陈定剑劝解道：“水官伯，我听我爹说过，从前您要跟着我爹去当海军，您爹不肯，您还绝食三天，有这回事吗？”

林水官被牵起回忆，脸上浮起几分得意，说：“是你爹告诉我，我们大清办海军，夷人就不敢欺负我们，我当然死活要去啰！”

陈定剑诱导地说：“如果我告诉您，这回建海军陆战队，也是为了给大清海军增光，您让不让守江去？”

林水官问：“你爹是什么意思？”

陈定剑说：“我爹说，打虎亲兄弟，上阵父子兵！”

林水官二话不说，答应了：“好，就凭你爹一句话，我把定江交给你了！”

陈定剑说：“定江，还不给你爹磕头谢恩？”

林定江向林水官跪下，连磕三个头，说：“爹，往后孩儿就是海军的人了，只给管带官磕头，今天就领受孩儿三拜！”说着连拜三拜，磕了三个响头。

“听说你的管带官是你定棋哥，不要以为你跟他从小一起长大，就可以没规没矩。食君之禄，忠君之事，你要明白这个大道理。起来吧。”林水官的眼睛里燃起寄望甚殷的神采，那是一种老骥伏枥的憧憬。

“记住了，爹。”林定江起身，又问道，“依爹，跟您一起回来的这位依哥，是谁?”

“看我真是老糊涂了！”林水官拉过身后的后生，介绍道：“他叫肖木旺，是上杭街余记木材行的伙计，他也想报名去当海军陆战队。木旺，这位就是招兵的主考官陈定剑陈大人。”

肖木旺连忙朝陈定剑跪下，说：“陈大人在上，受小人肖木旺一拜！”

陈定剑心想，说曹操，曹操到，原来眼前这个白净的书生模样的人就是威胁自己的人，说：“海军陆战队是新军，不兴磕头，起来吧！”

“谢大人！”肖木旺起身，自信地说，“大人，小人想当兵，请收下小人。”

陈定剑问道：“你是木材行的伙计，又体面又挣钱，为什么想去吃苦扛枪?”

肖木旺说：“回大人的话。小人经常跟着运杉木的货船去上海，看到海军在上海建起高昌庙大基地大码头，看到一种大世面，小人决定凭着自己会写会算，又有一身常年走船的好体魄，去闯一闯世界。”他说得合情合理，滴水不漏。

陈定剑不动声色，又问：“成家了吗?”

肖木旺说：“没有合过八字。”说着用眼角的余光瞥了一下林水官。

林水官乐呵呵地插了一句，说：“定剑，不瞒你说，木旺是我看中的姑爷，我有意将小妹许配给他。”小妹是林水官的小女儿，十六岁，陈定剑有许多年没有见到她了，不知道为什么林水官这么匆忙要把她嫁出去。

林守江暗暗吃了一惊，自己日后要监视的人，很可能是自己的妹夫? 就不悦地说：“依爹，小妹的终身大事，你不事先探探一下小妹的心思?”

林水官顿觉得没有面子，说：“儿女婚姻，自古由父母做主，你多什么嘴?”

正说到节骨眼上，林小妹挎着一只空竹篮回来了，挟着一股青春的朝气，一进店，店里都芳香起来，欢快地说：“依爹，你看，我把谁请来了?”

清脆的话音未落，军服笔挺的陈定棋已经走了进来，说：“水官伯，我给您请安来了！啧，二哥，怎么也在这里?”

林水官说：“今天真是好日子，我家净来贵人了！”

陈定剑说：“定棋，你得好好谢谢我，我刚刚在这里替你又招了两个兵。一个是依弟，一个是这位肖木旺。”

林守江抱拳一揖，神气地说：“新兵林守江叩见管带官大人!”

肖木旺乖巧地双手抱拳，跟着说：“新兵肖木旺拜见管带大人!”旋即单膝跪下，显得粗中有雅。

陈定棋满意地点点头，说：“我二哥招的兵，果然是人中豪杰，往后你们跟着我好好干!”

“是!”林守江和肖木旺异口同声地回答。

林小妹由衷地说：“二哥，一定是定剑大哥帮你说了情，依爹才答应让你去当兵的吧？那我白带定棋哥回来帮你说情了。”

林守江故意当众捅穿了秘密，说：“小妹，谁不知道你暗暗喜欢定棋哥，你把他请回来，谁知道你葫芦里卖什么药?”

林小妹羞得满脸绯红，解释道：“人家今天是去送肉燕，路过南校场，看见定棋哥在练兵，就把他请回来了。”她边说边藏起来少女初度钟情的心事。

陈定棋一向把林小妹当亲妹妹看待，说：“小妹小时候和我最要好的，她的话就跟圣旨一样，我能不来吗?”

林水官早已察觉女儿暗恋陈定棋，怕她越陷越深，犯下门不当户不对的僭越礼节之错，索性当众说穿了，让女儿死心，说：“女儿，这位肖木旺，是依爹帮你挑中的姑爷，你上前见礼。”

林小妹鸭蛋形的脸，刷地白了。她虽是小家碧玉，却因为从小常在林家走动，受到朱门大户的熏陶，并不怯懦，随即拒绝了，说：“依爹，海军的女儿，要嫁开兵船的人!”说着扭头进了里屋。

“女儿，陆战队也是海军!”林水官徒劳地劝阻，林小妹的倩影倏地消失在窗棂后了。

肖木旺明白，日后他的死敌不单是郑汝才交代的陈定剑，还多了一个情敌陈定棋!

第十一章

34

陈定剑刚刚去了林记肉燕店，顾玉秀就乘着小轿到了林则徐祠堂。

顾玉秀跟随着五爷到了福州，下榻在台江码头的法大旅社。这是一家东洋人开的上等旅馆，谈笑皆商贾，往来无白丁，五爷掩藏在这销金窟里，出入又有艳帜高张的顾玉秀陪同，自以为能躲过军谘府密探的盯梢，其实五爷的行踪都逃不过周友三的监视。今天，顾玉秀借口去买脂粉，瞒着五爷进城直奔海军陆战队的招兵处，贸然想见魂萦梦绕的陈定剑。

门口的哨兵告诉顾玉秀陈大人不在。

“军爷，可以让奴家进去看看吗?”顾玉秀怀着秘密的钦仰看着陈定剑驻节的招兵处，心海中升起不可企及的憧憬。

“请便。”哨兵不像绿营兵那样的骄横，满脸稚气未脱，话音中还透露出新兵的怯懦。

顾玉秀道过谢后，施施然走进祠堂，每轻移一下莲步，都觉得踩在陈定剑的脉搏上，与他共呼吸，共跳动心脏。

有两个文案正在面试十几个模样周正的后生，他们非工即农，或者是渔家子弟，凡是市井无赖连大门都不准进入。顾玉秀看了，暗暗欣赏陈定剑的用人标准，由此联想到陈定剑的内心也一定是品貌端正为圭臬，遇到这样的男人，还有什么好奢求的呢？她揣着满心的知足，信步地往里走，似乎在探求陈定剑留在这江南园林中的秘密。忽然，顾玉秀发现，从花木簇拥的石径上走来一个熟悉的丽影，定睛一看，正是在上海跑马厅援救过她的仪凤小姐。仪凤小姐走进桥亭坐下，亭外油绿的芳草，耸翠的修竹，将她衬托得容光盎然。

顾玉秀快步走进桥亭，施了一礼，说：“仪凤小姐，想不到在这里遇到你了！”

仪凤吃了一惊，想不到在这里遽然遇到顾玉秀，她来得好快呀！嘴上却掩饰地说：“我是陪同德国克虏伯公司的大班来公干的，听说海军统制部在这里招兵，就顺道过来看看。顾姑娘怎么对招兵也感兴趣吗？”边说边示意请她坐下。

顾玉秀懂得尊卑的规矩，在她的对面坐下，不敢挨得太紧，似乎桥亭的方寸就是不可逾越的雷池，说：“奴家是陪同客人出堂差的。客人在福州有一场生意上的花酒要酬谢，特地请奴家过来应付场面。今天闲来无事，慕名到南后街来走走。”

南后街是福州专售文房四宝的荟萃之地，不仅书店、裱褙店林立，而且古玩字画店毗邻，真是满街书香，遍地墨韵。所以仪凤试探地问：“顾姑娘果然眼高心洁，不知道去逛过哪家书店了？”

顾玉秀变换了一个喜不自胜的微笑，说：“书香一掬暖人生，心香一瓣寄衷情。”

仪凤恍然悟道：“原来顾姑娘到南后街来是找意中人的。恭喜姑娘了。”

顾玉秀轻喟了一声，说：“喜从何来？奴家是心有彷徨，不知所措。”

仪凤软语温慰，说：“可以说给我听听吗？也许我可以替姑娘出主意。”

于是顾玉秀说了陈定剑想替她赎身聘娶，她先是力拒后又生怕连累陈定剑前程的顾虑，最后陷入感情泥淖的痛苦心迹。但是顾玉秀没有道破陈定剑是革命党的秘密。仪凤一边听着她的倾诉，一边仿佛被她牵着走进陈定剑的心路，仪凤看见了古道热肠，看见了愁心难整，看见了柔情几许。仪凤觉得错怪陈定剑了，很后悔自己一时灰心，接受了皇太后的赐婚。

顾玉秀倾吐情愫之后，舒解了积郁许久的烦恼，继续说道："小姐，请原谅奴家先前向您隐瞒了认识陈定剑大人的真相，您说奴家如今该怎么办？能接受陈定剑大人的美意吗？"

仪凤既不想将顾玉秀推入陈定剑的怀抱，因为她与铁祥的订婚由于老郡王的逝世而暂时搁浅，尚同陈定剑有回旋的一线生机，仪凤也不想眼睁睁看着顾玉秀错失从良的机缘，就问道："凭姑娘的美貌和才艺，想必不止仅有陈定剑有心赎娶姑娘吧？"

顾玉秀说："实不相瞒，有位叫五爷的买卖人属意奴家，早有替奴家赎娶之心，但被奴家谢绝了。"

仪凤说："古人说，良禽择木而栖。陈定剑固然是俊彦，但是陈家恐怕难以接受姑娘。即使陈定剑一意孤行，您也于心不安。而五爷是生意人，上无父母掣肘，下无妻室羁绊，您一进门，就享尽清福。姑娘是聪明人，何去何从，不言而喻。"仪凤出身皇族，从小循规蹈矩，所以言行皆有圭臬可循，她在劝顾玉秀的同时，其实也无形中替自己绑住了手脚。

顾玉秀毕竟在胭脂地狱中煎熬过，练就了与年龄不相称的练达，说："听说红拂也是唐代一位名妓，不惜与李靖私奔，传为千古美谈，陈定剑如果有心，奴家也愿意效仿古人，重温鸳梦。"

仪凤暗暗叹服顾玉秀追求幸福的勇气，觉得需要有一件爱情来羁縻她的芳心，就说："我从顾姑娘的故事中咂摸出陈定剑对顾姑娘的感情只是出于一种责任和义务，如果他的内心实际上爱着另一位小姐，顾姑娘如何选择？"

顾玉秀说："奴家出身寒微，又身陷娼门，从来没有自己选择的习惯和权力，能够让自己喜欢的男人选中，已是求之不得的福分。"

仪凤被堵得哑口无言，只听顾玉秀问道："您所说的那位小姐，奴家猜确有其人，请告诉奴家，她是谁？"

仪凤支支吾吾，不敢实告。

顾玉秀又追问道："小姐，如果不轻看奴家，就告诉那位小姐的芳名。"

仪凤正左右为难的时候，陈定剑离开了林记肉燕店返回林则徐祠堂，错愕地看见了桥亭里坐着这一对俏冤家。他连忙走上桥亭，惊讶地说："仪凤格……"

"格外惊讶吧，定剑？"仪凤连忙用手放在胸前摇摇，示意陈定剑不要说出她的真实身份，"我今天恰好从马尾进城到将军衙门公干，特地过来打声招呼，不想意外地碰到熟人顾姑娘。"

顾玉秀施礼甚恭地说："陈大人，奴家陪五爷到福州出堂差，来得鲁莽，大人不会见怪吧?"

陈定剑压抑着高兴，说："顾姑娘是稀客，我请都请不来，哪会见怪？原来两位早已认识，就恕我不再赘述。顾姑娘，您就跟仪凤小姐一样直呼我为定剑，这样才不会见外。"

顾玉秀觉得这是好兆头，轻轻地吁了口气，说："客尊主意。"

陈定剑用负疚的口吻说："顾姑娘，恕我当初仓促离开上海，没有打一声招呼，定剑再一次向姑娘赔不是了。"

顾玉秀很通情达理，说："你有王命在身，当以国是为重，奴家如果见怪，有何颜面敢见大人?"

陈定剑转而对仪凤说："仪凤小姐，我听说令尊大人已经同意您同铁祥大人的议亲，我恭喜小姐了。"

仪凤凄然一笑，说："既然把话说到这儿了，我也干脆把这一层窗户纸捅破了，免得让顾姑娘蒙在鼓里。当初在回国的轮船上，你我一见钟情，但你碍于有负顾姑娘，所以决心替她赎身和聘娶；我也碍于满汉不能通婚的祖制，顺从皇太后的懿旨同铁祥议婚。由于我的祖父仙逝，议婚要过百日禁忌之后才正式订婚，除非天意垂怜，才会发生逆转之事。"

顾玉秀大吃一惊，连忙跪下，惶恐地说："原来小姐是皇家格格，意中人正是陈大人，奴家竟然斗胆犯上，妄想让陈大人替奴家赎身，死罪，死罪!"说完起身，匆匆就走。

陈定剑一把拉住顾玉秀，主意已决，说："顾姑娘回心转意让定剑履行诺言，定剑当一诺千金，不负姑娘。我与仪凤格格当属有缘无分，顾姑娘不必介意。"陈定剑索性当着仪凤的面，违心地把话说死了，断了她的绮思绮梦。

"你真狠心，一点机会也不留给我!"仪凤怨艾地留下一句，转身走出桥亭。

这时候，一个招兵的文案奔过来大叫："陈大人，仪凤小姐，有夷人来闹事!"

陈定剑松开顾玉秀的手，走出桥亭，和仪凤一块匆匆地赶去。

顾玉秀不知道发生了什么事，也随后跟着走去。

招兵处已经吵成一锅粥了。原来一个在福州仓山租界德国领事馆当差役的中国后生来报名当兵，他懂得洋文，很快就被录取了。可是德国领事馆的一个二秘过来阻挠，说中国后生合同期未满，不许解约当兵，结果纠纷就发生了。仪凤知道了原委后，用流利的德文同德国二秘交涉，她的小姐风度轻而易举地征服了日耳曼骑士粗鲁的心，事情很快就以中国后生去当兵而顺利告终。德国二秘连连夸奖海军统制部有如此出色的通译小姐，令陈定剑和招兵处的文案和士兵们无不以仪凤而自豪。

在一旁观看的顾玉秀敏感地发现自己无法给陈定剑带来实质性的帮助，“相夫教子”的古训，让她省然悟到，她不能跟仪凤一样的“相夫”，一种自卑顿生，于是她悄悄地离开人群，退出林则徐祠堂。

等到风波平息，陈定剑回头一看，顾玉秀已经不辞而别。他怅然若失，让自己的身影杵在庭院的苍茫暮色中，显得很沉重。

仪凤看了，心里跟刀绞一样痛。

顾玉秀走出祠堂，蓦地看见从一辆停靠的马车上走下来笑吟吟的五爷。那笑容似乎是刻在五爷的脸庞上，僵死，僵死的，看了令人不寒而栗。五爷迎上来，装着热络地挽着她的手臂，送她上马车。

“你在盯梢奴家……”顾玉秀的声音里透出不满。

五爷本能地环顾一下四周，言不由衷地说：“有人在盯梢我，我不得不把你当掩护……”

上了马车后，顾玉秀发现她的小手始终被包在五爷的小蒲叶大的巴掌里，马车到了下榻的法大旅社，也没有松开，怕她丢掉了似的。五爷把她当为禁脔的顽固念头通过他手掌的热流传导到她的心里，让她不寒而栗。

顾玉秀害怕将有不测的事情发生。

35

丰盛的花酒宴设在福州最有名的菜馆聚春园。早先福州的菜馆以粤菜独占鳌头，菜馆皆以“广”字取名为荣为大为奢华，如“广聚楼”就执牛耳达数十年之久。到了清同治末年，福建布政司周莲的官厨郑春发用善制的“佛跳墙”佳肴，经营“聚春园”菜馆，并请周莲题写招牌，从此闽菜形成，跻入八大菜系之列。周友三自然将“佛跳墙”佳肴当做他酬宾的当家花旦。

“佛跳墙”是盛在一只绍兴酒坛里摆在大八仙桌上的，酒坛口用一张荷叶包扎着，秘不宣人。周友三请来的客人围桌而坐，轮齿就席的是陈定剑、陈定棋、郑汝才和三位从福州田垱街清唱堂请来出堂差的妓女。虚位而待的是一位迟迟未到的佳人，周友三故意不提芳名，引而不发。周友三在席间向陈定剑介绍，他是专程从上海来要在福州宴请大买办郑汝才的，希望能用郑汝才设在老家福州的煤栈替轮船招商局供应优惠煤炭。郑汝才表示乐观其成。其实周友三以为陈定棋与会党五爷有瓜葛，才顺藤摸瓜，追踪到福州的。当陈定剑引着他弟弟陈定棋来赴宴走进聚春园的花厅的时候，周友三发现他的判断错了。

陈定棋一见到席间有三位骚首弄姿的妓女，掉头就走。

陈定剑赶上去拉住他，低声地说："对不起三弟，我没有告诉你今天晚上是吃花酒，你给二哥一个面子，要得罪二哥的好友周友三，二哥就不仁不义了。"

陈定棋固执地说："萝卜青菜各有所爱，我不强求二哥顾及面子，恕小弟难以从命。"

陈定剑看着主人周友三尴尬的脸色，用不容置疑的口气说："他有恩于二哥，如果二哥连这一点薄面都不给他，那陈家在他眼中则是过河丢拐的伪君子了。"

"好吧，下不为例。"陈定棋缓和了脸色，漾着彬彬有礼的笑容，跟随二哥走向尴尬冰释的周友三，同周友三握了手，并做了自我介绍。

周友三已经听见刚才兄弟俩的争执，断定陈定棋同陈定剑一样不是革命党。周友三深知时下的革命党人多喜欢嫖妓，宿娼的人多到不胜枚举。清末民初的革命党人传承了历朝文士的遗风，不仅将妓院当成社交场所，而且当成革命的秘密据点和联络站，而妓女更有"女为悦己者容"的传统，将革命党当成恩客中的烈士，不仅以身相许，而且倾尽千金资助革命。同盟会的元老吴稚晖曾有一句传诵全国的名言，叫做"口宽债紧"，很形象地说出妓女与革命党人的关系：妓女容易以身相许革命党人，而革命党人反清最缺的是钱。所以革命党中即使有不好嫖妓的人，也不会像陈定棋那样排斥妓女，因此周友三决定将目标锁定五爷，要查出起事的地点。

郑汝才是陈家兄弟的世伯，不是生张熟魏，说话口气比较随便，对陈家兄弟说："二位贤侄果然出身名门，洁身自好，但是吃花酒是文士遗风，也不会伤风败俗.有我这个世伯提当，即使令尊见责，天塌下来也有长人顶着。"

陈定剑解释道："世伯见笑了，三弟新从美国回国，不知社交规矩，日后见多也就不怪了。"

陈定棋抱拳赔礼，道：“郑世伯，周大哥，晚辈鲁钝，还望海涵。”

周友三打个圆场，说：“定棋，我和你二哥从不分彼此，今后你也把我当大哥，有用得着跑腿的地方，尽管开金口。”

“多谢，多谢。”陈定棋终于明白什么叫场面应酬了。

郑汝才见虚位久等，笑道：“友三小老弟，什么金枝玉叶要我们这么久等啊?”

周友三故弄玄虚，说：“郑先生，上海话说，心急吃不了热豆腐噢，您是上海滩的煤炭大买办，阅尽洋场无数胭脂，小弟诚心要宴请先生，岂敢走过场？一定要请一位能入您法眼的美人为您弹唱把盏。”

陈定剑说：“友三，郑世伯不是俗人，您的生意一定与你成交，何必大费周章?”

周友三知道陈定剑在帮他牵线搭桥，说：“世谊归世谊，生意归生意，你就让我向你的世伯表表寸心。”

正说笑着，一道跑堂长长的吆喝从前厅穿过来，直戳入陈定剑他们围坐的花厅：“花厅贵客到——”

陈定剑他们闻声抬头望去，只见从花厅的月亮门口冉冉地飘进来一位像带雨梨花似的美人，在电灯光晕中影影绰绰地走来。她怀抱琵琶，梨涡浅露，有点忧郁，又有点豪宕，瞬时间征服了花厅里的所有男人。而那三位本地胭脂不仅自惭形拙，而且也不得不折服，粉脸上裂开僵硬的笑。

周友三连忙起身，轻搀着美人在郑汝才的身边坐下，介绍道：“我荣幸向各位介绍来自上海夷场的顾玉秀姑娘。”说着逐一地将郑汝才他们作了介绍。

郑汝才的两眼都看直了：二八佳人，生得纤秾合度，修短得中，越显得玉质金相，就握着顾玉秀的小手贪婪地摩挲着，啧啧地说：“谁家有女初长成，藏在深闺人不识！妙呀，妙呀！妙不可言呀!”

周友三笑道：“郑先生，您把顾姑娘的小手都捏肿了，她今天可弹不了琵琶了!”

“那是，那是，姑娘素手不轻握嘛。”郑汝才自嘲地松开了老手，一滴口水有意无意地滴在顾玉秀的手背上。她不惊，也不擦，若无其事地向陈定棋点点头，算作打了招呼。然后，顾玉秀漫不经心地向陈定剑伸去那只留着郑汝才口水痕迹的小手，装作倦怠地说：“陈大人，久仰了。”不等看得目瞪口呆的陈定剑回过神，她已经收回纤手，转身坐下，用职业的口气问坐在主宾位上的郑汝才：“请问先生要听什么曲子?”

郑汝才听了眉宇生豪，说：“自古妓家，才艺为先，肉欲其次。顾姑娘开口度曲，大有上古遗风。名妓艺文，内在美的风范，可以直追诗经国风。原因是‘无名男女之诗’，才更能率直地表现男女间的至爱至情，这便是，‘知太极阴阳之理，存诸天壤’。可惜是西洋文明的入侵，以为拿妓女户肉帛交易的现状，方之于古代妓家，实属大谬。今天顾姑娘恢复古风，让我等大开眼界，真是荣幸。”

陈定棋心里暗暗好笑，色迷迷的郑汝才分明想老牛吃嫩草，还说出一番冠冕堂皇的道理。

周友三似乎有意也将陈定剑扔在一旁，对郑汝才奉承地说：“郑先生不愧是出身福州三坊七巷的名门，大有儒商之雅。”

郑汝才打着哈哈，说：“浅陋，浅陋，虽名汝才，实是不才，既然从商，不能免俗。那我就请顾姑娘弹唱一曲《游园惊梦》。取今日欢度聚春园，见顾姑娘宛如惊梦之意。”

周友三连声叫好，又叫跑堂揭开佛跳墙酒坛上的荷叶，顿时一阵扑鼻异香弥漫花厅。跑堂抱走酒坛，开始将酒坛内的佳肴舀入一只清花盆内端上桌。周友三替众人斟满琼浆玉液之后，才说：“好啦，有了佳肴美酒，才能让顾姑娘度曲交心。请各位先干了头一杯。”

“慢!”陈定剑见自己被顾玉秀有意怠慢，早憋了一肚子的醋意，借题发挥地说：“既让顾姑娘度曲，与我等交心，应当让顾姑娘自己点曲，才能寻觅知音。”他在暗示顾玉秀倾心于她的是自己。然而顾玉秀装作没有会意。

周友三见陈定剑坐不住了，才有意地说：“定剑说得也有道理。未开宴，先唱曲，本是中国妓家之传统，举世所绝无仅有，郑先生不反对吧?”

郑汝才说：“《金瓶梅》中就有召妓献唱的写照，请顾姑娘挑拿手的绝唱献艺。”

顾玉秀说：“既然先生抬爱，奴家就唱一段《苏三起解》。”

周友三一看顾玉秀终于对陈定剑动了真情，不愁不刺激五爷的妒火，五爷的眼线一定布在聚春园盯梢顾玉秀，此举必定于乱中暴露了五爷的行藏，还愁追查不出五爷的最终行踪?就一锤定音地说：“《女起解》?好！好！这是京戏中的名段，一曲值千金。”

于是顾玉秀抱起琵琶，想像如拥陈定剑在怀，独运慧心，五指一划，滑过琴弦，便流出清音，然后再轻启绣口，将一声一声的哀怨倾诉，一杵一杵地撞入陈定剑轻慢自己的心扉："苏三离了洪洞县，将身来在大街前。未曾开口我心好惨，过往的君子听我言。哪一位去到南京转，与我那三郎把信传：就说苏三把命断，来生变犬马我当报还。"

郑汝才听得摇头晃脑，一只胖嘟嘟的肥手在自己跷起的二郎腿上轻拍度曲，似乎想像到了囚禁苏三的洪洞县牢房，在低矮窄小的牢房小土地庙前同苏三一起跪着祈求神祇保佑，那也是一种艳福。

陈定剑觉得耳鼓如捣，那声声哀怨，如泣如诉，分明在责指自己昨天在林则徐祠堂对她的轻慢，对仪凤的热络，还遑论什么想赎她娶她？不由得自惭自责起来。

陈定棋从二哥听曲的不安神色中省悟出他对顾玉秀的负疚。在来福州之前，陈定棋已经从父亲的口中得知了二哥想赎娶顾玉秀的荒唐主张，也知道了仪凤格格在遭到二哥的拒绝后，才将感情的航船在皇太后的指引下驶向铁祥的港湾。陈定棋同情二哥的选择，同情他在传统与叛逆之间的彷徨，换了自己只会选择爱情而不是同情！忽然，陈定棋回想起了在上海邂逅的美国姑娘安娜，那个裹在教会医院护士洁白衣裳里的天使，如果她插上一对加普利式的翅膀，一定可以飞进他的心里。

一曲终了，琵琶声戛然而止，花厅里满座寂然。沉浸在金声玉振的清唱中的听众们无不如梦如痴。突然，郑汝才如梦初醒般地鼓起掌来，连声叫好。陈定棋脸上漾起嘉许的微笑，他开始对二哥中意的这个风尘女子有了刮目相看的了解，不再一味盲目地轻视妓女。周友三一边跟着拍手，一边发现陈定剑的眼睛闪过两道黑色的火热的电光，他与顾玉秀残余的感情障碍都被这电光烧成灰烬了。周友三庆幸自己的计谋奏效了。

三位福州清唱堂的妓女自惭艺不如顾玉秀，却乖巧地向恩客们把盏劝酒，拈箸添菜，极尽用心，佛跳墙的佳肴虽然入口即化，但是也不如妓女们的酥胸醉眼，红唇诱人，让恩客们陶醉。酒过三巡之后，郑汝才已经酩酊大醉，周友三立即安排陈定棋护送他回家。陈定剑虽不贪杯，但也微醺了，燥热得满头冒汗。周友三立刻叫来跑堂，跑堂说，花厅后早备有沐浴的香汤，专供人客净身。原来福州是温泉古城，地下遍布硫黄汤水，取之不尽，用之不竭，洗汤成了福州人亘古不变的生活习惯。聚春园菜馆便将温泉汤水引进待客，专供人客席间沐浴，成为一道招牌"菜"，于是跑堂引着陈定剑到花厅后的浴间洗汤，周友三巧妙地送了花红，将三位福州妓女打发回转。

剩下顾玉秀坐立不安，周友三早已看在眼中，他借口说："顾姑娘，今晚定剑是你的恩客，他当归你伺候。我还有公干，当先走一步，一切花销我都打点妥了，我就将定剑拜托给您了。"

顾玉秀心跳如撞鹿，好事突然而至，怀疑是不是来得太快了，急忙阻住欲走的周友三说："周公子，此地不比会乐里稔熟，万一奴家伺候不周，奴家怎么担当得起？"

"怕什么？跑堂收了我的钱，连一只苍蝇也飞不进来。您来福州的目的，不就是想跟定剑说心里话吗？记住，过了这个村可就没有这个店了，别让我白白忙碌一场，回见！"周友三说完，抱拳一拱，走了。

随即，花厅的月洞门被跑堂悄无声息地关上了，将一屋幽幽的电灯光锁闭在顾玉秀空荡荡的心房里。偌大的花厅里，一堂大理石镶嵌的红木家具擦得铿亮照人。顾玉秀情不自禁地走到一只红木挂衣柜前，对着长长的铿亮的衣柜门照着自己的倩影。那倩影将顾玉秀的身姿纤巧地描绘出来，不准确，却很虚幻，似乎传递出她内心的慌乱。她捂着发烧的脸颊，走向花间后的浴间，一脚高，一脚低，好像踩在棉花堆上。

顾玉秀轻轻地撩开竹丝门帘，在传来汤水窸窣声音的氤氲中，看见一条赤裸的出水身躯，泛着肌肤健康的光泽，令人眩晕。她职业地从红木衣架上拿起一条宽大的白浴巾，用双手张在胸前，慢慢地走向陈定剑，将白浴巾像战袍一样裹住了他强壮的身躯。陈定剑在接受顾玉秀服侍的一瞬间，本能地抱住了顾玉秀软玉般的胴体，顾玉秀顿时觉得自己溶化在他有力的臂弯中，幸福地闭上眼睛，用帷幔般长的眼睫遮住了蕴藏在眼神中的心事。

陈定剑了遂心愿地问："您终于肯嫁给我了？"

顾玉秀憧憬地说："昨天在文忠公祠堂奴家还没有定下心来，还觉得自卑自惭，今天奴家吃了定心丸，希望能坐着花轿进您家的朱漆大门。"

陈定剑问道："可以告诉我是什么让您痛下决心了吗？"

顾玉秀说："今天奴家进城赴约，路过您家所在的三坊七巷，惊见朱门大户不是沉湎于肉山酒海之中，而是代代辈出名士文豪、海军干城。奴家恍然大悟'晚清风流看侯官'这句史家断言的真谛，如果奴家有幸为君侍帚，岂不是没有白来世上走一遭？"

陈定剑听了不由惊喜，说："姑娘果然是奇女子，大有唐朝侠女红拂的遗风。"

顾玉秀知道名妓红拂与李靖私奔、助夫创业的故事，陈定剑太过赞誉她了，就说："奴家不敢自比红拂，但是也能像明末名妓柳如是那样敢随夫自殉，不降满清。这是奴家的积蓄，共五千元，虽杯水车薪，也聊表寸心，请转赠革命党做起事之用。"说着从挂在皓腕上的东洋手袋中掏出一张五千元光洋的庄票递给陈定剑。

陈定剑兀自感动，一股暖流涌遍周身，用嘴咬住巨额的庄票，双手猛地抱起顾玉秀走向红木大烟榻，雪白的浴巾从他身上滑落到地上。他将顾玉秀轻放在烟榻上，褪尽她的锦衣亵缕，忽然闻到房间里洋溢的她的处女的清新气息，倒像有谁带来了一串茉莉花似的，他慢慢地俯下身去，将从自己肌体中散发出的雄性浩气与柔曼的花香融合成一体。

钟指夜半时分，顾玉秀才乘着马车，带着一倾积悃后的舒服的瘫软回到下榻的法大旅社，猛地发现五爷跟铁柱似的杵在楼梯口上等她。

她打了个寒战，想从他的身边溜过去钻回自己的房间，不料他伸出石条般粗的胳膊，一把勾住了她，将她擒在腋下，走向他的房间。房间早就敞着大门，将他俩吞了进去。五爷用脚后跟重重地关上门，砰的一声，将她扔在柔软的床上，跟剐菜叶一样，三下五除二，剥尽了她，随即也赤条条地脱光了自己，挺着身上黑乎乎的炭棒，准备报复地抽打她。

她闭上眼睛，眼前只有陈定剑完美的血肉之躯，于是逆来顺受地等待着暴风骤雨的降临。五爷像一头发怒的老虎，吼叫道："为什么把处女宝给了他？为什么把屎盆子扣在我五爷的头上？"当顾玉秀对陈定剑在聚春园以身相许的时候，早有五爷派出的探子向他报告，五爷才悔恨莫及当了冤大头。五爷愤愤不平地继续骂道："是老子带你出局的，姓陈的凭什么抢了老子的便宜？"

五爷的詈骂中流露出市井的粗俗，这就是会党和革命党不同的地方，顾玉秀之所以只感激五爷而不爱他的难弥的裂痕正基于此。顾玉秀感觉到五爷跟大山一样压住自己，那只暴怒的豹子就要冲进自己深邃的山洞的时候，她轻叹了一句："你可以报复奴家，别忘了天宝哥在天上看着你……"顷刻，那只雄豹冲到山洞口，猛地收住奔跑的四肢，瘫软了下去。

五爷如遭五雷轰顶，从顾玉秀粘满他渍渍臭汗的玉体上爬起来，捡起地上凌乱的马褂，拖着，跌跌撞撞地开了房门走了出去。顾玉秀听到砰地关上房门的炸雷时，哇地一声哭了出来。她伤害了恩重如山的五爷，她会遭天谴的，她自责不已地痛哭着。

就在顾玉秀的哭声从门缝泄露出来的时候，五爷拎着一只箱子从她的房门外走过，她的讳莫如深的哭声没有羁绊住他的去意不移的脚步。五爷径自上了一辆停在法大旅社门口的马车，提早去了马尾港，悄悄地登上一艘洋轮。天亮以后，这艘洋轮载着五爷和准备参与在广州的起事秘密驶向南海。

这一切都没有瞒过周友三的眼睛，他终于从顾玉秀和陈定剑的情变中，发现了五爷此行的真正目的。周友三立即给远在广州的水师提督、朝廷的忠实鹰犬李準发去一封电报，请他在广州码头盯梢五爷，一网打尽企图在羊城再次举事的孙文乱党。

第十二章

36

一叶小舟飘过宽宽的马江，轻若鸿影般地泊在江畔的野渡边。上了岸的筹办海军副大臣代春抻了抻乔装成读书人穿的长衫，辞别了等候的船家，向深藏在他心中的马尾水师旗营的坟地走去。

此次代春乘坐“海星”号穹甲巡洋舰到福州的真正目的，是想重见任文娟，寻觅他和任文娟的私生子的下落。尽管任文娟声称那个暗结的珠胎早就夭折了，但是代春凭着当阿玛的直觉深信儿子尚在人间。代春早已经暗中委托福州将军调查清楚在海军炮台当弁目的任细俤其实是任文娟的堂哥，而不是十二年前任文娟在坟地前告诉代春的任细俤是她的男人，任文娟的真正男人竟是陈世恩，着实让代春大吃一惊！继而代春更进一步推测陈世恩的大儿子，现官居“江天”号炮舰管带的陈定书很可能正是他苦苦寻找的继承人！

今天恰是任文娟先父的忌日，重情重义的代春特地挑了这个时辰，弃从简装，溜出“海星”号，从马尾码头雇船渡江，直奔旧地，寄托哀思，重拾他对马江血战的记忆。但是代春做梦也没有想到，他的身后跟踪着乔装成渔夫的铁祥。铁祥本没有胆量盯梢贝勒代春的，可是代春竟冒着革命党的刺杀于不顾的危险乔装出行，立刻引起了他的怀疑。于是铁祥尾随在后，心想万一代春有危险，他也可以出手相救，岂不是有了讨好仪凤格格的本钱？他也雇了一条渔船尾随在后，亦步亦趋，跟着代春来到野草青青的坟地。一堆堆坟包错落有致，仿佛阴兵列阵，显示出大清阵亡水兵的余勇，令人可敬。但是坟堆大小高低均符合大清的礼仪定制，没有一座僭越盖成“墓”的规格。自古平民埋葬用“坟”，有功名的埋葬用“墓”，帝王埋葬才用“陵”。为什么一位堂堂的贝勒爷竟到埋葬普通水勇的坟场来凭吊故旧呢？铁祥越窥视越觉得费解，远远地躲在一座坟堆后监视着代春的一举一动。只见代春在一座坟堆前停住脚步，似乎在辨认坟前石碑上的名讳，等确认无误之后，情不自禁地跪了下去，用手撮了三撮土当香炷，然后磕下了尊贵高傲的头，随之响起了他久违的哭声。铁祥看了如坠入云雾中。

不一会，一位素服雍容的夫人挽着一只脱胎漆盒衣裙窸窣地沿着坟场小径向前走来。她沉浸在对亲人的缅怀中，没有察觉到她要去祭拜的坟前跪着正在追思悼念的代春。铁祥发现了这位不带随从的夫人，连忙将头低下，贴在坟草丛中，才不被那个面眉姣好的夫人察觉。那夫人发现了背对着她跪拜的代春，错愕地停住了脚步，大概在急速搜忆她的五服近亲中有谁会来追悼她的先父？代春听见了身后的脚步声，随即起身，不由一怔，惊讶的脸上急变为惊喜：宛如惊鸿飘然而至的中年美妇正是朝思暮想的任文娟。

代春情不自禁地抓住她的手，说：“夫人，这不是在做梦吧？”

任文娟更是惶恐，被他抓住的那只手好似一只鸟儿被遽然捕住不停地打战，嘴唇颤抖地回答：“贝勒爷，如果是在梦里就好了，奴家是怕见到您，偏偏又见到您！”任文娟说的是实话。她已经听丈夫陈世恩说筹办海军副大臣代春跟随巡洋舰“海星”号来到福州，而且还要纡尊降贵参加陈家的祭祖会亲盛典，吓得魂飞魄散。自从十二年前代春奉上谕到福州“详细察核”革职回籍的陈世恩并大力举荐陈世恩官复原职之后，任文娟再也没有见过代春，两人相隔千里，两家相安无事。随着陈家父子在新组建的海军舰队中不断擢升，踵事增华，任文娟越加不安，因为陈家背后有代春在朝廷和衷共济，毋庸讳言。任文娟越加担心，一旦她与代春的旧情藤葛和大儿子陈定书是代春私生子的秘事东窗骤发，后果不堪设想。所以今天一早，任文娟带着贴身丫头春香从福州乘快船到马尾，在堂哥、海军炮台弁目任细俤的陪同下，摇着舢板到了坟地。任文娟向来喜欢独自祭拜先父，好向先父说话，就把春香和任细俤留在舢板上，独自上坟，准备将心中的苦水向先父倾诉。她愁心难整，不知道该如何了结这一段孽缘，如果当初她在中法马江海战爆发之日没有去替先父送点心，她就不会遇见练舰实习生代春，也不会在海战遽发时救了受伤的代春，更不会与他情丝互缚、暗结珠胎，落个始乱终弃的结局。这一切都怨她有个当水师文案的爹呀，如今她不向他诉怨又向谁诉苦呢？偏偏冤家路窄，她又与代春不期而遇，不知是孽缘未了，还是苍天弄人？

代春一眼看到她的心里去，负疚地说："夫人，我欠您的债，是一辈子都偿还不了的。我已经派人打听过了，炮台弁目任细俤不是令君，令君是陈世恩大人。我也不责怪你有意对我隐瞒，您如今有了好归宿，我高兴都来不及，怎么会做出让您害怕的事？今天我来拜祭您的先父，无非是来偿还心愿，如果没有他老人家早先在'福星'号兵船上当差，我就不可能在马尾码头上与您相识，而留下我一生中至死不忘的旧情。尽管我如今享尽荣华富贵，但是与一段真情相比，视如粪土。"说着说着，代春的眼眶不由得潮湿了。

任文娟看得出他动了真情，不忍心将被他握住的手抽回来，狠着心说："贝勒爷，原谅奴家当初有意相瞒，也是实出无奈，这样做也是为了贝勒爷您好呀！然而十二年前，你我在这里相见的时候，我不是说过从此天各一方，相安无事为好吗，贝勒爷怎么又回到福州来呢？"

代春说："王命在身，不能不来，还请夫人见谅。"

任文娟问道："听外子说，贝勒爷要屈尊到寒舍参加祭祖会亲，难道也是王命所使？"

代春掩饰地回答："令君是海军重臣，又是我的属下，如果我有意不来，不仅失礼，而且令人生疑。"

任文娟见他回答得句句有理，只好往要害处砸了一句重话，说："贝勒爷如今是朝廷股肱大臣，千万不可为儿女旧情，授人以柄，自毁前程。"

代春知道她语出真心，处处为他担忧，但是还是忍不住说出内心的症结："我固然可以答应忘却你我的旧情，可是你实话告诉我，令郎陈定书是否是你我的骨肉？"

任文娟猛地抽回自己的手，好像想抽断他的绮思一样，说："奴家不是早就说过了吗？过去的文娟已经跳进黄海死了，她和贝勒爷您的儿子也夭折了，贝勒爷您就死了这份心吧!”

代春见她回答得这么绝情，就说：“既然如此，夫人也不必多虑，你我的旧情就像长在这坟场中的青草，只有年年自发自灭，无人知晓。令君的祭祖会亲盛典，我不但去参加，而且还要为令君送去一份厚礼。”

任文娟忐忑地问：“什么厚礼?”

代春弦外有音地说：“我已经瞒着令君发电报，命令远在广州的令郎陈定书驾驶炮舰‘江天’号回福州向我述职，并且参加祭祖会亲盛典，以示朝廷盛恩。”

任文娟只觉得“嗡”地一声脑袋要炸裂了，声音都变得发抖了，急阻道：“不可……不可……”

代春故意地反问：“为何不可以？夫人不是说令郎陈定书与我毫无瓜葛吗？既然如此，让他回来于公于私都有好处，夫人为何反对?”说到“毫无瓜葛”时故意加重了语气。

任文娟被堵得支支吾吾，涨红了脸，泄露出心虚的羞涩，说：“奴家是害怕飞短流长，忧谗畏讥，说陈家假公济私，有负圣恩。”

代春说：“夫人不必多虑，令君父子一门为朝廷效命海疆，东征西讨，几年难有一聚。今日恰遇天时地利，我又躬逢盛典，岂能不成人之美？假使皇太后得知，也一定赞赏不已。”

躲在远处坟堆后头窥探的铁祥见代春竟然在坟场抓住了这位贵妇的玉手，两人娓娓而谈，说一些蕴借曲折的话，贵妇时而磨翻，代春时而恳求，令铁祥揣摩不出他俩窃窃私议的话题，越看越加焦急。

任文娟搜肠刮肚，又找出一条理由，说：“听说近来广东地面上乱党猖獗，犬子授命协查贼情，如果此时贝勒爷将他调回，不怕贻误军机吗?”

代春深谙官场的诀窍，早有铺排，说：“夫人尽可放心，我调令郎回来述职，正是为了商洽合剿乱党事宜，名正言顺。”心里却说，“难道我见见阔别已久的陈定书，有谁能阻挡得住吗？文娟，到时候一切都水落石出，你想否认也不行。”其实代春深知自己已经渐入老境，亟须年轻的一代皇族来掌控大清舰队，而陈定书一旦确认是血脉，正是自己理想的人选，皇家的希望。

任文娟见一时无法说服代春改变主意，又怕时间耽搁久了被人撞见，便匆匆告辞说：“贝勒爷，此事关系重大，不可妄加臆断，还恳望三思而后行。奴家不便久留，就此拜别。切记祭祖之时，你我才是初识，好自为之。”说罢道个万福，也不祭拜，挽着食盒转身走了。

“春喜……”代春动情地叫了一声她的旗人名字，看着任文娟分外凝重而美丽的身影闻声停了一下又往前走了，追了两步，只好收住脚步，目送着她匆匆离去的裙裾拂过小路边的野草，野草瑟缩着，有如灵魂归去。

任文娟急急地从铁祥的眼帘中掠过去的时候，他记住了她华贵的雍容，也记住了她满面的愁思。尽管他暂时还不知道她是哪家的贵妇，但是他庆幸自己无意中发现了代春一段尘封已久的秘密，感觉到冥冥之中握住了大清舰队的命运！

37

陈家的祭祖会亲盛典，因为贝勒代春的到来，惊动了督抚司道衙门。总督、巡抚、福州将军、布政司和道台等一干官员无不趋之若鹜，绿营、水师兵马布满陈家所居住的安民巷，冠盖云集，车水马龙，高朋满座，白丁盈门。陈家不仅邀请了海军中的权贵宗亲，还邀请了任文娟娘家水师旗营普通的水勇姻亲。任文娟的堂哥任细俤带领一队水勇龙灯，在陈家的大门外上下翻舞，将马尾水师旗营乡亲们的情谊发挥得淋漓尽致。

当代春率领着女儿仪凤、未婚姑爷铁祥和巡洋舰“海星”号上的官佐们从夹道恭迎的督抚司道衙门官员中间穿过，来到陈家朱漆大门门口的时候，陈世恩早已领着夫人任文娟、次子陈定剑、三子陈定棋、幼女陈定琴和陈家宗亲列队迎迓。

代春朗声说道：“统领大人，看看我给您送来一份什么样的厚礼?”说着从身后人群中拉出一位气宇轩昂、翎顶辉煌的年轻海军管带，正是陈世恩的长子陈定书。

陈定书一见陈世恩和任文娟连忙跪了下去，说道：“不孝儿来迟了，拜见父亲大人，母亲大人。”

陈世恩又惊又喜，连忙问：“定书我儿，你不是在广州当差吗，怎么回来了?”

任文娟早已知道，没问原委，上前怜爱地将长子扶起来。

陈定书解释道：“父亲大人，是贝勒爷发电报让孩儿回来述职的。”

代春得意洋洋地捋着山羊胡，说道：“统领大人不必不安，令郎统兵领船在广州也有一些时日了，我调他回来述职，了解广州时局也是你我共同的职责嘛。令郎今天刚刚到马尾，我也来不及让他禀报，等明天找个时间再听他的述职。”

陈世恩这才定下心来，说：“贝勒爷如此周全，世恩不胜感激。”

其实刚才代春乍一见到刚刚下了停靠在马尾港的炮舰“江天”号就赶来向他报到的陈定书就涌上一股莫名的亲切。适才代春在“海星”号的甲板上接见他，就觉得他有一种旗人久违了的剽悍，仿佛有谁带来了一股大兴安岭粗犷的山风，令代春陶醉不已。八旗子弟入关之后已经日渐沉湎于征鞍尽卸、声色犬马的日子中，一股脑儿地将征伐交于汉军，这是令代春最痛心的事。好不容易见到一个能够横征惯战的旗人后裔，怎么不令代春为之一振？何况眼前的男儿郎也许与他有着贵胄的血缘关系，于是代春的脑海中闪过一个十几年前在刘公岛见过的男孩形象。当时的男孩手执一根木棍当指挥刀，正在领航一艘沙器堆成的“镇远”号铁甲舰，用英文告诉代春他将来要当一个管带，初生牛犊，虎虎可掬。此景此情恍然如昨，历历在目。正在一旁叨陪的铁祥一见代春和陈定书有惊人的相像之处，不知就里地冒出了一句：“贝勒爷，陈大人怎么长得和贝勒爷有几分相像?”

一语惊醒梦中人，代春无意中得到佐证，暗暗高兴说：“这兴许我与陈大人有佛缘，所谓人人皆佛，佛心相印吧！”

陈定书定睛察看一下代春，也顿觉自己与他有神似之处，但是并不往心里去，说：“贝勒爷说得极是，佛祖心中坐，佛我两无间。”

但是代春藏着释疑的真正目的，便带着陈定书立刻赶来参加陈家的祭祖会亲典礼，他不顾任文娟在坟场上对他提出的警告，对陈世恩问道：“这位就是尊夫人吗?”

陈世恩说：“正是贱内。”

任文娟装着不认识，道个万福，说：“奴家拜见贝勒爷，初次相见，难报厚恩。”

代春心照不宣，说：“夫人不必负疚，您相夫教子，一门四管带，功在海军，我当向朝廷褒赏。”

铁祥在一旁看得目瞪口呆，原来与代春有肌肤之亲的贵妇竟是陈世恩的发妻！那么与代春长得十分相像的陈定书莫非是代春与任文娟的私生子？铁祥对自己的大胆猜测，沾沾自喜，手中握有的机密已经够参代春一本了，他盘算着如何向远在北京的父亲康禄告发并且请他调查代春年轻时与任文娟的一段旧情，以便击中陈世恩的软肋，一举拿下“海星”号穹甲巡洋舰的宝座。

任文娟小心翼翼地提醒代春，说："贝勒爷的厚意，奴家愧领了，奴家只想闭门持家，一心向佛，此生足矣。"

陈世恩不明两人的弦外之音，说："贝勒爷不必抬举贱内，报效朝廷，是祖宗家训，不是贱内的功劳，还请贝勒爷移步寒舍，请！"

代春从任文娟的担心，越发证实了自己的判断是对的，便朗声大笑道："客随主便，请，请！"说着牵着陈世恩的手，一起步入陈家大门，陈世恩诚惶诚恐，有意拉下半步，但他获得眷顾，还是令随后的官员们又妒又羡，让任文娟看了十分不安。

陈世恩恭请代春一行在花厅里轮齿就座，等待祭祖时辰的到来。代春意犹未尽拉着陈定书坐在身边说："远征大将，当坐主帅身边，这是古训，今日不妨效仿。"

陈定书不敢僭越，看了看父亲，说："定书效命朝廷，职责所在，岂敢不分大小，僭越礼制？"

陈世恩说："犬子无尺寸之功，岂敢以大将自居？贝勒爷不能纵容。"

铁祥趁机挑唆道："贝勒爷爱将如子，这是古风犹存，我等当效仿不及哩，怎能轻易阻止？"

代春听了触动了心思，说："铁祥不说，我还倒把一件旧事忘了。其实各位有所不知，说到爱将如子，我与陈定书大人还真是十分有缘。"于是信口说出了十几年前在刘公岛初见陈定书的际遇，并且从自己的统靴靴页中抽出那张珍藏的洋人摄影师拍下的他与小陈定书的合影照片，交给陈定书过目。

任文娟一见，大惊失色，欲阻不及。

陈定书看了照片，立刻牵起一段沉淀了的往事，感动地说："贝勒爷还真记得这一件抬爱小人的往事？"

代春深情款款地说："人海茫茫，际遇难得，何况你从小胸有大志，令我难忘。今日果然天道酬勤，朝廷恩泽，可喜可贺。"

任文娟连忙阻止，企图掐断他俩父子萌生的情愫，说："犬子定书今日能有立足之地，一靠严父的调教，二靠朝廷的天恩，贝勒爷不可抬举他。"边说边向代春使了个外人难以察觉的眼色。

代春装着没有理会任文娟的暗示，继续陶醉在自己的喜悦中，说："夫人不必不安，令郎定书能够胜任'江天'号管带，一是自幼立志，二是勤学上进，三是统舰有方，四是忠心朝廷，请问各位大人是否属实？"

满座的督抚司道官员们无不异口同声，称赞有加。

陈世恩做梦也没有想到大儿子居然在十几年前与代春有过一面之交，而且还留下照片，看来代春对儿子情有独钟，于是感恩地说：“承蒙贝勒爷和各位大人对犬子定书厚爱有加，世恩惶恐。”

铁祥早已捕捉到任文娟的难言隐秘的眼光，见时机已到，冷不丁横插一杠，说：“统领大人，贝勒爷对令郎岂止是厚爱，不觉得他俩长得很相像，有一种天生的缘分吗？”

一石击起千层浪，座上来宾无不闻言相貌，赞许纷纷：“像，真像！”“不说不像，一说还有几分像！”“果然很像，真有缘分！”

任文娟听了额上沁出了一层盐粒般的细汗，偷觑了一下丈夫，见他脸上有些挂不住，不知如何启齿搪塞。

代春一见目的达到，连忙转缓了口气，说：“铁祥有所不知，大清地大物博，相像的人与物比比皆是，有什么大惊小怪的？不是如此，怎么会有‘难分伯仲’，‘物我相像’的古语呢？”

铁祥见陈世恩起了疑心，已达到目的，便转了口风，说：“贝勒爷所言极是，奴才只是一时戏言，不必当真。”

陈世恩见铁祥急转口风，越发生疑。他不由得回想起，当初投海自尽的任文娟是怀着身孕嫁给他的，尽管他那时表示不计前嫌，将腹中子视为己出，但不会凑巧到定书是代春与任文娟的私生子吧？一个高踞京城，一个蜗居马尾；一个是皇族贵胄，一个是蓬门之女，南辕北辙，如何结缘？念头一转，陈世恩顿觉不对，代春年轻时曾经到马尾驻舰练习，还参加中法马江海战，莫非由此与水师文案的女儿任文娟陡生珠胎暗结的孽缘？但是一想到代春有恩于陈家，发妻贤淑持家，便又打消了男人常有的猜妒。

这时候充当祭祖典礼司仪的郑汝才走进花厅，向陈世恩说道：“谊兄，祭祖时辰已到。”说完了向代春深揖了一躬。

陈世恩明白郑汝才的意思，向代春引荐道：“贝勒爷，这位是我的世谊郑汝才，上海夷场鼎鼎大名的炭栈买办，我们海军沿海所需的煤炭全靠他优惠供给。”

代春说：“原来是我们的衣食父母，久仰久仰。”

郑汝才说：“岂敢岂敢，先父从北洋海军起就供给煤炭给兵船，全靠朝廷恩惠，才有一碗饭糊口，日后贝勒爷有差遣之处，只需派人传禀一句，郑某当肝脑涂地，在所不辞。”

代春颔颔首，说：“忠心可嘉，是朝廷之福。”

陈世恩说：“贝勒爷，时辰到了，请移驾厅堂吧！”

代春说：“诸位，请了！”

众官员齐声道：“贝勒爷请了！”

代春携起陈世恩的手，热融融地一同步出花厅，官员们依序随后。

心都提到嗓子眼上的任文娟，这才松了口气，连忙移动莲步，紧紧跟上。

38

祭祖的流水席是设在陈家的前进和后进的厅堂里，足足有三十桌。酒席是由福州第一大广行聚春园菜馆来出杠的。出杠是福州菜馆和广东菜行业的一宗便民生意。因为现任官员不便到菜馆或广行中饮宴，所以菜馆或广行就按菜单预备齐全半成品，送到东家指定的官邸或公馆，进行一道加热工序即可，便叫出杠。陈家今日出杠的菜肴是聚春园的名菜“佛跳墙”：即用绍兴酒坛煨制的佳肴，一桌一坛，三日前就开始备菜，煨制一天才上菜。有了出杠，任文娟乐得轻松，她在三十坛密封加热的“佛跳墙”酒坛旁边悠来转去，插不上手。煮手连忙凑过来问道：“夫人，有什么吩咐吗？”

任文娟掩饰不住今日举办盛宴的喜悦，问道：“说说看，佛跳墙都有哪些菜合成的呀？”

煮手如数家珍地念道：“水发鱼刺一斤，水发鱼唇五两，水发刺参五两，镐肚二两五钱，净肥母鸡一只二斤五两，金钱鲍六头，水发猪蹄筋五两，猪蹄尖二斤，猪肚一个，净肥鸭一头二斤五两，羊肘二斤，净鸭肫十二个，净火腿腱肉三两，鸽蛋十二个，净冬笋一斤，水发花冬菇四两，白萝卜三斤，炊发干贝二两五钱，上等酱油二两五钱，冰糖一两五钱，绍兴酒五斤，味素三钱，葱白段二两五钱，猪肥膘一两九钱，桂皮二钱，生姜片一两五钱，八角一粒，骨汤二斤，熟猪油二斤，耗去五两！”他瓮子里倒橄榄似的一口气说完。

任文娟其实并不在用心听，而是沉浸在适才化解了代春见儿子陈定书的危机并且祭祖顺利结束后的喜悦里，故而展示一下当家庭主妇的尊贵，才关注厨棚的。厨棚是临时搭盖的，她见厨棚里一切井井有条，才转身走进回廊，只见二儿子陈定剑引着一位带雨梨花似的姑娘，有说有笑地向她走来，便满心欢喜地迎上去。

任文娟问道：“定剑，你怎么不在花厅里陪贝勒爷和你父亲？”

陈定剑抑不住兴奋地解释道：“他俩在弈棋，我插不上手。娘，孩儿要向您介绍这位顾玉秀姑娘。”

顾玉秀乖巧地道个万福，轻启秀口，道：“奴家拜见夫人。”

任文娟连忙搀起顾玉秀，热络地说：“姑娘请起。”说着脱下手腕上的一只翡翠玉镯，就往顾玉秀的玉手上套，“这是奴家的见面礼，姑娘请笑纳。”

顾玉秀不解，问道：“夫人为什么一见面就赠给厚礼？”

任文娟莞尔一笑，说：“知子莫若母。定剑从未向奴家引见过一位姑娘，一旦引见，必定是他喜欢的佳丽，奴家自当高看。”

陈定剑喜出望外，说：“玉秀，怎么样，我说得没错吧？我娘知书达理，善解人意。”

顾玉秀这才放下杌陧的心，说：“夫人如此开通，玉秀再施一拜！”顾玉秀起初担心因为自己是夷场名妓，与陈定剑的结局是酣然一梦，但又有心与陈定剑结为连理，在他一再的鼓动下，今日才乘着祭祖的大喜日子斗胆上陈家投石问路。

陈定剑说：“娘，顾姑娘是孩儿在上海认识的红粉知己，自此认定她可以成为孩儿的同命鸳鸯。”

任文娟含而不露，说：“为娘与顾姑娘一见如故，相信可以推心置腹，你就放心，不会委屈了顾姑娘。”

陈定剑不谙就里，欢天喜地地说：“多谢娘亲。”

这时候小妹陈定琴跑来，说：“二哥，觉民哥和尹民哥来了，在书房等你哩！”

陈定剑一听是同窗林觉民和林尹民来，对任文娟叮咛道：“顾姑娘就交给娘招呼了，孩儿去去就来。”说着跟着陈定琴风也似的跑走了。

任文娟抑不住怜爱，情不自禁地说：“从小就这个脾气，见好朋友来了就疯，大了也改不了。”

顾玉秀说：“看来夫人，很疼爱定剑。”

任文娟说：“可不是，定剑留洋读海军，如今又在萨统制身边当差，是海军中的正溯，三个兄弟中就数他最有出息。”

顾玉秀由衷地说：“奴家看中他的也是这点。”

任文娟说：“那就好，咱们有共同的话语了。来，到小花园走走。”

陈家的小花园在厢房的旁边，有一道瓶形门洞进入，瓶形门取“平”安的意思，任文娟知道，带顾玉秀走进之后，却将有一番不平安的话要交谈。

花园不大，却浓荫覆盖，滴翠的肥叶下有石桌石椅，供任文娟和顾玉秀坐下。任文娟说：“这里是定剑小时候最爱来读书的地方，可惜他没读几年就上海军学校了，回想起来，这里好像还回响着他的读书声。”

顾玉秀问：“定剑的故事一定不少吧？”

任文娟说：“海军嘛，走南闯北，别说当海军的男人有故事，连海军的女人都有不少故事哩！”她说着有意地撩深了。

“连女人也有故事？一定很精彩，可以说一个给我听听吗？”顾玉秀不知不觉地被任文娟带进了一个伦理的迷宫，开始走向万劫不复的彼岸。

“那是中国跟法国在马江发生海战的前夕，一个出身水师的旗人姑娘春喜夫兵船上给阿玛送点心，恰巧在码头上碰到一位从京城来见习的旗人海军军官，因为是他乡遇同乡，同操一口满语，两人就一见钟情了……”任文娟开始说起她自己与代春的那一段绞肠沥血的往事，不是为了重温鸳梦，而是为了说古喻今，以己度人，含沙射影的劝阻顾玉秀离开自己的二儿子。

顾玉秀好像坐上了任文娟为她解开缆绳的舢板，漂进了生歌哭死的情爱漩涡，她忘了把舵，也无法掌舵，一任舢板冲向汪流中的那块道德礁石，轰的一声，连人带舢板撞得粉碎。

小花园里静得连一片树叶落下来，也听得见。任文娟讲完为了让心爱的人选择海军而毅然离开代春，纵身跳进大海之后，她仿佛又死了一次。她坐在石椅上，置身于新鲜空灵的意境里，似乎与石椅连成一片，也僵住了。

当然，任文娟在故事中没有讲明她和代春的真名，不过聪明的顾玉秀明白她在讲她苦难的历程，寂然半晌，才问道：“夫人，您也要奴家离开定剑吗？”

任文娟说：“奴家丝毫没有强迫你的意思。谁叫你不经意爱上海军，爱上海军是很苦涩的。”

顾玉秀问：“为什么？”

任文娟说：“因为海水是苦涩的，所以海军的爱情注定也是苦涩的。”

顾玉秀又问：“奴家再问一句，春喜爱过的那个满人海军军官，如今怎么样了？”

任文娟直抒胸臆地说：“他本是磐磐大才，深受圣恩眷顾，正在海军界大展宏图。”

顾玉秀轻喟了一声，说：“春喜的苦没有白受。”然后起身，脸上漾起感情弥笃的神采，“夫人，您说的故事，奴家明白了。奴家马上就走，回上海去，从此再也不会见定剑了。”说完了脱下刚才任文娟给的手镯放在石桌上。

任文娟急阻道：“手镯一定收下。”

顾玉秀掠过凄美地一笑，说：“手镯如果收下，奴家断不了情，死不了心！夫人，就此别过！”顾玉秀的话音中透出一种妓家的豪宕，转身走了。

任文娟负疚地冲着她的背影说：“姑娘，奴家从没有嫌弃你是一名妓家。”

顾玉秀头也不回地说：“放心吧，奴家的心跟春喜是一样的！”

任文娟心中一沉，她的婀娜身影已经消失在瓶形门外了。

留在石桌上的玉镯宛如一个沉重的句号，烙在任文娟的心扉上。

39

陈家的书房里年轻的说笑声响成一片。陈定剑、林觉民、林尹民和陈更新围桌而坐，毫无芥蒂地高谈阔论，无不句句切中时弊。书房外的椅子上坐着把风的小妹陈定琴，手里拿着一份《闽江日报》心不在焉地浏览着，丹凤眼时不时地轻抬一下，监视着通往后花园的月洞门。

林觉民和族弟林尹民刚从日本回国，奉孙中山密令送回一笔巨款，准备交给广州的新军炮兵排长倪映典当做起义军款，但是发愁怎么安全送抵，听说陈定剑回来了，便来商讨办法。林觉民和林尹民虽在日本留学，却是积极从事革命活动，回到家乡后即找了在体育会当教授的陈更新协商，陈更新也一筹莫展。此刻他们都用求助的眼光看着老同学陈定剑，指望陈定剑能另辟蹊径。

陈定剑激动地说：“意洞，孙先生为什么不派我去广州参加新军的举事？否则我将亲自护送军款过去。”“意洞”是林觉民的字，陈定剑喜欢这样称呼此位挚友。

林觉民说：“孙先生说屡次举事失败，证明我方军力不足，仅有新军参与是不够的，海军若能参加，是如虎添翼。”

林尹民说：“所以孙先生指派你在海军中积聚力量，一旦时机成熟，切望你能够促成海军反正，为革命开出一队舰队。”

陈更新兴奋不已，说：“我念过炮术，早就梦想去开军舰上的大炮，到时候算上我一个！”

陈定剑说：“忘不了，海军需要你这个炮术专家，等我当上管带，我就招募你！”

林觉民说：“还是定剑比我等有出息！将来定能当上梦想中的穹甲巡洋舰‘海星’号的管带！”

林尹民说：“想当初我们在白塔寺听令尊大人上英文课，偷偷议论甲午海战得失，还挨了板子，多亏一个过路的先生解了围。”

陈定剑说：“那个先生正是贝勒爷代春，是来考核家父回海军复职的。”

“代春？不就是筹办海军副大臣吗？你还想刺杀没有得手的哩！”陈更新有感而发地说，“幸亏没有刺杀，有了他可以眷顾定剑，以后才有机会当管带呀！”

“当初刺杀代春是为了革命，如今不刺杀代春也是为了革命！明白吗？”这是走进书房的郑安芳说的，她是同盟会的联络员，安排林觉民他们与陈定剑秘密见面，也是她的任务。

林觉民笑道：“许久不见，郑小姐还是不改这种风风火火的脾气，定剑可有得苦受了。”

陈定剑不解，问：“我有什么苦受？”

林尹民也笑了，说：“我们在东洋都听说了，当初郑小姐对你说过，如果你刺杀代春失败，壮烈殉国，她终身不嫁，为你守墓守寡，有这样的烈女盯着你，你不是有苦头受吗？”说着与大家都乐呵呵地大笑起来。

郑安芳厉声说：“笑什么！各位同志，本小姐在此对天盟誓，本小姐的革命伴侣就是陈定剑，生是他的人，死是他的鬼！你们回东洋可以向孙先生报告！”

陈定剑叫苦不迭，说：“各位同志，勿听她的一面之词，本同志另有所爱！”

“是谁？是刚才来贵府的顾玉秀姑娘吗？”陈更新见过《上海新报》上刊登的陈定剑抱着顾玉秀的照片。

“正是顾姑娘！”陈定剑掏出一张五千元的庄票交给林觉民，“这是顾姑娘捐给革命的义款，请转给广州新军的同志。”

林觉民说：“顾姑娘如此深明大义，大有当年红拂女投奔李靖之豪情，小弟替定剑兄高兴。”

郑安芳噘着小嘴，一脸不高兴，说：“见利忘义，就是你们男同志的嘴脸？

告诉你们，我为了定剑，可以连性命也不要的！”

忽然，陈定琴慌张地跑进来说：“有人来了，是二哥带来的朋友周友三！”

陈定剑连忙解释，说：“别紧张，他是个花花公子，花大钱的祖宗。”

话音刚落，周友三走进来了，在嬉笑的问候中藏起他惯有的警觉，说：“定剑，你真不够朋友！你请我上尊府来，把我交给令妹定琴，自己就跑不见踪影了，原来在这里快活！”

陈定剑慌忙赔不是，说：“对不住，对不住，临时来了几位同窗，只好割爱了。来，我给你做个介绍。”说着逐一介绍了同窗好友。

其实周友三已从军谘府获得密报，革命党林觉民从日本潜回福州，务必查清目的。周友三从五爷运枪械去广州的动向来判断，林觉民一行此行目的也是为了暗助广州举事。所以周友三装作寻找陈定剑来到书房，想查个水落石出。

陈更新是个直心肠，说：“原来你就是定剑哥在上海大闹长三妓院的死党周友三？我早从报上读到你的花边新闻了！”

周友三嬉皮笑脸地说：“本人是洋买办们的跑腿，替他们花钱是本少爷的拿手好戏，能把一座金山从京城搬到上海，也能把一座金山一夜间就销个精光。这一回我不就是把上海名妓顾姑娘专门从上海请来陪一桌花酒吗？”

陈更新说：“那你来得正好，我们正发愁不知道怎么把一笔钱汇出去哩！”

陈定剑急阻不及，只好打马虎眼地说：“你们不必发愁啦，做生意的钱，还是从夷人的银行汇款的好。”

周友三故作认真地说：“定剑，你这是不相信我，有事隐瞒我不说，说破了还打横岔！告辞了！”双手一拱，抬腿就走。

陈定琴急了，说：“二哥，这哪是待客之道？”

陈定剑拉住周友三，说：“友三不可生气，钱是更新的，他们找我想办法汇款，我又拿不出好主意，还请你原谅。”

陈更新转圜地说：“钱数不大，是买走私夷货的，所以不好公开走银行，定剑也想不出头绪，不知友三兄可肯帮忙？”

周友三大包大揽，说：“只要是定剑朋友的事，就是我友三的事。这样吧，从我轮船招商局的账上走，既安全又快捷。”

“太好了！”陈更新他们相视而喜，不知道他们已经落入周友三设下的陷阱。

周友三问：“汇到哪里去？”

陈更新说：“广州。”

周友三暗暗高兴，终于证实了：广州即将爆发一场举事！

正说到热闹处，丫头春香引着仪凤来了。春香说：“二少爷，格格说有急事找您，奴家就带她找来了。”

陈定剑连忙说：“各位，给格格请安。”

众人迎见仪凤，齐声应道：“给格格请安。”

仪凤纠正道：“定剑，从今往后我只是海军统制部的一名通译，你和你的朋友们如果还当我是朋友，只要直呼我的名字，好吗？”

陈定剑说：“好的。宴会马上快开始了，你不陪在你阿玛身边，找我有什么急事？”

仪凤环视了一下众人，欲言又止。

林觉民知趣地说：“定剑兄，我等先告退了。”

陈定剑为了避嫌，也为了绝仪凤的绮思，就说：“别走，你我是同窗，没有什么事要隐瞒的。说吧，仪凤。”

仪凤一眼就看穿了陈定剑的心思，心想，定剑你也太绝情，连两人独处的机会也不给我。于是就说：“刚才我在府中闲逛，没想到在大门口碰见顾姑娘了，她匆匆地要离开贵府。”

陈定剑吃了一惊，连忙问：“她不是由我娘招呼她吗，怎么突然就走了。春香，这是真的吗？”

春香证实道：“是真的。二少爷，刚才奴家有事去小花园找夫人，夫人正一个人坐在那里叹气，说顾姑娘走了，连夫人送给她的见面礼手镯也留下了。”

陈定剑说：“我去追她。”

“别追了！”仪凤阻止住陈定剑说，“顾姑娘告诉我叫你不要追她，也不要再去找她了，这时候恐怕她已经到了马尾港，搭快船回上海了。”

周友三不满地说：“定剑，顾姑娘可是我请来的贵宾，你怎么得罪了她，让她气得回上海去了？你还算不算个男人！”

陈定剑委屈地解释：“今天我是带她来见我娘的，想乘今天这个好日子定下我和她的终身大事。一见面两人很投缘的，谁知道后来怎么就谈崩了。仪凤，快告诉我，顾姑娘留下什么话没有？”

仪凤说：“她说在你选择海军和选择她之间，她让你选择了海军。”

陈定剑说：“我既选择海军，也要选择她！”

郑安芳早憋得不耐烦了，冷冷地说了一句：“自古鱼与熊掌不可兼得！”

陈定剑说：“年头不一样了，鱼和熊掌就能兼得！”但是他越说越显得软弱无力。

仪凤说：“定剑，看看你家今天的祭祖盛典吧，满座高朋皆是海军，何况整个海军统制部，整个舰队，它们都无法接纳一个上海会乐里的烟花女子。除非你自己放弃海军，否则顾姑娘是无法跨越这条鸿沟的。我相信令堂决不会逼她离开你，而是她自己在残酷的门阀面前选择了放弃。”说完转身轻若翩鸿地离去了。

众人面面相觑，也随即悄然离去。

偌大的书房里只留下陈定剑抱头痛思，他无法放弃海军，因为革命需要他留在舰队里，等待掉转炮口的那一天！

他汩汩地流下两行痛苦抉择的眼泪。

第十三章

40

陈定剑家的祭祖会亲宴会从中午开席到傍晚才结束，自感与代春攀上高枝的郑汝才带着三分醉意一脚高一脚低地离开了陈家。女儿郑安芳怕父亲不慎摔跤，搀扶着他回家。郑家在黄巷，离陈家的安民巷只有两巷之隔，父女俩各怀着心事，踏着夕阳的余晖，走在一路的遐想里。刚才在豪兴不已的酒宴里，郑汝才不失时机地敬了代春三杯美酒，乘着酒兴，代春答应将海军统制部的供给生意都由他做。郑汝才顿感自己替袁世凯成功地在海军界中插进了一脚。郑安芳则为顾玉秀毅然选择离开陈定剑的结局，暗自庆幸。如今能跟自己抢位子的只剩下仪凤了，而仪凤已奉旨与铁祥议婚，同陈定剑的关系名存实亡。只要父亲借着采买机会，在海军界中广交朋友，站稳脚跟，何愁不打下与陈家联姻的基础？想到这里，郑安芳不由得笑出声来。

郑汝才打着酒嗝，问道："我命，什么事情让你这么高兴？"福州人喜欢将儿女称为"我的命"，"我心肝"，这是一种古风。

郑安芳于是将顾玉秀与陈定剑绝交的事说了一通，抑不住高兴地继续说："这样我就少了一个对手，怎能不高兴？"

郑汝才老谋深算，说："别高兴得太早，顾玉秀死心，不见得陈定剑就死心，要想让定剑当我郑家的姑爷，还得下一步狠棋。"

郑安芳说："姜还是老的辣。爹，你说下什么狠棋？"

"要让顾玉秀彻底绝情，让定剑死心，只有花大钱替顾玉秀赎身，纳她为妾！"

"爹，你这一招也太狠了。"

"不狠，怎么让定剑成为我的姑爷？"

"不行不行，你纳谁做妾不好，怎么纳她为妾，日后定剑和我成亲了，小妈跟定剑有旧情，我怎么过日子？"

"傻瓜，不是爹纳妾。你不想想，如果爹横刀夺爱，日后爹还敢在陈定剑得宠的海军界里混饭吃吗？爹要将顾姑娘送给一个陈定剑惹不起的炙手可热的大人物做妾，这样才能死绝了他的心！"

"爹，你真是个智多星！快告诉女儿，那个大人物是谁？"

"眼下还不能说，跟顾姑娘还没有摊牌，怎么答复你？"郑汝才早已盘算好了，将这个绝色美人送给袁世凯暖被窝。

说话间，俩人到了家门口。早有管家郑二在门口等候了，说："先生和小姐回来了？先生，来客人了，她在花厅等很久了。"

郑汝才酒早醒了，说："如果爹猜得不错的话，客人一定是个女流。"

郑二说："先生神算，是个小姐。"

郑汝才又说："再猜得不错的话，来人就是顾姑娘。"

郑二说："来人说她姓顾，和先生有一面之交。"

郑安芳佩服得五体投地，惊讶地说："爹，你真是诸葛亮再世！看看去，到底是谁来了？"

郑汝才拉住女儿，说："你不能去，把鸟儿惊飞了，爹可没挽回的余地。"

郑安芳说："女儿听爹的，二叔，我把爹交给你了，我忙我的去了。"说着兴高采烈地走了。她必须找林觉民、林尹民和陈更新为起义款项的事去见周友三。

郑汝才对郑二说："先打一盆热水来，去去满脸的酒气，再去会客。"说着带着郑二进了家门。

花厅里枯坐着顾玉秀。一缕夕阳从窗外射进来披在她的肩头上，显得十分落寞。她离开陈定剑家后，没有离开福州。既然她无法与陈定剑达到双栖之愿，现在也不能贸然返回上海会乐里妓院。她与陈定剑有过一夜之情，破身的现实无法向老鸨阿金交代，只有找一个可以出重金替她赎身的人，才可以化解嗜钱如命的阿金的怨恨，也可以绝了陈定剑的一心相与的念头。情急之下，顾玉秀猛然想起刚才在花酒席上结识的大买办郑汝才，凭着她当妓女的敏感，嗅出他对她有几分雄兽的占有欲，于是她贸然来见郑汝才。

郑汝才经过盥洗后，神采奕奕地走进花厅，笑呵呵地打招呼："抱歉抱歉，让顾姑娘久等了！"

顾玉秀起身道个万福，粲然一笑，说："贸然造访，还蒙款待，奴家感激不尽。"

郑汝才请顾玉秀重新入座，热络地挨着她的身边与她同坐在一张沙发上，俨然自己是她稔熟的恩客。郑汝才问道："姑娘光临寒舍，不知有何事要郑某效力？"

顾玉秀说："奴家遇到难处，想请先生赐教。"

"赐教？这小蹄子把大事化小事，真是厉害的角色。"郑汝才在心里嘀咕着，嘴上却说得十分动听："一回生二回熟，姑娘到了寒舍就是贵客，郑某一定贡献一愚之得。"

顾天秀说："奴家此次来福州，有心想同陈定剑结成连理，结果一见他矢志服务海军，奴家自维卑贱，有心让他选择海军而放弃奴家，如此才不负家族厚望，所以奴家愿意从良，为人侍帚，以绝陈少爷的绮念。"

郑汝才说："今日发生的事，郑某适才在陈家祭祖酒宴上已有耳闻。姑娘有心成全陈定剑，人有李亚仙劝夫，李香君出家的古风，令人钦佩。"李亚仙和李香君都是古之名妓，劝夫明志的故事脍炙人口。他接着又问，"不知姑娘有何打算？"

顾玉秀欲擒故纵，说："在恩客中唯有周友三少爷一向同情奴家，又心田宅厚，此次就是他请奴家来福州出长差的。奴家准备将打算告诉他，请他纳奴家为妾。"

郑汝才心中一沉，刚才的算盘全乱了，支支吾吾地问："既然有周少爷肯伸出援手，你又为何来找郑某？”

顾玉秀说：“奴家姆妈阿金是会乐里的狠角色，她将奴家看成摇钱树，不会轻易放手的。周少爷只是高级职员，手头并非十分宽裕，所以先想向先生讨教，周少爷将如何向阿金提赎身金额之事？”

郑汝才很失望，到口的肥肉被别人吃了,说：“郑某没纳过妾，更没有向老鸨讨价的经验。”

顾玉秀顺手给他戴了顶高帽，说：“您是上海滩赫赫有名的买办，听说代春贝勒爷都答应将海军生意给您做，还会有什么难做的生意做不下？”

郑汝才有点飘飘然了，说：“火车不是推的，牛皮不是吹的，论做生意，在上海滩郑某人不属一也属二，打仗最大的界限就是谈判，生意最大的界限就是让利。所以对付阿金她是漫天要价，你便就地还钱。”

“多谢先生金言，奴家就此拜别。”顾玉秀起身揖福，但是脚步却移得拖泥带水。

郑汝才一见煮熟的鸭子要飞了，连忙叫住顾玉秀：“老鸨一向是狮子大开口，如果阿金死不肯让价，周友三又力不从心，姑娘将如何进退？”

顾玉秀见郑妆才上钩了，装作忧心忡忡的模样，说：“奴家也有这种担心……”但不急着返身落座，一副去意彷徨的神态，令人看了更觉楚楚可怜。郑汝才连忙上前，将她挽回沙发坐下，她垂泪涟涟，似乎被击中痛处，十分无助。郑汝才看了也动了恻隐，说：“自古良禽择木而栖，您不会重新考虑一个靠山？”

“奴家命苦，奴家是靠山山崩，靠水水流……”

“罢罢罢，谁叫此事被郑某碰上了，如果姑娘信得过郑某，从良的大事就交给郑某一手操办，您意下如何？”

“这不会强人所难吧？”

“这叫成人之美。”

“可是奴家怕陈定剑不死心，死死纠缠怎么办？”

“郑某先找一家浙江会馆让姑娘住下，等过几天办完事，郑某就送姑娘回上海，然后再向阿金赎人。”

“多谢先生安排得如此周全，奴家还有一个不情之请。”

“尽管吩咐。”

“奴家和先生乘船离开福州的时候，一定要让陈定剑亲眼看见，才会让他死心。”

“这也正合我意，一定照办。”

话已言尽，顾玉秀的心里流尽了鲜血。她不由得回想起，当初未婚夫吴天宝为了刺杀贝勒爷代春将她卖了买枪，今天不啻是一回命运的重演。她在心里默默地说道：“定剑，为了成全你，为了成全你所矢志的革命，这一回奴家是自己把自己给卖了……”

41

秘密会见的地点就设在林则徐祠堂对面的林记肉燕店的阁楼上。跟福州所有的民居一样，阁楼由杉木建成，从木楼板到木墙都刷得发白，上楼梯就得脱鞋，所以楼梯口堆满了各式各样的鞋子，最醒目的莫过于郑安芳的红色英式短靴。老板林水官夫妇今天去乡下吃喜酒了，店里只留下小女儿林小妹看家，陈定剑特地选了这里再开一次碰头会。林觉民、林尹民，陈更新和郑安芳围着陈定剑坐成一圈等候周友三的到来。

林觉民将一叠庄票放在八仙桌上，说：“总共是三万块，还包括顾姑娘捐给定剑兄的五千块，足够做起义的开销和对死难烈士的抚恤金了。”

陈更新又凑上一张庄票，说：“这里还有五百块。”

林尹民阻止地说：“这是你爹娘的寿材本怎么也拿来了?”

陈更新说：“就当是给朝廷烧纸钱啰!”

林觉民问：“定剑兄，你的朋友周友三可靠吗?”

“可靠。我们在留洋的时候就认识的，他虽说一向不问政治，但是开通仗义。”陈定剑说得口气十分笃定。

郑安芳一边擦着手中的毛瑟枪，一边说：“他胆敢坏事，本姑娘绝不放过他!”

阁楼上又陷入一片沉寂，月光从窗外照到楼板上，如水银泻地一样明亮，也照得众人心里亮堂堂。

林尹民小声地问：“定剑兄，你说这回广州新军能攻下广州水师提督衙门吗?”

陈定剑神往地说：“能，就是艰苦了些，可能要拼上一场血战。如果有海军帮忙就好了，巡洋舰可以开进珠江，用舰炮猛轰水师衙门。”

林觉民鼓励地说：“定剑兄，想到这一点，你也得拼命当上管带，才能指挥巡洋舰支持革命！”

林尹民道：“说到这里，我才突然觉得顾姑娘伟大，她今天为了成全定剑留在海军发展，选择离开定剑！”

郑安芳醋意大发，说：“同志们，本小姐还没有壮烈殉国，你们怎么又当着我的面提她？她只是羊脂球，不是圣女贞德，本小姐才是中国的贞德！”

大家你看看我，我看看你，又一言不发了。陈定剑被触痛了伤情处，心池兴波。他暗暗发誓，等返回上海，立即去找顾玉秀，留住她去意已决的芳心。

这时，林小妹在楼下发出信号，呀地一声开了门，让进了行色匆匆的周友三。周友三脱了皮鞋，不习惯地赤着脚，噔噔噔地跑上楼梯。

陈定剑连忙迎到楼梯口，叫道：“友三！”

周友三进了阁楼，说：“对不起，来迟了！散席后，我从陈家出来直奔仓山的英国汇丰银行，找到公司大班，要他从我公司的账上走一笔钱去广州，英夷经不起我软磨硬泡，已经办好了，三万块已经汇去广州你们指定的账户上了。”

众人大吃一惊。林觉民说：“可是钱还在我们手上，并没有给你呀！”

陈更新扬起一叠庄票说：“庄票全在这里呀，你拿什么汇款？”

周友三说：“我先挪用了我公司的一笔购物款，这是回执单，现在你们再把庄票还给我，也不迟。”

郑安芳说：“你就不怕我们不给你钱？”

“你们都是定剑的朋友，我能不相信吗？”周友三说得很自信，立刻赢得了众人的好感与信任。

陈定剑笑笑地捶他一下，说：“够朋友！把庄票收了。”又剔出那张五百元的庄票还给陈更新，“先留下，以后有机会用。”

周友三收好了三万块庄票，故意又露出花花公子的本性，说：“生意办妥了，晚上去吃花酒，我做东，怎么样？”

林觉民是至诚公子，双手一拱，说：“我好不容易才回来一趟，得回去陪陪内人。”

林尹民致歉地一揖双手，说：“我也得回去看看嫂子，就不打扰了。”

陈更新说：“我也准备向嫂夫人请安，花酒就不吃了。”

郑安芳心里惦记着父亲跟顾玉秀协商的结果，也忙着告辞，说：“家父还在等我，我也回去了。”

这正中周友三的下怀，顺水推舟地说：“看来只有定剑是不会拒绝我的，你们都回去好了，我和定剑得去逍遥宫，他今天被顾姑娘甩了，需要找新的慰藉，包在我身上了！”

几个人下了楼，在肉燕店门口互道晚安后，各奔西东了。陈定剑叮咛林小妹闩紧大门安睡后，才和周友三放心地走了。

其实刚才宴会结束后，周友三离开陈家就秘密地到福建巡抚衙门拜会了巡抚李大人。周友三向李巡抚出示了军谘府金腰牌，李巡抚连忙恭迎看座，如见军谘府大臣载涛赫然立在眼前。周友三要李巡抚派兵埋伏在林觉民家的巷子周围准备擒拿这三个革命党徒，以便获得广州举事的机密。李巡抚当即答应照办，周友三才去了英国汇丰银行替林觉民他们汇款。周友三必须替林觉民办了这件要事，然后发电报给广州的绿营总兵荣宝，请他派人盯住取得款的人，顺藤摸瓜，就可以找到打算在广州举事的会党。但他仍不相信好友陈定剑是革命党，只相信陈定剑被同窗林觉民等人利用了，所以他才拉陈定剑去喝花酒，远离是非之地。

偏偏周友三带着陈定剑才走到南后街的时候，只见一辆亮着荧荧的车灯马车飞驶到他们面前停下。从马车上下来了急三火四的仪凤，说：“定剑，要出大事了！”

陈定剑说：“你不焦急，慢慢说。”

仪凤说：“今天晚上我和阿玛他们都下榻在巡抚衙门。刚才我听巡抚大人向阿玛禀报要派兵去抓你的三位同窗好友，也就是白天我在你家书房里见过的林觉民、林尹民和陈更新。”

陈定剑问道：“什么罪名？”

仪凤道：“说他们是从东洋留学回来的孙文贼党，要协助策动广州举事。我就不相信留过洋的就是贼党，那你和我也留过洋，也成贼党了？”

周友三知道事情露馅了，嘴上却说：“定剑，是不是发生误会了，他们都是正派的读书人，怎么会是贼党？”

陈定剑一把将马车夫拉下来，塞给他三块光洋说：“这车借我用了！”说着跳上马车，狠抽一下缰绳，马车飞也似的驶去，冲进茫茫的黑暗中去。

“定剑！定剑！”周友三欲阻不及，只能暗暗叫苦。

“驾！驾！”陈定剑双手抖动着缰绳抽打马儿，马儿打着响鼻，展蹄奔驰，铁蹄打在石板路上火星四溅。陈定剑掏出藏在身上的短铳，准备鸣枪示警，阻止林觉民三人回家落入清军的陷阱。突然呼的一声枪响，惊得陈定剑收回了短铳。

陈定剑惊讶得勒住马缰，马车陡然停住了。只见从马车正前方的巷子里冲出一条人影，手执双把短铳朝着埋伏在林觉民家门外的清军绿营兵射击，两个绿营兵应声倒下。

正准备往林觉民家走的林觉民、林尹民和陈更新听到枪声，预感不妙，掉头就逃。绿营兵们一边开枪，一边追赶，不料那个手执双铳的人影扔出两个炸弹，“轰轰”，炸翻了一片绿营兵。趁着混乱，那个人影也消失在腾起的硝烟中。她正是一向行动果断的郑安芳。刚才郑安芳辞别了林觉民他们独自回家，才走到巷口，就发现有清兵埋伏。她预感林觉民三人有所不测，便不顾个人安危赶去给林觉民三人发警报，果然及时施救。但是她没有发现陈定剑也来救援，她和林觉民三人安全地脱险了，陈定剑却陷入危险之中。

陈定剑正要掉转马车，准备离去，几个绿营兵已经冲过来围住了马车。

“下车！是什么人？”为首的绿营兵把总大声地呵斥着，用手中黑乎乎的洋枪对准了陈定剑。

陈定剑厉声回应道：“混账东西！瞎了狗眼啦？不看看面前的大人是谁？我是大清海军统制部的副官陈定剑！”

绿营兵把总说：“什么海军？老子是绿营的，奉命捉拿会党，你偏偏在这时候出现，不是想给会党通风报信又是什么？带走！”

陈定剑瞋目大怒，说：“谁取乱动？我是朝廷命官，路过此地，谁敢抓我？”

绿营兵把总眼疾手快地抽走了陈定剑插在腰间的短铳，说：“老子有军谘府的令牌，连天王老子也敢抓，带走！”

陈定剑说：“你们是造反啊，连海军的也敢抓？我要告到巡抚衙门！”

“命令就是巡抚衙门下的！”绿营兵把总不容分说地指挥着几个兵士一拥而上，从车上揪下陈定剑。

这时候，一队快步跑来的海军陆战队官兵拦住了押送陈定剑的绿营兵。为首的正是海军陆战队的营长、管带官陈定棋，厉声喝道：“站住！马上放人！”原来机灵的林小妹不放心林觉民他们回家，大胆地尾随在后，果然惊见他们遭到暗算，连忙回跑到林则徐祠堂去叫陈定棋带兵来营救。

绿营兵把总定睛一看，来人是个管带官，连忙解释道：“大人，他是乱党的同伙，不能释放！”

陈定棋说：“大胆！他是朝廷命官，还不放人？”

把总又说：“小人奉军谘府密令抓人，大人不可越权！小人是人赃俱获，还搜出一把短铳，请大人明察！”

陈定剑说：“瞎了狗眼，这是我的防身佩枪！”

“岂有此理！”陈定棋见有理可据了，大声下令，“弟兄们，他们抓了我们海军的人，还不动手？”

队伍中早已等不及的士兵林守江大声地附和道：“弟兄们，抢人哪！”

肖木旺也跟着喊道：“动手呀，弟兄们！”

海军陆战队的士兵们一哄而上，绿营兵们也不甘示弱，双方你扭我打，一片混乱。

就在这时，两匹快马驰来，领头打马的正是穹甲巡洋舰“海星”号帮带铁祥，他本是奉代春的命令连夜赶回马尾布置港口的海军布防，防止绿营兵抓捕失败后的林觉民等人从海上逃亡，没想到正撞见两方人马摩擦。铁祥紧急勒住缰绳，立在马镫上朝天打了一枪，大声喝止道：“都给我住手！”

双方的厮打戛然中止。把总一见铁祥，大声申辩：“大人，小人奉军谘府命令捉拿乱党，不料遭海军陆战队无理拦阻，请大人做主！”

陈定棋自有主见，说：“大人，他们捕风捉影，连统制部副官也敢抓！”

陈定剑一见铁祥，就知道真正的麻烦来了，声明道：“大人，我是路过此地被他们误抓的，请大人明鉴！”

把总举起短铳，说：“大人，这是从他身搜出的兵器！”

铁祥一见短铳，知道陈定剑私带枪械这回是跳进黄河也洗不清了，讥讽地说：“陈大人，本官有心想放你走，可是职责不允许呀，请跟我去面见贝勒爷吧！”

陈定剑说：“大丈夫坦荡荡，我就跟你走一趟！”

铁祥策马走到陈定棋的面前说：“管带官大，你把手下带回营地，也去面见贝勒爷自行陈情吧！”

“喳！”陈定棋心有不服地应了一声。

骑在高头大马上的铁祥得意洋洋地带着押解的队伍往巡抚衙门进发，一个蓄谋已久夺取“海星”号巡洋舰管带宝座的主意瞬间在他的心中骤集而成了：他要瞒着代春向父亲康禄发出急电，向皇太后告发陈定剑勾结孙文乱党犯上作乱，逼使陈世恩拱手让出“海星”号巡洋舰管带的大权！

42

一大早，一夜没有合眼的仪凤就急匆匆地赶往阿玛下榻的客房去见阿玛。

昨天晚上，仪凤和周友三和陈定剑遽然分手后不久，就听见一阵枪声和炸弹声从远处传来，她和周友三顿感不妙，立刻循声赶去。待赶到事发现场，只剩下围观的百姓。周友三连忙向一个目睹了全过程的卖鱼丸的小贩打听，才了解了事情的真相：埋伏的清兵遭袭扑空，人犯逃脱，陈定剑路经此地被误抓，闻讯赶来的陈定棋解救不成，陈定剑已经被当成会党的同伙由铁祥押往巡抚衙门。

周友三一想，这真是城门失火，殃及池鱼。如今能救陈定剑的只有仪凤，他则是再次去求见李巡抚陈情，解释抓陈定剑是一场误会。两人分工后，仪凤返回下榻的巡抚衙门，立即去求见阿玛，遭到守卫的巡抚衙门的戈什哈拒绝，说贝勒爷有令，正同巡抚大人在急商公事，拒见一切人等。仪凤忐忑不安，整夜未曾脱衣合眼，暗责是自己多事报讯，结果反害了仗义的陈定剑。在悔恨的自责中好不容易熬到天亮，仪凤决定不顾一切去冲闯客房，求见阿玛为陈定剑陈情。

守门的戈什哈板着铁青的脸，大声斥止道：“格格，贝勒爷有令，不见任何人等！”

“让开！我是他女儿，按旗人习俗，每天早上要向阿玛请安，你是汉人不懂，闪开！”仪凤找个恰当的借口，推开戈什哈，硬往里闯。

又一个戈什哈挡住了她的去路，厉声地说：“格格，不要让小人挨罚军棍，请回吧！”

仪凤想推开他，不料他像一截铁塔，推也推不动。

“让她进来！”忽然从屋里传出代春的声音。

戈什哈立即让开，仪凤快步走进客房，只见阿玛冷冰冰地劈面就说了一句：“此事与你无关，不许你插手，回去吧！”

仪凤说：“阿玛，定剑不可能是革命党，抓他纯属是一场误会，请求阿玛下令放了他。”

代春反问道：“你凭什么说陈定剑不是革命党？不是革命党他到案发现场干什么？”

仪凤说："陈家一门都忠于朝廷，阿玛您又不是不知道？何况陈定剑还是您的爱将，委他重任还是阿玛向皇太后保举的。他若出了事，阿玛也难脱保举的干系。"

代春被女儿说中心里的症结，不由得气涌上来，脸都涨红了，说："正是如此，阿玛不得不慎重。你不想想，他偏偏被绿营兵抓住交给了铁祥，铁祥一向与他面和心不和，就公事公办将他关进巡抚衙门的大牢。昨天晚上巡抚李大人已经向阿玛解释了，他是奉军谘府的密令办这趟差的，所以如今这件事，阿玛是涩手抓干面粉，夹缠在中间了。"

仪凤说："如果是铁祥从中作梗，女儿去找他解释，他也是海军，胳膊肘不要朝外拐。"

代春索性捅破了这层窗户纸，说："女儿，铁祥因为你喜欢过陈定剑，正吃你的隔壁醋，你怎么还为了陈定剑的事去向他通融？"

仪凤执拗地说："女儿可以告诉他，如果他还想结这门亲事，就不要为难陈定剑。"

代春说："我的傻女儿，你这不是此地无银三百两吗？这恰恰验证你同陈定剑还藕断丝连！铁祥根本不会为了婚姻屈服你的压力，因为他是奉旨与你议婚，你要反悔，你就是抗旨！阿玛就是欺君！"

仪凤一时哑口无言了。

代春才解释道："这就是为什么阿玛叫你不要插手的原因。"

仪凤问："那就眼睁睁地看着陈定剑蒙冤而死？"

代春说："你不必焦急，阿玛已经传令让巡抚李大人会审了，他真是与革命党无关，总不会冤枉他的。可是昨天晚上他怎么偏偏就去了案发现场呢？"

仪凤不敢言明是她偷听了阿玛与李巡抚的谈话，才给陈定剑去报信的。那样就牵连了阿玛，她指望周友三能见到李巡抚，晓之以理，放了陈定剑一马。

此时周友三果然在巡抚衙门的签押房与李巡抚在洽商，他的军谘密使身份只有李巡抚知道。

李巡抚说："周大人，昨天晚上功亏一篑，本督失职，还望大人向军谘府大臣解释。"

周友三说："事出突然，有革命党抢先示警，才让林觉民三人逃脱了，不能全归咎大人。不过陈定剑不是革命党，他也不知道林觉民三人是革命党，出于对同窗的担心，才想去通知他们的，当时我在场，可以作证。"

李巡抚说："林党民等人逃脱了，不必担心，本督已经下令全城戒严，连马尾港口都让海军封锁了，他们是孙猴子跑不出如来佛的手心。只是陈定剑偏偏被铁祥抓住了，铁祥的背后可是其父康禄大人，他不但是代春贝勒爷的对头，而且是皇太后的红人，所以切不可草率从事。万一陈定剑隐瞒着周大人，暗中与乱党沆瀣一气，岂不是让你我二人吃不了兜着走?"

周友三说："李大人，我与定剑知根知底，他陈家世代效忠大清，岂能是背节之徒?"

李巡抚轻捻着山羊胡，说："大人稍安勿躁，反正陈定剑已经被抓了，不如先会审无妨，如果确属误会，再放不迟。大人，小心驶得万年船。"

周友三说："不行，这会有碍他的官声。"

李巡抚说："昨天夜里，本督已同贝勒爷商定了，这不但可以堵铁祥的嘴，也可以防止他向朝廷告发，三者，你我也可以保住顶戴花翎。"

"老滑头!"周友三在心里骂道，却也能听任摆布，因为他不敢挑明是仪凤格格事先泄密的，那会失去营救陈定剑的一座靠山。

43

陈定剑被抓，安民巷陈府内安静得出奇，这一切都是夫人任文娟刻意安排的。

消息是陈定棋派林守江昨天连夜密报给任文娟的，陈定棋则径直去了巡抚衙门听凭代春发落。任文娟得到消息后，不让府中的下人得知，就派林守江赶去马尾港向驻节穹甲巡洋舰"海星"号上的陈世恩报信。昨天祭祖会亲的酒宴结束后，陈世恩没有盘桓家中，而是赶回马尾港，住在"海星"号上。这是自北洋海军成军后定下的管带必须住在舰上过夜的军规，陈世恩兼"海星"号的管带，一直恪守不变。

任文娟和小女儿陈定琴彻夜困在卧房内，寸步不离。任文娟为陈定剑担心，焦急地等待夫君归来。

陈定琴不无害怕地抓着母亲的手，颤抖着声音问："娘，二哥不会是乱党吧?"

任文娟安慰地说："不是，他可是萨统制的左膀右臂。"

陈定琴又问："那官府为什么抓他？"

"他们抓错了……知道吗，被冤枉的事是常有的，你爹从前不也是被冤枉过吗？后来不是官复原职了？"

"爹说过，那是多亏了代春贝勒爷。"

"如今代春贝勒爷是筹办海军副大臣，一定还会帮助我们家的，所以你二哥会没有事……"任文娟不知不觉地又想起了怨爱交集的代春。

陈定琴满怀希冀地说："娘说得对，贝勒爷会救二哥的……"

"但愿吧……"任文娟想起昨天代春见过大儿子陈定书的事，又有点忧心代春会不会迁怒陈世恩，而不救定剑呢？

母女俩正在饱受不安煎熬的时候，陈世恩披着清晨的熹光赶回家来了。

任文娟一见陈世恩两眼裹满血丝，就知道他获悉消息后也是身陷苦恼，昨天祭祖会亲所带来到的喜悦早已荡然无存了。

陈世恩负疚地说："夫人，让您担忧了。"

任文娟不愧是阀阅之家的夫人，说："老爷，曾经沧海难为水，除却巫山不是云，奴家见惯了。"

陈定琴毕竟少不更事，说："爹，快去求贝勒爷放了二哥吧？"

陈世恩安慰道："你二哥会没事的，越是在这节骨眼上越不能病急乱投医。"

陈定琴吃惊地说："爹，那什么事都不要做吗？"

陈世恩说："对，什么事都不要做。"

任文娟搂住女儿，似乎要传递给她自信似的说："听您爹的，不会错。"

陈定琴又问："爹，大哥知道了吗？"

陈世恩说："爹转告他了，他就留在'江天'号上当值，哪里也不去，这叫以不变应万变，知道吗？"

陈定琴似懂非懂地点点头。

当祭祖会亲的酒宴一结束，陈定书就赶回停泊在马尾巷的"江天"号炮舰上过夜，严守军规，父子代代相传，是陈家的美德与操守。陈世恩不让长子赶回巡抚衙门替二儿子求情，也正是向代春表明陈家一向磊落，二儿子定剑无罪。

果然正如陈世恩所预料的那样，日上三竿的时候，代春派人来陈府请陈世恩去巡抚衙门会审陈定剑。

"爹！"陈定琴紧张得喉咙都发紧了，珠泪跟断了线的珠子，滚了下来。

任文娟搂着女儿的肩头，镇定地目送身穿品服的陈世恩走出大门，上了等候他的从辕门派来的大轿。

陈世恩正要放下轿帘，一眼瞅见轿边厢的墙下站着久候的郑汝才。郑汝才含意颇深地说道：“世恩兄，二贤侄的事，我听说了，相信他定能逢凶化吉。”

“多谢吉言。”陈世恩放下轿帘，大轿载着难于判然的负重走了。

郑汝才深深一揖，恭送甚殷，心里却在暗暗一笑，命运多舛，让他和陈家的藤葛纠缠得更紧了。

昨天半夜，郑汝才的心腹、海军陆战队的排长肖木旺敲开了他家的门，告诉了陈定剑被铁祥押入巡抚衙门大牢的消息。郑汝才顾不得担心女儿郑安芳深夜未归的隐忧，以他商人的精明作出了迅速的反应，立即修书一封，附上重金派肖木旺送给安插在巡抚衙门内的眼线，辗转将密信递入大牢交给陈定剑。郑汝才依旧隐瞒身份，在密信中告诫陈定剑，他依然可以用当初陈定剑行刺代春未遂的秘密，落井下石，让陈定剑的革命党身份暴露。但是只要陈定剑今后不要再去纠缠顾玉秀，任她从良为妾，可以放陈定剑一马。郑汝才坚信陈定剑接信后，只能委曲求全，他似乎听到陈定剑徒劳地手捶冷冰冰的牢房石墙的打击声，不由得奸笑连连。

郑汝才又连夜乘着小轿赶到了顾玉秀借住的浙江会馆。

顾玉秀闻声开了她下榻的客房门，让裹着一身寒意的郑汝才进了小客厅。

郑汝才一言不发，两眼裹满久困的血丝，直勾勾地盯着惺松披衣的顾玉秀，掂量着如何开口。

顾玉秀连忙将衣服遮住了隆起的胸脯，不无戒备地说：“先生莫非藏有什么歹意吧？如果是先生想买奴家不妨早说。”

郑汝才说：“姑娘误会了。”

顾玉秀问：“先生深夜造访，想必有急事了？”

郑汝才说：“有人需要姑娘搭救。”

顾玉秀倒了一杯茶递给他，说：“先生不要说笑了，奴家还需要先生搭救，泥菩萨过江自身难保，还能顾上别人？”

郑汝才一口喝干杯中茶水，舔了舔焦唇，提高了声音说：“别人你兴许不会救，一说此人，姑娘必定搭救。”

“莫非是陈定剑？”顾玉秀情之所系，禁不住脱口而出。

果然陈定剑是她的致命死穴！郑汝才轻喟道：“我如今才知道什么叫作为情

所困，才有白娘子的盗仙草，才有红拂女的私奔，才有卓文君的当庐。”

顾玉秀问：“陈定剑不正是春风得意吗？会出什么大事？”

于是郑汝才将突发的事变说了一通，然后，说：“我思来想去，如今只有姑娘够救陈定剑。”

顾玉秀深知陈定剑为同盟会担当大任，总有一天会暴露身份的，但没有想到会来得这么快。她本想替他分一肩风雨承挑，不料竟遭到任文娟的婉拒，使她心如枯井，只好选择成全陈定剑而决然分手。岂料陈定剑东窗事发，命运又将她遽然推到抉择的路口，她不知何去何从。

郑汝才见顾玉秀在犹豫不决，就敦促地说：“姑娘不是为了成全陈定剑，才决定从良做妾的吗？如今定剑有难，姑娘就不想成全他了？”

顾玉秀说：“奴家不过是个俾昼作夜的妓女，轻如草芥，岂能一压千斤重担？”

郑汝才说：“我看重的是姑娘有爱陈定剑的真心。”

顾玉秀说：“仪凤格格也有爱陈定剑的真心，先生为什么不去找她？”

郑汝才料事如神地回敬道：“我不用求她，她自会去救定剑。”

顾玉秀怀疑地问：“仪凤格格今非昔比，她已经同铁祥大人奉旨议婚了，还会冒着抗旨的危险去救定剑？”

郑汝才用手指轻轻地敲着桌面，似乎在度此事的轻重，说：“会的……一定会的……凭我的猜测，会有七仙女敢犯天庭救董永的故事发生……”

顾玉秀不无妒意，说：“既然如此，何必多我一举？”

郑汝才盘算着说：“看过白蛇青蛇水淹金山的戏吗？想救许仙，光靠白蛇是不够，还得有青蛇相助。”

顾玉秀透着一丝悲凉，说：“奴家就是青蛇，对吗？”

郑汝才安抚地说：“你既然决定从良为妾了，再当一回陪衬的青蛇又有何妨？”

顾玉秀压下了浮上心的嫉妒，恢复了一向快意人生的神态说：“要奴家怎么做，请先生吩咐……”

“明天会审陈定剑的时候，我会买通巡抚衙门的上下，让你进入大厅，见机行事……”于是郑汝才仔细地说出了营救陈定剑的通盘计划，等到说完了，他突然变得忐忑不安了：这次营救陈定剑的计划是设立在仪凤挺身相救的假设基础上的，可是仪凤会甘冒天下之大不韪前来搭救陈定剑吗？

44

会审安排在巡抚衙门的花厅举行。

代春有意偏袒陈定剑，不想将会审安排在议事正厅，宛如高太尉的白虎堂，避免给陈定恩一种莫须有的压力。代春居中危坐，神态闲逸。李巡抚、陈世恩、福州将军和铁祥分列左右而坐，各怀心思。李巡抚手捧盖碗茶，轻轻地用碗盖刮去浮在茶汤上的茶叶末，尖着嘴唇在吮茶水，似乎在耗时间。陈世恩正襟而坐，身板笔直，仿佛在等着千钧之力当头压下来。福州将军吉隆阿秉性忠诚，老成练达，他本是大兴安岭中的鄂温克族人，因军功卓著，编入镶黄旗，荐升将军，但不改骑射民族的豪兴，不时地用鼻烟壶嗅着，好像在闻硝烟一样快意。只有铁祥心怀鬼胎，也捧着盖碗茶，尖着嘴，轻轻地吹着热茶汤，思索着怎么将马上要到手的胜利果实一口吞下去。他昨天夜里已经向阿玛发去电报，告发陈定剑，相信今日必定从天上降下无情剑，严惩陈家。

陈定剑已经传到，戴罪之身正跪在花厅中央，经过一夜的折磨，精神憔悴，但是两眼依然炯炯有神。

代春看了看埋头喝茶的李巡抚，有意地咳了两声。李巡抚受到提醒，才放下茶碗，正色地问道："堂下可是海军统制部副官陈定剑?"

陈定剑说："回大人的话，正是陈定剑。"

李巡抚又问："绿营兵把总林有财以你为乱党通风报信之罪逮捕你，你可知罪?"

陈定剑说："这纯属误会，请大人明察。"

李巡抚质疑地说："昨天夜里，官兵奉命搜捕乱党，陈大人并无获命参与，为何会出现在现场?"

陈定剑笃定回答："下官会友，路过此地，纯属偶然。"

铁祥攻讦道："陈大人，乱党林觉民、林尹民、陈更新可是你的同党?"

陈定剑斩钉截铁地说："不是，只是少年同窗。"

铁祥追问道："既是同窗，昨天晚上你恰巧出现在围捕他们的现场，也是偶然吗?"

陈定剑答道：“是偶然。”

铁祥说：“听说昨天贵府祭祖的时候，这三个乱党也到府上来了？”

陈定剑说：“昨天是祭祖，也是会亲，所以住在三坊七巷的亲友同窗都请到了，他们三人自然也在所请之列。只是阔别多年，下官并不知道他们留学东洋已经成乱党，否则会亲手将他们绳之以法。”

铁祥说：“狡辩！陈大人，你昨天恰逢府上会亲所以不当值，是否有人向你通风，你才赶去向乱党报信？说！那人是谁？”

陈定剑说：“无有此事！更无此人！纯属子虚乌有！”

铁祥紧追不舍地说：“你私带短铳，分明是资敌反抗，人证物证俱在，还想狡辩？”

代春等到这节骨眼上，以有意淡化事态严重的口吻问道：“陈定剑，你不当值，擅自带枪，是为了什么人吗？”

陈定剑受到启发，答道：“回贝勒爷的话，下官怕会友不测，才擅自带枪，此事有罪。”

铁祥问：“陈大人，是何等朋友如此重要，还需要带枪保护？”

陈定剑知道谎话不能圆说，故意说道：“铁祥大人，下官的私事不便直说。”

铁祥气得涨红了脸，说：“分明胡说！事关谋逆，岂有私事之说？”

代春说：“铁祥大人，未有确凿证据之前，不要妄加罪名，还是就事论事为好。”

“是，贝勒爷。”铁祥低下眉眼忍气吞声。

陈世恩很感激代春对陈家的袒护，但冥冥之中又预感到代春的偏袒中另有端倪，是否真的如铁祥所说的代春与陈定书之间有藤葛的疑云？陈世恩来不及往下深思，只见李巡抚的师爷拿着一份电报匆匆地走进花厅，对着李巡抚低禀之后，呈上手中的电文。

李巡抚连忙将电文转呈代春，说：“贝勒爷，摄政王爷来了急电。”

摄政王载沣是宣统帝父，代为海陆军大元帅，集军政大权于一身，他的急电犹如上谕。代春对李巡抚说：“念。”

李巡抚清了清痰重的嗓子，以示郑重，念道：“福州将军吉隆阿长资倚畀，规画周正，着主办陈定剑通会党一案，专权查办，将此各谕令知之。”

代春听完急电，就知道是铁祥瞒着他，向康禄告发，而康禄又在摄政王载沣面前进谗，才致使载沣对他袒护陈家不悦，改由老将军吉隆阿审案。但他压下怒火，对福州将军吉隆阿笑道：“请老将军上座审案。”

吉隆阿捋着雪白的长胡，似乎在梳理纷繁的头绪，回答：“古来老将谋国，今日并非克敌，何必小题大做，老朽就地理案，还请贝勒爷见谅。”

代春说：“悉听老将军尊便。”

铁祥心想：“老滑头，有摄政王严令，还怕你徇私枉法？”

吉隆阿对着案情的症结问道：“陈大人，适才你说你并非去向乱党报信，而是路过案发现场，才被误捕的？”

陈定剑说：“正是。下官只是去应约会友。”

吉隆阿说：“这便是本案的症结所在，请陈大人务必说出所约会的朋友的尊姓大名，以便索取人证结案。”

陈定剑本是无中生有，如何说出对方人名，只好装作执拗地说：“老将军，恕下官无礼，难以从命。”

吉隆阿说：“如果无有人证，如何证明大人清白？”

铁祥刁钻地说：“陈大人，难道说出人证，比自己的身家性命还重要？那么此人一定非同凡人了！”

陈世恩盯着儿子神情坚执的脸，思忖道：“莫非此逆子真的私通乱党，才不敢表白？否则怎么如此不顾阖家清誉、祖宗荣辱？这忤逆之子，恨不得将他碎尸万段！”

陈定剑索性豁出去了，昂首挺胸，准备接受老将军的雷霆大怒。

不料吉隆阿以鄂温克族人的狩猎耐性，慢慢地嗅着鼻烟壶，等待陈定剑自己开口。

代春暗暗地为陈定剑焦急，说：“陈大人，为了海军的清白，你务必说出与你约会的那个人的名字！”

“是我！”忽然，随着一道情已外露的声音降下，一位丽质卓绝的小姐柔踏轻曳地走进花厅，继续挑白隐情地说，“各位大人，和陈大人私下约会的人正是我！”

花厅里的众人惊得目瞪口呆，看清了来人正是仪凤格格！

在一片死寂中，花厅里听得到代春的喉咙里有浓痰在翻腾，在发出咕噜咕噜的愤怒的响声。

仪凤大胆地跪在陈定剑的身边，一副毅然就死的神态，惊得陈定剑从自己编的谎言中吓蒙了：这回真把天捅了个大窟窿了！

铁祥气得两眼喷火，恨不得将面前的这一对让他戴绿帽的奸夫淫妇烧成灰烬。

吉隆阿半信半疑，问道：“格格，这是公堂，刚才所说的话当真？”

仪凤不慌不忙地将谎言编得滴水不漏，直言道：“老将军在上，容仪凤细禀。昨天仪凤跟随阿玛到陈府礼贺，仪凤私下与陈大人约好晚上见面。陈大人因为怕连累仪凤，所以一直不敢表明。”

仪凤与陈定剑相恋，这是众所周知的事实。后来仪凤奉旨与铁祥议婚，但因老郡土仙逝，两家议定三年后再履行婚约，这也是事实。然而仪凤与陈定剑藕断丝连，这也是合乎情理的事实。吉隆阿思忖之后，已有定论，嘴上却说：“陈大人，格格所言，可是属实？”

陈定剑知道仪凤不顾牺牲自己的清白声誉是为了救他，但他岂是登徒子？便坦然说道：“下官与格格没有约定……”

“没有约定带枪，”仪凤机警地接过他的话茬，以自己的热爱引领着他按她的意图了结这段公案，“但是他为了保护仪凤，以防不测私自违规，罪在仪凤。”

陈定剑见她如此胆识过人，只好违心承受她的一片美意，不再作声。

铁祥气得全身发抖，说：“格格，你不是已经奉旨议婚，定好三年后履行婚礼，怎么可以践约抗旨？”

仪凤双目有光，威仪难犯，冷冷地说：“你可以向太后进谗，治仪凤于抗旨死罪！”

“你！”铁祥脸色刷地如同灰墙一样苍白，嘴唇发颤，说不出话来。

“你不是隐瞒在座诸位大人，擅自向你阿玛发电报告发，才有今天的严令回馈吗？你目无堂上衮衮诸公，还在乎我一个小小的格格吗？”仪凤用严词将铁祥顶到尴尬的墙角里去。

铁祥百口莫辩，说：“各位大人，容许下官陈情……”

代春被触到痛处，哼地一声，挥手打断了铁祥的话语，对吉隆阿说：“请老将军继续断案。”

吉隆阿会心地说道：“格格道出实情，老朽不能不信。不过事关格格的清白，皇家的声誉，格格怎么早不约见陈大人，迟不约见陈大人，偏偏在昨天晚上私见约会，是否出自重要原因呢？”

仪凤顺着吉隆阿搭好的梯子往下走，说：“正是。仪凤奉旨议婚之后，闻言陈大人已经移情会乐里顾玉秀姑娘。不料昨天在陈府，蓦然听说陈夫人已经婉拒接纳顾姑娘，顾姑娘自惭形秽，决然与陈大人分开返回上海。所以仪凤准备私见陈大人，劝他与顾姑娘再续前缘，量珠聘娶。”

吉隆阿恍然道：“原来如此。统领大人，可有尊夫人婉拒接纳顾姑娘一事？”

陈世恩回答：“确有此事，事后阖府上下无人不知，老将军可以稽查。”

铁祥心犹不甘，说：“岂可听一面之词？必须有人证，才能令人信服！”

话音刚落，李巡抚的师爷见机说道：“启禀老将军，顾玉秀已经在外恭候求见。”

吉隆阿说：“传！”

师爷拖着长声传禀道：“传顾玉秀！”原来师爷正是郑汝才收买的眼线，早就如约安排了一切，只待伺机而动。

顾玉秀急急走进，娴静迎人，立刻赢得满座皆惊。她对诸公一一迎揖后，跪在陈定剑的左边身后，自卑地与跪在陈定剑右侧的仪凤形成一个反差，说道：“民女顾玉秀叩见各位大人。”

吉隆阿问道：“顾玉秀，你昨天可去过陈府，见过陈夫人么？”

顾玉秀答道：“是陈定剑大人邀请民女去的，见过陈夫人。”

吉隆阿又问：“有何结果？”

顾玉秀说：“民女决定与陈定剑大人恩断情绝。”

吉隆阿说：“你与陈定剑大人的风流韵事曾经闹得上海滩沸沸扬扬，怎么轻易就绝情？可有人证？”

顾玉秀说：“有。郑汝才先生可以作证。”

师爷连忙说：“买办郑汝才已在外厅恭候。”

吉隆阿说：“传！”

师爷又一声传禀，郑汝才进入花厅，跪拜在侧。陈世恩此时才明白，刚才郑汝才对他说过陈定剑吉人自有天相的原因，原来郑汝才在暗中帮助陈家。

吉隆阿问道：“郑汝才，顾姑娘说她已决断与陈定剑大人绝情，可是属实？”

郑汝才答道：“千真万确。她昨天晚上央求小人替她从会乐里赎身，从良为妾，小人答应了。”

陈定剑听了心如刀绞，她为了成全他，让他死心，要纵身跳入火坑，他感觉到自己的脊梁骨一阵发凉，那是跪在他身后的顾玉秀发出的冰清玉洁般的冷傲。

仪凤闻言后如宿酒初醒，她原认为她最爱陈定剑，为了他可以不顾阿玛的拦阻，不顾皇太后的淫威，牺牲自己的格格名节援救心上人，却不料顾玉秀可以为陈定剑圆满海军梦，舍身饲虎！

吉隆阿长长地舒了一口气，说："案情至此，真相大白，陈大人私赴约会，误入案发现场，与乱党无涉。格格与陈大人请起。"

仪凤抑住喜悦，说："谢老将军明察。"

陈定剑吁了口气，说："多谢将军秉公断理！"

吉隆阿又说："郑汝才，顾玉秀都退下吧！"

郑汝才和顾玉秀起身称谢后，才返身离去。顾玉秀瞥了陈定剑英风毕露的身姿一眼，在心中泣血般地说道，"定剑，不要再来找奴家了，奴家为了你什么事都做了……"

铁祥一见天大的一桩谋反案顷刻间化成一场风流债，不服地拦阻道："老将军，下官不服，林觉民乱党还在逃，此案不能轻易了结！"

吉隆阿冷冷地说："铁祥大人，巡抚大人已下令在全城缉拿林觉民乱党，你可协助水师封锁马尾港口盘查，一俟捉拿归案，有了人证，再续审不迟！"

李巡抚说："老将军明断！"

代春弦外有音地说："还请老将军向摄政王爷复电禀报。"

吉隆阿得意洋洋地说："解铃人还得系铃人嘛，好说好说！"

陈世恩走到代春面前负疚重地说："贝勒爷，犬子定剑忤逆不孝，连累格格，恳请从重发落。"

代春说："等载洵贝勒爷和萨统制从欧洲考察归来，我一定向他们从实禀报，严饬发落。"代春预感到康禄决不会放过他和陈家，康禄背后的隆裕皇太后将是一道难以逾越的关山。

果然脸面尽失的铁祥恨恨未已地对代春说："贝勒爷，格格不守闺训，有悖皇规，下官将向家父请求太后恩准解除与格格的婚约！"说定后拂袖而去。

顷刻间，花厅内一片沉寂，静得连一根针掉在地上也听得见。

第十四章

45

“江天”号炮舰管带陈定书睡在一口棺材上已经九天九夜。

黑漆棺材摆放在一间亭厝中，亭厝立在一座面江的坡崖上，临风听涛，极目海口。坡崖下停泊着炮舰“江天”号扼守着马江直通海口的航道，一切过往的船只均受“江天”号的盘查。缉拿乱党林觉民、林尹民和陈更新的布告贴满福州城，三千名绿营已经将大街小巷查个底朝天，均无发现乱党的踪影。协查的铁祥下令严密封锁闽江各条出关通道，“江天”号奉命稽查海口要冲。

陈定书自幼与马尾黄家二小姐黄怡珠指腹为婚，俟到订婚之后，陈定书在马尾军港练船上实习，黄怡珠每日立在面江的坡崖上用千里眼观看未婚夫在练船上操练，遥寄钦慕。有一日，台风骤袭，将伫立在坡崖上专心远眺的黄怡珠刮入江涛吞噬了，从此悲痛之极的陈定书发誓终身不娶，在坡崖上盖一间亭厝，将黄怡珠的衣冠葬在棺材中寄放在亭厝里，让她的芳魂每日面对海口，遥望在海中走船的陈定书，了却衷情。所以每当陈定书获假返乡，必定终日睡在黄怡珠的棺材上，寒暑不避，苦守心志。

陈定书虽然睡在坡崖的亭厝里，但是他手不离千里眼地监视着航道上过往的船只，一有可疑情况，炮舰上的旗语兵就向他打旗语禀报，他即打旗语回复，指挥炮舰上的水勇放下舢板前往盘查。日复一日，无有生变。这引起多疑的铁祥心生疑云。铁祥推测，乱党林觉民和林尹民从东洋潜回必定再逃去东洋，要去东洋的捷径，唯有从马尾港出逃海外，所以监视马尾港是此次围捕的重点，而陈定书又是陈定剑的大哥，因此大有暗助陈定剑的同窗林觉民等人潜逃的可疑之处。铁祥派人暗中监视坡崖上的亭厝，发现先后有三个人来见过陈定书。

头一位去找陈定书的竟然是贝勒爷代春。

那是会审陈定剑结束后的第二天。代春一身便服，绣帽锦衣，轻车简从，到了坡崖下，将侍从留住，私自拾级上坡，到了亭厝前，惊得陈定书从棺材上翻滚下来，打千请安。

代春打量着油髹得如镜子般发亮的棺材，说："你真是重情重义，真像一个人。"他指的是他自己，因为爱任文娟而爱屋及乌地眷顾着陈家父子。

陈定书不知隐意，说："也许像我爹。"他指的是陈世恩，他从小就听说父亲救过母亲而迎娶的故事。

"是的，像你亲爹。"代春说到"亲爹"二字，加重了语气，"所以你二弟平安无事了，听说了吗？"

"听说了，全仗贝勒爷明察，不致让二弟蒙冤，下官至死不忘贝勒爷的大恩大德。"陈定书发自肺腑地说，不知为什么他一同代春交谈，就有一种莫名的亲切。

代春说："广州局面不稳，孙文乱党屡败屡反，据军谘府的情报，很可能又会发生一次谋反，林觉民之流潜回福州就是前兆。我和令尊刚刚商定，明天涨潮，'江天'号就起航，赶回广州，协助广州水师严守珠江，以防乱党从香港水路偷运枪械和人员进入广州聚众谋反。"

陈定书说："遵命。"

代春含情地说："所以我特地来看看你，国事蜩螗，不知此去一别，何日再见。"话声中透出一股无奈的悲凉。代春深知，虽然此行不虚，终于证实了陈定书即是他的亲生骨肉，可是满汉有别，贵胄天定，非到特殊时刻，他无法与儿子相认。

陈定书不解，问道："贝勒爷为何语带凄凉？下官虽是下属，如有急召，当舍命前来。"

代春反问："当真？"

陈定书说："当真。"

"好！那我就等待着这一刻，再续前缘！"代春重生期望，带着满足，转身下坡去。

"恭送贝勒爷！"陈定书单膝跪下，冥冥中感到他和贝勒爷之间有一条无形的纽带，而且越拉越紧了。

铁祥得知代春的微服私行后，在惊讶之余，深信自己当初做出的陈定书是代春的私生子的判断是正确的。

第二位去见陈定书的是陈定剑。

陈定剑给黄怡珠的亭厝带去了香烛纸马，寄托自己的追思。

陈定剑和陈定书跪在棺材前，一字儿摆开香烛供品，然后点燃纸马。燃尽的纸钱如片片黑蝶随着江风冉冉升空，飘向坦荡的大江。

陈定书说："二弟，我明天要走了。"

陈定剑允诺道："大哥放心，只要我还没有回上海，我每天都会来给大嫂烧纸。"

"多承美意。"陈定书拍拍弟弟的肩头，"你有难的时候，大哥没能帮上忙，抱歉。"

陈定剑说："事后爹说，当时大哥守在'江天'号上，就是无形的靠山。"

陈定书知根知底地说："我知道你当时想去救觉民兄弟的。"

陈定剑问道："大哥不在场，怎么猜得出？"

陈定书笑道："你我从小在于山白塔寺共读林文忠公的'苟利国家生死以，岂因祸福避趋之'的诗句的时候，就知道你们的抱负了。说吧，要大哥帮你做什么？"

陈定剑低声："铁祥大人奉命正在四处缉拿林觉民他们，一旦被他抓住，他就可以凭人证提议再度审讯我，所以只有尽快将林觉民他们送出海口，能帮此忙的唯有大哥了！"

陈定书说："明天潮平，'江天'号奉命起航去广州，我可以将林觉民他们装扮成舰上的水勇带出海口，送到厦门，再转搭洋轮去东洋。"

陈定剑大喜，说："多谢大哥鼎力相助。"

陈定书问：“林觉民他们现在何处？”

陈定剑说：“今天黄昏时分，自有一位叫郑安芳的小姐来找你，她是郑汝才世伯的女儿，会亲那一天，你见过。”

陈定书立刻记起一位冷静犀利、条理清晰的大家闺秀，问道：“大哥已有耳闻，这位巾帼女杰可是非二弟不嫁。”

陈定剑说：“会审以后，她派管家郑二和我联系，我才知道林觉民他们遭伏击的那天晚上，就是她单刀赴会，出手相救的。她确是女中豪杰，可惜小弟无缘接纳。大哥若有此意，不妨相识？”

陈定书婉拒道：“我有怡珠，此生足矣。”

陈定剑说：“大哥多情，小弟佩服。营救细节，可与郑安芳商洽，切记提防铁祥大人，他可是居心险恶之徒！”

陈定书说：“兵来将挡，水来土屯，大哥自有妙计对待他。”

但是铁祥奸诈，他先派海军陆战队士兵守在坡崖下，挡住第三个去见陈定书的人。郑安芳到的时候正是黄昏，她挽着一只食盒，傲视拦在面前的四个海军陆战队的士兵，先声夺人地问：“你们的管带官是陈定棋大人对吗？你们怎么敢拦住本小姐去见陈大人的大哥陈定书大人？”

为首的士兵回答：“是铁祥大人调我们来盘查的，请小姐原谅。”

郑安芳又问：“难道本小姐是乱党吗？”

另一个士兵回答：“有传闻三个乱党是被一个女流救走的，所以不得不查，请打开食盒。”

食盒中装的是几十块光洋，准备给林觉民他们出逃做盘缠用的。郑安芳自然不肯查，就用盛气凌人的口气压这些新招的士兵，说：“你们知道本小姐是谁吗？就是你们管带官未过门的二嫂！还不让开！”

士兵们面面相觑，左右为难。

郑安芳又狠狠地砸了一句，说：“海军陆战队的饷银可是很优厚的，就不怕得罪本小姐了将你们开缺回家喝西北风吗？”

为首的士兵只好说：“多有得罪了，小姐请便。”

“等等！”突然一声厉喝，一匹快马驰来，来人正是铁祥。他勒住马缰，用马鞭指着郑安芳说，“本老爷可不买你的账！本老爷奉代春贝勒爷之命协查乱党，有权稽查一切可疑人等，不分亲疏，一概严查，你们还不动手？”

士兵们正要动手，忽然从坡崖上虎步龙骧地走下来陈定书，朗声大笑道：

"哈哈哈，我说嘛，是谁敢在本管带的地头上撒野？原来是铁祥大人！"

铁祥愣了一下，没想到半路上杀出程咬金。陈定书与他品级一样，但却是个正职管带，铁祥只好下马，抱拳说道："王命在身，多有冒犯。"

陈定书说："她是陈某未过门的二弟媳，不可亵渎官亲。"他故意朝着铁祥的软肋处一击，等待铁祥的反应。

铁祥一直在为陈定剑与仪凤格格的藕断丝连耿耿于怀，如今一听陈定书指明陈定剑的未过门夫人是郑安芳，十分的敌意顿减了七分。故意问道："外头不是早有传闻，令弟与会乐里名妓顾玉秀暗结情愫，怎么又冒出这个郑家小姐呢？"他有意不提忌讳的仪凤。

陈定书道："逢场作戏本是男人的消遣，岂可当真？郑姑娘出身名门，才是门当户对的匹配，才是家严认可的圭臬。铁祥大人不认为这是符合礼仪的选择吗？"

铁祥听了心里很熨贴，连连点头，说："陈大人可比令弟通晓情理。"

陈定书说："那么陈某可以请郑小姐上亭厝叙谈了？"

铁祥面对代春眼中的红人，位居"江天"号要职的强硬人物，找不到反驳的理由，只好说："请便，请便！"

陈定书带着郑安芳上了亭厝，铁祥只好望洋兴叹，下令撤了守军。

进了亭厝，郑安芳感激地说："多谢大哥及时援救，否则不但盘缠被没收，而且连觉民他们的藏身处也会被暴露。"

陈定书问："他们藏在何处？"

"他们藏在黄家村的白马寺，这食盒就是白马寺的供篮。"郑安芳打开食盒，将盒中的光洋交给陈定书，"这是他们的酬谢，我只能找到这么多了，请收下。"那天营救之后，郑安芳带着林觉民三人逃出福州城，躲在马尾港外的白马寺，她知道要逃出海口，这里才是理想的栖身地。她联系上管家郑二找到陈定剑，才获得陈定书的援手之谊。

陈定书推开光洋，说："我是为我二弟才帮助你们的，一块铜板也不要。"

郑安芳说："痛快！大哥高义大德，小妹日后当报。"

陈定书说："明天晚上九点潮平，'江天'号准时启航。你务必在八点前带他们到'江天'号锚地，换上水勇的衣服上船。"

郑安芳双手一拱，说："就此拜别！"

陈定书没遮没拦地说："你如此豪气，不对我二弟的胃口。他喜欢的是仪凤格格的贤淑，顾玉秀的怜楚，你不能改一改秉性吗?”

郑安芳说：“江山易改，禀性难移。大哥放心，就是一团火，可以把定剑这块铁砣熔化。”说完走出亭厝，融入到夕阳的余晖中去，化为一片灿烂的晚霞。

陈定书的眼睛看花了。

46

马江江水涨到满潮的时候，“江天”号炮舰拉响了三声长鸣，披着满天的寒星离开锚地，驶向闽江的出海口。

管带陈定书站在指挥台上发出一道道指令，炮舰在他娴熟的指挥下劈开黝黑的江水，直插出海的要冲，一旦过了水师辖下的长门炮台，就平安无事了。

天刚擦黑的时务，郑安芳就领着林觉民三人按预约的路线到了锚地边的江畔，早有陈定书派来的一条舢板在等候了。两个水勇给林觉民、林尹民和陈更新换上“江天”号练勇的服装，送上舢板。林觉民二人向留在岸边的郑安芳抱拳揖别，郑安芳也回以拱手之礼，革命同志的生死情谊尽在这一揖之中。舢板载着林觉民他们慢慢地摇向停泊在江心的“江天”号炮舰，郑安芳挥手告别，泪水涌了出来。林觉民他们脱险之后，完成了任务的郑安芳明天将搭一艘过路的英国货轮取道广州与先期到达的五爷联系，参与广州的新军起义。

林觉民三人安全抵舰后，陈定书将他们藏在底舱，炮舰在准时的命令时分顺利起航。江面上十分平静，没有发现任何可疑的船只，但是陈定书十分忐忑。凭他的经验，航程中越是平安越是隐藏着危险，何况铁祥的阴险嘴脸一直在他的脑海中闪现。

炮舰驶近长门炮台，这是清军水师扼守闽江进出海口的咽喉，巨型的德国克鲁伯大炮是一柄可以斩断任何天堑的利剑。突然炮台上打亮一闪一闪的灯语，示意“江天”号停船接受检查。

陈定书预感大事不妙，通知林觉民他们不必惊慌，又立即命令三名水勇各套上绳索从炮舰上吊下江中，随时准备潜入水中，让林觉民三人顶他们的缺。

一艘快艇从炮台关卡冲出夜幕，亮着前灯向炮舰飞速驶来，领队的正是早已守候的铁祥。铁祥已有预感，林觉民三人想逃出海口，只有偷乘出海的“江天”

号，所以带着排长肖木旺和几名海军陆战队的士兵前来盘查。士兵中有一名正是林守江，他已经接到管带官陈定棋的密令，如有不测，林守江可以除掉铁祥，援助林觉民他们脱险。

陈定书在舷梯旁边迎接铁祥一行不速之客，语带讥讽地说：“昨天才分手，今日又见面，大人可真是对陈某眷顾有加啊！”

铁祥打哈哈地说：“得罪了，本官也是王命所驱，怠慢不得。”

陈定书说：“职责所在，同感同感。”

铁祥说：“陈大人请下令所有官兵列队点名。”

陈定书立刻命令值星官前甲板集合。值星官下令敲钟，顷刻间，所有官兵迅速跑步在前甲板列队集合完毕。

铁祥知道全舰官兵固定人数，下令报数。一时间，响亮的报数声在甲板上回响起来。报数结果，一人不多。那三名水勇事先早已潜入江水中，铁祥察觉不了。铁祥吩咐陆战队士兵检查全舰，结果没有发现多余的人员。铁祥在官兵的队伍前巡视，鹰一样锐利的眼光在官兵们的脸庞上一一扫过。忽然，铁祥发现有一张脸庞比较白净，不如别的水勇长年在江海上漂泊脸庞黝黑。他停下来，狠狠地盯着林觉民，突然用英语问道：“叫什么名字?”

海军官兵都粗通英语，因为军舰不是英国制造，就是德国生产，所以掌握英语和德语是每个上舰水勇的基本条件。林觉民熟习英语，立刻大声回答：“报告大人，一等练兵黄水官！”

铁祥又问：“什么叫艇？什么叫做舰?”

林觉民从小和陈定剑在一起读书，对舰艇常识耳濡目染，立刻回答：“报告大人，吃水五百吨以下的叫做艇，吃水五百吨以上叫舰。”

铁祥找不出破绽，走到脸庞白净的陈更新面前问道：“叫什么名字?”

陈更新挺直身板，回答：“报告大人，一等练兵郑阿弟！”

铁祥问道：“凡士兵未满下列服役年限者不得晋级，举例一条！”

陈更新脱口而出，说：“一等练兵升三等兵，海上勤务必须满六个月！”

铁祥刁难地说：“再举一例！”

陈更新立即回答：“同一等练兵升同三等兵，陆地勤务必须满八个月！”

练兵新入伍，脸庞未晒黑，这是常事，铁祥心中有数，只好怏怏地离开，又在林尹民面前停下，寻衅地说：“你！举一颗炮弹给本大人看看！”

陈定书暗暗替林尹民捏了一把汗。未经过训练的人通常举不起一颗炮弹，而举炮弹又是水勇的家常便饭。

林守江紧张地摸住了藏在腰间的水手刀，一旦铁祥怀疑了林尹民，他就一刀将铁祥撂倒。但他发觉肖木旺在暗暗地盯着自己的举动，他准备必要时就豁出去保护林尹民。

不料貌不出众的林尹民，却是个大力士，不但左手举起一颗炮弹，右手也同时举起一颗炮弹，上下更替，反问道："大人，要举几下?"

铁祥自讨没趣，对陈定书说："例行检查结束，告辞!"

"不送!"陈定书双手一拱，就将铁祥打发了，大声下令，"起航!"

"江天"号炮舰响着胜利的长笛声缓缓地驶去了，很快地将载着神情悻悻的铁祥的汽艇抛弃在浓浓的夜色里。

第二天黎明前，"江天"号炮舰在厦门港的浓雾里停了下来，一条舢板如约摇来，接走了悄然下舰的林觉民三人。陈定书在舷梯边对林觉民他们拱手告别后，"江天"号悄然地滑出厦门港海面，踏上通往南海的航程。

接踵着，林觉民和林尹民登上一艘英国货轮驶往日本与孙中山会合，陈更新则潜入厦门港联络当年厦门小刀会遗散蛰伏的会党，准备策动新一轮的起义。

47

坚信陈家父子暗助乱党林觉民逃脱，与广州新军密通款曲伺机造反，这是筹办海军帮办大臣康禄接到儿子铁祥密电后做出的直觉判断，但是又无确凿人证，只能妄加猜测，康禄怀着这种矛盾的心情走进了紫禁城养心殿的西暖阁，拜见传召的隆裕皇太后。

康禄看见了出洋考察刚刚回国的萨镇冰和筹办海军大臣载洵贝勒以及军谘府大臣载涛、摄政王载沣都已经先他在座，很是惶恐，连忙向隆裕皇太后跪下请罪："奴才来迟，十分惶恐，请皇太后恕罪。"

隆裕没有坐在黄幔帐后头，用恩泽众人的笑容面对众臣，弦外有音地问："何事来迟了？莫非是家事蜩螗？坐下慢慢说吧!"隆裕已经听过了摄政王载沣的私下禀报，知道陈世恩的儿子陈定剑在福州因私通孙文乱党之嫌受审，也知道代春的女儿仪凤不忘旧情为陈定剑开脱，更知道康禄的儿子铁祥追缉乱党查无实据、只手难撑。所以她连忙召刚回国的萨镇冰和载洵等重臣入朝议对。

康禄听得出皇太后话中有话，就称谢道：“谢皇太后赐座。”起身后坐在宫女端来的绣墩上，才装着难以启齿的神态，连叹了几声说：“家有不肖子，丢人现眼哪！”

载沣趁机撺掇道：“都是自家人，有什么苦水就吐出来，有皇太后给你做主哩！”

康禄支支吾吾地说道：“犬子吃了子豹子胆了，居然抗旨，提出要向仪风格格退亲！”

载洵吃了一惊，问：“铁祥是一个一向听话的孩子，为什么敢抗旨退婚？”

于是康禄将陈定剑涉嫌通乱党、与仪凤私会、铁祥脸面全失才愤而退婚的事情经过说了一通，一说三叹，一叹三下泪。萨镇冰听了如坐针毡，一言不发，知道皇太后领着康禄、载沣和载涛对他上演了一出“逼宫”：逼他同意削弱陈世恩父子的兵权，进而削弱汉人在海军中的主控权。

载涛对载洵解释道：“六哥因考察在外，有所不知，据军谘府密使从福州发来的密电报告，孙逆从东洋派林觉民兄弟潜回福州替广州新军中的乱党筹送军款。铁祥奉命协助缉拿，结果陈定剑因与仪凤格格有私约路过案发现场，反遭铁祥误捕。摄政王爷闻讯下令代春贝勒爷会同福建巡抚和福州将军三堂联审，证实陈定剑与乱党无涉，但铁祥尽失脸面，才出此下策。”

载洵见自己的属下没有卷入乱党一案，松了口气，用敦厚的口气说：“铁祥忠心可嘉，陈定剑旧情难舍，都是我海军多义多情的男儿，情有可原，情有可原。”

载沣语含指责地说：“六弟，你佛心太善，治军如治国，不可不严。”

载洵说：“五哥，定剑与仪凤认识在前，铁祥与仪凤议婚在后，定剑私会仪凤是为了结前缘，也无可厚非，何况两人并没有见成，不必深究也罢。”

载涛说：“五哥、六哥，虽然他们两人没有见面，但是浮名远播，有失皇家颜面。”载涛年纪最轻，排行老七，但是却比两位大哥处事严厉。

康禄趁机叹气道：“皇太后，都怨奴才家门不幸，家门不幸哪……”

隆裕瞅了三缄其口的萨镇冰一眼，笑眯眯地说：“统制大人新从西洋归来，一路舟车劳顿，是否尚未消除疲倦，所以一言不发啊？”

萨镇冰以退为进地说：“微臣想悉听各位大人的高见，所以不敢贸然开口。”

隆裕：“老臣谋国，稳妥固然好，但不必太多虑，带兵如带子，重在管束，否则不会有《三娘教子》的好戏流传至今。”

萨镇冰听出皇太后有意顺从载涛等人的意图，借陈定剑的差错，削弱陈世恩父子的权柄，以擢升康禄在海军中的地位。就转缓地说：“此次微臣奉旨随同载洵贝勒爷出使德国，德国海军司令还专门垂询陈定剑的近况。微臣回答，蒙皇太后厚爱、朝廷重托，陈定剑因才得用。”

隆裕略一吃惊，说：“果真有此事？”

载洵证实道：“确有此事。陈定剑曾经在德国海军中见习过三个月，巧遇德国海军司令巡视，深蒙褒奖，扬我大清国威。”

隆裕立刻改缓了口气，说：“既是人才，也该淬火锻打不是。”她听得出萨镇冰和载洵的本意，筹办海军离不开颇具实力的陈家父子，连夷人也折服陈家，她贵为皇太后也得遵从夷人之意。

萨镇冰见时机已到，说：“皇太后所言极是，微臣也以为陈定剑应当磨炼，才能堪当大任。”

隆裕问载洵：“老六，你是筹办海军大臣，你说说有什么高见？”

载洵说：“统制大人知人善用，应该有了通盘主意。”

萨镇冰说：“陈定剑招募海军陆战队筹划得当，成果可喜，不如调到‘海星’号兵舰充任帮带。”“海星”号是巡洋舰队的主力舰，萨镇冰不想让兵权旁落旗人手中。

载沣看穿萨镇冰的心思，说：“皇太后，奴才以为陈世恩教子不严，应当撤去‘海星’号兵舰管带一职，专心协助载洵治理统制部。由铁祥升任‘海星’号管带，让陈定剑出任帮带，远离仪凤格格，各有宜处。”

这是萨镇冰最担心的局面，终于让载沣和盘托出，他求助地看了一眼载洵，希望能够挽救颓势。不料载洵是个好好先生，却附和道：“这样的安置甚好，让铁祥和陈定剑各尽其才。”

隆裕说：“这样也好，让陈定剑出任‘海星’号帮带可是学有专用，免得外人说咱们亏待了陈世恩。这样吧，近来不是有传言广州新军要造反吗？就派铁祥和陈定剑带‘海星’号去助水师提督李準一臂之力。”

隆裕巧妙地一转话锋，说：“还是多谢老六和萨统制的信任吧！告诉令郎，退婚不合体统，仪凤是个新派姑娘，骨子里还是皇家血脉，不可多得。”

康禄见目的达到，连忙顺水推舟，说：“多谢皇太后厚爱，奴才一定训斥犬子膺服祖宗家法行事。”

隆裕说："今儿个就散了吧，我得去后花园伸伸老胳膊老腿了。"

萨镇冰和众人都拜谢后，星散了。太监小德张赶上来对载洵附耳细说了几句，载洵点着头，才紧脚走了。

到了上轿处，载洵看见萨镇冰在等他，连忙走上前，说："知道刚才小德张对我说了什么吗?"

萨镇冰说："总不会过问刺客在哈尔滨想行刺你的事吧?"萨镇冰和载洵取道西伯利亚铁道回国的时候，在哈尔滨火车站遭到革命党人熊成基行刺，但熊成基事泄被捕。回京后，隆裕太后不知是见怪不怪了，总之没有对载洵抚慰。

载洵说："虱子多了不怕咬，行刺不算一回事了。萨大人，刚才小德张给我传了皇太后的口谕，密令铁祥暗中监视陈定剑，如果对广州乱党再有同情或暗助之嫌，定严惩不贷！请萨大人转告陈定剑，千万不可再无事生非，否则不仅祸及陈统领，而且祸及海军，真到那时，我只好请开去要职，另择贤能了。"

萨镇冰听得出载洵话里软中带硬的警告，似乎看见了隆裕那张在雍容华贵神情中藏着冰冷杀机的嘴脸，不寒而栗。

48

穹甲巡洋舰"海星"号炫耀地响着嘹亮的汽笛驶进珠江的水面，主炮和侧炮在锚链哗啦啦滚动落水的响声中已经将巨大的炮口对准了广州码头。"海星"号虎视眈眈地直面广州城的时候，码头上围观的百姓已经吓得四处逃散，似乎拔腿逃得慢一点，就挨到追逐的炮弹的轰炸。早已等候的广州水师提督李準和广州绿营总兵荣宝见预期的威慑效果已经达到，就在亲兵的簇拥下登上水师快艇向"海星"号驶来。

新任的"海星"号管带铁祥率领新任帮带陈定剑和全舰官兵列队迎迓李準和荣宝。铁祥品服簇新，顶戴耀眼，抱拳恭迎李準和自己的叔叔荣宝。铁祥在福州接到朝廷的任命时，不及时机地拜谢了代春和陈世恩，然后又不计前嫌地拜会新任帮带陈定剑，这一切他都是做给仪凤格格看的。铁祥知道是隆裕皇太后让他在仪凤的心中天平上加重了砝码，而且他也得到父亲康禄转告的皇太后的密旨：一旦陈定剑同情或暗助广州革命党证据确凿，则严惩不贷。陈世恩在卸去"海星"

号管带之职后，随同代春和仪凤乘坐“康济”号的练舰返回上海。临行之前，陈世恩警告陈定剑，履新赴粤，切勿再滋事，否则将落入铁祥的陷阱，招致杀身之祸，并累及家族与海军，陈定剑点头称是，因为他深知，自己离当初孙中山先生所期待他能够掌控主力舰“海星”号和整个巡洋舰队的愿望只有一步之遥了，他决不会贸然行动的。

铁祥和陈定剑将李準和荣宝请入管带室落座后，面形如一只猛禽的李準就抱拳称谢道：“铁祥大人，本督对贵舰前来助阵，铭感五内。”李準不愧是出身水师，一投手一举足，都夹带着一股凛凛威风。

荣宝是个养尊处优的胖子，广州人嗜好的茶也无法减损一分他满人好肉的浑身油脂，一开口就嗓音沙哑，似乎喉咙都被多余的油脂浸满了，说：“贤侄，李大人确实言出真心。刻下广州城内风声鹤唳，传闻新军要纠合会党造反，可是城外新军有三千之众，也不知哪支队伍会犯上作乱，真是令人防不胜防。如今有贵舰臂助，无疑是如虎添翼。”

“上阵父子兵，打虎亲兄弟。二叔有难，小侄在所不辞。”铁祥打开一幅广州地图，说，“请李大人明示兵力布防。”

李準指着地图说：“虎门海面有炮舰‘江天’号巡弋，防止乱党运送枪械的走私船进入城内。管带是陈定书大人，已誓保无虞。”

陈定剑说：“陈定书正是下官的兄长。”

李準说：“好哇，有令兄和陈大人联手，何愁不能防患于未然？二位大人请看，广州有二路守军严防，一路是巡防统领吴宗禹大人严守东大门，东大门外正是新军驻地；二路是荣宝大人率绿营严守白鹅潭，防止新军从水路进攻；三路是本督率水师严守泥城港和燕塘一带，防止新军逃窜。本督担忧有会党从水路由广州码头正面袭击。所以恳请二位大人严守这第四路，一旦发现会党配合新军进袭，则用炮火轰灭。”

铁祥说：“李大人放心，皇太后早有严旨，助阵灭敌是本官和陈大人的职责。”说着有意地瞄了一眼陈定剑，意思是陈定剑胆敢犯通敌之嫌，定严惩不贷。

陈定剑装作不在意，心中暗暗替会党担忧，一旦暴露在“海星”号的炮口下，任何船只都要化齑粉，嘴上却说：“二位大人不必担忧，‘海星’号确保第四路防线无虞！”

李準说：“防务在身，不宜久留，就此拜别。”李準已经躲过革命党人的两次未遂行刺，所以警觉甚高，往往待在一个地方不会超过一炷香的功夫就匆匆脱身，已成惯例。

荣宝也很小心，说：“待大功告成，再置酒庆功不迟。”说完了一拱手，与李準一起匆匆地离去。手握洋枪的新兵们立刻簇拥着李準和荣宝登上快艇，总怕他俩被会党劫去似的。

铁祥立即下令舰炮的炮口对准李準和荣宝乘坐的快艇离去的水路，一旦发现水路上有可疑的船向快艇靠拢就开炮。陈定剑看了，心中掂量这个既狠又毒的对手铁祥不可等闲视之，日后必定是革命党的心腹大患。

果然，有三条蟹壳艇快速地向李準乘坐的快艇包抄过来。快艇上的李準发现不妙，立即下令新兵们开枪拦阻。不料三条蟹壳艇并未减速，划手们拼命划桨，冒着弹雨向快艇靠拢。

站在“海星”号舰桥上观察的陈定剑连忙拿起千里眼看去，一条熟悉的人影立刻跳入他的眼帘：这个彪形大汉正是久别的光复会龙头老大五爷！只见五爷不顾子弹呼啸地从身边飞过去，从艇上站起来，向靠近的快艇投去炸弹。“轰”的一声，炸弹投空，在江面上炸起一条冲天的水柱。

五爷自从偷运枪械进广州后，就暗中与广州新军联络，准备参与起事。与五爷接头的是新军中的炮兵排长、同盟会会员倪映典，他是合肥人，五爷叫他倪合肥。倪映典请五爷带几个光复会会员护送他去英国汇丰银行取起义用的巨款。这笔巨款正是林觉民从东洋带回，经陈定剑托周友三汇至广州的。岂知周友三已经通知广州的军谘府密探盯住了取款的倪映典和五爷。因此，倪映典的新军身份暴露了，五爷的行踪也在军谘府密探的监控中。五爷为此迁怒倪映典，责怪同盟会，决定光复会单独行动，所以才策划了此次水上行刺李準的伏击。

袭击的枪声惊愣了指挥台上的铁祥，急忙下令开炮，保护叔叔荣宝和李準乘坐的快艇。枪炮副军士长林守武是光复会会员，对手下的弟兄们使个眼色，弟兄们心领神会，打出的炮弹偏离蟹壳艇。三只蟹壳艇冒着炮火逼近了快艇，纷纷地向快艇投掷炸弹。无奈，由于炮弹掀起江面的波浪汹涌，五爷他们无法准确投弹，只好设法再靠近快艇。

“海星”号上，铁祥眼见舰炮的攻击一一落空，他生气地跑到前甲板主炮台旁边，愤怒地大喊：“休想杀我的叔叔！”他一把推开林守武，由他亲自瞄准操作，一炮轰去，一条蟹壳艇立即被炸得粉碎。铁祥得意地一笑，又开了一炮，又一条蟹壳艇被炸飞上天，江面上只剩下五爷的那一条蟹壳艇了，五爷再度站起来，两手各执炸弹，眦目裂牙，双眼喷射着怒光，喝令划手们向快艇冲去，准备与快艇玉石俱焚。就在这节骨眼上，铁祥开出的第三炮掀翻了蟹壳船，五爷含恨地沉入江中。荣宝和李準乘坐的快艇一溜烟地冲出伏击圈，靠上码头，在闻讯赶到的绿营兵们的掩护下仓皇逃走了。

铁祥轻轻地吁了一口气，余怒未消地走到林守武跟前狠狠地摔了他一记耳光，咆哮道：“你险些害死了我的叔叔！我撤了你的职，当炮手去！”林守武轻轻地试去流出嘴角的鲜血，按下了心口腾起的怒火，回答道：“谢大人宽恕之恩！”

49

郑安芳带着五爷走进了香港跑马地三十五号的同盟会起义的“统筹部”，一脸怒气的“统筹部”部长黄兴已经在等候他们了。

“你们比约定的时间迟了一个钟点。”黄兴高大的身量发出的嗓音也是洪亮的，犹如革命的炮声。

“还不是你们的人笨蛋，暴露了我的行踪，引来一条狗跟踪，好不容易才甩掉，这样迟到了！”五爷一想起倪映典的失误就一肚子无名火。

“想必这位就是光复会的五爷吧？我黄兴还没有跟你生气，你倒先发火了？”黄兴熟知会党龙头老大脾气，强龙要压地头蛇才镇得住他。

果然五爷气馁了，面对大名鼎鼎的黄兴，抱拳说：“在下五爷拜见黄部长。”

黄兴安抚地说：“听说‘海星’号的大炮都没有炸死你，命真大！”

五爷说：“我是九条命的老猫，死不了。听郑小姐说，你不满意我擅自行刺李準，叫我来问罪？”

“你破坏了我的通盘起义计划，提早暴露了新军的动向。”

“我是光复会，你是同盟会，咱们河水不犯井水！”

“鞑子抓到你我一样砍头，才不分彼此，那你我何必分彼此？不如联手举事？此次起义，如果五爷不助我黄兴一臂之力，难成大计。”

“既然黄部长如此高看五爷，我五爷愿意不计前嫌，共赴国难！”

郑安劳此次从福州来广州的任务，就是要引见五爷拜会黄兴，借助光复会在广州的力量协助广州新军起义。她见五爷表示愿意与黄兴携手之后就说：“部长，五爷带来了新的行动方案，请审定。”

黄兴说：“五爷请讲。”

五爷说：“郑小姐原先带来部长的计划，要光复会弟兄从水路正面进攻广州码头，如今不可行了。”

黄兴问：“怎么生变了?”

原来就在五爷袭击李凖失败后的第二天，李凖为了感谢铁祥，特地准备了两条船的酒肉犒劳“海星”号的官兵。五爷探知“海星”号上情况有变，就和郑安芳化妆成搬货苦力混上货船去了“海星”号。

五爷和郑安芳抬着一筐酒肉上了“海星”号，只见戒备森严的水勇们端着枪正在监督苦力们卸货。郑安芳一眼瞅见了陈定剑，故意走过去问道：“大人，这筐猪肉放在哪里?”

陈定剑发现满脸涂得黝黑的郑安芳，打扮得像粤北来的大脚婆，几乎认不出来，压低嗓音问：“你? 你怎么到舰上来了?”

“想你就来了，哪里也拦不住我，阎王殿我也敢去!”她的杏眼喷着火，几乎要把他熔化了。

“五爷呢?”他担心地问。

“大炮炸不死他，他也来了，在那里搬货哩!”郑安芳使个眼色，让他看见了向他示意的五爷。

陈定剑说：“告诉五爷，铁祥准备用舰炮轰炸进攻广州码头的革命党，叫五爷赶快改变计划。”

“明白了，这条消息算我欠你一个吻。”郑安芳不改调皮和痴情，转身拎着空筐走了。

正站在舰桥上监视的铁祥发现了郑安芳熟悉的背影，连忙追下来，陈定剑连忙上前截住他，故意问道：“李大人送来这么多的犒劳，该怎么回谢他的一番好意?”

铁祥一边回答一边往舷梯口追去，说：“投桃报李，一切听凭陈大人你的主张。”等追到舷梯边，两条卸空的货船已经离开兵舰缓缓地驶去，男女苦力钻入篷舱中歇息，不见了那个熟悉的背影。铁祥陡生疑云，下令官兵一律不准上岸，任何船只再也不准靠上兵舰。

黄兴得知了变故后说：“举事的计划是通过缜密考虑的，动一发则牵全身，所以从水路正面攻击广州码头的计划不能变更。五爷是行家，想必带来的新计划正是一出空城计。”

五爷抚掌大喜，说道：“部长不愧是统筹里手，我准备派一批伪装的空船去吸引‘海星’号的炮火，让参加举事的一百位弟兄全部从水底潜入码头，打他个措手不及！”

黄兴吃了一惊，问：“一百位会党兄弟都会潜水？”

五爷说：“全是船帮的水鬼，咱光复会有的是鸡鸣狗盗之徒！”

郑安芳说：“从水下出击，缺少的就是洋枪。”

黄兴说：“有一船的武器在虎门海面被‘江天’号炮舰拦截了，我实在匀不出多余的洋枪给你们。”

五爷说：“也罢，凭一腔热血，两尺砍刀，照样攻下码头！”

黄兴抱拳一拱，说：“君子一言，驷马难追，广州码头就交给五爷了！”

五爷朗声说道：“咱们会师水师提督府再相见！”

“水师提督府相见！”黄兴礼送五爷到大门口，深深揖送。

五爷怀着一腔热血，大步流星地走了，郑安芳带着对这二位英雄的崇敬，加快了脚步，紧紧跟去。

这时候，云彩裂了缝，月亮跳了出来，香港的石板街上一片光明。

遥遥目送的黄兴有一种预感，胜利如同新月，将要笼罩广州城了。

50

起义的枪声是遽然爆发的，历史用仓促的笔触记下这个悲壮的日期：一九一〇年二月十二日。

是日，广州新军二标的士兵华云衷在书店同广州警察偶然发生争吵，遭到逮捕。新军闻讯纠集上百人赶来捣毁警察局抢出华云衷。自从袁世凯在天津小站训练六镇新军后，各省督抚纷纷效仿，也各自训练新军。新军皆由汉人组成，对清廷的腐败素有积怨，一有摩擦，动辄兵变。粤督袁树勋惊悉新军滋事，立即派绿营兵弹压。本来已在运动广州新军准备春节过后起义的排长倪映典担心事泄，仓促地宣布起义，被三千新军弟兄公推为总司令，兵分三路向广州城进攻，恰好正中水师提督李準和绿营总兵荣宝事先设下的埋伏圈。一场激战瞬间在广州城迸发了。

枪声即是信号，五爷闻讯后立即率部从水路向广州码头发起预定的进攻。此时珠江上雾气重重，正是涨潮时分，五爷下令将几十艘蟹壳空艇顺水推去，每条艇上都伏着裹着蓑衣、戴着斗笠的稻草人，在浓雾中乍看以为是进攻的会党党徒。而五爷却亲率百名水鬼，口衔砍刀，从侧面潜水逼近广州码头。

穹甲巡洋舰"海星"号正在警戒水域，探照灯的灯柱撕裂开浓雾在江面上巡弋，骤然发现了偷袭的蟹壳艇船队。站在舰桥上当值的陈定剑了然于胸，昨天就接到五爷派水鬼偷偷送来的密报：一旦举事，即用空船声东击西。陈定剑立即下令发出战斗警报，舰上警钟大作，水勇们纷纷赶赴各自的岗位，将所有的炮口对准了顺涨潮而来的船队。铁祥急急地赶来，问陈定剑："会党造反了?"

陈定剑说："前方发现不明船队，船上都有伏兵，请大人，下令开炮!"

铁祥心想，这一次攻击倒很主动，挑不出陈定剑的"通敌之嫌"，就接过他递来的千里眼观察，只见一条条蟹壳艇上伏兵重重，刀枪毕露。他杀心顿起，大声下令："果然送上门来了，开炮!"

炮手林守武早已将陈定剑的密令转告给了舰上的光复会弟兄，大家心领神会，按约定的信号开炮。

"轰轰!""轰轰!"一颗颗炮弹撕碎浓雾，呼啸着飞过江面在蟹壳艇船队中欻然炸开，霎时间江面上炸起的水柱此起彼伏，蟹壳艇不是被炸成碎片，就是被浪头掀翻。江面上漂浮着斗笠、碎枪和蓑衣，整个船队顷刻间覆没了，旋即，水面上归于一片死寂。

铁祥得意洋洋，对陈定剑说："陈大人，毕一役于奇功，本大人将向朝廷报捷，你功不可没。"

陈定剑说："大人预警有方，将士上下用命，功在大人。"

忽然，从广州码头方向传来骤急的枪声，铁祥和陈定剑连忙用千里眼望去。只见五爷率领着百来名水鬼已经从水底冒出抢上码头，驻守码头的一个队的绿营兵措手不及慌忙开枪。

铁祥成竹在胸，说："不劳我等费心了。你没看见，这些敢死队手里只有刀，绿营兵的快枪足够吃定他们的，咱们作壁上观。"

话音刚落，码头上已经饮弹倒下了一片五爷的水鬼。但是水鬼们仍然顶着寒风，冒着枪雨向码头前方的石头街冲去。

石头街里的绿营兵自持手拥洋枪，从营房里潮水般地冲出来，想一鼓作气灭了来犯的会党。忽然，从石头街两旁闭门的店铺楼上泼下一桶一桶的猪油。倒油的正是郑安劳指挥的一群码头女苦力，将猪油浇遍了石头街。绿营兵恰恰冲进石头街，踩上油滑的猪油，顿时东倒西歪，四仰八叉，手中的洋枪甩得七零八落。早有准备的五爷和水鬼们每个人抱着一块滑板，沿着石街向前滑去，冲入绿营兵群中，挥刀便砍，短兵相接，五爷和水鬼们占了上风，踩着绿营兵的尸体，冲进了营房。不料，孤守营房的绿营队官负隅顽抗，点燃了火药库。“轰轰!”“轰轰!”

一连串的剧烈爆炸，腾起一片火海，吞噬了冲进营房的五爷和水鬼们。爆炸不仅炸毁了营房，连石头街上的房屋也被大火吞没。

“海星”号上的陈定剑看了大吃一惊，立刻替五爷和郑安芳担忧不已。

这时候，电信官拿着一份电报赶来报告：“管带大人，李準大人来电，造反的新军头目伪逆倪映典已经被击毙，叛军击毙百余人，现向城外溃退，我军正分队四出搜击。”

铁祥仰天呼喊：“天佑我大清！天佑我大清!”

陈定剑趁机建议道：“大人，不妨乘胜上岸追击溃败的会党，不能让李準独占了鳌头。”

铁祥一听有理，说：“陈大人，你带一队水勇上岸搜击，不能让会党的残余逃窜了!”

“喳!”陈定剑领命，匆匆地走了。他有个不祥的预感，蒙难的五爷和郑安芳亟待他去拯救。

51

天刚刚擦黑，冬霭已经笼罩码头，使得石头街更显得死气沉沉。会党和绿营兵的尸体遍地横陈，鲜血混着油脂堵塞了阴沟，一股股恶臭弥漫石头街的上空，也侵袭进带兵搜索的陈定剑的心田。陈定剑和水勇们每人手拿一把海军专用的手电筒，小心翼翼地踩在尸体的缝隙间摸索前进。

陈定剑对跟在身边的林守武说：“吩咐下去，分散寻找，活要见人，死要见尸。”

“喳！”林守武点头后走到一堆水勇面前吩咐道，“弟兄们，分开找，分开找，活要见人，死要见尸！”

水勇们打着手电筒，端着洋枪分头走进被炸塌烧毁的店铺中去寻找。陈定剑则直奔炸毁的营房。只见营房一片狼藉，会党的尸体与残木相枕。陈定剑在断垣上发现印着钩状的手印，像是有人绝望地喊叫时手抓的痕迹。墙上灰边剥落的地方比比皆是，犹如烈士们绝望时张着嘴巴啃下的，墙边还渗着血沫。满地只有被炸药炸毁的刀枪和烈士的遗体做伴，它们在陈定剑的手电筒光中晃动，像是获得了生命。

陈定剑找遍了营房寻不见五爷的踪迹，便向石头街的废墟走去。迎面碰见了林守武和两个水勇，林守武禀报道：“大人，没有发现任何活人，也没有发现五爷和郑安芳小姐的尸体，你不必再去了。”

陈定剑不死心，说：“我再去看看。”

“小心有野狗出没！”林守武提醒了一句，带着两个水勇往前搜索去了。

陈定剑一手拿着手电筒照路，一手拿着手枪以防不测，忽然，他的手电筒光柱照亮了两个只野狗在抢夺一条尸体的大腿，两只野狗发现了陈定剑，吃红了人肉的两眼圆睁着直盯陈定剑，突然一前一后地朝他扑过来。陈定剑连开了两枪，恶狗惨叫了两声，都中枪扑倒在血泊中。陈定剑预感到有野狗抢食的地方，必有人气，就走过去，在瓦砾堆中寻喊：“有人吗？有人吗？”

瓦砾堆中寂然无声，只有阴冷的寒风一阵一阵地吹来，令他毛骨悚然。他发现这堆瓦砾拱得很大，很蹊跷，便弯下腰开始扒瓦砾，蓦见瓦砾下有一块门板，就用力移开门板，惊见门板下有 个人凹在一个坑里。陈定剑用手电筒一照，那人正是他苦心搜寻的郑安芳，已经昏迷过去，身上血创累累，幸好都是皮外伤，便脱下自己的外衣裹住她，抱了起来，走出瓦砾场。他瞥见前面有一堆火把光在游动，知道那是搜索革命党人的绿营兵，便抱着昏昏沉沉的郑安芳连忙拐入一条幽闭的小巷。

这条小巷是码头的花街柳巷，专做水手和货主的皮肉生意，因为有战乱，早就关门歇业了。陈定剑瞅见有一家妓寮的门缝里泄漏出灯光，便上前用脚踹门。

“来啦！来啦！这兵荒马乱的，只有枪子吃，哪还有女人吃？”门呀地裂开一条缝，露出半张油腻腻的肥婆脸，盯着门外的陈定剑看。

陈定剑用脚踢开大门，不由分说地抱着郑安芳进走去，那肥婆连忙关上门，追了上来，说："大人，大人，你捡现成的女人来，得交双份钱……"

"少啰唆！这是本人的相好，不小心摔伤了，快开间上好的房间，给你双份钱！"陈定剑不想让陌生的肥婆对郑安芳的身份引起无端的猜想，而招来不必要的麻烦，紧紧抱着郑安芳跟着肥婆进了她开的上好房间。

肥婆帮着陈定剑将郑安芳安置在床铺上，殷勤地说："大人，我看这姑娘只是昏过去，很快会醒来的，你不必焦急，我去拿套干净的衣衫和打盆热水来侍候她。"说着转身走了。

陈定剑看着郑安芳苍白的脸庞上有两片红唇，知道她没有失血，也没有受内伤，便用手指掐她的人中，她就发出哼哼地嗫嚅声，他便舒了口气。

肥婆恰好返回，看见了，就说："恭喜大人，不出一个时辰，姑娘必定就醒。"

陈定剑拿出一锭白银交给肥婆，说："有劳妈妈替我照料这姑娘，明天我再来，如果出了半点差错，我就带人砍了你的头，烧了你的店！"

肥婆笑嘻嘻地说："让肥妈我吃了豹子胆也不敢亏待你的女人。大人放心，我当她菩萨供着。"

陈定剑这才穿上帮带的品服，收枪入套，打着手电筒告辞走了。肥婆吓出了一头冷汗，知道这当官的趁着兵灾抢了一个女人放在她这里，她上辈子做了什么孽噢！无可奈何，她只好战战兢兢地开始替郑芳安擦洗身子，换上衣衫，嘴里不住地念着南无阿弥陀佛。

陈定剑出了巷子，很快地找到了林守武和弟兄们便返回"海星"号，他私下告诉林守武，他找到郑安芳并且妥帖安置了她。铁祥见他无果而返，也不责怪，还兴奋地告诉他，造反的新军已经溃败城外的观音山，绿营兵正在缩小包围圈，明日全城尽可敉平叛军。

这一夜陈定剑一宿没有合眼，他深知孙中山和黄兴领导的第九次起义又失败了，他身为海军，竟然置身事外，作为一个同盟会会员，有何颜面去见孙先生？

第二天，铁祥下令全舰休假。陈定剑洗刷更换一新，上岸去密见郑安芳。

从城里方向传来零星的枪声，那是绿营兵在追捕个别逃散的新军义士。陈定剑走到巷口，环顾左右无人盯梢，才闪身进了深深的长巷。他敲开了妓寮的门，迎接他的仍旧是那张油腻的脸，只是堆满了职业性的笑容。

肥婆跟在陈定剑的屁股后讨好地说："大人，你的女人长得跟天仙一样，正在楼上等你哩！"

陈定剑惊喜不已，问："她醒来了?"

肥婆说："昨天你前脚走，她后脚就醒了，知道是你救了她，嚷嚷着要见你，我好说歹说才又哄她安睡了，今天一早她吃了一碗鸡汤，就开始梳妆打扮，正等着你来哩!"

陈定剑说："妈妈辛苦了!"又塞给她一锭银子，可把肥婆笑得合不拢嘴。她在楼梯口停下脚步，说："大人上去吧，没有你发话，天皇老子来了，我也不让他上去!"

陈定剑三步并作两步，跑上楼去了，刚一进房间，坐在床沿等候的郑安芳就起身像燕子一样飞过来，紧紧地抱住了他，备受委屈和意外喜悦的泪水跟断了线的珠子，哗哗哗地滚下来。

"别哭，别哭，活着就好，活着就好!"陈定剑不能狠心将她推开，现在他是她这一条陷入漩涡中打转的船必需的舵!他任由她抱着，感受她隆起的乳房跟一对撒娇的鸽子直往他的怀里钻，作为男人的心房不能不敞开了。

"我说过了，我欠你一个吻，现在就给你，给你……"她将火烫的丰唇雨点般地在他脸庞上亲吻着。她毫无顾忌地贴在他的身上说话，她那秀发撩弄着他，她那丰盈的乳房惊扰着他，她那浓馥的处女体香刺激着他。他终于被她引导在床上，他身上一贯显出的高贵傲岸和操守节制的君子之气，在她生得纤秾合度、修短得中、优美动人的肉体前，潮水般地退去了。他用热乎乎、颤巍巍的身子接纳了她，她的天庭镌刻着一般近乎野性的傲气，终于在他的怀抱中得到了释放，得到了宣泄。

"我如今比仪凤和玉秀都幸福。"她满足地拥抱着他的裸体说道，"哪怕我现在被清军的子弹打穿了，也心甘情愿了。"

陈定剑连忙用手捂住她的嘴，说："不许说不吉利的话，难道你不想和我成亲?"

郑安芳说："我不贪心。我知道你爱仪凤，我也知道你对玉秀负有责任，我不能再挤在你们中间，那样你太累了。"

陈定剑说："发生了在福州救林觉民的那件事情，仪凤为我无端受累，不能让她对我有奢望了。玉秀为了成全我，要卖身当妾，我害了两个女人，不能不再珍惜你了……"

郑安芳说："可是我嫁给革命了，随时要为它死去，对唯一爱的你，我犹如待妾，做一个待妾该做的事……"

“不久，我要娶你，娶你，然后我俩再一同为革命捐躯……”陈定剑不断地她的玉体上亲吻着，生怕失去她似的。

“但愿，但愿……”她陶醉得说不出话来了，但在心底知道，他唯一的爱是仪凤，那个奉旨议婚的格格！

陈定剑说：“我已经安排好了，晚上你乘船去香港，从那里再回上海去，我们在上海重逢。八点的时候，林守武会来接你。”

郑安芳与他的十指交揉着，坚韧的情感由指间导流全身，她忽然明白了，只有革命党人的生死友谊对他俩才是最真实、最可靠的。

第十五章

52

当“海星”号穹甲巡洋舰完成了对广州新军起义的镇压任务，率领着“江天”号炮舰奉旨返回建制，由南海驶入东海安抵上海高昌庙海军基地的时候，有一双大智若愚的眼光在“海星”号编队经过的航线上梭巡着，这一条航线翻起的白浪，画出的是一条大清的命运。此公正是解甲归田的袁世凯，他在他退隐林下的河南洹上村大别墅的书房里沉思有加。

袁世凯偌大的书房，与所有赋闲的王公大员的书房毫无二致，墙上挂满与文人墨客吟风颂月的字画，多宝格中塞满歌酒唱和、听莺钓鱼时把玩的宝物，经得起朝廷暗中派来的密探监视眼光的挑剔。唯独不为外人所言明的机密是摆在书房中间的一张大八仙桌，楠木的桌身，大理石的桌面，乍一看外表上极其普通。实际上这张大理石桌面的纹路酷似中国的地图，尤其可贵的是将黄河、长江和珠江流域用石纹表现得栩栩如生。兵家出身的袁世凯本来对中国地图就了然于胸。再面对这张八仙桌上纹理清晰的地图，天下纵横就尽在袁世凯的眼前展现。如不经过他的点明，任何人都不知道这张八仙桌的妙用，因为在袁府已经找不到一张让朝廷放心不下而又窥探袁世凯心机的地图。

袁世凯用一大一小的两只纸船摆在八仙桌上，大的是暗指“海星”号，小的是暗指“江天”号，摆的桌面纹路正是地图上长江的位置。他已经从报纸上知道，孙中山和黄兴领导的广州新军起义旋即灰飞烟灭了，此次起了辅助镇压作用的是海军的两艘兵舰，可见海军威力的重要丝毫不逊色于他训练的六镇北洋新军！

贴身丫头秋菊端着参汤，轻移莲步地走进，柔声说道：“老爷，该用参汤了。”

袁世凯坐在八仙桌前在叠一只纸船，头也不抬地说：“搁着吧！”

秋菊云鬟高耸，敛衣褰裳，显得很精干，将参汤碗搁在八仙桌上，说：“老爷让奴婢来叠吧？”

“这是我老头子玩的小把戏，何必你大姑娘费心？”袁世凯叠得很认真，犹如过家家的小孩。

“他真是老了，这只关在笼子里的老虎。”秋菊在心里轻喟道。她其实是大清军谘府大臣载涛派来监视袁世凯的密探，嘱她将袁世凯的一举一动、一言一行通过彰德城电报局的一个电报生向军谘府上报。秋菊不知道袁府中还有谁是朝廷派来的密探，她可以预感到暗中另有一双眼睛在监视她。袁世凯不知道她的底细，待她视如己出，让她专管自己的更衣、侍茶，而她则另有小丫头侍候。无论秋菊多精细，也绝猜不出此刻的袁世凯面对的八仙桌是犹如将帅俯瞰的战略地图，而他手中的纸船则是大清的舰队。秋菊还是有点狐疑，问：“老爷，今儿个怎么想起叠纸船了？”

袁世凯掩饰道：“昨晚梦不吉，我掉到海里去了，一直挣扎，指望有一条船来救我，结果扑空了，就这样惊醒了。今儿个就想叠叠纸船，化解厄运……”

秋菊有点可怜这位近似父亲的老爷了，他真是坠入苦海，无人搭救，就说：“要不要奴婢差人去请算命先生李铁嘴来批八字解梦？”

“不必了，不必了，周公解梦因缘周公，我只是位荒村野老，何必析梦？叠叠纸船，了了心愿即可。”袁世凯说着推给她几张纸，“要不，你也帮我叠几只小船？”

“奴婢遵命。”秋菊很高兴，能陪老爷玩，是她的最大心愿。不知道从什么时候，她已经开始怜悯这位一瘸一拐的前北洋大臣了，这正是袁世凯的韬光养晦成功之处。

但是这个“成功”是很痛苦的。

甲午战争失败后，李鸿章苦心经营的北洋海军全军尽没。慈禧认为夺回昔日从中央流失地方的军事大权的时机已到，而且妄图制造出一个具有极大控制能力的皇族军事集团。慈禧派心腹荣禄建立“督办军务处”，并同意派袁世凯去天津小站练兵。从此，北洋集团开始形成汉人练兵、满人为将的雏形，袁世凯得以平步青云，由练兵大臣升任直隶总督北洋大臣，参与国事，代死去的李鸿章行权。袁世凯将他所训新军命名为北洋常备军，“北洋军”即由此得名。北洋军共有六镇，每镇一万兵员，除第一镇统制不是他的北洋系外，其他五镇，从上到下，皆为小站班底，至此，盘根错节的北洋军事政治集团宣告完备。不料，老谋深算的慈禧趁着官制改革，开始剥夺他的军权。慈禧先是设立陆军部，以袁世凯的对头满人铁良为尚书，一统全国军权。袁世凯的痛苦从此开始。

不久，慈禧归西，摄政王载沣主政。载沣认为当初是袁世凯害死了光绪皇帝，立刻就想对袁世凯杀之而后快。光绪帝的皇后隆裕太后自然对袁世凯素无好感，基本同意为屈死的丈夫报仇。但是庆亲王奕劻和张之洞不同意轻易诛戮大臣，优柔寡断的载沣也怕北洋军造反，谕旨修改了多次，最终下旨，让袁世凯“回籍养疴”。当袁世凯由两个人扶着，拖着摔伤的右腿，一瘸一拐的退出朝堂的时候，他坠入了随时再有被朝廷诛戮的痛苦中。

袁世凯退隐洹上村，初始没有一点再想复出招祸的念头。他开始经营二百多亩大的别墅，广建歌台舞榭，即时醇酒妇人，摆出大有让世人皆知他要终老温柔乡之态。他偶尔还托人经营生意养家糊口，所有来往的电报，都是通过彰德的电报局转交，以供清廷审查。

但是自从孙文和他的追随者屡战屡败的举事在大江南北不断爆发，又开始唤醒袁世凯胸中沉睡的野心。天下愈乱，袁世凯复出的念头就愈强烈，也愈压抑，也愈痛苦。只有面对书房八仙桌的大理石桌纹的地图，才是袁世凯宣泄内心痛苦的时候。

小纸船转眼已经在八仙桌上叠成一堆，账房先生进来向袁世凯禀报：“老爷，上海的郑汝才先生来了，求见老爷。”

袁世凯不动声色，开始漫不经心地在桌面上摆着小纸船玩，一边说：“是郑先生来了？但愿他这一回来不要再向我哭买卖亏本就好了，快请他进来。秋菊，去沏一杯上等的茉莉花茶来，他是侯官人，爱喝家乡的的花茶。”

秋菊应了一声和账房先生退出去了。

袁世凯继续摆弄着他的小纸船。桌面上的小纸船已经摆成大清巡洋舰队和长江舰队的队列形状了。

走进书房的郑汝才，熟悉巡洋舰队和长江舰队的态势，一眼瞥清了袁世凯的所想所思，看呆了：这可是他豪华狱中的独自修行，是他密室中的自我疗伤！

秋菊端着新沏的花茶走进来，见郑汝才的神情有些异样，正想探究，袁世凯连忙掩饰地调侃道：“汝才，你是不是多日没有看见秋菊奶子大了，屁股也大了，就发呆了？”

郑汝才也装着粗鄙，说：“老爷的禁脔，小的是眼观手不动。”

“鬼扯！谁不知道你是上海夷场的南国佳丽看多了，瞅着北地胭脂不入眼呐！坐，坐坐！”袁世凯老辣地了结话题，请郑汝才入座。

“郑先生吃茶。”满脸羞涩得绯红的秋菊替郑汝才上茶。

郑汝才打开随身带的公文皮包，从中取出一瓶精致的法兰西香水递给秋菊，说：“秋菊，这是带给你的法兰西的香水，不成敬意，请收下。”

秋菊的杏眼顿时亮起惊喜的光芒，说：“这是格格才用得起的金贵物件，奴婢哪敢用？”

郑汝才说：“你是老爷身边的人，不比格格轻。”

一句话将秋菊托到天上云彩中，她道个万福，双手捧着香水瓶，一转身轻飐摇曳地飘飘然离去。

“她是个孩子。”袁世凯怜爱地说，用手示意郑汝才喝茶。

郑汝才呷了一口茶，试探道：“秋菊已经出落得一掐就流水了，袁宫保不想将她收了做小？”

袁世凯摇摇头，说：“北地胭脂，食多了也腻口。我知道你好不容易从上海来一趟，不是跟我这蓑笠钓翁谈风月的。说说海军的事。”自从他归隐后，不少朝野权贵也亲赴洹水与他欢晤，有封疆大员，有北洋旧部，还有文人谋士，无不对日蹙国势纵横捭阖，偏偏忽略了海军的倚畀之重，这让袁世凯不满足。袁世凯尽管赋闲，但他与新形成的维新思想和现代化军事力量保持着密切联系，又将盘踞中国北方的西洋势力视为后盾，他不仅控制着北洋六镇新军，甚至控制着工厂和贸易公司，所以他不是外人所说的满化的汉人，而是西化的大军阀，与“恢复中华”的孙中山同盟会格格不入。命运注定他无法像华盛顿那样伟大，但是他可能像法国红衣主教黎塞留首相那样出色。所以郑汝才一到，袁世凯即刻请他洞见外头世界的症结。

于是郑汝才从筹办海军副大臣代春考察回国在上海码头遇刺未遂谈起，引出海军新秀陈定剑与代春之女仪凤格格相爱而又出于责任誓娶名妓顾玉秀的纠葛，再谈到陈定剑实为行刺代春的同盟会秘密会员却被误当为救主英雄获得朝廷重用的真相，袁世凯听得津津有味，打断了郑汝才的讲述，说："这个福州海军陈家居然出了革命党人？可见海军已经不是铁板一块，裂痕毕现，日后可为我用。你不告发陈定剑，可是此意？"

郑妆才回答："袁宫保高见。陈世恩一家是海军砥柱，袁宫保对小的叮嘱过要对陈家引入彀中，他日图谋。"

袁世凯一口喝光了秋菊放在八仙桌上早已放凉的参汤，咂吧着嘴说："看来很多东西要搁一搁，放凉了吃，才咂出味道。继续说吧！"

郑汝才不知道他指的是陈定剑还是参汤，接着又说陈世恩的长子陈定书九天九夜睡卧在未婚妻的棺木上，发誓终身不娶的红尘轶事。袁世凯顿感兴趣，说："我接到宫里来的密报，铁祥曾经向他的父亲康禄发去密电，怀疑这个陈定书是代春的私生子，要求密查。如果属实，陈家和代春皇家之间将要引起一场轩然大波，而且是事涉海军去向。这个陈定书可是个奇货，奇货可居。"

郑汝才闻言吃惊，道："陈家远在福州，代春又深居些禁城，本是八竿子都不打不到，何来瓜葛？"

袁世凯笑道："你真是个生意人，只知钱生子，子生钱，殊不知有情千里一线牵，你不妨暗中查探一番。"

"是。"郑汝才接着又讲述了顾玉秀公堂勇救陈定剑，为了成全陈定剑擅用慧剑斩断情丝卖身为妾的故事。他当然忽略了女儿郑安芳对陈定剑痴情的隐衷。

袁世凯拍案叫绝，说："此女子，真伟丈夫也！"

郑汝才一听有门，说："袁宫保对这样的南国佳丽感兴趣？"

袁世凯欣赏地说："岂是感兴趣，抑或是知音！"

郑汝才从公文皮包中取出一帧顾玉秀的相片，说："能入袁宫保的法眼吗？"

袁世凯一见照片中的顾玉秀迎风而立、柳腰半折的姿态，赞赏道："大有古代美女的林下风气，妙！妙不可言。"

郑汝才说："小的准备替她赎身，请袁宫保笑纳。"

袁世凯说："你这不是误我吗？顾姑娘既是陈定剑的女人，我横刀夺爱，岂不是与陈家树敌？与海军树敌？”

郑汝才知道袁世凯已拥有八房妻妾，不再奢羡女色，就说：“小的本想替袁宫保掩人耳目，既然如此，不如先收下顾姑娘闲置养着，日后择机再原壁奉还陈定剑，收买人心如何？”

“这不失为一着好棋。只是洹上耳目太杂，京里又盯得紧，恐怕会因小失大……”袁世凯一时不知道怎么搁置郑汝才的这一招好棋，正在屡决不下的时候，秋菊进来了。她禀报道：“老爷，测字的李铁嘴来了，奴婢斗胆做主让他给老爷解梦。”边说边瞅着两人的神态，见无异常，八仙桌上也只空了参汤碗，发现不了破绽，就顺势取了空参碗。

袁世凯说：“既然来了，就请他进来吧！”

秋菊应了一声，欢天喜地走了。

袁世凯不好神佛，却迷信星相卜卦，起身恭迎仙风道骨般的算命先生李铁嘴。那李铁嘴也不打招呼，鸡爪似的两手一抱，算是请安。李铁嘴低声说道：“听秋菊小姐说了，老爷昨夜梦不吉了？”

“是梦到掉进大海。”袁世凯忐忑不安地说。

“这是梦到掉进宦海，大吉大吉呀！”李铁嘴的尖屁股往红木椅上一坐，嘎地，发出瘦骨碰撞声。

袁世凯说：“先生说笑了，我归隐林下，万念俱灰，万事皆休，就写一个休字，请先生测解如何？”

李铁嘴说：“请便。”

袁世凯是个饱读诗书的文人，便在宣纸上信手写下一个龙飞凤舞的“休”字。

李铁嘴夸耀道：“小可虽无宋代谢石测字之术，但是时常所占也无不奇中。”宋代谢石是中国测字的创始人，誉为测字圣手，李铁嘴自夸媲美，郑汝才听了暗暗好笑。只见李铁嘴接过“休”字，拿到窗口的阳光下面，从反面对着太阳光，凝视了片刻，忽然说道：“奇怪呀，真奇怪！怎么把‘休’字反来一看，就成‘兵’字呢？”

郑汝才好奇地凑上前一看，果然是个兵字，便问：“先生有何高见？”

李铁嘴说：“如今外头世界翻天覆地，各地抢米风潮肆起，乱党造反迭兴，朝廷正缺统兵人选，依小可之见，除了袁老爷，还能有谁？”

袁世凯自嘲冷笑一声，说：“多谢先生好意，如今垂垂老矣，好像洹上村边尘地一般，老朽无用，哪有当官的念头了。请先生不要这样说。”

李铁嘴说："依小可看辛亥之年官星必动。"

郑汝才慌忙掏出十块光洋赏给李铁嘴，叮咛道："此番戏言到此为止，千万不要向外人道破，切切！切切！"

李铁嘴千恩万谢地告辞离去。才出门口，早已守候的秋菊拦住他问："老爷测了什么字？"

李铁嘴给她袁世凯所写的"休"字，说："万念俱灰，万事皆休。"

秋菊默记在心，去了彰德城电报局向那个电报生密报，由他向京城军谘府大臣载涛转呈袁世凯安于现状的动态。

李铁嘴一走，袁世凯犹如生龙一般活泼起来，在书房里踱来踱去，那腿"疾"几乎痊愈了，似乎在用脚步丈量李铁嘴所言可能性的精确度，说："天下乱象，不是摄政王爷这一群深居紫禁城墙内养大的皇族阿哥们所能弹压的，非有曾文正公之辈，安能镇乱！"

郑汝才说："老臣谋国，非袁宫保您出山不可，天意已预兆吉象了。"

袁世凯说："汝才，如此看来，气象有改变的前兆，你不妨将顾玉秀送给南京的江南提督张勋，就说是我送的薄礼，恳请他笑纳芹意。此公堪称清廷虎将雄踞南京，扼守长江，不久必成革命党陈定剑死敌。日后果真逐鹿中原，可以依畀此公。"

"小的明白。"郑汝才终于在洹上村上空厚厚的云层中看见裂开露出的一曙光，这道光就是非常有势力的人物袁世凯，他颇具他的老师李鸿章的风范，又蕴含李鸿章老师曾国藩的气度。郑汝才仿佛已经看到袁世凯走在威赫的卤薄仪卫排成的通道上，由一群身背德国毛瑟枪，左腰挂盘子炮，右边悬一柄彩鞘短剑的直隶亲军簇拥着，登上北上京城的专列火车，履新执政。想到这里，郑汝才激动得眼睛里冒出泪花来。

53

上海夷场会乐里的迎春坊乱了套。

鸨母阿金叉着腰正在天井里指桑骂槐地责骂粗使丫头阿花："好你个死丫头，老娘好吃好穿把你当观音供着，你还真把自家当观音啦？整天闭门不见客，老娘不就喝西北风啦？你要守贞洁，就不要破瓜呀？破了身就要卖大价钱，才叫看菜下饭！”那粗使丫头阿花被骂得狗血淋头，也不晓得自家犯了啥子错，她没有看见，阿金是朝着阁楼上顾玉秀的窗户骂。

自从顾玉秀跟着郑汝才从福州返回上海，郑汝才就许诺不日即来赎身，交了五百块光洋当定金，就匆匆去了河南见袁世凯。顾玉秀不知就里，回到迎春坊如实地向阿金说明郑汝才将要高价赎她从良，转交定金后就表白这期间她不再见客了。这消息不啻如晴天霹雳，阿金气得直跺脚，凭空倒了顾玉秀这棵摇钱树，她决不肯撒手。顾玉秀只好实说出她已经委身于陈定剑，而陈家又不能接纳她，为了成全陈定剑不离开海军，才毅然决定斩断情丝，另适他人。阿金气得破口大骂始作俑者的周友三，当初要不是他借顾玉秀出长差，怎么让阿金吞下这颗苦果？

恰巧这时周友三来赔罪了，身后还跟着刚刚随着“海星”号穹甲巡洋舰回上海的负心郎陈定剑，阿金一见，就火冒三丈，不由得替顾玉秀委屈。

“滚出去！我迎春坊虽然爱钱薄情，但总比无情的负心郎强十倍！”阿金板着脸，两眼气得要喷火烧了眼前这个薄幸人。

周友之连忙递上一张百元庄票，赔着笑脸说：“哎呀姆妈，你骂得好，骂得好！千错万错都是我周友三的错。这百元庄票就算我给姆妈赔不是了。”

阿金余气未消，说：“这一张百元庄票就想打发老娘？我女儿本是金枝玉叶，破了身这损失何止百元？”

周友三堆着笑容说：“姆妈不必焦急，听我再续下文。我的朋友定剑自知有错，一对不住姆妈，更对不住顾姑娘，所以一下军舰就赶来补救，愿意出重金替顾姑娘赎身，请姆妈开金口。”

阿金一听有眉目，气才消了一半，又想到已经收了郑汝才的五百块定金，就狡黠地问：“老娘要是不肯呢？”

周友三说：“生米已煮成熟饭了，不如顺水推舟？”

一直负疚羞于说话的陈定剑这时候才开口：“姆妈，请成全我和顾姑娘，这是我赎罪的唯一方式。”

不料顾玉秀在楼上听见了两个男人的求情，便派丫头阿花来告白：“姆妈，顾姑娘派我来传话，她和陈少爷的前情已断，纵有金山银山也不赎身。”

陈定剑急了，说：“姆妈，让我上楼当面向顾姑娘陈情。”

阿花又说：“顾姑娘说了，她今生今世不再见陈少爷。”

陈定剑一听，抬腿想上楼，阿金拉住他说：“陈少爷是文雅人，不会做粗鲁的事吧?”

阿花说:“顾姑娘还说,有人替她出钱赎身了,叫陈少爷死了这份心!”

周友三吃了一惊,说:“怎么,有人拔了头筹?”

阿金承认,说:“这是千真万确的,我已经收了人家五百块光洋的定金了。”

陈定剑追问道:“告诉我,出定金的人是谁?是谁?”

阿金说:“这是行规,恕我不能说。二位少爷请回吧!”

陈定剑抬头冲着顾玉秀阁楼紧闭的窗户喊道:“玉秀,让我替你赎身吧,从良后,你就一个人住,我再也不会来打扰你!”

阁楼上,顾玉秀就贴在紧闭的窗户后面,从窗户的缝隙间看着楼下天井里陈定剑焦急的身影,心如刀绞。她在心里说:“定剑,你为什么不说娶奴家?你爱的是海军,爱的是和海军有千丝万缕联系的仪凤格格!”

她眼睛看着绝望的陈定剑被周友三拖出迎春坊大门,真想推开窗户大声叫住陈定剑,但是她的双手僵住了,顺着窗户慢慢地滑坐到地板上,泪下如雨。

周友三拖着陈定剑上了等在门外的奥斯汀轿车,周友三安慰他:“不用焦急,天无绝人之路,总有办法赎回顾姑娘的。”

陈定剑在心里对冥冥之中的顾玉秀的前未婚夫、死去的光复会烈士吴天宝说,对不住了,原谅我没有尽到责任……

陈定剑和周友三走后,郑汝才也一直未见踪影,顾玉秀闭门谢客,苦等郑汝才的出现,才招致鸨母阿金的詈骂。阿金本指望顾玉秀见见客,捞现钱,不失为生意之道,谁知道这小囡一根筋,还反讥她已经收了郑汝才的定金吃了定心丸了,着什么急?

阿金可不是省油的灯,站在天井里从陈定剑、周友三,一直骂到郑汝才,她想骂得顾玉秀听得不忍烦了,就会答应见客。

说曹操,曹操到。阿金正骂得吐沫星子乱飞的时候,郑汝才笑吟吟地带着一位中年豪绅走进迎春坊的大门。郑汝才说:“哎哟哟,阿金姆妈,什么火发这么大?我在大门外刚下了汽车就听见了,让我来给你消消气,消不了的话就由张爷给你消!”

阿金一见郑汝才到了,又听说他们是坐汽车来的,就知道财神爷到了,脸上阴转晴天,打招呼道:“郑老板,我阿金是盼星星盼月亮,总算把你给盼来了,这位张爷天庭饱满、春风满面,一定是赵公元帅光临寒舍了。”

郑汝才谀声连连，说：“阿金姆妈真有眼力，这位张爷果真是元帅，但不是财神爷赵公元帅，而是江南提督张勋大帅。”

阿金吓得七魂走了三魄，连连道万福，说：“阿金有眼不识泰山，给张大帅请安了。”边说边用眼角的余光认真看了张勋一眼，只见张勋的脸像粗野的张飞，两道剑眉杀气腾腾，厚嘴唇充满肉欲，身体充满兽类的威力。

张勋出身行伍，说话倒很斯文，这也许是久经宦海浮沉的结果，说：“阿金姆妈不必惊慌，张某既到宝店，也是讨杯茶喝的寻常客。”

阿金定了神，连忙吩咐阿花：“快沏上好的西湖龙井。”说着将郑汝才二人请进客厅坐下。上茶后，郑汝才对阿金说：“阿金姆妈，明人不说暗话，张大帅是行伍出身，做事说话都是长竹篙进城门，直来直去。今日就不必打茶围了，快请顾姑娘出来伺候张大帅喝茶。”说着往茶盘上压了十块光洋当做茶资。

阿里笑得脸上皱纹敷的粉都簌簌地往下掉，说：“张大帅真是痛快人，阿金这就去请女儿来伺候。”说着噔噔噔地跑上楼去。

郑汝才对张勋低声地说：“大帅，您要看不上眼，只说一声茶凉了，咱们就走。”

张勋点了点头，挑剔地用盖碗盖轻轻地刮去浮在茶汤上的浮叶，仿佛那浮叶就是顾玉秀。

郑汝才离开河南洹上村后，就乘火车直奔南京，拿着袁世凯的名帖拜见了张勋，张勋一见郑汝才打的是袁世凯的招牌，不敢怠慢，置酒款待。郑汝才开门见山，说：“在卜有一宗煤炭生意在大帅的地盘上经营，还请大帅照应。”

张勋说：“有袁宫保一张名帖，张某焉有不关照之理？”张勋祖籍江西，光绪十年投军，后转入广西提督苏元春部，升参将。一八九五年参加袁世凯小站练兵，充工兵营管带，后随袁世凯至山东镇压义和团，升至总兵，旋即调北京宿卫端门，多次扈从慈禧太后和光绪帝，因此连连调任，累官至江南提督，所以袁世凯对其有知遇之恩。

郑汝才说：“袁宫保嘱在下送一份薄礼，望笑纳。”说着递上一张顾玉秀的玉照。

张勋一看是个粉汝玉琢的沪上小娘蛭，就有了几分喜欢，问道：“这可是夷场的小娘蛭，我老张就是老牛吃嫩草了？哈哈哈！”张勋但凡一谈女人，就会情不自禁地流露出丘八本色。

郑汝才说：“一切由在下打点，只需大帅点头即可。”

张勋粗中有细，说：“古人云：‘倡门煮出小娘蛏’，后来上海人将漂亮的小女人也称作小娘蛏，一口能吞下，我老张再粗，也不是急色鬼，得当面去看看。”

于是郑汝才便带着乔装成缙绅的张勋到上海“验货”，这恰恰正中郑汝才下怀，借机奉迎张勋到夷场风流快活一番。

不到喝一杯茶的功夫，阿金已经引得顾玉秀下楼来了。顾玉秀俏伶伶地穿一身春装，宛如一支江南亭亭出水荷花，怀抱的却是一张风格粗犷的北琶，大有挽一幕大漠雄风之概，让既是江西人又是老行伍刚柔相兼的张勋看得目瞪口呆，流下三尺口水。

顾玉秀笑靥行礼，柔声道：“奴家拜见张大帅，拜见郑先生。”

郑汝才问：“顾姑娘是南国佳丽，怎么不抱纤秀的南琶献技?”

顾玉秀说：“张大帅是北国英雄，威镇京城，当有黄河饮马、长城横刀之概，所以小奴家冒昧用北琶献技，方能表述张大帅的英雄气概!”

一席话，说得张勋穿心透，心里甜滋滋的，连声说：“知我者，顾姑娘也!”

郑汝才一见张勋入迷了，就说：“请姑娘献技。”

顾玉秀将北琶一横，犹如巾帼女将横马破阵，开始弹奏《十面埋伏》，这正合张勋出身行伍的脾胃，将描绘顶盔贯甲的将军冲锋陷阵、斩关夺隘的古曲听得摇头晃脑，拍案度曲。

顾玉秀纤手划然，一曲戛然而止，客厅内万喙息响。良久，陶醉在古曲余韵中的张勋如从自己的行伍生涯中回神过来，脱口叫了一声：“好!”

郑汝才紧跟着叫道：“好！好!”

顾玉秀收了北琶，说：“二位老爷见笑了。”

张勋欣赏备至地说：“想我张某戎马半生，无遇知音相伴，不知顾姑娘可愿意随张某去驰骋沙场，再展北琶之绝唱?”

顾玉秀做梦也没有想到郑汝才引见的丘八有如此雅意，与陈定剑相比稍逊风流而已，便说：“奴家一切由郑先生做主。”

郑汝才说：“恭喜大帅了!”

张勋摩挲着胡楂哈哈大笑：“我张某为人快意恩仇，想不到顾姑娘也是快人快语。阿金姆妈，这件事就定下了，下个月十五是黄道吉日，我包一列专用火车从南京来迎娶顾姑娘!”

我的妈，包一列火车！阿金一听，脑袋嗡的一声涨大了，不知是高兴，还是发愁。高兴的是女儿嫁了个提督大帅，发愁的是摇钱树从此易主。阿金激动得头一回结结巴巴地答不上话来。

顾玉秀却在心里哭泣道：定剑，为了你，我草草将自己卖了！

54

上海公共租界的基督教青年会礼堂里正在上演一出文明戏《旷世绝恋》。这是美国传教士乔治医生募款从美国移植到中国来的，男女演员由乔治的女儿安娜护士和一群租界的夷人职员担任。上海海军统制部从代春、萨镇冰、仪凤、陈世恩、铁祥、陈定剑、陈定书到各舰官佐都收到烫金的请柬。代春正沉浸在对广州新军起义镇压取得大捷的兴致中，下令收到请柬的官佐都去参加夷人的社交盛会。广州新军起义失败后，粤督上折奏捷，提及“海星”号管带铁祥、帮带陈定剑和“江天”号炮舰管带陈定书通力杀贼。上谕旋即到了海军统制部：“‘海星’号穹甲巡洋舰管带铁祥封一等男爵，并赏戴双眼花翎；帮带陈定剑交军机处记名，无论重型、轻型巡洋舰管带缺出尽先提奏；‘江天’号炮舰管带陈定书着加恩赏给一等骑都尉世职。”至此笼罩在陈定剑头上革命党嫌疑的阴霾一扫而光，怎么不令代春心情舒畅呢？他和回到统制部主政的萨镇冰商榷，为了防止广州新军造反的悲剧在海军中重演，应当加强防范，未雨绸缪。萨镇冰提议调训练完毕的陈定棋的海军陆战队第一营进驻上海高昌庙基地，代春当即同意。陈世恩很感激萨镇冰对陈家的用心眷顾，让父子们在桃红李白的春天里相聚在上海。趾高气扬的是铁祥，出师奏捷又重加恩赏，令他在仪凤面前扬眉吐气，但是仪凤对他依旧是冷若冰霜，所以他很想借看文明戏的机会，在社交场合中一展他和仪凤的法定关系。他沾沾自喜地和仪凤及代春坐在头一排看戏；萨镇冰和陈世恩、陈定书、陈定剑父子坐在第二排；其他的海军官佐坐在第三排，连看戏都摆出舰队的三叠雁行阵，不能不令看戏的夷人们和租界里的上等华人们啧啧称赞。

奇怪的是头一排紧挨代春一行的边上空着两个座位。陈定棋出于安全考虑向乔治医生打听，才知道是江南提督张勋预定的座位。

陈定剑就坐在仪凤的后头，用经久不灭的憧憬的视线轻抚着她白白的脖颈，他情感的一切不幸就出自于这洁白的强颈，不肯低下屈从的强颈。铁祥时不时转头对仪凤说着什么，无非想向后面的陈定剑和睽睽的众目传达出她是他的一块禁脔的信号。但是仪凤没有回答铁祥的一句话，她知道陈定剑正在背后凝然地看着她，她的脖颈能够感受到他目光的灼热。

文明戏快要开幕的时候，头排的两个空座上坐下了盛装打扮的顾玉秀和陪同她的佩戴德国毛瑟枪的张勋的马弁刘得胜，立刻引起全场的一片哗然。顾玉秀只对坐在同排的仪凤、铁祥和代春一一点头，却投以请安的微笑，对坐在后排、看得目瞪口呆的陈定剑视而不见。

居然和一个妓女并排同座，铁祥正想起身发作，仪凤轻轻地按住他的手，低声说："这是夷人的社交场所，讲究的是身份平等，注意你的举止。"

铁祥收回对顾玉秀鄙弃的眼光，尴尬地说："是是"。按捺下自己的性子坐着不动。

礼堂里立刻滚动着一阵骚动，大家都在议论纷纷："这位漂亮时髦的小姐是谁?""你不晓得吗？是江南提督张勋准备迎娶的如夫人顾玉秀!"

陈定剑蓦地听见了议论，心里咯噔一沉。他知道顾玉秀自毁青春无非是向他报复，向他的人伦之心戳了温柔的一刀。

这时候，文明戏开幕了。

《旷世绝恋》讲述的是美国人诠释中国人战争与爱情的一部杰作：明朝和清朝之间在进行一场旷日持久的战争。年轻美丽的明朝皇太后和尚未娶妻的清朝皇帝都想结束战争，但是各自的贵族集团都不许可他们达成和解。清朝皇帝先让他的军队停止攻打明朝，自己乔装成商人到南京去向明朝皇太后求爱。他以罗密欧般的执著，费尽周折终于见到明朝皇太后，他不能公开自己的真实身份，他知道明朝皇太后有充分的理由憎恨清朝，但是他凭着一份痴情和真心，赢得了东方朱丽叶的心。就在这时候，他的满清皇帝的身份暴露了。他只好逃出了明朝的皇宫。不幸的是他的将军们隐瞒着他向明朝继续发动进攻，杀死了明朝皇太后心爱的小儿子，让她痛心疾首。明朝皇太后也被清朝军队俘虏，被递解到北京清朝皇帝面前。他以清朝皇帝的身份请求得到她的爱，并且通过联姻结束两个对立民族之间的战争。但是明朝皇太后觉得民族已经流了太多血了，她不能苟且偷生，不能面对小儿子和明朝历代皇帝的灵魂，她必须殉死，到天堂去陪同他们。清朝皇帝无法说服她选择爱情，只好陪着她坐在象征无上权力的龙椅上，想唤醒她的执迷。谁知，先人的鬼魂出现了，谴责她，她悔恨不已，便把他送给她的定情珍珠吞了下去，安静地死去。悲痛的清朝皇帝敲响了铜锣，让所有的大臣进来跪下叩头，寄托消逝了的绝恋。

戏的第一场是一条小船，上面点缀着灯笼，为凄美的爱情诗营造了气氛。第二场展现的是北京清朝皇帝住的紫禁城，气势雄伟，让人联想到中华文化的悠久。第三场是在南京的秦淮河，明朝皇太后和清朝皇帝幽会的画舫让人产生旖思旎想。第四场是明朝皇帝在南京的寝宫，随着帝国的衰败，奢华已经凋零。第六场是乔治医生设计的南京城垛上，烟熏火燎，生灵涂炭，劫后惨景。第七场是北京午门外的刑场，凄风苦雨，令人恻隐。第八场是清朝皇帝的金銮，人去物非，使人悲壮沉思。

安娜饰演明朝皇太后，入木三分，让人荡气回肠，浮想翩翩。陈定棋做梦也没有想到身穿白大褂的安娜还有这等天赋！他早已准备了花篮，一俟谢幕，就去后台向她表示祝贺。

萨镇冰和陈世恩会心地交换了一下眼神，这是一出反清的文明戏，但不好一语点破。他们都由此悟出，孙文和革命党反清的起义，不啻是这一出文明戏鞭挞帝制的现实版本吗？萨镇冰谨慎地看了看坐在前排的代春，见他没有丝毫的发怒表现，才稍稍安下心。其实代春被剧中的爱情所吸引了，他将剧中的男主人公譬如年轻的自己，女主人公比作任文娟，各自身后的无形力量也曾捆住了他俩向往爱情的脚步，令他感慨万千。

陈定剑从安娜在戏中的每一个动作每一个表情中省然悟出，孙中山先生告诫过他的“驱逐鞑虏”的誓言，不正是有重演戏中男女主人公所摒弃的悲剧的可能性吗？帝制是要推翻，但何必要驱尽满人呢？这其中要包括他所爱的仪凤！他开始不安起来，渐渐地思维离开舞台，往深处冥想。他深知孙中山的身上打着太平天国深深的烙印。孙中山打从幼小就听他当太平军军官的叔叔说的改朝换代的故事，所以他在历次起义中都显出不怕牺牲的大无畏精神，也引得革命同仁如章太炎辈批评他不惜驱使国内无辜青年做无谓的牺牲。为了以正视听，孙中山身边的亲信汪兆铭毅然地从日本潜回北京，谋炸军谘府大臣载涛，以身殉死，不料事泄被擒。4 月 2 日的行刺事件轰动全国，纵然如此无畏，还是殃及了一大批汉族和满族的无辜百姓，难道除此之外就没有一种免遭《旷世绝恋》中悲剧的途径可走吗？

正当陈定剑苦思冥想的时候，一阵暴风骤雨的掌声卷过礼堂，文明戏结束了。

仪凤立刻上前和顾玉秀打招呼，提出要与她借一步谈话，顾玉秀落落大方地点头答应了。铁祥本想干涉，只见那个张勋派来的马弁刘得胜手按毛瑟枪的枪套，将魁梧的身板一挡，拦住了任何想干涉会晤的闲人。

萨镇冰早看出端倪了，对陈世恩低声说：“不要让格格节外生枝，坏了张勋和顾姑娘的好事。”说完看了陈定剑一眼，犀利地斩断了他的遐思，陈定剑明白萨镇冰的严令，驯服地跟着萨镇冰和父亲走了，剩下陈定棋拉着大哥陈定书去后台代表海军来宾向安娜祝贺去了。

铁祥瞟了仪凤和顾玉秀一眼，揣测将有一场风起于青萍之末了。顿时，一个阴谋从他心中阴暗的角落滋生了，要借顾玉秀之手为他搂住仪凤的纤腰，再一次置陈定剑于死地。

观众散去后，偌大的礼堂内空空荡荡，只有角落里坐着仪凤和顾玉秀在叙旧。那个佩枪的刘得胜站得远远的，神气而警觉地戒备着。

顾玉秀问：“格格，您是为了劝阻奴家嫁给张勋来当说客的吧？”

“不，”仪凤轻抚着她的手，说，“我是感谢你在福州会审定剑的时候救了他，那时候时非我待，无法当面言谢。”

顾玉秀反问道：“格格，为什么不能让奴家来感谢您救了定剑一条命呢？您始终将定剑当成您的私有，不是吗？”

仪凤说：“您又不是不清楚，定剑对我是出于挚爱，对您是出于责任。”

“那么对郑安芳呢？”顾玉秀反诘问了一句，她明白郑安芳也是革命党，两人之情是出于同志之爱，而仪凤却不明白。

仪凤想起郑安芳寻衅似的追求陈定剑，便答道：“对郑安芳是出于怜悯。”

“古人的怜就是爱，您难道不明白吗？格格，您如今是有名份的人了，而陈家又不接纳奴家，为什么不让奴家成全他，离他而去呢？”

“我不愿意将定剑留给郑安芳。”

“为什么？她出身名门，又是同乡，还是圣约翰大学生，有什么配不上他的？”

“这次我去了福州，才怀疑她是革命党，如果将定剑留给她，她兴许会将他拖入万劫不复的地狱之中。”

“她是革命党？你可以告官呀？”顾玉秀故意刺激她的嫉妒之心。

“我只是怀疑，再说，我也不想出于嫉妒而诬陷她。玉秀，如今只有你能爱他，哪怕能为他独守空房也好！”仪凤说着，眼睛上闪起了泪花。

顾玉秀大为动容，真想对她大声说出实话：他是革命党，为了革命党不能离开海军！所以奴家只能离开他，明白不明白？

顾玉秀慢慢地起身，与仪凤交揉的手指不忍遽然分开，说：“下个月十五，奴家就到南京去了，也许再也见不到格格了。好在，您和定剑都在海军，定剑就交给您照料了……”说完，泪如雨下，不忍卒看，一扭身就走了。刘得胜紧紧跟上，如影随形地护送着她走出礼堂大门。

仪凤怔怔地目送顾玉秀娇弱的身影渐渐地消失了。

这时候戏台的后台，不知有谁在放西洋的留声机，传出苏格兰的民歌《友谊地久天长》的歌声，听了使人感伤，凄美和无奈。

仪凤的视线让泪水模糊了，一个坚定的主意在她的心田中破土而出：她要去面见江南提督张勋！

第十六章

55

秘密绑架仪凤的大胆念头，像闪电掠过铁祥黑暗的脑海的时候，他自己都吓了一跳。滋生这个罪不容诛的主意，是陈定剑逼出来的。

这天一早铁祥带着陈定剑从停泊“海星”号巡洋舰的码头到海军统制部公干，公事一处理完，他发现陈定剑转眼就不见了。他和陈定剑依照海军章程都宿在军舰上，到了统制部自然有不少私事要办，但是他想陈定剑必定去通译司找仪凤去了。他急匆匆地赶去，想及时干扰仪凤和陈定剑的会面，不料却在楼梯的转弯角见到陈定剑和海军陆战队新兵林守江在聊天叙家常，才释然放心，上了楼去拜会代春。

其实陈定剑是在约林守江带几个可靠的陆战队士兵趁礼拜天休息的时候去参加他哥哥林守武的秘密见面会。自从广州新军起义失败后，陈定剑就担心海军中的革命党力量太单薄，不能成为革命依靠的主力军，所以就策动林守武扩大联络海军士兵和下级军官的工作。陈定棋的海军陆战队第一营进驻高昌庙基地后，成了一支骎骎日上的主力，而第一营的官兵都是闽籍子弟，自然在陈定剑的策动范围内。陈定剑见支走了铁祥后，立即和林守江分了手，进了军政处交际科办公室。

办公室里，仪凤正和一位夷人工程师在校对扩建基地码头的施工图纸，见陈定剑走进，也不把夷人打发走，而是让陈定剑枯坐在沙发上，有意折磨他。

陈定剑摈弃顾玉秀的决定，让仪凤很伤心。一是仪凤与顾玉秀之间本来达成了一种默契，可以借顾玉秀柔荑般的手来抚慰陈定剑失去仪凤后伤痛的心；二是可以避开郑安芳危险的纠缠，使陈定剑这条巡洋舰安全地航行在大清规定的航线上。如今陈定剑突然掉转航向，他这只仪凤的希望之船，要开进迷雾重重、前途叵测的黑水洋中去，怎么不令她担心呢？所以她要挫压陈定剑的傲岸。

陈定剑注视着装作若无其事地和夷人工程师说话的仪凤，她那优美动人窈窕的体态撩拨着他，她那银铃似的话声惊扰着他，她那浓馥的香水气息刺激着他。他也知道她在埋怨他对顾玉秀的舍弃，可是他不得不这样做：海军中投身革命的人极少，光绪二十一年（1895）孙中山领导广州起义，仅有广东水师“镇涛”舰管带程奎光是兴中会早期会员而参加了举事，不幸事泄后被捕，瘐死狱中。究其原因，一则海军舰艇部门繁多，仅靠一二人振臂高呼，犹如程奎光难以控制全舰。在未得确切把握全局，只能偾事。二则待遇优渥，大大高于陆军，也使海军军官政治上倾向保守持重；三则革命党人的策反重点，向来集中在新军和会党，没有全力在海军中开拓。等到孙中山和黄兴从多次起义失败的教训中醒悟到海军的重要作用时，为时已迟。如果在这个亟须改变畸重畸轻之弊的局面前，陈定剑只顾美人而不要海军，革命岂不是有中途夭折之虞？

想到这儿，事不宜迟，陈定剑写了一张纸条，希望仪凤去见见张勋，以格格之重劝张勋舍娶顾玉秀之轻。

陈定剑起身，走到正在忙碌的仪凤面前，行了个军礼，将字条递给仪凤。仪凤一看，正同她不谋而合，本想同他说话，铁祥走了进来。仪凤连忙将纸条在手心揉成一团，悄悄地扔进办公桌下的字纸篓。这个细微的举动被铁祥瞥见了。

铁祥皮笑肉不笑地说：“陈大人也在这里？格格，贝勒爷有请。”

陈定剑对铁祥打个招呼，抬脚先走了。仪凤对夷人工程师说声对不起，夷人工程师卷起施工图纸也告辞了。

“走吧！”仪凤从随手带的小坤袋中取出粉盒，打开，对着小镜子补了补妆，跟着铁祥走了。刚走到楼梯口，铁祥对仪凤说：“我去军制处取件材料，随后就来。”

仪凤上楼去了，铁祥连忙拐进交际科办公室，捡起仪凤扔在字纸篓中的纸团，打开一看，恍悟陈定剑和仪凤仍然藕断丝连，顿时，恶从胆边生，萌发了绑架仪凤嫁祸陈定剑的主意。

仪凤走进阿玛的办公室，代春面朝着窗户伫立凝思。

“女儿向阿玛请安。”仪凤琢磨着阿玛要大发雷霆了。

代春头也不回，瓮声瓮气地说：“刚才阿玛站在窗口看见陈定剑来了，又去找你啦?”

仪凤心想，一定是铁祥嚼舌根子了，说：“他路过我的办公室，打个招呼。”

代春说：“只是问安，那就好。阿玛告诫你，你是奉旨议婚的小姐，三年守制的日子一眨眼就过去，阿玛可不想再听见你和定剑闹出什么花边新闻，否则，就送你回京城!”

仪凤说：“阿玛，女儿谨记。”

代春说：“阿玛不是不通情理的人，定剑确实是磐磐大才，可是你跟他有缘无分，就认命吧!”

仪凤说：“阿玛放心，女儿也答应过皇太后了，自知分寸，不会给阿玛，给皇家丢脸的。”仪凤边说边想，去见张勋权当是最后一次帮陈定剑的忙，此后两人了无瓜葛，各安天命。

就在仪凤受到代春庭训的同时，陈定剑也在陈世恩的办公室受到训斥，原来这是萨镇冰授意陈世恩未雨绸缪地训子。萨镇冰房谋杜断，担心陈定剑再次为了顾玉秀而卷入同张勋的纠纷，殃及陈家，祸累海军。

陈世恩板着脸说：“以后有公事尽可能叫旁人来办，不到万不得已不来统制部，以免落下话柄。”

陈定剑恭立着，说：“是，父亲大人。”

陈世恩又说：“此次广州一役，你不负众望，又有萨统制为你在皇太后面前美言，才洗刷了你的乱党之嫌而获得嘉奖，切不可再惹是生非，祸及家门事小，殃及海军事大。”

陈定剑知道为了他，父亲丢了“海星”号管带的兼职，殊不知没有这个原因，也有别的罪名，让皇太后削弱汉人在海军中的权柄。于是他提醒了父亲一句：“父亲大人，古人早有警示，欲加之罪，何患无辞?”

"大胆！"陈世恩呵斥道，"自古闭门家坐中，祸从天上来，何况是自讨苦吃？难道不懂这个道理吗？你不替你爹爹想想，也要为萨统制想想，他筹办这个海军的复兴组建容易吗？"

萨镇冰肩负复兴海军使命的时候，他的身边云集了一批丝毫没有海军经验的皇族贵胄，他们一心想把海军大权全部收归到自己手中。筹办海军大臣载洵只有二十二岁，完全外行，他是声色俱厉地向二十五岁的摄政王五哥载沣争闹，才被勉强授权统领海军。在萨镇冰的惨淡经营下，十几年中清廷外购军舰三十九艘，排水量三万四千七百二十八吨，平均每年增加二千一百零五吨。国产军舰二十四艘，排水量一万零五百六十四吨，平均每年增加六百四十吨。两项合计，平均每年增加二千七百四十五吨，就承担着甲午赔款和庚子赔款巨额财政负担的清廷来说，已经可以说是勉为其难了。

陈世恩历数萨镇冰的磨难后，又担心儿子不能体会个中甘苦，又说："去年载洵贝勒爷在考察回国途经哈尔滨的时候，遭到乱党熊成基对他的刺杀，所幸事败。熊成基受审时，历数大清罪恶，头一条便是海军权不与汉人。熊成基责问：'近来创设海陆军，关系何等重要，为何中国之大，岂无人才，偏选载洵之辈？'此话固然是大逆不道，但是反思之，可窥见朝廷猜忌汉人掌海军军权于一斑，你说萨统制如夹在风箱中的老鼠，两头受气？容易吗？如果你不能为他分忧，不为汉人争气，你还是我陈家子孙吗？"

陈定剑很想大声地向父亲坦言：孩儿们所做正是承熊成基之大业，正是反对满人独揽海军大权之时弊，但是话到嘴边又咽下去，改口说："父亲大人所言，孩儿谨记了。"他的回答竟然跟仪凤所答的一模一样，这也许正是心有灵犀一点通。

56

上海道衙门高级侦探福贵奉着铁祥的密令摸黑走进上海老城厢的棚户区。

从一间间棚户的柴门里泄漏出来的灯光照亮了泥泞不堪的土街，将福贵的身影放大得很狰狞，像摇晃不停的魔鬼。他一边踩着发出吱吱响的烂泥，一边在心里诅咒交办这笔买卖的铁祥。

今天下午，铁祥约了他在夷场的一爿小酒铺里吃老酒。一盘蒸熟的大闸蟹横七竖八地伸着手茸茸的尖脚，似乎在挠福贵忐忑的心：铁祥要他找人绑架去南京见张勋的仪凤格格！

福贵吃了一惊，说："她可是我们满人，还是格格，自家人抓自家人，你疯啦？"福贵是个冥顽的满人，凡是反对、排斥汉人的事毫不犹豫地都做，反之，凡是满人的长短一概袒护。

铁祥说："我出此下策，完全是被陈定剑逼出来的。我们满人要想最终掌握海军大权，非排斥陈家在海军中的势力不可。陈定剑可是陈家的砥柱，撬开它，我铁祥就少了一个劲敌。"

福贵本来对汉人就素无好感，果然动了心，说："原来是老鳖吹号子——有圆音（原因），请大人明示。"

铁祥说："找个可靠的人把事情办清爽了，不许泄漏我的身份，更不准伤格格一根毫毛，记住，只是吓吓她，不许她去见张勋。这是定金，事成后再付一半。"说着掏出两根金条放在福贵的眼前。

福贵两眼一亮，收了金条，附着铁祥的耳边低声问："告诉小人，事后怎么收拾摊子？"

铁祥附耳说出了一个狠毒的主意，令福贵不寒而栗，铁祥又给他吃了一颗定心丸，将剩下的话说完："事成以后，再付另一半。"

福贵又问："要禀报道台杜大人吗？这可是在他的地盘做了一桩买卖，强龙难压地头蛇。"

铁祥狂妄地哼了一声，说："井水还是不犯河水的好！只有天知地知，你知我知，出了纰漏，谁也休想脱干系！"

福贵吓得脑门上沁出一层盐粒大的汗珠子来。

福贵正是怀着这种战战兢兢的心情去找乌鬼的，也只有乌鬼和他的一班菲律宾枪贩干这一票买卖与海军滴水不沾。不过他与乌鬼结过仇怨，当初乌鬼卖枪给光复会龙头五爷，他带衙役来抓来乌鬼，事后虽然开释了，但是他不得不提防。他走到乌鬼住的棚户门口，掏出别在腰带上的一支"鬼炮"，轻轻在打开扳机，顺着从柴门拽出的一缕灯光往前走，慢慢地推开虚掩的柴门，只见乌鬼习惯地盘坐在一叠木箱上，用大拇指蘸着口水在数着一沓钞票。福贵蹑手蹑脚地走到乌鬼的身后，用"鬼炮"顶着乌鬼的后脑勺，说："慢慢地转回头来，有生意和你谈。"

乌鬼慢慢地转过身来，龇着一口被鸦片熏得乌黑发亮的牙齿朝他诡笑，让他看了毛骨悚然。

轰的一声，一张渔网从棚顶落下来罩住了福贵。几个乌鬼的手下从门外涌进来，七手八脚地缴了“鬼炮”，抓了福贵。乌鬼嘿嘿地干笑，说：“从你一踏进老城厢，就有人向老子报告了，你还再想把老子捏在手心玩?”他说的还是一口洋泾浜英语，不忘福贵捕过他的过结。

福贵听得懂洋泾浜英语，也说得夹生夹熟，急忙声明：“乌鬼，别算旧账，老子来是给你新生意做的。”

“拉出去，种了荷花!”乌鬼转过身，又去数钞票。

手下人扭着福贵往外拖，福贵挣扎着，口袋中的一根金条掉出来，福贵杀猪般地大叫：“乌鬼，你可以跟老子过不去，也不要跟黄鱼过不去!”

早有一个手下捡了金条给乌鬼，乌鬼的两粒龙眼核大的褐色眼球一转，急喊：“回来!”

被拉到门口的福贵，又被拖回来，他连声叫道：“乌鬼，先给一根黄鱼，买卖做成了，再给你一根!”

“放开他!”乌鬼用脚踢了一只木箱让福贵坐下，说，“有屁快放!”

福贵抖抖弄皱了衣服，恢复了一贯的神气，说：“此事关天，闲人请退!”

乌鬼哼了一声，挥退了手下人，说：“别让老子猫咬尿泡，空欢喜!”

福贵低声说道：“绑架一位千金小姐，不许伤她一根汗毛，要把她当菩萨供着，三天后放人给钱。”

乌鬼弄糊涂了，问：“这肉票如此金贵，绑来何意?”

福贵交了实底，问：“无非阻止她成行见人。”说着递上一帧仪凤的玉照。

乌鬼疑虑未消，又问：“不会瞒着老子留一手吧?”

福贵笑道：“不要疑心生暗鬼，客人无非要吓唬这个小娘蛏。”

乌鬼发了狠地说：“好，信你一回。要敢放暗箭，老子就撕了肉票。”

福贵承诺地点点头，心里却说，乌鬼别耍歹毒，你离死期不远了!

乌鬼将“鬼炮”扔给福贵，问：“在什么地方下手?”

福贵说：“火车站。”

仪凤乘坐的马车快驶到火车站的时候，马路旁突然出现了一排“缝穷婆”。“缝穷婆”们都穿着油得发亮的破棉袄，头上包着挡风的黑布头巾，也遮去她们的半张黑黝黝的脸庞。每个“缝穷婆”都坐在板凳上，面前放着一只装着针线工具的藤篮，手里都拿着衣裤或者袜子在缝补。赶马车的车夫水根是个本地人，知道这条路上本没有从苏北逃难来的“缝穷婆”，今天怎么跟雨后田头冒野菇一样冒出一堆可疑的“缝穷婆”？他本想刹住马车告诉格格，偏偏刚才出门的时候，他因为多嘴被格格责骂了一通，质疑的话到嘴边又缩回去了。

刚才水根在海军统制部门口擦马车，仪凤打着小阳伞，腕上挎着小坤包走到他跟前，说：“水根，去火车站。”

水根二话不说，用马车载着仪凤直奔火车站。一路上仪凤跟往日判若两人不说话，似乎有心事。水根忍不住了，问：“格格，去火车站接人哪？怎么没有听副官处的人提起呢？”

仪凤不知如何回答。她是瞒着阿玛擅自主张去南京见张勋的，明知故犯，不管游说成功与否，明天返回准少不了挨阿玛一顿骂。

水根又问：“格格，去接客人，怎么不叫上一位副官替客人拎行李，这样才不丢格格的身份。”

仪凤还是沉浸在自己的思索中，临走前她后悔没有留一封信阿玛，请求他的原谅。

水根还在唠叨：“格格，没有带副官也罢，小人就替客人拎行李……”

“水根，你少说两句也没有人把你当哑巴卖了！”仪凤心里正烦，不知道到了火车站后怎么将水根打发回去，就没好气地数落了他一句。

水根不知道格格今天为什么发这么大的火，吓得不敢再吱声了。

突然，从路旁跳出来一位“缝穷婆”挡住了马车，水根连忙勒住缰绳，刹住车。另一位“缝穷婆”已经从侧面冲过来，出其不意地将水根扯下马车，一掌击昏。然后他跳上马车的驾驶座，掉转马车向小路驶去。说时迟，那时快，那个挡道的“缝穷婆”已经开了车门，蹿入车厢。他正是伪装的乌鬼，将吓得惊慌失措的仪凤堵住了嘴，催促马车快走。路边的一堆“缝穷婆”纷纷扔下藤篮，护着马车断后而来。

等到马车消失得无影无踪了，一直躲在马路边监视的福贵才跑出来假惺惺地摇醒了昏迷在地的水根，连声急问：“我是道台衙门的侦探，出了什么事？快告诉我，出了什么事？”

水根懵懵懂懂地看看四周不见了马车和格格，急得煞白了脸，大叫道：“我家格格不见了，我家格格不见了……”

57

乓的一声，一拳重重地砸在写字台上。

这是代春在他的办公室里拍桌发火，恭立着的福贵和面容苍白的水根已经向贝勒爷禀报了事情突发的全部过程，代春听了以后几乎失去自控。好在萨镇冰和陈世恩久经战阵，处变不惊，当即打电话命令铁祥和陈定剑派人寻找。

萨镇冰重复地问道："水根，你再说一遍，今天格格的神态很失常?"

水极答道："是的，从不发脾气的格格，今天莫名其妙地数落了小人一句：'你少说两句，也没有人把你当哑巴卖了!'"

萨镇冰剖析道："这证明格格心里有事。究竟是何事呢?"

一直思索的陈世恩说："今天统制部并没有贵客乘火车来到，格格去火车站不是接客，很可能是擅自去乘火车。"

代春急问："去哪里?"

陈世恩摇摇头，说："不知晓。她没有带行李，只能猜测行程并不远。"

萨镇冰说："贝勒爷，下官猜测她很可能是去南京拜访张勋张大帅，说服他不娶顾玉秀。"

陈世恩说："如果格格果真是想去见张勋，那么她是为了犬子定剑而去，才导致她被绑架，犬子有罪，下官失责，请贝勒爷发落。"

代春说："小女纵然去南京，也与定剑无涉，陈大人不必自咎。"

福贵插话道："贝勒爷，二位大人，奴才怀疑格格是被革命党绑去，只有革命党最恨皇族，他们从前想行刺贝勒爷没有得逞，如今想对格格下手。"

水根省然记起，说："不对!不对!贝勒爷，二位大人，小的记起来了，那些化妆成'缝穷婆'的绑匪，个个脸庞乌黑，长得像庙里的乌鬼，不像革命党。"

福贵说："奴才是侦探，最清楚革命党善于化妆的鬼把戏了。"

代春说："福贵，你说得有理，就照你的办法去打探路子，并请杜大人派兵寻找。水根，替我送送福贵。"

"遵命!"福贵打个千，跟着水根退出办公室。

恰好，陈定棋接到命令匆匆地赶进来，与福贵打个照面。福贵打量了一下陈定棋身上穿的海军陆战队品服，谄媚地鞠个躬：“小人福贵给管带大人请安。”

陈定棋回个礼，急急地擦肩而过去向萨镇冰领命。

福贵嗅嗅地自己狗鼻子似的鼻子，似乎从陈定棋的身上嗅到不是官场的死气沉沉的味道，而是一种类似革命党人的清新气味，福贵很警觉，又使劲嗅嗅，才走了出去。

萨镇冰简捷地下了命令：“陈大人，立即派人分头寻找格格，不遗余力地将她找到！”

陈定棋说：“遵命！”

陈世恩说：“已经给公共租界的副督察员亨利打过电话了，他答应全力协查，有情况可以找他。”

陈定棋有力地回答：“遵命！”

代春几乎快崩溃了，但竭力保持着皇族的尊严，说：“陈大人，让陆战队的士兵全部出动，务必找到她！”

“遵命！”陈定棋转身急急地离去，他稳健的背影就是这间办公室港湾中的一座希望的灯塔，仿佛要带来一片光明。

58

陈定剑心急火燎地走进会乐里迎春坊的大门，正在天井喂鹦鹉的鸨母阿金冷嘲热讽地说：“哎哟哟，陈少爷侬怎么又来了？阿拉玉秀如今是一把米摔在墙上，没能一粒与你有干系了。”

陈定剑得知仪凤失踪的消息，敏感地判断她是想去南京见张勋才被绑架的，必须去见顾玉秀问个明白。陈定剑耐着性子解释道：“阿金姆妈，我纵有千错万错，容以后再向你赔不是，今天务必让我见上玉秀一面！”

阿金说：“晚啦，你今天纵有金山银山也换不来见她一面了！”

“为什么？我有要紧事，非见她一面不可。”陈定剑说着要往楼上闯。

突然，有一支德国毛瑟枪的黑洞洞的枪口正直指着陈定剑。这是守在楼梯口的张勋派来的马弁刘得胜端着毛瑟手枪冲着他怒目相对，厉声喝道：“大人，你胆敢越过界限，小人就开枪，这是张大帅下的死命令！”

陈定剑冷不防，伸手一别马弁刘得胜的胳膊肘，反手夺下他的毛瑟枪，用力将刘得胜搡出丈八远，狠狠地滚下天井。陈定剑噔噔地跑上楼梯，阿金想拉也拉不住。陈定剑才跑到楼梯的一半，乓的一声，楼梯口上倒扣下了一块门板，死死地封住了去路。这是妓院用来对付闹事嫖客的防备绝招，没想到今天在陈定剑这个正人君子身上应验了，所以上海有一句俗话：君子和小人，只有一板之隔。

陈定剑困住在楼梯中间，怎么用力往上顶，也顶不开门板，大声地喊："顾姑娘！顾姑娘！让我上去！让我上去！"

楼上的门板已经闩上门杠，顾玉秀站在门板上任下头的陈定剑怎么喊也不回答，她知道，她只要回答一声，心里坚守的防堤就崩溃了。

陈定剑依旧困在楼梯中喊："顾姑娘看在以前的情分上，让我去说一句话，求求你了，求求你了！"

顾玉秀的心是经不住他哀求的声浪的冲击，开始一块一块地剥落了。她死死地抓住握在手心里的那一块珐琅胭脂盒，自从陈定剑退还给她后，就是她系住心船不再漂泊的恒定的石碇。但是她不由得回想起陈定剑初到迎春坊求见她的一幕幕情景，春意回暖，周身沸腾，手心不知不觉地松开。她恨不得打开门板，扑在陈定剑的怀里，将这只定情的珐琅胭脂盒再送给他。

不料，她听见陈定剑在门板下喊道："顾姑娘，打开门板，让我上去，我想问你，仪凤来过没有？"

她的为他跳动的心，突然冻住了：原来他关心的是仪凤！

只听他又说："仪凤被人绑架了，她想去见张大帅求他不要娶你，求张大帅成全你和我，结果失踪了。告诉我，这会是张大帅派人阻止的吗？"

顾玉秀明白仪凤此举无非是可怜她，是要将陈定剑施舍给她，殊不知陈定剑为了海军根本不会留在她的身边！仪凤这样做，其实是向陈定剑表白心迹：真正爱陈定剑的是她仪凤！

顾玉秀的心，死了。在她手心里躺着的珐琅胭脂盒又被松开的手指攥紧了，埋在了五指山中。

陈定剑失望地退下楼梯，将毛瑟枪扔给惶恐的马弁，落魂失魄地穿过天井，向大门口走去。

阿金可怜他，叹了口气，说："仪凤，没有来过，刚才倒是那个叫郑安芳的阔小姐来过了。"

陈定剑立刻回过神来，问道："阿金姆妈，快告诉我，她来干什么？"

阿金一听就来气了，说："她来找阿拉女儿兴师问罪。"

原来郑安芳从广州被林守武送上船辗转到了香港了，在黄兴的安排下养好伤后平安返回上海，听父亲说顾玉秀不日将嫁给张勋当如夫人，郑安芳听了很担忧。郑安芳自从跟陈定剑有过一朝的肌肤之亲后，终于明白这辈子她只能当他的革命同志，而仪凤又奉旨议婚，名分难变，能够给陈定剑幸福的只剩下顾玉秀。如果顾玉秀再身入似海的侯门，为他人侍帚，岂不是撇下陈定剑孤身与烽火为伴？她是眼里容不下一粒砂子的人，就风风火火地来找顾玉秀。

顾玉秀一见她，很惊讶，问道："郑小姐，如今奴家将陈少爷留给你了，你还打上门来问罪？"

郑安芳说："顾姑娘是娼门中人，久经江湖，应知为人仗义才是立足根本，为何中途变卦？"

顾玉秀说："奴家身贱命轻，但是素来心高义重，何来变卦？"

郑安芳说："当初我和仪凤争抢定剑的时候，你半路杀出个程咬金，横刀夺爱，你又是上报，他又是坐牢，闹得上海滩沸沸扬扬，大有得逢毕生一遇的爱情之态。谁料你在红鸾星动的时候，又割袍断情，另攀高枝，岂不是仗义全抛？"

顾主秀没想到她不是窃喜待嫁，独占鹊巢，竟然反对自己的琵琶别抱，暗暗佩服，敌意渐消，说："郑小姐请坐，喝一杯香茶，压压怒火，且听奴家一一道来，况且还有事相托。"

郑安芳一屁股坐在客厅的红木上椅上，用惯于对付五爷之流会党党徒的口气，粗声粗气地说："请开尊口，洗耳恭听，"一咕嘟喝光了顾玉秀倒的一杯茶，还响亮地咂了一下嘴巴，有意显出与娼门的细腻、婉约不同。

顾玉秀又替她倒了一杯茶，才姗姗开口，说："小姐有所不知，奴家本有心侍奉定剑终生，因此专程去拜会陈家夫人。夫人并不嫌弃奴家，只有实话相告即使陈家接纳奴家，定剑依畀的海军也不能容忍奴家。所以奴家为了成全定剑，只好舍身而去。"

郑安芳问道："即使你与定剑不能当同命鸳鸯，不妨当个红粉知己也好，何必自暴自弃？"

顾玉秀说："你也知道定剑是个负责任的君子，不是恩断义绝，他死不了那份真心。"

郑安芳真想大声告诉她：他只对仪凤一人真心，我纵使与他有了一朝肌肤之亲，也拉不回她对仪凤的矢志忠诚！所以郑安芳说道："你一意孤行，其实是害他！”

顾玉秀问：“从何说起？”

郑安芳说：“他并不爱我，我在他心中充其量只是一个苦恋的同乡，痴情的世交之女，他爱的是仪凤格格，而格格又是名花有主，你如果再舍他而去，岂不是他心锁枯井，情何所依？”

顾玉秀吃了一惊，问道：“什么，连你也不能让他寄情？那奴家该如何是好？”

郑安芳说：“退了赎金，独身守情。”

顾玉秀左右为难，说：“奴家说过，这只会害了定剑。”

“说了半天，你还是要给张勋当小！”郑安芳气愤得一推茶杯，咣当一声，茶杯砸地，四分五裂。

“你我交情如同这茶杯，告辞了！”郑安芳愤然起身。顾玉秀拉住她的手，央求道：“郑小姐，请你明了奴家的苦心……”

“我要不是念你的苦心，我早派人绑架了仪凤不让她去见张勋了！”郑安芳气得甩开顾玉秀，抽身走了。

听完了阿金的讲述，陈定剑略感吃惊，重新问了她一句：“你说郑小姐讲过绑架仪凤格格？”

阿金添油加醋地说：“听话听声，锣鼓听音，她虽然说的是气话，阿拉看得出她有几分实心。”

陈定剑知道出身上海圣约翰大学的郑安芳一直受过夷人军训的锻炼，向来举止比大家名媛粗重，性子也刚强，又厕身会党之中，处事往往睚眦必报，情急之中兴许派人绑架了仪凤。一想到这里，陈定剑连忙塞了一块光洋给阿金，急急忙忙地告辞了。

站在楼上窗口的顾玉秀一见陈定剑走了，伤心得哭倒在床上。她手中的珐琅胭脂盒滚落在地上，像一颗无处寄托的芳心。

59

上海圣约翰大学是美国圣公会所办的一所教会学校，校内的建筑和设施都是非常好，虽然没有义务教育，但是学校还是会为传教士家庭的学生提供免费入学，郑安芳的外祖父是传教士，所以她能够在这占地二十英亩的校园里展现她矫健的身姿。她喜欢橄榄球、棒球、划船，最喜欢的还是极负盛名的军训。四百多名参加过军训的男女学生中，有很多后来投身了中国共和革命。当郑安芳和她的十几名参加军训的同学在射击馆训练打枪的时候，校工领着一脸心事的陈定剑来到剑道馆的门口，校工说："先生，郑小姐正在参加军训，你稍等片刻。"然后先走了。

陈定剑急得跟热锅上的蚂蚁，听得剑道馆里木剑相砍、喊杀交杂的声音浑成一片，分不出哪个头戴防护罩的学生是郑安芳。他忍不住了，朝着军训的学生们大喊："对不起了，请郑安芳出来见我，我有急事找她！"说完了连鞠三个躬。

郑安芳早从防护面罩里看见陈定剑了，故意不理他，依旧和她的对手在击剑。

陈定剑又喊了一声："对不起，我有急事要见郑安芳小姐！"

郑安芳对她的对手李沪生轻声说了什么，李沪生走过来对陈定剑说："大人，瞧你一身武官品服，人模人样的，不知道你是不是绣花草枕头，银样镴枪头，敢跟我比剑道吗？比赢了郑小姐就见你，比输了就回去练练再来！"

学生们都不约而同地停下手中的木剑，跟着起哄："不比就请回！不比就请回去！"

陈定剑涌上热血，手指发痒，情不自禁地跟着寻衅的李沪生往剑道场走去。郑安芳是气他不肯接纳她，想借同学的手杀杀他的傲气。

有人扔了一把木剑给陈定剑，又摘下防护面罩再想递给他，他拒绝了，说："真刀真枪都玩过，还用得着防护面罩？"脱了统靴，就提着木剑上场了。

戴着面具的郑安芳和同学们都坐在四周观看，唯独李沪生上台与陈定剑对阵。

行过礼后，两人各执木剑抬手就砍，杀风陡地腾起。三个交手的回合后，双方难占上风，退而蓄势待发。李沪生步步逼近，陈定剑蠕蠕后退，瞅准李沪生一个破绽，陈定剑猛然挥剑当头劈去，不料李沪生一闪避过，来个肘腋之击，一剑抵住陈定剑的右腋，陈定剑滑了一跤，仰天倒地。

“定剑！”心有不忍的郑安芳掀了面具，立刻奔过去扶起陈定剑，连声叫道：“原谅我，原谅我！”

李沪生和同学们“噢”地一声长叫后，会心地星散了。

郑安芳和陈定剑坐在剑场上席地而谈。郑安芳怜爱地问：“没事吧？”

陈定剑说：“没事。败在学生手下，惭愧。”

郑安芳说：“他可是剑道黑带，顶尖的刺客杀手。”

陈定剑说：“什么刺客杀手？”

郑安芳得意地说：“他们都是我发展的同盟会秘密会员，还报名参加了炸弹队、敢死队，只等孙先生一声令下，就奔赴起义前线！”

“好样的！”陈定剑心想，莫非就是这些男女敢死队员绑架了仪凤？就单刀直入地说，“我今天来是告诉你仪凤被人绑架了。”

郑安芳大吃一惊：“什么，她被人绑架了？”

“告诉我，是你叫人干的吗？”陈定剑盯着她惊讶的眼神，想从中勾勒出一丝的虚伪和欺骗。

“你怎么怀疑是我干的？姓陈的，我白跟你睡了一觉！”郑安芳气愤得失去淑女的娴雅。

“你原先想刺杀她的父亲，我不得不怀疑你和五爷他们会对她下手！”

“告诉你五爷在长沙养伤，我没有接到孙先生和黄兴部长的命令，是不会对任何人动手的！”郑安芳站起来想走，被陈定剑拉住。陈定剑说：“对不起，事关革命，我不得不问。”

“骗人！你为了心爱的女人不惜伤害另一个爱你、把一切都给你的女人！”郑安芳狠狠地甩开他的手，走了。

陈定剑追上去，说：“安芳，听我解释，听我解释！”

郑安芳抄起地上的一根木剑，反身击去，陈定剑猝不及防，肩上挨了一剑，又一剑击来，他的头上挨了一下。郑安芳含泪痛叫：“杀你！杀你！”一边不停地挥剑击打陈定剑，最后一掷木剑，大哭着跑走了。

陈定剑戳在剑场上，呆如木柱，一天之内让两人爱他的女人泪下如雨，他觉得自己该遭天谴！

第十七章

60

陈定剑离开上海圣约翰大学返回海军统制部复命，一走进代春的办公室顿觉得气氛很肃杀。代春、萨镇冰、父亲、陈世恩和铁祥突然停止了议事的话声，用严峻的眼光包围着他。他敬了个礼："贝勒爷，二位大人，下官回来复命！"

萨镇冰突发厉声地下令："来人哪，将陈定剑绑了！"

从门外应声走进陈定棋，身后跟着海军陆战队队员林守江和另一个士兵。陈定棋立即复颂命令："绑了！"上前摘去陈定剑的顶戴花翎。

林守江犹豫了一下，还是和伙伴捆绑了陈定剑。

陈定剑不服，问道："萨大人，下官不明白为什么降罪？"

陈世恩气得嘴唇发抖，说："孽子，你做下的好事，还敢问为什么？"

萨镇冰啪地将一张纸条拍在桌上，责问道："我问你，这张纸条是不是你写的？"

陈定剑一看，正是自己写给仪凤的嘱她去南京拜见张勋的留言条，就承认说："是下官写的。"

萨镇冰问："写的是什么？"

陈定剑如实回答了一遍，惊讶地问："这纸条是交给格格的，怎么会在这里？"

萨镇冰冷峻地说："幸好被铁祥大人发现了，他刚才向贝勒爷禀报了，我等才证实了真相，原来始作俑者是你！"

陈世恩起身上前，气得打了陈定剑一记耳光，责骂道："孽畜！你都忘了我和萨大人是怎么告诫过你的？你都忘了不许你再插手顾姑娘从良嫁张大帅的事？你都忘了贝勒爷如何施恩于我们陈家而你竟然陷格格于万劫不复之地？"

陈定剑辩解道："贝勒爷，萨大人，父亲大人，请容许解释。"

代春铁青着脸，说："讲！"

陈定剑说："格格奉旨与铁祥大人议婚后，她也希望下官能与顾姑娘有个归宿。听说顾姑娘表示从良他嫁以后，格格很焦急，也不知如何是好，下官也很想挽回颓局，所以就想请格格去拜会张大帅收回成命，别无他意，仅此而已。"

一直蓄势待发的铁祥攻讦说："贝勒爷，陈定剑屡犯军纪，与乱党勾结嫌疑不断，下官以为此次他唆使格格去南京，目的是让革命党绑架格格。"

陈定剑正色道："这是莫须有的陷害！下官已经查明绑架格格既不是革命党也不是会党犯下的。"

铁祥追问道："何以见得？"

陈定剑说："下官有眼线。"

代春说："说出你的眼线是谁？"

陈定剑一愣，不敢说出他去见了郑安芳，也不敢胡诌一个名字搪塞，因为想置他于死地的铁祥会通过上海道的高级侦探福贵来调查的，正不知如何是好，突然从门外闯进一个人来，卫兵想拦没有拦住。

来人正是郑汝才，双手一揖，答道："陈大人的眼线是在下。"

陈定剑吃了一惊，只见郑汝才一脸镇静的神色，临危不惧，知道他是来救自己的，也定下心来。

原来郑妆才接到海军统制部眼线报告，知道陈定剑有危险，一想，不能让仪凤去见张勋坏了自己出嫁顾玉秀的好事，又要逼迫陈定剑娶自己的女儿，所以就马不停蹄地赶到海军统制部，果不其然，陈定剑正戴罪在身。他急中生智编了自己是眼线的谎言来救女儿深爱的这个冤家。

萨镇冰看了陈世恩一眼，那眼色告诉陈世恩他今天必须严厉审讯陈定剑，以示公正，才能保护陈定剑和陈家，反之，则玉石俱焚。陈世恩明白恩师的庇护之举，感激在心。而代春很赞许萨镇冰对属下的严厉审问，他本来对陈定剑屡加呵护，只因为此次事涉亲生女儿，才触犯颜面。

代春怀疑地问道："这不是替海军做大宗买意的郑买办吗，怎么会屈尊当了陈定剑的眼线?"

郑汝才滴水不漏地回答："在下是生意人，在商言商，处处以利当先，所以结交不少官商黑白各道朋友，耳听八方，眼观六路才不会吃亏。陈定剑大人既是在下同乡，又是世侄，他有心托在下打听会党和革命党的事，在下也就做个顺水人情，就答应了，这样做对海军的生意也是有利的，何乐而不为呢?"

代春找不出话中的破绽，缓和了口气，说："看来无端指责陈大人勾结革命党绑架格格，有失公允。"

萨镇冰立刻接上话茬，往轻处落笔，说："贝勒爷，即便如此，他致使格格蒙难，也是罪不轻饶。"

铁祥仍旧咬住不放，说："贝勒爷，萨大人，下官以为推断陈定剑与革命党无涉为时太早，一切有待找到格格以后再定。"

萨镇冰说："铁祥大人，有郑买办为人证可以断言陈定剑与革命党无涉。再说，陈大人在广州弹压革命党造反一役中荣膺嘉奖，难道铁祥大人怀疑朝廷的明察吗?"

"不敢，不敢!"铁祥吓得汗颜，一边在心里咒骂萨镇冰的老辣。

代春宽容地说："萨大人言之有理，就由萨大人发落，铁祥无需多言。"

铁祥尚不敢冒犯代春，怀恨在心，脸上却装出唯唯诺诺的神情，应道："奴才遵命。"

萨镇冰对陈定棋命令道："将陈定剑严加关押，一切待到格格回来再审讯发落。"

"喳!"陈定棋打个千，押着陈定剑走了。

"贝勒爷，各位大人，在下也告辞了。"郑汝才匆匆地辞别后，赶出门外，在走廊上追上陈定棋一行。

陈定棋问："世伯，有什么事吗？"

郑汝才说："请允许我和你二哥说几句话。"

"请快一点。"陈定棋带着林守江和另一个士兵走到楼梯口等待着。

陈定剑对郑汝才低声地说："多谢刚才世伯救了小侄。"

郑汝才说："要谢就谢安芳吧！"

陈定剑很惊讶，说："原来是她救了我？"

郑汝才责问道："可是听说你还辜负了她？"

陈定剑说："世伯，眼下不是时候，容小侄以后向你澄清。"

郑汝才威胁地说："不管你说一千道一万，你必须娶了安芳，否则，你无情休怪世伯无义，今天可以为你辩护，明天也可以陷供你是革命党！"

陈定剑感觉到一股寒气从他的脊梁骨冷飕飕地掠过，莫非屡次威胁抓住他行刺代春把柄的人正是郑汝才？可是又一想，他毕竟是同盟会会员郑安芳的生父，不至于与郑安芳南辕北辙吧？

郑汝才又说："顾姑娘的选择是从良归宿，你唆使仪凤去面见张大帅企图拦阻，真是狗抓老鼠，多管闲事。世伯劝你，事已既出，就到此为止，否则再扩大事端，只会祸及令尊、令兄和令弟，请三思而后行。"说完以后大摇大摆地走了。

陈定剑忽然发现，这个世伯的脸上戴着一张假面具，真想什么时候能够将它揭下来。

61

上海公共租界最有名的戏园当数留春园，留春园设施洋化，不仅有电灯、电话，而且添设女厕所。晚清戏园初期不设女厕，只在包厢尽头的后面屋内放两只净桶，任凭妇女自往寻觅，桶满也无人倾涤，女客看戏多有不便。租界开埠以后，留春园率先改良设施，男女厕所设备整齐，而且女厕还有戏婆值勤，女客用厕必须付微资两片铜钿，尽可放心出恭。

顾玉秀最喜欢去留春园看戏，贪图的便是出恭方便舒心。自从她待嫁闲居，更是日夜都去看戏，还可以借机炫耀自己的时尚衣着。晚清沪上妓女的职业特点和租界文化氛围，使妓女引领女性时尚消费的前列，顾玉秀当数佼佼者，有了女厕之后，她就再也不怕如厕玷污衣裙了。

今天夜场上演的是京戏《望江亭》，正演到谭记儿在清安观中与白士中一见钟情的时候，她内急，便用脚尖挪开戏园专为优待看戏女客而提供的木制搁脚小凳，去了女厕所出恭。那个如影随形的马弁刘得胜不敢跟去，只能在外头守候着。顾玉秀给了戏婆两片铜钿，就进了女厕所，找到最靠边的隔间坐在马桶上宣泻轻松。她发现隔板上有条裂缝，漏出一丝灯光，好奇地从裂缝中窥视进去，发现隔壁不知是谁家的杂物间。再仔细一看，杂物间的地上蜷缩着一团物件，像人又非人，光线幽暗，也分辨不清。净身完，顾玉秀也不顾得多想，就匆匆地赶去看戏，已经错过了谭记儿和白士中洞房花烛、履新赴任的一折戏了。

当晚，顾玉秀辗转反侧，眼前一直浮现那一团似人非人的物件。她知道租界场内黑道猖狂，绑票时有发生，如果那一团物件是个肉票，岂不是见死不救、有违佛心？她耳边回响起《望江亭》中女主角谭记儿的脍炙人口的一段唱腔："将渔船隐藏在望江亭外，见狂徒不由我怒满胸怀。仗权势他要将儿夫陷害，为救夫我亲自到亭台，临行时将钢刀身边携带，扮作渔妇会钦差。用笑脸把我的怒容掩盖，定叫那狗贼子自投网来！"仿佛看见戏中手执三尺青锋去手刃杨衙内的谭记儿。顿时，顾玉秀的古道热肠的激情被激发起来，她心想自己不能白看了这出好戏，明天再去看日场的戏，确认那个似人非人的物件之后，再做道理。

正当顾玉秀做出决定的时候，留春园女厕所隔壁的杂物间里发生了一件罪浮于天的事。

捆绑在地上的正是被绑架的仪凤，乌鬼没有照铁祥的吩咐要善待肉票，而是怕她逃脱将她关在戏园旁边仓库的杂物间里，冷冰冰的地板让千金之躯的仪凤蜷缩成一团。她一点也不后悔自己去见张勋的举动，一旦脱险，仍旧再去南京。

她很奇怪，绑匪没有为难他，只是四肢紧捆，堵着嘴，让她无法动弹。负责看守她的是两个菲律宾人，不知道她精通英语，都用英语交谈，才知道一个叫何塞，一个叫马蒂，从前都是华尔的洋枪队队员，如今跟着乌鬼在上海滩混。何塞是个色鬼，老想打她的主意，色眯眯的眼光老在她的脸上和胸脯上扫来扫去，时不时还对她动手动脚，都被马蒂拦住。

马蒂说："乌鬼发话了，不准对这个女人动手动脚。"

"他妈的！管天管地管得了老子拉屎放屁？"何塞怏怏不乐，发着牢骚，"这一回他收了上家多少好处，才这么用心？"

马蒂说："你我都是碗边的苍蝇，混饭吃的，别问那么多了！我先去抽一泡，你看好了，不许胡来！”他的大烟瘾犯了，不住地打着呵欠，抱着毛瑟枪走了。

何塞一见机会来了，就上前扒仪凤的衣服，无奈她被捆住手脚，任凭她怎么挣扎也无济于事，上衣先被解开，露出了乳褡。何塞的两眼闪着淫光，搓着双手，打量着怎么下手才畅快，嘴里念念有词：“老子今天开洋荤了，这么洋气十足的美女，先从哪里下手才快活呢？”

仪凤瞪着恐惧的双眼，唔唔唔地叫不住声来，痛苦得连好看的脸的脸形都扭歪了。

何塞咂着嘴，自言自语道：“还是先吃两个奶子，这叫连吃双桃！”说着伸出像黑油竹一样的手想去摸仪凤的乳房，只听见“呯”的一声枪响，何塞的手掌被子弹打穿，何塞痛得哇哇直叫。

乌鬼走进来，漫不经心地吹吹发烫的毛瑟枪枪口，说：“可惜呀，老子才擦的枪又弄脏了！”

何塞连忙跪在地上捣蒜似的叩头，连声哀求：“老大饶命！老大饶命！”

“看在从前一块在枪口下讨饭吃的份上饶你这一回。胆敢坏了老子的买卖，就把你的脑袋砍下来当椰子吃！”乌鬼狠狠地踢了何塞一脚，何塞连滚带爬地逃走了。

乌鬼捡起衣服给仪凤穿上，安抚地说：“别害怕，不会再有人敢动你一根汗毛了，过两天你就可以回去了。”

乌鬼说完后，带着满足走了。

仪凤觉得很蹊跷，为什么绑匪不问她阿玛的名字去索求赎金？难道是有人在暗中指使的吗？这个人又会是谁呢？

第二天下午，顾玉秀又赶来留春园看日场戏，戏码是她爱看的青衣戏《荒山泪》，但是她没有心思看，一进戏园就直接去了女厕所，将马弁刘得胜留在女厕所外面接应。她急急忙忙地走到最后一间隔间，往马桶上一坐，眼睛就往隔板的裂缝里看，隔壁杂物间的地板上依旧蜷缩着一个物件，等到眼睛适应杂物间黑幽幽的光线后，才看清了地上蜷曲的是个女人，长裙曳地，手脚被捆着，再定睛一看，她竟然是失踪的仪凤！顾玉秀的心要跳到嗓子眼了，张口急喊：“格格！格格！我是玉秀！我是玉秀！”见仪凤没有反应，又用手捶隔板，无奈，这时候戏锣鼓响了，喧闹声塞满了女厕所。

顾玉秀连忙跑出女厕所，拉着刘得胜就朝外头走，叫道：“快走！跟我救人去!”

刚才来戏园的路上，顾玉秀将自己的疑惑告诉了刘得胜，刘得胜劝她不要多管闲事而招惹麻烦，但是顾玉秀的仗义的执著感染了他。刘得胜拔出毛瑟枪带着顾玉秀赶进留春园隔壁的仓库的大门，摸到杂物间，只见房门洞开，地上的仪凤已经不见去向。

“格格！格格!”顾玉秀焦急地喊叫，几乎要哭出来了。

刘得胜发现地上有一碗残留的饭，他一摸，饭尚有余温，就说：“人刚走不久，快从后门追!”说着拉着顾玉秀就追赶。

他俩才追出仓库的后门，就看见弄堂口停着那一辆海军统制部丢失的马车，何塞和马蒂正按照乌鬼的主意将仪凤推上马车。刘得胜朝天开了一枪发出警告，大声喊叫：“把人留下!”

何塞闻声回头开了一枪，刘得胜早将顾玉秀挡在身后，结果他的左胳膊中弹受伤，他忍痛反击，一枪击伤了歹徒马蒂。

枪战延宕的这一刻，铁祥领着陈定棋和林守江等几个乔装的海军陆战队士兵闻声赶来，堵住了马车的去路。铁祥是按照侦探福贵事先提供的地址，故意带着陈定棋赶来援救的，目的是要扮演英雄救美的好戏以获得仪凤的欢心。正巧撞上乌鬼违约临时改变窝藏地点，铁祥怒不可遏地朝何塞开枪。

陈定棋大叫：“别打着马车伤了格格!”

歹徒何塞见到嘴的肥肉吃不到，气急败坏地掉转枪口要朝马车里的仪凤开枪，以解心头之恨，这时候陈定棋抢先开枪，何塞倒在马车下，说了一声：“好大的奶子……”吐血死去。

马蒂一看福贵出卖了他们，慌忙冲向河堤，跳下苏州河，沉入浊水不见了。

林守江和士兵们赶来朝河中乱打一通子弹，不见浊水中浮起鲜血，陈定剑阻止道：“别打了，巡捕房要来了，快撤!”

铁祥已经上了马车，替仪凤松了绑，仪凤不知是后怕还是感激，抱住铁祥痛哭起来。铁祥见已奏效，好不得意，抱着春情颤动的玉体，安慰道：“别怕，别怕，一切都过去了，我们回家。”

顾玉秀带着刘得胜赶到马车前，顾玉秀关切地问：“格格，你没有受伤吧?”

仪凤连忙松开铁祥，感激地对顾玉秀说：“顾姑娘，想不到你会来救我，此情终生不忘。”

刘得胜解释道：“昨天晚上顾姑娘去看戏的时候，就怀疑你受困的地方有动静，所以今天她又赶来证实，结果我们迟了一步，幸好还是追上了。”

陈定棋说：“多亏你们早来一步，拖住了绑匪，真是不胜感激。这位差官神通，受伤无大碍吧？”

顾玉秀赏识地看了刘得胜一眼，夸奖道：“他是条硬汉，打不死的！”说着撕下自己的一条衣襟替他包扎。刘得胜不再多言，受宠若惊地任由顾玉秀的纤手在照拂自己。

铁祥说：“快回统制部吧，贝勒爷一定等急了。”

陈定棋等人赶着马车急急地离去，仪凤从车窗探出头，感激地看了顾玉秀一眼，心想，多好的女人，一定要留给陈定剑，自己务必要去南京说服张勋。

这时候，从远处传来老闸巡捕房警车的警笛声，刘得胜连忙拉着顾玉秀消失在弄堂的阴影中。

62

上海高昌庙海军基地的码头边停泊着巍峨的穹甲巡祥舰“海星”号，它与其他停泊的舰艇联成一条海上钢铁长城拱卫着海军基地。“海星”号的前甲板上，代春、萨镇冰、陈世恩领着一批巡洋舰队的官佐在视察“海星”号预备航驶的军务，管带铁祥陪同在侧，他春风得意，侃侃禀报。

自从铁祥将仪凤成功救回，震动了海军统制部，上下官兵都对他赞誉有加，就连一向对他不冷不热的仪凤对他也刮目相看。代春逢人便夸他是皇族海军的翘楚，对他横加攻讦陈定剑有通乱党之嫌，也不再指责。得救后的仪凤力排是遭革命党人绑架，而凿凿证实绑架人是菲律宾乌鬼而且背后疑有他人指使，与陈定剑无关。而她想去见张勋也是早有定见，并非受了陈定剑唆使。代春便疑云顿消，下令释放陈定剑，官复原职，萨镇冰见目的达到，与陈世恩都松了口气。但是仪凤又要求去南京见张勋，而铁祥也假惺惺表示赞成，无奈代春不允，正中了铁祥下怀。

铁祥正禀报到得意之时，忽然语迟，支支吾吾，眼睛盯住码头上停下的由水根驾驶的马车，只见从马车上走下仪凤。甲板上的官佐们都被仪凤牵住了视线，大家面面相觑，等待代春的怒火发作。

代春一向娇宠女儿，只是此次女儿被绑架，落下个纵人恃娇、治军不严的微词，很令他丢尽颜面，所以他发火了——发给众目睽睽的官佐们看——严厉下令：“值星官，不准格格上舰禀报私事！”

萨镇冰小声提醒他：“仪凤不仅仅是格格，她还是通译，她有权上舰。”

代春又大声地补充道：“值星官，今天是巡察舰艇预备航驶军务，派几个士兵拦住格格，除非格格能够回答预备航驶的条例，否则不让她上舰见我！”

“喳！”值星官应了一声，领命去。

站在官佐人群中的陈定剑很替仪凤担心，估计她是为了去见张勋再来恳求代春的，恐怕她不熟悉海军的条例，十有八九过不了这一关。

值星官在军舰的舷梯上拦住了仪凤，抱手一揖，说：“格格，贝勒爷有令，今天是巡察舰艇预备航驶军务，除非格格能够回答预备航驶条件，否则不予上舰。”

仪凤知道阿玛在刁难她，就说：“值星官请发问！”

值星官说：“第一百〇二条。”

仪凤答道：“‘舰艇奉命开驶时，各机件之铜铁光亮，除通软垫箱之件或滑动者诸部分外，均须盖以白铅，涂以牛油。’”

值星官听了很佩服，说：“请上舰。”

仪凤刚刚踏上军舰，又有一个士兵上前拦阻她，说：“请格格回答第一百〇七条！”

仪凤熟练地回答：“‘各种视力表及油杯不得移动。’”

士兵让开，恭敬地请仪凤向代春走去。不料，代春大声地命令道：“陈定剑大人，让她回答第一百〇八条！”

陈定剑领命，上前拦阻仪凤，他知道这是代春故意要借用他的慧剑在众人面前斩断他对仪凤的情丝。他大声地复颂命令：“请格格回答第一百〇八条条令！”

仪凤已经很久没有这样面对陈定剑了，当下两支眼光，如针儿逢遇磁石，紧紧地摄在他身上。他的目光和她接触了，就像有一股热流从周身滚过，他心潮澎湃，他领悟出她的柔情脉脉的眼睛里隐含着坚持。他急忙用眼光告诉她不必去见张勋，无需挽回顾玉秀对他的去意。她仍旧用深情的眼光回答：她这样做是为了爱他，让另一个好女人代替她倍施爱意。于是她自信地回答条令：“‘通海水门务须安置工作稳固，关闭严密！’”

陈定剑钦佩地大声说：“回答正确！格格请！”

仪凤如临风玉树站在代春和簇拥着他的官佐们面前，禀报道："阿玛，女儿有公事禀报!"

代春答道："公事请讲，私事免谈!"

仪凤说："女儿是海军统制部通译，被绑架是公事吧?"

代春说："是公事。"

仪凤说："解救女儿是公事吧?"

代春说："是公事。"

仪凤问道："顾玉秀义无反顾地冒险搭救女儿是公事吧?"

代春迟疑了一下，只好回答："是属于公事。"

仪凤说："滴水之恩当涌泉相报，如今女儿为回报顾玉秀请示准许去见张大帅，这也是公事吧?"

代春知道上了女儿的当，支支吾吾说："这……这……"

萨镇冰佩服仪凤的睿智，乘机转圜，说道："我大清海军素讲忠心体国，义胆相照，格格以义回报，彰显海军精神，难能可贵，当属公事!"

官佐们听了交头接耳，纷纷赞许。

陈定剑见仪凤巧妙地将代春这条旗舰，引入了她的港湾中涤荡冥顽的污垢，心里是何等的苏慰，他深感她这样做是出于对他挚爱。

代春不得不转缓了口气，说："统制大人言之有理，既然出于公心，女儿且去南京吧!"

铁祥一听暗暗焦急，他不便公开反对，只好借他山之石以攻玉，说："贝勒爷，绑匪头目乌鬼至今尚未擒获，恐怕有不测之虞……"

萨镇冰说："贝勒爷，明天'江天'号恰好去南京公干，不妨让格格随舰同去，责令管带陈定书派兵护送?"

代春点点头，说："就依统制大人的谕示办"。

陈世恩补充说道："依卑职愚见，可由陈定书亲自护送见张勋，更彰显见贝勒爷体恤公心。"

代春说："准办。"

"多谢阿玛，多谢统制大人，多谢统领和各位大人。"仪凤会心地与萨镇冰相视了一眼，因为早在回国的途中，仪凤曾经在"威廉王子号"船上向萨镇冰请教过海军条例，聪颖而有心在海军中服务的仪凤一一记住了，没料到今天经萨镇冰一指引，她顺利地绕过重重漩涡达到彼岸。

63

“江天”号炮舰顺利到达南京下关码头，早有江南提督张勋派来的马车恭迎仪凤。仪凤在管带陈定书的护送下登车前往提督府，一路上由张勋的一队骑马亲兵护送，处处足见张勋的十足霸气和粗中有细。

马车到了提督府，挎刀亲兵列队迎迓，荷枪绿营封街戒严，让仪凤和陈定书平安入厅登堂。仪凤被告知，恰逢一年一度的训兵点将日，张勋正在提督府内的练武场上训兵，请格格前往观摩。在两个马弁的引路下，仪凤和陈定书被请到练武场，只见一队队的将官和营官列队观战，喊杀声从练武场中央冲向云霄，这是一队杀气腾腾的重甲清兵手执长枪围着一员虎将厮杀。那位虎将正是张勋，形如铁塔，声似铜钟，长辫盘脖，箭装马裤，统靴扎口，右手执刀，左手拿毛瑟枪，大有一万当关，万夫莫开之势。围攻的清军头戴铁盔，脖围软甲，上身战袄，下身战裙，无不铠甲庇护，谓称重甲，一旦骑马，马也护甲，宛如一辆不敌战车。清军们将张勋围得铁桶一般，轮番进攻，企图采用疲劳战术拖垮张勋，再一举歼之。岂料张勋左右开弓，一手砍敌方，一手枪击对手。刀到之处，清军倒地，枪击之处，练习用的开包弹击“毙”敌手。但是清军越杀越多，张勋寡不敌众，突然张勋一甩头，从脖子上扬出一根长长、粗粗、油油、亮亮的辫子，辫梢上系着一支环心匕首，不啻是张勋伸出的第三只手，执着一支绳刀，陡然出击。张勋不时舞动辫子，辫子又稳又准地扫过清军的脖颈——假如清军没有戴铁围脖——将被涂上见血封喉毒药的匕首一一击中，倒地绝气而亡。转眼间，清军全部溃败，拱手称降。观战的将官司和营官们茅塞顿开，醍醐灌顶，无不欢呼：“大帅无敌！大帅无敌！”

张勋收手，脸不红，气不喘，声如击钟，说：“各位都开眼界，长见识了吗？记住，辫子是咱大清国的象征，也是咱清军的武器，系上匕首，出刀必见血，见血必死人，不是死对手，就是死自已！就就么练，一个人可以抵十个革命党，明白了吗？”

“喳！”将官、营官们单膝跪下，声遏行云。

张勋将兵器交给贴身马弁，丢下部众，径自向场外的仪凤和陈定书走来，单膝朝仪凤跪下，说："卑职张勋拜见格格！"

仪凤说："久闻大帅神武，今日得见，果然名不虚传。大帅请起。"

张勋起身道："他日练成辮子军，当专程请格格训示。这位大人想必是贝勒爷在电报上提到的陈定书管带？"

陈定书抱拳一揖，说："正是下官。"

张勋说："请格格和陈大人到花厅就座。"说着前头带路，引客入花厅，分宾主坐定，马上有丫环奉茶侍服。

张勋挥退丫环后说："格格专程来宁，必有训示，卑职洗耳恭听。"

仪凤说："大帅出身行伍，果然快人快语，小女就毋庸客套了。听说大帅要迎纳如夫人顾玉秀？"

张勋说："是的，日子已近，就在本月十五。"

仪凤问："江南良家名媛如云，为何独娶夷场顾姑娘？"

张勋反问："敢问格格，卑职可是英雄？"

仪凤答："自从小站练兵以来，大帅屡战屡胜堪称一员虎将，大清英雄。"

张勋笑道："既是英雄，配上夷场美人有何不可？"

仪凤说："既是英雄该当英雄惜英雄，对吗？"

张勋说："自然，这是古训，张勋当效仿。"

仪凤说："穹甲巡洋舰'海星'号的帮带陈定剑在广州弹压新军造反一役中立下战功，受朝廷嘉奖，可堪称英雄？"

张勋说："见过朝廷邸报，陈定剑当之无愧。"

仪凤说："既然如此，顾玉秀本是陈定剑的红颜知己，大帅岂可横刀夺爱？"

张勋惊讶地说："原来郑汝才负我！格格，卑职自当从命，拱手奉还！"张勋一向以保护过慈禧皇太后和光绪帝而自豪，并视皇家的旨意为自己的行事圭臬，所以唯仪凤之命是从。

陈定书也很欣赏张勋的豪爽，说："下官替舍弟感谢大帅。"

张勋大喜，道："原来陈大人与陈定剑大人是兄弟，有幸结识海军中的陈家俊彦，真是三生有幸。"

陈定书说："大帅过奖。"

张勋说："咦，过谦了，当今谁不知，海军有陈家，一门四管带之美誉吗？哈哈哈！"

仪凤见好就收，说："大帅，小女还有公务在身，不再讨扰，就此告别。"

张勋说："卑职已经吩咐下人置酒替格格洗尘了，切勿嫌弃卑职的粗茶淡饭，否则卑职日后见了皇太后无地自容。"

仪凤笑道："炮舰还要立即返回上海，所以不宜延宕，大帅的美酒留待辫子军练成绝技的那一日再喝如何?"说着起身，带着陈定书告辞了。

张勋见留不住格格，一路自责地陪着格格送上炮舰，方才留下一句正题话："格格，今逢乱世，世事难料，日后格格若有需要，只要一个电报，卑职的辫子军当即赶到，哪怕天涯海角，也要供格格驱使!"

仪凤一听，深为大清颓势之中有如此忠勇之人，感动不已，点头称谢。

陈定书心想，日后在这中国的多灾多难的大地上必有一支暴戾的悍军驰突在血火之中，那就是张勋的辫子军。

64

上海公共租界会乐里的迎春坊里闹翻了天。

老鸨阿金在天井里一边摔椅子，砸缸罐，一边从张勋和郑汝才骂到陈定剑和周友三，又从仪凤格格骂到顾玉秀。

顾玉秀不理她的吵闹，径自在客厅里替辞行的马弁刘得胜的左臂伤口换药。刘得胜已经接到张勋的命令：不娶顾主秀，撤回南京。在派来保护顾玉秀的日日夜夜里，刘得胜的心里悄悄地萌发了爱慕之芽，他最切望的就是张大帅将这女神娶回，他就可以每天在眼里轻抚着她俏丽的身影，而如今只能在心里供着这个女菩萨了。顾玉秀体贴入微地包扎着伤口，她从教会医院女护士安娜那里学会了换药，包扎伤口，也与她遂成了好朋友。顾玉秀很奇怪这个金发碧眼的美国姑娘从来没有看不起她的言行，幸好的是安娜明天就和父亲乔治传教士去长沙替受水灾的难民治病，不会看到顾玉秀被退婚的窘况。安娜曾经向她敞开少女的心扉，告诉她自己暗恋海军陆战队管带陈定棋，希望能获得她的帮助。顾玉秀长长地叹了口气，告诉她："奴家好比是败军之将不足以谈兵。"

"为什么?"安娜不可理解。

"奴家爱上他的二哥陈定剑，可是又不得不放弃，而要去另适张大帅。"顾玉秀于是在教会医院的换药室里给安娜讲述了自己多舛的爱情史，有如打开的是一条心血狼藉的纱布带。

安娜听了不可理喻，说："要是陈定剑换成是美国男人，一定和你私奔了，他要负的责任是你，而不是什么海军！"

"这正是奴家爱他的地方，奴家也愿意为此离开他。"顾玉秀说得亦幻亦真，让安娜听得如坠五里雾中。

安娜说："我越听越糊涂了。不过我明白了，陈家的男人都是最优秀的绅士，这个陈定棋我爱定了！"

顾玉秀掏出珐琅胭脂盒交给安娜，叮咛道："奴家要出嫁了，再也见不到陈定剑，请你转交给他。"

"我一定送到。"安娜觉得此时自己像个行侠仗义的中国女绿林了，郑重地收下了寄情之信物。

如今自己不嫁人了，也不知道安娜昨天将信物送到了没有，顾玉秀轻喟了一声，替刘得胜包好了伤口。

刘得胜听见了顾玉秀内心的惆怅，轻声问道："你在恨什么人吗？只要你说一声，我可以替你去开枪杀了他！"

顾玉秀吓了一跳，以为他是无心戏言，对主人聊表忠心而已，说："没恨什么人，奴家是自叹命比纸薄。你快走吧，别误了赶火车。"

刘得胜无可奈何，跪下拜了三拜，惊慌得顾玉秀连忙扶起他。他紧抓着她的手不放，犹如遽然抓住她的心，顾玉秀涨红了脸，不忍将手抽回而伤害了他的男人的自尊心。

阿金看在眼里，狠狠地又砸了一个罐子，尖声哭道："怪不得张勋变了卦，原来吃了锅里又看上碗里的！"

刘得胜连忙抽回自己的手，对顾玉秀抱拳而别，走下天井，对着阿金拍拍挎在腰间的毛瑟枪，吓得阿金不敢吱声了，顿时天井里安静下来了。

这时候从大门外涌进一队张勋的亲兵，为首的哨官一见刘得胜就说："刘得胜，张大帅又改主意了，明天就派专用火车来迎娶顾姑娘，命令在下先来护卫迎春坊，从现在开始，闲杂人等一概免进！"

原来仪凤走后，张勋就接到摄政王载沣从北京发来的一份电报，命令张勋从皇族执掌海军大计出发，立娶顾玉秀，勿生间隙。张勋唯载沣马首是瞻，权衡利弊后幡然改变了主意。当然张勋并不知晓始作俑者的是铁祥，他打电报通过阿玛康禄运动了载沣，才挽回颓局的。

刘得胜一听，喜出望外，回头对顾玉秀喊道：“顾姑娘大喜！顾姑娘大喜！”

阿金喜极而泣，一边用手巾抹泪，一边叨叨叨唠唠：“我的女儿呀，菩萨显灵了……菩萨显灵了……”

顾玉秀一听，跌坐在红木椅上，不知是喜还是愁，半晌说不出话来。

就在张勋的亲兵们拱卫了迎春坊的时候，安娜来到海军统制部寻找陈定棋要转交顾玉秀的珐琅胭脂盒。值勤的海军陆战队卫兵林守江拦住了她，知道来意后说陈定棋和陈定剑都在开紧急部务会议，闲人一律免进。

安娜焦急地说：“我今天晚上就要乘美国军舰‘佛罗里达’号去长沙救援侨民，不知什么时候才回来。麻烦您将这件信物交给您的长官陈定棋，请他再转给陈定剑先生。”

“有什么话要交代的吗？”林守江掂掂信物，知道虽轻犹重。

“转告陈定剑长官，顾姑娘明天上午乘坐九点的火车去南京了，记住，一个字都不许多，一个字也不许少。”安娜的简单留话中蕴藏着沉甸甸的感情。

“记住了，一个字不多，一个字不少。”林守江向她敬个军礼，以表示海军陆战队的承诺，“你可以留下大名吗？”

“什么叫大名？”

“也叫…叫芳名……”

“安娜。”

“安娜？”

安娜嫣然一笑，走进四月的明媚的春光里去。

林守江不由得想起他在福州林则徐祠堂里见过的顾姑娘，那半忧郁半俏丽的女人，比起优越感十足的仪凤格格，更令他同情。正当他走神的时候，突然一声厉喝从天而降：“林守江！”

“到！”林守江立刻立正，定睛一看，面前站着的正是陈定棋和陈定剑。

陈定棋追问：“为什么站岗走神？”

林守江不敢撒谎，说：“报告管带官，因为女人……”

陈定棋怒火上蹿，说：“值勤想女人，要关你禁闭！”

林守江解释道：“报告大人，刚刚来一个叫安娜的夷场小姐，要找大人。”

陈定棋一听安娜，声音立刻低下来，问道：“她找我什么事？”

“她说她今天晚上乘美国舰‘佛里达’号去长沙援救侨民，要小人将这个物件交给大人，再转交陈定剑大人。”林守江递上了珐琅胭脂盒。

陈定棋接过物件转交给二哥，说：“你一定知道是谁让安娜小姐转交的。”

“守江，安娜小姐有留下什么话吗？”陈定剑预感他最担心的事终于要发生了。

“安娜小姐说，顾姑娘明天上午乘坐九点的火车去南京了。”

“还有什么话交代吗？”

“一个字不许多，一个字也不许少，安娜小姐是这样交代的。”

“顾玉秀在惩罚我！”陈定剑心里这样揣测道，攥着珐琅胭脂盒失魂落魄地走了，仿佛捧着的是一颗顾玉秀无处依托的心。

陈定棋紧张地问林守江：“安娜小姐说今天晚上去长沙？”

“是的，去援救侨民。大人，莫非长沙出大事了？”

陈定棋说：“长沙发生了抢米风潮，西洋各国军舰都开去援救侨民，我们明天也要出发。”

林守江兴奋地说：“终于有我等陆战队出头露脸的时候了！”

陈定棋说：“别高兴太早，刚才召开紧急部务会决定奉上谕去弹压！贝勒命令由‘海星’号当旗舰，由铁祥大人统带‘江天’号等十条炮舰编成的分队，载上一个连的陆战队前往长沙镇压暴民造反，从现在开始基地进入二级戒备状态，你当心点！”说着怀着与安娜遽别的遗憾匆匆地走了。

“暴民造反，难道舰队要开大炮镇压？”林守江从心里开始为那些素未谋面的长沙暴民担忧，因为他不由得想起在福州家乡拮据度日的父亲和妹妹来了。他们跟父亲一样都是升斗小民，为何异变成暴民了呢？

65

临出嫁了，顾玉秀辗转难寐。她早早地将楼梯上的门板反扣了，任何人都不准进入她的阁楼，给自己拓出最后一块瞬即消失的自由天地，一旦明天嫁入大帅府，她连身心带自由全都被张勋监控了。任凭阿金在楼梯口嚷叫要带梳头娘姨给她梳出嫁头，试新嫁衣，都被她拒绝了。她和衣躺在这块门板上，就是这块门板那一天堵住陈定剑上楼，也彻底隔断了她对他的奢望。现在她重温着陈定剑在门板下绝望的叫喊，回声似乎还在楼梯里环绕。她听见从楼下天井里传来张勋派来的亲兵们喝酒猜拳的喧闹声，听见阿金在指挥佣人加酒上菜的快活声，今夜迎春坊嫁女置酒，流水席将延宕到天亮，喧闹也将甚嚣到凌晨，只有她的阁楼是宁静的。只有她的心房是寂寞的。

深夜回忆，浏览豆蔻年华，犹如白驹过隙，从吴天宝将她卖身换枪到乌鬼将她推入会乐里火坑；从结识陈定剑私认终身，到被郑汝才赎身献妾，她重温鸳梦，感怀身世犹如一支古曲散佚。但她认定与陈定剑的一夕灵肉结合，是生死鸳鸯、镜剑配合之缘。想到这里，她宽衣解带，玉体横陈，想像自己被陈定剑拥在怀中，暖意盈体，渐渐地沉入梦乡中。

黎明前，她被捶打门板的声音惊醒，从楼梯口传来阿金急三火四地催她梳妆打扮的喊叫声。顾玉秀无可奈何，打开门板，任由阿金带着一堆的丫头、佣人和梳头姨娘将她摆布，穿金戴银，披红挂绿，她跟一具木偶一样转个不停。天刚蒙蒙亮，郑汝才就赶来贺喜，并指挥亲兵们将会乐里家家妓院的门口都挂上红灯笼，等到天放亮，会乐里已经是红灯笼的世界，走上迎亲马车的顾玉秀才触景生情，绽起一朵迟到的微笑。顷刻间，鞭炮齐鸣，军乐喧闹，雄赳赳的亲兵们列队簇拥着马车向火车站进发。沿途的巡捕们都打过招呼，对荷枪实弹的张勋亲兵熟视无睹。等到了火车站，顾玉秀惊讶地看见，一列载满张勋麾下的辫子兵的专用火车已经呼啸地开进站台，士兵们如同一袋袋土豆倒到月台上，黑压压地壅塞了整个车站。亲兵们立刻用有力的臂膊分开出一条路，将高贵艳丽的顾玉秀在士兵们好奇而好色的眼光接迎下，送上挂满红缎花球的专用的车厢。

刘得胜被堵在车厢下不准上车，一个亲兵排长告诉他："刘得胜，大帅有令，升你为排长，立即随同队伍开拔去长沙镇乱!"

刘得胜闻言大吃一惊，抬头看见了顾玉秀在车厢的窗口无助的眼光，恍悟张勋是防止他与顾玉秀日久生情，陡生变端，就将他推入杀戮的黑流中，听天由命。刘得胜无可奈何，收回依恋顾玉秀的眼光，向她敬个军礼，转身走入开拔的队伍中，如一粒芥粒很快被灰色的洪流吞没了。

顾玉秀似乎看见了张勋那一张器宇深沉、暗藏杀机的脸，不寒而栗。

就在这痛苦的一瞬间，火车轮轻轻地滑动了。顾玉秀猛然听到从高昌庙海军基地方向传来军舰悠长的汽笛声，那汽笛声粗犷、深邃而又悠远，这是由穹甲巡洋舰"海星"号和十艘炮舰的汽笛组合的奏鸣曲，直冲进她的心扉，经久不息。

顾玉秀往窗外一看，站台的大钟正指九点，陈定剑一定收到她托安娜转交的珐琅胭脂盒，此刻正站在军舰上指挥台上发出命令，用汽笛声为她遥遥相送。

她珠泪滚滚，模糊了渐去渐远的月台粗犷的造型。

就这样，一列士兵甫卸、载着宛如掠来的美女的火车向北驶向波谲云诡的金陵；一队由巡洋舰和炮舰组成的钢铁编队向南楔入乌云密布的湘江，从此，同命鸳鸯，天各一方，阴阳殊途，人间何世！

第十八章

66

浩浩荡荡的舰队从长江驶入赣江，再辗转驶入湘江，广袤的水域中不见了一艘艘往日繁忙穿梭的货船，空荡荡的湘江只有波浪汹涌、雾霭沉沉，令站在“海星”号穹甲巡洋舰瞭望台上的陈定剑心里堵满不安。他从千里眼看出去，湘江两岸青苗瘦瘠，村舍凋敝，那些只有三瓦两舍的草民都不见了踪影，连鸡鸣犬吠，牛吽羊咩之声也绝迹了。

去年湖南滨湖各州县遭受水灾，粮食歉收，全省饥民多达十数万，湖南巡抚岑春煊与地方劣绅勾结外国洋行，抢购谷米，囤积居奇，哄抬粮价，长沙米价一月数涨，全省饥民面临饿殍。四月十二日，长沙南城外一百多名饥民捣毁了囤积米、哄抬粮价的碓房，然后冲向鳌山庙巡警分局，要求开粜救济饥民，善化县令答应开仓粜米救济灾民，但是巡抚岑春煊下令镇压手无寸铁的灾民。四月十二日，官民发生冲突，民众被官兵打死十四人，伤四十人，民众当夜暴动，将城厢内外一百多间礁米店抢劫一空。四月十四日，长沙全城罢市，岑春煊再次下令开枪，死三人，伤十九人。民众怒不可遏，于是放火烧毁税关、官钱局、大清银行，并将外国洋行、教堂、邮局、码头和日本领事馆尽行捣毁。长沙米潮爆发之后，英、美、德、日各国从上海、汉口、厦门调遣十数艘军舰入湘，清廷大为震惊，一面撤去岑春煊的官职，出示平粜，一面调集军队赶往长沙镇压，并责成海军派出由铁祥统带编舰分队归两江总督张人骏统一指挥，协助陆军敉平暴乱。临行前萨镇冰提醒陈定剑，此番朝廷下旨由铁祥统带编舰分队，意在让铁祥牛刀小试，如果获捷归来，很有可能为铁祥鸠占统领巡洋舰队铺平道路，务必不能让铁祥的阴谋得逞，陈定剑欣然受命。陈定剑同时接到由林守武转来的同盟会联络人郑安芳的通知，同盟会统筹部部长黄兴责令陈定剑设法援救卷入米潮的以五爷为首的会党党员，保存革命党的有生力量。但是陈定剑不知道五爷现在何处，自从广州新军起义一役战败，五爷就杳如黄鹤。

前面的湘江的江面忽然窄小了，航道也杳如一线生机，舰队小心翼翼地鱼贯而行。忽然，陈定剑从千里眼里发现，从上游漂下来一排排木排，木排上没有一个艄公。陈定剑下令快请管带铁祥到指挥台，铁祥闻讯赶到，说："开上去，撞碎木排。"

陈定剑见过家乡福州闽江上的木排，往往木排是双层，甚至三层，如果楔进窄长的航道，起到阻碍的破坏力量是很大的，就说："管带大人，很可能木排有双层，甚至三层，企图拦阻舰队进长沙，还是开炮轰碎。"

铁祥一听很不悦，陈定剑分明在嘲笑他从小长在深宫，没有见过木排，就固执地说："'海星'号是二级重甲巡洋舰，当今世界上最先进的军舰，撞碎木排是上海人说的下毛毛雨的事。"

陈定剑说："大人，如果多层木排冲进窄长的航道，破坏力是难以估量的。"

两人正争执的时候，忽然从水下钻出几个人跳上木排，驾驶着木排的长长排梢冲进航道。木排一排一排地头尾相连，好似千军万马向舰队冲来。

陈定剑从千里眼里惊愕地看见，为首的木排上驾梢的艄公正是阔别的五爷！他短衣短裤，两脚如蚂蝗钉一样钉在木排上，纹丝不动，任凭风浪砸在他铁塔般的身躯上，迸出浪花四溅。五爷和他的会党们要用木排撞舰的举动传达出一个信号：长沙的灾民是不畏强暴的。

"开枪！开枪！快向木排开枪！"铁祥向甲板上的张勋的辫子军发出命令。辫子军们纷纷开枪。木排上的五爷等人跃入江中消失不见了，而木排已组成气势磅礴的大军向为首的“海星”号冲来。

铁祥见势不妙，才勉强下令开炮。

“轰轰!”“轰轰!”密集的炮弹击中木排，掀起此起彼伏的水柱，将断木抛向高高的天空。断木麇集堵住航道，江水陡然上涨，幸好有四千三百多吨的“海星”号在前头犁清航道，才使后面只有数百吨重的炮舰一一顺利驶过航道。

陈定剑又用千里眼寻找五爷和他的会众，但是湘江边的丛丛芦苇遮蔽了他们矫健的身影。

不一会儿，长沙城宛然在目了，舰上的官兵都欢呼起来。长沙城上空飘着袅袅乌烟，不知是哪家洋行或是教堂还在燃烧，零星的枪声随风飘来，宣告着城内正蛰伏着下一场灾民的起义征兆。

江面上停泊着先机到达的英、美、日、德各国十余艘军舰，但是大清舰队的到来，以世界上一流舰艇的雄姿宣示了主权的存在。各舰都卸下了随舰到达的张勋的辫子军，让他们进入城内宣示清廷的淫威，只留下陈定棋的一个连队的海军陆战队在码头上拱卫“海星”号。旋即，按两江总督张人骏的既定派遣，在铁祥的指挥下，“楚有”、“楚泰”、“楚同”、“楚观”、“楚谦”、“楚豫”、“湖隼”、“湖鹏”、“湖鄂”和“湖鹰”分赴滨湖各州县协助清军弹压，而旗舰“海星”号坐镇长沙，居中指挥，“江天”号炮舰则在长江中游巡缉。

这时候，天边有一块块的乌云飘向长沙城，仿佛有另一支的舰队挟着隐隐的春雷列阵而来，预示着一场暴风雨将要降临了。

陈定剑的心，变得沉甸甸的了。

67

长沙城内的黄泥街是一条寡妇街。黄泥街上的男人习惯当兵吃粮，从跟随曾国藩去南京打长毛，到在大沽口血战八国联军，炮火硝烟中无不闪现着黄泥街男人瘦硬强悍的身姿。男人在外冲锋陷阵，女人则在内操持家务，一旦男人阵亡，新寡的女人立即有人上门讲亲，因为湖南人崇尚吃粮当兵，喜欢找有口皆碑的寡妇说合，所以长沙人流行一句话：长沙姑娘无人问，黄泥寡妇抢手货。当然，青年守孀，春宵寂寂，良夜迢迢，难免也有送寒偷暖的事发生，但是黄泥街上丁寡妇的门前没有是非。丁寡妇叫丁二姐，男人已殁，死在新军的一次军事演习的爆炸事故中，多少男人被她翘翘的奶子和拱拱的屁股迷住，派来的媒人将她家的门槛都踩烂了，她都不点头。她带着一个三岁的遗腹子苦守寒门，期待一个称心可人的男人出现。

三个月前，她的三舅给她送来了被子弹打穿两个洞的五爷。五爷是参加广州新军起义失败后逃往湖南的，到达长沙时他的会党兄弟只剩下五十七人。五爷的左手连中两枪。被送到丁二姐家养伤，三舅留下仅有的二十块大洋，就躲避到城外乡下去以免遭清军追捕。看病、吃药、补身子，二十块大洋很快就用光了，但丁二姐没有在五爷面前透漏半个字，悄悄地垫上丈夫留下的军饷，粗心的五爷还蒙在鼓里。

到了城里开始哄抬粮价了，丁二姐咬着牙花高价买米，也不让五爷少一口饭吃。有一天五爷听见了二姐的儿子小米哭，走进厨房才发现她母子在吃糠团子，小米不吃才哭才吵。五爷很懊悔，将自己的一钵饭端给丁二姐母子吃，自己吃糠团。丁二姐横竖不肯，五爷就掏出身上最贵重的金怀表交给丁二姐去典当换粮。这块金怀表是五爷每次参与举事时不可缺少的工具，但是如今为了救命，只好忍痛割爱了。不料，丁二姐告诉她，即使卖了金表也买不了多少米，原因是官商勾结，囤积谷米，不仅整条黄泥街，而且整个长沙城都在挨饿。

当天夜里，三舅来看五爷，五爷思索了半天，一拍桌子，说："把弟兄们都叫来，不必再躲了，躲了也是饿死，不如拼一场！"

这时候丁二姐才恍然明白，她伺候多日的闷声汉子，原来是一只病虎，一旦发威，地动山摇。于是五爷带着未愈的枪伤开始派出光复会的弟兄联络长沙的光复会，准备发动抢米风潮。

举事的前一天晚上，五爷彻底未眠，在油灯下重新画路线图，酝酿第二天的劫收礁米房的大计。

丁二姐端着一碗稀粥进来，给他当消夜，关切地说："五爷，没有别的稀罕物了，喝一碗粥当点心吧！"

"眼下有碗粥喝就是赛过鱼翅羹了！说肚子饿还真有点饿了。"五爷不客气地接过那碗粥，一咕噜地喝下半碗，又将剩下的半碗粥端到丁二姐的嘴边让她喝，一边说："慢一点，别噎了……"

丁二姐想推开碗，可是经不住五爷的执拗，只好乖乖地喝下米粥，心里守寡的坚冰被五爷暖烘烘的体温给慢慢地融化了。五爷用有力的右臂搂住她哆嗦的身子，问：“小米呢？”

“他早睡了……”她的声音低得连自己都听不见。

数月来，五爷今天才认真地看清了丁二姐的模样：她穿着阴丹士林喇叭袖小衫，蓝印花甩腿裤子，袖口、大襟、裤口都沿了两道半寸宽的绣花边，梳着又亮又油的髻子，耳朵戴一付银耳坠，削肩蜂腰，细束身材，恬静的眉眼，不乏湘女风韵。

丁三姐就势倒在五爷的怀里，积蓄的柔情迸发了，说：“五爷，明天你就要去干大事了，二姐没有什么好东西给你，就把身子给你留念了……”

五爷感动得说不出话来，用粗胝的手慢慢地解开她的一排布襟扣，一对高耸的乳房挑衅似的弹出来，醉人的香气袭人，甚至弄得他有些眩晕，香气像茉莉花一样，渗入他身体的每一个角落。霎时间，丁二姐就像一朵美丽的花影似的把他吸了进去。

天亮，五爷临走的时候，给多情的丁二姐撂下一句掷地可作金声的话：“等闹米潮完了，如果我还活着，就娶你过门，带上小米去上海！”

抢劫的碓房是城南最大的李记米行，用水碓舂米是长沙中最牟利的行业，李记老板人称李半天，占长沙城一半碓米业，打蛇打七寸，五爷决定拿它开刀，以平息民恨。

五爷和潜到长沙的五十七个光复会会员各手执扁担麻袋从四面八方汇聚到李记碓房门口，五爷出其不意地爬到一座石狮上振臂高呼：“官逼民反，弟兄们抢啦——”

光复会的会员们一拥而进，不由分说动手抢米，将一袋袋的白米扛到街上分发给过路的灾民。十几个碓房伙计手持木棍冲出来拦阻，都被光复会的会员打得落荒而逃。求告无门的灾民见有五爷他们撑腰，便纠集了一百多人冲进碓房抢光了囤积的白米，并且捣毁了碓房以泄怨。

围观的人群中挤出一个人向指挥抢米分米的五爷走去，打了声招呼。五爷一看，来人竟是乌鬼，吃了一惊。

“五爷别来无恙？”乌鬼还是说着洋泾浜英语，又乌又瘦，仿佛是从炭窑是滚出来的一根黑炭。

“怎么到长沙来了？这里不是你的地盘。”

“我遭人暗算了，官府到处追我，我才逃到这里。大难不死，必有后福，上帝叫我在长沙遇见你。”

“我不吃官司就好了，何来后福?”

“我正是为了这一点，替你担心，你不怕官府派兵来镇压?”

“所以我要带人去巡警局请愿平价粜米。”

“官府有枪，你没有‘鬼炮’，不是鸡蛋往石头上碰吗?”

“有何高见?”

“弄一批鬼炮、洋枪，可以抵挡一阵，免得吃亏。”

“不！这一回是灾民抢米，不是新军起义造反，我不想买枪，回见!”

“等等！你是老江湖了，手里没枪就任人宰割的道理你又不是不明白?”

“你是和尚庙里卖头梳，找错地方了。”

“哼，不要到时候来求着我买枪！走着瞧吧!”乌鬼泄恨地悻悻走了。

事后，五爷带着一百多位灾民和会员到鳌山庙巡警分局去请愿，要求平价粜米。不料，乌鬼却去湖南绿营总兵衙门告发是住在黄泥街的五爷领头造反，企图逼使五爷走上绝路向他买枪。岂知，新任湖南绿营总兵荣宝因为镇压广州新军起义有功履新长沙，正值邀功心切，就派兵火烧黄泥街，见人就以暴民罪名滥杀。等到五爷闻讯赶回，黄泥街已经烧成一片废墟，尸横遍野，满目疮痍。

五爷找到丁二姐家，躺在瓦砾堆中三岁的小米已经被烧得面目全非，丁二姐惨遭清军蹂躏，衣不遮体，咬舌自尽，尸横血泊中。五爷给她许下的迎娶丁二姐的诺言也被烧成灰烬。

当下五爷埋葬了丁二姐母子后，就怀着悲愤去找乌鬼购买大批的“鬼炮”和长枪，准备发动一场新的暴动。

68

乌鬼连夜去总兵衙门求见荣宝，打好了一石二鸟的算盘。

荣宝正同侄子铁祥把酒言欢，拇指之战正酣。皇族子弟，喜好醇酒妇人，行的自然是集古美人名酒令。荣宝先用几片小纸写上若干古代美人名字，作成阄。他和铁祥依次拈阄。拈住哪张纸，按上面所写的名字，集唐诗两句，必须将美人名字分别嵌入句内，语意要连贯。佳者大家共贺一杯，不佳者自罚一杯，不成者罚双杯，有敢杜撰者罚不少于三杯。

荣宝兴高，开口就说出美女“玉箫”的名字，然后吟出两句唐诗：“‘丁当玉佩三更雨，赢女银箫空自怜。’”

铁祥连声叫好，与荣宝共饮了一杯美酒，接着说出美人“绿珠”的芳名，并开始吟诵唐诗：“‘为我尊前横绿绮，偶然楼上卷珠帘’。”

“妙！妙！妙在一个‘偶然’二字！”荣宝自忖当下情境，心花怒放。铁祥偶然抵湘助阵，令他兴奋不已。原先湖南巡抚岑春煊镇压暴民遭罢黜，荣宝深为自己下令火烧黄泥街而担心，多亏有胞兄康禄替他在摄政王载沣跟前美言，所幸无事，如今又有侄子亲率战舰前来保驾，他沾沾自喜占了皇族的光。

不料酒令行过三巡，铁祥停杯在手，轻叹一声，荣宝追问道：“贤侄正值春风得意，何来烦心之事？”

铁祥说：“老叔有所不知，小侄此番虽然领命统带编队助剿暴民，可是海军陈家仍旧是阻碍皇族掌控海军的心头大患，载洵浑浑浑噩噩也罢，代春却又处处偏袒陈家，还竟然同意萨镇冰将陈家二子陈定剑派在‘海星’号当帮带，无非是伺机想取代小侄。用‘与革命党通联’之罪都扳不倒他，不是如鲠在喉吗？”

荣宝说：“贤侄不必发愁，老叔认识一个叫乌鬼的枪贩，与光复会五爷有私交，可以利用长沙米潮事件扳倒陈定剑，为你统带舰队锦上添花如何？”

“多谢老叔！”铁祥大喜，一口饮干了杯中酒。

荣宝说：“何必言谢？老叔此次荣升湖南绿营总兵宝座，还不是多亏了你阿玛的周旋？来，为你早日荣登巡洋舰队统领宝座，连干三杯！”

正说着，戈什哈来报乌鬼求见。荣宝下令准见。

乌鬼瑟缩着被戈什哈引进花厅，学着中国人的方式，纳头便拜，说：“小人乌鬼，叩见二位大人。”

荣宝说：“起来吧，赏他一壶酒！”

乌鬼起身，受宠若惊地接过戈什哈递来的一壶酒，仰脖便灌下一大口，啧啧称道：“好酒，好酒，跟窝女人一样让我乌鬼周身痛快！”

铁祥轻蔑地一笑，对荣宝使个眼神。荣宝问道：“乌鬼，又来找本人何事？”

乌鬼说：“求大人再给一份赏钱。”

“大胆！”荣宝拍了一下桌子，摆出一副天潢贵胄的贯有神气，“胆敢到老虎前头上拔毛？来人啦，拖出去砍了！”

戈什哈上前扭住乌鬼，乌鬼大叫：“我没有打狗棍，就不敢来讨饭吃！”

铁祥对戈什哈挥军手，说：“亮出你的打狗棍瞧瞧。”

被戈什哈松开手的乌鬼神气地抖抖衣服，说：“大人，小的知道五爷他们想抢劫米行。”

荣宝问：“你怎么知道?”

乌鬼说：“他买了小人的一批洋枪，准备干一票大买卖。”

荣宝说：“你胆敢私贩黑枪，不怕砍你的头?”

乌鬼笑道：“有洋人在就有洋枪卖，你砍了小人的头，还有别的乌鬼接着做这桩买卖。大人如果留着小的脑袋吃饭，小的愿意听大人的使唤。”

铁祥说：“这桩买卖成交了。”

乌鬼说：“多谢大人不弃，让乌鬼有口饭吃。”又仰脖喝下一大口酒，用乌油的手背抹抹嘴巴。

荣宝问：“五爷在哪里抢米行?”

乌鬼说：“火宫殿。”

荣宝喜出望外，说：“好，你立了头功。来人哪，赏他十两银子!”

戈什哈送上十两银票。

乌鬼狡猾地问道：“大人，少了一半。这回的消息比上回大，怎么赏钱只有一半?”

荣宝回敬道：“等我派兵伏击了五爷，五爷不是还要再找你买大批枪支弹药，你不是又赚一大笔吗?”

乌鬼哭丧着脸，说：“大人，小的过的是刀尖上舔血的日子，您就多赏几个子吧?”

荣宝与铁祥会心地相看一眼，说：“要赏还不容易，只要你肯替这位铁祥大人卖力，有的是银子!”

乌鬼并不知道指使他绑架仪凤就是铁祥，更不知道下令让福贵杀人灭口的幕后人也是铁祥，以为又攀上高枝儿，说：“请铁祥大人发话，小的当效犬马之劳。”

铁祥说：“听过海军的陈家吗?”

乌鬼说：“陈家赫赫有名，谁没能听说过?”

铁祥说：“听说过陈家的二儿子陈定剑吗?”

乌鬼说：“听说过，五爷说过他还迷上会乐里的红妓顾玉秀!”

铁祥说：“看来你对他不陌生。实话告诉你吧，朝廷怀疑他是个革命党，但又找不到证据，只要你能找到陈定剑私买黑枪、勾结五爷谋反的铁证，随时向本人禀报，定有重赏。这是鞋钱和酒钱，收下吧！”

乌鬼大喜过望，收了银票，捣蒜似的叩头。

铁祥补充道：“此番陆军和海军大兵压境，五爷之流的乱党必定土崩瓦解，陈定剑势必要援救失败后的五爷和余党逃离湖南。你一旦取到陈定剑援救五爷的铁证，立刻禀报荣宝大人，定有重赏！”

“喳！”乌鬼用了一句满人习惯的回答，俨然自己已经是铁祥的忠仆了。

第二天，五爷会同长沙光复会的几百名会党抢劫了火宫殿的十几家米行，当他们将谷米无偿地分发给灾民时，早已埋伏的绿营总兵荣宝见罪证已获，便下令开枪。五爷他们用仅有的几十条洋枪对付绿营的数百条洋枪，寡不敌众，最后只好抛下十几具兄弟的尸体，仓促逃窜。荣宝下令割下被弃尸的会党的头颅，挂在城头枭首示众。

五爷不服，又向乌鬼花巨金买了一批洋枪，并且添加了一批火药，准备重聚力量，策动一场更大的暴动，乌鬼立刻禀报了荣宝。

荣宝将详情知会了铁祥，但不知五爷添购大批火药有何用处？

铁祥搜肠刮肚地苦想了一夜，突然，有一个想法跟火把光一样照亮他黑暗的心房：自从舰队进抵长沙途中遭到五爷用木排阵拦阻之后，铁祥已经告诉进入三湘巡弋的各艘炮舰务必防止革命党袭舰。莫非五爷还要旧技重演，再次出其不意地袭击舰队？果真如此，就要逼陈定剑与五爷勾连，让他出手援救革命党，再一举将他擒获。主意一定，当即，铁祥召集陈定剑和陈定棋兄弟在“海星”号上商定应变对策，故意将五爷的举动先作个摊排，然后别有用心地问道：“帮带大人，镇压广州新军一役你将五爷之流乱党打得落花流水，应有心得，不知今日又逢老对手，有何制胜妙策？”

陈定剑一眼就看穿铁祥的歹毒心思，淡淡说道：“广州一役，上有朝廷良策，下有将士用命，下官不敢居功。五爷之辈本是会党，不是同盟会，习惯采用茅招，大人所作袭击舰船的判断，十分精准，不可不防。依下官拙见，各舰采用流动巡弋，不停泊固定的锚地，减少给对手可乘之机。一旦发现可疑船只靠近兵舰，即发拦阻警告，否则，即可开炮，以防不测。”

铁祥无话可说，拍案称绝：“房谋杜断，妙哉！妙哉！管带官大人，也请发表高见。”

陈定棋说：“下官加强岗哨，增加流动哨兵，固守码头，确保旗舰无虞。”

铁祥说："你可亲带一个排的陆战队参与绿营搜捕五爷，主动出击，防患于未然。"

陈定棋回答："遵命。"

铁祥欲擒故纵地又说："适才令尊大人来了电报，说令妹定琴现在长沙雅礼医院实习，恐受暴民伤害，请帮带大人前往照料，我回电依令照办。帮带大人尽可以随时前往雅礼医院探视令妹，为确保无虞，不妨带上林守江同行。"

"多谢大人。"陈定剑恭送铁祥走后，陈定剑送陈定棋走下"海星"号，来到码头上海军陆战队驻地。陈定剑看看左右无人，才对陈定棋说，"现在可以放心说话了，三弟，你知道吗，铁祥是欲置二哥于死地，继而扳倒咱陈家在海军的根基萨统制，让皇族一统掌控权柄。"

陈定棋问："此话怎讲?"

陈定剑不敢实话告诉三弟自己是同盟会员，只是拐个弯说："铁祥一直企图诬陷二哥是乱党，此次又想借五爷的手挖下陷阱，陷害二哥。"

陈定棋说："我就想他黄鼠狼给鸡拜年，没有安下好心。二哥你说怎么办，小弟听二哥的吩咐。"

陈定剑说："设法找到五爷，劝他停止袭击兵船，否则是于事无补，又引火烧身，告诉他留得青山在，不怕没柴烧。"

陈定棋猜出二哥与革命党有牵连，但不点破，说："二哥放心，一旦找到五爷，设法让他离开长沙。"

陈定剑说："他一向与同盟会有间隙，常常我行我素，不容易听人劝告的。"

陈定棋正想问他怎么知道五爷与同盟会有间隙时，只见周友三穿过哨兵三番五次地拦下盘问的码头向他们走来，不由惊喜地和二哥高兴地迎上去。

陈定剑抓住周友三的手，大声问道："友三，你怎么到长沙来了?"

陈定棋抱拳一揖，说："周兄，你真是海军兵船开到哪里，您跟到哪里啊!"

海军编队进抵长沙，清军谘府大臣载涛不放心，便派密使周友三赶赴长沙侦探海军中的革命党动向，以防海军失控，易手革命党。所以周友三被一语击中，连忙顾左右而言他，说："不如说是你陈家的人到哪里，我追到哪里。"

陈定剑问道："此话怎讲?"

周友三解释道："前不久我去福州出差，特地到府上探望令妹，岂知伯母说令妹已去长沙雅礼医院学习，所以我就赶来了，顺便照应一下轮船招商局在长沙的生意。"

陈定棋问道："莫非周兄喜欢上我家小妹了？"

陈定剑说："三弟，君子好逑，自古亦然，周少爷如何免俗？"

周友三笑道："定剑，只许你州官放火，还不许我百姓点灯？还不知道这盏灯点得亮不亮哩！"

陈定剑问："此话怎讲？"

周友三说："令妹在福州是学校里的一朵校花，到了雅礼医院的医学院学习也成了一朵校花，我第一次去找她，就被那些男同学挡驾了。第二次终于见到她了，你们猜，她一见到我就问什么，问我你来干什么？"

陈定剑和陈定棋听了开心地大笑起来。

"你们还笑哩，真没有男人的同情心！我问她，为什么问我来干什么？她神气地回答，我是护士，是来救护伤患的，你一个跑船运的来干什么？我说，长沙靠湘江，我当然来跑船运。她反问我，长沙都没有平价米卖了，你不运米来粜，粜个臭男人来抵什么用？"周友三说完了忍不住地与陈家两兄弟笑得前合后仰，又继续说道，"所以我才说你们陈家的这盏美人灯我能不能点得亮！"

陈定棋说："我有办法，你去雅礼医院当一名男看护，与小妹就有共同语言了。"

周友三狡黠地一笑，说："我看，你也要去当一名男看护了。"

陈定棋问道："为什么？"

周友三神秘地说："安娜小姐也来了，恰巧和令妹都在雅礼医院当护士，她不住地向我打听你，看得出她被你迷住了。"

陈定棋一听喜出望外，说："什么，她也在雅礼医院？"

周友三说："怎么样？我没说错吧，你也要去当一名男护了！"

陈定剑说："好啦，不要半斤对八两啦，友三，你现在就带我去雅礼医院看看小妹。"

陈定棋说："二哥，代我向小妹问个好，说我改日再去看她。"

周友三问道："你怎么不一块去？"

陈定棋回答："我奉命要去搜捕乱党五爷。"

周友三顿觉奇怪，说："这不是绿营兵干的事吗，怎么要保卫战舰的海军陆战队去干？是谁出的馊主意？"

陈定棋说："铁祥大人，他是这次编队的统带官。"

周友三知道铁祥怀疑陈家兄弟中有人与革命党纠缠瓜葛，会是谁呢？这也是周友三亟想知道的。

69

五爷在制造燃烧瓶的时候，让火药灼烧了手，高烧不止，被丁二姐的三舅送到雅礼医院救治。五爷在发高烧的时候，呓语中经常叫孙中山的名字，孙中山在屡次起义中，素来倚重会党的力量，令五爷这类的好汉敬佩不已，视他为革命的中流砥柱，与仰慕黄兴有着不可同日而语之叹。雅礼医院是美国耶鲁大学“雅礼”协会派遣的爱德华·胡美医学博士于一九〇六年在长沙创办的，医与学相结合，既办学又治病，誉满三湘。长沙爆发米潮事件，伤病员暴增，医院人满为患，只好借不远的一座教堂辟为临时医院，五爷就被送到这里救治。医院本部有随从美国军舰“佛罗里达”号到来的美国海军陆战队保护，相对安全，而借助教堂住院治病的病患只能凭借上帝的保佑来庇护安全了。老光复会会员三舅怀揣一把鬼炮整天守在五爷身边，总怕他暴露身份，遽陷敌手。不过教堂里的传教士乔治医生却是暴乱狂流的中流砥柱，有他主持医务，病患们如同婴儿睡在母亲怀抱中一样安全恬静。乔治医生的助手都是医院的实习护士，最让五爷满意称心的是叫陈定琴的女学生，模样又周正、护理又体贴，真称得上活观音，可惜的是她要隔天才能来教堂当值，另外一天她在医院本部当值。今天陈定琴正好没当值，三舅一来就趁机同五爷长时间地商议要事。

“三舅，我的烧退了，过两天我就回去，弟兄们一定等急了。”

“五爷，刚才我问乔医生了，乔医生说，还得再静养五天，就怕再发烧吃胡话，会将脑瓜子烧坏的。”

“可是弟兄们不能再等了，万一被清军发现连锅端了，我死了不要紧，我没脸到地下去见那些死去的弟兄们！更没有脸去见丁二姐！”

“那好，后天走，我好去通知弟兄们来照应。”

“乌鬼的火药都送来了吗”

“还差一桶，明天送来。”

“小心他吃里爬外，他是空心菜，没心肝！”

“他敢出卖你，我先轰了他的脑袋。”

“路线都踩好了吗？”

“踩好了，‘江天’号炮舰每天巡弋河汊，一见可疑船只，远远就朝天开炮吓唬乡亲。它有神仙法，我们有鬼画符，吃定它了！”

“路线不许泄漏，你知我知，天知地知。”

忽然三舅不吱声了，两眼直勾勾地盯着一个走近的人，那人正是尾随跟踪三舅而至的乌鬼。

乌鬼说：“五爷，你让我乌鬼好找，原来你受伤了，在这里养身了？”

三舅生气了，说：“乌鬼，你怎么胆敢跟踪我？”

乌鬼说：“你不预支给我银子，我无法从洋人那里进货，不跟踪你，我怎么拿回火药向五爷交差？”

五爷问：“还差多少？”

三舅说：“五十两。”

五爷果断地说：“给他。”

“可是这是弟兄们的安家费……”三舅一焦急，泄漏出了口风，乌鬼听了不动声色。

“拿给他！”五爷命令三舅取出一张五十两银票交给乌鬼。

乌鬼说：“还是五爷直人拉直屎，痛快！”

三舅低声道：“乌鬼，不许将五爷住在这里的事透漏半个字，否则，连阎王都会派小鬼来索你的命！”

“这是行规，我懂。”乌鬼一揣银票，抱个拳，揖别了。

“我谅他不敢，我们日后还有的是生意和他做。”五爷自信满满地闭上疲倦的眼睛，打起盹来。三舅警觉地守卫着他，听他慢慢地响起了轻匀的鼾声，松了一口气。

70

春天的岳麓山风吹草动气象万千，橘色的阳光抹在树梢，树干娉娉婷婷地兀立在暖风里，给人一种回肠荡气的宁静。绿茵茵的灌木丛上星星点点，簇簇团团地铺缀着黄色的红色小花，弥漫着沁人心脾的芒馥气息。陈定剑、周友三、安娜和陈定琴青春结伴走在山间的石阶上，心旷神怡，如痴如醉，暂时忘却了山下的挨饿灾民，忘却了湘江中的朝廷炮舰，忘却了被抢掠后的礁房的余烬，忘却了人间的一切烦恼。

刚才周友三带着陈定剑，在雅礼医院很快地找到了刚刚下班的陈定琴。兄妹遽见，陈定琴惊喜得吊住了二哥的脖子，臊得留过洋的陈定剑都红了脸，说："才几天不见，都成了野丫头了！快松手，快松手，成何体统？"

周友三打着圆场道："人家定琴是洋学生，当然洋派，你当大哥的又不是小鬼没有见过庙里的大猪头？"

"还是友三哥向着我。"陈定琴朝着周友三灿烂一笑，如同绽放的春花鲜艳夺目。

陈定剑说："他是黄鼠狼给鸡拜年，不安好心。"

周友三赧颜地说："何必揭人揭短呢？你对格格就安好心啦？"

陈定琴总觉得仪凤与二哥相爱隔着关山险阻，心里同郑安芳更亲近，而且郑安芳已抵长沙，央求陈定琴帮忙让她与陈定剑见面，于是就说："你们就如同手足，不要假惺惺攻讦了，还是省点时间，陪我去岳麓山走走，我连岳麓书院还没有去过哩！"

恰好，安娜走来，快活地问道："密斯陈和二位先生说得这么开心，不给我介绍认识一下吗？"

陈定琴正式介绍道："这位是安娜，从上海来的教会医院的美国小姐，她的父亲是著名的传教士医生。这位是我的二哥，'海星'号穹甲巡洋舰帮带陈定剑，这位是二哥的朋友，轮船招商局高级职员周友三。"

安娜是个落落大方的姑娘，天真无邪地对陈定剑说："您的妹妹是我刚刚认识的朋友，您的三弟陈定棋可是我的男朋友。"

陈定剑拿出随身带的珐琅胭脂盒给安娜看，感谢地说："谢谢您替我转来顾姑娘的信物。告诉您，陈定棋也来长沙了，托我先向您问好，等有空了他会来找您的。"

安娜喜出望外，说："上帝啊，今天是什么日子，怎么好事都赶到一块来了？"心里却在祈求，自己钟情的陈定棋肯定不像其兄，一定是将爱情看得高于社会责任的绅士。

周友三说："安娜小姐，邀请您和我们一起去游岳麓山，好吗？"

安娜说："定琴早告诉我了，岳麓书院在你们中国堪称千年学府，我正好下班了，谢谢周先生的邀请。"

其实，陈定琴的心里藏着另一个预谋的秘密，就怂恿着陈定剑他们去了岳麓山。

他们来到岳麓书院，顿时被学府雄浑的气势给吸引住了。两旁古树，亭亭如盖，花草葳蕤，春风骀荡，红墙翠蔓，参差披拂。仰首正见一副学贯千年的对联：“惟楚有材，于斯为盛”。

陈定剑感叹不已，说：“岳麓书院还真替我泱泱中华培养出一代又一代的人才，远的不说，就近说咱大清朝，要没岳麓书院培养出的一个旷世大才，兴许还没有咱福州海军，知道此公是谁吗?”

周友三和安娜面面相觑，答不上来。

陈定琴说：“这还不知道，左季高左宗棠大人呗!”

陈定剑说：“小妹真是博学。”

陈定琴神秘地说：“不是小妹博学，是一个人告诉小妹的。”

陈定剑说“是谁？快告诉二哥，二哥倒想见见此人。”

陈定琴说：“等一下你就会见到她了。”

陈定剑问道：“此人还告诉过你有关左宗棠大人和海军的其他轶事吗?”

陈定琴说：“她还在这岳麓书院里告诉过我这样一个故事：当年林则徐大人从云南任上抱病返回家乡福州休养，途经长沙，特地派人到柳庄，招来尚未发轫的左宗棠。左宗棠久闻林文忠公大名，急急来见，登林文忠公官船时，失足落水，也来不及更衣，便上船拜谒叙礼后，自嘲道，自古拜谒士，必须行三次淋浴，三次薰香之礼。如今，三次淋浴已经行毕，只差三次薰香未行。林文忠公笑道，你不必文绉绉的了，快快更衣，免得受寒。当晚，两人共宿湘江官船上，一夜促膝深谈竟至天光。谈到边事海防建立海军之畅想，林文忠公忽然手拍左宗棠的肩头，感叹道，他日成就这等大事者，唯有左宗棠一人矣!”

周友三听了无不震动，说：“这不正应了‘惟楚有材，于斯为盛’这副古联的堂奥么?”

陈定琴继续说道：“后来左宗棠功成名就，成为封疆大吏，奋建中国海军，首推在福州马尾奠基创业，这不仅是福州天时、地利因势利导，恐怕也有左宗棠报林文忠公知遇之感的因素吧？否则怎么有后来左宗棠力荐林文忠公的女婿沈葆桢出任第一任船政大臣的美谈呢?”

陈定剑一听有海军的知音在岳麓书院，就极想结识，说：“此人如此有才，快给二哥引荐引荐。”

陈定琴笑道：“莫急莫急，她说左宗棠大人曾经在生前留下一副自挽联，竭尽海军报国心志，二哥知道吗？”

陈定剑从小就听父亲吟诵此联，说：“知道。”

陈定琴说：“那好，你若说出上联，她就出来对出下联。”

陈定剑大喜，转身面对岳麓山下的如白练飞舞的湘江，气贯丹田，大声吟诵：“‘倘此日骑鲸西去，满腔血洒遍荒林，七尺躯攘残芳草。伊谁来或泣或歌？持宝刃枝头，弹琵琶垅畔。凭吊英灵魂魄，感激千秋，纵教黄土埋余，定成雄鬼’。”

忽然，有一道声音从陈定剑的身后传来，如潺潺小溪流向他的心田，穿过他的心坎，直抒胸臆，汇入那远逝的湘江中：“‘愿他年策马东归，一炷香炼成真性，二分月证出前身。便从兹为渔为牧，访鸥朋水上，寻鹿友山中。更托锦绣心肠，逍遥半世！只使苍天厄我，又作劳人。’”

陈定剑屏息聆听，如醍醐灌顶，雄心勃发，转身觅友，却见斯人芳颜，大吃一惊，来者正是郑安芳。

郑安芳悄然一笑，道：“想不到是我吧？”

陈定剑余惊未消，问道：“你，你怎么会有如此博学的海军知识？”

郑安芳发自内心地说：“为了一朝与君谈，不惜十年夜读书。”

周友三在一旁看了嫉妒万分，说：“姓陈的，上天对你太厚爱了，怎么前脚刚走了个顾姑娘，后脚又来了美婵娟？如果你再辜负了她，我老周可要拔刀相向讨公道了！”

安娜小声地问陈定琴：“你的二哥都是这么情不专一吗？”她很为好友顾玉秀抱屈，早知如此，不会为她转交珐琅胭脂盒。

陈定琴故意大声说道：“安娜，郑安芳小姐才是我二哥的青梅竹马之交，明白吗？”

陈定剑恍然悟道：“小妹，今天提议来岳麓山你是早有预谋的。”

郑安芳说：“我就借住在岳麓书院里，这叫请君入瓮。”

陈定琴说：“我们进书院里去玩了，你们俩自便吧！”说着拉着周友三和安娜进书院里去了。

陈定剑一见小妹他们走了就言归正题，问：“怎么突然来了？是不是有新任务？”

郑安芳反问道：“我想你，就不能来看你吗？”

陈定剑只好缓了口气，说：“你爹救我的事，我还没有感谢你哩。”

“都是革命同志还要分彼此深浅吗？何况你我……”她慧黠地不往下说，等他道白。

陈定剑接上话茬，说：“何况你我有生死之交，遑论一个谢字？也对，也对。”他有心拐个弯，将话题引入到对她没有期待裨益的革命情谊中去。

郑安芳只好暂且按捺下心事，改口说：“黄兴部长不希望长沙米潮继续扩大，派我来见五爷，立即将人马撤出湖南。”

陈定剑说：“五爷与我们同盟会素有裂痕，广州新军一役已产生恶果，证明他不会听从黄部长的劝告。”

郑安芳说：“都是革命同志，不能坐视不管。”

陈定剑说：“你放心，当救我则救，不当救我也要救五爷。五爷现在何处？”

郑安芳说：“他的手被火药灼伤了，现在是定琴的病人，住在教堂里。”

陈定剑说：“你速速去见他，告诉他铁祥已经知道他要准备袭击炮舰了，下令采取各种防备措施，劝五爷立即中止，速离长沙。”

“好，我现在就去。”郑安芳心急如焚地转身就走。

“当心点！”他突然拉住她的手，心有不忍，遽别匆匆。

郑安芳回眸，嫣然一笑，带着极大的满足，下山去了。

陈定剑为了目送她，转身登上一级石阶，只见她匆促而去的身姿被灌木遮住了；他再登上一级石阶，又见她的轻快的身影被花丛掩没了；他索性登上石阶顶上，极目远送，再见她麋鹿般的身影在林间跳来闪去，最后消失在路转峰回之中。

他不由得牵起了长长的轻愁重忧：她还会平安地再回到他的身边吗？

第十九章

71

乌鬼出了湖南绿营总兵衙门，揣着荣宝赏的悬红告密银票，又奔去湘江码头见铁祥，他要领双份赏金。铁祥走下“海星”穹甲号巡洋舰，借海军陆战队的营盘召见他。

“大人，小的找到五爷的落脚点了——他受了伤，在夷人办的雅礼医院治伤。”乌鬼哈着腰，几乎要跪下去了——他知道重礼数的满人吃这一套，为了银子，得屈下华尔洋枪队训练出的高傲的硬腿。

铁祥狐疑地看了他半天，问“这份赏银不是好拿的，你没有告诉荣宝总兵吧?”

乌鬼撒起谎来脸不变色声不虚，说：“这是被窝里放屁——独吞的事，哪能告诉旁人？您不是要小的找陈定剑勾结五爷的证据吗？这就是证据。”

铁祥说：“鬼话连篇！五爷的下落，怎么算证据?”

乌鬼绿豆大的蓝眼睛一转，计上心头，说：“没有证据，可以制造证据，牛不喝水强按头呗。”

铁祥问：“怎么个强按头？”

乌鬼说：“大人不是说过怀疑姓陈的跟五爷是同伙吗？你可以向他言明五爷的下落，并请他带人去逮捕五爷，如果他真是同党，一定会走漏风声放走五爷，岂不是当场抓住了凿凿的证据？”

“妙！妙！果真能抓住陈定剑的软肋。”铁祥当即用五十两银票打发了乌鬼。

铁祥按兵不动，吃着茶坐等陈定棋率部回来。陈定棋对铁祥禀报道：“大人，下官今天扑了空，没有搜捕到五爷和乱党。”

铁祥端起茶杯，慢悠悠地呷了一口，说：“好茶！好茶！本官有好消息就跟这好茶一样能让你舒心爽口，来，喝一杯。”边说边替陈定棋倒了一杯茶。

陈定棋没有心思喝茶，问道：“是有五爷的下落是吗？”

“对！”铁祥晃着二郎腿，呷着茶汤，优哉游哉地说着。

“大人，现在就去抓他，请下令吧！”陈定棋亟想得到口讯，好去通报五爷。

“不急，等你二哥回来，这回抓五爷是五个手指抓馍馍，抓定了！喝茶，喝茶！”铁祥劝陈定棋喝茶，陈定棋心不在焉地喝下杯中茶，铁祥又给他斟了一杯，弦外有音地说：“这茶喝到这份上，才喝出味道来。”

这时候陈定剑回来了，他和周友三、陈定琴、安娜分手后，一路上惦记着郑安芳说服了五爷没有，才进了海军陆战队的营盘，就听见陈定棋叫道：“大人，我二哥回来了！”

陈定剑问道：“管带大人，下官回来复命。大人不在舰上，莫非发生了什么大事？”

铁祥说：“本官刚刚得到可靠消息，五爷就躲在雅礼医院旁边的教堂里治伤，你带上陈定棋大人速去将他抓捕归案！”

陈定剑不动声色，答道：“喳！”说着带上陈定棋走了。

铁祥又重新开始喝茶，乐滋滋地哼起一段京戏《空城计》中的“二六”：“我正在城楼观山景，耳听得城外乱纷纷，旌旗招展空翻影，却原来是司马发来的兵……”

陈定剑带着陈定棋和一个排的海军陆战队士兵刚刚出了营盘，陈定剑就问道：“三弟，你刚才说，铁祥不急着去抓五爷，要等我回来才动手？”

“对，他说这回抓五爷是五只手指抓馍馍，抓定了。”

“邀功心切的铁祥应当即去抓人才是，故意拖到我回来，分明是设下陷阱让我往里跳。”

“那怎么办？不能让五爷被他抓住，不如我带着弟兄们反了！”

“切勿操之过急。我们要的是整个舰队，而不是一个排、一个队、一个营的陆战队，明白吗？”

“我听你的。那眼下怎么办？”

“将计就计，走，跟我去抓五爷！”陈定剑当即叫来士兵林守江，让他去找陈定琴帮忙，自己领着陈定棋带上队伍直奔雅礼医院。

郑安芳走到雅礼医院旁边教堂的时候，乔治医生提着马灯在巡夜查房。病人们安然入睡，令乔治很放心。他看见了穿过病床走向五爷病榻的郑安芳，就上前盘问：“小姐，早已过了探视时间，请明天再来吧？”

郑安芳说：“对不起医生，我听说我叔叔生病了，特地从湘潭赶来，所以天黑了，请容许行个方便吧？”

乔治见郑安芳谈吐贤淑，就允许她去探望五爷。不过他从五爷的烧伤判断是火药灼伤，而不是兵燹所至，怀疑五爷是革命党，但是他沉默在心。

郑安芳摇醒了五爷，睡眼惺忪的五爷吃了一惊，问道：“广州分手，别来无恙？”

郑安芳不由得回想起陈定剑对她的援救，情动柔肠状似出神，令五爷看了不安，追问道：“怎么啦，郑小姐，是不是当初惨状磨难，至今难言？”

郑安芳豁达一笑，说：“既投身革命，早将生死置之身外，遑论私情？”她暗指的是与陈定剑的若即若离的情感，但五爷不十分清楚。她接着将话题一转，说，“五爷，清军已经探清你要袭击兵船，为了保存实力，还是中止，转移回上海吧！”

五爷说：“风声是怎么走漏的？”

郑安芳说：“你的会党中鱼龙混杂，不出一两个叛徒才怪哩！”

五爷动气了，说：“小姐，你们同盟会生性高傲，分明看不起我们这些是虾兵蟹将，可是跟清军这条毒龙干仗，还指望不了你们这些学生兵，屡次起事不是都栽了吗？哼，秀才造反三年不成，还说我五爷？怕个鸟！清军知道了，我就非干不可！他有十来条兵船，知道我炸他哪一条？”

“黄部长要你保存实力，准备在广州再一次举行起义。”郑安芳知道五爷是只老虎，得顺毛摸，说：“要没有你出马，我们就唱独角戏喽！”

五爷说："黄兴每次都叫我给他打下手，不行，老子这回得当家做主！"

乔治医生听见两人的争执，走过来制止，说："密斯，病人需要安静休息，您不能大声喧哗。"

郑安芳说："多谢医生提醒。"

乔治走后，郑安芳低声说："五爷，清军正在到处抓你，你不能在这里养伤，现在就跟我走，去岳麓书院住些日子。"

五爷一听要任由郑安芳摆布，笑道："我五爷吃过的盐比你吃的米还多，怎么要听你的指挥？"

郑安芳知道又是五爷不服同盟会指挥的念头在作祟，耐心地劝道："我这是为革命劝你走，不是为了同盟会埋汰您，清军随时会来的，太危险了！"

"要走，等明天再走，三舅会来接我的。"五爷退了一步，但不想失尽面子。

就在这时候，突然，教堂外亮起一片把光，一阵嘈杂声冲天炸起，继而一群荷枪实弹、如狼似虎的绿营兵涌进教堂里来。

教堂里立刻炸了窝，一片混乱。乔治急中生智地拿起一件护士的白围褂披在郑安芳的身上，郑安芳连忙套上，又迅速地扎上护士头巾。这当儿，总兵荣宝已经在亲兵的簇拥下大摇大摆地走了进来。荣宝先接到乌鬼的密报，马不停蹄地抢先了一步，他扫视了惊慌失措的人群一眼，傲慢地说："本官是绿营总兵荣宝，奉旨前来捉拿乱党五爷，诸位不必惊慌，只要交出人犯，就平安无事。"

乔治走上前，毫不畏惧地对荣宝说："大人，我是本堂执事，也是医生，这里是美国雅礼医院的临时病房，有什么事可以和我交涉。"

荣宝威风凛凛，说："洋教士，有人举报你的临时病房也是藏污纳垢的地方，本官有责任进行打扫。"

乔治在中国传教多年，看惯了清廷官员耀武扬威的嘴脸，说："这里也是上帝的地方，请大人语出洁净。"

"扯淡！来人那，先把洋和尚给我请出去，免得碍手碍脚！"肥硕矮壮的荣宝气得像个快要爆炸的火药桶，恨不得一刀把洋教士给劈了。

两个亲兵闻声上前，架起乔治往外拖。乔治大叫："不许碰我的病人！不许碰我的病人！"但是他力不从心，被架出教堂，拦在包围教堂的绿营兵群之外，只能徒然叫喊。

荣宝拿出翡翠鼻烟壶用力嗅了几下，一股香气灌入心肺中，顿觉得浑身铆足了劲，说道："现在剩下的都是自家人了，关起门来好说话，快把五爷交出来，本官和大家都可以睡个好觉。”

站在前头的一个老人斗胆说道：“大人，这里都是灾民，没有乱党。”

唰地一刀，只见刀光闪处头颅落地，老人的颈腔喷出鲜血，砰然倒地。拔刀砍人的是荣宝手下的一个亲兵哨官，提着血淋淋的腰刀，怒目圆睁，杀气未消。灾民们吓得一片惊叫，惶恐万状。

郑安芳哆嗦着身子，战战兢兢地走上前，问道：“大……大……人，他……他们……不都是你的子……子民吗？不请王旗怎么就乱杀人？”

荣宝气色骄盈地打量着郑安芳，说：“姑娘，你真吃了豹子胆，看见杀人也不害怕，还懂请王旗请命？说，你是不是乱党？”

“我不是乱党……我是这里的……护士……护士有责任保护病人。”郑安芳虽说曾经从广州新军起义的死人堆中爬出来过，但是也没有见过行刑砍头，心里有些打战。

哨官将刀架在郑安芳的脖子上，等着荣宝的指令下手。郑安芳经过战阵倒不害怕，只是刀上的血腥味熏得郑安芳快呕吐了。

荣宝看出一二分蹊跷，说：“小姐不怯阵，就给她点颜色瞧！”

话音一落，哨官将刀向上一翻，跟切面一样从郑安芳的头顶削过，护士头巾瞬时间断成两片飘落在地上，犹如遭暴风打落的白蝴蝶。郑安芳倒抽了一口冷气，说：“大人，杀人不过碗大疤，砍头不过风吹帽，用不着羞辱本小姐！”

“哈哈哈！”荣宝仰头一笑，“本大人见过不少女人，天底下的女人数你胆子大，胆子大不怕官的，十有八九也是乱党！来呀，押回衙门过堂！”

两个亲兵上前，扭住郑安芳正要拉走，忽然一个声音喝阻道：“住手！我就是你们要抓的五爷！”说着从人群中走出五爷。

郑安芳欲阻道：“五……”

五爷接上话茬，说道：“无胆算不得好汉！护士小姐，一人做事一人当，不要连累了大家！”

郑安芳听出他的话中有话，无须强行救他，但是还是挺身护住五爷，说：“大人，他是伤号，不能抓他！”

亲兵们一拥而上，搡开郑安芳，强行带走五爷。

恰好，陈定剑和陈定棋领着一个排的海军陆战队士兵赶进来，阻住了荣宝的去路，陈定剑双手一拱，道：“失礼了荣大人，这个逆贼五爷当由我们带走！”

荣宝一见陈家兄弟，气就不打一处来，回敬道：“大路朝天，各走半边，凭什么人犯该由你们海军带走?”

陈定剑道：“大人，五爷纠众造反，用木排拦阻海军入湘，罪莫大焉，该由我等带走。”

荣宝说：“陈大人不会不知，五爷聚众抢劫米行，焚烧洋行教堂，死有余辜，该由我总兵衙门带回三堂严审。”

陈定剑说：“现在查明，五爷还图谋再次袭击兵船，请大人容许下官追踪破案，兹事体大，所以非带走人犯不可。”

亲兵们扭住五爷欲往外闯，陈定棋挥抢相向，士兵们也跟着将枪口对准了绿营兵。绿营兵仗着人手众多，兵强马壮，毫不示弱地举枪对峙，双方毫不退让，一触即发。

这时候，铁祥走进来说道：“这不是大水冲了龙王庙，一家人不识一家人了吗？陈管带官，叫弟兄们放下枪!”

陈定棋当即下令收枪，海军陆战队士兵令行禁止。

铁祥又对荣宝笑道：“老叔，你大人有大量，何必跟小侄的手下顶牛？小侄托皇上大恩，初次统带舰队入湘，还望老叔助小侄一臂之力登天折桂，如何?”

荣宝被捧得飘飘然晕乎乎地说：“贤侄，不是老叔抢你的饭碗，是你的手下仗着坚船利炮对我指手画脚，老叔我哪里受用得起这口气？只好针尖对麦芒！如今有你一句体己话，老叔卖给你个面子，把人犯带走!”

“多谢老叔承让了！来呀，把人犯带走!”铁祥神气活现地一挥手，几个海军陆战队士兵上前从绿营兵手带走了五爷。

“撤了!”绿营哨官对绿营兵下了令后跟着荣宝撤离了教堂。

郑安芳眼睁睁地看着陈定剑他们押着五爷走了，一时茫然，不知道陈定剑的葫芦里卖的是什么药。

和荣宝分兵以后，铁祥也想不通，为什么陈定剑没有派人及早通知五爷撤逃，而让荣宝抢了先手？莫非陈定剑真的不是革命党?

突然，一群打着手电筒的美国海军陆战队士兵猝不及防地包围了陈定剑他们。

通风报信的人正是林守江。他接到陈定剑的命令后赶去雅礼医院找到陈定琴和安娜。她俩得知情况后，按照陈定剑的锦囊妙计，立即向驻守雅礼医院的美国海军陆战队求救。谁知美国海军陆战队不肯为中国灾民伸出援手，表示中立。幸好乔治大夫赶到，诉说了教堂内发生的惨状，力求陆战队出兵搭救，以彰显耶稣的神力。美军海军陆战队的连长哈同这才答应出兵求助。

哈同下令立刻放人通行，否则后果自负，令铁祥大惑不解，问道：“洋大人，我们捉拿的是朝廷要犯，不能放！”

哈同厉声说：“这里是美国雅礼医院地界，你们必须无条件放人！”

铁祥问：“洋大人，我们和你一样是海军，你们不是来协助平定暴乱的吗？怎么干涉起我们的行动？”

哈同说：“地界以外，我们不干涉，这里是雅礼医院地界，我们必须管！”

陈定剑看在眼中，故意不说话，一切正在按照他的计划进行。

铁祥咽不下这口气，说：“洋大人，你妨碍本大人的公务，本大人要去大使馆抗议的！”

哈同说：“我恭候大驾！兄弟们，拉开保险子弹上膛！”

稀里哗啦，一片拉枪铨上子弹夹的声音，让铁祥听了毛骨悚然——如果引起国际纠纷，他可是吃不了，兜着走！

“放人！马上放人！”铁祥悻悻地扔下一句，掉头就走了。

陈定剑见计得逞，留下五爷，向哈同敬上漂亮的军礼，便带着陈定棋他们撤走了。

五爷看得莫名其妙，念头一转，莫非自己的获救与陈定剑兴许是同盟会的秘密会员有关？但这都无关宏旨，他咽不下这口气，非奇袭兵船不可，以报一箭之仇！

72

今天长沙的黄兴大街，当年可是专卖湘绣的商行街，琳琅满目，争奇斗艳，陈定棋和美国姑娘安娜定情的地方就是这条街上的湘竹绣庄。

自从安娜机警地救了五爷之后，陈定棋就认定她是可以共渡鹊桥的伴侣。他利用今天难得的半天休假请安娜闲逛绣街，以抒情怀。

“密斯特陈，这是救人的回报酬谢方式吗？”安娜随同陈定棋走进绣庄，慧黠地看着他英俊的脸，等待他的回答。

“不，我喜欢您，这是我对你爱的一种表现。”陈定棋情见乎辞地回答，脸上漾着青春的活力。

"你真坦率，我很喜欢，这一点比您二哥的优柔寡断好多了。"安娜出乎意外,但感到又在情理之中,自从和他初次相见,似乎已经一见钟情了,又问道："如果你的父母反对你和我这个黄毛丫头结合，你也会选择和你二哥一样的屈服吗?"

陈定棋知道安娜在二哥对待顾玉秀的感情上颇有微词，西方人对待爱情的态度和东方人截然不同，但是受美国西点军校教育多年的他自有坦诚相见的决定，说："不,你是我一生的选择。二哥是我精神上的英雄,生活上我必须自己做主。"

"如果你的父母以海军要挟你呢?"安娜不得不触及他的家族的心理底线，以防重蹈顾玉秀的覆辙。

"我可以离开海军，也决不离开你，离开了海军我去投奔陆军。按中国当兵的一句话：此处不留爷，自有留爷处!"陈定棋说得很达观，很坚定，让安娜听了心里顿觉有了一种安全感。

安娜情不自禁地搂住他的脖子，亲吻着他，用处女吻回报了他的一片真心。

绣庄的老板和伙计遽见春光外泄的这一幕，吓得满脸臊红，背过身去，不敢卒看。

安娜深深长吻了之后，才松开陈定棋，对屋里的伙计和老板快活地说："都回过头来吧，先生们，都回过头来吧，咱们开始做生意。"

老板连忙叫伙计沏茶，一边迎上来自豪地说道："大人，法眼所到，尽是宝物，请开金口。"

陈定棋说："老板，今天是我和安娜小姐定终身的日子，我要给安娜小姐挑拣一身旗袍面料，绣上最好的湘绣。"

老板得意地说："鄙庄的湘绣，不敢自喻三湘第一，也敢自居第二。"当即吩咐伙计们拿出一块块湘绣面料，请陈定棋和安娜过目。

湘绣布料如同一簇族花团，令安娜惊叹不已，不舍得用手去轻抚，生怕花残了一样，问道："定棋，听说贵国有四大名绣，湘绣居首?"

陈定棋说："是的，湘绣、苏绣、蜀绣和粤绣是四大名绣。老板，不妨请你为我的女友介绍一下湘绣，如何?"

老板连声说："荣幸之至。洋小姐，湘绣起源于民间刺绣，主要以纯丝、硬缎、软缎、透明纱和各种颜色的丝线、绒线绣制而成。无论是平绣、网绣、织绣、立体绣、双面绣和乱针绣都重在刻画物象的外形和内质，还巧妙地将绘画、诗词、书法和金石融为一体。"

安娜听得入迷，眼见绣品上绒细如毫，栩栩如生，便问道："老板，怎么绣得如此惟妙惟肖？”

老板说：“噢，绣工劈线，方使如此。劈线，是湘绣的一种特别技能，以手指劈线，可劈至二开、四开、八开、十六开不等，线劈开后，千丝万缕，分辨不出差别。”

安娜有感而发，说：“贵国工艺真神奇，一根线可以劈开，怪不得贵国男人，将爱情也可以劈成二开、三开，是吗？定棋？”

陈定棋知道安娜袒护顾玉秀，对捐弃顾玉秀的二哥耿耿于怀，只好说：“一方水土养一方人，也许是东方人的特性使然罢了。”就挑了一块贵重的绛色的缎面送给安娜当定情物，可把她高兴得眉飞色舞，忘了刚才的不愉快。

安娜说：“也给顾小姐挑一块吧？”

“好的。她喜欢素雅，就挑这块孔雀蓝的面料吧！”陈定棋说着挑了一块名贵的湘缎面料交给安娜，安娜披在身上左顾右盼，眉开眼笑。

这时候，张勋辫子军的排长刘得胜走进来，朗声叫道：“店家，可有好的扇子卖吗？”

“有，有，军爷，鄙号有京扇、杭扇、蜀扇和岳州扇，天下名扇皆卖，不知道军爷要哪一种？”老板兼营三湘名产，如数家珍地回答。

安娜闻声一看，惊喜地说：“这不是刘先生吗？”

刘得胜看见了顾玉秀的夷人好友，喜出望外，说：“刘得胜给夷人小姐请安，给这位大人请安。”

安娜介绍道：“定棋，这位是张勋大帅派来照看顾小姐的保镖刘得胜。”

陈定棋打招呼道：“刘排长，幸会幸会。”

安娜问道：“刘先生，顾小姐嫁到南京去，你怎么没有跟去？”

刘得胜被揭痛伤疤，面有难色。

陈定棋对安娜使个眼色，安娜不再追问。陈定棋换个话题问道：“刘排长想买扇子，是吗？”

刘得胜说：“小的是粗人，斗大的字不识一升，还请大人点拨。”

陈定棋说：“天下名扇多，人到长沙，当然买三湘名产岳州扇。岳州扇与苏杭扇齐名，人称三大名扇。”

刘得胜说：“多谢大人的指点。”

陈定棋问道：“敢问，不知是送给什么样的人？”

刘得胜发现安娜正用聪颖的眼睛看着他，知道瞒她瞒不过，就直截了当地说："小的与顾小姐主仆一场，人走义在，所以想送个礼物给她，以表感激心意。"其实，刘得胜心想送把扇子给顾玉秀，让她天天把玩在手，如同日日由她的纤手轻握住自己狂乱的寸心。

安娜感到由衷的高兴，说："刘先生，你真有心，顾小姐都出嫁了，难得你还惦记着她。定棋，替刘先生挑一把吧！"

刘得胜说："还请大人费心。"

于是陈定棋在老板指引下，走到扇柜面前开始挑扇子。岳州扇主产羽扇和绢扇，绢扇以中国画为基础的纨为最见长。陈定棋挑了一把纨扇，又名团扇，产生于羽扇之后，折扇之前，恰恰如顾玉秀的情感位置，仪凤在前，郑安芳在后，顾玉秀正在陈定剑情路的中间。想到这儿，陈定棋轻喟了一声，不知为什么自己偏偏挑了个纨扇？

安娜一见陈定棋挑的是团扇，立刻回想起顾玉秀告诉过他的关于团扇的故事：汉成帝宠爱赵飞燕，班婕妤知见恩薄，退居东宫，就作了一首《纨扇诗》，自叹自悼被捐弃的哀怨，流传于后世。安娜怕顾玉秀见到团扇，触景生情，就说："定棋，挑一把折扇吧，好题诗作画。"

陈定棋说："她不是读书郎，何必吟风弄月？还是团扇好，面如盘月，大吉大利。"

刘得胜不知就里，说："还是团扇好，团团圆圆，和和美美。"他心里奢望以后有机会再天天服侍顾玉秀，日日见到她的如月脸庞，就烧高香了。

于是陈定棋将团扇交给刘得胜，说："团扇上画着山水，而不是花草，取寄情高山流水之意，顾姑娘自会高兴。"

刘得胜说："洋姑娘，小的明天移防衡州，不出十天便返回南京，可有话带给顾小姐？"

安娜说："请将这块旗袍布料交给她，告诉她，我和这位陈定棋大人私订终身了！"

"是！洋小姐，陈大人，小的就此告退！"刘得胜付了扇子钱后，带面布料告辞离去。

安娜感叹道："好个痴情的男子汉！"

陈定棋赞美道："扇子传情，胆大包天的家伙！"

"这种人，比你二哥强十倍！"安娜旧事重提，倒让陈定棋越加同情起二哥来。

73

“江天”号炮舰驶入衡州水面，江面忽然变得狭窄了，炮舰被巨大的水流吸入一个咽喉之道。衡州城是湘水和蒸水的汇合处，为两广之门户，扼水陆之要冲，所以两水折冲地，水道骤小，然后再奔放而去，劈成广袤的江面。但是现在炮舰正困在窄小水深的瓶颈之中，站在指挥台上的管带陈定书的心，越揪越紧了。

衡州位于南岳衡山的南麓，是潇湘、蒸湘、沅湘合为三湘的枢纽，物产富庶，民风强悍，曾国藩的令长毛闻风丧胆的湘军主力兵源皆出自蒸湘和沅湘，历来是兵家必争之地。

衡州告急，是“江天”号巡弋蒸湘和沅湘的主要成因。

光复会龙头大哥五爷逃脱之后，海军统制萨镇冰闻讯震怒，来电申斥铁祥“玩忽职守”，但是铁祥仗着有京中阿玛康禄的撑腰，不予理睬。而代春又囿于当初铁祥营救仪凤有功，又是初次挂帅，认为情有可谅。而陈世恩则采用不加评判、静观其变的态度，于是助长了铁祥目中无人的气焰。

矛盾的再一次爆发是在“海星”号穹甲巡洋舰的管带室中，统带铁祥召集各舰管带临战庙算。衡州又一次发生米潮，灾民在与清军冲突中打死清军十三人。总兵荣宝要求舰队派兵舰增援助战。两江总督张人骏责成铁祥迅速派舰驰援。

铁祥环视了一下众管带，胸有成竹地说：“各位大人，上命已达，议论驰救，请赐教高见。”

“楚有”号炮舰管带道：“自古养兵千日，用兵一时，如今衡州告急，理当增援，鄙舰愿意前往。”

“江天”号炮舰管带陈定书说：“三湘中唯有衡州在蒸水和湘水的交集地，是兵家要冲，非争不可，鄙舰愿前驱效命。”

各个管带纷纷誓言驰援，不甘人后。

铁祥目视坐在一旁一言未发的陈定剑，话锋一转，言带讥讽地说：“陈大人，适才各位管带大人已发表高论，大人虽不是管带，没有独当一面，但也是‘海星’号帮带，足抵半壁江山，请不吝赐教。”

陈定剑看着铁祥踌躇满志的神态，知道他在忌恨五爷走脱之怨，不与他计较个人荣辱，以舰队大局出发为计，说："既然点将，就得上马，食君之禄，当为君忧，下官有一得愚见，供各位大人定夺。衡州告急，有陆军主驰，我舰队当是协助助阵，意在威慑灾民。"

铁祥反驳道："陈大人，杀人放火何为灾民？当是暴民，必须剿灭！"

陈定剑力陈己见，道："大人，灾民本是无辜，铤而走险，纯属因为某些官商不奉上意，囤奇居缺，逼民造反。我舰队船坚炮利，对付手无寸铁的暴民应以威慑为上，助剿为次。下官以为派六艘炮舰浩浩荡荡前往扬威，足可吓退暴民，切不可只派一艘炮舰，容易困入险境，无法自保。"

管带们听了窃窃私议，无不点头称是。

铁祥看在眼中，不无担心。平心而论，陈定剑所议，不可不谓上策，但是如果附议，他的管带威仪何在？统带的地位又何在？况且，这位陈姓情敌在众管带中声望鹊起，威慑到他的管带宝座，威胁到他在仪凤心中好不容易才树起的丁点好感，必须力锉其锋。于是发表了他的少年老成的卓见，说："陈大人，你是只知其一，不知其二。保全兵船固然重要，但是不能保船避战！当年甲午一战，北洋海军中就有衮衮诸公，保船怯战，结果惨遭败北，被开缺回籍，不仅无颜面见江东父老，还折损我大清国威！"铁祥的轻蔑话音中暗讽陈定剑的父亲陈世恩因黄海大东沟一役而遭裁撤回籍的事实。

陈定书听出话中有话，顿时怒火中烧，正想起身辩驳斥，被陈定剑的锐利目光制止住，才按捺下来。

铁祥有恃无恐，继续说道："大东沟一战不仅因为保船避战，招致兵船尽失，而且连丁汝昌丁军门也蒙羞数十载，直至近日才洗净冤屈，令我等后辈汗颜。"

铁祥指的是丁汝昌在甲午海战失利后吞烟自尽一事。丁汝昌自从被李鸿章"保舰避战"的决策捆住手脚，导致刘公岛失陷，只好悲惨地安排了自己以死殉国的归宿。他特地请六个木匠打制一口棺材，然后下吞鸦片。临死之前，丁汝昌签署了投降文书，想以一人之罪，使部下获得解脱。他在信中向日本海军联合舰队司令伊东祐亨疾呼："不得杀害我官兵百姓！"后来伊东祐亨钦佩丁汝昌的同行勇气，下令让卸去大炮的"康济"号练习舰载着丁汝昌、刘步蟾、林泰曾、戴宗骞、沈寿昌和黄祖莲北洋海军管带们的灵柩及一千余人军民，黯然地离开威海卫基地。管带中最年轻的萨镇冰亲自驾驶着"康济"号在凄风苦雨中走完了北洋海军留在历史上的最后一段艰难的历程。而丁汝昌被清廷刑部裁定"戴罪议处"，将三道铜箍把棺材捆锁，且连棺带箍遍涂黑漆，昭示棺主戴罪，辗转运回丁氏原籍，不准进村，不准下葬，于村口砌座砖窑暂厝，等待判决。丁夫人不堪其辱，吞金自尽。直到一九一〇年四月，当年下谕查处丁汝昌的光绪皇帝早已驾崩，由身居海军统制要职的萨镇冰牵头，联络官绅四百多人上书朝廷，强烈要求为丁汝昌昭雪，并附上有万人签名赞同的十几柄“万民伞”请愿，摄政王载沣出于重建海军的目的，遂以“力竭捐躯，情节可怜”作为台阶，恢复丁汝昌官衔，恩准其遗骸与夫人合葬于小鸡山。

铁祥以一种迹近威胁的口吻，又说：“前车之鉴，不可重蹈，请问在座诸公，有谁敢做丁军门第二？”

陈定剑打折了他的话锋，说：“大人，甲午海战乃是御外敌之战，长沙米潮本是灾民之变，两者有霄壤之别，所用武力有不同侧重。甲午一战，固然‘保船避战’不可取，但是长沙米潮之变不可不用‘保船少战’之策，以威慑为主，武力为辅，望大人三思。”

各个管带闻言无不赞成，颔首称是。

陈定书大呼不辍：“大人，舍弟所言不无道理，恳望三思。”

各个管带纷纷进言：

“望大人三思！”

“大人，内外有别，以‘保船少战’为好！”

“大人，我天朝素讲恩威并重，怀柔为上！”

“……”

铁祥鄙夷地看着这些以陈定剑为首的汉人管带，发出一种掩在笑脸中的傲岸的侮蔑，说：“各位大人，倭寇固然可憎，暴民尤为可恨，危及社稷，内外无别。兹事体大，不容置疑，我意已决，不派分舰队前去衡州威慑，而是派一艘兵船前去助剿弹压！”

陈定剑不屈地把严肃的脸轻轻一粲，抬起头来，说：“大人，兵船忌讳单兵作战，不如派两艘炮舰联袂前去衡州，万一遇敌，可以分兵自正面及侧面攻击。”

陈定书附和道：“此计甚好，让敌人腹背受敌，既保船又歼敌，上策，上策！”

管带们众口称赞，左右称道。铁祥见了已经明白陈定剑是挟持众人来攻讦他，心中很是怨怼：非把陈定剑的嚣张气焰杀下去不可。

“各位大人，战事在即，时不我待，此事毋庸再议了！”

受到挫压，陈定剑不免更加担忧，说：“大人，可否请萨统制的示下?”

“住口！你太目无本官了！别以为海军只知有陈家，而不知有皇家!”铁祥以钳口结舌的高压声调，压得管带们不再辩驳，鸦雀无声了。

铁祥一定要在汉人管带面前展现他这个皇族海军的威风，便说：“自古将在外，君令有所不受，想必连皇太后也会听本官的刍荛之议，何况萨统制？‘江天’号管带陈定书听令!”

“下官在!”陈定书只好起立，接受军令。

铁祥赫然说道：“本官命令你率舰前往衡州，即刻启程，不得延误!”

“喳!”陈定书无可奈何地看了二弟一眼，戴上花翎顶戴离去。二弟的重忧，现在由他一个人来承担了。

天色渐渐地暗下来，江面上慢慢地升起来一层雾霭。夜幕低垂，云儿已燃尽成灰，两边的江岸黑影在江面中闪动，不一会儿融成一片掩翳在浓雾中的沉寂。陈定书下令打开前灯照亮前进的航道，只要炮舰冲出这条咽喉之道，就进入广阔的江面了。准备战斗的命令已经下达，士兵们各位各位，以备不测，炮舰像一条大鱼快速地冲进雾幕之中。

这时候，埋伏在江岸竹林里的五爷和他的光复会会员们已经做好了袭舰的准备。五爷早已下令将江岸的毛竹一边倒地压弯，用一根根竹篾绑定，再在每根毛竹梢上绑上火药罐，一俟炮舰进入射程，便点燃火药罐砍断竹篾，将火药罐抛射出去。为了保证命中，五爷已经事先做过测射，每一罐火药罐都可以抛射在炮舰经过的航道上。

五爷的心中一直埋着丁二姐母子冤死的仇恨，他只要一想起小米挨饿的哭声，和丁二姐遭侮的惨状，就恨得咬牙切齿，非炸了清军的炮舰不可。

忽然，一道强烈的白炽光柱刺破了雾幕，向前伸来，越伸越近，这是无声滑行的炮舰伸出的一只长臂巨手捏碎了雾团，在为自己开辟道路。

“五爷，来啦!”三舅悄悄地爬到五爷的身边，低声说道。

“传下去，叫弟兄们听我的命令，再动手。”五爷紧盯着浓雾中渐渐出现的庞然大物。

“是!”三舅贴着地爬开了，一道严令沿着江岸的竹林传了下去。

五爷不知道来是的哪艘军舰，但可以断定是吃水几百吨的炮舰，他曾经去湘江码头目测过停泊的炮舰高度，凭他参加屡次起义的经验，计算出火药罐抛出的高度——他叫弟兄们将每两根毛竹压弯做一股发射，自信可以将火药罐抛上炮舰。

“江天”号炮舰撕开一层层雾帘，快速地驶进射程，从竹林里飞出的一只只惊炸的竹鸡，令警惕万分的陈定书顿时醒悟进入陷阱了。陈定书断然下令：“朝竹林开火——”

几乎与此同时，五爷朝天开了一枪——埋伏的弟兄们点燃了火药罐，用柴刀一一砍断了竹篾索。

于是江面上和江岸上立刻闪现出一幅惨烈的血火场景：一罐罐点燃了的火药罐如同一颗颗火球飞向“江天”号；“江天”号射出的一串串火舌径直扫进竹林；接踵着一颗颗炮弹飞进竹林，欻然炸响。“江天”号上，火药罐如同火球滚落在甲板上、指挥台和炮台上，四处爆炸，火油飞溅，腾然烧起。前炮台上，四个炮手被火药罐炸中，血肉飞溅，一命呜呼。陈定书下令用水龙带吸水灭火，幸亏陈定书下令开火得早，五爷的第二波攻击才被炮火及时炸灭了，才没能酿成大祸，但是前炮台被炸损。

竹林里，火海一片。炮弹破折了毛竹，枪弹射倒了五爷的弟兄，喊叫声和枪弹声乱成一团。五爷从火海里抢救出三舅，领着残存的十几位弟兄迅速地逃离了竹林，徒留下十几具尸体和焚烧的竹林，在火焰中慢慢地化为灰烬。

74

“江天”号炮舰人亡舰损的消息，传回上海海军统制部，上下皆惊。萨镇冰迅速召回“海星”号穹甲巡洋舰和“江天”号炮舰，一面改派长江舰队统领沈寿堃率领“海容”、“海筹”、“海琛”号巡洋舰和“镜清”号炮舰前往湖南善后，一面责成总兵荣宝在湖南全境捉拿五爷。

“海星”号临返程之前，陈定剑请休假赶去衡州会亲，陪同陈定剑乘船去衡州的是护士小姐安娜，他对外声称，是请安娜给亲戚看病，铁祥没有怀疑。

安娜到了衡州，即去小北门拜见守卫小北门的张勋辫子军的排长刘得胜。

刘得胜很惊讶，问：“洋小姐，您怎么来衡州了？”

安娜神秘地说：“有人想见您。”

刘得胜指指墙上贴的捉拿五爷的画影图形，说："洋小姐，军务在身，无法走开。"

安娜说："如果他是顾姑娘的好友，你会去见他吗？"

刘得胜说："既是顾姑娘的朋友，也是我刘某的朋友，去会会他。"说着跟着安娜走了。

他们来到关帝庙，庙中正在演戏，人群如堵，好不热闹。刘得胜是个戏迷，自然饶有兴趣，站在高高的台阶上观看。

安娜说："我去叫他来见你，他有事相托。"

刘得胜说："是公事一概不理。"

安娜说："是我的私事，也是顾姑娘的私事，难道你也不理？"

刘得胜一听是顾姑娘相托的，仿佛被掐住了软肋，说："理，当然理。快去请他来见我。"

安娜走后，他津津有味地看戏。上演的是五代赵匡胤的《千里送京娘》故事。真奇怪，怎么有人知道他最爱看这一出鸿飞冥冥、戈人何慕的戏文？《千里送京娘》讲的是五代时赵匡胤受托护送京娘回家，千里遥途，京娘有感其义，爱上赵匡胤。不料赵匡胤义字当头，婉拒京娘，返家后京娘自尽明志，赵匡胤扼腕长叹。

刘得胜触景生情，回想自己保护顾姑娘，不惜受伤，大有赵匡胤的义气转世，又有赵匡胤的钦慕之恋，可惜的是，顾姑娘嫁入帅府，与京娘投环自尽何异？真是夫复何叹！

就在他的长吁短叹之时，乔装成读书人、引一顶青衫的陈定剑悄然走到他的身边，并排看戏，轻声问道："听说，刘排长保护顾姑娘，也有赵匡胤的豪气再世！"

刘得胜惊讶地回头，发现身边站的竟然是陈定剑，那个迎春坊将他一搡在地的情敌？

陈定剑低声说："不必惊讶，早就想再次拜会刘排长了。你救了仪凤，又保护了顾姑娘，令陈某佩服得五体投地。"

刘得胜不无恶感，说："不要给我戴炭篓子了，你陷顾姑娘于不义，有何面目在我面前再谈顾姑娘？"

陈定剑不无内疚，说："刘排长骂得好，陈某无颜再见顾姑娘，可是不能不谈顾姑娘，才可以减我罪过，减我责任。"

刘得胜鄙夷不屑地看他一眼，说：“你说得轻松，顾姑娘过得沉重。”

陈定剑感叹道：“听说过宋人秦少游的两句诗吗？‘自在飞花轻似梦，无边丝雨细如愁’。这正是我的写照，也是戏中失去京娘后的赵匡胤的写照。”

“也是我的写照！”刘得胜真想大声喊出来，但又觉得自卑，到了喉咙口的话，只能咽下去了，不过在心里倒与陈定剑的距离拉近了。因为他俩都爱着顾姑娘。刘得胜转缓了口气，问：“陈大人，不是来找我看戏的吧？”

陈定剑说：“我受朋友之托，有事相求。”原来，陈定剑接到郑安芳的密报，五爷自袭舰后被困在衡州，为避免在大搜捕中陷入敌手，必须迅速从衡州出逃，北上汉口，即转入上海，才可转危为安，所以陈定剑才托故前来衡州，密见刘得胜。

刘得胜冷冰冰地说：“大人的大事，与小人何干？”

陈定剑说：“他也是顾姑娘的朋友。”

“那好，你说吧！”刘得胜一听事与顾玉秀有关，口气立刻变得温和了。

陈定剑说：“明天傍晚关城门之前，有赶尸匠赶尸从北门出城，恳望刘排长不加拦阻，高抬贵手，以避免惊尸。”

刘得胜欻然而笑说：“小人到衡州后，已经听过赶尸。倒没有见过，既然撞上了，小人明天就惊扰一下。”

陈定剑不胜感慨，借题发泄胸中垒块，苦笑着说：“如果拒绝，就是拒绝了顾姑娘！就此别过！”一抱拳，转身离去。

刘得胜冲着他的背影叫道：“别拿顾姑娘吓我，我不买任何人的账！”

安娜走上台阶，走到他的身边，弦外有音地说：“你知道这出戏，是谁为你挑的戏码吗？”

刘得胜不以为然，说：“不知道，也不想知道！”

安娜说：“人家知道你惦记着顾姑娘，特地替你挑选的。”

刘得胜问：“他是谁？”

“就是陈大人！”安娜说完了，追赶陈定剑去了。

刘得胜一愣，仿佛看见了几百年前的荒野中，后来的北宋开国皇帝赵匡胤提着哨棒，赶着白马，陪伴骑在马上的京娘飞渡关山。

刘得胜不禁潸然泪下。

他往前追了几步，对安娜说：“告诉他，明天我等着看赶尸！”

爱情，往往在历史的衔接点上——譬如在战争中，在动乱里，拔刀相向，也可让他俩惺惺相惜，迸发出意想不到的力量。

75

衡州城的小北门，是通往湖北的咽喉之道，通常把守的驻军是绿营，如今由于长沙闹米潮，波及三湘，增加了张勋派来的辫子军协防，刘得胜正是当值的排长。绿营当值的哨官叫尤沅财，是沅江人，一个十足的兵油子，刘得胜同他相处得不错，常常请他去喝烧刀子，逛暗门子，形影不离，所以小北门实际上是他这个客军当家。

今天下午当值，刘得胜又泡了一壶好茶，一边招呼尤沅财坐在哨点门口摆龙门阵，一边监视着手下的士兵盘查过往城门的行人。城墙门口的告示栏上贴着一张五爷的悬红告示和他的画影图形，围着不少行人驻足观看，议论纷纷。

刘得胜问尤沅财："昨天晚上去泡澡堂，听跑堂的说有几个赶尸匠在泡澡，吓得不敢洗，就回营睡觉了。可是翻来覆去都合不上眼，眼前一直晃悠着几具尸体，飘来飘去，吓着一身冷汗，今天一想，心里还怦怦跳。"

尤沅财喝了一碗茶，啧啧嘴吧，说道："说起这赶尸，我叔公就是沅江一带有名的赶尸匠。"

刘得胜好奇地问："大哥，快给小弟说说看，这赶尸究竟是怎么一回事？我这外乡人别说没看过，不来衡州，连听都没听过。"

尤沅财说："话说起来就长喽！咱们湘西人自古讲究人客死他乡，要魂归故里，可是走水道，船家忌讳。请人抬棺材，请人背尸，湘西山多，哪有几条路平，谁能抬得了，背得起？所以就有了法师赶尸，省钱、省力、又省时。"

刘得胜又问："原来是这样的，那么哪里人赶尸最有名气？"

尤沅财说："就是我老家的沅陵一带最有名气，沅陵又叫辰州，是隋炀帝时候给起的大号，辰州人从那时候就开始赶尸，还能把人的三魂七魄一道赶回家。辰州人赶尸赶得有名，多亏了当地盛产朱砂，也叫辰砂，用辰砂画符贴在尸体上，尸体就老实了，不诈尸。"

刘得胜惊讶地瞪大了眼睛，说："这么神奇？"

尤沅财得意地摩摩胡楂，又说："神奇的还在尸体头上都要戴个斗篷，斗篷四周挂满辰州符，尸体能跳，全靠它了。如果到某个地方要停下来，就要立刻把符除下来，要不尸体会不停地跳下去。"

刘得胜越听越好奇，说：“那一个赶尸匠能赶几具尸体?”

尤沅胜说：“这得看东家的财力了，有时一人赶一个尸，有时一人赶几个尸，也有几个人赶几个尸。赶尸的人是一个身穿道袍的法师，无论尸体数量有多少，都由他一个赶。赶尸匠往往走在前面，用草绳将尸体一个一个串起来，每隔七八尺远一个，所以赶尸匠说是赶尸，不如说是领尸，因为法师在尸前带路，一面走，一面敲阴锣，使夜行人避开，让有狗的人家把狗关起来。”

刘得胜说：“那么赶尸匠是什么时候赶尸?”

尤沅财说：“晚上，赶尸匠一般是天亮前就到‘赶尸店’住下，夜晚再离去。遇到前不巴村，后不靠店的，在林子，或者高墙下，也可以歇脚，只要用晒簟或其他东西遮盖就可以，所以日头一落山，就有赶尸匠上路了。”

刘得胜看看行人逐渐稀少的城门，怔怔地问道：“现在日头下山了，会不会有赶尸匠开始赶路出城了?”

“说不准，要撞上了别吱声。”尤沅财端起一碗茶喝着，忽然他停碗在手，惊愕地看着前头，嘴巴抖动着说不出话来。

刘得胜回头一看，看呆了，眼睛直直地一眨也不眨。

只见一个面貌丑陋的赶尸匠“领”着一串尸体拐出小巷，披着暮色，沿着石板街向城门口走来，犹如飘过来一团团的乌云，令人看了毛骨悚然。腰扎一条黑色腰带，头戴一顶青布帽，腰带上挂着一包辰州符，一面走，一面敲打着手中的小阴锣。当，当，阴森的锣声吓得街上的行人纷纷急避家中或者巷子里，店铺纷纷关门打烊。

赶尸匠身后有十四具尸体，每具相间七八尺远，用一根草绳系着。每具尸体都以一道神辰压住七窍之处，再用五色布条绑紧，戴着新棕叶斗笠，封面而戴，膝盖僵直，两脚一前一后走，迈步规矩，左、右、左、右和士兵上操一样。

赶尸匠边走边用沙哑的声音喊道：“让路让路！赶兵来了，快躲开！过来兵啦，小心你们的鸡狗呀!”辰州人说“殡”跟“兵”同音，百姓又怕兵，所以赶尸匠都喊“兵”来了。

“赶尸的来了，快躲开!”尤沅财急忙招呼自己的在城门口当值的绿营兵，三个绿营兵是湘西人，早就理会，一溜烟地躲进一家皮丝烟店里去。只有三个刘得胜手下的辫子兵，本是江北佬，没听说过赶尸，一见来了可疑，便横枪拦阻。刘得胜见状，大声喝道：“丁老三，快滚进来，赶尸的来了，别拦道!”

叫丁老三的棚头，连忙带着两个士兵缩进哨点，莫名其妙地问刘得胜：“排长，来的是哪一路人马?”

刘得胜小声斥道：“是赶尸体的法师来了，后面跟的都是死尸!”

三个士兵吓得脸声发白，蹲在地上，不敢抬头看。

赶尸匠一板一眼地敲着阴锣，领着一串僵尸经过哨点，进了城门洞，出了城门口。

丁老三慢慢地抬起头，伸出窗外偷偷看，好奇地说：“排长，赶尸的走啦，我跟去看看!”

刘得胜说：“你想找死呀!”

话音刚落，丁老三提着枪已经追出哨点，跟出城门口。

那赶尸匠一见后头有个绿营兵跟来，便取下扛在肩上的青白相间的雌雄棍，往地上一插，那身后的十四具尸体围着竹棍站成一圈，个个胸朝竹棍背朝外，仿佛贴在竹棍上的辰州符是令它们僵立的索命符。

那赶尸体走到旁边的树下脱下裤头，拉了一泡臊气尿，再系好裤子返回，拔出雌雄棍往地上一跺，厉声吆道：“畜生，走!”

十几具尸体立刻乘乘听命，跟着赶尸匠重新出发。

丁老三吓得哇地吐了一口鲜血，砰然栽在地上，死去。

刘得胜赶到，看着地上猝死的丁老三，知道他大白天见鬼了。

转身，刘得胜看见一阵风吹来，将贴在城墙上悬红捉拿五爷的告示刮到地上。他会心一笑，返回城里去了。

子夜时分，赶尸匠赶着一串尸体到了码头，早已泊着一艘竹篾作帆的木船等候着，从船舱里钻出郑安芳，高举起手中的灯笼，叫道：“五爷，上船吧!”

赶尸匠脱去行头，他正是三舅，说：“累死我了!”

十四具尸体也都卸下鬼装，正是五爷和他幸存的光复会会员。五爷扯尽贴在脸上的朱砂写的辰符，说：“郑姑娘，多谢答救，这厢有礼了!”边抱拳拱礼，边走上木船上搭板。

会员们也都跟着称谢，上了木船。

郑安芳一笑掩之，说：“天下同盟会和光复会都是一家人嘛，何必客气?”

五爷悻悻地道：“姑娘，五爷欠你一条命!”

郑安芳说了句公道话：“要谢就谢顾姑娘吧! 船家，开船!”

江已平潮，风正满帆，木船载着五爷、郑安芳一行如脱弦之箭驶向汉口。

第二十章

76

长沙米潮敉平之后，分舰队全部返回上海海军高昌庙基地归复建制，也就在这一天，筹办海军大臣载洵赍着上命从京城来到上海，因为指挥不当造成“江天”号炮舰舰损人亡而一直惶惶不可终日的铁祥，替自己捏了一把汗。

载洵一言不发，先在代春、萨镇冰、陈世恩、仪凤和统制部一行官佐的陪同下去江南船坞为新建造的海军大臣的座舰“联鲸”号下水试机剪彩，更令陪同在侧的铁祥，胆战心惊，随时准备悬在头顶上的那一把宝剑落下。

“联鲸”号是江南船坞特地为载洵造的钢质双轮座船，全部采用柔钢造成，造价合白银十一万五千五百两。舰长五十三点四米，宽七点六米，舱深二点七米，吃水十尺，铁质船壳，排水量五百吨，两座燃煤锅炉两座往复式蒸汽主机，八百匹马力，最高时节十三节，乘员军官十八人，士官兵七十六人，装备有英制三十七毫米机关炮二门，大沽制造局制造的七点九毫米机枪二挺。

面对美轮美奂而又耐久实用的“联鲸”号，代春问载洵：“贝勒爷，还满意吗?”

载洵经常和萨镇冰出国视察西洋各国海军见过不少洋船洋舰，可谓眼光颇高，如今一见大清自己也能造出这种供元首巡行用的座舰，由衷地夸奖道：“船式美观，工程坚实，堪与西洋各国同类舰种相媲美。”

萨镇冰说：“这实赖贝勒爷筹办海军有方，硕果累现。”

陈世恩有感而发，说：“连当时北洋海军都没有元首舰，如今有了，可见筹办海军初见成效。”

载洵颇有几分得意，但他做梦也没有想到，后来“联鲸”号竟成了孙中山临时大总统的巡行座舰。然而载洵还有几分自知之明，轻喟道：“筹办海军以来，公心效命，不敢懈怠，不过还是难免失之疏忽，才有‘江天’号的事故突发之虞。”

萨镇冰正想借机发难，对轻狂好高的铁祥参奏一本，不料代春抢先圆场，有意岔开话题，说：“贝勒爷，良辰已到，请登台主持下水试机仪式。”

跟侍在人群中的铁祥一听到载洵提及“江天”号的事故，就头皮发麻，正想挺身而出向载洵辩解，岂知代春替他解了围，不由得松了口气，不过他猛地看见了陈定书歧视他的目光，知道陈定书对自己颇有积怨，而陈定剑则对他采取鄙夷不屑的态度，他都不在乎。他在乎的是仪凤的脸色，可是自从损舰的事故发生，他从长沙被调回上海后，她一直都不理睬他，她还专门去了一趟船坞，看看正在维修的“江天”号炮舰，对他态度已经昭然若揭了。

萨镇冰代表海军统制部讲话，先对载洵的驾临，表示对朝廷感恩戴德，又表示载洵光风霁月般的胸襟所感动，接着话锋一转，针砭舰队中的流弊，说：“各位，筹办海军经年，初见成效，共对外购买西洋兵船三十九艘，排水量达三万四千七百二八吨，平均每年增加二千一百零五吨。自产兵船二十四艘，排水量达一万零五百六十四吨，平均每年增加六百四十五吨。两项合计，平均每年增加二千七百四十五吨，就刻下承担甲午赔款和庚子赔款巨额的朝廷而言，尤有如此傲人成效，已是难能可贵了。如今海军已有复建雏形，已成经制之师。“

与会的来宾和官佐们听了无不激动，鼓掌相庆。

载洵听了得意洋洋，皇族筹办海军，成绩斐然，让世人瞩目，他好比是快意宦海的一叶轻舟，让五哥载沣和皇太后刮目相看。偏偏此时出现了“江天”号发生舰损人亡的大事，令他扫兴。

只听得萨镇冰一转话语，犹如一转船头，直冲向载洵心中的垒块，说："然而，有人不顾朝廷期望，无视同辈忠告，妄自尊大，目无军规，至使炮舰舰损人亡。老朽忝为前辈，尚未汲黯卧榻而治海军，你等不可玩忽职守，常思此景来之不易，才能不负圣恩，才能励精图治。"萨镇冰这一番话，虽没道中窾要，却也的确消除了载洵心中的某些顾虑。

听众们都明了，萨统制是在指责铁祥的骄狂，莫不窃窃私语，啧有烦言。仪凤羞愧万分，粉脸上一阵青一阵白，恨不得地上裂条缝，钻了进去。铁祥却不引以为戒，认为萨镇冰是在攻讦皇族治军，意欲替陈家，替汉人专权海军而辩护，心想总有一天要取代这个前朝老朽，出掌海军。

轮到载洵做压轴讲话，大为击节赞赏萨镇冰的治军才能，首肯代春与萨镇冰珠联璧合之妙，推崇陈世恩的经营之术，最后画龙点睛地说："治军贵严，讲究治道。道者，同心共和，信念倍增，满汉一家，共治海军，才能战无不胜，攻无不克。"一番话正说到铁祥的心里去，暖洋洋的，率先鼓掌叫好。与会的满族海军官佐全消顾虑，跟着鼓掌称绝。

萨镇冰失望地与陈世恩相视一眼后，宣布由载洵剪彩。

载洵拿着由绳子吊着的香槟酒，在众目睽睽之下，向舰道扬送，香槟酒瓶准确地砸在舰首上，随即，舰身徐徐地由轨道滑下入水，刹那时，新建的海军军乐队演奏的军乐大作。演奏的军乐正是清廷临时替代的国歌：

"于斯万年，亚东大帝国！山岳纵横独立帜，江河漫延文明波；四百兆民神明胄，地大物产博。扬我黄龙帝国徽，唱我帝国歌！"

清朝以前，中国历代王朝都没有国歌。直到李鸿章主持政务，为了外交特使赴西欧和俄国作礼节性的访问，才临时编制一首，这可算是在打开封闭国门时的一大创举。后来，在一九一一年，由在海军部任职的严复正式编制而颁布了一首国歌《巩金瓯》，歌词是：

"巩金瓯，承天帱，民物欣凫藻，喜同袍，清时幸遭。真熙皞，帝国苍穹保，天高高，海滔滔。"

就在这首正式国歌诞生后的一个月，辛亥革命爆发了，这首国歌也寿终正寝了。

不过，当海军军乐队演奏临时国歌时，依旧振奋人心，激情高昂，忘却了刚才的不快。人们不禁又联想起筹办海军的功绩，否则，没有仿照西洋海军建立军乐队，焉有国歌得以扬威？

国歌奏毕，萨镇冰和代春请载洵登舰观光。

载洵将代春、仪凤和满人海军官佐都召进舰长室训示，执行家法。

载洵环视周遭，目光一沉，厉声喝道："铁祥跪下！"

铁祥吓得发抖，连忙摘下顶戴捧在手中跪下："奴才在。"

载洵严如斧钺地说："你可知罪？"

"奴才知罪。"铁祥知道在劫难逃。

"你真给满人丢脸，给皇家丢脸！"载洵一拍桌子，气得发抖，"皇太后委你以重任，你不知珍惜，反而翘起尾巴，不知天高地厚，犯下重罪！"

"奴才后悔，悔不该没有牢记贝勒爷的训示，罪该万死！"铁祥知道唯有自责自罚，才有可能侥幸过关。

代春也是恨铁不成钢，但是为了仪凤的终身婚事之计，只好袒护道："贝勒爷，铁祥少不更事，又年少气盛，才铸成大错。姑念他在平定广州新军造反一役中，屡立战功，将功抵过，饶他一次。"

载洵违着本心，飞颜厉色，说："此例一开，如何面对萨统制？"

代春别具高见，劝道："皇族中从事海军的子弟，屈指可数，铁祥又是其中的佼佼者，如果严办，必定导致皇族海军势单力薄，又令海军中的满族子弟岌岌可危，人人自危，望贝勒爷三思。"说着用眼光扫了一下女儿仪凤，指望她出面求情，不料仪凤视而不见，寒心未暖。

载洵点点头，说："言之有理。铁祥，起来吧，从皇族海军计出发，饶你一次。各位子弟听好了，今后不许自恃满人，妄自尊大，目无萨统制，务必与汉人官兵和衷共济，共建海军。胆敢再损毁海军一分，则是损我载洵十分！记住了吗？"

"记住了！"众人齐声回答，但是心思不一。

载洵对代春说："请萨统制他们进来听宣吧！"

代春吩咐副官立刻传禀，排案燃香。

萨镇冰领着陈世恩、陈定剑、陈定书等一干汉人海军官佐走进，一起朝着供在大案桌上正中的上谕行了三跪九拜大礼。

载洵开始展旨宣读："本日官文，萨镇冰由六百里加紧红旗奏捷，敉平长沙米潮，贼党扫数歼灭，百姓安居乐业一折，览奏之余，实与天下臣民同深喜悦。"

接下来载洵照例复述原折的主要内容，萨镇冰关注的重点是下文。

"筹办海军副大臣代春知人善任，调度得宜，诸贼诛锄，实由该大臣筹策无遗，为代春的郡王衔之上褒加‘毅勇’二字。”

代春听了，蔼然微笑，仪凤向他投来态动神流的一瞥。

“海军统制萨镇冰”，萨镇冰听到了载洵的褒奖声音，神态肃穆，不苟一笑。“筹划数月，指挥若定，平贼受阻，再度遣舰，合力诛贼，功在不舍。为萨镇冰一等第三宝星勋章之上褒加‘肃威’二字。”

众人的眼里闪烁着惊喜和倾慕，只见萨镇冰脸色平静，神情中透出一股关切，他在等待着朝廷如何对待铁祥，如何对待海军的军规。

“海军巡洋舰队统领陈世恩超人涵养，大度有加，协助平乱，功绩颇著。为陈世恩一等伯爵之上褒加‘威毅’二字。”

众人艳羡不已，看陈世恩时，他不亢不卑，无形于色，大家都觉诧异难解。其实他跟萨镇冰一样关注的是朝廷对新建海军的军纪态度，一滴水可以见太阳。

又接下来，载洵念道：“海军‘海星’号穹甲巡洋舰帮带陈定剑，识大体，度大局，鼎力协助平乱，功在先知之明，并赏穿黄马褂，赏给骑都尉世职；海军‘江天’号管带陈定书保舰有功，奋力杀敌，赏给轻车都尉世职。”

代春眉里眼里都是笑容，由衷地替陈定书默佑，他的点滴长进，都是代春的莫大欣慰。

陈定书和陈定剑兄弟谦和于形，面无喜色，内心在为四位无辜遇难的水勇哀伤。

最后到了上谕核心的部分，众人竖耳恭听。

“海军‘海星’号穹甲巡洋舰管带铁祥，调度无方，一意孤行，邀功心切，妄加进取，至使舰损人亡。念其广州平乱有功，将功抵过，摘去双眼花翎，戴罪立功。”

铁祥长长地吁了一口气，朝廷对他是高高举起重板，又轻轻地放下，毕竟是胳膊肘朝里弯。

众人面面相觑，鸦雀无声。萨镇冰从头凉到脚，朝廷视军规典章如儿戏，只要是皇族，就可以无端袒护，长此以往，军将不军！

陈世恩板着冷峻的面孔，心如冰窖，原来皇太后与载沣、康禄早已议定，载洵只不过是传声筒，在对待海军筹办的症结上，皇族们的意见是一致的，宁可养痈成患，也不愿刮骨疗毒。

陈定剑的心鼓被震了一下，感到日后海军中满汉官兵之间将有所不测，满族官兵倨傲有增，汉人官兵不满无减。海军历来以军纪严明治军称著。早在北洋海军时期，即甲午海战之中，“镇远”号铁甲舰进入威海军港时，不慎触礁，弹药舱下，撞出三条口子，煤舱锅炉舱下同，也撞出三条口子，连水力机舱下，也有一条裂缝，海水顿时涌进“镇远”底舱。管带林泰曾自知责任重大，悔恨莫及，服毒自杀，以死谢罪。光绪三十年（1904），重甲巡洋舰“海天”号驶入吴淞口之时，结果撞礁沉没，管带刘冠雄按海军章程当正法不赦。最后由时任北洋大臣的袁世凯奏保，刘冠雄才免于一死，但受到革职的处分。而如今，铁祥一意孤行，触犯海军章程，仅受轻责，岂不是坐纵顽嚣？

上谕宣读完毕，众人仍旧跪在一片茫然与不满之中，仿佛面对着皇太后的倨傲和冷冰的圣颜，令其寒心。

载洵连忙打圆场善后，笑容可掬地说：“都起来吧！今天是大喜的日子，本王略备薄宴，祝贺诸位荣升。圣旨英明洞达，切望记住，和谐至胜，庶可长承恩眷。”

萨镇冰见大局已定，带头起身，大家也跟着起来，萨镇冰睿智地说了一句弦外有音的话：“各位，为给大家助兴，本督已经请了庆盛班唱一出《将相和》，替酒宴锦上添花。”

载洵满意地颔首，萨镇冰还是通达随和之人，皇太后在颁旨前猜得一点也没有错。

77

顾玉秀嫁到南京后，张勋既没有和她拜堂成亲，也没有睡她，真令她大惑不解。

顾玉秀被张勋轰轰烈烈地迎娶到金陵，又被冷冷清清地安置在乌衣巷的别馆中。乌衣巷，在南京城南，从文德桥南堍经秦淮河进入乌衣巷甓门，便有一座青砖小瓦马头墙的别馆。进入别馆，只见回廊挂落花格窗的宅院宛然在目，古朴典雅，溢彩流光，便是顾玉秀的新居。

从安居即日起，张勋只来过三次，头一次，正是新婚之夜，无客无亲，张灯结彩的布置中显得凄凉和冷清。张勋喝得酩酊而来，将亲兵挡在门外，用脚跟踢上门，就满身酒气地走到坐在床沿的顾玉秀面前，用德国毛瑟枪挑落了红盖头。他一边打着臭气熏天的酒嗝，一边色迷迷地盯着她看，喃喃道：“这就是袁宫保送给我老张的厚礼？好看，真他娘的好看……”

顾玉秀也不躲，也不闪，她知道躲也躲不了，这一关，今天必定要过的。

“把衣服脱了，让老张看看好歹！”他用枪挑开她的一粒襟扣。

她破过瓜，也委过身，把一切美丽都献给了陈定剑，也不再吝惜自身的贞洁了，就站起来顺从地褪尽衣裳，一丝不挂地戳入他贪婪的眼帘中。她俏丽、甜净、容光照人，浑身确实有一种蕴藏着不可抗拒力量的美，朝张勋的心房直闯进来，令杀人如麻的他手中的毛瑟枪有些颤抖。他有点无所适从，说：“真好，真他娘的好……躺下去……躺下去……”

顾玉秀慢慢地倒在锦床上，好像一朵盛开的花在他的面前一展无遗，只等任由他来蹂躏，来摧残。

张勋用手枪轻轻地戳着她丰满而有弹性的乳房，似乎那支枪就是他的手的延伸，在诱人的海洋中测探深浅。她看得出他不敢用手摸她，一摸，他防守的堤坝就崩溃了。当他的手枪戳到她黑茸茸的森林地带，仿佛猎手迷失了方向，掂量着是不是要钻入岩洞去追觅猎物，在洞口迟疑着，踯躅着。最终他收了手枪，忍住了肿胀的欲望，痛苦地转身，开了房门，蹒跚而去。

顾玉秀赤裸裸地躺在锦床上，脑中一片空白，捱到鸡叫三遍了，才迷迷糊糊地睡去。

第二天，张勋又来了，送给她一大沓银票，似乎是对她昨天冷淡的补偿，把她当观音供着，碰也不碰她一下，那一只德国毛瑟手枪也不见了。他要送一个丫头给她用，她不要，她有阿金送她当陪嫁用的丫头阿花，就足够了。张勋也不勉强，喝了一杯碧螺春，就告辞了。

过了两天，张勋带了一个叫夏永丰的亲兵来，要留给她当贴身护卫，顾玉秀横竖不要，但是张勋不容置喙地强行将夏永丰留下监视顾玉秀。

夏永丰粗俗矮壮，跟一节松木墩一样，每天守在她的门口，形影不离，令她恶心。她跟阿花商量怎么把他撵走，阿花说：“丘八好色，设个套，让他钻，再把他赶走。”

“用色诱，这对他公平吗?”顾玉秀不忍心用这种茅招。

阿花久经长三里妓院，见怪不怪，说：“姑娘，让我来戏弄他!”

这天夜里，阿花边洗澡，边唱老家吴江情歌挑逗夏永丰，谁知夏永丰无动于衷，坐在顾玉秀的门口抽旱烟，抽得地上满是一锅一锅的烟灰。

顾玉秀看在眼里，过了一天，指使阿花上街去买高邮咸鸭蛋，她在屋里试新衣裳。当她褪下家居衣裳，露出撩人情欲的胴体时，连自己都动心了。果然她发现门缝里贴着一只色迷迷的眼睛，闪着色胆包天的淫光。这当儿，阿花突然折回来了，看见夏永丰木木楞楞站着，往门缝里偷窥，立刻惊呼大叫。夏永丰想跑，跑不动，脚跟生了根一样，事后他向张勋认罪，当时魂被顾姑娘的玉体钩走了。

夏永丰挨了三十军棍，被张勋罚到敢死队效力去了。这时候，刘得胜立了军功，从长沙回来了。

他听说了军队里疯传的夏永丰的倒霉事，不敢贸然去见顾玉秀。他守在乌衣巷对面的茶楼里喝茶，等待机会的到来。

果然，阿花出现了，挎着篮子上街买菜，刘得胜从茶楼上向阿花打招呼，阿花一见是久违的了熟人刘得胜，连忙上了茶楼。

阿花问："刘排长，什么时候回来的?"

刘得胜给她倒了一碗茶，说："刚刚回来。"

阿花说："我和顾姑娘就住乌衣巷别馆里，我带你去见顾姑娘。"

刘得胜忍住了，说："使不得。如今顾姑娘是大帅的姨太太了，我只是个小兵，跟过去不一样了。"

阿花说："说的也是，明天我陪姑娘来这里喝茶，让你叙叙旧好吗?"

刘得胜说："这也使不得。这次我从长沙回来，夷人小姐安娜托我带件旗袍料送给姑娘，还有一封书信，你转交给她。"说着递上包扎得精美的礼盒。

"姑娘一定高兴坏了。我替姑娘谢谢你的辛苦。"阿花嘴甜，让刘得胜听了美滋滋的。

"还有一件礼品，是岳州团扇，是小的送给姑娘，感谢当时在迎春坊姑娘对小的照应,才有今日升官的机会。"刘得胜递上一把精致的纨扇,如捧上自已的心。

阿花噘起小嘴，说："在迎春坊，我也对你不错，怎么想不起给我带点礼物?"

刘得胜连忙作了补救，掏出一块大洋放在阿花面前，解释说："我不知阿花喜欢什么，所以没敢乱买，这点心意请收下，去秦淮河买点自家喜欢的。"

阿花笑得合不拢嘴，一块光洋可以买半担米，够自已花销的，然后千恩万谢地回去报信去了。

顾玉秀一见礼物，喜出望外。先打开安娜的礼盒，拿起孔雀蓝缎面旗袍料，左顾右盼，满心喜欢。又拿起岳州纨扇，直夸刘得胜粗中有细。然后再看安娜的来信，竟然是她认得的陈定剑的代笔笔迹。

玉秀姑娘妆次：上海遽别，应是无恙。我和家父前去长沙救灾，巧逢定剑小妹定琴遂成好友。又逢定剑兄弟三人来湘平乱，我遂与定棋私订终身，但愿天从人愿，有情人终成眷属。他日返沪，专程造访。

专此顺请　妆安

书信滴水不漏，无缝可觅，纵是张勋察觉，也没有把柄。但是于平淡冷硬中，却透着难于外人道明的倾吐之忱。

看到这里，顾玉秀发出了天各一方的感叹，滴下畅抒积悃的热泪。

过了几天，张勋亲自到营房挑了刘得胜前去当顾玉秀的护卫。刘得胜正中下怀，但不露声色。

张勋告诫他，出了差错，惹顾姑娘不悦，吃他一粒枪子。

顾玉秀惊诧刘得胜的到来，心里对张勋增添了几分好感。其实张勋的心思，顾玉秀摸不着边。张勋是江南提督，所辖兵权范围在海军的地盘上，海军无敌舰队既可是他最大的威胁，也可以成为他依畀的力量，所以利用海军中的陈家势力，将是他运筹帷幄中的一盘棋，而顾玉秀恰恰是这一盘棋中能制约陈定剑的一粒奇货可居的好棋。

在美色和权力两者中，张勋选择了权力。

78

安娜和父亲乔治医生结束了对长沙米潮的灾民援助，返回上海后，她一直惦记着顾玉秀，便挑了个礼拜天，和陈定棋结伴乘火车去南京探望这位红颜知己。临行前，陈定剑托陈定棋捎去他的问候。

一踏进顾玉秀的别馆，安娜和陈定棋就看见小花园里有不少人在排队。

安娜很不理解，就问来迎迓她的刘得胜："刘排长，这些人是干什么的?"

刘得胜说："这些人每天都来，和顾姑娘谈生意上的事。"

安娜惊讶地问："顾姑娘做生意啦?"

刘得胜："是呀，她不愁吃不愁穿，不知道为什么要用大帅给她的私房钱搭郑汝才老爷的股份做生意?"

陈定棋问："做什么生意?"

刘得胜说："轮船公司的运煤生意。"

陈定棋忽然感觉到顾玉秀做的生意与海军有关，与陈定剑有关，但他不再追问下去。

安娜问道：“姑娘人呢？”

刘得胜说：“她每天上午十点左右起床，梳妆打扮，吃茶点，再开始料理轮船公司的生意。现在她在小花厅等你们喝茶哩！”

陈定棋问：“那这些人呢？”

刘得胜说：“就让他们等吧，误不了事。”说着领着两人进了小花厅。

说话间，顾玉秀已经迎到小花厅门口了，她穿着安娜送给她的孔雀蓝缎面做的旗袍，上面绣着湘绣的兰花，仿佛是记录她多舛人生大海中一朵朵浪花。她手执那把岳州团扇，时不时都轻拂一下，似乎在提醒她和刘得胜有着一段不寻常的友谊，令刘得胜很自豪，眼睛始终是放亮的，随时等着她下命令，他就会毫不犹豫地拔出毛瑟枪，去拼，去杀。

安娜热烈地拥抱她，吻了吻她香喷喷的面颊，就向她介绍了自己的白马王子陈定棋。

顾玉秀的眼睛顿时黯淡下来——大概她想起了分手的恋人陈定剑。随即她放开了，豁然开朗，说：“怎么都站着？坐下谈，坐下谈。刘排长，叫阿花中午多加几个菜，晚上到秦淮楼订一桌淮扬菜。”

安娜连忙阻止，说：“晚饭就不必备了，下午我们还要赶回上海去。”

顾玉秀说：“来一趟不容易，着什么急？晚上就住下来，陪陪奴家说说体己话。”

安娜说：“定棋是管带官，晚上必须留在营房过夜的。我呢，也有十几个病人要照料，所以您的盛情就心领了，只要见到你过得好，我就放心了。”

顾主秀说：“那好，就依你吧！”一挥手，把刘得胜打发了，招呼他俩坐下，沏上雀舌毫。

陈定棋对安娜使个眼色，安娜明白了，问：“玉秀，大帅待你好吗？”

顾玉秀强装悦色，说：“好，怎么不好？他每次来不空手，都留下一沓银票，奴家花都花不完，干脆就拿来做生意。”

安娜说：“我是问你他在感情上对你好吗？”

一触到痛处，顾玉秀便支支吾吾了，说：“他……他只来过三次……三次……”

安娜和陈定棋惊异地相视了一眼。陈定棋问：“他有许多小妾，顾不过来？”

“不是。”顾玉秀难以启齿。

安娜搂住她的肩头，似乎想将自己的温暖导入她的心房里去，关切地问：“你这么迷人，他怎么一开头就冷落你？”

顾玉秀在一阵孤寂难过的波动中，说：“他根本没有和奴家拜过堂，碰也没有碰过奴家……”

安娜大吃一惊，问：“这怎么一回事？”

顾玉秀：“奴家猜不透，也不敢问……”

陈定棋仿佛五脏六腑都放错了位置一样难受，说：“姑娘连和尚见了都会迷了佛性禅心，怎么大帅就可以关住心猿意马呢？”

顾玉秀苦笑了一下，说：“这就是奴家的命，不提也罢。管带官，你是一位可以靠得住的男人吧？”

陈定棋说：“我爱安娜，为了她，哪怕抛弃一切都可以。”

安娜乐不可支，说：“顾姑娘，我太幸福了。”

顾玉秀：“送一件礼物给安娜，可以吗？”

陈定棋：“可以。说吧，要什么？”

顾玉秀：“现在就剪下你的一绺头发。”说着递给他一把剪刀。

陈定棋拿起剪刀，剪下一绺又黑又粗的头发。

顾玉秀对安娜说：“安娜，奴家没有好东西送给你，就送你一个发型。”

“好的。”安娜满怀希望地让顾玉秀开始替他梳一个漂亮的发髻。顾玉秀一边将陈定棋剪下的一绺头发，编入发中为髻。一边流卜挟恨木巳的泪水。

安娜好奇地说：“为什么将定棋的头发编入的我发髻？”

顾玉秀：“这叫中国人的结发习俗。男人把己身的精华——头发委托给心爱的女人，表示无上的信托，无限的眷爱之心。以后成亲了，便叫结发夫妻。”

安娜感动地抓住她的手，激动地说不出话来，知道顾玉秀是将自己实现不了的爱心假借在她的身上抒发情感。

告辞的时候，陈定棋决定回去后向陈定剑隐瞒顾玉秀的遭遇，不让二哥听了内疚。

送行的时候，顾玉秀也决定向安娜和陈定棋隐瞒自己做生意的真正目的，是要暗暗积累一笔资金，作为给陈定剑日后举事急用的专款，那是吴天宝未了的心愿，也是陈定剑未竟的事业。

就在安娜和陈定剑与顾玉秀会见的时候，另一场充满温馨情感的会见，也在“江天”号炮舰上举行。

经过修葺的“江天”号焕然一新，它泊在高昌庙基地的码头上，犹如一匹上鞍的战马，随时准备赴征程。管带室里，代春、仪凤和陈定书三人在正喝英式的下午茶。建议是仪凤提出的，而不是通常的美酒佳肴待客，沏茶当然也由仪凤操持，英式的茶壶里沸腾着开水，似乎在唱着一曲苏格兰小调。茶几上只摆着一束玫瑰，和一盘精美的糕点，管带室里静谧得只听见黄浦江水拍打船舷的声音。

代春由衷地赞美道：“真安静呐，跟家里一样。”

陈定书：“贝勒爷想家啦?”

代春：“想啊，想我北京的那座郡王府，每天到这时候，上午的忙碌结束了，晚上的忙碌还没有开始，大家都在歇着，府里一片寂静。”

陈定书向往地问：“那应该是另一种寂静？富贵的寂静?”

代春试探地问：“想不想什么时候去看看?”

陈定书受宠若惊，说：“能有这一天，荣幸之至。”

代春携同仪凤是突然造访“江天”号的。陈定书未接通知，不由得手忙脚乱。代春安抚道，只是心血来潮，偶然想看看新修竣工的“江天”号而已。

等到三人坐定，仪凤才笑道，今日是她的生日。阿玛说，海军的女儿，要到舰上过生日，所以就来“江天”号了。

为何单独选上“江天”号，而不到仪凤的未婚夫婿铁祥的“海星”号过生日呢？陈定书觉得蹊跷，而不敢问。其实代春暗暗认定陈定书是他的儿子，所以一家三口要单独相聚一次，初尝天伦之乐。

“喝茶，喝茶!”代春反客为主了，举杯相邀陈定书，陈定书连忙举杯相敬。

仪凤看出破绽，以阿玛之尊，今日之盛，本应举行宴会践约，怎么会如此简单，又如此温馨？她忽然发现，阿玛和陈定书之间有一种轮廓相似之奥秘，再定睛细看，还有一种神似。但是任她搜肠刮肚，也破译不出两人之间有什么关联的电码。

代春牵起遥远的回忆，问道：“不知陈大人可曾记得十几年前我们在刘公岛初次相见的时候的情景?”

陈定书突然被烛照到自己少年时的一段际遇，兴奋地说：“贝勒爷，怎么不记得？记得清清楚楚。当时，下官少年好高，堆了一艘‘镇远’号铁甲舰的沙器，在指挥它向日本联合舰队作战，这时候，贝勒爷出现了。”

代春怀着幸福的遐想，仿佛重睹了那一水湛蓝，半天白云，一湾海滩，父子两个的遽遇，真是令人感叹，令人扼腕。

代春憧憬地说：“一朝的相见，就使你我两个荒疏的路人，心心相印，守志不移十几载，今日终于在炮舰上聚首了。”

陈定书没齿难忘，说“贝勒爷，下官已经说过了，矢志不忘少年誓言，日后只要贝勒一声令下，剑锋所指，便是下官的炮口所向。”

代春心想，有定书这一句话，皇族海军何愁不强盛？

这时候，大副来报，铁祥求见。

代春立刻传禀召见，不料，铁祥一走进，仪凤没好气地劈面就问：“没有邀请你，怎么冒冒失失就来了？”

铁祥很尴尬，进退不得。他知道自从发生“江天”号的“舰损人亡”的事件后，仪凤脸面尽失，没有好脸色给他看，也不理他。可他发现今天代春会同仪凤和陈定书悄悄在“江天”号上聚首，独独撇下他，这可是对皇太后的大不敬，但他不敢公开得罪代春，又想表示他这个“奉旨议婚”的未婚女婿的存在，就径自来见代春了。他很圆滑地回答仪凤的责问，说：“贝勒爷，你巡视竣工的‘江天’号，下官已经向统制大人和统领大人做了禀报，他们正从统制部赶来了。”

仪凤冷冷地说：“你把阿玛的雅兴打扰了！”

铁祥慌忙说：“奴才该死，奴才该死！”

代春说：“仪凤，不怪他，他也是于出职守。”

这时，大副又来报，萨统制一行到了。

代春大喜，起身道：“我们出迎相见吧！”

此刻，铁祥在心中断定，陈定书是代春的私生子，盖棺已定。

当晚，铁祥向远在京城的阿玛康禄寄去一封密函，要求勘察陈世恩私德不修之罪。

第二十一章

79

筹办海军帮办大臣康禄很快给儿子铁祥回了封调查信，康禄在书信中告诉说，他收买了郡王府中告老还家的管事，确认当年的放荡阿哥代春从福建带回一个汉八旗的姑娘，叫任文娟，而且怀有身孕，结果遭到老郡王的驱逐，从此棒打鸳鸯两处飞。但不知那个孩子后来的结局。康禄已经通过海军大臣载洵下令调炮舰“江天”号随同“海星”号穹甲巡洋舰组成编遣舰队开赴天津大沽口震慑乱党，以造成代春带陈定书进郡王府的机会，让代春的福晋纳兰触景生情，引发郡王府地震。

铁祥接信后，暗暗大喜。他下达“海星”号的启程命令。陈定书接到严令后，也立即吩咐炮舰升火，加入“海星”号的编队。

但是陈定书和海军统制部的上上下下都不清楚此次编遣

舰队去震慑的乱党究竟是谁。

就在“海星”号准备起航时，林守武慌慌张张地赶来找陈定剑，说他的父亲林水官在北京被抓了，要求陈定剑帮忙保释。林守武在长沙米潮事件中因为有功，又被恢复枪炮副军士长原职，很感激陈定剑，大事小事都来找陈定剑帮忙。

陈定剑顿感事态突然而且严重，就带着林守武去海军统制部找萨镇冰和陈世恩求救。

陈世恩觉得很奇怪，自己的这位开肉燕店的旧部属怎么突然在北京被军谘府逮捕了？就说：“守武，人命关天，你从头说来。”

林守武说：“大人，事情是这样的，我爹是肉燕店的小老板，因为是北洋海军的旧官佐，就被公推为行业的会长。怎奈他办事热心公平，又被公推为福建省的谘议局议员，每个省都有议员一百人，三个月前共集中三千名议员在北京召开第一次联席会议，要求朝廷缩短立宪年限，迅速召开国会和设立责任内阁。”

陈世恩一听，大吃一惊，说：“原来林水官当上议员了，士别三日当刮目相看啊！”

萨镇冰道：“海军里出了个政客，是海军之幸，后来呢？”

林守武说：“听说朝廷专门发布了上谕，严厉训示立宪派以后‘毋得再行渎请’。立宪派不服，决议扩大请愿代表团，朝廷下令各省请愿代表‘即日散归，各安职业’，不得再行请愿，结果立宪派抗议，要求提前召开国会。军谘府就密令抓人，家父和十几个议员就被秘密逮捕了。”

萨镇冰的神情渐渐地变得严肃了，说：“我终于知道，编遣舰队威慑的乱党是谁了，就是三千名各省的请愿代表！这究竟是谁的主意，将御外敌的舰队来对付手无寸铁的立宪派议员？我要进京向太后力陈管见！”

陈世恩说：“学生也愿随恩师进京觐见皇太后，陈述下情。”

陈定剑说：“萨统制，父亲大人，远水难救近火，先救救水官叔吧！”

萨镇冰说：“复巢之下焉有完卵？事关国家社稷，单救一个是救不出来的。”

陈世恩说：“守武，你不用焦急，有萨统制力保，一定救得出你爹。”

萨镇冰说：“上谕要海军‘宣德扬威’，我即使说不动皇太后，也要拉上代春去向太后‘宣德’，切不可拿大清海军当屠刀用。”

出了海军统制部后，陈定剑念头一转，对林守武说：“我看二位大人都太相信皇太后了，殊不知下令海军派舰弹压的上谕，就是她颁布的。咱们双管齐下，我去找周友三帮忙，他路子广，朋友多，说不定京里有门路，走个捷径，先把你爹保出来。”

林守武担心地问：“隔着层关系，他肯帮忙吗?”

陈定剑说：“他正在追求我家定琴，不看僧面，也要看佛面吧?”

当下，陈定剑带着林守武去轮船招商局找周友三。

周友三自打从长沙回来，正想回北京军谘府向载涛禀报，不料，陈定剑和林守武说明来意后，周友三心想陈定剑会不会在试探他是不是军谘府的人，就一口回绝了。

陈定剑说：“林水官的小女儿林小妹和陈定琴可是玩伴，不会要她亲自来求你办事吧?”

周友三一听，气馁了，说：“不是我不帮，军谘府可相当西洋的总参谋部，一手可遮天，我去找人托门子，也不是说办就办得了的事，万一人救不出来，误了事，别怪我不出力。”

陈定剑一听周友三在绕圈子，就说：“我不怪你。不过，有你三分薄面，没有你办不成的事。”

“为什么?”周友三试探着问，总怕漏了自己是军谘府密使的底细。

“谁叫你是轮船招商局的大拿？轮船招商局是咱大清头一个官办公司，相当商业的两江总督衙门，谁敢不给面子?”陈定剑说的是实话。轮船招商局自从有李鸿章当后台，盛宣怀当买办，就把它经营成清廷的第二家国库，谁不想从中占点便宜？所以它没有办不成的事。

就在“海星”号载着代春、萨镇冰、陈世恩和陈定棋的一个营海军陆战队官兵北上扬威的时候，周友三乘着火车去了北京面见载涛述职，他没想到自己碰了个软钉子。

军谘府大臣载涛先是嘉许了周友三在敉平广州新军举事和平息长沙米潮中的功绩，已经替他擢升了五品职同知府的军谘府特使之后，问他还有什么要求，周友三硬着头皮说出允许开释林水官的请求。

载涛说：“听说过牵一发动全身的典故吗?”

周友三说：“听说过。”

载涛说：“放了林水官，如何面对三千名请愿者？事关大清社稷，该放弃一粒小卒，就得放舍，这才是成大事者。”

周友三油滑地说：“下官只是贝勒爷棋盘上驱使的一粒车马，无有将相之材，大事不成但小事不能不办。因为下官女友的闺友，正是林水官的幼女，恳请贝勒爷三思。”

载涛说：“天涯何处无芳草，如果你的女友因此有微词，这种不顾大局的女人，不配做你的贤内助。”

周友三语塞，不知如何再说服载涛了。

80

编遣舰队抵天津大沽口后，京津报纸一夜间累版连牍地披露清廷不惜用“大炮打蚊子”的威慑之战：一边用炮舰进行“宣德扬威”，一边命令海军陆战队严阵待命，随时准备对议员们“弹压”，“查拿严办”。

一俟舰务事毕，代春就带着萨镇冰和陈世恩乘火车赶赴北京，到紫禁城养心殿西暖阁听宣。

觐见是在申时开始的，隆裕皇太后睡个午觉后，精气神显得特别足，说话的声调也比平常圆润好听，从她坐的黄幔帐后头传出来，跟玉珠碰撞似的：“都请起来吧，代春、萨统制和陈统领赶了半天了路，也够辛苦的了，也不能再雪上加霜了。”

经这么一说，代春、萨镇冰、陈世恩都谢恩起身，和先来一步的载沣、载涛、载洵和康禄一块围着人后坐，真应了古人的那句话：轮齿就座。

隆裕太后接着就开始夸奖海军，数荦荦大者的褒奖道：“如今，筹办的海军堪称中流砥柱，朝野上下皆有共识，从救平广州新军造反，到平息长沙米潮，海军将士无不用命，无不公忠体国，致使西洋各国海军也不得不刮目相看，功在尔等，尤其功在萨统制和陈统领筹划有功，高度裕如，真可谓中国不能一日没有海军，海军不能一日没有萨统制和陈统领。”

陈世恩是个直人，说话好似船进桥洞，直来直去，说：“太后过誉了。其实是仰仗天朝天威，依畀将士忠勇，方可制胜克敌。但是海军一向是国之利器，重在御外敌于国门之处，不能流于看家护院的时弊。”

康禄用咄咄逼人的口吻，诘问：“陈统领，不要以为朝廷依畀海军，就可以居功自自傲。试问，何为‘看家护院’?”

陈世恩说：“世界各国海军无不是防御外敌的利器，岂能用在对付手无寸铁的立宪派议员？”

代春一见陈世恩受到攻讦，就偏袒地说：“太后，奴才刚到大沽口，天津的各大时报就已经在议论动用海军威慑议员，是‘大炮打蚊子’。西洋各报纸也无不在讥弹此事。”

载沣说：“舰队是大清用银两买来的，不保护社稷的安危，岂不是竹篮打水一场空？”

陈世恩说：“对付内乱，有陆军和警察足矣，杀鸡焉用牛刀？何况各省谘议局本是奉朝廷之命于光绪三十四年成立的，不属内乱之列。”

康禄说：“天朝皇统万世一系，君权不可侵犯。谘议局越轨干政，性质已变，当属扫荡之列！”

陈世恩说：“太后，海军并无干政之意，只是极想恪守军人本职，卫国安邦。”

载洵说：“列位少安毋燥，萨统制是我等的前辈，为何不听听他的灼见？”

隆裕太后知道萨镇冰对她下旨调用舰队镇压谘议局议员的怒潮颇有微词，就先声夺人地堵塞他的嘴，说：“派遣编遣舰队进京威胁谘议局议员已是定局，毋庸再议了！萨统制有别的要事奏议吗？”

岂料，萨镇冰是有备而来的，一心要化解隆裕皇太后的固执，就说：“太后，下官别无他事，今天来觐见，主要是想跟太后说一个故事的。”

隆裕皇太后：“故事我爱听，总比无聊的政事有趣得多，说来听听。”

萨镇冰说：“战国的时候，秦国发大军攻打赵国。赵国的形势十分危急。当时主持国政的赵太后立刻派使臣去齐国，请求出兵救援。可是，齐王对使臣说：‘必须让赵太后的小儿子长安君来做人质，齐军才能出征。’赵太后得知后非常恼火，不肯答应让长安君去齐国做人质，大臣们却都极力劝谏。赵太后固执已见，并气呼呼地对左右大臣说：‘有再说让长安君做人质的，老妇一定朝他脸上吐唾沫。’”

隆裕皇太后听得津津有味，说：“这个老妇真是一头撞到南墙上，不回头了。后来呢？”

萨镇冰像个熟练的领航员，将皇太后这条庞然大船巧妙地引进窄狭的港湾，说：“正在这时，有人来报，左师触龙前来拜见赵太后，赵太后满脸怒容地召他进来，准备吐他的脸，触龙进来后，一边慢慢地小步走着，一边谢罪道：‘老臣的脚有毛病，不能走得太快，因此很久没有来给太后请安。’他坐下来后，又对赵太后说：‘我私下忖度，担心太后的玉体也有不方便的地方，所以今天特地来看看太后。’太后冷漠地说：‘老妇要靠辇车行走。’触龙点点头，说：‘太后的饮食每天没有减少吧？’赵太后叹了口气：‘吃吃稀饭罢了。’触龙又说：‘我近来很不想吃饭，就勉强步行，每天走个三四里，这样，稍微增加了食欲，身体也觉得舒适了些。’赵太后脸色渐渐地温和起来，并对触龙说：‘老妇可办不到啊！’”

康禄听出萨镇冰的故事在品藻人物中，讥弹时事，弦外有音地说：“赵太后开始改变态度，要上触龙的当了。”

载洵是个戏迷，爱听故事，说：“你别打岔，这个戏骨头开始拐弯了，好听。”

隆裕皇太后说：“听故事嘛，不要为古人担忧，萨统制，继续说。”

萨镇冰又说：“这时，触龙哀叹了一声，说：‘我有个小儿子舒祺，最没出息，恐怕将来不能自立，可是我已老了，又非常疼爱他，我希望他能在宫廷中充当一名卫士，所以我冒死将这个请求报告给太后。’赵太后望了他一眼说：‘好吧！他年纪多大了？’触龙马上起身拜了拜赵太后，回答说：‘十五岁，虽然他年纪还很小，但希望能在我还没死之前，将他托付给太后。’赵太后又看了看触龙，说：‘你们男人也疼爱小儿子？’触龙抹了几滴眼泪，说：‘男人比妇人更疼爱小儿子啊！’赵太后禁不住大笑，说：“我们女人爱得非常厉害呀！”触龙不同意地摇了摇头，说：‘可是，我觉得太后疼爱燕后，胜过疼爱长安君。’赵太后沉吟了一会，说：‘您错了！我疼爱燕后，远远不如疼爱长安君呀！’触龙连连摆了摆手，说：“父母疼爱子女，都是替他们往长远着想。当年，太后在燕后出嫁时，拉着她的脚，不让她去，并且为她哭泣，这是惦念和悲伤她远离自己，是疼爱她啊！他又接着说：‘她走后，太后并不是不相信她啊，祭祀的时候，说是为她祷告，说：‘一定不要让她归还’希望她有子孙，世世代代继续为王，太后这不是为他往长远着想吗？’赵太后直了直身子，说：‘确实有这样啊！’”

载涛的唇边露出一丝难以捉摸的笑意，说：“这个触龙真是三寸不烂之舌，居然把赵太后给说动摇了！”

康禄从萨镇冰的故事中察觉到一点危险，说：“触龙老奸巨猾，分明是醉翁之意不在酒。”

载洵用醇醪自然的声腔说：“春秋战国的纵横家自然舌妙如花，否则哪有故事可听？”

隆裕皇太后用女人对男人精神笼络的声音说："仁者见仁，智者见智，你们都是听故事的行家，还是听听后面怎么说吧！"

萨镇冰一步步诱导地往下继续说："触龙又故意问赵太后，说：'三代以前赵王的儿子，孙子做侯爵的，他们的后嗣还有存在的吗？'赵太后想了想，摇着手说：'没有'。触龙又进一步问：'不仅仅是赵国，其他诸侯国中，国君的子孙继续封侯的情况存在吗？'赵太后肯定地说：'老妇也没听说过。'触龙接着说：'诸侯们往往近则自身遭殃，远则连累子孙，难道国君的子孙封侯就不好吗？其实不过是他们地位尊贵，而没有功勋，俸禄优厚而没有功绩，仅倚仗金银珠宝多而已。'他停顿了一会，又说：'因此我认为，太后替长安君考虑得太短浅了，这也是我之所以说太后疼爱他不如疼爱燕后的原因。'

"'现在太后让长安君身居尊贵的地位，并封给他肥美的土地，给他许许多多的金银珠宝，如今却不让他为国家建立功勋，一旦太后百年之后，长安君凭什么托身于赵国呢？'

"赵太后听了触龙的一席话，如梦初醒，立刻对触龙说：'好吧！任凭怎么差遣他。'

"于是，触龙下令为长安君准备一百车子送他去齐国做人质。第二天，长安君辞别了赵太后，在一行侍卫的护卫下，急急忙忙向齐国赶去。齐王见到长安君果然来到齐国做人质，便给援救赵国的部队下达了出发令。不久，赵国便解围了。"

萨镇冰结束了故事，隆裕皇太后微微一笑，这一动作好像是在重新撕开一条令人疼痛的伤口，她的固执被萨镇冰的故事融化了，她那两片干涩的嘴唇好不容易才在嘴角分开，说："妙，太妙了！触龙终于说服了赵太后，救了赵国，真见触龙一片苦心！"

康禄恍然大悟，说："皇太后，萨统制分明含沙射影，居心叵测！"

载沣说："皇太后，萨镇冰胆大妄为，分明自比触龙，而把太后当赵太后！"

代春急忙辩护道："皇太后，萨统制有口无心。"

隆裕皇太后深谙廷对的诀窍，有意轻松地说了一句："萨统制是触龙，我可不想当那个赵太后，您说怎么办吧？"

萨统制谦恭地说："臣惶恐。臣以为释放十几位被关押的议员，将编遣舰队返回上海基地。"

康禄说："万万不可，如此照办，朝廷脸面何在？"

载涛说："国人岂不是将军谘府视为儿戏?"

载沣说："请皇太后三思，再三思!"

陈世恩说："皇太后，萨统制所言是为上策。"

载洵是个折中派，说："奴才以为，先退回'江天'号炮舰和海军陆战队，可以平息哗然的舆论，只留下一艘'海天'号巡洋舰稍迟再返回基地，既可留足朝廷面子，又可以交代舆论，两全其美。"

隆裕皇太后一鞠定音，说："就这么办了!"

81

"江天"号炮舰返航的前一天，正是陈世恩四十六岁的生日，他没有声张，而是交代大儿子暗地里操办。陈定书就在天津最大的饭庄鸿来顺预定了十桌酒席。陈定书正忙着返航的舰务杂事，就把操持酒席的事交给郑汝才掌舵。郑汝才恰巧在大沽口炭栈替舰队调拨煤炭，对陈定书打包票说："放心，包在你世伯身上了。"

当天晚上，陈世恩邀请恩师萨镇冰到鸿来顺小聚。没想到黑压压坐满了十桌来宾。陈世恩正想对大儿子发火，一看来客是"江天"号和"海星"号上的福州籍官兵，不是同宗，就是同乡，走船在外，聚首一次也不容易，气就消了一半。再一看，从人群中由二儿子陈定剑陪同着站起一个人——就令他余气全消了。来人正是严复，从前天津北洋水师学堂的总教习，如今是海军部的海军协都统，萨镇冰的同窗。

萨镇冰哈哈大笑，抢上前去，与严复执手相看，往日的惆怅，今天的畅快，都在两人的一笑一颦之中。

陈世恩拱手深揖，道："恩师，怎么把您给惊动了？罪过，罪过!"严复曾经给见习军官陈世恩教过课，所以陈世恩称他恩师。

严复笑道："久在异乡为异客，有同乡的寿酒，为什么不喝？何况是令公子去请我的，岂有不来之理？只是一个穷教书匠，两手空空莫见怪噢!"

陈世恩说："学生早有交代了，纯属同乡小聚，一概免礼。"

严复打趣地说："小聚可以，但是不可以小酌，也不可佐以小菜噢！本人习惯于文人打秋风，就指望今天打打牙祭，祭祭五脏庙哩！”说着呵呵呵呵地又笑起来，结果引发了咳嗽，不住地咳，痰里都咯出血丝来。幸好，跟随着的一个学生连忙给他泡了一杯鸦片水喝下去，才止住了咳。严复又恢复了常态，说：“死不了，朝廷刚刚给了我一个协都统（少将）的虚衔，我还没有过足瘾，死不了。”

陈世恩同情地看着严复喝鸦片水止咳，他一向大声疾呼禁令鸦片，却因为治愈咳嗽染上毒瘾，正如他恃才傲物，又极想做官一样矛盾，于是陈世恩扶着他坐下，说：“定剑，去交代跑堂的，专门给恩师做一碗血燕窝羹，可以润肺。”

陈定剑即刻招来跑堂的，原话吩咐，不料，那跑堂的说：“大人，您怎么不知道？今天晚上菜肴中已经有血燕窝羹了，稍等片刻，马上开席了。”

陈世恩一听，很惊讶，反问道：“怎么会有血燕窝羹呢？”

跑堂说：“大人，明明今天晚上定的是鲍鱼鱼翅燕窝席，十桌都是。”

陈世恩连忙问大儿子：“这是怎么一回来？明明叫你订粗菜淡酒流水席即可，怎么破订了上等佳肴，有悖祖训，有悖祖训。”

陈定书连忙解释：“父亲大人，孩儿是委托郑世伯操办的，可以叫他来问。”

恰好郑汝才回到席间来了，得意洋洋地说：“定书，客人都到可以上菜开席了吗？”

陈世恩插话问道：“汝才，为什么上燕窝酒席？”

郑汝才打马虎眼地说：“是我私下主张的，这酒席的钱由我全付了，开席吧！”

陈世恩正色道：“你正承揽舰队的供煤生意，如果我吃了这十桌燕窝席，岂不中饱私囊？这十桌酒席，全撤了！”

郑汝才吓得脸上全无血色，说：“寿宴撤席，终身不吉，万万不可，万万不可。”

萨镇冰道：“等等，郑买办是何等精明的生意人，不可能不知道海军一向拒贿之事，一定另有原因，才胆敢更换燕窝席，说，是什么原因？”

郑汝才松了口气，说：“看来姜还是老的辣，我不得不说实情了。”

陈世恩说：“说吧，我也不是不通情达理之人。”

郑妆才说：“这十桌酒宴仍是一个与海军有渊源的人送的，不可不吃。”

陈定剑问：“究竟是什么人，这么神秘？”

郑汝才说：“此公正是袁项城。”

陈世恩大吃一惊：“什么，是袁世凯？”

郑汝才说："正是袁宫保，托我恭奉这十桌薄礼的。"

陈世恩说："他远在河南，居然知晓我的生日，一定是你郑老弟多嘴，他的厚意，我心领了，这十桌酒席退回去。"

"不可！万万不可！"严复一直在细听，突然做了个仲裁。

"为什么？"陈定书很奇怪，一个下野袁宫保的十桌酒宴居然惊动了一向恃才傲物的严老夫子。

严复言之凿凿地说："此公有恩于重建北洋海军，有恩于在座的各位，不可不领他的一片孤心！"

陈定棋好奇地问："可以仔细说给晚辈听听吗？"

严复如同打开一部尘封已久的史书，说："北洋海军在甲午一战败北之后，招来全国一片唾骂，唯有袁宫保在这一片詈骂声中是清醒的。甲午的败仗对袁宫保刺激甚大，如果说甲午海战以前，袁宫保只是一介敢作敢当的武将，那么甲午海战之后，他就是一个独具慧眼的政治家了。从光绪二十七年（1901），袁世凯接任直隶总督兼北洋大臣，就开始着手重建北洋海军。他先奏保叶祖珪和萨统制相继代统北洋海军，又奏保原北洋海军军官林颖启、程壁光等人开复原官。还是由他核准，兴建烟台水师学堂校舍，以谢葆璋为主事，才有许多在座的官佐得以学有所成。我以为袁项城对海军功莫大焉，应当是海军送十桌酒答谢他，而不是收受他的一厢盛意。"

萨镇冰深有同感，说："世恩，又陵所言，感触良多，袁项城往往让人误解颇多，其实不然，我是感同身受。"萨镇冰一向喜欢称严复的字"又陵"，不喜欢称严复的另个一字"几道"。当初袁世凯被开缺回籍，前往送行的只有三四个友人，其中就有严复。萨镇冰听到此事，曾经感叹道："又陵伟哉！"

陈定书听了这一番话，眼前浮现出一个政治强人的形象，他十三岁就写出一副惊人的对联"大泽龙方蛰，中原鹿正肥"，何愁不能成就为一位继李鸿章之后的宪政巨人？陈定书莫名其妙地从这十桌酒席看到了远在河南洹上村的袁世凯的对海军的一往情深，让他感动，让他神往。

陈世恩不再反对了，收下了这十桌酒席，并请郑汝才代为袁项城致谢。

郑汝才暗暗得意，他又为袁世凯在海军中赢得了一片好感，至少笼络住了陈定书消沉了的豪情。

82

“江天”号炮舰载着代春、萨镇冰和陈世恩以及陈定棋一个营的海军陆战队士兵离开大沽口的第二天，一个不速之客到了“海星”号穹甲巡洋舰。

来人正是筹办海军帮办大臣康禄，轻车简从，青衣小帽，一副访亲走友的神态，说是来探视儿子铁祥的。父子俩关起门来说悄悄话。这不得不引起陈定剑的怀疑。康禄一向颐指气使，没有水也能游九里，缘何安步当车呢?

康禄正是怀着不可告人的鬼胎来见儿子的，他说：“各省的谘议局议员见在京城活动太扎眼，秘密派了十几位代表到天津开会，商定向朝廷上书抗议之事。”

铁祥说：“阿玛，你肯定有什么为难之处，才来找孩儿的吧?说吧，孩儿当为朝廷效犬马之劳。”

康禄说：“据军谘府的密探报告，这些议员为了躲避警察和密探，移到了一艘大帆船上开会，就在大沽口港外到处漂流，警察奈何不了它。”

铁祥说：“这还不好办?我开炮轰沉了大帆船，省心又省事。”

康禄摇摇头，说：“萨镇冰知道了，可不答应，这个老倔头会参阿玛一本的。再说太后也不会答应，议员们大小也是朝廷认可的官，不是乱党，杀不得。”

铁祥说：“不能来硬的，就来软的，如何?”

康禄说：“怎么个软法?”

铁祥说：“用‘海星’号将它撞翻，制造海难事故，这是常有的事，舆论上也交代的过去。”

康禄说：“好主意!萨镇冰就是知道了，也是哑巴吃黄连，有苦说不出。”

铁祥不无得意地说：“让他知道咱们皇族手段的厉害，不敢小觑咱们。”

康禄一想，说：“陈定剑是帮办，有他在，会答应吗?”

铁祥说：“这好办，我临时将他支开，等他知道，生米也煮成熟饭了。”于是向康禄说了详细的安排，康禄一听大喜，说：“真是长江后浪推前浪，阿玛不如你!”

铁祥送走阿玛后，对陈定剑说：“明天你带上林守武去一趟直隶总督衙门交割文件，后天，‘海星’号就返回上海，这是刚才我阿玛传达了载洵贝勒爷的命令。”

陈定剑有点疑惑，但又找不到破绽，就答应了。

第二天一早，陈定剑带上林守武去直隶总衙门交割完移防文件后，就去天津轮船招商局找周友三探听消息。

周友三在天津轮船招商局有个办事处，陈定剑和林守武很快就找到他，林守武告诉他，父亲林水官已经开释，感谢他的一番好意。

周友三歉疚地说：“我没能帮上忙，惭愧得很。”

陈定剑说：“尽心了就行，何况军谘府大臣载涛不是一盏省油的灯，你还能找门路跟他说上话，已经很不容易了。”

周友三不能说破自己的真实身份，掩饰道：“是走了他师爷的门路，才给一个薄面的。今天二位来找我有什么事吗？”

陈定剑说：“明天，我们就回上海了，特地来道个别。你何时回上海？”

周友三说：“生意的事一了，即刻回去，大概再过三五天吧！”

陈定剑切入主题，说：“昨天下午，筹办海军帮办大臣康禄秘密来见他的儿子铁祥，我怀疑其中有可疑之处，但又理不出线索，特来讨教。”

周友三问：“今天怎么这样，是你二人来办差？”

陈定剑说：“是铁祥指派的。”

周友三说：“你来不奇怪，再派林守武就奇怪了。”

林守武说：“我也正纳闷哩，官兵成百个，怎么独独派上我？”

周友三说：“林守武的爹正是此次出事的议员，一定跟谘议局议员开会的事有关。”

陈定剑连忙向：“议员们又在哪里开会？”

林守武说：“我爹告诉我，他来天津开会。”

周友三说：“准确地说，议员们的十几们代表是在天津大沽港外海面的一条帆船上开会，这是军谘府的一个朋友告诉我的。”

陈定剑恍悟道：“会不会将我俩支开，铁祥要用‘海星’号对大帆船采取行动？”

周友三说：“有可能，也许要大炮轰沉大帆船？”

林守武一听急了，说：“大人，怎么办？我爹就在船上？”

陈定剑判断道：“开炮是不敢，舆论吃不消，撞沉木船大有可能！快，我们赶回去!”

周友三说：“我也跟你们去!”

三个人急如星火地出了轮船招商局，上了一辆马车直奔大沽口。

当陈定剑和林守武一离开“海星”号不久，铁祥就收到康禄发来的电报，电报中仔细说清了军谘府密探发现大帆船在沽口外海面上的确切方位和船号。

铁祥下令起航，“海星”号不响汽笛地悄悄地开出港口，所以陈定剑没有听到熟悉的汽笛声。

深秋的海面上，已经笼罩着一层薄雾，这是北海常有的气候，让铁祥暗暗高兴，天助他也，一个因气候而发生的撞船事件是太过普通的借口了。

忽然在预先告知的方位上，果然出现一艘帆船的轮廓。铁祥连忙用千里眼观察，找到了船号。这是福建的一条一千担的大福船，船头两侧各瞪着一只鱼眼睛，是为标志。铁祥心想，一定是林守武的爹林水官找的福建船，冥冥之中不是预示着铁祥对福州陈家的一种挑战吗?

大副也发现了大帆船，说：“大人，前方发现一艘帆船，拉汽笛警告吧?”

铁祥脸一沉，说：“发生什么警告?谁叫它敢挡海军的道?冲上去，给它颜色瞧瞧!”

大副说：“大人，船上有人!”

铁祥推开大副，自己掌舵，加快速度冲了上去。

正在大帆船船舱里开会的十几个议员代表做梦也没有想到，在大雾中会有一座小山似的巡洋舰撞过来，顷刻之间，林水官和十几个议员就在木船撞碎的轰然声中，掉入冰冷的海水中。

铁祥一见目的达到，连忙拉响汽笛，发出救人的命令。

巡洋舰上一片忙乱。

肇事的汽笛声传到大沽巷码头上的时候，陈定剑、周友三、林守武刚刚赶到。陈定剑连忙从巡警的手中抢过千里眼一看，悲剧骤然发生了。

林守武号啕大哭。

所幸，这一场人为的事故中，只死了一个四川的议员代表周朋五，其余的都被“海星”号官兵抢救上来，由“海星”号载回大沽码头。

康禄事先安排的天津警察火速赶到，以“堵塞航道”为罪名，将林水官和十几名议员代表押入天津警察局大牢，一时间肇事的罪名充塞京津沪的各大报纸的头版。紧接着朝廷下令军谘府以“祸害治安”为名，将三千名各省谘议局议员们递解回原籍，于是议员们企图实行君主立宪的梦想，就跟大海里的水泡一样，瞬间幻灭了。

在“海星”号返回上海的航程中，陈定剑按捺不下怒火，在管带室中，与铁祥公开发生了第一次也是最后一次的争吵。

陈定剑说：“大人，撞船事故本可以不发生，为何您不听大副的劝阻，让它发生了?”

铁祥神气活现地说：“它挡在航道上，我有理由撞它!”

陈定剑问：“你难道不知船上有十几名议员吗?”

铁祥狡辩地回答：“他们躲在船舱中开着不可告人的会，谁会知道?”

陈定剑说：“就算是普通渔船，上天有好生之德，你身为朝廷命官，也不厚爱苍生吗?”

铁祥说：“军舰有军规，断不可纵容违规渔船!”

陈定剑痛心疾首地说：“你也许撞翻的不是一条普通渔船，而是撞断了大清通往君主立宪的道路!”

铁祥说：“大清不需要君主立宪之路，大清需要的是永远不变的王道!”

陈定剑想起，他曾经对孙中山提出的“驱逐鞑虏”的口号，心存质疑，满族也是五族共和之一的民族，何驱之有? 从清廷拒绝走君主立宪道路的决策来看，孙先生对清廷不肯分权早有见地，不得不矫枉过正了。

走出管带室的陈定剑,仰天在心中长啸:现在剩下的一条道路就是推翻帝制了!

清廷拒绝了君主立宪法派的主张，当它关上这一扇大门时，历史让清廷开启了另一扇大门，走进来的正是被它罢黜唾弃、“回籍养疴”的袁世凯。直隶总督兼北洋大臣李鸿章大人垂死时，是这样向皇上推荐自己的继者的：“环顾宇内者，无出袁世凯右者。”民国成立后，孙中山与黄兴两位革命党首领应袁世凯之邀，先后抵达北京与之共商国是，这是近代中国三巨头的第一相见时，孙中山的感慨是：“今日之中国，唯有交项城治理。”黄兴也表示：袁总统“实为今日第一人物”。袁世凯真是一面金币的两面，一面是天使，一面是魔鬼。

历史究竟将袁世凯的哪一面抛给革命前夜的中国呢?

第二十二章

83

不知是隆裕皇太后为了安抚因为“海星”号穹甲巡洋舰撞船事件而亏欠的萨镇冰和陈世恩，还是有感于其二人筹办海军宵衣旰食、劳苦功高，特地降旨恩准萨镇冰和陈世恩父子回籍过年。这是陈世恩一家过得最风光、最美满的一九一一年的春节，因为他们做梦也没有想到，三个月后大祸就降临这个阀阅之家。

头一个返家的是大儿子陈定书，他拜过祖宗牌位、辞别了母亲之后，就径直去了马江亭厝，继续睡在那一口黑漆棺材上，替亡妻黄怡珠小姐守墓。

联袂回家的是陈定剑和陈定棋，让母亲任文娟惊喜的是结伴而来的还有美国姑娘安娜，陈定棋要求双亲大人准许他和安娜订婚。

最后回家的是陈世恩，他先将恩师萨镇冰送回朱紫坊家中之后，才抵家的。

任文娟下令开大门迎接夫君。大门一般只有在接圣旨、婚丧嫁娶才开的，任文娟在心中将夫君比作圣君。去年十一月，朝廷改筹办海军事务处为海军部，载洵为海军大臣，代春为副大臣，萨镇冰为统制（海军总司令）。并确定海军官制为三等九级，陈世恩为协都统（少将），陈定剑为协参领（少校），陈定书为副参领（中校），陈定棋为协参领（少校）。康禄调军谘府为副大臣，铁祥为副参领（中校）。两个海军家族都踵事增华，怎么令任文娟不心花怒放？她将马尾乡下水师营的娘家亲戚都请到城里来过年，一百来号人将陈家挤得热火朝天。她的堂哥、水师炮台弁目任细俤又带来了舞狮队，在陈世恩进家门的那一刻，从府第的天井经过二门，舞到大门口迎接，将宗亲的浓浓情谊发挥得淋漓尽致。

大年三十，陈家又举办祭祖的盛典，陈世恩父子全都换上海军礼服，向祖先叩拜。浩浩荡荡的陈氏宗亲百十号人马从大厅一直跪到天井，黑压压一片，老老少少穿海军制服的男人占了一半。这其中，上有巡洋舰队统领、管带、帮带、管轮、海军陆战队管带官，下有水师炮台弁目、造船监司、枪炮军士长、信号兵、练勇、海军陆战队士兵，几乎遍布海军各个行当。陈世恩夫妇热泪盈眶，觉得可以欣慰地祈求天地，祈求祖宗佑陈氏家族人丁兴旺，加官晋爵。

祭祖结束的高潮，是陈世恩夫妇接受三儿子陈定棋和安娜的订婚请求。陈定棋跪在父母面前，安娜不懂得怎么跪，她的好友陈定琴教她依瓢画葫芦，她僵硬的双膝终于跪下来，惹得不少亲戚发出善意的笑声。

任文娟从自己的手腕下脱下那只翡翠玉镯套在安娜的手腕上，全场人发出认同而赞美的笑声。安娜匍匐下去，将一头栗色秀发的头磕到地上，然后陈定棋给她戴上订婚的戒指，这仪式算是礼成了。

陈定剑认出那一只翡翠玉镯正是当初母亲送给顾玉秀的，可是她拒绝了。如今顾玉秀另适张勋，不知过得可否安好，令他触景生情。陈定棋带安娜去拜访顾玉秀的时候，他托三弟带去问候，可是三弟返回后只是搪塞了几句，令他生疑。

祭祖典礼结束后，陈定剑将安娜拉到旁边，问道："安娜小姐，如今您是自家人了，告诉我实话，前不久您去拜访顾姑娘，她过得怎么样？"

安娜说："她手头很有钱，在做轮船运输的生意。"

陈定剑追问道："我问她过得开心吗？张大帅待她好不好？"

安娜不会撒谎，说："她过得不开心。张大帅没有同她拜堂结婚，也没有和她同房，一次也没有，她只是一只金丝笼里的鸟。"

陈定剑心头涌上一股愧疚，一句话也没说，掉头走了。

陈定棋发现了，从寒暄的人群中赶过来，问安娜："你告诉二哥什么了?"

安娜坦然地说："我告诉他顾姑娘的实情。"

陈定棋生气了，说："你现在是中国人的未婚媳妇了，以后不该谈的话，不要说!"

安娜嘀咕道："中国人怎么就爱说违心的话?"

正月初三的这一天，陈家来了不速之客给陈世恩夫妇拜年。来人正是陈定剑的好友周友三。周友三当着陈定剑的面，向陈世恩夫妇请求聘娶陈定琴。陈世恩夫妇又惊又喜。任文娟说："陈家有规定不招白丁上门，夫君以为如何?"

陈世恩说："夫人有所不知，轮船招商局是官办商局，友三是高级职员，职同海军的协参领，不是白丁。"

周友三说："夫人放心，等到友三同令千金正式拜堂成亲时，一定是品服加身，决不食言。"周友三心想，自己如今是五品特派员，职同知府，一旦成婚，请求军谘府大臣载涛让他实授肥缺，也好光宗耀祖。

任文娟说："好吧，我们不反对这桩亲事，不知定琴意下如何，请她出来奉茶，先生略加表示心意，如果定琴接受就皆大欢喜。"

周友三叩谢不已。

陈世恩吩咐陈定剑："去将你妹妹请出来奉茶。"

陈定剑立刻照办。不一会儿，陈定琴由安娜陪同，后头跟着陈定书和陈定剑如同哼哈二将护送着，陈定琴用茶盘托着一杯新沏的茉莉花走到周友三面前，满口含香地说："周先生，请用茶。"

周友三看着陈定琴，陈定琴娉娉婷婷，如同带雨梨花般鲜嫩，让周友三瞠目结舌。陈定琴自从在长沙雅礼医院实习结束后，返回福州前和周友三订下盟约，若有心娶她，过年可来提亲。如今周友三依约前来，怎么不令她心旌飘摇?

陈定剑提醒好友一句："友三，请用茶!"

"噢噢，多谢陈小姐!"周友三如梦初醒，接过茶杯后，往茶盘上哗啦一声压上九块西班牙金币。

顿时满堂闪现金光，让在场的亲朋好友无不万分惊讶。周友三出身四川名门望族，又官居五品，且身置轮船招商局高位，当然出手阔绰大方。

陈定琴含嗔地看他一眼，收下金币，低下头和安娜走了。

满堂响起一片掌声，这门亲事算定下了。任文娟告诉周友三，等到今年夏天陈定琴毕业，就可以办喜事了。

周友三一听，满心欢喜，连磕了三个响头。

84

正月初六的时候，郑安芳从香港回到福州到陈世恩家拜年，她的真正目的是要见陈定剑。

陈定剑连忙拉着她到小花园，问道："这么久没有你的消息，到底上哪里去了？"

郑安芳说："广州新军起义失败，你不是派林守武将我送出广州吗？我就留在香港同盟会革命党统筹部养伤。伤养好后，又去了菲律宾接受军事训练，如今我变成神枪手了，可以百步穿杨。"

陈定剑仔细打量了她一眼，发现她变得很矫捷，娇小姐的神态没有了，一脸的英气，就说："过年怎么也不早一点回来？"

郑安芳小声地说："在香港协助黄部长筹备开会，所以回来迟了。"

陈定剑敏感地问："怎么，又有大行动了？"

郑安芳说："黄部长在策划广州起义，希望中部各省策应，我领了任务回来的。"

陈定剑问："说吧，什么任务？"

郑安芳说："一是筹款买枪，二是将枪运到广州，三是招募敢死队、炸弹队去广州参加起义。"

陈定剑说："我负责筹款买枪，再设法运枪。"

郑安芳说："好，招募敢死队、炸弹队的事由我负责。"

两人正说得热烈，陈定琴、周友三、安娜和陈定棋谈笑风生地走来。

周友三笑道："难怪我们到处找不到定剑，原来他跟郑小姐躲在这里风流快活！"周友三嘴上说得调侃，心里却在怀疑郑安芳十有八九是学生中的革命党，她在哪里出现，那里就有变故。上一回发生林觉民三个革命党逃跑事件，就少不了她的出现，这一次是不是又酝酿着什么变动呢？

陈定剑说："郑小姐，你不知道吧？这是两对刚刚订了婚的情侣，如胶似漆的快活，所以拿我们开玩笑。"

陈定琴好心地说："二哥，安芳姐对你有意。你对她有情，不如你们也定亲了，咱们三对人都做一个吕字！"

安娜不明白，问："什么叫做一个吕字？"

陈定棋解释道："吕字是由两个口组成，所以古人把两口子夫妻叫做一个吕字。"

安娜："中国字太有想像力了，我喜欢。"

郑安芳接过话茬，说："我可不喜欢，你二哥太自以为是，都要女人为他牺牲。顾姑娘就是个例子，我可不想做顾姑娘第二。"

陈定剑一听提起顾玉秀，就有些自责，说："那好，等什么时候我改了这个毛病，再向你求婚。"

郑安芳大大方方地说："好哇，我就等你的'什么时候'"。说着把大家都逗乐了。

然而，郑安芳回到家里，却挨了父亲一顿责骂。

郑汝才气咻咻地说："你为什么大年三十也不回来祭祖，到了初六才回来？你到底瞒着你老父亲在忙些什么？"

郑安芳说："爹，我从小就被你宠坏了，到大了还想骂我？那是小姨子嫁人——太迟啦！"

郑汝才说："学校拿你没办法，你爹我拿你也没有办法，到底谁才管得了你？"

郑安芳说："只有一个人。"

郑汝才问："谁？"

郑安芳说："姓革，叫命党。"

"革命党？"郑汝才不以为然，说，"你又拿你爹当猴耍了，革命党不是一个人，是一群疯子！"

"真的，爹，我爱上革命党了。"

"你呀，尽说疯话气你爹。你不当真，我可要当真，我知道你喜欢陈定剑，看来我非逼他要你不可了！"

"爹，他是四季豆，不进油盐。"

"他就是一粒铜豌豆，我也要把他蒸熟、炸熟、煎熟、烹熟！"

郑安芳很惊讶，她爹到底抓住了陈定剑什么把柄，可以逼他就范呢？

85

同盟会的秘密聚会又是安排在林水官家肉燕店的楼上召开。林水官自从被“海星”号穹甲巡洋舰撞翻大帆船，遭朝廷押解回福州以后，就从一个拥护君主立宪派主张的谘议局议员变成支持革命党起义的商会会长了。

陈定剑召集了十几个回家过年的海军下级军官和士兵在林水官家听郑安芳布置同盟会下达的任务。郑安芳邀来陈更新和他率领的十几敢死队员，将小阁楼里的革命热情鼓得热火朝天。

海军官兵受到了感染，林守武代表大家发言，说：“每次举事，我们海军都没有直接参与，这一回就让我们也参加敢死队到广州投炸弹去！”

郑安芳笑道：“军士长，如果有一天你开大炮支援起义，那才是革命的福音。现在你们要扩大力量，储备人手，一旦时机成熟，孙先生下令，你们就夺取舰队，干一场翻天覆地的起义。”

陈定剑说：“大家别焦急，众人拾柴火焰高，现在海军要做的工作是拾柴，是策应这次广州起义。下面，听联络员的安排。”

大家都默声了，像众星捧月一样围着听郑安芳讲话。郑安芳心中升起了无限的自豪，是革命赋予她崇高的领导地位，让这一群男人听命于她，那么她牺牲了同陈定剑的爱情又有什么不值得哩！秋瑾就是她的楷模，秋瑾的两句诗不啻是刻在她心页上的座右铭：

抟沙有愿兴亡楚，博浪无锥击暴秦！

郑安芳环视了一下众人，说：“同志们，知道著名的敢死队、暗杀团有几个吗?”

林守武说：“我知道有个北京暗杀团，就是先烈吴樾刺杀五大臣的组织。”

一个海军军官说：“我还知道有个上海暗杀团，是光复会蔡元培先生领导的。”

另一个海军士兵说：“上一回还派出吴天宝谋刺代春贝勒。”

陈定剑闻言，不由得回想起那一段恩怨百缠的岁月，至今他还欠下还不了吴天宝的责任宿债，蹉跎了顾玉秀的满腔衷情，心里还隐隐作痛。

林守武说："其余的，我们就不清楚了。"

郑安芳说："著名的敢死队、暗杀团还有军国民教育会所属的暗杀团，这是黄兴部长领导的；还有支那暗杀团、成记洋货店、京津同盟会和安徽的岳王会。还有一支是同盟会东京总部暗杀团，领导人是方君瑛小姐，她可是我们的福州同乡噢。"

陈更新自豪地说："还会有一支，那就是我们在座的福州同盟会的敢死队！"

郑安芳激励地说："好，赤血横流洗乾坤，这一次起义要的就是陈更新的气魄。孙先生需要在座的海军同志分头募款，帮助运送武器去广州。"

林守武和海军官兵纷纷点头称是。

郑安芳对陈更新说："你负责敢死队同志的安置工作，等待林觉民和林尹民从日本回来。"

陈定剑高兴地问："什么，林觉民和林尹民要回来了？"

郑安芳说："林觉民擅长计划，林尹民擅长习武，孙先生派他们回来，负责训练福州的敢死队。"

陈更新说："我擅长炮术，这一次广州起义会有大炮吗？"

郑安芳说："黄部长已经设法买到一门山炮，专门等着你去派大用场！"陈更新畅快地说："好哇！'引刀成一快，不负少年头'。"他信口说出了自己的革命偶像汪精卫的脍炙人口的诗句，以表达内心对起义的狂热。陈更新所崇拜的汪精卫和喻培伦，于一九一〇年三月三十一日在北京刺杀军谘府大臣载涛失败被捕，汪精卫自知必死无疑，在狱中朗然独坐，吟出《被逮口占》四首，其中第三首，最为时人钦慕，也为革命党人传诵：

慷慨歌燕市，从容作楚囚。引刀成一快，不负少年头。

当时狱卒将这几首反诗呈给肃亲王善耆看，引得这位权倾天下的王爷大发感慨：此等有志少年，竟为大清逆贼！如果他能为朝廷所用，大清何其幸也！于是善耆降贵纡尊，到狱中诱降汪精卫，许以高官，却引发一场清廷何去何从的辩论，又引起革命党人陈更新对汪精卫的崇拜。

善耆诱导汪精卫："革命党宣扬灭满兴汉，乃狭隘的民族仇视。如果国内流血革命发生，外强不正好可以趁机侵乱中国吗？邻国日本君主立宪，就是我们大清的成功范例啊！"

汪精卫慷慨驳斥："日本明治维新，绝非不流血革命，乃当初西乡隆盛首发干戈，用武力倒幕而成。如今中国的'立宪'，完全是幌子，只有民主革命，只有流血，才能救中国……”

汪精卫的“填海”壮志，引发了无数的像陈更新这样的志士都想成为填平清廷大海的一只只精卫鸟。

大家正讨论得热烈的时候，忽然在楼下负责守门放哨的陈定琴跑进来，说：“郑小姐，我也要报名参加敢死队！”

郑安芳说：“不行！”

陈定琴说：“为什么不行？你是女流，我也是女界，为什么你可以，我不可以？”

郑安芳说：“一则你没有参加过军训，不会打枪，扔炸弹；二则你刚刚订婚了，所以不适合当敢死队。”

陈定琴嘟哝着小嘴，说：“二哥，你帮我说说吧，我是学护士的，在战场上可以救护伤员嘛！”

陈定剑解释道：“你刚刚定了亲，总要对周友三负责嘛，再说，革命不只是一场广州起义，等你今年学业毕业了，再参加也不迟。”

陈定琴不快地说：“你和郑小姐合起来欺负我，我告三哥去！”

陈定剑笑道：“三哥也是同意我和郑小姐的意见。”

林守武当和事佬，说：“定琴，等下一次跟我一起去当敢死队。”

陈定琴说：“一言为定？”

林守武说：“一言为定。”

这时候在楼下放哨的林小妹急匆匆地跑上来说：“周友三来了，他要找定琴。”

郑安芳说：“奇怪？他怎么知道定琴在这里？快，大家从后窗疏散。”陈定剑和海军官兵一个个从后窗吊的绳索上溜下去，瞬间消失在纵横的小巷里。陈更新和敢死队员们也学着他们的办法，抱着绳索溜下楼疏散了。阁楼上只剩下郑安芳和陈定琴，连忙拿出花灯纸样在裱花灯。

不一会儿，林水官在楼下喊道：“定琴小姐，有客人来找你！”

陈定琴在楼上应道：“叫他上来！”

不一会儿，噔噔噔地走上周友三来，一见郑安芳、陈定琴和林小妹在裱糊纸灯笼，就说：“守琴，原来你在这里，让我找了你好半天。”

郑安芳讥讽地笑着说：“周大少，才定亲，就怕定琴飞了？放心好了，这里只有女界，没有绅士，没有人打她的主意。”

周友三见发觉不了什么破绽，就打马虎眼地说：“郑小姐，我担心晚上定琴一个人出门，万一有什么不测，让我挂念。”

林小妹嘴尖，说：“定琴，快回去吧，让周少爷将你系在裤腰带上，寸步不离!”

陈定琴笑道：“死鬼，看我不撕烂你的嘴？我还没有跟他拜过天地，凭什么要系在他的裤腰带？”说着去挠她的胳肢窝，二人嘻嘻哈哈地笑个不停。

郑安芳夺下陈定琴手中的纸灯笼，说：“人家等急了，快回去吧！灯笼糊好了，正月十五挂你家去。”

“那我先告辞了，二位妹妹。”周友三作揖后和陈定琴下楼去了。

郑安芳松了口气，对林小妹说：“以后集会换个地方，这里不安全了。”

夜晚的南后街静如一泓流水，陈定琴和周友三踏在石板街上的脚步声，犹如溅起的一朵朵浪花。街两旁的坊和巷，好似分岔出去的一线一线的溪流，流淌着夜卖的吆喝声、守夜的梆子声和谁家婴儿梦魇的啼哭声，无不让人觉得三坊七巷的可爱和陶醉。

周友三大胆地牵着陈定琴的手，在街上信步。两旁喧嚣了一天的书店、古玩店、裱褙店早已打烊了。南后街是福州的琉璃厂，集八闽书画古玩精粹于一处，流连的多是文人雅士、莘莘学子，如今已经绝了他们白天匆匆的身影了，留下的只是勾起让周友三和陈定琴私语的轶事。

周友三问道：“听说这南后街上有一家吴玉田名刻坊，工刻板印书，精端石碑刻，是吗?”

林定琴说：“就在宫巷口，已经打烊了。”

周友三说：“我听说让吴玉田蜚声文坛的是他刻的一方端石，至今还镶嵌在沈葆桢祠堂的走廊壁上。”

林定琴说：“从小我就见过这一块石碑，讲的是林则徐二女儿的故事。”

周友三问：“可以说给我听听吗?”

“可以。林文忠公的二儿女是沈葆桢的夫人。咸丰年间，沈葆桢署理江西广信府，长毛悍将杨辅清率精兵数万，自吉安连下贵溪、弋阳等地，广信危急。恰巧沈葆桢又外出公干，城内一片惊慌失措。”

周友三急问：“后来怎么办?”

“沈夫人林氏一边安抚众人，一边急中生智，刺指写下血书，乞援其父旧部玉山总兵饶廷选，饶廷选见血书震慑，立率大军击溃杨辅清而保住广信。该血书文情并茂，肝胆相照，吴玉田刻之全文，名扬乡梓。”

周友三脱口叫道：“好一个肝胆相照！三坊七巷不但辈出名士，也代出烈女。可惜呀，如今再也找不出第二个像沈夫人林氏这样的奇女子了！”

“谁说没有？”陈定琴被激怒了，本想脱口说出有一个同盟会的炸弹队队长方珺英，一想要保密，就止住了。

周友三有意撩开了，问：“看你有话要说，怎么不说下去了？”

陈定琴说：“就是我呀！我也要学沈氏夫人林氏当一个奇女子！”

“你？你怎么当奇女子？我知道你在长沙米潮的时候，表现得很勇敢，但是那只是护士职业的本能。”

“我……我要去参加革命党当敢死队，不就是一个奇女子？”

“你？你一个大小姐要参加敢死队？除非太阳从西边出来！”

“当真，我刚才向郑小姐提出当敢死队，可惜她不要我。”

“她要招募敢死队？去哪里造反？”

“你可千万不要跟别人说，听说广州要举行一次起义，正在招募敢死队。”

“我不会告诉别人的。知道都招募到些什么人了？”

“我……我不知道。我只知道郑小姐不要我。”

“为什么不要你？多一只蛤蟆，也多四两力。”周友三往深处里探询。

“她说我刚定过亲，不能对不起周少爷。”陈定琴说着不由得抓紧了周友三的手，怕失去他似的。周友三心中的坚冰瞬间被郑安芳的真诚感化了，他决定不告发这个喜欢陈定剑的女人。

第二天，周友三将广州即将爆发孙文乱党举事的电报发往北京军谘府，他没有告发任何人，竭力做到了食君之禄忠于君，爱人之女忠于情。

86

正月初九，紫禁城里唱大戏，请来的是名角谭鑫培，上演的戏码是他的看家戏《四郎探母》。

隆裕皇太后特地让小德张去请代春和康禄两家进宫听戏，可把两家人兴奋得一夜没有合眼。

农历二十五，代春就偕同女儿从上海回到北京过年。夫人纳兰早早就叫阖府上下动手打扫，置办年货，光是野猪、狍子、鹿、熊、山鸡、腊猪肉、腊羊肉、熏鱼、熏肉就挂满了半个郡主府，乍一看，真像大栅栏的庙会摊。纳兰逢人就乐滋滋地说："爷儿俩在上海哪有咱旗人做的'扒'、'烧'、'烤'、'烀'、'炖'菜吃？还不是饿个半死回来，不撑破肚子也让他俩看个饱。"

打扫房子，打扫到夫君代春的书房，纳兰犯嘀咕了：代春早有吩咐过，任何人不准进他的书房，可如今是过春节，这书房也有一年半载没打扫了，合该刨光刨光，也是合情合理的。当下她打开老爷的书房，准备叫使女进行打扫。奇怪得很，这密封的书房少有灰尘，也无霉味，还淡淡地发出一股幽兰的香气，好像有哪个贵妇刚刚走过而留下一缕胭粉味儿，令纳兰越发奇怪。

纳兰循着香气觅去，果然发现在书架上放着一瓶法兰西的香水，幽兰之气便是这里丝丝游出，宛如屋内有一个女主人在一样，处处散发的是她的体香，好似在厮守一份宁静，在倾诉一段絮语，在演绎一折戏文。

在这瓶香水的旁边，摆着一帧照片，照片上是年轻的代春和一个男孩的合影，仔细一看，两人竟有几分相像。男孩那眉，那眼，那鼻子，那嘴唇，简直就是一个女人用红唇在代春的脸上一一亲吻后，印下的模样！

纳兰跌坐在椅子上，半晌回不过神来。她一直就很奇怪，她和代春多年膝下无子，代春并没像别的贝勒贝子一样急着纳妾补嗣。她起初还以为代春对她履行着一份忠诚，殊不知早已琵琶别抱，而且还生有一子！这个占据代春心坎的神秘女人究竟是谁哩？她百思不得其解。

当管事惊呼着"老爷和格格回来啦"来寻找她，她才如梦惊醒，连忙关上书房的门，匆匆去迎接这一份喜，还是这一份忧。

很快，代春就发现有人来过他的书房，灰尘上的擦痕暴露了一种窥视的阴暗心理。代春将咆哮倾泻在纳兰身上，郡王府上下噤若寒蝉，只传出纳兰备受委屈的低低抽泣声。

仪凤忍不住了，站出来保护她的母亲，顶撞代春道："阿玛，您一回来就莫名其妙对额娘发火，多伤她的自尊心！她不过是进了书房想打扫有什么罪过？"

代春是极想守护的隐私被窥见了，才腾起对另一个他不爱的女人的火气。

仪凤又说："以前女儿也来过您的书房，您不是都没有发火吗？为什么额娘进去不得？阿玛太不尊重女性了，要知道当今掌权柄的也是个女人！"

代春一愣，被触到软肋处，气就泄了一半。

恰恰在这时候，皇太后的口谕到了，预定正月初九到宫里和皇太后一块看戏。立刻，天大的喜讯传遍了阖府，将刚才的阴霾一扫而光。于是代春吩咐纳兰，为准备去宫里看戏开始做一切的准备。代春则拿了一本《清会典图》给仪凤看，免得对入宫觐见的繁文缛节生疏出了差错。《清会典图》中对皇子、亲王、郡王、贝勒及其福晋们的穿戴，从头到脚，从春到冬，都有详细的规定，让仪凤看了头晕脑胀。

到了初九，代春穿上补服，补服上绣着五爪行龙四团，前后两肩各一，再带上饰着两颗东珠的朝带，中间嵌着一粒猫眼，带及左右佩条，用金黄色，带吩下广而锐。纳兰是一品夫人，补子为四爪蟒，其形似龙，着花盆底棉鞋。仪凤没有品级，梳两把头，穿绣花敞衣。时辰一到，他们坐上大轿，由护卫、典仪、首领、太监、散差太监、妇差、使女前后簇拥着，浩浩荡荡地进宫去了。

中国人讲究排座次。哪个在前，哪个在后，是要有明确规定的，不能有半点含糊。清代那么多王，在见皇上、太后的时候，谁在先，谁在后，也只好写进《清会典》，这就叫做座次排定，井然有序。

看戏的时候分亲王班和郡王班，又在隆裕皇太后和小皇帝两旁分两翼，每翼的前头坐的是亲王，后头是郡王。代春是郡王衔贝勒，一家人则坐在后排。紧挨的则是康禄一家。康禄新近荣升军谘府副大臣，军谘府相当总参谋部，倍感荣光，两家是表亲又定下姻亲，自然寒暄一番。铁祥竭力讨好仪凤说：

“格格，听说西山的腊梅开得好漂亮，赶明儿我请格格去踏雪赏梅?”

仪凤冷冷地回了他一句：“这几天阿玛叫我翻译一本德国海军的《舰船会操典章》，没有闲工夫，你自个儿去吧!”

铁祥涎着脸说：“我的德文还凑合，要不，明儿我过来当你的下手?”

仪凤说：“多一个人碍手碍脚，不如一个人利索。”

话不投机，铁祥不吱声了。

趁着丈夫和代春忙着同亲贵们寒暄，康禄福晋婉容将纳兰拉到一边说悄悄话：“大妹子，老没见了，老姐姐替您担心哩!”

纳兰不解，问：“什么事呢?”

婉容低声说：“听您表哥说，代春早年在外头养过一个小的。”

纳兰说：“那时我还没有过门，还能管得了老爷们拈花惹草?”

婉容挑唆地说：“听说还生下野种，如今是个什么管带了，保不准哪一天那个女人带上野种上门来跟您抢正位，那就麻烦了!”

纳兰被戳到痛处，怔怔地问：“那女人有婆家了吗?”

婉容说：“她，她后来嫁人了，丈夫就是当今的海军巡洋舰队统领陈世恩。”

纳兰松了口气，说：“她也是有头有脸的人了，还来抢什么正位?”

婉容说：“哎呀，大妹子，您怎么这样糊涂？不是她想抢正位，是代春如今认出了这个儿子，怕要认回这个管带，这不逼着那个女人来抢您的一品夫人位子吗？要知道，哪一天代春承袭了郡王，您就是福晋，天底下有哪个女人不眼红福晋的暖轿坐坐?”

纳兰一时语塞，不知如何是好。

婉容又往她的痛处戳，说：“怨只怨您的肚子不争气，生不出儿子来，这郡王府要没有儿子来承袭郡王的封号，那不是天大的事吗?”

纳兰说：“老姐姐，那怎么办?”

婉容唆使地说：“趁着今儿个看戏，您去求太后给您做主，断了代春的邪门歪道。”

纳兰问：“那个女人叫什么?”

婉容说：“任文娟，福州人，是代春在甲申年到福州实习的时候认识的。老郡王在世的时候不让这个汉军女人进门，她就跳了海，被陈世恩救了，才有归宿。怪不得您家代春处处袒护陈家，原来全为了这个女人和那个孽种。”

纳兰一听，倒有几分同情任文娟了，说：“老姐姐，谢谢您告诉我体己话，不过脓包不大不捅破，还是装聋作哑的好。”她回想起她无意中窥见了照片惹得代春发火的事，决定采用冰镇西瓜的办法，冷处理，不见得丈夫会不顾脸面闹得满城风雨。

婉容一见目的没达到，断定要挨丈夫数落的，就不罢休地说：“大妹子，别等灶王爷摔斤斗——砸锅，那就晚了。”

纳兰说：“多谢老姐姐的好意。”

这时候，隆裕皇太后牵着小皇帝，在载沣和载洵的簇拥下走来了。

王公亲贵们连忙跪下，山呼万岁。

隆裕皇太后径直走到代春和康禄两家人面前，说：“看到你们两家热融融在说话，我很高兴。海军要办好，少不了你们两家的联手。仪凤。”

仪凤说：“奴婢在。”

隆裕皇太后说：“您帮您阿玛译洋文，建典章，立下不少功劳。可惜您不是个阿哥，否则也是个管带、帮带什么的。铁祥。”

铁祥说："奴才在。"

隆裕皇太后说："你是我们皇家的骄傲，堂堂一个管带开着大清国的主力巡洋舰，是何等的威风呀！多少回，我在梦里都笑醒了，我们皇家有管带了，可以告慰列祖列宗了！可惜，皇家的管带太少了！"

载洵说："太后，有一天奴才要让舰队所有的管带都换上我们的皇家子弟！"

纳兰听了，心里暗里害怕，那个任文娟生的儿子也是个未露身份的皇家管带！

康禄趁机进言，道："太后所言极是，唯有多生皇家的子嗣才多出皇家管带。"

摄政王载沣立刻附和："这个主意好，眼前就有现成的一对佳人配。"

隆裕皇太后明白了，笑道："我看也不要等一年后你们两家再办亲事，如今铁祥屡立新功，等到铁祥再立个大功，就可以完婚了。"隆裕指的铁祥的新功，是他用巡洋舰撞立宪派议员们的大帆船，替朝廷剔去鲠喉之刺，终使朝廷在强大压力下"预备仿行宪政"的梦幻，寿终正寝。

铁祥一听大喜，连拜三拜，说："谢太后隆恩。"

康裕一家和代春相跟着称谢。唯有仪凤心里沉甸甸的，连站起来都两腿发颤。

代春忽然发现太后的身边少了军谘府大臣载涛，隐隐约约地预感有个不祥之兆。

好戏开台了。隆裕皇太后率领皇家亲贵舒舒服服地看着谭鑫培的精湛表演。她并不知道这是爱新觉罗家族过的最后一次舒坦春节了。她低声地问载沣：

"五弟，知道为什么我喜欢看谭老板的戏吗？"

载沣说："京戏重老生旦角，所以谭老板的老生戏好看。"

隆裕说："不对。谭鑫培这个人，不但是京戏改革家，也是创造家。像《定军山》的黄忠扮相，以前是戴帅盔，他因为面部清瘦，觉得戴上帅盔，有点头大如斗，不大受看，就改为扎巾盔，果然边式受看多了，大家仿行，以迄于今。"

载沣佩服地说："太后慧眼。"

隆裕说："唱戏的都要变，咱们大清能不亘古不变吗？我不是不明白这个道理，只是变革得由我们皇族来改变，不能旁落到汉人手中。"

载沣说："明白。不管是康有为的立宪派也好，孙文的革命党也好，都是汉人，本质是一样的，无论如何不能主导大清的变革。"

隆裕说："五弟，我是妇道人家，只能唱唱'旦角'，大清的'老生戏'还得由你们来主唱。"

载沣点点头，说："记住了。"

这时候，载涛匆匆地赶来了。他是接到周友三发来的广州可能发生革命党举事的加急电报，才来迟了。

载涛向隆裕呈上电文。隆裕一看，不动声色，轻声说："招呼你兄弟几个到西暖阁议事。让大家继续听戏，别扰了过年的热闹。"但她站起来的时候，还是心中太紧张，不由得蹒跚了一下。小德张眼疾手快，连忙搀住隆裕，避过了睽睽的众目。

87

西暖阁里笼罩着紧张的气氛。载沣、载涛、载洵、代春、康禄围坐着等待隆裕的开口。

隆裕故作轻松地说："不要紧张嘛，不就是孙文故技重演吗？只要筹划得当，大家还来得及赶回去继续听谭老板的戏。"

载涛说："我先向大家知会敌情。军谘府的特使发来紧急电文，他禀报孙文乱党准备在广州再发动一次举事。"

载沣问："时间呢？"

载涛说："还没有确定。"

载洵急着想回去听戏，问："可靠吗？"

载涛肯定地说："绝对可靠。这个特使神通广大，上次发回广州新军造反密电，结果让我军及时防范，大获全胜。长沙米潮，他又发来密电，结果及时平乱，可谓屡立战功。"

代春说："孙文乱党狼子野心不死，宁可信其有不可信其无。"

康禄一想让儿子立功的机会转瞬即到，暗暗高兴可以与代春联姻，主导海军的时机提早来到。便故作深沉地说："孙文乱党像割韭菜，割了一茬，又长一茬，奴才以为此次应当连根刨去！"

隆裕说："七弟，请继续说。"

载涛说："据香港的线报禀报，正月初六的时候，同盟会的统筹部长黄兴在香港召开秘密会议，共商联络中部各省乱党策应广州举事，这证实了特使的电报是准确的。会后，黄兴派出代表潜往桂、苏、皖、浙、川、鄂各省联络同党，旨在策应广州起事。又据美国的线报禀报，孙文在美国域多利、芝加哥、旧金山等地，先后成立‘革命公司’、‘中华革命军筹饷局’号召华侨认购股票，解囊捐资，以助革命。”

康禄说：“看来此次孙文乱党是老鼠拖猪——要大干了。”

隆裕说：“兵来将挡，水来土屯，有什么可担心的。五弟，我刚才说过了，大清的戏由您来主唱。您说说看，这一出戏该怎么唱?”

载沣说：“列位，这不啻又是一场与孙文乱党的决战。善于用兵者，修明军政，确保法则，所以能主宰胜败。用兵之法是：一则判断战区战线，二则部署计划投入的力量，三则需要的人力物力的数目，四则比较权衡双方政治及军事，五则战胜敌人。所以，我以为先缩短我军战线，将优势兵力集中在广州。其二，从湖南调绿营兵增援广州。”

康禄连忙说：“王爷，奴才的胞弟荣宝已经在外恭候。”

载沣说：“传!”

小德张连忙传湖南绿营兵统领荣宝觐见。

胖胖的荣宝跟一面鼓一样滚了进来，连忙跪拜：“奴才湖南绿营兵统领荣宝给太后请安，给摄政王爷请安!”荣宝也是受太后恩惠回京过年，并且获准入宫听戏的，所以自恃得宠，口气中更多了几分阿谀。

隆裕说：“赐座。”

待荣宝坐定之后，载沣问道：“荣宝大人，湖南有多少绿营?”

荣宝说：“回王爷的话，长沙六个营三千，其他各地十个营五千，总共八千。”

载沣说：“您星夜兼程返回长沙，带十个营赶赴广州，受督抚直辖，配合广州水师提督李準共同防范孙文乱党造反。去吧!”

“喳!”荣宝的屁股还没有贴暖椅子，就立刻退出西暖阁了，不过，他预感到他已经被载沣纳入他的皇族内阁圈内，特别的得意。

载沣继续又说：“其三，广州目前有绿营五千人，又有李準的广州水师三千人，加上荣宝的五千人马，广州固若金汤。其四，孙文乱党的政治口号固然可以迷惑些许死士为其效力，但是广州城的百姓对乱党屡屡造反殃及无辜已有不满，此是孙文失策之处。其五，我军可以投入海军，继续从海上切断乱党的外援。六弟!”

载洵说：“在!”

载沣说：“立即召回休假海军官兵，准备派遣一支编遣舰队前往广州。”

载洵应道：“小弟和代春贝勒明天就返回上海。”

隆裕说：“兹事体大，确保胜算，可派一艘巡洋舰和三艘炮舰同去。除‘江天’号炮舰外，不妨再派两艘‘楚’字号的炮舰。海军的主力巡洋舰，每艘均在四千吨以上，‘楚’字号的炮舰也在七百吨以上，‘江’字号的炮舰都在五百吨以上，唯有‘江天’号的六百吨，是‘江’字舰中的翘楚。”

康禄连忙说：“太后，王爷，奴才请求派犬子的‘海星’号前去广州效命。”

代春说：“铁祥大人在长沙米潮中颇受微词，如果再派他去，怕萨统制和陈统领有所不服。”

载沣说：“上阵父子兵，打虎亲兄弟，不用自己人，还用别人?”

隆裕说：“我还等着铁祥立新功，喝你们两家的喜酒哩!”

代春不敢再吭声了。康禄大喜过望，说：“谢太后隆恩。”

隆裕原先淤在心中的紧张此时全疏浚了，说：“小德张，去知会谭老板改戏码。”

小德张说：“请示下改什么戏吗?”

隆裕话：“大局初定，我看就改唱谭老板的另一出拿手好戏老黄忠《定军山》吧!”

88

代春和仪凤归回上海的这一天晚上，纳兰要女儿和她睡一张床说悄悄话。

纳兰担忧地说：“女儿，今天在宫里看戏，你不该对铁祥那么冷淡。”她的胸口像压了千斤巨石一般。她感到吸气出气都很艰难。可是她不愿女儿看到她难受的模样，便稍稍直起身来靠着床坐，俯看着偎在她怀中的心头明珠，郡王府的命根子!

仪凤吁出心中的一口浊气，说：“他屡屡让海军丢脸，让我丢脸，教我怎么喜欢他?”

纳兰安慰地说：“他好歹也是个管带，日后前程无可限量，你跟着他也不会委屈的。”

仪凤道："娘，嫁人不能只嫁爵位和门第，西洋女人嫁人首选人品。"她很羡慕在德国莱茵河畔散步的金发碧眼的姑娘，挑中的是白马王子，而不是大灰狼。

纳兰的全部心血，都凝结在女儿身上，当然希望女儿幸福，便说："依娘看铁祥那样巴结你，坏也坏不到哪里去，好歹有太后保媒，他不敢欺负你。"

仪凤说："娘，跟他在一起，心里赌气，眼中搁沙子。"

纳兰心想这桩太后做媒的婚事不成了张手擒来，淌手甩去的生意，就说："女儿，这桩亲事是生米做成熟饭了，你就认命吧！"

仪凤倔犟地说："我偏不认命，我要改命。"

纳兰略气一惊，问道："莫非你还在想陈家的那个定剑少爷？"

仪凤被说穿了心事，含糊地说了声："娘……"

纳兰见过的公子哥儿可不少，不是提笼架鸟，就是颐指气使，忙问："这少爷让你这么上心吗？"她已经塞满了一耳朵女儿和陈定剑情丝互缚的事，心想，不过是青春年少，荒唐不更事，怎么会死心塌地爱一个人呢？

仪凤说："娘，您没见过他，不知道他有多好。不但他人好，他一家的人也都很好。"

纳兰煞费苦心，终于绕到心事上，问道："他爹，他兄弟人品好，娘早有耳闻，莫非他娘人也好吗？"

仪凤眼里立刻现出笑影，说："可不是，他娘人好，不但模样周正，而且心眼也好。"

"你见过她吗？"纳兰紧张得心要跳出嗓子眼了。

"见过了。上回陈家祭祖，陈定剑还带回一个从良的名妓顾玉秀想娶她为妻。他娘并没有嫌弃顾玉秀的身份，只是担心海军容纳不下一名青楼女子而妨碍儿子的前程。感动得顾姑娘自愿离开陈定剑，嫁给了江南提督张勋为妾。娘，您说她的为人有多好？"仪凤仿佛重睹了任文娟雍容身姿，如月脸庞，不胜歆羡。

纳兰的眼前浮现出一位条理清晰、和气幽娴的贵妇，她知根知底，安分守己，这种的女人没有满族命妇那样的练达、霸道，善于攻城略地。她听完后，渐渐地放心了。

"女儿，那您阿玛也见过她吗？"

这是纳兰藏在心中的致命症结，不触动，担心；触动了，揪心。

"见过啊，也是去参加陈家祭祖的典礼上，阿玛以贝勒身份见过她。"仪凤开始打着呵欠，上眼皮粘住下眼皮了。

“他们说了什么吗?”纳兰小心翼翼地探问，生怕女儿察觉了破绽。

“没说什么，几句礼节性的话……”仪凤已经睡着了。

纳兰替女儿掖好了棉被，眼泪扑簌簌地从脸颊上落下来。她也不知道为什么掉泪，就这么枯坐到桌上的西洋自鸣钟敲响了五下，才合上沉重的眼皮，昏昏地睡去。

第二十三章

89

南京灵谷寺在中山门外，钟山之阳，前人称为“灵谷深松”，是金陵胜景之一。富于民族风格的亭台楼阁，已葺一新，恢复了古色古香的面貌，“泉声月色”、“流觞曲水”、瀑阁水亭、小虹桥、四方亭、三角亭无不令顾玉秀流连忘返。更兼小溪流水，曲径通幽，松清蝉鸣，鸟语花香，让顾玉秀徘徊不回。灵谷寺以深松著名，红墙以内松柏森森，苍苍郁郁，古趣盎然。寺内有腊梅，在南京久享盛名，正值花开之日，引来香客如织。顾玉秀驻足花树下，点点腊梅，牵起她朵朵遐思。

年前农历二十八，张勋来过乌衣巷别馆一趟，嘘寒问暖之后，留下一张丰盈的银票，又抽身而去。顾玉秀百思不得其解，自己到底是色衰不能见容于张勋，还是命薄相克于大帅，竟然讨不得他欢心？所以，苦恼之中，她正月十五就来烧香，问卜求卦，化解心中的郁结。

忽然有人在耳边与她搭讪，她以为是金陵谁家轻薄子弟拈花惹草，正想招呼丫头阿花和保镖刘得胜过来护驾，那人又说了一声：

“我是五爷。”

顾玉秀回头一看，又惊又喜，说：“原来是五爷?”

“想不到老天有眼，让你我在菩萨尊前相见了。你的事，我都听阿金说了，看来过得不错?”五爷依旧一副光复会龙头老大的阔绰装扮。他自从顺利地由湖南脱险之后，辗转汉口，取道回上海，继续为广州的举事购买枪械。此次潜入南京正是与郑安芳的同学李沪生见面，商洽购买一门大炮，不意碰见顾玉秀。

顾玉秀他乡遇故知，高兴不已，说：“我的日子，是汤圆表面光。五爷都还好，没有不开心的吧?”

五爷说：“我死过一回，幸好阎王爷嫌我老，又把我踢回来了。开心的是陈定剑，他当上‘海星’号穹甲巡洋舰的帮带了。”

顾玉秀说：“不提那个冤家了，他就当上管带，我也不想当管带夫人!”

五爷乜斜着眼道：“还在恨他?”

顾玉秀忙遮掩过去道：“我没有闲工夫恨他，我手头的生意还忙不过来哩!”

五爷意味深长地问：“噢?小姑奶奶学做生意啦?做什么生意?”

顾玉秀的话中多少带点儿愁思：“有什么好夸耀的?不就是跑船运煤嘛。”

“可惜陈定剑没有这福分啰!”五爷怅惋不已地说，“要不，他现在何必整天为筹钱跑断腿了?”

“他缺钱花啊?”顾玉秀在旁发急地问，只要一听到陈定剑有难，她对他的积郁就一扫而空了，“难道他又为革命党募捐?”

五爷压低嗓音说：“可不是，革命党又要举事了，正缺钱买枪买炮哩!”

顾玉秀毫不犹豫地说：“五爷，你告诉他，这个月的二十九来找我，我设法凑一笔钱给他。”每逢二十九，是排长刘得胜关饷的日子，他准回营房去拿钱，到晚上才回来，顾玉秀就可以顺利见到陈定剑了。

五爷很感动，说：“我听阿金说，你说过，这辈子不想再见到他了，这不是让你为难吗?”

顾玉秀黑亮黑亮的眼睛里透着些许担忧，说：“我不见的是旧相好陈定剑，要见的是革命党陈定剑，他都要为国家捐躯了，我还计较个人恩怨吗?”

“好一个浑身侠气、疏财仗义的奇女子!我一定把话带到!”五爷双手一拱，转身走了。

坐在亭子里歇息的刘得胜见顾玉秀和五爷说话，就问阿花说："那个黑脸大汉是谁？不会打顾姑娘的歪主意吧？"说着就要走过来理论，被阿花拉住了。阿花笑道：

"那是顾姑娘碰到的上海熟人，叫五爷，是帮会里的龙头老大。"

"哪个帮的？"

"我也弄不清爽。看，姑娘招呼我们了，走，打道回府吧！"

阿花拉着刘得胜快活地跑到顾玉秀跟前，一块走了。

精细的刘得胜蓦地发现，顾玉秀走路看脚尖走，她有心事了！

五爷躲在灌木丛后，看着挎枪的马弁陪着顾玉秀走了，知道她今非昔比，有个好的安身立命之所，免受飘零之苦。如果当初在福州那个是非之夜，他强行收了她，他又是在刀尖上滚日子的人，如何有让她安身之所？纵使她跟了陈定剑，也是薄命红颜，这正是：越女如花满春殿，衹今只有鹧鸪飞！

正在胡思乱想，李沪生到了。他是经郑安芳介绍认识李沪生的。李沪生的叔叔在张勋的辫子军中当个粮台师爷，替他买到一门阿姆斯特朗七五口径大炮。

李沪生兴奋地说："五爷，办妥了，银票一送，大炮到手了。是英国造的阿姆斯特朗七五口径大炮。"

"好啊，李少，你立了头功！"五爷轻轻地捶了他一下。

李沪生说："在郑小姐面前，多美言几句便得。"

五爷说："我知道你迷上郑小姐了，告诉你，她喜欢的是英雄好汉。"

李沪生说："这一回广州举事，我报名当敢死队，谅她不敢小觑我。"

五爷一拍胸脯，说："包在我身上了！"

李沪生说："我二叔说了，在上海交货，怎么运广州去，就看你的了。"

五爷说："没有过不去的火焰山，找海军去！"说着和李沪生兴冲冲地乘火车回上海去了。

上海公共租界里的张园植木为柱，编竹为椽，一盆盆迟开的东篱小菊点缀得满园似锦。元宵过后，春意已到，临水的阁子上春燕呢喃，乍暖还寒的轻雨，溅得池上漾起一圈又一圈的涟漪。阁子的入口处两边是排苏式雕花栏杆，中间镶抱着一个月洞门。陈定剑倚栏独坐，女招待捧来一壶碧螺春，搁下茶点后，径自退去，留他临水揣想。

朝廷一纸急令，将正在过春节的陈世恩父子和萨镇冰匆匆调回上海海军基地，一切备战的舰务火速铺排开了。陈定剑不能理解朝廷为何能迅速探知广州即将发动举事的秘密？可是又一想，同盟会人杂面广，起事筹备持久，易走漏风声，哪一次举事朝廷不是预先得知？想想也见怪不怪了。郑安芳交代的筹款任务，他举步维艰。他一无商界可募，二无官场可攀，纵有海军兄弟集资，也是杯水车薪。正苦恼之时，五爷传来消息，顾姑娘不计前嫌，愿意为他筹一笔巨款，令他不胜杌陧。所以他怀着一种不绝如缕的愧疚，前来践约。

五爷到了，宝蓝缎子的夹袍，玄缎马挂，驼灰呢瓜子帽，轻握泥金纸扇，以示文雅，拱手道："来迟来迟！"

陈定剑连忙让座，斟上一杯茶，说："刚沏到二遍，正好入口。"

五爷笑道："这女人也是二遍的好，都嫁人了，还惦着小老弟。"

陈定剑道："五爷好心情，拿小老弟说笑。"

五爷道："大难不死，必有后福。多谢小老弟湖南救我一命，今日定当回报了。此番去南京买炮，恰逢顾姑娘，一谈就谈及小老弟，人家重情重义哩！"

陈定剑相机得体地点点头，说："她是一个古道侠肠的女子，可惜我无福消受。她过得还好吗？

五爷说："前有丫头，后有保镖，手边拢着一摊生意在做，枕边就缺着一个人。"

陈定剑心想，三弟没有告诉他实话，越发忧心了，问："凭她的容貌姿色，为什么会遭冷落呢？"

"她只字未提张勋，凭我五爷是过来人，知道内中不妙。她充其量只是张勋这个聋子的耳朵，摆设！"五爷装出轻描淡写的模样，却把挫伤和同情形之于色。

训练有素的耳朵告诉陈定剑，顾玉秀只是一只关在笼中的金丝鸟。他亏欠她的，如今无法再弥补了。

五爷露出被鸦片熏得黄迹斑斑的牙齿，说："她叫你本月二十九去南京找她，她一定给你筹集一笔巨款，免得看你为支持革命党筹款东奔西跑，辛苦不堪。"

"不，我不能要这笔钱！"陈定剑斩截地说，"不能要这笔钱！"

"为什么？钱多了会咬手？"五爷很生气他的迂腐。

"为了革命，我可以不要她，又为了革命，还要她的血汗钱？我不成了白相人了？"陈定剑很看不起自己的虚伪。他记得在留洋时看过法国的著名小说《羊脂球》，作家莫泊桑说过："世界上最贞洁的女人，是妓女。"他堂堂一个革命党，一个海军军官，连顾玉秀都不如！

五爷劝道："如今是为了革命讨钱，叫我杀人我都干，何况向一个女人赔不是，就可以拿到数万块光洋！"

陈定剑一想起顾玉秀在他家留下手镯痛苦离去的情景，就心如刀绞。母亲冠冕堂皇的理由将她狠狠地关在陈家大门之外，更卑鄙的是自己也为所谓堂而皇之的借口，将她拒之千里。如今竟有脸而去拿她的辛苦钱？

陈定剑起身，说："我再另想办法筹钱，告辞了！"

五爷拉住他，说："一万块光洋可以买一门大炮，几万块可以买几门大炮。定剑，多了几门大炮，我们可以少死多少同志？"

陈定剑羞愧难当，甩开他的手，走出门洞。

扑通一声，五爷双膝跪下，如同一座铁塔倒下，给陈定剑一种扑面而来的压力。五爷大声恳求道：

"为了少死十几、二十几个同志，你就去见见她吧！"

陈定剑怔住了，仿佛看到进攻两广总督衙门的同志们，因为缺少大炮的掩护，被清军的马克沁重机枪击中而纷纷饮弹倒下的惨景，犹如万箭穿心，上前扶起了老泪纵横的五爷，说：

"我去，我去！"

90

从南京开来的趸船在上海十六铺的码头偷偷地卸下一门阿姆斯特朗七五口径大炮。大炮是分箱装来的，从清军军火库直接倒卖军火，是革命党通过中间人和清军唯一合作成功的买卖。天晓得辛亥年间有多少清军的军火倒卖给了革命军，成了克敌制胜的法宝？

五爷和郑安芳指挥李沪生和十几个学生敢死队在卸运大炮，装进仓库。

五爷得意地告诉郑安芳："用不了多久，还可以再买几门大炮。"

郑安芳惊讶得瞪大了眼睛，问："你又弄到钱啦？"她从福州回来后，到处筹钱，却是求告无门。

五爷夹夹眼睛，神秘地说："是定剑，他有好运当头。"

郑安芳笑了，说："弄大炮不是下毛毛雨，定剑穷得恨不得把下个月的饷都预支来用，他还有钱？"

五爷说："鱼有鱼路，虾有虾路，是顾姑娘给他筹的几万块钱。"

"顾姑娘？上回她捐了五千块，现在收山了哪还有钱？"郑安芳觉得如今的顾玉秀是退毛的凤凰，不如鸡，对她构不成威胁了，所以口气中，有些轻蔑。

五爷咂咂嘴巴，说："士别三日当刮目相看，如今的顾姑娘是乌鸦变凤凰，当了轮船公司的大股东了！她亲口许诺，捐一笔巨款给定剑，叫他农历二十九去取钱。"

李沪生羡慕地说："陈定剑走桃花运了！"

郑安芳啐他一口，说："呸！你是革命党，不是风尘女！"

李沪生嘟哝道："风尘女不矮人一截。五爷说过有不少青楼女子救过革命党，还以身相许哩！"

"那你找青楼女子去好了！"郑安芳气鼓鼓地转回家去了。她心中有个预感，顾玉秀跟陈定剑藕断丝连，自己的情感又面临深渊了。

回到家，郑安芳手重脚重，把东西摔得叮当响，正在看报的郑汝才问："小姑奶奶，谁又惹你生气了，回家摔东西出气？"

郑安芳撅着嘴，说："爹，您说过要逼定剑向我求婚，结果只听楼梯响，不见人下来。现在倒好，他又找顾姑娘去了。"

郑汝才放下手中的报纸，从滑落架在鼻梁的眼镜框上头看着女儿，说："顾姑娘她活是大帅的人，死是大帅的鬼，她敢红杏出墙？"

郑安芳啧道："爹，您想歪了。顾姑娘不是要红杏出墙，而是暗地里要送给定剑一笔钱！贴心比贴人，更可怕！"

郑汝才以一副惠泽女儿的姿态坐直了，说："爹自有让顾姑娘收心的办法，你等着听好消息吧！"

郑安芳发了一通牢骚，噔噔噔地上楼回房洗澡去了。

郑汝才没有心思看报纸，开始琢磨明天去面见张勋的计划了。

第二天一早，郑安芳还没有起床，郑汝才就乘上早班的火车，赶往南京见张勋去。

91

南京江南提督的行辕里，上千名辫子军灰浊潮水一样淤满校场。校场中间架着四门阿姆斯特朗大炮，四门大炮的炮筒成器字摆设，有一个士兵的四肢被插在四个炮筒里而悬空架着。

练兵台上，一张虎皮太师椅上坐着张勋，怒喝一声“打”，八个彪形大汉抡起军棍，用力打在那个士兵的头上、背上。霎时间，血肉飞溅，那个叫高邮蛋的士兵居然一声不喊，任凭毒打，鲜血顺着他的四肢流进四个炮筒，染红了炮口。

执行官在旁边大声责问：

“招不招？把大炮卖给谁了？”

高邮蛋仍旧一声不吱，乱棍雨下，打得他皮开血绽，鲜血不断地滴下，将他身下的沙土滴成褐色的土球。

张勋气得满脸发紫，这个小小的炮兵下士居然敢在老虎嘴上拔毛！张勋有三多，女人多，银票多，大炮多。这个小兵公然敢卖他的大炮，今天他决定杀鸡给猴看，看谁日后敢再打歪主意。但他不知道，其实他被这个高邮蛋给骗了。

昨天晚上，在一家小酒馆里，刘得胜和八个士兵在拔生死签。八个士兵中就有一个高邮蛋。

李沪生的二叔粮台师爷告诉刘得胜说，卖大炮露馅了，得由同伙中的一个人去扛这口黑锅。张勋的辫子军生性蛮悍，有一个不成文的军规，一旦合伙盗卖军火的事败泄，必选一个人去扛。此人死后，他的家眷由同伙包养。所以辫子军义气成风，打起仗来特别凶狠，原因在此。

高邮蛋环视一下众人，倒了九碗白酒，带头先干为敬。刘得胜等人相跟着仰脖饮干。于是开始抽签，结果高邮蛋中标，高邮蛋抱起酒罐咕噜地灌下半罐酒，一摔酒罐，栽倒在地上。

剩下的事，由刘得胜和弟兄们做了。有人拿出事先备好的两包药粉，搅和在一碗水中，给高邮蛋慢慢地灌下。毒药随着酒力走遍全身，高邮蛋的浑身肌肉麻木了，第二天任凭毒打也不觉得痛。他的嗓子，也慢慢地沙哑，再到失声，所以任凭审问，他都闭口不答。

张勋出身行伍，素爱练兵，从跟着袁世凯在小站练兵的第一天起，就学会苛求士兵，他认为就跟孩子不打不成才一样，士兵不练不成器。他练就的七千名辫子兵不但以善战著称，也以严守军纪闻名。至于盗卖军火，是辫子军的通病，军纪太严，只好另辟捞钱险径。好在张勋只要有人扛罪，就不再深究。

执行官来报，高邮蛋死了！

张勋下令暴尸三天示众，再予以厚葬。恩威并重，是他治军的一大手段。

这时，副官前来禀报："大帅，袁大帅案前的郑汝才老爷求见。"

"小花厅待见。"张勋吩咐完，开始巡视军队。他的军靴橐橐响到之处，士兵莫不笔挺站立，两眼正视，一眨不眨。他突然扬手，狠掸了面前的士兵一个巴掌，那个士兵如泥塑木雕，纹丝不动。

张勋这才满意地点点头。

小花厅里，久候的郑汝才一见张勋威风凛凛地走进，连忙揖礼：

"给恩督大人请安。"

"我今天一身血腥之气，请勿见怪。"张勋落座，立刻有两个丫头送来热气腾腾的毛巾为他擦脸、擦手。他像个婴儿一样任由丫头摆布。郑汝才开始明白，他为什么可以视顾玉秀美貌而不见了。

又有两个丫头奉来茶汤，由他漱口，再吐进丫头捧着小铜痰盂后，谈话才开始了。

郑汝才阿谀地说："久闻大帅治军甚严，大有周亚夫军坝上的美称，令郑某佩服，佩服。"

张勋得意地瞅他一眼，说："带兵如带狗，不驯狗，狗就欺到人头上。"

郑汝才问道："御女人，也如同带兵吗？"

张勋说："当然。女人不打，三天上房揭瓦。"

郑汝才说："可郑某听说，大帅宠爱顾姑娘，任由顾姑娘经营生意，却任之听之，这也是御女人之道吗？"

张勋笑道："顾姑娘寂寞，让她经营生意是玩票，何必认真？"

郑汝才呛了一口气，一时竟说不出话来。

张勋连忙说："先生，不必动气。"

郑汝才瞪他一眼，恨道："对生意人来说，一文钱和一万两银子都是一样的钱，到时候，两手空空，勿谓言之不预也！告罪！告罪！"

说罢，起身便走。

张勋连忙打个躬，说："先生，留步。刚才张某失礼了。"

郑汝才缓和了口气说："郑某失敬，请勿见怪。大帅真心疼爱顾姑娘，不妨查查她的账，一是敦促经营，二是检点得失。"

张勋听得头头是道，说："顾姑娘既是袁宫保送的厚礼，张某自当珍惜，否则暴殄天物，愧对袁项城。依先生高见，何时查账为好？"

郑汝才满意地笑道：

"查账一般是月底，就定在本月二十九吧！"

92

正月二十九这一天，顾玉秀起了个大早，吩咐阿花去买菜，自己开始整理书房，准备迎接陈定剑的到来。刘得胜看在眼里，不知道今天有什么稀客造访，按惯例告辞了女主人，回营房去关饷。但是他心中忐忑不安，担心会有事情发生。

阿花买菜回来，主仆二人就开始备菜。顾玉秀到了南京以后，经常出入秦淮河畔夫子庙的酒楼，如大集成、老万全、老正兴、奇芳阁、天华春，无不留下的她的芳踪丽影。她很快就无师自通，学会了烧制佳肴，令人欣赏的有四道，即香酥鸭、炸虾球、烧菜核和美人肝。其中尤以"美人肝"首屈一指。她想，如今拘于名分对心上人不能再一亲芳泽，只能移爱挪情，让他一饱口福。

菜备齐了之后，顾玉秀连忙更衣打扮，褪尽沾染了膻腥之味的旧衣，换上一件家居长袖绣花丝袄旗袍，软缎绣花鞋，在纤纤十指上涂上珠母蔻丹，补妆才毕，已是丰容盛鬋，星眼微波，乌云似的芳发，远山似的秀眉，显得玉骨玲珑，柔躯娇嫩。然后她烧起一炉檀香，静坐抚琴，等待佳音。

过了半个时辰，一曲未了，阿花慌慌张张地跑进来，结结巴巴地叫道：

"来啦……来……来啦！"

顾玉秀喜滋滋地迎出来，不由一愣，来人却是张勋！阿花连忙鞠躬，然后慌张退走。

张勋一见顾玉秀的笑容转瞬即逝，问道："怎么，不欢迎我来？"

顾玉秀勉强堆出笑容，改口道："说哪里话来？大帅能拔冗前来，奴家受宠若惊。"

张勋道："我看见阿花在厨房忙前忙后，是不是要准备什么美味佳肴?"

顾玉秀掩饰道："闲来无事，一时兴起，就想学烧几道菜，孤芳自赏。不知大帅可有兴趣留下来用膳?"顾玉秀索性主动邀请，以免张勋生疑。

张勋笑道："这叫来得早，不如来得巧，我今天有口福了，就破例留下来用膳吧!"

顾玉秀暗暗叫苦，无可奈何，只好说："大帅稍坐片刻，奴家去吩咐阿花准备烧菜。"说着匆匆地赶到厨房，对阿花低声道：

"快去巷口通知卖花的阿枝，见到穿海军军服的陈定剑立刻支走，改成下午五点在奇芳阁茶社等我。"

机灵的阿花立刻走了，到了门口一看，外头守着七八个张勋的亲兵，才知道主人有多么担心出事。她赶到巷口找到阿枝，塞她几片铜板，如嘱叮咛阿枝守在巷口，这才放心地转回去。

张勋兴起，跟着顾玉秀到厨房看她烧菜，又见阿花忙不过来，便坐在灶口帮助烧火。

顾玉秀说："大帅，太埋汰您了!"

张勋说："我从军前，也是苦人家出身的，小时候常帮母亲烧火。"

顾玉秀问："大帅，这吹火筒是两头空的，会吹吗?"

张勋一看吹火筒是紫铜的，两头通，他拿起吹火筒不贴在嘴上，一吹，火就烧旺了。

顾玉秀看着被火光映红了脸膛的张勋,像个乡下放鸭子的,倒有了几分亲近感。

张勋感慨地说："如果我不从军，充其量也是一个江西的种田佬，生两个儿子，养一头水牛，和老婆守着两亩水田过日子。"

顾玉秀笑道："那你就吃不到奴家的'美人肝'了。"

张勋好奇地问："这'美人肝'，有什么奥妙吗?"

顾玉秀说："这'美人肝'不是猪肝、牛肝、羊肝，而是鸭子的胰脏，南京话叫'胰子白'。"

张勋恍然道："噢，原来是'胰子白'，从前是不上席的，扔了也可惜。"

顾玉秀道："所以奴家用来爆炒。一头鸭子一只胰，做一盘菜，需得四五十只肥鸭的胰脏。爆炒的时候，火候掌握很考究，火候不到，软而不脆，火候过头，脆而不嫩。"

等到"美人肝"端上桌的时候，就像京戏里名门闺秀卷帘登场一样，另有一番清新雅静的气派。盘是翠绿的，菜是淡红的，衬以葱白，油光透亮，晶莹悦目。张勋举箸，不忍不去。顾玉秀一再催促，他才尝了一口，果然鲜嫩异常，油香阵阵，沁人肺腑。

张勋连声叫好。顾玉秀嘴上说过奖了，心里却在担心阿枝拦住了陈定剑没有。

张勋又连续品尝了“香酥鸭”、“烧虾球”、“烧菜核”，无不赞不绝口，道：

“你的菜烧得好，生意就做不好了。”

顾玉秀听得出他话中有话，问道：“大帅，莫非生意上有差错吗？”

张勋说：“刚刚派粮台师爷查过你的账，发现来往账目不平，少了一张五万块光洋的庄票。”

顾玉秀说：“噢，我昨天取回了五万块，准备投资另一桩生意。”

张勋说：“将庄票给我看看。”

顾玉秀一时语塞。这五万块庄票是今天要交给陈定剑的，一旦交给张勋，如何跟陈定剑交代？

张勋笑了笑，弦外有音地说：“莫非送给什么相好的了？”

顾玉秀正色道：“大帅不要开奴家玩笑了，奴家这就去拿……”

“顾姑娘，不必拿了！”这是突然闯进书房的刘得胜说的，“庄票被小人拿走挪用了！”说完了，扑通一声跪在张勋面前。

顾玉秀懵住了，不知如何回答。

张勋瞪着刘得胜问道：

“究竟是怎么回事？”

刘得胜抢在顾玉秀前头开始编谎话，说：“大帅容禀。小的好赌，见顾姑娘拿回庄票，就想偷去翻本，结果翻不成老本，还把五万块全输光了。请大帅、顾姑娘饶了小人这一回。”原来刘得胜担心顾玉秀出事，没去关饷，半路就折回来。他正好看见卖花的阿枝在向陈定剑告诉什么后，陈定剑就匆匆离开了乌衣巷口。刘得胜顿觉怪异，追问阿枝，阿枝才说了是阿花吩咐这么做的，这证实了他预感的不妙。果然，走进别馆正撞上张勋逼着顾玉秀承认拿庄票这一幕，他就豁出去挺身冒认了。

张勋一拍桌子，勃然大怒，说：“好你个刘得胜，竟敢干起鸡鸣狗盗的勾当？来人哪，将他捆了！”

早有两个亲兵听见，冲进来架住了刘得胜。

顾玉秀知道刘得胜是替她解围的，就央求张勋道：“大帅，刘排长一向忠勇，纵有过错，也是初犯，请求网开一面。”

张勋听了郑汝才的挑唆，本以为可以捉住顾玉秀沾满劣迹的纤手，不料半路上杀出个程咬金，怎么不令他丢尽颜面？就恼羞成怒地说：“五万块光洋可以买他的五条狗命，他才一条贱命，还欠我四条！”

刘得胜说：“大帅，饶小人不死，今后小人的命就是大人的，随时可以取去！”

“好小子，不愧是个硬汉！”张勋自嘲地说，“人家都说我张勋有三多：女人多，大炮多，金钱多。昨天我杖毙了一个敢盗卖我大炮的小兵，今天又有一个排长偷了我的五万块钱，如果我不治他的罪，明天就有人偷走我的女人！好吧，死罪可免，活罪难逃！”

刘得胜用力挣开两个亲兵，拔出一个亲兵的佩剑，将左手的小拇指搁在桌上，再架上佩剑——顾玉秀欲阻不及——佩剑已经压下，切断了一截手指。

顾玉秀吓得尖叫起来，浑身打战。

张勋说：“这一顿饭吃得真有滋味！”

阅尽美色，迭经背叛的张勋起身带着亲兵们走了，他橐橐的皮靴声还一直回响在别馆的天井里，久久不能散去。

顾玉秀连忙招呼阿花找来纱布，她从香炉中倒出檀香灰止住刘得胜的伤口，再用纱布扎上，说：“走，我带你去夷人医院治伤。”

刘得胜说：“不用了，这样就可以止血，过几天就没事了。”

顾玉秀心疼轻抚着他的手，说：“你真傻，这不干你的事，为什么出头顶罪？”

刘得胜觉得一股股暖流涌进他的心田，忠心耿耿地说：“姑娘的事，就是我的事，上刀山，下火海，我也不怕。”

顾玉秀说：“阿花，扶刘排长去歇息吧。别忘了，从今天开始，每天杀一只鸡，熬鸡汤给刘排长补身子。”

“知道了。”阿花怜惜地扶着脸色苍白的刘得胜走了。刘得胜才走到门口，回头又说了一句：

“阿枝说了，陈定剑大人在奇芳阁等您。”

顾玉秀怔怔地看着坦然的刘得胜在她的视线中消失了，他为了她与陈定剑顺利的约会，挨了一刀！这是什么样的一个男人呢？

她的干枯的心田里，落下了一场始未及察的细细的情感之雨。

93

她走进奇芳阁茶社，他伫立在窗棂边，俯瞰着楼外的秦淮河。

他英风毕露，军服贴身，窗棂将框出的他的身姿投入到她的剪水秋波之中，令她着迷。

听到她轻移的莲步，他缓缓地转过身来，犹如在她的眼前翻开的一页情书，使她不觉忘神。她把胸脯挺得高高的，以显示她身上蕴藏着的青春活力，款款地向他迎去。

这里是古香古色的奇芳阁，是旖丽旖思的秦淮河，她想像自己是《桃花扇》中的李香君，他是一领青衫的侯朝宗。

她想像自己手执一把团扇，倚在孙楚楼的美人靠上，等待那个一见钟情的他的到来。他那时只是个纯情的海军的副官，出于革命党的责任要求娶她。她没有答应，心中回响着李香君的一曲曼妙的绝唱：

“问秦淮旧日窗寮，破纸迎风，坏槛当潮，目断魂销。当年粉黛，何处笙箫？罢灯船端阳不闹，收酒旗重九天聊。白鸟飘飘，绿水滔滔，嫩黄花有些蝶飞，新红叶无个人瞧。”

当时，他坚持要她，她恨意未消，甚至不惜雇五爷杀他，为吴天宝复仇，而他毅然就死，令她震慑。她遥想当年李香君切望侯朝宗来归，是多么矛盾重重？

“你记得跨青溪半里桥，旧红板没一条。秋水长天人过少，冷清清的落照，剩一树都弯腰。”

后来，她终于被他的浓浓爱意感化，她为了他，不惜去了福州，听信了他的山盟海誓，登入陈家朱门，结果却折戟沉沙。她揣想当年的李香君也是听信侯朝宗的信誓旦旦，谁知侯朝宗背主求荣，令李香君心灰意冷，不禁悲歌于心：

“俺曾见金陵王殿莺啼晓，秦淮水榭花开早，谁知道容易冰消。眼看他起朱楼，眼看他宴宾客，眼看他楼塌了。这青苔碧瓦堆。俺曾睡风流觉，将五十年兴亡看饱。那乌衣巷不姓王，莫愁湖鬼夜哭，凤凰台栖枭鸟。残山梦最真，旧境丢难掉，不信这舆图换稿。诌一套《哀江南》，放悲声唱到老。”

如今，她另适他人，心如枯井，执手相见，竟无语凝噎。恰似那秦淮河畔李香君，一抹碧血扇底抛，空留一曲低唱传今朝：

“渔樵同话旧繁华，短梦寥寥记不差；曾恨红笺啣燕子，偏怜素扇染桃花。

笙歌西第留何客？烟雨南朝换几家？传得伤心临去语，年年寒食哭天涯。”

“玉秀，你怎么哭了？”陈定剑的一句问候，将顾玉秀从刚才的恍惚中牵回来。

定定神，她又看清了他风度可人的脸，依旧是一派高远超脱的负疚神态。

她与他在傍晚的薄暗中比肩并立，凝望窗外灯影桨声中的秦淮河。河中的每条船上都亮起两盏明角灯，一来一往，映在河里，上下明亮。又与酒楼茶社的灯光，交相辉映，形成一片灯网，将人和心都兜在灯火的甜蜜中。

顾玉秀半晌才说：“感谢对我的信任，还来践约。”

陈定剑心想，为什么不邀我去秦淮河划船呢？如果邀请，我哪怕冒着枪林弹雨，也和你去荡桨唱曲，欸乃相和。

她依旧说得很死板：“这是五万块庄票，聊表一片寸心。”她很吝啬，不说是对他表寸心，还是对革命党表寸心。

陈定剑接过庄票，心想，为什么不是把她的玉体重新交到他的怀里，那他就抛下一切，和她远遁海外？

她狠着心肠说：“你刚才问我为什么哭了？因为我想起了我的护卫刘得胜，他为了让我顺利地将庄票交给你，被切断了一根小拇指。”

陈定剑记起那个辫子军的排长，仗义直率，就说：“在湖南的时候，他救过五爷，没想到今天他又帮了我，我欠他一个人情。”

她说：“你终于明白了，出身卑微的人并不一定比贵胄低贱。”

他不知道她指的是刘得胜，还是她自己。

转身，她走了，跟来的时候一样轻移莲步，如果地上有灯光，一定会看见她足粲莲花。

他想。

94

当顾玉秀去奇芳阁见陈定剑的时候，阿花已经飞快地杀好了一只小母鸡，切了一半熬汤，另一半爆炒了一盘姜丝鸡，再拎了一壶洋河曲酒送到刘得胜的房间。

刘得胜正倚靠在窗门旁边凝视着庭院里一株盛开的腊梅出神。

顾玉秀去见她的心上人陈定剑，他为她欣慰。从他在上海会乐里替她当保镖，他就亲眼目睹了她和陈定剑若即若离的情爱。陈定剑是感情小河中的一朵忧伤的落花，落花有意，流水无情。以至她负怨嫁给张勋，而张勋又将她束之高阁，她从一朵落花又变成一只断线的风筝，在情天中飘荡。因此他同情她，怜爱她，想成全她，所以今天他愿意为她断指。

断指上的血已经止住了，但是淤血染脏了纱布，如同他凌乱的心情。

不知什么时候，阿花已经站在他的身边了，一见他出神的模样，就知道他的思想之鸟栖落在哪一个枝头上了。

阿花故意要把这只思想之鸟惊飞了，怜惜地说："刘哥，我已经炒了一盘姜丝鸡给你滋补身子，趁热吃了吧？还有一半，我加了人参熬汤，留着晚上给你吃。"说着摆开了酒杯和筷子。

刘得胜不得不坐下来。阿花将筷子塞在他的手里，逼道："尝尝看。"

刘得胜不动筷子。阿花用筷子夹起一块鸡肉径他的嘴中送，刘得胜拗不过她，只好嚼起鸡肉。

"怎么样？"阿花歪着头看着他吃。

"香，好香！"刘得胜由衷地说，自己又挟了一块往嘴中送。

阿花替他斟了一杯酒，说："就一口酒，对伤口有好处。"

刘得胜情不自禁地呷了一口酒，说："酒也香！"

阿花见他的思绪小河分了岔，开始流到自己的怀里，就说："刘哥，你每天吃我煮的酒菜，为什么都不正眼瞧我一眼？"

刘得胜掩饰地说："瞧了，怎么没瞧？连厨房里的小猫我都瞧了，怎么还不瞧你一个活人？"

阿花挑逗地说："现在好好看着我，才算数。"

"好好，我瞧，我瞧还不行吗？"刘得胜抬眼看着她。她好像味道鲜美一掐就流汁的水果，脸颊上浮动着两朵酒窝，一双挑逗的大眼和肉感的双唇，看得他喘不过气来。他连忙低下头喝酒吃肉。

阿花说："刘哥，你知道这时候顾姑娘在看谁吗？"

刘得胜明知不答。

阿花说："她在看那个海军军官！"

刘得胜的心鼓被她的话震了一下。

阿花说："顾姑娘不会正眼看你的，你正眼看的人是我，阿花！明白吗？"

一句话戳到刘得胜的痛处，他放下了杯筷。

阿花说："你看看我呀，我有什么不好？我也是个有血有肉的女人，两只奶子鼓鼓，正等着你来吮吸哩！"

说着，她用力扯开棉袄，攥开红肚兜，跳出一对小白兔似的奶子，冲着刘得胜挑衅。

刘得胜惊讶地看着她在寒气中敞开的胸怀，热血冲上他的脑门，直想一头扎进去，但是窗外的那株腊梅上的两朵花苞像顾玉秀的一双眼睛在看着他，他连忙转过眼睛去。

"砰"的一声，阿花上前把窗门关上了，又用脚后跟关上了那一扇门，一边脱下棉袄，又开始解开裤腰带。阿花知道，对待刘得胜这种军中粗汉，只有肉体勾引他，牛不喝水强按头，这是她在会乐里学到的本事。

果然，刘得胜受不了她肉浪的冲击，开始站起来。

棉裤哗啦褪到脚上，她连亵裤都拉下，用结实的两只小脚蹭开绣花鞋，拥着一条光溜溜的小娘蛏一样的肉体向他逼去。

他不住地后退，觉得她是以披靡之势进军的敌军，瞬间就要征服他。他跌坐在苏式木床上，感到裤裆肿胀，觉得手脚发麻，只等她来为他解开塞满他强硕肌肉的灰布军装。她三下五除二就解除了他的全副武装，用异性身上的烘热，弄得他心里痒痒的，肿胀得可以冲进任何敌军踞守的沟壑战壕。

就在阿花张臂相抱的一刹那，刘得胜突然看见了自己拉着顾玉秀奔跑着去营救被绑架的仪凤的那一瞬间，那是生死相交的一刻，铭心刻骨的一刻。他猛地推开了阿花，匆匆地穿上了扔在地上的军衣军裤，飞快地跑出自己的房间，守在顾玉秀的门口，也守住了自己狂乱失措的心。

阿花脸如死灰，胡乱地穿上棉裤和棉袄，步履蹒跚地走出别馆。

她站在乌衣巷口，薄暗已经落下夫子庙，落下了秦淮河。奇芳阁的窗棂间有一盏红灯特别诱人，特别明亮，她猜想，那是顾玉秀和陈定剑正在两情缱绻的情感外泄。

她上了一乘青衣小轿，吩咐直去江南提督府衙，怀着一腔怨怼去面见张勋，要状告顾玉秀资敌造反，才能从顾玉秀的怀中抢回迷失的刘得胜。

张勋正在督府里宴请两江总督张人骏。

张勋丢失一门阿姆特朗大炮之后，觉得有人资助了革命党，便找张人骏来相洽。

张人骏老奸巨猾，掐指一算，说："兄台的大炮肯定移去上海，那里是大码头，鱼龙混杂，革命党再择道运往广州。"张人骏位高权重，但要依畀张勋的七千辫子军，所以尊称他为"兄台"。

张勋说："恩督请明示。"

张人骏捻捻山羊胡，说："军谘府来了密电，要本督严防皖、苏、浙的革命党资助广东革命党举事，所以这三省的革命党一定蘖媒资敌，你我务必小心，可以严饬上海道全力追查。"

张勋笑道："妙，妙！找到大炮，则是恩督严饬有功；错失大炮，则是上海道追查不力有过。"

张人骏说："兄台不可高兴太早。素闻兄台大炮多、女人多、银子多，管好女人和银子兄台是行家，可是管理好大炮兄台有所偏颇，所以兄台要严加管束属下，否则革命党还会乘虚而入。如果广州一旦有事，而又发觉革命党手中有兄台的阿姆斯特朗大炮，纵使太后再恩宠兄台，摄政王也不会轻易放过兄台的。"张人骏对张勋这头犟驴又拉又打，是一贯的御人之术。

张勋呵呵地笑道："恩督严重了，小弟治军素来严酷，丢失一门大炮只怪革命党无孔不入，恩督务必高抬贵手。小弟定当整军备战，决不纵容属下。"

张人骏笑道："兄台可是袁大帅的爱将，一向治军甚严，不看僧面也看佛面，兄台放心。"

张勋说："提及袁大帅，小弟以为当今乱世，唯有袁大帅治国，方可安邦，不知恩督意为如何？"

张人骏说："大清振源中兴，唯靠曾文正公，大清兴办洋务，唯有李合肥焉，大清力挽颓势，当今唯有袁大帅。"

张勋说："听说各省督抚无不如大旱之望云霓一般翘盼袁大帅出山，重振纲纪，恩督可有此意？"

张人骏说："一旦有机缘，老朽当力荐袁项城重新执掌朝纲。"

张勋大喜，举杯道："为这一天早日到来，干杯！"

"干杯！"

两人一饮而尽。

此时，副官走进禀报阿花求见。

“不见!”张勋一口回绝，“没见有恩督大人在此吗?”

张人骏说：“既是别馆丫头求见，定有大事。”

“好吧，叫她在小花厅待见。”

副官走后，张勋对张人骏道声“对不住”，就去了小花厅。

阿花一路上越走，怨怼的心情就跟遭雨打的新灰墙，越剥落。

阿花从在会乐里就跟顾玉秀最投缘，而顾玉秀也常常给她钱，让她在浙江乡下老家给父母置了一块水田。等到阿花当了陪嫁跟随她嫁到南京，顾玉秀就待她亲如姐妹，相依为命，要不是两人的中间梗着一个刘得胜，断不会有阿花企图背主的念头萌生。阿花又想，万一张勋迁怒顾玉秀，抓了陈定剑，岂不是得利的是刘得胜?只有成全了顾玉秀和陈定剑，才能让刘得胜死了心，自己才有与刘得胜结成连理的一天。

想到这里，阿花真想拔腿退走，张勋已经走进小花厅。

阿花连忙跪下。

张勋问：“阿花，何事?”

阿花急头一转，改口道：“顾姑娘新做了桂花鸭子，味道比老正兴的还要好，特地差奴婢来问，什么时候有空老爷可以去品尝?”

张勋一听，大为高兴，他最爱吃南京人喜好的桂花鸭。

桂花鸭盛产于丹桂飘香的秋天，因而得名。它有三绝：一皮白而细；二肉肥而嫩；三油多而鲜。鸭子主产于皖北的和县和苏北的兴化和高邮，既宜下酒，更可佐餐。张勋好酒，因而嗜吃桂花鸭。张勋问：

“姑娘从来不主动邀本督去别馆吃鸭子，为何今天破例了?”

阿花道：“今天吃酒，扫了大帅的兴，姑娘觉得有愧，特地来补憾。”

张勋道：“告诉姑娘，有空本督就过去。”当下叫阿花去账房领赏钱。

阿花松了口气走了。

张勋返回正厅的时候想，顾姑娘一向孤傲，不易阿谀，怎么又会来巴结他?这事有点蹊跷。但他又理不出头绪，就进去和张人骏重新更杯换盏，议论如何剿灭革命党的事去了。

第二十四章

95

上海十六铺码头的荐头店里坐着上海道衙门的高级侦探福贵，他化妆成荐头店老板，等待革命党人来入网。

福贵奉了上海道台杜仲芳的密令，派出所有的手下侦探遍布上海各大码头，张开大网捕捉偷运大炮的革命党。福贵知道革命党多是新军和学生，他们敢死敢拼，却懒得去搬运粗重的大炮箱子，必定要雇佣搬运工人。

果然，李沪生走进了荐头店，对福贵说："老板，有人手吗?"

福贵一看李沪生穿着上海圣约翰大学的学生制服，就明白了几分，故意说："对不起，少爷，没有人手了。"

李沪生问："人手呢?"

福贵骂道："没良心的上海道台杜老爷搬运云土，把我的人手都叫去了。"他故意骂上海道，想让李沪生放心他对官府没有同穿一条裤子，果然李沪生上当了。

“晚上有空吗?”李沪生不知不觉落入了他的圈套。

“晚上倒有空，不知道少爷要几个人手?”福贵热情地问。

“二十个人手。”李沪生计算好,四个人抬一个木箱,五门大炮,一趟就抬完了。

福贵问：“几点货到?”

李沪生说：“晚上十点到船。”

福贵心想，还不是偷运军火又是运什么?说问：“在几号码头?”

李沪生留了个心眼，说：“到时候，我来带人。”说着交了一块光洋的定金。

福贵哈着腰送走了李沪生，心想，今天逮到一头呆头鹅了。

天擦黑的时候，李沪生回到设在夷场的同盟会联络站，郑安芳、陈定剑已经在等候他了。

陈定剑用顾玉秀的五万元钱托五爷去南京找李沪生的二叔，又买来五门大炮，正从南京用趸船偷偷运来。李沪生负责找人卸货。

李沪生得意地告诉郑安芳：“弄妥当了，小菜一碟。”

陈定剑听了，说：“为了安全起见，五门大炮不能在同一个码头卸货，要分五个码头卸货。”

李沪生以为陈定剑是当着郑安芳的面损他，自尊心大受折损，说：“陈大人，你不知道苦力有多难找吗?我跑了七八家荐头店全落空，最后才找到，愿意出二十个苦力。可以分成五班，一班四个人抬一个箱子，一次就可以卸进仓库。”

陈定剑解释道：“西洋人常说鸡蛋不能放在一个篮子里，万一……”

李沪生打断他的话：“你分明不相信我，凭什么说万一鸡蛋会全部打破?”

陈定剑说：“刻下清廷正在严查军火，一旦有误，岂不是鸡飞蛋打，两头空吗?”

李沪生暗恋郑郑安芳，就怕自己在她面前比陈定剑矮一截，说：“买大炮也是我接洽的，出差错了吗?一门也没有!陈大人，不要以为你比别人聪明，我再笨，可是我对革命党的心是忠诚的!”

“够了，别争了，两人都退一步，将五门大炮分两次卸下，一次卸三门，一次卸二门。”郑安芳知道李沪生为了赌气在争吵，他是为了爱她而同陈定剑较量。

陈定剑的心情也不好，他自从得知隆裕皇太后将仪凤和铁祥的婚期期限提前，就莫名地发火，恐怕无回天之术，要坐失缘分了。

郑安芳问道：“大炮全部运到后，就要设法运往广州，定剑，就全靠你了。”

陈定剑说："我现在就去找大哥帮忙，相信他不负众望。"

陈定剑走后，郑安芳女扮男装，和李沪生去迎接五爷找趸船。

趸船准时到达十六铺码头。李沪生转身去荐头店找福贵。

福贵说："少爷，还怕你不来了。"

李沪生说："交了定金，能不来吗？人呢？"

福贵指着店里坐的一群苦力，说："满意吗？"

李沪生一看，苦力们长得跟丝瓜条似的，有点失望，问："这么瘦小，抬得动吗？"

福贵说："别看瘦小，他们全是四两拨千斤的角色！"他故意不挑拣牛高马大的新军充当苦力，而是专捡瘦小不起眼的新军，不引起李沪生的怀疑。

李沪生上当了，领着二十个怀揣鬼炮的新军士兵走向码头。

趸船就泊在岸边，没有熄火。李沪生向船上驾驶室的五爷和郑安芳招招手，船工就将两条跳板从船上靠到岸上。

二十个士兵上了船，船工打开甲板上的苫布，指挥士兵抬炮箱，李沪生在岸上引路，让炮箱抬进指定的仓库。

抬完两门大炮后，郑安芳不放心，拎着风灯走出驾驶室，走到抬炮箱的士兵身边察看。她忽然发现有一个士兵额头上有一道明显的痕迹——那是长年戴军帽被太阳晒出来的印痕。她猛地记起陈定剑告诉过她军人脸上有这一道记号的事，细心地又去偷窥别的苦力，发现他们的脸上也都有一道晒痕。

当苦力们抬着第三门大炮走上跳板的时候，眼尖的郑安芳突然发现了一个苦力的腰带上别着一支鬼炮，她连忙掏出鬼炮朝他们射击，一边朝着岸上的李沪生大叫：

"他们是清军——"

李沪生急忙掏出鬼炮，可是苦力们已经纷纷掏出鬼炮向他射击。李沪生的肩膀中了一枪，踉跄着想向趸船跑，可是被清军们的火力压住了。

五爷慌忙下令开船，趸船徐徐离开，岸上的清军想冲上船，结果被五爷和郑安芳开枪击退。

正在跳板上抬炮箱的八个清军七倒八歪，连人带炮箱跌入黄浦江中，卷入漩涡中被吞噬了。

趸船越开越远，郑安芳焦急得朝着朝岸上大叫："沪生——沪生——"

五爷跑到甲板上向岸上抛去一条绳索圈。

李沪生冒着枪林弹雨跑向码头，结果没有抓住五爷抛来的绳索圈，一个扑空，栽入滚滚的江中。

清军们赶到，朝着江中一通乱射，李沪生瞬间即逝了。

趸船载着剩下的两门大炮驶向下一个停泊码头，它的后头传来清军徒劳射击的阵阵枪声。

96

“江天”号炮舰静静地停在上海高昌庙基地的码头上，如同一头鲸鱼卧在水面上等待击水搏浪。它的主人、舰长陈定书和他的弟弟陈定剑凝望着它，僵持无语，陷入进退维谷的境地。

兄弟俩坐在离炮舰不远的哨卡里喝着茉莉花茶，两个流动哨兵在离他俩不远的炮舰旁边来回巡弋。

春夜料峭，寒星几点，偶尔由江风送来的鱼腥味，提醒兄弟俩夜钓的渔船已归，时到子夜，但是话题未开。

刚才，陈定剑找到大哥，直截了当地提出协助偷运几门阿姆斯特朗大炮去广州，转交给革命党。

陈定书思索了良久，才问道：“二弟，据大哥所知，革命党已经举义多次，但是奏效甚微，而且枉死无数精英，长此以往，于国于民有利吗？”

陈定剑知道大哥暗助过广州新军起义，有权对此责疑，就说：“大哥，当初曾文正公与长毛交手屡屡战败，属下代写奏折，他发现‘屡战屡败’一词，欣然提笔改为‘屡败屡战’。一字之差，凸显曾文正公一身锐气，不可阻挡。事后不久，果然反败为胜，名垂青史。今日孙先生领导的革命党也是秉承一股‘屡败屡战’之精神，与朝廷较量，志在必得。”

“秀才造反，三年不成。听说过这句话？”

“孙文不是一般秀才，有主义，有理想，有治国方略，又有夷人的‘民主’制度为楷模，必胜无疑。”

“你认为救中国唯有孙文？”

“孙文乃集西方民主理念与中国传统精粹于一身的圣人！”

“大哥以为当今能救中国者乃袁世凯大帅。”

“大哥为何突有此想?”

“昨天去统制部办事，恰遇郑汝才世伯，偶尔交谈，茅塞顿开，深有同感。当年李中堂曾经对袁世凯有过这样的评价：‘血性忠诚，才识英敏，力持大局，独为其难’。”

“李中堂未免言过其实，太过偏颇。”

“可是两江总督刘坤一在给朝廷的密折中也有这样一段评价：‘际此时局限危，知兵文臣甚少，如袁世凯者，伏愿皇上擢以不次，俾展所长，及其年力正强，得以功名自奋，庶立尺寸之效’。湖广总督张之洞的褒扬更直截了当：‘志气英锐，任事果敢，于兵事最为相宜。若使该员专意兵事，他日有所成就，必能裨益时局’!”

“大哥，纵然袁世凯是个如您所钦仰的治国能臣，可是他出卖先帝，卖主求荣，人格甚低，我视之如草芥!”陈定剑指是的戊戌政变之前夜，谭嗣同持有光绪皇帝的“朱谕”，冒险赶往法华寺密见袁世凯，要求袁世凯发起兵变。袁世凯骗取了谭嗣同的信任，次日一早赶赴天津，向荣禄告密。荣禄大惊，火速进京觐见慈禧太后。于是，戊戌政变发生，光绪皇帝遭囚禁瀛台，维新派横尸街口。轰轰烈烈的“百日维新”猝死于血泊中。

“二弟，郑汝才世伯告诉我的绝非如此。他说袁世凯绝无出卖谭嗣同。事实是戊戌政变发生的前一天，亲王奕劻带着两位军机大臣赶往颐和园告密，慈禧大怒，立刻赶回皇宫责骂先帝无有良心，才囚禁了他。此事发生之后，袁世凯出于自保，才赴天津向荣禄告发谭嗣同。尽管如此，袁世凯还是难逃涉嫌维新派之罪，遭闲置二年，直到山东爆发拳团之乱，才得以重新起用。只拥有八千新军的袁世凯，决不会贸然答应谭嗣同向拥有近二十万绿营兵力的荣禄发动兵变，这是兵家的大忌。更何况比袁世凯更有政治、军事实力的李鸿章和曾国藩都没有发动兵变的念头，奈何一个区区统领袁世凯呢？二弟，秀才不知兵，侈谈起义造反？还是就此罢手吧，不要连累父亲大人和三弟的前程。”

“大哥，我主意已定，不容更改。我早已写下一封绝命书，存在郑安芳小姐手中，一旦有所不测，请她在报上发表，声明此举乃个人主张，与父兄弟妹无涉。”

话已至此，陷入死结，兄弟俩相对无语，但又不忍遽别。

春夜凉如冷，寒风瑟缩，陈定剑不忍心让大哥陪他受冻，说：

“大哥，回舰上去吧，我也回舰上去了，另想办法。”

陈定书说：“二弟，大哥不是不帮您，是大哥认为您走的路，行不通。”

“我明白”。陈定剑起身说，“正所谓道不同，不相与谋，我走了。”

突然，陈定棋带着郑安芳急匆匆地起来。

郑安芳面无血色，说：“定剑，出大事了！”

“别慌，慢慢说。”但是陈定剑内心却如火焚。

于是，郑安芳把发生的遭陷清军包围、损失大炮的事故说了一通后，继续说：

“李沪生落水后生死不明。他身受数枪，估计遇难了。”

这个刚强的姑娘说着也潸然泪下。

陈定棋说：“二哥，天一亮，我就带上可靠的弟兄沿江去寻找。”

陈定剑道：“务必要小心！清军一定在沿江搜查，您切不可与清军发生冲突。记住，我们的重要任务是平安运出大炮。”

陈定书很惊讶，原来三弟也是革命党，自己竟然置身事外，焉有骨血情义？

陈定剑介绍道：“大哥，她就是郑世伯的千金郑安芳。”

陈定书心鼓陡地一震，侈谈袁氏救国的郑世叔的女儿竟然也是革命党！他怔坐在椅子上，动也不动。

郑安芳聪明地看出陈定书的神情异常——没有答应帮忙运大炮——就说：“定剑，大炮还剩二门，加上前一次的一门，共有三门，够让咱们革命党大发威风的了。走，另想办法去。”说着和陈定剑、陈定棋转身走了。

陈定书再也坐不住了，起身道：

“二弟，大哥答应了，不过，仅此一回！”

陈定剑闻言惊喜，和郑安芳、陈定棋一起开心地笑起来。

笑声惊落了天上的几颗寒星，夜深了。

97

仪凤一早就到黄浦江边散步，让春波荡漾的江水送来的轻寒冷却她意乱的心。

自从隆裕皇太后下了口谕，恩准铁祥再立一次新功就可娶她之后，她深感自己淹蹇的命运快到了尽头。她无法想像一旦成亲，离开海军统制部，嫁入康禄家的贝勒府，自己如何安身立命。她的躯壳是属于隆裕皇太后和她的宗人府的，但是她的灵魂是系于陈定剑的船碇上的。她极想摆脱铁祥和他身后的倚仗的皇族，却又无法摆脱皇族海军需要她的龙凤之躯去维系的宿命。因而她一直深陷在矛盾的漩涡中，无法自拔。

她忽然发现前头的江边石滩上倒着一个人，她并不害怕——海军海中的历练让她有了足够的勇气——上前一看，是个浑身枪伤的年轻人，上海圣约翰大学的学生制服上浸染斑斑血迹。她用手指放在他的鼻子上，感到尚有一丝游气，就将被水泡得沉重的他拉到岸边。猜想，他十有八九是个被清军追击的革命党——一般学生不会是铤而走险的歹徒，是奋不顾身的革命党倒有可能。她本能地不想再理他，转身正想走开，却听到他受了拉动的刺激后开始嗫嚅："定剑……定剑……"

她的心弦被倏地拨动了一下，莫非他是陈定剑的朋友或熟人？一种爱屋及乌的心情油然涌上心头，转身就跑去找车夫水根来帮忙。

仪凤刚走不久，福贵带几个侦探沿着江边寻觅而来。一个侦探眼尖，叫道："那里有人！"

福贵带人跑上前一看，正是昨天晚上跳江逃脱的李沪生，用脚踹了他几脚，骂道："死鬼！看你往哪里逃？害得老子沿江跑断了腿，才找到你，带走！"

两个侦探上前架起奄奄一息的李沪生，往坝上拖，痛得李沪生不断地呻吟。

福贵又骂道："看他细皮嫩肉的，放着好日子不过，偏偏要当乱党，活该！"

这时候，陈定棋带着一个棚（班）的海军陆战队士兵沿江寻找来，正好撞见福贵抓住了李沪生。

陈定棋拦阻道："站住！在我们防区内发现的可疑人等，我们要带回去审问！"

福贵认出陈定棋是救过仪凤的管带官，解释道："禀报大人，他是小人追捕的革命党，当由小人带回去审问。"

林守江是这个棚的棚目（班长）上前用枪顶住福贵，道："住口！这里是我们海军的地盘，当由我们管带官说了算，你算什么东西，敢指手画脚？"

福贵涎着脸，解释道："大人，事情是这样的，这个乱党偷运大炮，昨天晚上被我们当场逮到，结果在枪战中脱逃了，恳求管带官大人准许我们带回逃犯。"

陈定棋说："未经审讯，怎可定为乱党？说他偷运大炮，可有人证、物证？"

福贵说："他身上的枪伤便是物证，小人便是人证。"

陈定棋讥讽道："大胆！监守自欺，岂可欺人？来人，将嫌疑人带走！"

林守江指挥几个士兵要从侦探手中枪走李沪生，侦探们不肯，双方持枪相向。

陈定棋仗着人多势众，大声呵斥："笨蛋！给我抢人！"

林守江带着士兵们一拥而上，硬从侦探手中抢走沪生。福贵也不是吃素的，大声命令："给我抢！"

侦探们一股脑儿冲上去与陆战队士兵们抢夺李沪生，双方乱成一锅粥。

"住手！"突然一声厉喝。

众人回头，发现仪凤乘着水根的马车赶来，她站在马车上大声制止："成何体统？给我住手！"

双方都罢了手。福贵认出来人正是格格，便邀宠地道："格格来得正好！快给奴才做主，奴才抓住革命党，他们不让带走。"

陈定棋道："禀报格格，嫌疑人是在我们海军的地盘上发现的，当由我们带回审问，不能由他们越俎代庖！"

这正中仪凤的下怀，说："言之有理，由管带官全权处置！"

"带走！"陈定棋发出命令，林守江他们架着李沪生便走。

"格格！奴才不服！"福贵奈何不得，只得眼睁睁地看着李沪生被带走了，便忿忿地带着下属转身走了。

仪凤一见福贵走远了，就对陈定棋说："快把人放到我的车上！"

陈定棋不解，故意问道："格格，莫非他是你的什么人？"

仪凤说："他是定剑的朋友，快放到车上，我送他去租界医院找安娜。"

陈定棋明白了，当下指挥林守江他们将李沪生塞进马车的坐垫箱中，再派林守江和另一个士兵护送着马车前往租界。

陈定棋一回到统制部，立刻被叫去见代春、萨镇冰和陈世恩。铁祥和陈定剑叨陪末座。他们正在商议派铁祥率编遗舰队去广州的要事，正好上海道台杜仲芳来了一通电话给代春，状告陈定棋强行带走李沪生，要求代春严勘此案。

代春于是问陈定棋究竟怎么回事，从实一一讲明。

陈定棋道："启禀见勒爷，下官正在巡防，救了一个身穿上海圣约大学学生制服的李沪生少爷，可是上海道高级侦探福贵非说他是革命党不可，恰好格格路过，秉公而断，让下官带走李沪生，并由格格送往夷场教会医院治疗。"

代春问道："怎么知道李沪生不是革命党？"

陈定棋掩饰道："事后李沪生苏醒了，下官问他，才知是昨天晚上他在船上吃花酒，遭强盗所抢，他身受枪伤跳江逃走，才幸免于难。不料福贵企图杀良冒功，所以诬良为贼。"

萨镇冰不知是出于袒护陈定棋，还是另有他意，说："贝勒爷，近来江上时有盗匪出没，属下已经吩咐长江舰队派出炮艇严查了。"

代春说："处置得当，就派人给上海道回个话。"

萨镇冰答道："喳！"

铁祥心存疑窦，说："管带官大人，下官有一事不明。"

陈定棋说："请讲。"

铁祥阴笃笃地说："听说昨天晚上上海道侦探围捕偷运大炮的革命党，双方还发生枪战。今天恰好发生李沪生落水遇救一事，身为陆战队管带守土有责，发现疑犯不带回审查，仅凭李沪生一面之词就放人，未免太草率了吧？"

陈定棋说："下官正想带疑犯回来审讯，不料格格声称与李沪生面熟，所以不再生疑，就由格格将他往医院抢救。"

铁祥讥讽道："人一进入夷场，就如石沉大海，自然平安无事。"

陈定剑说："铁祥大人，夷场也有法律，天网恢恢，疏而不漏，岂能诋毁工部局？这不符合大清海军的礼仪。"

铁祥说："格格不在，怎听陈大人一面之词？"

这时仪凤走进，说："阿玛，陈定棋大人所说属实，所救的李沪生是上海良家小弟，女儿与他有过一面之交，不是革命党。"

代春说："既然如此，就由陈世恩大人正式向上海道回复。"

陈世恩松了一口气，说："遵命！"

陈定剑悄悄地从眼角看了仪凤一眼，知道仪凤是为了爱他而救李沪生，不知道自己如何再正视她那一双可资依恋的眼睛？

98

披着浓浓的夜色，"江天"号炮舰悄悄地从基地开往吴淞口，途经三号码头的时候，由那里将四门大炮全部装上炮舰。郑安芳交代，到了广州自有一个自称五爷的人来接货。郑安芳交代完毕，准备次日纠集十几个自愿报名当敢死队的学生乘着英国轮船前往香港向黄兴报到。

陈定书站在指挥台上驾轻就熟地指挥炮舰，与他联袂而行的是“楚”字号的两艘炮舰。萨镇冰对隆裕皇太后的口谕打了折扣，命令编遣舰队分批前往广州，以掩革命党的耳目，其实，萨镇冰也防止铁祥坐大，以编遣舰队统带自居。

炮舰刚刚进入吴淞口海面，信号兵就发现从后头追来的“海星”号穹甲巡洋舰发出的信号灯，要求停舰接受例行检查。

陈定书不想令铁祥生疑，命令停舰，并且吩咐水兵将每件炮箱用缆绳吊入江中，等待检查。不一会儿，“海星”号追上来，派出一艘小艇前来检查。登船的是铁祥，带着八个水兵。铁祥拱手道：

“陈大人，奉命例行检查，失敬，失敬！”

陈定书抱拳还礼，豁达地说：“公务在身，同理，同理！”

于是铁祥下令检查。八个水兵分头在弹药仓、输机仓、煤房、锅炉房和厨房，一一检查，结果空手而归。

铁祥怀疑要非法平安送出大炮，非靠轮船不可。其中“江天”号怀疑最大，但是却安然无事，令他乘兴而来，败兴而归。

铁祥道：“得罪，得罪！”

陈定书一反常态，不想计较，揖礼恭送：“理所应当，理所应当。”

“告辞！”铁祥悻悻地下了炮舰，登上小快艇返回“海星”号。

陈定书命令士兵拉上炮箱，拉响汽笛，让炮舰乘风而去。

铁祥刚刚返回基地，就被萨镇冰下令叫进统制部问责。

萨镇冰双目有光，威仪难犯，说：“铁祥大人，谁叫你擅自主张，去检查‘江天’号？”

铁祥狡辩道：“职责所在，难分轩轾。”

陈世恩脸肌一抖，厉声道：“越俎代庖，何言职责？”

铁祥自视甚高，说：“天潢贵胄，令我职责，大清社稷，我敢担一半！”

“放肆！”萨镇冰如芒在背，斥道，“大清社稷，匹夫共担，小小管带，何敢越雷池半步？”

铁祥似乎遗世孑立，缺少热气，说：“属下有太后口谕，应立新功，何罪之有？”

陈世恩料想此子的结局只是酣然一梦，说道：“铁祥大人立功心切，但不应该有损海军团结，望你好自为之，下不再犯。”

萨镇冰威仪凛然地填了一句：“否则军纪侍候!”

这时代春走了进来，说：“各位的争论我已经听见，铁祥立功心切，不该触犯军纪，擅自检查，有损海军盛誉。如果再犯，决不姑息。”

铁祥口服心不服，勉强地一揖：“各位恩帅，属下谨记!”

当下，萨镇冰命令“海星”号次日开往广州，与“江天”号舰会合，正式组成编遣舰队，严阵以待广州革命党举事的爆发。

第二天，就在“海星”号启程的时候，“江天”号炮舰乘着夜色进抵珠江江面，五爷率领三条舢板接走了三门大炮，从而揭开了广州起义的序幕。

99

1911 年农历三月上旬的一天，林觉民从日本回到阔别的家乡福州。他在东京得知孙中山先生要在广州举行起义，便受同盟会福建第十四支部长林义的指派，潜回福建联络爱国志士，前往广州参加起义。

陈定琴得知林觉民回来了，便去他家求他带她去当敢死队。

林觉民的家在南后街和杨桥巷的交叉口上，是个交通方便的要冲，书房里早就挤满了慕名而来的各路志士。陈定琴一进去，就看见熟人有林尹民，还有几个不熟悉的兄长正由林觉民的妻子陈意映在斟茶款待。陈意映出身名门，知书达理，亭亭如一株茱萸，但极其热情，不停地为客人续茶。

林觉民一见陈定琴，就猜到她的几分来意，说：“意映，陈家小妹妹来了，给她上茶。”

陈意映笑容可掬地打量着陈定琴，说：“洋护士来了，意洞，你要不要她这个助手啊?”意洞，是林觉民的字，陈意映总喜欢这样叫他，显得很亲密。

陈定琴接过陈意映递来的一杯香喷喷的茉莉花茶，期待地看着林觉民，说：“革命需要斗士，也需要替斗士包扎伤口的护士，对吧?”

林觉民笑道：“我回来听林守江的妹妹说过了，你跟周友三定亲了，你二哥要你等毕业以后再去参加举事，对吧?”

陈定琴嘟哝道：“二哥是二哥，你是你。你说吧，到底收不收我去当敢死队？”

林觉民说：“你嫂子想去，我也没有让她去，你还是留下来陪伴她，这样你觉民哥我才好放心去广州。”

这时候，客人中站着一位状貌魁伟的年轻人，目光如电，声如洪钟，说：“意洞，我意已决，非去不可。”

陈定琴小声问陈意映：“这位兄长是谁？”

陈意映说：“他叫冯超骧，字雨苍，延平人，后徙侯官，冯家世代以武功显赫。”

林觉民劝道：“雨苍君，令尊大人久病卧榻，您还是不去为好。”

冯超骧拔出佩剑，三尺青锋寒光闪闪，如一道闪电在握，道：

“我意已决！国理，公也；父病，则私事也。我爱父之心，固然百倍胜于常人，唯有此时当舍私从公，我宁受负父之大罪，也不能失去此千载一时之良机，而终为亡国奴也！”

一剑猛地劈下，削去桌尖一角。

冯超骧叫道：“如有再劝留者，当如此桌！”说完，将剑入鞘，抱拳一别，转身而去。

林觉民叹道：“真大丈夫也！”

林尹民对林觉民说：“大哥，我心已决，如同冯兄，非去广州不可。”

林觉民劝道：“你从小就定了亲，令尊令堂再三催促完婚，你都以国事为重，屡屡推迟，兄长我很难面对你家二老。”

林尹民道：“我岂不知家之可恋，可是，中国亡了，哪里有家？所以，我们必须立定主义，凡事只问当为不当为，不可计其能为不能为。我们必须有百折不挠之精神，一次不成，二次以至十百千万次，终有大放光明之日！”

陈意映说：“尹民弟所言，令我感动，‘匈奴不灭，何以家为’？更新兄弟来信，他病在桂林，一俟病痊，即去广州。兄弟们如此忠诚，岂能阻拦？意洞，你就同意他们去吧！”

林觉民点点头，说：“那好，我们就一起研究入粤计划。”

陈定琴见未能说服林觉民，只好告辞，陈意映代林觉民相送。

她俩走到门口，街上阒无一人，夜风习习，将要团圆的月亮，悬挂在中天，将银辉铺满石街。

陈定琴问陈意映：“大哥为何不让你去？”

陈意映说："他是孝子，又注重感情，念我新婚，又要照顾家小，所以不让我去。"

陈定琴说："大哥果真多情多义。"

陈意映坚定地说出一句让陈定琴惊讶和钦佩的话："我已经告诉你大哥了，'此番前去，万一不幸，三月而后，苟无音讯，妾当投环于地下追随夫君。'"

陈定琴看着月亮照亮她俊秀、坚毅的脸，犹如古之花木兰，今之秋瑾女侠那么贞烈忠毅，令她感佩不已。

农历三月十九日，林觉民率冯超骧和林尹民一行离开福州，前往香港，在香港同盟会统筹备部，与陈更新、陈与燊、陈可钧、林文、方声洞、刘锋、刘元栋、黄忠炳、罗乃琳、陈清畴、胡应升，王灿登、卓秋元、魏金龙、陈发炎、林西惠等福州同乡会齐，准备参与起义。

二十六日晚，林觉民在香港江滨楼写下绝笔书，直到破晓才停笔。他在给嗣父的信中说："儿死矣，唯累大人吃苦，弟妹缺衣食耳，然大有补于全国同胞也。"

在给妻子陈意映的信中，更是深情地倾诉了对妻子真挚的爱，更抒发了自己高尚远大的抱负：

意映卿卿如晤：

吾今以此书与汝永别矣！吾作此书时，尚为世中一人；汝看此书时，吾已成为阴间一鬼。吾作此书，泪珠和笔墨齐下，不能竟书而欲搁笔。又恐汝不察吾衷，谓吾忍舍汝而死，谓吾不知汝之不欲吾死也，故遂忍悲为汝言之。

吾至爱汝！即此爱汝一念，使吾勇于就死也！吾自遇汝以来，常愿天下有情人都成眷属，然遍地腥云，满街狼犬，称心快意，几家能够？司马青衫，吾不能学太上之忘情也。语云，仁者"老吾老以及人之老，幼吾幼以及人之幼"。吾充吾爱汝之心，助天下人爱其所爱，所以敢先汝而死，不顾汝也。汝体吾此心，于悲啼之余，亦以天下人为念，当亦乐牺牲吾身与汝身之福利，为天下人谋永福也。汝其勿悲。

汝忆否？四五年前某夕，吾尝语曰："与使吾先死也，无宁汝先吾而死。"汝初闻言而怒，后经吾婉解，虽不谓吾言为是，而亦无辞相答。吾之意盖谓以汝之弱，必不能禁失吾之悲，吾先死留苦与汝，吾心不忍，故宁请汝先死，吾担悲也。嗟夫，谁知吾卒先汝而死乎！

吾真不能忘汝也！回忆后街之屋，入门穿廊，过前后厅，又三四折有小厅，厅旁一室，为吾与汝双栖之所。初婚三四个月，适冬之望日前后，窗外疏梅筛月影，依稀掩映，吾与（汝）并肩携手，低低切切，何事不语，何情不诉！及今思之，空余泪痕！又回忆六七年前，吾之逃家复归也，汝泣告我："望今后有远行，必以告妾，妾愿随君行。"吾亦既许汝矣。前十余日回家，即欲乘便以此行之事语汝，及与汝相对，又不能启口；且以汝之有身也，更恐不胜悲，故惟日日呼酒买醉。嗟夫！当时余心之悲，盖不能以寸管形容之。

吾诚愿与汝相守以死。第以今日事势观之，天灾可以死，盗贼可以死，瓜分之日可以死，奸官污吏虐民可以死，吾辈处今日之中国，国中无地无时不可以死！到那时使吾眼睁睁看汝死，或使汝眼睁睁看我死，吾能之乎！抑汝能之乎！即可不死，而离散不相见，徒使两地眼成穿而骨化石，试问古来几曾见破镜能重圆？则较死为苦也，将奈之何？今日吾与汝幸双健；天下人不当死而死与不愿离而离者，不可数计；钟情如我辈者，能忍之乎？此吾所以敢率性就死不顾汝也！吾今死无余憾，国事成不成，自有同志者在。依新已五岁，转眼成人，汝其善抚之，使之肖我。汝腹中之物，吾疑其女也，女必像汝，吾心甚慰；或又是男，则亦数其以父志为志，则吾死后，尚有二意洞在也，甚幸，甚幸！

吾家后日当甚贫，贫无所苦，清静过日而已。

吾今与汝无言矣！吾居九泉之下，遥闻汝哭声，当哭相和也。吾平日不信有鬼，今则又望其真有。今人又言心电感应有道，吾亦望其言是实，则吾之死，吾灵尚依依旁汝也，汝不必以无侣悲！

吾生平未尝以吾所志语汝，是吾不是处。然语之，又恐汝日日为吾担忧。吾牺牲百死而不辞，而使汝担忧，的的非吾所忍。吾爱汝至，所以为汝谋者惟恐未尽。汝幸而遇我，又何不幸而生今日之中国！吾幸而得汝，又何不幸而生今日之中国，卒不忍独善其身！嗟夫！巾短情长，所未尽者尚有万千，汝可摹拟得之。吾今不能见汝矣！汝不能舍吾，其时时于梦中寻我乎？一恸！

辛亥三月廿六夜四鼓，意洞手书

家中诸母皆通文，有不解处，望请其指教。当尽吾意为幸！

第二十五章

100

“海星”号穹甲巡洋舰安抵珠江之后，和先期而到的“江天”号炮舰及两艘“楚”字炮舰会合，正式宣告编遣舰队组成。加上湖南绿营统领荣宝所增援的十个营五千人绿营兵，两广总督张鸣岐辖下兵强马壮。于是在“海星”号巡洋舰上召开四方联席会议：海军、广东水师、广州绿营和湖南绿营纵横捭阖，将广州城围得跟铁桶一般，防止革命党奇兵突破，进攻广州。广东水师提督李準甚至叫嚣，要一鼓荡平孙文乱党。

唯一让两广总督张鸣岐担心的是革命党有英式阿姆斯特朗大炮。上海道来过密电，声称已查获三门大炮，尚不知革命党还有几门令清军生畏的杀人利器，所以张鸣岐派出大量密探查探消息。这让与会的陈定剑暗暗替革命党担心，不知如何能帮助林觉民和郑安芳她们，因为“海星”号和“江天”号奉命镇守珠江江面，防止革命党效仿上回从水路进军，严命官兵一律不得上岸。唯一能够上岸的是负责采买的军需。

“江天”号负责采买军需的叫尤泰林，生性嗜赌，一旦上岸采买，应付了事，便钻进码头的赌场推牌九，下注极大，指望发财。不料每每皆输，便欠下一身赌债。

这一天，他又赌输了，说一声“赊账”，就想拔腿就走。

一个熊腰虎背的大汉挡住了他，说：“休走！拿钱来!”

尤泰林抻抻被揉皱的军服，耍赖说：“怕老子不还钱呀？老子是堂堂‘江天’号炮舰的军需，还怕没钱还?”

大汉说：“尤爷，我不怕你不还钱，我是怕你有一天突然开拔了，还不上钱!”

尤泰林狡辩道：“你怕老子赖账，实话告诉你吧，老子浑身上下都值钱!”

大汉叫道：“来人哪，砍了他的一根胳膊卖钱!”

咣的一声，一把砍刀砍在赌桌上，寒光闪烁。几个痞子倏地围住了尤泰林，只等大汉开口。

尤泰林吓得脸无血色，连声叫道：“别动手，别动手！老子说出一个秘密，可以值上百两银子!”

大汉讪讽一笑，说：“少放屁！砍了!”

尤泰林杀猪般地大叫：“别杀我，别杀我！我说的句句是实话!”

大汉问：“什么鬼话，这样值钱？说出来听听，想骗我，就砍了你的两只手!”

尤泰林吓得屁滚尿流，说：“大炮，我知道大炮的秘密!”

大汉一听，有门，说：“什么大炮，说清楚点!”

尤泰林说：“我知道‘江天’号炮舰上有人替革命党偷运大炮的秘密，这秘密至少值一百两银子!”

大汉追问道：“是谁偷运大炮?”

尤泰林抖抖肩膀，翘起一只大拇指，神气地说：“带我去见广州水师提督李大人，我才肯说。”

大汉也怕消息在赌场中外泄，于是就带尤泰林去见李凖。

大汉其实正是李凖安插的密探，殊不知赌场中也有另一个密探听见了，他是军谘府派在广州的密探，立刻报告了周友三。大战在即，周友三也奉军谘府大臣载涛的密令赶赴广州助战。他听到消息后大吃一惊，立刻赶往广东水师提督衙门证实消息。

广州水师提督李準正在密见尤泰林，问道："从实说来，赏二百两银子！"

尤泰林连忙跪下禀告："大人，偷运的阿姆斯特朗大炮是由上海分箱装上船的，共有三门大炮，每门大炮配十颗炮弹。"

李準吓了一跳，共有三十颗炮弹，够摧毁近三个营的兵力。他问道："主谋是谁？"

尤泰林说："管带陈定书。"

李準问："胁从的是谁？"

尤泰林说："没有胁从，管带下令，哪个敢不从。"

李準又问："交给谁了？"

尤泰林说："在珠江口交给了一个叫五爷的革命党。"

李準听说过五爷，从行刺代春贝勒，到广州新军举事和湖南长沙米潮都有他蘖媒，消息准确可靠，就说："回去后千万不要走漏消息。一旦抓获陈定书，你敢出来指证吗？"

尤泰林瑟缩了一下，说："陈定书的爹可是巡洋舰队统领，又有萨提督当靠山，扳得倒吗？"

李準说："怕什么？本督身后有太后和皇上，还有摄政王，怕什么？本督要把他引到提督府中就擒。"当下让大汉领他去了账房领二百两白银，尤泰林千恩万谢地走了。

周友三精明，从账房证实到尤泰林出卖了陈定书，惊讶不已。陈定书是陈定琴的大哥，他不能不救，顾不得自己是吃军谘府皇粮的特使，当下赶往码头，雇了一条小艇驶往停在码头外的"江天"号。

此时，夕阳西下，江面上残阳如血，小艇如一片枫叶飘向江心。

眼看已接近"江天"号，突然炮舰上响起警报，所有的炮口迅速转向小艇。周友三见势不妙，站起来挥手大叫："我是周友三，要见陈管带大人！"

然而炮舰上的人听不见，开始朝小艇开枪，子弹嗖嗖地从周友三的头顶上飞过。

船家大叫："东家，快回去！快回去！"

"不行！靠上去！，靠上去！"周友三心急如焚，催促加快速度。

"轰轰！"突然两颗炮弹在小艇前头的水面上炸开，冲天的水柱推掀了小艇。周友三和船家被掀翻到江中，船家连忙拉着周友三往回游，周友三衔恨不已，痛叫道："定剑，我负你！定剑，我负你！"

原来，下午五点半的时候，革命党的起义遽然爆发了！

"江天"号炮舰接到命令，禁止一切船只靠近炮舰，所以陈定书下令用火力阻止周友三的小艇逼近。

这一天正是农历三月二十九日，一个血泊青春的日子！

101

同盟会遽然发动的起义，迫使广州水师提督李準来不及诱捕陈定书，就陷入一场血战之中。

然而起义在爆发的前一天晚上，广州城里同盟会的秘密据点中还在纠缠着一场决战与否的辩论。

五爷自恃大炮是由他运来的，反对的嗓音特别粗："黄部长，我坚决主张暂缓起义。理由很简单，清廷已经掌握我们起义的秘密，不能人为刀俎，我为鱼肉。"

郑安芳一反常态，支持五爷，说："这次为了运大炮，损失颇大，不仅一位同志受重伤，还丢失三门大炮。我以为大炮得之不易，要派在稳操胜券的战斗上。"

广东炸弹队的队长省然记之，说："二位说得极对，既然已经泄密，就不应该无谓牺牲敢死队的同志！我们不怕死，但是要死得其所。"

林觉民掬出整个心来，说："论家境，我上有父母，下有弟妹，娇妻新娶，但革命前赴后继，断无退却之理！"

林文兴致勃发，说："我们敢从福州来，就已经做好必死的准备！不但不能改期，而且必须速发队伍，方可置敌于死地！"

方声洞用高岸的声音抒发自己的意见："战亦死，不战亦死。天下宁有不战而束手待缚之壮哉？"他的豪情正如他在向父母写绝命书的时候说的一样："夫男儿在世，当建功立业以报祖国，使同胞享幸福，虽奋斗而死，亦大乐也。且为祖国而死，也义所应尔也。"

陈可钧抚掌大笑，说："此次举事，我们从福州倾堂而来，就连出资助战的华侨也以闽人居多，何惧之有？"他继而又说，"我闽人素来以怯懦让人说三道四，自从革命以来无一死义者，我辈实感惭愧。今天奋发而起，誓以数十人之膏血，染遍神州，以谢各省同胞，而雪前耻。如果今天不当先争死，无颜面对抗敌前辈，亦难见助资助战的华侨！”

陈更新有感而发，妙语如珠，说：“我是个炮术专家，别让我的专长得不到发挥，手不痒死了？”

正当双方争论不休时，黄兴用从一堆陈说中钩玄提要的才能，说出一句郁积着仇恨的一句话：“帝制五千年，推翻在此一举！”

于是起义决定迅速通过，从十路攻击缩小为四路。黄兴站在地图前用大手一挥，声如黄钟大吕说：“不管清军几路合围，我只一路去，中间开花！”

第二天上午，各路人马纷纷从香港过境进入广州城，结果实际进攻的只黄兴这一路，集中攻打两广总督署衙。三门大炮早已组装完毕，从米店仓库推出，架在既定的炮位上，一百余名志士屏息等待进攻。

黄兴一声令下，陈更新瞄准两广总督署衙开出第一炮——轰的一声，炸飞了署衙前的哨卡。紧接着二门大炮依序发炮，这是陈更新采用的战术，让署衙接边挨炸，清军无还击的机会。

第一波炮击过后，林觉民、林尹民、陈与燊、冯超骧、方声洞等敢死队员发起冲锋。第二波的炮击紧接开始，用隆隆的炮声让敢死队挟着雷霆万钧之力乘势进攻。

署衙前的绿营兵用马克沁机关枪组成一道火墙拦阻革命党人的冲锋，福州连江人陈清畴和胡应升相继中弹倒下。

林觉民回头大叫：“陈更新，开炮呀——”

陈更新瞄准署衙前的马克沁机枪阵地开了一炮，炸偏了，机枪仍旧在响，又饮弹倒下福州连江人魏金龙和陈发炎。

林觉民声嘶力竭地怒吼：“陈更新——”

呼声如闪电穿过硝烟弹雨的街巷直逼陈更新，他为之一震，然后瞄准目标，推上最后一发炮弹，发了出去——炮弹准确地在绿营兵的重机枪阵地中爆炸，绿营兵血肉冲天，死伤一大片。林觉民率着敢死队一马当先冲进署衙大门。

署衙内则有一道沙袋垒起的垒墙挡住去路，一队绿营兵躲在垒墙后用排枪阵负隅抵抗。

炸弹队队长方声洞抱着一捆炸弹奋不顾身地往前冲，子弹接连射中他，他栽倒在地，朝炸弹中的一个拴钉用力撞击了一下，将炸弹投了出去。可惜他中弹力竭，炸弹只在附近爆炸，他含恨死去，闭上眼睛之前，他仿佛看见他的哥哥方声涛、姐姐方君瑛、嫂子曾醒在彩云中向他微笑，他觉得自己化成一片云彩向他们飞去。

大力士林尹民见方声洞牺牲，扛起一箱炸药乘着浓浓的硝烟的掩护冲向前去。绿营兵一排接一排地放枪，林尹民身中数十枪，鲜血流淌着一路，连人带炸药撞上沙袋墙，一声巨响，沙袋墙土崩瓦解，绿营兵被炸得鬼哭狼嚎，抱头鼠窜。林觉民率着敢死队进冲进署衙大楼。

署衙楼里，空无一人，他们没有找到两广总督张鸣岐。陈更新击碎洋灯引火焚楼，也无法淘泄心中的怒火。当他和林觉民、林文、陈与燊、陈可钧返身冲出大楼，发现退路已被大队绿营兵挡住。从各路闻讯赶来的清兵将督署堵得水泄不通，截断了黄兴、五爷和郑安芳等人的后援。黄兴为避免无谓的损失，只好且战且退，冲出包围，逃往红粉知己徐宗汉的家，再由她掩护撤去香港。

林文锐不可挡，开枪掩护林觉民等人退入督署大楼，结果被子弹打中脑袋，猝然倒毙，时年二十五岁。

陈与燊想去拖林文的遗体，结果被飞弹击中左眼，血流满脸，模糊了右眼，看不清方向，被清兵一拥而上逮住，时年二十四岁。

陈可钧与陈与燊是同宗叔侄，少又同学，情谊之厚异于他人，见陈与燊被擒，不顾一切地冲上前，边开枪边奔跑，想去营救，结果身中数枪，栽倒在陈与燊的脚下，还伸手去抱他的脚，被清军抓住，年方二十四。

激战中，陈更新被打散了，被一群绿营兵团团围住，弹尽被擒。一个把总见他是个美少年，说："你连牙齿都没有换齐，为什么跟着捣乱，自陷杀身之祸?"陈更新仰天大笑，说："我起义是为警醒同胞，怎么是捣乱？杀身成仁，古有明训，你等鼠辈，焉知大义？快杀了我吧！"那把总朝他的头颅开了一枪，感叹道："美如玉，肠如铁，真奇男子也！"

如今，只剩下林觉民孤身一人，他弹不虚发，怒目奋击，击毙十多个清军。清军怒不可遏，想投弹炸死他，一个哨官大叫：

"是条好汉，留住他的性命！"

清军欺他势单力薄，一拥而进。林觉民想举枪自尽，被清军们扑倒在地，生生擒住。林觉民挣扎着大喊：

"杀了我吧！杀了我吧！"

一个枪托狠狠地砸在他的头上，他昏死了过去。

102

审讯是在广州水师督衙的公堂上进行的，“公审”往往成为革命党慷慨激昂的演讲会。

两广总督张鸣岐和广州水师提督李準联审。两人都害怕遭革命党的刺杀，所以公堂上下围满清军，荷枪实弹，杀气腾腾，将旁听的民众挡阻在外。

林觉民五花大绑，被带上堂审讯。

“威武——”衙役们手执军棍，发出堂威，但是丝毫没有吓住林觉民。

两个衙役起军棍想打屈林觉民的双腿，逼他下跪，不料，张鸣岐以志士身份对待林觉民，让遍体鳞伤的林觉民席地而坐答话。

张鸣岐厉声喝道：“堂下何人？”

林觉民顶他一句：“反清英雄林觉民！”

张鸣岐笑道：“好个初生牛犊不怕虎，佩服，佩服！”

林觉民坦荡荡地说：“我要推翻专制的朝廷，你当然得佩服，那一天，如果你不逃走，被我冲进督衙抓住，那你得更要佩服！”

张鸣岐收敛了笑容，说：“大胆！一个名门之后，竟然犯上作乱，难道受孙文、黄兴指使？速速招来！”

林觉民高声说道：“造反犯上，完全自愿。帝制数千年，奴役我辈，所以推翻满清，天下太平！要杀要剐，悉听尊便。凡天下炎黄子孙，皆我同党！我早将生死置之度外，大丈夫死后，再去黄泉集合旧党，再与你们决胜负！”

李準道：“自古英雄出少年，令人可敬，然而迷途知返，只要你答应脱离革命党，即刻当庭释放。”他很想当庭开释林觉民，给大清显示“仁德”，让广州百姓敬仰自己的“德政”。

林觉民说：“什么叫革命？你们不懂。革命就是要把自己的头颅作为代价！革命，就是要用我的一腔热血，唤醒千千万万民众！所以，宁可用我一人头颅，一腔热血换得四万万同胞的幸福，我怎能脱离革命党？”

李準觉得自己竟然败在林觉民的无畏无惧之下，很扫兴，又退了一步，说：“也罢，本督也不要你退出革命党，只要你答应回乡读书教书，恪守本分，不再参与造反，本督立即下令开释，如何?”

林觉民大笑，笑声朗朗如风，说道：“断不可能，革除暴政，建立共和，能使国家安强，我岂能坐视不管?”

张鸣岐狼狈不堪，失望地挥挥手。李準只好用笔沾墨，大写一个“斩”字。

林觉民看了，大叫：“痛快！痛快!”

虎狼般的衙役们拖着林觉民押往东辕门。临行前，林觉民的脑海里满是他写给妻子的绝命书，那字里行间跳动着两颗炽热的心，在倾吐，在私语。

刽子手的鬼头大刀砍下，林觉民头颅落地，一腔碧血如泉喷涌，尸体竟不扑倒在地，挺立如一株苍天劲松。三个月后，林觉民的爱妻陈意映投环自尽，追随林觉民于黄泉之下。

林觉民就义后，与陈可钧、陈与燊、陈更新等七十一位英烈合葬于广州市郊红花岗，后改称“黄花岗”，此次起义嗣后史称“黄花岗之役”，黄花岗七十二烈士，其中福州籍英烈计十九人。

林觉民等七十二烈士就义之后，黄兴、五爷和郑安芳从广州潜回香港。郑安芳失去十九位福州籍同乡，如丧考妣，大病了一场。

张鸣岐下令举办庆功宴。

陈定书不知是计，当他踏进督署时，一群如狼似虎的绿营兵冲上来抓住了他，他想拔枪，为时已晚。

周友三闻讯赶到，想给陈定书通风报信，悔之晚矣。

陈定剑听到凶信，知道是自己害了大哥。他哇地吐了一口鲜血，栽倒在地。

103

铁窗外，冷月高悬，射进一缕清辉，投在席地而坐的陈定书背上，如同借一柄青峰负肩，随时出鞘杀仇。

囚在牢中的陈定书闭目盘坐，心静如水，无牵无挂。高堂双老，自有弟妹照应，孑然一身，等赴黄泉。

陈定书不知道此时在同一轮明月照耀下的马来西亚槟城的孙中山，也坐在院子里的一张椅子上，仰望明月，思念隐藏在香港养伤的黄兴。这个身高只有五英尺五英寸而长相俊朗的小个子，穿着打扮非常像英美人，得知黄花岗起义失败后，连忙拍给电报给香港同盟会的胡汉民，问道：

“闻事败，各同志如何？何以善后？”

从胡汉民的回电中，他得知众多同志牺牲生命，负责指挥起义的黄兴负伤但保住性命，他回电鼓励：

“天下事，尚可为也。”

他告诉同志们，革命运动应该持续，而且当前重要的是为牺牲者筹募善后经费，为此他积极进行筹款活动。

明月可鉴他的一片真心。

面对明月，陈定书却在想，如果他死了，他没有人可以抚恤的。

他的未婚妻黄家小姐葬在冰冷的海水中，等他多年了，他正好可以去同她相互厮守。

这时，牢门咣当一声打开了，铁祥走了进来，假惺惺地说：“陈大人，我来迟了，我来迟了。”

陈定书抬头看他，讥讽地说：“我陈家有人栽了跟斗，你应该高兴才是，别猫哭耗子，假慈悲了。”

铁祥说：“你我同朝为官，我可是真心的。”

陈定书问：“是真心的，为什么不带我二弟一起来见我？”

铁祥说：“不是我不带他来，是恩督大人不允许，怕你们兄弟俩串供。”

陈定书啐了一口，说：“什么串供？此事与我二弟无干，串什么供？”

铁祥冷冷一笑，说：“事到如今，不要说得太轻松了。依我的推测，你的背后还有主谋人，从实招来，就可以办个‘胁从不问’之罪。”

陈定书铮铮硬骨，说：“告诉你，我是替人偷运军火，与任何人无关，只想赚取外快，明白吗？”

铁祥问：“这是此地无银三百两，告诉我是何人把大炮交给你运？”

陈定书镇定地回答：“光复会的五爷。”

铁祥又问：“到了广州，又把大炮交给何人？”

陈定书不慌不忙，说：“五爷。”

“撒谎！怎么是同一个人？”铁祥暴跳如雷。

陈定书故意地说：“我只管走私挟带，五爷只管付钱交货，这是海军的家常便饭。”

铁祥说：“这么讲，你没有参与造反，只是走私罗？”

陈定书说：“正是，一时财迷心窍想赚外快，才吃上官司。”

铁祥说：“别让自己扛黑锅了，你和定剑不同，你忠诚老实，定剑狡猾耍诈，你不要替他吃罪了。说！大炮就是陈定剑交给你，运给五爷的，对不对？”

陈定书说：“铁祥大人，你真狠毒，想把我们兄弟一网打尽？想用我们兄弟的鲜血染红你的顶子？痴心妄想！”

铁祥轻咀薄唇地讥讽：“我忍受你们陈家许久了，连我心爱的女人都要被你二弟占去，此仇不报，我枉为皇族！你不从实招供，你就等着挨恩督大人的鬼头刀吧！”说完转身走了。

陈定书漾起一种蔑视尘世的微笑，说：“砍头不过碗大疤，不信，咱们共赴黄泉验明此事！哈哈哈！”

陈定书的豪笑，回响在深深的牢房里，宛如炮舰激起的一朵朵浪花。

上海海军统制部里，陈世恩正在击桌发火，说：“逆子！他竟敢做出此等有辱海军的事情！有辱圣恩，有辱祖宗！”

铁祥和陈定剑恭立不语，萨镇冰依旧临危不惊，思索不语。

编遣舰队返回上海，铁祥和陈定剑立即向海军统制部的萨镇冰统制和陈世恩统领报告陈定书被捕的全部过程。

陈定剑补充了自己的看法：“二位大人，陈定书只是因循海军中的旧习，走私枪械军火，但并非资敌造反，当请设法营救。”

铁祥明白，权倾一时的陈家如今落井了，应当添石，正是夺取统领一职的攸关时刻，所以他反对，说：“二位大人，陈定书拒不招供幕后主使，下官以为法不徇私。”

萨镇冰安抚海军中的皇族派和汉人派的势力矛盾，因此说：“你不可妄加定论，一切听从贝勒爷定夺。”

代春带着仪凤匆匆地走进来，代春板着脸，冷冰冰地说：“各位，朝廷对陈定书一家要求从严惩处，我无法伸出援手。”

仪凤明白此时的陈家岌岌可危，于是恳求道：“阿玛，您不能见死不救，陈定书大人只是因循海军中的旧陋习，参与走私，无有死罪呀！”

铁祥不想错过对陈家的致命一击，说：“贝勒爷，刻下海军在筹办，典章正在重建，如果因私徇法，如何面对国人，如何面对圣恩?”

陈定剑极力化解陈定书的重罪，说：“海军重建立法固然重要，但也不能无法无天草菅人命!”

陈世恩负疚深重，斥道：“定剑，休要胡言！你大哥犯下死罪，为父难辞其咎。贝勒爷，下官请求免去统领一职。”

铁祥一听，暗欢喜，说：“统领大人如此磊落，当为后辈楷模，恳望贝勒爷准其请辞!”

萨镇冰察觉出铁祥的野心，立刻阻止，说：“统领大人，你这不是给贝勒爷雪上加霜吗?”

代春看出陈世恩恢宏大度，无出其右；铁祥瑕不掩瑜，操之过急，引起宿老萨镇冰的不满，何况陈家在海军中托庇萨镇冰，足令铁祥咬脐莫及了。于是他像鱼一样优游自如，说：

“各位大人，陈定书一案，情节可谅，但资敌事大，案情如山，轻易难翻，当听从朝廷裁夺，毋庸再议!”

这时候，电报生走进禀报：“启禀统领大人，顷刻接福州马尾要港水师统领急电，令夫人为了救陈定书大人，搭要港运输舰来沪。”说着递上电报。

陈世恩一看电报大怒，道：“这是火上加油，快发电报阻止她来上海!”

电报生说：“来不及了，运输舰已经驶进吴淞口海面了。”说完退走了。

陈世恩气得发抖，说：“家门不幸！家门不幸！贝勒爷，还望见谅。”

代春听见任文娟要来，暗暗欢喜，说：“尊夫人前来求情，这也是人之常情，慈母心肠，不必见责。”

铁祥心想，事不宜迟，应该秘密给阿玛发电报，请求摄政王爷下令就地立斩陈定书。

当晚，一道秘密电波传往北京，它决定了陈定书将坠入阿鼻地狱。

104

夫妻见面的痛苦，是陈世恩和任文娟二人可以预料的。

任文娟一走进陈世恩的房间，就抱住丈夫失声痛哭。她不仅是哭，而且是嚎，是母兽失去幼子般的哀嚎。陈世恩也不禁跌下几滴老泪，一同加入了这耻辱的河流。

陈世恩不住地安慰着她，一边扶她在床沿坐下，说："还没有走到绝路，您不要伤心，萨统制已经给海军大臣载洵发电报了，请求宽恕，一切还都在未定之天。"

任文娟是个聪明的世家夫人，深谙官场的波诡云谲，知道夫君的陈家向来受到康禄为首的皇族的掣肘，此番大儿子失陷，陈家已面临深渊，所以夫君的劝慰，无济于事。

任文娟是在福州马尾水师旗营的坟地替先父扫墓时候，听到大儿子出事的消息的。女儿陈定琴由水师炮台弁目任细俤带着赶来报凶信的。当着女儿和堂哥的面，任文娟没有流出一滴眼泪，表现了大家夫人的若定神态。她挥退了女儿和堂哥，独自坐在先父的坟边沉思，感情身世。遇事不慌，是她与夫君久经宦海的结果。自从她当初邂逅代春陡生情爱之后，历经磨难。原以为儿女成行以后，往事沉寂，不再蜩螗，不料风起青萍，酿成风暴。归根结底，皇族海军与以陈家海军为代表的汉人海军之间明争暗斗没有了结，波及她和陈家的海啸就不会退去。这一切的症结归于她和代春的那一段孽缘！坟草青青的墓地，是她与代春两次不期而遇的渊薮，是宿债未了的见证。她必须去见代春，说出真相，求他救子，斩断夤缘攀附的藤葛，从此皇族海军与陈家霄壤各别！

所以任文娟在哭完以后，回答夫君的一番劝慰，别有灼见，说：

"夫君，皇族海军与汉人海军分执牛耳，朝廷不满囿于这个局面，尤以康禄父子为甚。陈家当属汉人海军中的佼佼者，引领海军，无不招人嫉恨。所以定书一案正中人家下怀，落井下石者众，雪中送炭者寡。因此，要救定书，当从皇族下手，要从皇族下手，当求贝勒爷代春。"

陈世恩颇有同感，点点头，说："代春贝勒有恩于陈家，他不偏不倚，一心恢复海军，深知唯靠萨统制和一批汉人海军将领，方能中兴大海海军。他提携陈家在先，制约康禄、铁祥之用心在后，毕竟他也是满人，不敢僭越满人祖制，所以他拗不过皇太后，就答应仪凤格格嫁给铁祥，而摒弃了我们家定剑。由此说来，要指望代春出手搭救，不仅是为难他，而且他也是鞭长不及马腹。"

任文娟知道未必合于他的初衷，就拐弯拐抹角地说："如果代春有办法救定书，老爷不反对吧？"

陈世恩不知道就里，说："只要能救出儿子，我豁出这条老命也愿意。"

任文娟知道气度再大的男人，也忍受不了妻子当面说她的风流韵事，于是不放心，又敦实了一句："如果这个办法，让老爷当众难堪，老爷也不在乎？"

陈世恩说："千金难买骨肉命，我一个半截子入土的人，何惧之有？说，快说有什么办法能让代春去救儿子？"

任文娟像打开千钧闸门一样，打开自己的心事，说："在说办法之前，先说一个陈年的故事。甲申马江海战发生的时候，有一个叫春喜的水师文案的女儿救了一个受伤的大清海军军官，结果两个相好了。春喜的爹战死了，无依无靠的她只好跟着发誓娶她的军官去了京城。其实军官是个贝勒，他的阿玛反对满汉通婚，军官就带着春喜去投奔远在威海的李鸿章大人。李大人要军官在海军和春喜之间作一个选择，军官梦想当管带，只好选择了海军。春喜拒绝了李鸿章大人提出的接收银票的交易，为了成全军官的梦想，毅然跳海自杀。

"谁知，另一个汉人海军军官救起了春喜，愿意不计前嫌娶她为妻，也不计较她怀有身孕，并视这个他人的骨肉为己出，令春喜感动万分。十余载后，春喜以为从此万喙息响，谁知那个军官青云直上，贵为筹办海军副大臣，不经意地两次在水师营坟地遽见春喜，他膝下无子，怀疑生子尚在人间，追问再三，都被春喜搪塞拒绝。其实他的怀疑无误，生子正是'江天'号炮舰管带，岂料其子如今吃了官司，唯有春喜去见这个军官，陈情面求，答应还子归宗，他方能舍身相救，否则别无他途。"

陈世恩听了浑身发抖，如大梦初醒，问道："您……您就是那个春喜？那个军官正是代春贝勒？"

任文娟感到大限临头了，说："正是……"

陈世恩如万箭穿心，说："您叫我还子认宗，割舍骨肉？我如何面见陈家列祖列宗？您叫我奉还'江天'号炮舰管带，我将如何面见海军统制部成千上万的官兵？您叫我还子认宗，叫我如何面见代春？"

任文娟说："舍此办法，定书唯余一死！"

"住口！"陈世恩狠狠地摔了任文娟一记耳光，鲜血从她的嘴角流下。这是结合以来，陈世恩头一次发火，头一次打她，她心里的包袱顿时放下了，欠他的宿债终于偿还了。

陈世恩继续骂道："贱人！您要陷我于不仁不义之中！"

任文娟一字一顿地说："老爷，您若不答应用这个办法救儿子，儿子一死，奴家也将投环自尽，追随他到地下去！"

陈世恩一怔，知道刚烈的任文娟会第二次选择死亡的。

这时候，有人敲门："开门，我是鼎铭哪!"

陈世恩连忙开门恭迎："恩师，您来啦?"

萨镇冰看了一脸委屈的任文娟，已经明白了几分，因为任文娟在告诉丈夫之前，已经私下告之萨镇冰陈定书是代春的亲生子的事实，得到萨镇冰的认可。

萨镇冰一脸沉重，说："军谘府来电了，拒绝求救。"说着递上电报。

电报上赫赫地写道："不容置疑，维持原判!"

陈世恩一看电报，如陷绝境，跌坐在椅上了。

萨镇冰拍拍陈世恩的肩头，说："私情在后，公心在先，唯建海军，家国一体!"

陈世恩一贯服从萨镇冰，何况作为职业军人讲究唯命是从，便幡然改变初衷，起身道："恩师，学生谨记。夫人，我即刻安排您去面见代春贝勒。"

任文娟立刻跪了下去，说："谢过义兄，谢过夫君!"

但是任文娟心里忐忑："还子认宗之后，你代春真有办法从屠刀下救出定书吗?"

第二十六章

105

夷场的张园，不愧是海上第一名园。春日游园，游人如过河之鲫，上海女界犹如成群结队的蝴蝶飞临花间柳丛。女界们的穿着以长衣长裙和肥裤装为主，西装、旗装也偶有穿戴，佩饰着插花、耳环、手镯，点缀错落，各领风骚。只是宽镶边的长衣、长裙或者长裤，往往是衣长过臀，裙长及踝，裤长仅露足尖，加上衣袖、裤腿大而无当，使女界的休态毫无曲线可言。然而临窗伫立、凝视女界风姿的代春贝勒却从中看见了任文娟雍容华贵的身姿，穿过人群，向茶座走来。

代春叫副官订了一间茶座，等待任文娟的到来。他的心潮起伏，一夜难寐。

女儿恳求他向陈定书伸出援手，他何尝不愿意？只是陈定书走私军械，资敌造反，触犯大清律法，军谘府盖棺论定，铁案难翻，他是爱莫能助。可是，如果陈定书是他的亲生骨肉，坐看他冤沉九泉，岂不是愧为人父？枉对任文娟当初的满腔情爱？

代春正是怀着这种悬浮的心情来等待任文娟的，不知道她要来告诉他什么。

副官领着任文娟走进茶座，对一身士绅打扮的代春禀报：“贝勒爷，夫人来了。”

代春说：“你可以退下了。”

“喳！”副官退出。

任文娟施礼，道：“民妇拜见贝勒。”

代春一见她，离愁涌上，孤寂波动，说：“夫人免礼，请坐。”

任文娟眼眶里立刻盈满泪水，说：“贝勒，原谅奴家不得不来见您。”

代春有股滑腻的暖流在身体里泛滥，说：“在危难之际，您还记得来找我，证明您没有把我当成负心的人。”

任文娟的心怦怦直跳，像口大钟在敲，说：“您有恩陈家，奴家没齿难忘。陈家如今能在新组建的海军中占一席之地，贝勒功不可没。可是如果陈家有难，贝勒也是难逃其辱。”

代春心中有什么东西迸裂了，问：“为什么？”

任文娟撩拨衷肠，说：“因为陈家中有一个人与您血缘同脉！”

代春一听，猛地抓住她的手问：“是定书吗？”

任文娟的眼泪像断线的珠子滚了下来，说：“是定书，是定书啊！”

代春大声问道：“定书是我的亲生儿子吗？告诉我，定书是我的亲生儿子吗？”

任文娟满腹离愁，一腔倾出，说：“是您的亲生儿子！是您的亲生儿子！”

代春狂喜地仰天大叫：“我有儿子啦！我有儿子啦！”

任文娟突然跪下，说：“救救您的儿子吧！如今只有您能救定书了！”

代春要扶起任文娟，可是任文娟不肯起来，代春也只好跪在她的面前，说：“他犯的可是犯上的大罪，您知道吗？我没有办法救他呀！”

任文娟坚执地说：“您不是一心想要个儿子当皇家海军吗？如果您救了他，我和世恩就让他认祖归宗！”

代春一震，问：“当真？”

任文娟点点头，说：“当真，连萨统制都赞成认祖归宗！”

代春的心中升起一道阳光，那是照亮了皇家海军的希望之光，说：“为了救我的儿子，我豁出去了，我要带您进京去见皇太后求情！”

任文娟一愣，问：“为什么奴家也要进京?”

代春说：“只有您去见了皇太后，才能证实我的恳请是属实的!”

任文娟说：“好，奴家为了救儿子，天庭我都敢犯!”

紫禁城养心殿的西暖阁里，摄政王载沣、海军大臣载洵、军谘府大臣载涛和军谘府副大臣康禄在等候隆裕皇太后的觐见。

康禄唆使了各位贝勒集体来觐见太后，目的就是为了阻止代春觐见天颜，营救陈定书。

昨天，康禄特地差遣夫人婉容去见代春的妻子纳兰。

一进了老郡王府，见到纳兰，婉容就装作急惶惶地叫道：“我的大妹子啊，天要塌了，天要塌了!”

纳兰吃了一惊，忙问：“什么事，大表嫂，您慢慢说，慢慢说。”

婉容拉着她的手不放，好像一放开，这只不求觅食的鸟儿就要飞走似的，说：“您还不知道嘛?您家代春要回京来了!”

纳兰一听就高兴了，说：“代春回来了，不是我高兴还来不及嘛，有什么天要塌的?”

婉容故作大惊小怪地说：“海军部的人都传开了，代春这回进京，是要带着一个女人回来的!”

纳兰懵了，问：“带……带什么女人回来?”

婉容神秘地眨眨虾米眼，说：“就是他年轻时候相好的女人呐。这几年，听说他俩藕断丝连，明铺暗盖，连床板都睡断了，您还蒙在鼓里呀!”

纳兰嗡的一声脑袋要炸了，连忙问：“他带女人回来做什么?”

婉容说：“听我家老爷说，他俩当年有个野种，后来在您家老爷的提携下，竟然混上了‘江天’号炮舰的管带。不料，这个野种胆大包天，竟敢替乱党私运大炮，吃了官司判定死刑。如今您家老爷要带着这个女人觐见太后求情。您说，这天不是要塌了吗?”

婉容说得有鼻子有眼的，纳兰听了半晌说不出话来。

婉容见有了效果，继续往她的伤口上撒盐，说：“这男人嘛，谁不偷腥?在外头拈花惹草，也就罢了，可是您家老爷偏偏要把这条腥鱼往家里送，刺您的心不算，还要往太后的眼里戳，这不是要把天捅破一个窟窿吗?”

纳兰心想，她原先发现老爷书房里小孩的照片原来发现的是一颗炸弹，如今这颗炸弹她想捂也捂不住，就要在郡王府爆炸，就要在紫禁城爆炸了，她该如何再捂呢？

婉容见纳兰被击中了要害，半天说不出话来，就说：“大妹子，怎么不说话了？赶紧想办法呀，再不想办法，那女人就一脚踏进北京城，您就得往后退一步呐！”

纳兰怔怔地说：“男主外，女主内，他要带女人进京，我哪里挡得住？”

婉容说：“您怎么这样傻？什么女主内？他要把野女人往家里带，十有八九逼您把主位让给野女人，由她主内了！”

纳兰越听越害怕，说：“我可是明媒正娶，八抬花轿抬进老郡王府的，她敢抢我的位子？”

婉容说：“您真傻，我的大妹子，那个野女人比你早和代春认识，还生下一个儿子，按先来后到，她才是名正言顺的夫人！”

纳兰问：“那女人不是也有丈夫吗，怎么敢抢的我的夫人位子？”

婉容说：“这话不假，那个女人的丈夫是陈世恩，是个汉人。她可是汉八旗，也是个旗人，将来您家代春一承袭郡王，她就可以当福晋。天下有哪个旗人的女人不想当福晋？日后她的儿子一旦再承袭郡王衔头，她可就是响当当，当当响的太福晋，风光得很哩！到那个时候，您就成了一把秋天的扇子，被代春扔出郡王府了！”

纳兰乱了分寸，问道：“那……那我该怎么办？”

婉容说：“怎么办？明天跟您表哥进宫去见太后，求她老人家做主。”

纳兰说：“太后一向讨厌鸡毛蒜皮的事烦她，我不敢去见她。”

婉容说：“咱们皇亲贵族的事，都是国家大事，哪怕是一粒芝麻大的事，也比汉人天大的事大，怕什么？她会给您撑腰做主的！咱们是姻亲，打断骨头连着筋，不替您说话，给谁说话？”

纳兰说：“代春要知道了，会骂死我的……”

婉容撵撺地说：“怕什么，您表哥大小也是军谘府副大臣，太后跟前的红人，您又是他的亲表妹，他出头了，也算是娘家人出头，代春还敢犯上？”

纳兰想想，心里就踏实了，说：“好吧，明天我跟表哥进宫去。”

婉容说：“这才是皇族的女人，只差没有上阵厮杀了，谁怕谁呀！”说着得意洋洋地回去复命了。

不料，到傍晚时分，从海军部转送来了一份电报给纳兰，电文是女儿仪凤写的："稍安勿乱，情有可谅，父回再叙，平安无事。"

纳兰本是个聪明的女人，又深知女儿是向着自己的，一见电文叙情从容，安抚有嘉，知道事情的原委复杂，个中蹊跷颇多，决定不再莽撞去面求太后，静待其变为好。于是她派了佣人速去康禄府上婉拒了婉容的一片好意。

康禄本指望落井下石，结果算盘打空了。他心里正重品昨日的遗憾的时候，隆裕皇太后由小德张搀着走了进来，康禄和其他贝勒们都慌忙跪下请安。

"都起来吧，自家人免去俗套。"隆裕太后比起慈禧太后可爱的地方在于对叔侄们表现出更多的亲情，所以载沣他们从不在心里轻视她。尽管她的老辣能力远逊慈禧，但是他们仍旧愿意听她的安排差遣。只见她坐下后，接着说，"大伙都是为代春的事来的吧？说说你们的想法。"

贝勒们看着他们的领头羊载沣，载沣只好先开口："海军中出了个逆贼，身为主政统制部的代春有玩忽职守之责。"

载涛有一种鄙夷的倨傲之感，说："代春赍着朝命，居然马失前蹄，是皇族的耻辱，应当重惩，而他竟敢还要向太后求情，分明是无视大清律法。"

康禄见火候已到，以一种迹近攻讦的口吻，道："代春袒护陈家，已成顽疾，此次又包庇陈定书，引起海军统制部上下官兵的不满。据犬子铁祥来电禀报，代春带着陈世恩的夫人任文娟来京求见太后，除了萨统制偏袒之外，各舰管带颇有微词。"

载洵自谦议论的浅薄，探询地问："可否说个故事？"

隆裕太后笑道："六弟向来幽默，说个故事解解闷也无妨。"

载洵说："春秋的时候，晋悼公问大夫祁奚，谁可以接任中军尉。祁奚回答自己的儿子祁午适可做中军尉。晋悼公担心地问，这样做，不怕旁人说闲话吗？祁奚光明磊落地说：'大王问我谁是贤才，并没有问谁是我的儿子，这是两回事嘛！'

"事隔不久，晋悼公又问祁奚，谁能胜任中军尉佐羊舌职的职位。祁奚回答羊舌职的儿子羊舌赤可以胜任。晋悼公说你不怕别人再说闲话吗？

"祁奚回答：'大王问我谁可以胜任中尉佐的职位，并没有问谁是羊舌耿的儿子啊？'晋悼公听了就采纳了祁奚的主张。"

隆裕太后说："六弟说这个故事，是何意呢？"

载洵觉得这个故事越过时间的沟壑，又找上门来了，就解释其中的寓意道："代春袒护陈家固然不假，可他袒护的是巡洋舰队的统领，而不是陈世恩；他和萨统制偏袒陈定书也不假，可他偏袒的是‘江天’号炮舰管带，而不是陈定书个人。因为代春和萨统制都是朝廷命官，他们袒护属下，是在保护属下，也就是在保护朝廷！代春不怕有人指责他偏袒属下，正是公正无私的为人。”

康禄不咸不淡地说：“此话虽然有理，但是代春竟然利用任文娟要挟朝廷，有失敦厚！”

载沣声色俱厉地说：“奴才恳求太后拒见代春！”

载涛趁机进谗说：“此次广州一役，乱党铩羽而归，我军大获全胜，本该评功论赏，普天同庆，不料，一粒鼠屎坏了一锅汤，定对陈定书绳之以法，以儆效尤。”

载洵力释前嫌，说：“代春出自公心，力保海军官佐，恳求太后成全他的美意！”

载沣、载涛和康禄齐声道：“代春失责，陈家有过，定书有罪，恳求太后明察。”

隆裕太后脸罩秋霜，语挟杀机，道：“六弟，无需陈情，陈家有过，定书有罪，毋庸置疑。念在代春不辞辛苦回京述职，让他一见，姑妄称意。”

“喳！”众贝勒异口同声，康禄心中暗喜，陈家离覆巢不远了，覆巢之下焉有完卵？

106

代春揣着忐忑走进颐和园的回廊，心如冰窟，跟园子里暖风习习的情景截然相反。

载洵已经将太后的决定告诉了代春，劝他见了太后不必为陈定书与她扛上。可是不求太后，怎能救出陈定书，求了太后，偏偏太后又不应允怎么办？

回廊里，太后在听戏，好兴致，唱的戏码是《打金枝·绑子上殿》一折。

代春叩见太后，太后请他落座看戏。可是他哪有心情看戏，便说：

“启禀太后，奴才没有心情看戏。”

隆裕淡淡地说道：“不就是有人在我这里告你治军不严吗？亡羊补牢还来得及，看戏，看戏！”

代春堵着一腔惆怅，小心翼翼地说：“来不及了，人命关天的大事，奴才冒死进言，恳求太后恩准赦免管带陈定书死罪。”

隆裕执拗地说：“此事毋庸再议，维持原判。”

代春有意撩深了，说：“太后，如果此案另有实情，可容许再议吗?”

隆裕说：“当然。莫非内中有什么委屈不成?”

代春毫不怯荏地回答：“太后容禀。”

“讲!”隆裕觉得奇怪，一双眼睛离开了戏中驸马郭暖怒打公主的热闹剧情，转而对着代春，听他细细地讲述了他和任文娟的一段生歌哭死的孽缘。当讲到任文娟怀着身孕跳海的时候，隆裕急问：

“那孩子后来怎么样了？他可是皇族的骨肉!”

隆裕当初告诉仪凤故事的时候，是听李鸿章告诉她的，尚不知故事中的女主人公怀有身孕。隆裕只记得用女主人公对海军的挚爱感动仪凤答应嫁给铁祥，却不知故事中失去了另一个皇族骨肉，未来的一个小海军!

代春说：“那个男孩活着，他就是管带陈定书!”

代春说着跪在隆裕太后面前，眼眶里涌满了慈父的热泪。

隆裕说：“你要我怎么办？拿这个皇族的孩子怎么办?”

代春说：“恳请赦他无罪。”

隆裕说：“你听听现在的戏唱到哪一折了？正唱到郭子仪绑子上殿!”

《打金枝》讲的是唐朝汾阳王郭子仪七十寿诞，七子八婿齐集祝寿。唯有郭暖之妻升平公主，自恃帝王之女，不肯前来拜寿。郭暖回宫责问，公主不服，郭暖动手打了公主。郭子仪闻讯，绑子上殿请罪。唐王不愿为儿女之事责罚功臣，遂以夫妻争吵与国法无关为由，赦免郭暖，并与皇后一起劝解，终于郭暖与公主和好。

《绑子上殿》是精彩唱段，代春从小就熟悉，只听见戏中的郭子仪唱道：

“臣绑的不忠不孝的郭暖子，酒后失礼胡乱为，胡言乱语多放肆，打碎红灯把君欺。万岁传旨将他斩。”

隆裕太后弦外有音地说：“古人犯了罪都懂得绑子上殿，你刚才说陈定书是你的亲生子，他如今犯了谋反之罪，你要绑他上殿请罪才是，怎么反要替他开脱，不是今人不如古人了吗?”

代春说：“太后，奴才不是为了私事向太后求情的，是为了国事向太后求情的。”

隆裕听了不解，问道："此话怎讲？"

代春侃侃而道："如果犬子是个提笼架鸟的公子哥儿，奴才是不会为他求情的。可他是大清堂堂正正的海军管带，是咱们大清亟需的皇族海军将才，他的履历一向清白，只是一次糊涂，初犯典章，参与走私，恳请太后刀下留人，为皇族海军留下一个人才。"

一句话正说到隆裕的心里去，她深知皇族中海军人才奇缺，难控整个以汉人为主的大清舰队，如果平添一个将才，岂不是大清之福？

代春又进了一言，说："太后，杀一人不能谢天下，得一将可以挽狂澜，请太后三思！"

隆裕不置可否，叫代春退下，传任文娟觐见。并叫小德张撤了戏班，她如今心里好乱，真如戏里唐王唱的那一句："家事如麻国事蜩螗。"

任文娟不亢不卑地由小德张引来，在隆裕太后面前跪下，说："犯妇任文娟叩见太后。"

隆裕一怔，见任文娟聪明，便问："你是堂堂三品夫人，何称犯妇？"

任文娟道："教子不严，有失妇德。"

隆裕有点喜欢她，说："赐座。"

任文娟称谢，起身坐下。

隆裕这才打量她，只见体态丰盈，落落大方，脸上依旧保持着年轻时的那份美丽，眼波横怜，见了她，连和尚都迷了佛性禅心，关不住心猿意马，怪不得当初代春对他一见钟情，陡引风波。问道：

"身为人母，养儿不易吧？"

任文娟答道："含辛茹苦，确是不易。"

隆裕道："知道养育陈定书，将来有一天会由他认父归宗的吗？"

任文娟道："知道。"

隆裕道："知道了，为什么还要精心抚养？"

任文娟坦坦荡荡地说："他本是皇族一脉，天潢贵胄，应当叶落归根，所以精心抚养，想为皇族海军添一个人才。"

隆裕听了感动不已。

这时候，一个皮球咕噜噜地滚过任文娟的脚下，落到水沟边。任文娟眼疾手快，连忙起身将球捡起。

玩球的小皇帝跑过来捡球，任文娟跪下呈上皮球，说："万岁爷，皮球在此。”

小皇帝接过球，对隆裕说了一声：“额娘，我喜欢她。”说着玩球去了。

隆裕由衷地说：“看来你很讨孩子喜欢。起来吧！”回头对小德张说，“拿笔墨来。”

小德张呈上笔墨。隆裕当即抽下系在襟扣上的白手帕，提笔写下八个字：

“免官回京，认子归宗。”

任文娟接过千钧重的一方丝帕，山呼万岁，热泪滚滚。

107

两个出身迥然不同的女人在代春的书房中相见了。

一个自维浅陋、地实寒微，一个自恃大家、天潢贵胄；一个曾经香销玉殒、发轫青萍，一个天赐其便、畸重畸轻。两人在代春的感情世界中分执牛耳。

老郡主府中上下没有人知道任文娟的造访，更不知晓这个进京后住在福建同乡会的三品大员的夫人正是当年疑是冤逝的多情女。

任文娟觉得在离京以前有必要造访纳兰，不仅是冰释前嫌，而且感激她救了陈定书一命。

乍一见面，纳兰大吃一惊，以为她要鸠占鹊巢。她彬彬有礼，道个万福，说：

“民妇拜见夫人。”

纳兰揣想她打上门来是要大吵大闹，不料却是表白心迹，形似小家碧玉，质本大家命妇，忐忑的心，安了下来。

请进代春的书房之后，任文娟见到书架上摆的那一帧代春和小陈定书合影的照片，历历如昨，不禁泪花冒睫。

纳兰问道：“夫人为何流泪？”

任文娟说：“想起定书从鬼门关走了一遭，如果不是夫人大度，也许结局逆反，命丧黄泉。”

纳兰不能理解，问道：“夫人何出此言？”

任文娟想想都后怕，道：“万一夫人听信谗言，到太后面前吵闹，只会雪上加霜。一旦惹得太后生气，兴许结局逆反。”

纳兰扪心说道："舐犊情深，感同身受，岂能做出悖谬之事？"

任文娟衷心地说："所以犬子得救，铭感五内，再受奴家一拜。"说完了又施了一礼。

纳兰道："定书既是代春属下，又是代春骨肉，我再无德，也决不能做犯上之事。"

任文娟真挚地说："夫人一家，夫尊子贵，和和美美，奴家由衷欣喜。定让定书归宗认祖，从此两家天各一方，同朝为官，异地为友，互不纠葛，敬请夫人安心。"

纳兰深为任文娟的大气度所感染，说："有陈家辅佐我家老爷，和衷共济，是你我两家之福之德。夫人受我一拜。"说着深深施了一礼。

"就此拜别，夫人保重。"任文娟宛如隐衷道尽，返璞归真，坦然离去。

纳兰油然之中显露出某种久违了的慷慨和赞许，说道："夫人留步。"从书架上取下那一帧代春和小陈定书的合影相片郑重地交给任文娟，说道，"夫人慷慨，将定书归宗认祖，此张相片权当留作念想。"

任文娟收下照片，轻生绮想，从心里由衷地替代春高兴，他娶了一个贤德的夫人。

陈家人的告别是在上海火车站举行的，场面不大，却很高兴。陈世恩、任文娟、陈定剑、陈定琴、周友三和安娜都来替陈定书送行。

虽说是陈定书被免了"江天"号炮舰管带的官职，但是能找到生身父亲，这是不幸中之万幸。

起初，陈定书得知自己是旗人，而且还是未来的贝子，简直不可思议。他做梦也没有想到救他的正是代春，也正是贵胄的血统救了他，可是他从心里觉得自己还是陈家的子孙，寅缘攀附，不是他的本意，然而是大清一统的江山能否亿万斯年的念头做祟，才使隆裕下了赦免的懿旨。这个谑而不雅的故事，让陈定书羞于向家人告别。

陈世恩各执陈定书与陈定剑的手，将它们合在一起，语重心长地说："从此你们兄弟俩一南一北，各自东西，但愿以后不要刀兵相见，兄弟阋墙。"

陈定书笑道："爹，你放心，儿现在是一介平民，闲云野鹤，何来刀枪在握？"

陈定剑道："大哥是海军中的翘楚，相信不久将会得遇韩荆州式的人物，一定会重返舰队。”陈定剑自从陈定书陷入囹圄之后，寝食不安，但又无法伸出援手，吐血之后终于病倒在床。直到从京城传来佳音，陈定剑才大病痊愈。又得知大哥认祖归宗，半忧半喜。忧的是兄弟劳燕分飞，喜的是兄长荣登庙堂，所以不忍遽别。

周友三送上赆仪路费，聊表愧疚之意。因为他的通风报信，才导致陈定书陷入牢狱之灾，幸好抢救及时，免进枉死城，否则怎么对得住陈定琴。

陈定琴是得知消息后，专程从福州赶赴上海替大哥送行的。她对陈世恩说：“爹，平素大哥和二哥最要好，他们之间是不会发生骨肉相残之事。”

任文娟说：“不会最好，你爹是担心。”

这时候，陈定棋带着仪凤匆匆地赶来了。

安娜焦急地说：“定棋，你怎么才来，火车快开了。”

陈定棋说：“林守江和林守武那些同乡都想来送别，我好说歹说才把他们劝住，所以就迟了。大哥，我把格格送来了。”

仪凤施了个旗人的礼，说：“大哥！”

陈定书动容地说：“小妹！好哇！我从此又多了个亲妹妹！”

仪凤说：“大哥，回去替我在祖宗牌位前上一炷香。”

陈定书：“一定。”

安娜笑道：“定书，以后我可以叫你贝子爷吗？我来中国，还没有见过一位贝子，如今我有格格朋友，也有贝子朋友啦！”

陈定书说：“安娜小姐，什么时候，你嫁给我三弟了，你就叫我贝子爷！”

说着众人都乐了。火车的汽笛响了，陈定琴说：“大哥，该上车了。”

陈定书向陈世恩和任文娟跪下，说：“双亲大人，定书至死不忘养育之恩，一日为子，终生为子！”说连嗑三个响头。

陈世恩扶起大儿子，叮咛道：“到了京城，向您阿玛、额娘代问个好！”

陈定书答道：“儿一定转告。”

任文娟已经泣不成声了。

陈定棋说：“大哥，该上车了！”

陈定书吩咐道：“定棋，替我照顾好两个小妹！”

陈定棋说：“记住了！”

陈定书又说：“友三兄弟，别负了我家定琴！”

周友三喜滋滋地说：“我大喜之日，你一定要来！”

“一定!”陈定书点点头，上了火车。

火车启动了，陈定书站在车门向众人挥手告别，泪水充盈着他的眼眶。

陈定剑追了几步，喊道：“大哥，风云变幻，好自为之!”

火车远去，浓浓的黑烟遮断了陈定剑的视线，他怔忡地戳着，动也不动。

火车载着陈定书北去，一路上他愁心难整，凝视着车厢外的北方田野。麦田瘠黄，杂草丛生，昏昏沉沉地浸润在五月天流动的燥热蜃气中。麦田中小路曲曲弯弯，使陈定书联想起好像不知是谁家村姑农妇，把自己种田擦汗的汗巾，丢弃在麦地上了……

忽然有小报贩进车厢来大声吆喝：“卖报！卖报！看朝廷宣布铁路回收国有!”

陈定书还沉浸在自己的别离情之中，一时还没有回过神来，只听见小报贩又叫卖道：“卖报！卖报！看‘川路奉命改为国有’，看‘川民不服抗议!’卖报，卖报！看‘朝廷向夷人出卖国家利益!’”

陈定书连忙买了一份报纸，细看细品，才知道时局又陷入混乱了：近年来，铁路一直是中国的某种标志性的交通事业，眼见中国这块大肥肉的潜在利益越来越大，西方列强一拥而上，争夺中国铁路的建筑权。川汉铁路贯穿长江中上游，地处中国富庶地区，富饶利多，引起各国垂涎。由于铁路关系到中国的主权和国家的兴隆，在四川人民强烈的呼吁下，开明的四川总督锡良于一九〇三年上疏，力主要中国自办川汉铁路，不受外国列强染指，终获准成立“官办四川省川汉铁路公司”，一九〇七年改为“商办”。四川百姓非常有危机感和紧迫感，几年来一直推行修路救亡运动。前车有鉴，朝鲜、印度以及中国东北皆因路权被夷人所夺，最终连带主权丧失。于是四川百姓召集认股，全川七千万人，不论贫富贵贱，均因租股而与川汉铁路有了血脉相连的关系。大清邮传部奏折中说，“川路股款，独持人民租股为大宗。”眼见铁路在川人手中越办越好，夷人们恫吓，要挟清政府，认定川汉铁路这种不借款、不雇夷人技师自行其中，会导致“中国前途叵测”。短视、昏庸、怯懦的清政府，不顾全国百姓的反对，于一九一一年五月九日，宣布了“铁路干线国有政策”。五月二十日，清政府与美、英、法、德四国列强签订了《湖北湖南两省境内粤汉铁路、湖北省境内川汉铁路借款合同》，借款六百万英镑，以两湘厘金盐税作担保，允许四国享有陆续借款的优先权及展路权。如此一纸契约，就断送了两湖境内一千八百里的路权，且即将把全部的粤汉、川汉铁路拍卖。所以，清政府的“铁路国有”，究其所由，不过是允许四国列强的从国人手中把路权夺走，变相没收人民的财产，引起国人强烈反对。

陈定书看完报纸，喟然而叹，凭着军人的敏感，判断将有一场风暴在川汉爆发！时局之乱，国将不国，皇族内阁却无力掌控，舍他其谁呢？他忽然想到那个隐居的袁世凯，也许唯有他才是可以扭转局面的中流砥柱？

正当他在忧国忧民的时候，火车到了天津站。陈定书正想下车去伸伸腿，呼吸一下久违了的北方干燥的空气，一位新军的马弁挤上火车走到他的身边，打量他一眼，立刻行个军礼，恭敬地问：

“是‘江天’号炮舰的陈管带大人吗？”

陈定书抬眼看着他，问：“何事？”

马弁道：“袁大帅派小的在此恭候多时了，大帅有请，请跟小的来。”说着替陈定书拎起皮箱，引着离开，下了火车，上了月台上一辆专候的黑漆描金马车。

马车出了天津，直奔离它不远的河南洹上村。

袁世凯正在洹上村翘盼陈定书的到来。

洹上村地临洹河，即安阳河，春秋战国时期，此水名闻天下。汉书上记载：“令天下之将相，相与会于洹水之上。”那时“天下”，洹河就是中央，所以安阳是个不可小觑的中原重镇，除了作二百多年的“商”之都城外，前后还有大小六国在此建都设畿辅。秦军攻克后，改称“安阳”，从金代开始易名“彰德”府。袁世凯蛰伏于此，可谓卧虎藏龙，汲尽数千年之人脉地气，所以雄心不老。

他正在“养寿园”别墅里的书房中写字，一支毛笔运走如虎，气吞万里，写下十个大字：“大泽龙方蛰，中原鹿正肥。”这是他儿时写的一副对子，如今正合他的脾益。

马弁风尘仆仆地走进，说：“启禀大帅，陈大人请到了。”

“有请。”袁世凯不停笔，濡濡墨，开始写题款。

陈定书走进，拱手一揖：“草民陈定书，拜见大帅。”

袁世凯将笔交给侍砚的丫头秋菊洗笔，回礼道：“久闻陈家出海军专才，今日得见，果然名不虚传。”

秋菊从眼角偷瞄陈定书，见他一表人才，暗暗喜欢。

袁世凯看在眼里，继续说道：“袁某爱才心切，慕名行强，得罪！得罪！”

两人坐定，奉茶之后，陈定书钦佩地说：“大帅威名，如雷贯耳，对海军有再生之德，何罪之有？”

袁世凯明知故问："此话怎讲？"

陈定书说："当年大帅接任直隶总督兼北洋大臣，开始着手重建北洋海军，才有今日之海军。也是大帅奏保萨镇冰和养父陈世恩开复原官，才有今日之巡洋、长江舰队。"

袁世凯听了哈哈大笑，道："孺子可教，孺子可教。你的事情，本帅早听郑汝才先生所言，他可是你的世伯，对你推崇有加。听说你受尽委屈，开缺回京，不必介意，大丈夫能屈能伸。想当年，本帅受的委屈比天还大，至今莫衷一是。"

陈定书一听，连袁世凯都有未白的冤屈，何况已成了升斗小民的自己呢，顿时心中一扫阴霾，豁然开朗。

这时候，马弁又拎着茶壶进来续水，乖巧的秋菊连忙替陈定书换了一杯热茶。陈定书往她的茶盘上压上十块光洋，当做见面礼。秋菊含嗔一笑，收下了。

袁世凯看在眼里，说："听郑汝才说，你孤鸿失伴，如不嫌弃，本帅将秋菊送给你当如夫人，望笑纳芹意。"

陈定书自从枉死城走了一遭，又被褫夺军职，极想有朝一日东山再起，重返青云，见受宠于袁世凯，大喜过望，一改初衷，欣然接受，便说："小人开缺回籍，一介草民，岂敢拂了大帅的厚爱？但不知秋菊姑娘可肯愿意？"

秋菊暗暗高兴，生米做成熟饭，不知道军谘府会不会怪罪？可是一想，陈定书一旦册封贝子，贵不可言，军谘府也不敢开罪，于是含嗔作喜，说："奴婢听凭大帅做主！"

袁世凯哈哈大笑："好哇，本帅新添了一个丫姑爷！传我的话，晚上大摆酒席，为姑爷洗尘！"

第二十七章

108

代春贝勒从北京带褒奖的上谕回到上海，海军统制部里大庆三天。隆裕皇太后对参与敉平广州黄花岗举事的海军官佐一律嘉奖，尤其重奖的是立了大功的铁祥，并赐其与仪凤格格刻下成婚。

代春双喜临门，乐不可支：一是亲生子陈定书认祖归宗。陈定书带着袁世凯赠予的侍妾秋菊回到老郡王府，阖府上下无不欢欣，门祚延绵，是代春家的幸事。陈定书见了纳兰，口称额娘，平添了一个儿子，把纳兰乐得合不拢嘴了。当即举行认祖归宗大典，唱了九天九夜大戏，将七大姑八大姨、王公贵族贝勒贝子一并请到认亲奁缘。二是仪凤婚期已定，尽管代春与康禄是政敌，但是赍着太后赐婚，无疑巩固了代春在皇族内阁中的政治地位。

仪凤却觉得大祸临头，私下约了陈定剑在夷场的张园见面。

初夏的张园，芳草油绿，松柏耸翠，一条泠泠的渠水在流动，一阵阵雨忽来，雨水溅落渠中发出一声声低吟浅唱。仪凤站在茶室的窗前，凝思出神。室内静雅，雨声泠泠，卷册琳琅，竹简盈架，半墙琴剑，一缕香烟，使人产生疑非尘世的清幽。

陈定剑走来，不想破坏满室的雅韵，立足不动，凝视着仪凤的闲雅意态、曼妙身姿，顿觉如临花丛，轻抚花草。

仪凤转过身来，问道："我有一帘幽梦，不知与谁能共?"

陈定剑回答："生死鸳鸯，镜剑配合。"

仪凤道："忽而在高山之高，忽而在水深之深。"

陈定剑叹道："雌雄桃花共有意，一江流水诉无情。"

仪凤又问："他日嫁入侯门，一去不回深似海，您不觉得遗憾吧?"

陈定剑祈盼地说："除非……"

仪凤急问："除非怎样?"

陈定剑道："除非日出西山，水往西流，否则你我难结连理。"

仪凤无奈地说："我为了皇族海军，奉旨嫁与铁祥；您为了重建海军，不能与顾玉秀结缡，什么时候你我才不受羁绊，自由结合呢?"

陈定剑满腹离愁，说："恐怕很难。古人说'人生不相见，动如参与商'，这正是真实写照。"

仪凤坚执地说："不，我相信，总有一日天上的参星与商星能够见面。"

陈定剑说："听家父说，你曾经发了电报，阻止你额娘去见太后反对定书认祖归宗？我们陈家要记住您的恩德。"

仪凤说："定书是我大哥，我当小妹的焉有不帮之理?"

陈定剑由衷地说："今后咱们两家可是小葱拌菠菜，亲（青）上加亲（青）了。"

仪凤劝道："别再依恋我了，还是去找郑小姐吧，她一心相与，与她结合吧，这样我也不觉得亏欠。"

陈定剑回想起与郑安芳的肌肤之亲的往事，说："她是一只百灵鸟，只能在云端唱歌，不肯栖落在枝头停歇的。"

仪凤说："我可以找她谈谈，她从前对我抱有很大的敌意，如今我却把你让给她，这是她当初做梦也没有想到的。"

陈定剑说："我看不必了，到头来只会是竹篮打水一场空。"

仪凤犹恋不舍地说："成亲以后，按祖制，我得离开海军，返回北京，枯守那一座死气沉沉的贝勒府。这是我痛心的症结。”

陈定剑安慰道：“可以去求太后恩典，让您到海军部当通译。”

仪凤说：“但愿吧，这可是不幸中之大幸。”

两人匆匆分手后，陈定剑回到“海星”号穹甲巡洋舰的锚地，见郑汝才正在码头上等他。

陈定剑揖礼道：“郑世伯别来无恙？”

郑汝才道：“人无远虑，必有近忧，岂能无恙？”

陈定剑装蒜道：“莫非有小侄效力之处？”

郑汝才道：“此事还非君不能排忧，可否借一步说话？”

陈定剑道：“可以。”心里已经猜到几分他的来意了，盘算着怎么化解。

郑汝才带他进了码头旁边一家小茶馆，清静得门可罗雀。郑汝才捡了一张桌子坐下，要了一壶茶，一碟瓜子后便把茶房打发走了。

筛过一碗茶后，郑汝才说道：“我女儿从香港回来了，听说广东的官府要抓她，她才舍得回来。”

陈定剑一听松了口气，郑安芳如果平安，五爷他们也必定无事，就装作吃惊地问：“她去香港做什么？”

郑汝才叹了口气，说：“家门不幸哪！别提她了，提了我心里就堵气。这几年她不好好读书，到处跟狐朋狗友鬼混，我以为她生性泼辣野性，也就不管她。这一次香港朋友打电话告了御状，才知她缺钱冒充我的名义向朋友乞借，原来是捐给了乱党。总算我大梦初醒，女儿是一个革命党，这还了得！”

陈定剑安慰道：“世伯莫生气，人各有志，安芳是有抱负的姑娘，总不会枉对她读的数载诗书。”

郑汝才说：“女人不比男人，可以志在四方。女人总要出嫁，相夫教子。为了收回她的野心，规化她的野性，我决定逼她嫁人。结果昨晚我俩大吵了一顿，各不相让。如果她再不嫁人，迟早出事，不仅祸累家人，而且误她终身。”

陈定剑故意问道：“她怎么说？”

郑汝才说：“她说她此生终嫁革命，革命一天不成功，她一天不嫁人！”

陈定剑感佩不已，说：“世伯，相强两相误，不如慢慢劝导再说。”

郑汝才焦急地说：“我只要一想到革命党人被砍头，就后怕，就怕女儿落得如同秋瑾一样结局。想了一个穿心夜，决定来找您兑现您的诺言。世伯帮过您几次忙，这一回您务必答应娶我女儿。”

陈定剑刚刚失去仪凤，心宅空空，如何再驻入一位女菩萨？便说：“兹事体大，从长再议如何？”

郑汝才说：“我女儿论相貌有相貌，论品行也是圣约翰大学生，论门户你我两家是世交，可谓门当户对，不会给您陈家丢脸。”

陈定剑支支吾吾，说：“匹配是匹配，就是令媛同我有份无缘。”

郑汝才说：“只要您答应了，我女儿由我去说服。”

陈定剑又想推辞，话未出口就被郑汝才逼住了，低声道：“为了我女儿，我可不顾两家的脸皮了！”

陈定剑听出他语含威胁，问道：“此话怎讲？”

郑汝才阴阴地笑道：“你大概没有忘记有人几次威胁过要告发您企图刺杀代春贝勒的事吧？”

嗡的一声，陈定剑的脑袋胀得跟米斗大，说：“原来威胁我的人是您？”

郑汝才说道：“这是天助我也！那一天在码头是我亲眼所见您想用炸弹暗杀代春，结果半路杀出一个程咬金——那个吴天宝成了您的替死鬼！”

说得巨细无遗，夜夜闯入他恶梦中的人竟然是郑汝才！陈定剑本能地想拔出手枪。

郑汝才冷笑道：

“太迟了！如果我今天不回去，我的管家郑二就会立刻去上海道衙门告发你。如果我日后有所不测，他也会到衙门去指证您。所以您只有一条路，乖乖地和我女儿成亲！”

陈定剑打个寒噤，往日对郑汝才的好感吓退一半。

郑汝才又逼道：“您大哥犯了官府，可是运动了各路神鬼，才把他从阎王的鬼头刀下拉出来。如果您再犯了官府，可没有这样幸运了，铁祥大人头一个不会放过您。”

陈定剑负手踱步，顾盼自叹：“你……你太卑鄙了！”

郑汝才笑道：“贤婿，我可是被我家千金小姐逼出来的！”

“呸！”陈定剑怒目向相，“谁是您的贤婿？”

“您不认也罢，咱们对簿公堂！”郑汝才起身就走。

“慢！事已至此，我答应了！不过您先别告诉您女儿，容我思量几天，再定此事！”陈定剑想使个缓兵计，却被郑汝才看穿了，说：

“我可以先不告诉我女儿，不过您得马上答应！否则夜长梦多！”

“好，我先答应订婚，等明年再履行婚礼！”陈定剑为了避免祸及革命党，只好权宜容忍了郑汝才的相逼。

郑汝才见目的已达到，就大摇大摆地走了，陈定剑真恨不得拔出手枪毙了他，可是一想到同盟会的大事，只好忍了。

109

一条提着一把鬼炮的人影悄悄地贴进了老城厢的棚户区，踩着泥泞的土路，掠过一间一间的滚地龙，在月光照亮的棚户跟前站定，瞧瞧四下里无人，端起鬼炮，猛踢一脚，踹开柴门，冲了进去，连连开枪。

子弹打在油灯照着的人影上，人影倒了下去。那人上前一看，是个稻草扎的人，吃了一惊，正想往外退，从门外堵进来乌鬼和他的手下马蒂，四支明晃晃的乌炮对准不速之客。

不速之客无路可逃，被乌鬼扯下面巾，他正是五爷的手下三舅。

乌鬼冷笑一声，用洋泾浜英语说：“是五爷的手下吧？他要杀我，怎么不亲自来？”

“我来了！”突然一声大喝，五爷带着七八个光复会会员冲进来，缴了乌鬼和马蒂的械。三舅一转身，也用鬼炮顶住乌鬼，内外夹住了对手。

乌鬼说：“五爷毕竟是革命党，懂得杀人有章法，我乌鬼服了。说吧，想干什么？”

五爷说：“干什么？种荷花！”

光复会会员们七手八脚将乌鬼和马蒂捆了，架出门外去。五爷领着他们往臭河浜走，五爷一路上吼着：“你在长沙出卖了我，我要种你的荷花！”

“放开我！放开我！”乌鬼挣扎着徒劳喊叫。

到了臭河滨旁边，浊水上浮着月亮的幽光，仿佛油糅上一层漆，令人寒心。光复会会员们给乌鬼他们绑上石块，要沉入臭河浜中——马蒂大叫：

“说呀！快说出秘密！”

乌鬼猛受提醒，喊道：“五爷，放了我们，告诉你一条惊天的秘密！”

“鬼扯！沉！”五爷下令道，想起惨死的丁二姐母子，他就怒火中烧。

“等等!”三舅粗中有细，提醒道，“先听听他讲什么，再沉也不迟。”

五爷说：“好吧，有屁快放!”

“饶我俩不死，才说!”乌鬼央求道，“不饶命横竖一死，就不说!”

五爷预感事大，说：“饶你们不死，快说!”

乌鬼说：“海军统制部格格仪凤被绑架的案子是我们做的。”

五爷吃了一惊，忙问：“为什么绑架?”

乌鬼说：“不知道，我们是受人之托。”

五爷问：“什么人?”

乌鬼说：“上海道衙门的福贵!”

五爷惊讶地问道：“福贵不是旗人吗?他怎么敢绑架一个格格?”

乌鬼衔恨地说：“福贵背后有人主谋。”

五爷说：“凭什么可以这样断定?”

乌鬼说：“福贵命令我不准伤害格格一根毫毛，我照办了，他还想杀我灭口，结果我的一个手下何塞被海军陆战队杀害了。”

五爷疑惑地问：“所说句句属实?”

乌鬼说：“我愿意带你去见福贵对质。”

五爷说：“不必，我猜得到福贵在哪里。如果你胆敢耍我，我就叫你吃花生米！滚吧!”说着叫人替乌鬼和马蒂松了绑后，就直奔夷场去了。

高级侦探福贵自从让革命党李沪生逃脱之后，耿耿于怀。他像猎狗一样在夷场里嗅来嗅去，他断定受了伤的圣约翰大学生有可能躲在夷场的一家夷人医院中疗伤。不久，他包打听到教会医院里有一个疗外伤的学生，主治医生是乔治，护理的看护是安娜。他决定去探个究竟，然后再请巡捕房引渡。

福贵悄悄地走进医院，避过值夜班的看护小姐，直奔外科的病房。偌大的病房里躺着七八个病人。他提着手枪一个一个地辨认过去，都是一张张病容憔悴的老脸。忽然，他在一张年轻的病脸面前站住了。

那张病脸直勾勾地盯着他，又惊讶又害怕，只差叫出声来讨饶了。

福贵很得意，收了手枪，对李沪生说：“读书郎，可把你找着了，害我找得好苦呀!”

李沪生说：“这里可是夷场，不是你的老城厢，你奈何不了我!”

福贵气炸了，说：“我要引渡你!”

李沪生说：“家父可以保我，你引渡不了!”

福贵气咻咻地说："你是死鸭子，嘴硬！老子先毙了你！"说着正要掏枪，已经被那六七个病人扭住了。

这六七个病人正是五爷和三舅他们乔装的。

五爷用手枪顶着福贵的头，说："告诉我，是什么人叫你收买乌鬼去绑架仪凤格格的？"

福贵耍赖，说："我不知道！"

五爷用手枪柄敲了一下他的头，痛得他哇哇叫。五爷说："再问一遍，不说就勒死你！说，是谁叫你托乌鬼去绑架仪凤格格的？又是谁叫你杀乌鬼灭口的？"

福贵知道抵赖不了，只好说："是铁祥大人。"

五爷一愣，说："什么，是铁祥？铁祥不是格格的未婚姑爷吗？胡说！"

五爷又狠狠地砸了一下手枪柄。

福贵痛得头要裂开了，捣蒜似的叩头，说："五爷，小的句句属实。铁祥嫉恨陈定剑，想演一出英雄救美的戏讨好格格。"

李沪生问："敢当面对质吗？"

福贵说："我又不吃海军的饭，有什么不敢？"

五爷说："把他带走！"

三舅他们将福贵押走了以后，五爷对李沪生说："伤都好了吗？"

李沪生说："乔治医生说过两天就可以出院了。"

五爷说："好福气，还可以赶上喝郑安芳和陈定剑的订婚喜酒，我走了！"

五爷丢下一句话走了，却让李沪生坐立不安了。

李沪生偷偷溜出医院，赶到郑安芳的家，正见五爷和郑安芳在谈话。

郑安芳听了父亲的劝苦，同意和陈定剑订婚了，原因在于她得知仪凤和铁祥要结婚了，如果延宕她和陈定剑的感情，她于心何忍？陈定剑先失去仪凤，又失去顾玉秀，自己再不答应，岂不是鸿飞冥冥，戈人何慕？

两人正说得投机，李沪生脸色沉重地走进客厅，说："郑小姐，我有话相告，可否借一步谈话？"

五爷是个明白人，说："我告退了。"

郑安芳知道李沪生想说什么，故意道："五爷不是外人，不必走。"

李沪生大声说："我可为革命生，也可为郑小姐死！"

五爷笑道："小白脸，有种！郑小姐，顾玉秀从南京回上海探亲了，叫我过去叙旧，我就此拜别。"说着抱拳一揖，飘然而去。

李沪生激动地说：“郑小姐，您想利用五爷来拦阻我向您表达爱情，办不到。”

郑安芳抚道：“沪生，生米已煮成熟饭，这回不能改变了。我爹已经向陈家正式回复茶礼，明天就举行订婚典礼了。天涯何处无芳草，你周围的女同学有不少，不妨将眼光转向她们，一定有你满意的心上人。”

李沪生坚执地说：“你是月亮，她们是星星，你把她们的光芒全遮挡了。我只要您，现在改变还来得及！”

郑安芳说：“我爱陈定剑，只是从前我考虑到都是革命同志，所以我犹豫再三。如今他左失爱人，右失情人，我不能再伤他的心了。”

李沪生说：“你又不是一贴止痛药，你是堂堂革命女侠，为什么要委屈自已？”

郑安芳情肠撩拨地说：“我愿意，打从我在‘威廉王子’号轮船上遇见他的那一刻起，我知道自已臣服于他的感情统治了。当他表示敢去刺杀代春的时候，我说，若他牺牲了，愿为他守墓，终身不嫁。你看，我至今还留着他写的一封与家人的诀别书，这是爱情的信物。”

李沪生接过诀别书一看，字里行间涌动革命者的豪情无不冲击他的心闸，便说：“陈定剑是我的榜样，但是在感情上仍是我的敌人！”

郑安芳压下绮念，说：“明天到教堂来参加我的订婚仪式吧？”

李沪生说：“不，明天我就去四川舅舅家，那里有一场保路的革命运动在等着我参加，祝您幸福！”

“沪生！”她心有不忍，想起与他在一起的日日夜夜的战斗经历，猛地搂住他的脖子，亲吻了一下，当作遽别。

李沪生怀着浪漫，带着激情走了。

郑安芳不由得在心头掠过这样一个念头：她与陈定剑的结局会是酣然一梦吗？

110

长三里的迎春坊里热闹翻了天，顾玉秀风风光光回来省亲，惊动了全长三里的妓家姐妹，无不来嘘寒问暖，道喜贺庆。鸨母阿金忙里忙外，招呼客人，一边向客人们炫耀摆在满厅堂的礼物——那都是张勋送的各种礼品，一边指挥佣人侍候随同刘得胜一块来的一个棚的士兵们喝酒吃肉。

阿金不断地向客人，夸耀顾玉秀如何孝敬她比亲闺女还亲，又不断地称赞提督大人张勋如何宠爱顾玉秀。

顾玉秀坐在厅堂里有一搭没一搭地同来客应酬，却在焦急地等待五爷的到来。

顾玉秀在南京听张勋说了仪凤与铁祥结婚的消息后，坐立不住了。她摸不透张勋不碰她的真正目的，但是她开始幻想有朝一日再将自己冰清玉洁的身子留给陈定剑，与他重拾坠欢。所以她向张勋提出省亲的要求，张勋不知就里，乐得答应了。只有刘得胜有几分警觉，所以吩咐跟侍来的士兵们，瞪大眼睛，观察顾玉秀与谁接触。

五爷到了，一进门就大声叫道：“阿金姆妈，恭喜！恭喜！”

阿金笑嘻嘻地道：“五爷，我正想，千人来万人来，五爷也该来了。”

五爷说：“我手头的生意忙，脱不开身，得罪，得罪。”

阿金高声叫道：“姑娘，你看看谁来了？”

五爷朗声叫道：“顾姑娘，我来贺喜了。”

刘得胜拦住了眼前这位黑脸大汉，问道：“来人报上高姓大名。”

五爷认出他是在衡州城放他出城的辫子军排长，说：“人称五爷，姑娘的茶友。”

顾玉秀对刘得胜说：“刘排长，他是我的客人。”

刘得胜让开路，让五爷走进花厅。五爷笑道：“顾姑娘，张大帅把您供得跟观音一样好看，五爷称你有福了。”

顾玉秀道：“托你的福。请五爷进里间用茶。”

五爷会意，进了里间，主客坐定后，顾玉秀急切地问：“五爷，听说仪凤格格和铁祥大人要奉旨成亲了？”

五爷说：“是的，日子就定在明天，听说在海军制统部礼堂内举行新式婚礼。”

顾玉秀一经证实，顿时觉得老去几岁，老态毕露。

五爷见了怜惜，忙问：“姑娘可是人妇，莫非另有违莫如深之意？”

顾玉秀有点窘怅，说：“本来已经死心，可是自从嫁到金陵，张大帅将奴家束之高阁，不知何意。奴家才心生绮念，也许有朝一日风生水起，兴许有与定剑破镜重圆的一天。”

五爷见顾玉秀说了心里话，就说：“姑娘，死心吧。”

“为何?”顾玉秀自信地说，“在上海没有五爷做不成的事。”

五爷说：“你还不知道吧?定剑与郑小姐定亲了，日子也定在明天。”

顾玉秀笑道：“日子都订在明天?这不是凑巧，是定剑勉强定亲，目的为了与格格赌气。”

五爷恍然道：“姑娘聪明，一经推敲，果然有文章。”

顾玉秀自信地说：“我估计定剑与郑小姐的姻缘，是兔子的尾巴，长不了。如果是两情相悦，早结缡了，何必拖至今日?”

五爷点点头，说：“姑娘高见，不知有什么打算?”

顾玉秀聪慧地说：“要紧的是不让仪凤与铁祥成亲，奴家就有一线生机。”

五爷一拍大腿，说：“我可助姑娘一臂之力!”

顾玉秀大喜，说：“奴家说嘛，在上海没有五爷玩不转的石球。”

五爷说：“你还记得绑架仪凤的事吗?”

顾玉秀说：“记得，怎么不记得?奴家差一点还吃了枪子，想想都后怕。”

五爷说：“那是有人指使绑架格格的，目的为了演一出英雄救美的好戏，博得格格好感而排斥陈定剑。”

顾玉秀一语中的，说：“此人是铁祥!”

五爷说：“对，正是他!老子已经扣了他指使的高级侦探福贵，可以当面指证。”

顾玉秀心海中涌过欢乐的波浪，荡起希望之船，于是对五爷说出了她的挽救爱情的办法，五爷听了解恨地哈哈大笑。

传出里间的笑声，让在花厅守卫的刘得胜听了大惑不解。

新式的婚礼计划分两个步骤举行，这是铁祥为了讨好仪凤，仿效西洋的礼决定的：第一个步骤先假海军统制部的礼堂举办西式的仪式，由萨镇冰主婚，晓谕参加婚礼的海军将领官佐；第二步骤，婚礼后，铁祥偕同新娘仪凤以及代春返回北京，按满人传统祖制举行盛大而隆重的婚礼和于归仪式。

礼堂内外张灯结彩，海军陆战队士兵分成两队举起枪刺交叉架着，让代春领着穿着白色婚纱礼服的仪凤从枪刺巷中缓缓走过，由红地毯引领着他们步入礼堂大门。大堂内由两队海军青年军官手执军刀候着，一俟代春父女步入，两排军刀交叉架成一条长长的刀巷，让父女俩慢慢通过。

礼堂的两侧站满祝贺的海军将领官佐，报以热烈的掌声。刀巷的尽头，正是站着品服笔挺的铁祥恭迎着新人的到来。代春走到铁祥面前，将挽着他胳膊的女儿的手交到铁祥的手中，再由铁祥挽着仪凤走向庄严肃穆的萨镇冰。铁祥此时如沐春风之中，夙愿得偿地挽着他的战利品步入婚姻的殿堂，在萨镇冰面前站定。

萨镇冰宣布结婚仪式开始，二人互赠戒指。仪凤如同木偶一样在萨镇冰的指令下运转，她的心如同冰窟，冻死了她和陈定剑的爱情，一种宿命感笼罩了她的全身。

萨镇冰问："铁祥大人，您愿意娶仪凤格格为妻吗?"

铁祥答："愿意。"

萨镇冰又问："仪凤格格，您愿意嫁给铁祥大人为妻吗?"

仪凤嗫嚅着："愿……意……"

萨镇冰用威严的目光投向满堂的来宾，庄严地问道："有人对他们的婚姻的合法性表示疑义的吗?"

来宾中鸦雀无声。

萨镇冰又宣布了一次："有人对他们的婚姻的合法性表示疑义的吗?"

"有!"忽然一条声音从门外冲了进来，如同一声霹雳在来宾中炸开。众人循声回头望去，只见顾玉秀从门外走进，穿过众人诧异的目光径直走到萨镇冰的面前，大声地说："我对铁祥大人的忠诚表示疑义!"

铁祥认出顾玉秀是屡次救陈定剑的妓女，大声叫道："她是肮脏的妓女，来人哪，快把她轰出去!"

两个海军陆战队的士兵赶过来，拉着顾玉秀往外走。

仪凤坚定地说："放开她!让她说!"

代春觉得蹊跷，命令道："放开她，有话让她说。"

两个士兵看着萨镇冰。萨镇冰说："听贝勒爷的，放开她!"

士兵们放开了顾玉秀。顾玉秀整了整弄乱了的衣裳，正色地说："奴家不是有意来捣乱婚礼的，奴家是来揭发铁祥大人对格格不忠诚的品行的。"

萨镇冰大声地说："各位，这位是江南提督张大帅的如夫人，请顾姑娘有话不妨直说。"

顾玉秀说："各位大人还记得格格的绑架案吗?绑架的幕后主使人正是铁祥大人!"

铁祥脸色急赤煞白，抵赖地说："胡说！一派胡言！我爱格格，怎么会指使绑架格格?"

代春严厉地说："夫人，这里是太后赐婚的皇族婚礼，如果肆意造谣，可是蔑视皇族，轻慢太后，此罪不小。"

顾玉秀说："贝勒爷，奴家明白。奴家所说的字字属实。"

仪凤心存感激地说："阿玛，当初救女儿，就是顾姑娘鼎力相助，出手搭救的还有她的保镖、新军排长刘得胜。"

铁祥见势不妙，说："姓顾的，红口白牙，可有人证?"

顾玉秀讥讽地说："铁祥大人放心，奴家自有证据。"

话音刚落，从门外走进五爷，后头由刘得胜押着福贵。

五爷朗声说道："各位大人，现在由上海道高级侦探福贵说出证词。"

代春说："福贵，事关我女儿的声誉，有话从实说来，一切由我为你做主。"

福贵失去了往日的骄横，哭丧着脸说："奴才犯了死罪，对不起贝勒爷，对不起格格!"

仪凤说："你大胆说，有我阿玛替你撑腰。"

福贵说："是铁祥大人叫奴才找人绑架格格，他说目的为了讨格格的欢心，让他演一出英雄救人的好戏。还吩咐奴才不许伤格格一根毫毛，事成之后将绑架人乌鬼杀掉灭口，结果乌鬼逃脱了。"

铁祥气得无语，狼狈不堪。

"你!"代春怒不可遏地对铁祥说，"你的婚事取消了，我要向太后上折!"

福贵在说话的当儿，身为革命党的五爷悄悄地溜走了。

仪凤恨恨地对铁祥说："你太卑鄙了!"

来宾们一片哗然，交头接耳地指责铁祥的卑劣行径。

仪凤顿时受不了这种羞辱，提着白色婚纱裙一边往外跑，一边叫道："水根！快跟我走!"

水根明白了，连忙跟上，叫道："陈大人在教堂！我知道，他在教堂订婚!"

仪凤跑出礼堂，上了停在门口的马车。水根已经跟出来了，跳上马车，驾着车就急急地驶去。

礼堂里乱成了一锅粥。

车声辚辚，车轮滚滚，马车载着仪凤，也载着她那颗焦急不安的心，飞驶着教堂。

仪凤知道陈定剑今天和郑安芳举行定亲仪式，那是因为她的背信，所以才有了他今日的弃义，罪不在他。

顾玉秀的到来帮她扭转了颓局，如今剩下的就是她需要的一点点时间和运气了，她要赶去阻止他俩的定亲仪式，挽救自己的爱情。

马车在教堂门口还没有停稳，仪凤已经跳下马车，沿着长长的台阶向教堂奔去。

那台阶长长的，一级一级犹如天梯一般陡，一级一级犹如登天一样的难，她不顾一切地往上跑——

突然，教堂的大门陡地打开了，涌出一群欢呼的人群。人群中间被簇拥的正是陈定剑，他的怀中抱着郑安芳。郑安芳幸福地搂住他的脖子，幸福的红晕凝在她白皙的双颊上，迷人而又甜蜜。他俩的周围是陈世恩、陈定棋、乔治、安娜、周友三和陈定琴，以及郑汝才的家人。他们见到匆匆赶来的穿着白色婚纱的仪凤，一瞬间都愣住了。

定亲的仪式结束了！仪凤如被闪电击中一样，痛叫了一声，瘫软在石阶上，滚了下去。

陈定剑如箭穿心，连忙放下手中的郑安芳，冲了下去救仪凤。

这一刹那的倚重倚轻、生歌哭死的情景，定格在郑安芳的脑海中，定格在每一个亲朋的脑海中！

他们都惊愕了！

第二十八章

111

隆裕皇太后的懿旨很快下到海军统制部：撤销代春与康禄两家的联姻，左迁铁祥为“江天”号炮舰的管带之职，“海星”穹甲巡洋舰管带一职由帮带陈定剑署理。对铁祥不失偏袒，以期东山再起，而企图平息代春的盛怒，萨镇冰的不满和陈家父子的怨怼。福贵则责成由上海道处置，责打五十大板,裁撤高级侦探,降为侦探。这一场风波总算平息下去了。

仪凤的伤势倒不重，尽是皮外伤，住在教会医院里由乔治医生治疗，安娜护理。摆脱了铁祥的婚姻桎梏，无疑让她重获了新生，只是陈定剑与郑安芳的定亲成了结在九曲回肠中的症结。

陈定琴已经毕业，征得父亲同意之后，和周友三去了周友三的老家重庆。陈世恩再三叮咛女儿，四川已出现乱象，成立了“四川保路同志会”，为维护川汉铁路路权而与朝廷分庭抗礼。周友三信誓旦旦地保证此去无虞，周家是重庆的大户人家，他的哥哥周友梅是重庆商会会长。

陈定琴头一回入川，木船经过宜宾以后，即进入四川天险江境。两岸高山如一扇扇船帆向她扑面迎来。她抱住桅杆，迎风伫立，听得两岸猿声啼叫，苍鹰盘天，别有一番滋味在心头。帆船过了白帝城后，天险尤为惊悚，一长串的纤夫赤裸着身子，背着纤绳，贴在悬崖峭壁上，两腿用力蹬，双手在前人趴过的石壁凹槽上用力拽。高亢的川江号子，就由他们的心底流出，拧成一股号子声索在延绵的川江上抽击回荡，令陈定琴倍感震撼。

船到重庆朝天门码头，已经是第三天的掌灯时分，周家管家周怀义已经领着两乘轿子在恭候了。

陈定琴走上石阶高高的朝天门码头，为巍峨的石阶码头所惊叹。周友三笑道："不要高兴得太早，重庆是山城，出门尽是走石阶，以后有的你皱眉头的。"

陈定琴说："有你当拐杖，我不怕。"

周友三给周怀义介绍陈定琴说："这是未过门的陈定琴小姐，他是管家周怀义。"

周怀义道："陈小姐，以后叫我老周头就可以了。"说着指挥脚夫们挑上行李。

陈定琴说："老周头，我是福州人，不吃辣椒，叫厨房做菜不放辣椒，行吗?"

周怀义笑道："大少爷早放话了，连大少奶奶都叫下人把锅换了，说不能叫陈小姐受委屈。"

陈定琴笑道："那我委屈大家了。"

周怀义说："陈小姐是贵客，贵客为上，是周家待客之道。"

周友三问道："我大哥怎么不来接陈小姐?"

周怀义解释说："大少爷本来要来的，临时'保路同志会'来人叫他去，说明天新到任的国家铁路驻重庆总理要履新，请大家商议。"

周友三不以为然，说："不就是个五品芝麻官吗，有什么好迎接的?派一乘轿子到码头驮走就行了。"

周怀义说："听说那个总理少年得志，微服暗访，说不定人都到重庆了。"

陈定琴不屑地说："老周头，他如果敢欺负你们四川人，照样打折他的狗腿。"

周友三说："玩笑开大了。老周头，我们回去吧!"

两乘轿子，一串脚夫，在周怀义的引领下爬上石梯，又下石阶，弯弯曲曲、起起伏伏地直奔周家。

大少奶奶韩兰慧领着全家大小恭迎周友三和陈定琴。

韩兰慧上下打量着落落大方的陈定琴，笑道：“长得跟花一样的陈小姐，可不把我们家老二迷死了?”

“大嫂，您别再夸她了，她一家不是统领就是管带，早把我压得喘不过气来了，她再压上去，我不成一块饼了!”周友三美滋滋地说着，恨不得自己压成块饼。

韩兰慧说：“大家都听着，陈小姐是我们家的贵客，谁得罪了她，就是得罪了我，谁委屈了她，就是委屈了我！都听见了吗?”

十几个佣人齐声回答：“听见了!”

韩兰慧挽着陈定琴的胳膊，说：“走，我带您去您的房间，看称心不称心。”

周友三指挥佣人们开始卸行李，并分给每个人一份礼品，说是陈小姐给的见面礼，乐得佣人们直夸陈小姐出手阔绰。

进了楼上的闺房，陈定琴看了很满意。韩兰慧问：“妹子，什么时候和老二拜天地?”

陈定琴羞涩地低下头，说：“不知道……”

韩兰慧说：“我看这次回来就把亲事办了吧?”

陈定琴说：“我刚从学校毕业，还想到教会医院做事，等过一年半载再说。”

韩兰慧说：“那您爹怎么让您来四川了?”

陈定琴说：“我爹是个开明人，让我过来表表这个心意。”

韩兰慧转缓了口气，说：“也好，这年头四川不太平，等风调雨顺了再成亲也不迟。”

陈定琴问道：“是不是夷人勾结官府想抢你们的铁路权，你们不肯给，对不对?”

韩兰慧惊喜地反问：“怎么，妹子也知道?”

陈定琴说：“我看报纸上说的，来龙去脉不清楚，能告诉妹子听听吗?”

韩兰慧说：“我也说不清，只知道您大哥买了不少路权股，一旦铁路被朝廷收走，您大哥就破产!”

这时候，周怀义进来报告：“大少奶奶，陈小姐，大少爷回来了，是不是可以开饭了?”

“开饭，开饭！晚上给陈小姐接风洗尘哩！”韩兰慧说着拉着陈定琴一阵风似的下楼去了。

大哥周友梅是个沉稳的人，少年老成，才三十五岁，已经半头白发了。一见陈定琴，喜滋滋地抱拳笑道：“陈小姐，公务缠身，有失远迎，失敬，失敬。”

陈定琴鞠个躬，说：“定琴见过大哥。”

周友梅说：“请入席。”说着恭请陈定琴坐上座，一家人连同三岁的儿子乐融融地围坐一桌。

陈定琴送给三岁的儿子一个长命金锁当见面礼，韩兰慧高兴地说：“还是陈小姐懂得疼人，连他亲爹也好些日子没疼他了！”

周友梅轻斥道：“妇道人家就懂得鸡毛蒜皮小事，也不看看这外头都乱成什么模样了？”说着长叹了一口气，搁下手中筷子。

周友三引导地说：“大哥，有什么烦心事，不妨说出来听听？”

周友梅一声三叹地说：“朝廷宣布铁路‘国有化’以后，我们川人是哑巴吃黄连有苦说不出，只要求保存现有之款，归还已用之款，也就是说朝廷能还钱广大股民，也就算了。可是邮传部大臣盛宣怀和铁路督办大臣端方联合发出声明，如果要求归还已用之款，一律用股票抵算。如果还要归还路款，必须借外债，必须用川省财产作抵押。这分明是不仅夺路，还要夺款！”

韩兰慧说：“这不是把川人赶尽杀绝吗？”

周友梅说：“赶尽杀绝的手段还在后头。盛宣怀等人收买了川汉铁路公司驻宜昌总理李稷，宣布他为朝廷直接委派的国家铁路驻宜昌总理。这种行径，是绕过川汉铁路公司，直接派人接收川汉铁路，抢夺路权。我们川人也不是吃素的，立即召开股东大会，开除李稷的职务，直接上书纠劾盛宣怀。不料，朝廷罔顾民意，更发出语气严厉的‘上谕’，指示署理川督赵尔丰严办敢闹事百姓，并钦派李稷为川汉路宜昌总理。”

韩兰慧说：“老爷，听说朝廷也钦派了一位川汉路重庆总理？”

周友梅说：“是的，听说这位大员已经抵达重庆。刚才我去‘保路同志会’开会，准备响应成都总会的号召，明天开始罢市、罢课、罢工、罢耕，来迎接这位总理到任，逼他答应我们的条件！”

周友三试探地问道：“大哥，他要是不答应呢！”

周友梅说：“我们自有办法对付他。”

陈定琴说：“什么办法？该不会动刀动枪吧。”

韩兰慧说：“怎么会？您大哥是商会会长，又是保路同志会会长，犯上作乱的事，您大哥可不敢做。他们能做的不是摆放光绪帝的圣位牌，就是焚香礼拜，再不就是哭诉请愿。”

周友梅说：“那都是老皇历了！这一回我们要抬着棺材向新总理请愿！”

周友三问：“谁的棺材？”

周友梅说：“我们周家的本家远房叔叔叫周朋五的，是谘议局议员，也是川路的大股东，去北京请愿开会的时候，被军舰撞翻了船淹死了。这两天，他的灵柩才从天津运回来，我们明天准备抬着棺木去对簿公堂。”

周友三担忧地说：“大哥，您这一招是险棋哪。”

周友梅绝望地说：“你大哥被逼得走投无路了，是险棋也要用！”

周友三说：“我听说湖南绿营总兵荣宝已经率领十个营的绿营兵抵达重庆了，如果明天矛盾一旦激化，他兴许会下令开枪的！”

周友梅说：“全四川有十几万保路同志会会员，重庆也有三五万人，都是手无寸铁的良民，他不敢开枪的！”

周友三叹了口气，说：“但愿矛盾不要激化吧……”

韩兰慧连忙转换气氛地说：“老爷，今天是替陈小姐接风，你就不能说点别的吗？”

“对对，吃饭吃饭！饭菜都凉了！”周友梅举起酒杯相邀，但是众人举杯的手都很沉重。

这一桌接风宴很快就不欢而散了。

112

一大早，周友梅就赶到“保路同志会”，大门口已经聚集上万人的百姓，人头攒动，水泄不通。只听得有人喊到“周会长来了！”人群立刻分出一条路，让周友梅走了进去。院子里摆了一口黑漆棺木，死者周朋五的亲人围着一堆，周朋五的外甥李沪生一见周友梅就说：“周会长，人都到齐了！”李沪生从上海入川后，才知道舅舅周朋五惨死在大沽口海上，便按舅母的意愿，顶了舅舅股东的位置，在“保路同志会”中当个襄理，替舅舅申冤。

周友梅说："开始焚香祈告吧！"

李沪生大声宣布："上香！上香！"

于是众人开始点燃手中的线香，头顶光绪皇帝的圣牌位，朝北跪下。

周友梅仰天祈祷："苍天在上，万民敬仰，先帝保佑，保路活命！"

万众跟着复诵："苍天在上，万民敬仰，先帝保佑，保路活命！"声如洪钟，响遏行云，气势如虹。

祈祷礼毕，一声令下，棺木起行，周友梅率众出发。重庆城已经罢市，店铺纷纷关闭，队伍所过之处，不少市民纷纷加入，声势浩大，等到了知府衙门前，已经聚集了数万之众。

荣宝的绿营兵如临大敌，架起马克沁重机枪对准潮水般的民众。周友梅坦然上前，大声地对为首的绿营哨官说："我等保路同志会，乃大清良民，今日别无他意，要见新任川汉路重庆总理！"

哨官说："荣宝总兵有严令，聚众闹事人等尽速散去，否则严惩不贷！"

李沪生下令将棺木停放在衙门口，大声疾呼："军爷们！我等乃是良民，要替冤死的人申雪，大家说，对不对？"

万众齐声怒吼："申冤！申冤！"

哨官吓了一跳，连忙缩回沙袋掩体后面，下令准备开枪——这时紧闭的衙门洞开了，走出一位营官，手按腰刀刀柄，神气地宣布："各位同志，新任川汉路重庆总理大人已经去周会长家登门拜访了，大家请到周家去见他！"

周友梅一怔，问："官爷，此话当真？"

营官说："千金万确！这位总理大人是至诚君子，礼贤下士，当然先去拜码头了！"

李沪生对周友梅说："周会长，既然如此，棺木不能抬去您家，民众也不能堵在您家门口，我看还是先散了，只派几位代表去您家见他，您意为如何？"

周友梅是个谦谦君子，说："既然新总理有诚意在先，我等也决不能无礼在后，就这么办吧！"当下解散民众，抬回棺木，周友梅便带着李沪生和几位襄理径直回了家。

周家门口守卫着一个棚（班）的绿营兵，一个棚目（班长）一见周友梅等人便横枪拦阻，大声呵斥："总理大人在此，尔等不准进入！"

早有周怀义从院子里跑出来，对棚目说："军爷，他是我家老爷，总理大人等的就是他！"

棚目收了枪，毕恭毕敬地说："失礼，失礼！请进！"

周友梅带着李沪生他们往大门里走。周怀义激动地抢着说："大少爷，您还不知道新任总理是谁吧？"

周友梅一眼看见厅堂上坐着五品品服加身的弟弟周友三，正在同妻子和陈定琴有说有笑地聊天，不由得大吃一惊。

周友三起身迎来，说："大哥！"

周友梅喜出望外，说："二弟，想不到您却是新任总理！"

周友三解释道："连定琴也不知道。因为我是川人，又是你的弟弟，朝廷叫我保密入川，以利微服私访。"周友三升迁川汉铁路重庆总理实缺，是军谘府大臣载涛奏保，实仰赖他是川人，又是轮船招商局高级职员，邮传部大臣盛宣怀才同意他是不二人选。

周友梅说："来，我介绍几位襄理。"说着一一介绍了李沪生和其他几位襄理。

李沪生高兴地说："这回可好了，周大人既是周会长的胞弟，还请周会长替我等陈情为好。"

周友梅正色道："周大人，川路股款紧系百姓身家性命。当时朝廷无力参与这项估款达五千万两白银的工程，所以采用集资和租股两种形式向民间筹款，六年间共征总额达九百二十八万多两白银，征收额数甚巨，在全国数一，牵涉四川的利益，不可谓不大。"

李沪生插话道："周大人，租股股票可以自由买卖和转让，一旦路成，租股股票与购股股票具有同等价值，都可以分取红利。"

周友梅继续说道："川汉铁路从光绪三十二年（一九〇六年）年就开始勘路，到光绪三十四年（一九〇八年）又聘主持京张铁路工程的詹天佑为总工程师。几万筑路工人加紧修建，至今已修成铁路三十多里，因桥洞未完工的未通车铁路也有八十多里。相比之下，湖北路段，由朝廷聘请夷人为总工程师毫无进展，仅仅做了些微的测量。周大人，可见我川人筑路用心，肯为朝廷用命，如果路权收回国有，岂不是损失甚巨？"

周友三说："大哥，朝廷收回铁路，也有无奈的一面。据我所知川汉铁路士绅管理者层层盘剥，工程拖延，长此以往，十年也凑不够足够的钱数，不如向英国借款。"

一个襄理诘问道："周大人，盛宣怀要求向美国借款，您又主张向英国借款，这是为何？"

周友三解释道："如果向英国借款，九五折扣，利息五厘，优惠不少。而且在铁路修筑管理权、材料购买权上，没有让夷人占太大的便宜。所以，我主张按朝廷的上意办。"

另一个襄理又申诉说："去了美国来了英国换汤不换药。夷人蜂拥入川，无他，为获巨利!"

周友三说服道："川路奉命改为国有，实在是因为民办艰难，虽然竭尽二十年的田税，也无法竣工。加上云南西藏边事危急，川路如修不成，边防难保。何况，路款单靠租捐，专门危害农民小户，非数十年不能集成一股，利益无望，灾害难脱，百姓竭尽锱铢，而工程用如泥沙，出入款项，均无报告。路线延长，原估价额金九千余万，如今才开工二百余里，九年方能竣工。待到全路通车，尚需数十年，后路未修，前路已坏，永无成期。前款不敷每年施工之用，后款不敷股东付息，唯有一个结果：款尽路绝。"

周友梅叹息道："周大人所言不无道理，朝廷如果定要将铁路收归国有，不妨将路款归还。"

周友三说："还款可以，必须借外债，必须用川省财产作抵押。"

李沪生说："这分明是夺路，夺款!"他心想这个周友三太狡猾，今天选择了在周家会见他们，用四两拨千斤的办法，化解了一场万人请愿的危机!

几个襄理异口同声道："如此还款，是杀鸡取蛋，自取死亡，我等不服。"

周友三耐心地劝解道："请各位仔细商量后再作决定。"

当即，周友梅带着李沪生返回"保路同志会"再作商量。周友三告诉大嫂，即日起他搬去知府衙门办公和居住，将陈定琴留在家中由韩兰慧与她做伴。

陈定琴一直有疑惑淤在心田中，便问道："友三，我一直想不通，朝廷凭什么提擢你升迁?"

周友三当然不敢说他是军谘府秘密特使，只搪塞道："你忘了我是轮船招商局高级职员，它是大清官办公司，董事长是邮传部大臣盛宣怀大人，所以我是七品高级文办，此次承蒙盛大人提携，破格擢升。"

周友三说得滴水不漏，陈定琴还是半信半疑。

韩兰慧喜滋滋地道："傻妹子，老二当了大官，夫贵妻荣，你高兴来不及才是哩，还怀疑他的官衔是抢来的，偷来的?"

陈定琴想想也是，就欢天喜地地送他到大门口，上了一乘八抬大轿，才安了心。

113

浩浩荡荡的编遣舰队披着夜色经过宜昌，沿着长江溯流而上，驶向目的地重庆。

这一支由“江天”号炮舰和四艘“江”字号的浅水炮舰组成的舰队，由“海星”号管带陈定剑统带，奉萨镇冰的命令前去重庆援助荣宝的绿营兵。朝廷本意由“江天”号炮舰管带铁祥统带，指望他再立下新功，可以伺机重返“海星”号穹甲巡洋舰当管带，不料遭到萨镇冰的抵制，认为他新受处罚，出师不利。“海星”号穹甲巡洋舰正在例行检测，改由陈定剑统带，军谘府大臣载涛和海军大臣载洵只好同意。不过，康禄电告儿子，一旦此去有立功机会，万万当机立断，不可坐失良机，令铁祥回想起在大沽口用军舰撞翻木帆船的事件，令他心手发痒。而萨镇冰和陈世恩是稳妥之人，叮咛陈定剑当悉心局势发展，切勿孟浪行事。陈定剑回应牢记在心。

舰队到了重庆朝天门码头，早有总兵荣宝、知府瑞顺和川汉铁路重庆总理周友三候在码头迎接。陈定剑请他们上“江天”号议事。

陈定剑见好友周友三竟然是五品命官，很是吃惊。

周友三掩饰地说：“这都托了盛宣怀大人的福，他竟然不拘一格，提擢我从七品文案升到五品大员，徒有虚名，汗颜，汗颜!”

陈定剑欣慰地说：“堂堂内阁，皆是年轻人当家，擢升一个年轻人就不足为奇了。”

荣宝阿谀地说：“看看陈管带，铁祥管带不都是后生吗？后生可畏，国家有望哪!”

陈定剑笑道：“都是自家人，不必客套了，开始议事吧!”

众人在管带室轮齿就座后，荣宝道：“徒长马齿，忝为总兵，先抛砖引玉吧！当今重庆局势严重，以周友梅为首的‘保路同志会’，处处与朝廷对抗，除了号召罢市、罢课、罢工和罢耕以外，他们又酝酿号召全省抗粮抚捐抗税。”

知府瑞顺忧心地道：“倘若四川摇动，平素仰仗四川的云南、西藏、贵州、甘肃、新疆定将受困。四川一动，西南半壁，中原根本，无不动摇!”

周友三叹道："是呀，描写张献忠屠蜀真相《蜀警录》的才子欧阳直说过一句话：天下未乱蜀先乱，天下已治蜀后治。值得我等三思呀！"

铁祥道："川人历来贪乱乐祸，此风断不可长！"

周友三说："铁祥大人，此话有失偏颇，'保路同志会'的滋生，并不是由'贪乱乐祸'的古风引起的。"

陈定剑说："我等都是朝廷命官，食君之禄，当为君分忧，说说有何安抚高见？"

铁祥说："抗税抗捐，形同反逆，当开枪镇压，杀一儆百，方可震慑。"

陈定剑急阻，道："听说周友梅等人，都是善良士绅，不是反逆乱民。"

周友三言明道："陈大人，周友梅乃是胞兄。"

陈定剑大喜，笑道："真是大水冲了龙王庙，一家人不认一家人。"

荣宝道："陈大人，周友梅不同周大人，周友梅是巨绅，又是'保路同志会'会长，他登高一呼，一呼百应，可是朝廷的心头大患，不如除掉！"

周友三连忙说："荣宝大人，千万不要开枪，胞兄之处，我可以再去说服。"

陈定剑说："'保路同志会'是百姓自发的组织，不是反逆贼党，恳望荣宝大人三思。"

瑞顺道："陈大人，您没有见过'保路同志会'的阵势，周友梅只要发一声号令，可以纠集数万民众，真是太可怕了！"

陈定剑说："古人道，官逼民反，官不逼，民不反。"

瑞顺道："既然众口不一，本官当上奏朝廷。"

当下，众人不欢而散。

周友三邀请道："定剑，到了家门口了，去我家坐坐。"

陈定剑高兴地说："好，顺便去看看令兄。"说着和周友三先行告退。

留下铁祥、荣宝和瑞顺三人重归商议。

铁祥道："这两个汉人是吃里爬外的东西，咱三个旗人当抱成一团，为朝廷排忧解难！"

荣宝道："贤侄言之有理，对谋逆之徒当开枪弹压，杀鸡儆猴。"

瑞顺捻捻山羊胡，计上心头，说："本官有个逼虎伤人的办法，就可以名正言顺的开枪了。"

铁祥忙问："什么妙计？"

瑞顺说："本官摆下鸿门宴，请周友梅和李沪生几个保路会头面人物赴宴和谈，再将其扣押，激起民变冲击衙门，到那时荣宝大人就可以大显身手了！"

荣宝大笑道："妙！妙！我想开枪手都发痒了！哈哈哈！"

陈定剑跟随周友三进了周家，陈定琴惊喜地发现二哥到来，扑上去，搂住二哥的脖子叫道："二哥，您是不是从天上掉下来的？"

陈定剑笑道："我是跟着舰队来的，专门来看您过得好不好？"

陈定琴噘着嘴说："不好！友三当了官，整天忙公务，都不回来陪我。"

周友三陪着笑容，说："等明天，我托大嫂陪您出去转转，玩玩。"

陈定剑说："友三是吃俸禄的人，有公务缠身，你不该烦他，再烦，就回上海去！"

陈定琴嘟哝着小嘴说："回去就回去，这里乱哄哄的，我不如回去到教会医院做事。"

正说着，早去通报的周怀义引着周友梅和韩兰慧夫妇从内院赶出来了。

周友梅抱拳连连作揖，说："不知陈管带大人远道而来，有失远迎，得罪，得罪！"

周友三连忙介绍："定剑，这是我大哥，大嫂。"

陈定剑连连拱手，说："见过大哥，大嫂！"

周友三说："听说是统带舰队过来的，一路辛苦了，请上座，请上座。"

宾主坐定，开始上茶。

陈定剑说："刚到重庆，就过来拜访大哥了。"

韩兰慧冷不丁冒了一句："朝廷不还钱给川人，倒是又派兵又派舰队的来吓人，还真让人害怕。"

周友梅斥道："妇人之见！怎么说话呢？此事与陈管带大人无关，是朝廷奉派，何过之有？"

陈定剑说："大嫂言之有理，不过请放心，舰队决无向百姓开炮之理，定剑可以担保。"

周友梅说："有陈管带大人这一句话，四川百姓可以高枕无忧了。"

周友三劝道："不过朝廷防范之心不是没有，还请大哥约束'保路同志会'的同仁，请不要扩大事态。"

周友梅说："二弟，大哥本是良民善绅，只求您向朝廷申诉冤屈，归还路款即可。"

陈定剑说："此事我早有耳闻，如何归还路款，还须从长计议，不可操之过急，引起民变，授人以柄。"

正说着，周怀义走进说："老爷，知府大人下了一份请柬。"说着呈上一份红泥烫金的请柬。

周友梅一看，大喜，说："二弟，事情有转机了，明天晚上府台大人请我和'保路同志会'的襄理同去赴宴，商洽路权还款一事。"

周友三说："看来刚才在炮舰上的议事有变化了，大哥，这可是好事。"

陈定剑有些疑惑，说："刚才知府大人还声言凿凿要派兵弹压，怎么转眼就改变初衷了？"

周友三说："还不是定剑您的施压？"

陈定剑说："荣宝总兵一向心狠手辣，在广州镇压新军举事和在长沙镇压米潮事件，他都是大开杀戒，恐怕明天是他安排的鸿门宴。"

周友梅一怔，说："用鸿门宴对付我们手无寸铁的生意人？"

周友三说："我看不会，何况明天我也会在场商洽，岂敢当我的面动手？"

韩兰慧担心地说："老爷，天有不测风云，您还是不去为好。"

周友梅坦然而道："我是万民推举的会长，我不去和谈，谁去和谈？"

陈定琴插话道："大哥不去不行，可是得留个后手，襄理不能全去，得留下一个人指挥，以防万一。"

周友梅说："陈小姐不愧是兵家儿，早识刀枪，有计谋。好吧，我留下李沪生当指挥。"

陈定剑问："李沪生也在重庆吗？"

周友梅说："他回来省亲的，是一个好帮手。"

陈定剑赞许地说："李沪生是个人才，有他看家，我看行。"

周怀义进来请周友梅的示下："老爷，酒宴都齐备了！"

周友梅拉起陈定剑的手，邀请道："走，为您接风洗尘去！"

众人有说有笑地往饭厅走去。他们不知道这是他们吃的最后一餐安乐的晚餐了！

114

"保路同志会"设在重庆商会会馆里，李沪生以会为家，倾注了全部的心血，也将它变成联络同盟会的秘密据点，联系上江下江往来的革命志士。这天早晨，他正在打拳练功，门房来报，有客求见。

他急忙迎出门外去，一见，门口竟然站着五爷、郑安芳和七八位上海圣约翰大学的敢死队同学，喜出望外，说："五爷，郑小姐，你们怎么来了？"

五爷笑道："朝廷的舰队都来增援绿营兵，我们还不该来增援您吗？"

郑安芳道："不能只许州官放火，不许百姓点灯呀！"

"应该！应该！太应该了！"李沪生连忙将他们迎入会馆的茶室，说，"你们坐了几天的船，都累坏了吧？我马上叫人给你们收拾客房安顿下来。"

五爷说："不忙。先给我们煮一桶粥来就行，边谈事情边喝粥。"

李沪生说："粥是现成的。"说着就冲着门外喊门房打一桶粥来。

不一会儿，门房拎着一桶粥，拎着一竹篮的碗筷，说："李襄理，我已经叫人收拾客房了。"

"多谢。"李沪生打发走了门房后，开始替同志们舀粥。

郑安芳说："李沪生，原来你还是商会襄理？"

李沪生说："我顶了我舅舅的缺，他死在大沽口撞船事件中，舅母是吃斋念佛的，我只好赶鸭子上架，成了半个老板。"

五爷说："当了老板，也可以替革命做事。"

李沪生说："跟你们比，我只是半桶子水了，一半做同盟会的事，一半做'保路同志会'的事。"

郑安芳说："不对，'保路同志会'的事就是同盟会的事，我们这不是都来了吗？"

李沪生高兴地说："大家先喝粥，边吃边说。"

郑安芳一边喝粥，一边心事杌陧。自从在订婚的教堂门口发生陈定剑竟然不顾一切去救仪凤的那一刹那，她明白自己不过是陈定剑与仪凤发生感情纠纷而赌气的工具，是她父亲逼陈定剑娶她的一枚苦果，她好不容易才复甦的情感全被万斛愁思冲毁了。陈定剑随同编遣舰队一开拔，五爷找到她鼓动她去重庆，她立刻答应了。她才知道自己的身心，感情全属于革命，她是一只在革命的风雨中永远飞翔而不知疲倦的雨燕。

李沪生痴情地看着郑安芳，道："安芳，你不是刚刚定亲吗，怎么也来了？"

郑安芳说："我要嫁的是革命，革命这个新郎在哪里，我追随到哪里。"

五爷说："李沪生，你不要哪壶不开提哪壶，说你正经的事吧！"

于是李沪生仔仔细细地将"保路同志会"的遭遇说了一遍，又说到知府瑞顺宴请的事，问五爷他们有何应对的高见。

郑安芳担忧地说："清廷连舰队都开来支援荣宝和瑞顺，恐怕瑞顺有恃无恐。"

五爷说："荣宝是个杀人不眨眼的刽子手，在广州新军起义和长沙米潮中，他可没有手软，两手沾满鲜血。这一次的设宴，说不定是鸿门宴。"

一个同学提出疑义，道："'保路同志会'毕竟与举事的革命党不一样，是地方善举，瑞顺恐怕不敢冒失杀人。"

另一个同学附议道："出面的都是地方商会头面人物，谅他们纵有杀人心，也无杀人胆。"

郑安芳说："我有个两全的主意，今天晚上五爷和我替换两个'保路同志'的代表同李沪生一起赴宴，每个带着匕首，一旦他们想动手，就劫住瑞顺和荣宝，平安脱身。"

五爷一拍大腿，称赞道："郑小姐天生就是一块革命的好材料，这主意好，打他措手不及。"

李沪生说："好办法，反正官府只认得会长周友梅，其他人也认不全，就来个移花接木之计。"

正说着，周友梅到了。李沪生立即向他一一介绍了五爷、郑安芳以及几个同学。

周友梅立即表示欢迎他们到"保路同志会"助一臂之力。

李沪生和盘托出他们刚才商定的移花接木计划，周友梅铭感五内，抱拳一揖，道：

"多谢各位壮士臂助，周某不胜感激。"

李沪生指着郑安芳说："这位小姐还是陈定剑管带大人的……"

郑安芳连忙接上话茬说："故人，听说陈大人也在重庆?"

周友梅说："是的，昨天他还到过寒舍，与诸位所见略同，真是英雄同路。"

五爷说："英雄不敢当，保驾会长，义不容辞。"

当下众人分头准备。到了晚上，几乘大轿停在"保路同志会"大门口，五爷和郑安芳化妆成赴宴代表，与李沪生及周友梅上了大轿直奔知府府衙。

府衙内外，一反常态，撤去兵丁，红灯高挂，不时有丝竹之声传来。

周友梅、李沪生、五爷和郑安芳被请入后花厅，但见荣宝、瑞顺、周友三已经在座，立即先后迎了上来寒暄。

周友三一见郑安芳，大吃一惊，正想开口，被她用眼色制止住。周友三又认出五爷，心中忐忑，不知大哥葫芦中卖的是什么药，不敢吱声。

周友梅向各位大人介绍了“保路同志会”的代表后，对瑞顺道：“老公祖太客气，有事尽管吩咐，何必大肆破费？”

瑞顺笑道：“周会长是群伦领袖，一方大家，焉有慢待之礼？诸位请入席。”

众人依宾主轮齿，就座待酌。

酒席是一张圆桌，周友梅有意安排五爷坐在荣宝旁边，郑安芳坐在瑞顺旁边，李沪生坐在周友三旁边。

酒过三巡，瑞顺正色道：“今日特邀各位代表前来，无非是商议路权还款事宜。还请各位以朝廷圣恩为主，照所颁条例实施，如何？”

周友梅恭敬地说：“老公祖，我等所求不高，请将已用路款归还，未用余款结清，利息不算，恳切体恤民情，恳望三思。”

周友三道：“朝廷的难处，诸位有目共睹，切望体恤公心，三思而后行。”

五爷、郑安芳和李沪生齐声说：“川人一片孤忠，并非锱铢必较，恳请老公祖、总理大人三思。”

荣宝不耐烦了，说：“周会长，你们车轱辘话来回说，就这一句话，真是令人扫兴！”

瑞顺转缓地道：“荣宝大人，升斗小民所思所想无非是蝇头微利，不必动气。本大人专为酒宴备下一出川戏，给各位助兴。来人哪，开戏！”

顿时，戏锣鼓开台。演的是《钟馗嫁妹》，钟馗一边喷火，一边变脸，从黑变绿，由绿变金，由金变红，一片血色，令人狰狞。

荣宝故意问道：“府台大人，这演的是什么？”

瑞顺大笑，道：“这演的是变脸！哈哈哈！”

一听到狰狞的笑声，演钟馗和小鬼的是一群乔装打扮的清兵，立刻拔出刀枪扑上去想抓周友梅等人，不料，郑安芳眼疾手快，一把扼住瑞顺的脖子，用匕首抵住他的喉管。

同时，五爷也扼住荣宝的脖子，用匕首抵住他的脑门。李沪生也扼住周友三的脖子，用匕首抵住他的喉咙。郑安芳一声厉喝：“谁也不准动，一动就是血溅三尺，三尸三命！”

瑞顺做梦也没有想到天天打雁，这回被雁啄了眼，大叫道：“不许动！你们谁也不许动！”

清军们不敢擅动，眼睁睁地看着郑安芳他们扼着瑞顺三人往府衙大门外撤。

五爷怒吼道：“你们敢变脸？老子也变脸！”

荣宝支支吾吾地说：“不变……不变……”

等撤到大门外，李沪生喝令清军留在原地不动，他们扼住三位大员到了十几丈远之后，才松开三位大员，护送着周友梅匆匆地离去。

周友三这才松了一口气，说：“二位大人，你们怎敢说变脸就变脸？”

瑞顺说：“这是四川总督赵尔丰赵大人的命令！”

荣宝悻悻地说：“这群保路同志会的乱民，竟敢动刀子，分明是要造反呀！”

周友三叹了口气说：“这是我们逼出来的！”

瑞顺说：“本大人绝不放过他们！”

荣宝气咻咻地说：“这是有辱朝廷命官，决不善罢甘休！”

周友三做梦也没有想到，第二天荣宝竟然派兵在半道上将周友梅公开逮捕，押入总兵行辕大牢！

第二十九章

115

陈定剑急匆匆地赶到“保路同志会”，会馆里外挤满准备参加请愿游行的人群。

来以前，陈定剑很惊讶地在炮舰停泊的码头上见到专门来找他的周友三。周友三告诉他郑安芳秘密来渝和参与劫持瑞顺知府的事，并告诉他，周友梅已被荣宝下狱，他求救无门，只好赶去成都面见总督赵尔丰陈情，以免事态扩大。周友三走后，陈定剑就赶往“保路同志会”会馆，除了看见郑安芳在写贴语之外，竟然看到妹妹陈定琴背着药箱在替保路同志会的会员问诊看病。

陈定剑问陈定琴：“小妹，你怎么来这里了？”

陈定琴说：“周大哥被抓了，大家准备去府衙前请愿，我不能不去。”

陈定剑担心地说：“你疯了？你是客人，来重庆玩的客人，这里没有你的事，快回去！”

陈定琴坚执地说：“这里有中暑的病人，说不定还会有伤员，我得留在这里，我是护士！”

陈定剑拗不过陈定琴，便走到正在写标语的郑安芳面前，说：“你看见小妹来了，怎么不劝她回去？”

郑安芳说：“她一来，我就同她交谈了，认为她来得对。你是不是也要问我为什么来重庆了？”

陈定剑说：“你来我不奇怪，本来哪里有革命，哪里就有你。奇怪的是，如今你是要准备成亲的人了，不该再来了。”

郑安芳轻描淡写地说：“成不成亲，还是未定之天，什么时候革命成功了，再说。”

陈定剑说：“你还在生我的气？我不是跟你道过歉了吗？当时仪凤摔倒了，我得救她。”

郑安芳余气未消，说：“当时在场有许多男人，都会去救的，你怀里还抱着我，就把我一扔，也不怕我摔倒？”

陈定剑解释道：“当时我是情不自禁的，不是故意扔下你……”

郑安芳更气了，说：“这表明你心中只有她，而没有我。你走吧，回到你的炮舰上去！”

李沪生看见了，走过来解围，讥讽地说：“陈大人，想跟我们一块去请愿就留下来，不想去，就请离开，别让我们毛手毛脚弄脏了你漂亮的海军制服。”

陈定剑劝告地说：“李沪生，周友三已经去成都向总督赵尔丰求情救人了，你千万不要再组织人马去请愿，以防遭遇不测。”

李沪生讥讽地说：“这是头顶香盘的请愿，不是起义，官府还敢把我们都杀了不成？只要你的海军不向我们开炮，我就烧高香了！”

五爷听见了，斥道：“沪生，定剑可是自己人，你胡说什么？他也是为大家好。”

李沪生觉得嗓子发紧，说：“周会长被抓了，我能见死不救吗？”

陈定剑说：“我不是说不救，我不主张盲目施救，而置数万民众生命于不顾。”

郑安芳表示出拒人于千里之外的冷峻，指责陈定剑：“我叫你走，你怎么还不回到你的炮舰上去？”

陈定剑知道自己与郑安芳的裂痕越裂越大，只好先走了，他想回到炮舰后向萨统制发电讯，请他的示下。

陈定剑刚走，韩兰慧和几个周家的亲戚哭哭啼啼地来了。韩兰慧一把鼻涕一把眼泪地恳求李沪生为她做主，要求去府衙请愿释放周友梅。亲戚们跟着吵吵闹闹，要求马上开拔请愿队伍。李沪生被哭声吵得冲昏了头脑，根本忘了陈定剑的告诫，想在郑安芳面前表现出大丈夫的气概，登高一呼：

“大家听我的令，走哇，到府衙请愿去！”

“请愿去！请愿去！”众人的呼喊声此起彼伏，震耳欲聋。

郑安芳抄起一面旗子，带头往外走，喊道：“兄弟们，救人去！”

五爷振臂高呼：“是好汉的，走哇！”

李沪生疾呼道：“救周会长去！走哇！”

人群像冲出闸门的洪水簇拥着韩兰慧和她的亲戚往外涌去，浩浩荡荡地开往府衙。沿途的百姓纷纷丢掉手中的营生加入到请愿的队伍中，霎时间，各路百姓汇成浩瀚大江奔涌到府衙，走在队前头的正是郑安芳、五爷、李沪生和七八个敢死队的学生。

奇怪的是府衙正门前没有任何拦阻的沙袋防线，也没有一个兵丁。

李沪生与五爷相看一眼，勇气陡增，高声大叫：“弟兄们，撞开府衙大门，冲进去救人！”

五爷毕竟是个老江湖，觉得其中有诈，大声地阻止道：“等等看再说！”

郑安芳轻蔑地说：“怎么，也有五爷害怕的时候？”

李沪生为了博得郑安芳的好感，举起手中的“保路同志会”大旗一挥，叫喊道：“不怕死的，跟我冲呀！”说着率领着敢死队员往衙门冲去，民众们跟着往前冲。

突然，从大街两侧的楼房里喷射出一串串的马克沁机枪的火舌，拦腰截断了愤怒的人流。预先埋伏的绿营兵在荣宝的指挥下，疯狂地开枪。荣宝举着指挥刀得意地大叫：“变脸！变脸！看本总兵怎么变脸！”

人群跟砍倒的甘蔗一样纷纷倒下，惨叫声、哭喊声、呼救声乱成一片。

郑安芳见势不妙，想起长沙米潮中的大屠杀，大叫：“快撤退！快撤退！”她看见人群中陈定琴惊慌失措，奋不顾身地冲上前，拉着她就逃。

五爷回头瞥见韩兰慧吓得呆如木鸡，戳在原地，一动也不动。他正想上前拉她，却看见她身中数枪，被打得跟蜂窝一样倒了下去，死的时候还紧紧地抱着光绪皇帝的圣牌位。

李沪生见自己铸成大错，气得想冲上去赤手空拳跟清军拼命，早被两个敢死队的同学死死拉住，才忍痛转身逃走。

请愿的队伍眨眼间被打散了，地上的血泊中躺着被击毙的三十几具尸体。遗落的香盘、旗子、鞋子、衣服，遍地狼藉。一只野狗叼着一只被打断的人手从尸堆中间跑了过去。荣宝看见了，从旁边的士兵手中取过步枪瞄准着想打它。结果他想想，要留着这只狗震慑那些保路同志会的会众，就放下了步枪。他下令收队，留着尸体摆在原地不动，曝尸示众。

116

马车辚辚，驶进成都平原，沿着锦江飞驶。管家周怀义将马车赶得飞快，马儿累得都口吐白沫，周友三也不喊停。他心如火焚，从重庆往成都打电报，不通，一切与成都的联系都中断，他只好指望此行能见到川督赵尔丰求情下令放人。

他对赵尔丰抱有很大的希望。平心而论，他认为赵尔丰是个好官，而且还是个民族英雄。从一九〇五年至一九一〇年数年间，赵尔丰在川滇边地实行改土归流，废除土司制度和寺庙特权。一九〇五年，赵尔丰率兵平定西康土司叛乱后，清廷设立了一个建制相当于省级的“川滇边特别行政区”，赵尔丰被任命为边务大臣，专门经营西藏以及川滇地区，维护了中央政府的威权。一九〇八年，赵尔丰因政绩突出，被清廷加上一个“驻藏大臣”的衔头。但是西藏地方势力调兵遣将，想用武力拒绝赵尔丰入藏。一九〇九年，赵尔丰亲率巡防军开向查木多（今昌都），一路连捷，杀了长期以来一直在西藏搞独立的波密王白马寿翁，削除了一个分裂国土的隐患。一九一〇年，巡防军入藏，十三世达赖逃往印度，不仅使东西三千余里、南北四千余里的边地改土归流三十余区，而且遏制了英国人对西藏的渗透。由于赵尔丰初立独立西康省规模，以至朝廷认定他：沿边者无有著功若此者。

鉴于赵尔丰为一代治才，为官清廉，知人善任，周友三一路幻想寄厚望于他。

马终于跑不动了，周友三只好停车休息。周怀义卸下车辕，牵马到江边饮水，忽然发现从江上游漂下一块块东西，甚是奇怪。周怀义伸手捞起一块，发现是油布包扎的小木牌，解开一看，大吃一惊，连忙叫道：“二少爷，快来看！”

周友三闻声跑来一看，木牌上写着：

“赵尔丰先捕蒲（殿俊）、罗（伦），后剿四川，各地同志，速起自保自救。”

周友三知道，蒲殿俊和罗伦是立宪派，“四川保路同志会”的正副会长，他们被捕，命运与周友梅一样！

周怀义又捞起一块木牌，上面也同样写着反映成都现状惨案的事，周友三知道事情严重了。

恰好有几个难民走过来，周友三连忙拦住他们问道：“快告诉我，成都发生了什么事？”

原来，川督赵尔丰以开会为名，诱捕了保路同志会和铁路公司的首领蒲殿俊、罗伦等人，并且封闭了这两个机构。继而，赵尔丰下令查封了《西顾报》、《四川保路同志公报》、《白话报》等报刊，严令四川人开市复业。四川百姓得知保路同志会的领袖被捕，义愤填膺，百姓们涌向总督府请求放人。不料赵尔丰下令开枪，打死请愿者三十余人。“成都惨案”发生后，赵尔丰宣布成都全城戒严，封锁一切邮电交通。同盟会连夜赶制数百木牌，写上誓言，外裹油纸，趁夜色浓浓，将木牌投入锦江，利用成都河网密布，让木牌顺流漂下，沿江流纵横，越漂越多，形成了声势浩大的“水电报”。周友三捡到的正是这样的“水电报”，令他震慑不已。

一个难民继续说：“官爷，快逃走吧，‘保路同志会’起义造反了，你被保路同志军抓到会砍头的！”

另一个难民也说：“到处都封锁了，成都进不去，你们快逃回重庆去吧！”

难民走后，周怀义说：“二少爷，不能再往前走了，万一被保路军抓住，见你是官爷，先砍头报仇再说。”

周友三如跌入冰窟，从头到脚冷透了。成都进不去，怎么救大哥？

周怀义劝道：“进不去成都，见不到总督大人，也救不了大少爷。不如先回去，您再找陈管带大人想办法救大少爷为好？”

周友三固执不已，说：“我是朝廷命官，我有权见赵大人，谁也挡不住我！套马！”

周怀义道：“万一二少爷有个三长两短，我怎么向陈小姐交代？”

周友三说：“你不去，我去！”边说边套上马车。

忽然，从后头的树丛中出现了四个骑兵，向他们冲来。

"二少爷，有人来了！"周怀义见势不妙，从车上抄出一把大刀，以防不测。

呯的一枪，周怀义惨叫一声，手腕中枪，大刀落地。四个骑兵一瞬间已经将他们团团围住。为首的哨官呵斥道："想动手，死得快！"

周友三一看他们是绿营兵，连忙声明："本官是川汉铁路局重庆总理周友三，弟兄们一定误会了。"

哨官说："没误会，追的就是你！"

周怀义不屈服地叫道："放肆！你们连官爷也敢开枪？"

呯的又是一枪，周怀义的脑袋被打开花，脑浆飞溅，当场死去。

周友三愤怒地怒吼："混账东西，你们凭什么乱杀人？"

哨官吹吹手中的毛瑟手枪的枪口，说："老子凭的是荣宝总兵的命令，杀了你这吃里爬外的狗官！"说着正要举枪——

呯的一声，随着一声枪响，那哨官栽下马来。其他三个绿营兵要拔枪，又连响几枪，两个绿营兵中弹落马死去。另一个绿营兵吓得拨转马头，拍马就逃。

开枪的是一群保路同志军，从草丛里冲出来，奔跑着追赶那个逃跑的绿营兵，又开了一阵排枪，即将那个逃跑者从马上打翻在地。同志军们开始呼啸着控制马匹，只有一匹马落荒而去。

为首的同志军走过来问周友三："喂，你是官爷，他们为何杀你？"

周友三于是说出一番来历后，说："你们是什么人？"

为首的说："我们是被赵屠夫逼得起义的保路同志军！"

另一个说："成都进不去了，到处封锁，到处是乱兵，你快回重庆去吧！"

又一个说："你找赵屠夫陈情没有用，赵屠夫与荣宝是一个鼻孔出气！只有起义自保！"

周友三固执地说："不！没有说理的地方，我找朝廷去！"

为首的说："朝廷就是屠夫们的亲爹！只有拿起刀枪跟他们拼！"说着给周友三留下一匹马后，就呼啸而去了。

"我找朝廷去！我找朝廷去！"周友三草草地埋了周怀义又拜了三拜，然后骑着马朝返回重庆的大路驰去。雾霭重重的天边出现了一片红光，不知是哪个村镇烧起的大火，他迎着火光冲去，迎着血火冲去。

117

陈定剑在“江天”号炮舰的甲板上用千里眼眺望从嘉陵江的上游漂下来的一块块木牌，觉得很奇怪。他下令叫水勇放下舢板，划上前去捞。

捞回来的是一块块用油布包裹的木牌，陈定剑叫水勇们纷纷打开，几块木牌上都写着一样的字：“荣宝密捕周友梅，开枪杀良民，各地同志会，速起自救自保。”

这时，铁祥也闻讯赶来，一看就说：“同志会要造反了！”

陈定剑判断说：“如果开枪属实，定会激起民变！”

电报生赶来，呈上萨镇冰的来电：“震慑为上，慎之又慎。”

陈定剑对电报生命令：“速将萨统制的电文转发各舰，绝对不许开炮！”

电报生走后，铁祥说：“震慑为上，不排斥在紧要关头开炮。”

陈定剑感到一股紧迫感传遍全身，说：“铁祥大人，我现在去府台衙门探明情况，没有我的命令，不许擅自开炮！”说完后乘上小舢板划向码头，去了府衙。

沿街尽是绿营兵把守，邮局已经关闭，由绿营兵驻扎，陈定剑这才恍悟，邮电交通全被荣宝封锁中断，怪不得保路同志会的李沪生才想出用“水电报”的方式向外界联络。

陈定剑进了府衙大厅，荣宝和瑞顺正围着重庆地图在议事。一见陈定剑，荣宝说：“陈大人来得正好，‘保路同志会’造反了，我们正在商议怎么对付他们，希望海军能够鼎力相助。”

陈定剑问道：“你们开枪杀了请愿的百姓？”

荣宝说：“周大人，那是反贼！”

陈定剑质问道：“反贼？怎么连周会长的夫人韩兰慧也杀了？”

瑞顺狡辩道：“韩兰慧鼓动保路同志会反抗朝廷，死有余辜。”

荣宝威胁道：“陈大人，您可是朝廷派人援助本总兵的援兵，岂可偏袒保路同志会？”

陈定剑说：“府台大人，保路同志会可是朝廷的良民、顺民，岂可用刀枪相向？”

荣宝说："就是这些良民、顺民已经开始招兵买马准备反抗朝廷了！"

陈定剑说："那也是你们下令开枪逼得铤而走险。唯一的办法是释放周友梅，平息百姓的怨恨。"

瑞顺冥顽地一笑，说："陈大人常年在海上漂，大概不知陆地上的事，一旦释放周友梅，他必将纠众造反，为韩兰慧寻仇，此人断不可放。"

这时，周友三风尘仆仆地回来了，义愤填膺地质问："总兵大人，府台大人，我一进城就发现满街是巡防兵，听说你们下令开枪杀了三十几个请愿的百姓，还杀死了我的大嫂韩兰慧？"

荣宝一见周友三回来，先是吃惊，后又抵赖地说："周大人，您走之后，事发突然，韩兰慧为救夫君鼓动民众造反，才遭开枪致死。"

瑞顺接着进谗，说："居心不良的保路同志会副会长李沪生趁机唆使造反，已经聚众数万，准备攻打府衙，恳望周大人正本清源，与朝廷同心同德。"

陈定剑连忙问："周大人，如今重庆事态严重，双方对峙，一触即发，不知您可曾见到总督大人？"

周友三说："成都也发生了血案，总督下令开枪打死三十几个请愿的保路同志会会员，激起保路会举事造反。通往外界的邮电交通一概遭到封锁，结果我进不去成都，几乎遭到一伙官兵的追杀。"

陈定剑急问道："是谁胆敢杀朝廷的命官？"

荣宝故作气愤，说："对呀！这些人真吃了豹子胆了，敢对周大人下手？"

瑞顺假惺惺地作态，说："说出线索来，本府派人严办。"

周友三说："不必了，这伙追兵后来被成都的同志军给杀死了。死以前，这伙追兵倒说出幕后主使人的名字。"

陈定剑问："是谁？"

周友三余怒未消地说："正是荣宝大人。"

荣宝慌了神，狡辩地说："怎么可能是本总兵？肯定是乱兵抢劫，假冒本总兵的大名。"

瑞顺辩护道："川人一向以乱称著，切不可上了他们的当。"

周友三大义凛然地说："二位大人，事到如今，民变在即，切不可再火上添油，应当迅速释放人，让我大哥安抚百姓，化解矛盾。"

陈定剑说："正合我意。一旦放人，可由我和周大人去向保路同志会解释，相信可以化干戈为玉帛。"

荣宝狂妄地叫嚣："暴民谋反，定要严惩，岂可和解？"

瑞顺说："有荣宝大人的巡防军和海军联手，何愁不能平定谋反？"

周友三道："既然如此，本官辞去总理一职，即去汉口请湖广总督大人瑞澂向朝廷上折申诉！"

荣宝威胁地说："周大人，您竟敢不相信川督赵大人，不相信我等朝廷命官，僭越上诉，只会咎由自取！"

陈定剑说："三位大人，我可以正告各位，萨统制已经来电命令海军：'震慑为上，慎之又慎'，舰队是决不会向百姓开炮的。告辞了！"说着和周友三离去。

瑞顺问荣宝："保路军有好几万人马，我方只有七八千巡防军，兵力悬殊太大，怎么办？"

荣宝讥讽地一笑，说："放心，陈定剑只是有职无权的统带，炮舰的实权掌控在铁祥和其他的管带手中，我立刻给铁祥发电报，请他开炮援助。"

瑞顺大喜，道："生死关口还是旗人靠得住！"

周友三和陈定剑分手后，赶回周家。分手时，陈定剑向周友三保证，他速回舰队，有他在决不允许舰队向保路同志军开炮。周友三这才放了心，回到家中，只见白灯笼、白幛、白幡挂满了厅堂。大嫂的棺木居停在厅堂中央，眷属亲戚的哭声笼罩着厅堂的里里外外，听了令人心揪。他跪在大嫂的棺木前，连磕了三个响头，将披麻戴孝的侄子抱起来亲了亲，交给陈定琴，说："我刚刚和你二哥商量过了，川督赵尔丰和荣宝联手镇压请愿百姓，我不能坐以待毙，即刻前往汉口拜见湖广总督瑞澂大人，请他代我上折，申诉四川的天大冤情，请求朝廷做主。"

陈定琴含着泪水说："家遭变故，朝廷所为，您还相信朝廷？"

周友三说："我虽说已辞去总理一职，但我还是蒙受过皇恩的读书人，岂可不相信朝廷？"

陈定琴坚执地说："你这样执迷不悟，我与你无话可说。"

周友三说："你以后定会明白我的一片孤忠。侄儿和这个家就拜托给您了，告辞！"说着匆匆地对亲朋故友深深三揖，然后走了。

陈定琴抱着侄子，追了几步道："友三，朝廷靠不住了，川人只有自保自救！"

周友三闻言停顿了一下脚步，然后急如星火地去了。

118

进攻的命令是李沪生下达的，进攻的目标是荣宝总兵的行辕大营，进攻的目的是救出关押在行辕大营中的周友梅。

郑安芳和五爷判断，荣宝的重兵是守卫知府衙门，就跟广州新军起义和广州黄花岗起义一样，老对手荣宝企图布下口袋等保路同志军来灯蛾扑火。他俩总结了以往的教训，决定集中三万人马作一路向行辕发起总攻，打荣宝一个措手不及。

血案发生之后，给郑安芳和五爷提供了起义的绝好时机，忍不可遏的保路同志会会员揭竿而起，要求起义救人。李沪生本是同盟会会员，早有做些准备，一俟时机成熟，他当即开启兵械仓库，将刀枪分发放给保路会的会员。一时间，一支由土枪、土炮、大刀、长矛武装起来的队伍，兵分三路向总兵行辕集结。

郑安芳这时候才对李沪生的组织才能和领导能力有了新的认识。在仓库分发刀枪以后，郑安芳突然搂住他的脖子，用满口的清香亲吻了他一下，说："要打仗了，能给你的就是这一次!"

李沪生感动得眼里闪着光芒，说："如果我活着回来，我要重新追求你，把你夺回来!"

郑安芳推开他，说："不要得寸进尺!"提起一杆步枪先走了，走到仓库门口，又转过身来欣赏备至地说，"我要你活着回来!"

李沪生兴奋得抱起一捆大刀片追了出去，说："我一定能活着回来!"

三路人马迅速地结集完毕。李沪生在右臂上戴上白色袖标，上头写着一个"汉"字。五爷、郑安芳也戴上白色袖标，所有参加起义的人都戴上白色袖标。李沪生见时机已到，挥舞起一面白色大旗，旗上头绣着一个黑色的"汉"字，他大呼一声："同志们，冲啊——"

刹时间，千军万马冲向总兵行辕，喊杀声惊天动地，吓得守卫行辕的两个营绿营兵惊慌失措地胡乱开枪。

两挺马克沁机关枪是绿营兵的中流砥柱，喷射出的火舌，扫倒了一片又一片的同志军。可是同志军早有准备，踩着同伙的尸体汹涌而来，冲在最前头的郑安芳和五爷以及七八个敢死队的学生，每人手提一篮土制炸弹，向机关枪阵地抛出雨点般的炸弹。

轰！轰轰！轰轰！土制炸弹纷纷落进机枪阵地发出惊天动地的爆炸，两挺马克沁机关枪全部炸哑了。绿营兵见势不妙，乱作一团，开始溃退。潮水般的同志军挟着雷霆万钧的声势，一鼓作气地冲进行辕大营。绿营兵只能作零零星星地抵抗，抗不住同志军顽强的人海冲锋，眨眼间土崩瓦解了。

李沪生从土牢中救出周友梅，告诉他夫人已故和血案的惨状，周友梅放声大哭。

郑安芳说："周会长，请愿的路走不通了，连你二弟都辞官了，带领大家造反吧?"

周友梅狠下决心，说："给我一个白袖标!"

李沪生立刻给他戴上白袖标，说："会长，现在由你指挥同志军!"

周友梅站在清军的机枪阵地的沙袋上，大声疾呼："同志们，现在我们攻打府衙去!"

"攻打府衙去!"同志军怒吼着，由周友梅率领向府衙进发。

这时候，荣宝在府衙听到行辕被攻占的消息，知道回兵援救来不及了，便向铁祥发出用炮火轰击行辕的请求。

铁祥在"江天"号炮舰上收到荣宝的电报，立请向其他炮舰发出开炮的请求，结果遭到婉拒。铁祥知道是陈定剑的事先命令起了作用，便下令"江天"号炮舰准备开炮。

恰在此时，陈定剑乘坐小舢板返回炮舰上，他见状立刻禁止开火，对铁祥说："不许开炮!"

铁祥很不满，说："为什么不许开炮？同志军已经攻占了总兵行辕，荣宝大人要求炮火支援，你竟敢置若罔闻?"

陈定剑耐心地劝导，说："铁祥大人，冲突已经发生，只能平息，不能火上添油，否则会造成更大的伤亡。"

铁祥说："镇压谋逆，责无旁贷！开炮!"

陈定剑说："不许开炮！同志军本是良民，可以规劝，减少死亡!"

铁祥心中正有一股对陈定剑的仇恨，婚事被取消，"海星"号管带职务被褫夺，怒火无处发泄之时，恰好陈定剑又当众与他作对，他便拔出毛瑟手枪，对水兵们吼道："我是管带，谁敢抗命，杀无赦!"

水兵们害怕了，准备装填炮弹，陈定剑用身子挡住后膛口，大声疾呼："谁要想开炮，先打死我！"

水兵们慑住了，谁也不敢动，面面相觑。

铁祥用毛瑟手枪对准陈定剑的头，威胁道："反逆们已经占领了行辕大营，你胆敢延误战机，与朝廷分庭对抗，我杀了你！"

陈定剑毫不畏惧，说："我奉萨统制的命令，不许开炮，除非杀了我！"

铁祥一想起他占据了仪凤的心，恨得咬牙切齿，一个字一个字地从牙缝中迸出来："我杀了你！"他猛地用手枪柄敲了一下陈定剑的头，陈定剑昏倒在甲板上。

铁祥发狠地命令："把他架到舱里去！"

两个水兵连忙架起昏迷的陈定剑拖到舱室里去。铁祥当即下令朝行辕大营开炮。

一颗炮弹塞进前炮炮膛；

又一颗炮弹塞进右舷炮炮膛；

再一颗炮弹塞进左舷炮炮膛；

"轰！轰！轰！"三颗炮弹同时朝行辕大营方向射去——

炮弹准确地落在行辕大营前的同志军队伍中欻然炸开，猝不及防的同志军死伤一片，血肉横飞。

"轰轰轰！轰轰轰！"炮弹如雨点一样在行辕大营上空爆炸，同志军被炸得体无完肤，四处逃窜，溃不成军。

李沪生大声疾呼："快卧倒！快卧倒！大家快卧倒！"突然，他被一块弹片砍中了左臂，栽倒在地。

郑安芳看见了，越过炮火密集的战场向他飞奔而来，一边奔跑，一边大叫："沪生！沪生！你不要死！你不要死！"

李沪生发现了穿越混乱人群的郑安芳，情急地阻止道："不要过来！不要过来！"

轰的一声，奔跑的郑安芳突然被爆炸的气浪掀翻在地。

李沪生挣扎着跑过去，用右手拉起郑安芳，用力摇晃道："活着吗？活着吗？"

郑安芳抬起沾满泥土的眼皮，深情地看着他，嗫嚅道："活着，活着等你来追求……"

五爷跑过来大叫："一对傻瓜！快走！快走！"然后搀扶着受伤的李沪生，

和跌跌晃晃的郑安芳逃出行辕大营。

这时，荣宝率着数千的绿营兵赶到了，向溃散的同志军开始了灭绝性的围剿，实力悬殊的较量，终使同志军一败涂地，由周友梅率领着仓皇地逃出重庆城。

119

在浓浓夜色的掩护下，一条木船无声地沿着长江从重庆向下游的汉口漂去。

木船上坐着五爷、郑安芳、受伤的李沪生、陈定琴以及七个敢死队的学生。他们是在周友梅的安排下启程避难的。重庆城内的同志军已经全部转入乡下避战，蛰伏着等待东山再起的时机。

长江上，渔火明灭，映照着那点点雨花，如霜如絮，如梦如烟。苍穹如墨洗，乌云当空压，两岸峭壁，嵯峨重重，压得躺在船舱中的这一群同盟会会员心头沉甸，情绪低落。只有李沪生因伤口感染发烧而发出的呻吟，才证明他们仍旧活着。

郑安芳靠在船桅上坐着，心里在暗暗憎恨食言的陈定剑。他曾经保证不让编遣舰队向同志军开炮，岂料同志军死在炮火下不计其数。因此，陈定剑的英雄形象在她的心墙上被血水慢慢地剥蚀了。

郑安芳不知道，编遣舰队开炮后，被萨镇冰下令调回上海。但是铁祥因为镇压同志军有功，被重新任命为穹甲巡洋舰“海星”号的管带，而陈定剑因为偏袒同志军，怯战抗命，撤去署理，降为“海星”号的帮带。而其他抗命不开炮的“江”字号浅水炮舰的管带也都受到严厉申斥。

郑安芳也不知道，在他们撤离之后，四川发生了翻天覆地的变化。四川同志军大举起义，兴兵上百万，与清军相互杀伐，愈杀愈惨，愈惨愈杀。一九一一年九月二十五日，吴玉章、王天杰等同盟会员，率同志军六万人，成立荣县军政府，宣布荣县独立。他们的纲领，正是同盟会的纲领：“驱逐鞑虏，恢复中华，创立民国，平均地权。”荣县的独立，开创全国独立之先河，时间上早于辛亥革命。

郑安芳更不知道，荣县独立后，清廷非常慌张，急速下令调动湖北、湖南、贵州、云南、陕西、广东的新军入川会剿。但是由于清廷百孔千疮，皇族内阁指挥失灵，最终只有贵州、湖南和湖北的部分新军入川。

正是由于湖北大批新军入川，才导致武汉的清廷的控制网被撕开了一条大裂口！

现在，在长江上沿江蜿蜒而下的郑安芳乘坐的木帆船正鼓着风帆向这条大裂口驶去，历史注定要将大任降临到他们羸弱、受伤而坚强的肩膀上。

第三十章

120

木帆船沿着长江顺流而下到达武昌后，一位新军的排长蔡继武来迎接五爷、郑安芳、陈定琴和李沪生他们敢死队学生，先将李沪生送进俄国夷场的医院疗伤，又安排五爷他们在同盟会中部总会设在武昌的秘密据点安顿下来。

蔡继武是湖北共进会的秘密会员，负责与同盟会中部总会联络，也是湖北新军工程八营的排长。新军的编制，分军、镇、协、标、营、队、排、棚，分别相当于后来的军、师、旅、团、营、连、排、班。镇一级的长官称“统制”、协称“协统”、标称“标统”、营称“管带”、队称“队官”、排称“排长”、棚称“正目”。

蔡继武喜滋滋地告诉五爷他们：“你们来得正好，湖北的两大革命党组织，共进会和文学社已经在你们黄兴部长的协调下正式开会合并了，以后统称‘武昌革命党人’。”

五爷一听，兴奋地说："好哇，今后可是老鼠抬母猪，大干了！"

蔡继武说："我们不比你们同盟会只注重在会党和学生中下工夫，我们是专门在新军中搞运动，叫'抬营主义'，卓有效果。"

陈定琴问："什么叫'抬营主义'？"

蔡继武说："号召会党，运动军队，是我们共进会的基本宗旨。我们的领导人叫孙武，一向行事缜密，在新军中搞宣传，将新军中一营一营，一标一标，一队一队，逐步连锅地端到革命党一方，最后肯定取得起义成功，这就是共进会著名的'抬营主义'。"

郑安芳羡慕地说："这办法比我们同盟会来得实际有效。眼下'抬'了多少人马了？"

蔡继武说："单单共进会在新军中就抬了一千五百多人。"

五爷问："那文学社呢？"

蔡继武说："听说在新军中抬了三千多人。"

郑安芳惊讶得瞪大了眼睛，说："天哪，总共有四千五百多人？比起我们同盟会每次起义只有上百人来比，简直是阔绰多了！"

蔡继武兴奋地算了一笔账，说："湖北的新军统共只有第三十八镇和第二十一混成协，共有官兵一万六千人左右，被派往四川镇压'保路同志军'以外，只剩下八千多人。这八千人当中，纯粹革命党的，还有两千多；同情革命的，有四千多；不一条心的，只有一千多人，其余的属于摇摆分子。"

一个敢死队学生说："大啊，一旦起义，你们是三只手捡田螺，笃定赢！"

蔡继武担忧地说："也不尽然。由于四川保路同志军的起义，湖北新军第三十标全标和第三十二标的一个营，还有第四十一标也都开拔入川了，我们在新军各个层级的人事安排基本被打乱，不少革命党人士兵纷纷被调往外地，再延搁下去，就会失去起义的大好时机。"

郑安芳问："那你们打算什么时候动手？"

五爷豪宕地说："也算上我们一份。"

蔡继武说："起义指挥部在胭脂巷开了会，决定农历八月十五（十月六日）起义，暗合元朝末年陈友谅在沔阳起事，在中秋节以月饼传信号，奋起杀元兵，叫做'八月十五杀鞑子'的传说。一俟起义发动，即打电报给入川部队全力回来支援。"

陈定琴说："'八月十五杀鞑子'，这个暗号响亮！"

郑安芳激动地说："五爷，我们就留下来和他们一起举事！"

五爷对七八个学生说："大家没有意见吧？"

学生们异口同声地回答："'八月十五杀鞑子'！"

蔡继武似有隐忧地说："可是巡防军的绿营兵是我们的一块心病，听说朝廷派了新任的湖广提督荣宝，此人因为镇压重庆保路同志起义有功，才得以擢升。"

五爷说："荣宝可是我们的仇人，从广州新军举事，到长沙米潮，再到广州起义，哪一次双手不沾满革命党的鲜血？"

郑安芳气愤地说："这一次镇压重庆保路军起义竟然下令舰船开炮，杀死不少同志军，我提议由我们来刺杀他，为武昌起义剪除绊脚石！"

五爷说："正合我意！冤有主，债有头，杀了他！"

七八个学生也愤填膺地表示赞成。

蔡继武大为高兴，说："能搬去拦路虎，胜利成功了一半！我负责提供给你们武器和荣宝的行踪。"

郑安芳说："一言为定。"

五爷决定，说："由我们几个男人抽生死签，抽中者负责行刺，其他人负责掩护，郑小姐和陈小姐负责接应。"

郑安芳不服，说："陈小姐负责看护伤员，我久经战阵，也参加抽签！"

五爷说："不行，你已经同陈定剑定亲了，不能参加。"

郑安芳双目有光，心地刚强地说："从重庆到武昌，我一路都在想，陈定剑不是我喜欢的男人，我打算退了这门亲事。"

陈定琴一怔，问道："安芳姐，何出此言？"

郑安芳痛苦地说："我终于想明白了，他真正喜欢的是格格，不是我。定琴，你现在也经历了和周友三的交往，相信你会明白的。五爷，革命不分男女，秋瑾女侠能做的事，我也能做！兴许我行刺荣宝比男人更容易得手。"

蔡继武说："言之有理，不妨让郑小姐试试。"

五爷只好说："我拗不过郑小姐，就这么定吧！请蔡排长做个中人。"

于是蔡继武拿出九粒毛瑟手枪的子弹，用匕首在其中的一粒上划个十字，将子弹放入一只帽筒中摸。郑安、五爷等九人一一伸手往帽筒中各摸出一粒，最后大家摊开手掌，有十字纹的一粒在郑安芳的手心中。

郑安芳激动地说："各位，请相信我郑安芳定能不辱使命！"

五爷和学生们异口同声说："拜托了！"

当下蔡继武和五爷他们分手了，各自分头去准备。

郑安芳去了海关大楼，给远在上海的陈定剑发去一封退亲的电报，立刻在海军统制部掀起一场轩然大波。

接到电报后，陈世恩顿觉脸面尽失，当即将二儿子招来训斥：“告诉我，为何出现这等丑事？我的老脸往哪里搁？陈家的脸面往哪里搁？海军的脸面又往哪里搁？”

陈定剑也是一肚子委屈，知道郑安芳一是气他深爱仪凤，二是气他没有阻止铁祥向“保路同志军”开炮。当他被铁祥敲晕以后，等到醒来已经是次日早上，编遣舰队已经在返航的路上，铁祥讥讽地告诉他，如果不是铁祥将他敲昏，他有可能犯下“抗命资敌”的死罪。但是他做梦也没有想到热衷革命的郑安芳竟然擅自提出退亲，令他措手不及。他无法将这两个原因向父亲申诉，只好顾左右而言他：

“父亲大人，郑家小姐一向任性，娇骄无度，所以……”

“住口！”陈世恩严厉地斥道，“如果不是在定亲的那一天，你去救格格，会发生让她下不来台的事吗？”

陈定剑辩解道：“父亲大人，那一天换了别人也会去救摔倒的格格。”

陈世恩怒气冲冲，说：“那一天应当是别人去救，而不是你去救！瓜田李下的避嫌故事，你又不是不知道，分明是你藕断丝连，才导致这个恶果。”

正说着，卫士来报，郑汝才求见。

陈世恩连忙请进郑汝才。郑汝才一进门就连连作揖，说：“世兄，得罪得罪！”

陈世恩问道：“世弟，令媛怎么事先也不言语一声，就出此下策，真让愚兄脸面尽失啊！”

郑汝才连声叹气，道：“愚弟也是刚刚才得知消息，就连忙赶来赔不是，都怪我平常太娇宠女儿了，弄得大家下不来台。”

陈世恩生气地说：“令媛做事如此不顾后果，令素讲面子的海军很难堪，今后世弟你的煤炭生意还想不想做了？”

郑汝才急忙赔不是，说：“看在两家世交的份上，还望世兄在萨统制面前多多美言。”

陈世恩问道：“难道此事就无法挽回了吗？”

郑汝才说：“愚弟立刻赶去汉口，不怕她躲在汉口不回来见我！”

这时候，陈定棋拿着一份夷人办的《字林西报》走进来说：“父亲大人，郑家小姐已经将退亲声明登在报纸上了!"

郑汝才气得骂道:"荒唐悖逆!"接着哇地吐了一口鲜血出来。

"世伯!"陈定剑慌忙去搀扶郑汝才。

陈世恩对陈定棋说:"快去叫人套马车,将你世伯送到租界医院去看医生。"

当下陈定剑和陈定棋搀扶着郑汝才走了。杂役连忙进来洗血迹,陈世恩正连声叹气的时候,萨镇冰走进来了,说:

"世恩,此事绝非是你的家务事。"

杂役退去后,陈世恩问道:"恩师请明示。"

萨镇冰洞察深邃地说:"如果因为定剑与格格藕断丝连在先,郑家小姐不会与他定亲,一定是此番定剑去重庆发生了你我都不知的事情,才导致郑家小姐决定断然退亲。"

陈世恩诧异地问:"会发生了什么事呢?"

萨镇冰判断道:"据铁祥回来禀报说,当'保路同志军攻占行辕大营后,荣宝请求开炮,而定剑拒绝了,是铁祥打昏了他,才下令开炮击溃同志军的。由此推测,郑家小姐误以为身为统带的定剑下令开炮,炸死无数同志军,才引起她的愤慨,所以她不顾其父的可否,擅自决定退亲。"

陈世恩吃惊地说:"郑家小姐可能是革命党?"

萨镇冰思索地说:"十有八九。你不想想,她是上海圣约翰大学的学生,可是不安于课堂,四处行侠仗义,不是革命党又会是谁?"

陈世恩恍悟道:"对呀,她屡次救了定剑,又屡次与铁祥对簿公堂,确实是个古道热肠的女子。"

萨镇冰深思熟悉地说:"依我看,塞翁失马,焉知祸福,不如就此顺水推舟退了这门亲?"

陈世恩顿悟,道:"恩师一言,醍醐灌顶,学生照办。"

121

武昌的中和门是旗人集中的聚居区,街口的德和酒楼则是旗人心中的北京全聚德,是红白喜事的首选地。仪凤格格特地挑了德和酒楼替她的奶妈满喜摆寿宴。仪凤自从教堂的台阶上摔下来后，心情一直郁闷，代春就让她搭乘开往武昌的运输舰到武昌的奶妈家小住些日子，跟侍她的则是车夫水根。满喜早年孀居，离开老郡王府后，就回到夫家的武昌闲住，收养了一个汉人的弃儿蔡继武为螟蛉义子，养大成人后又托旗人的门路，让蔡继武在新军中谋到了一份差事，竟也有出息当上了排长，替满喜长了脸。

寿宴排了十桌，很风光，除了蔡继武以外谁也不知道满喜家来了格格，以为只是千金小姐来贺喜的，街坊邻居都把仪凤当观音供着，倒让仪凤在满人的亲情中濡染得心情舒畅了许多。

满喜知道仪凤是为了排遣亲事的烦恼才来跟她做伴的，便处处呵护她，开导她，告诉她挑夫婿如挑水果，宁吃鲜桃一口，不吃烂杏一筐。越发让仪凤坚定非嫁陈定剑不可的决心，偏偏就在这时候，仪凤从水根买回来的《字林西报》上看到郑安芳退亲的声明，大吃一惊。两人的定亲，竟成广陵散矣，毋庸讳言，郑安芳嫉妒的是陈定剑心仪自己，不如趁此荒砚余墨，自己续书一笔，增进情谊。想到这里，仪凤决定待庆寿三日之后，返回上海。

谁知，寿酒刚刚行过三巡，忽然从大厅外传来一阵追打的辱骂声。

只见一个瘦骨伶仃的卖唱小姑娘逃也似的窜了进来，一见衣着华贵的仪凤抢上前抢住她的双腿叫道："小姐救我！小姐救我！"

话音刚落，从大厅外追进来两个绿营兵，凶神恶煞地冲过来拖住小姑娘，一边骂道："看你往哪里逃？不唱小曲，还想戏弄两位大人，找死呀！"

小姑娘死死地抱住仪凤不放，惨叫道："小姐快救我！小姐快救我！"

仪凤威仪难犯地责问两个绿营兵："还不松手，简直无法无天！"

一个绿营兵粗野地骂道："哪路的婊子，也不睁眼看看老子是谁？"

另一个绿营兵抡起拳头想打仪凤，已经被蔡继武扭住他的手腕，一个金鸡倒翅，将他狠狠地搡出大厅外。另一个绿营兵见势不妙，抬腿想逃，被水根绊了一脚，栽了一个嘴啃泥。

仪凤扶起小姑娘，安慰地说："别怕，有我在，你不用害怕。"

被搡倒的绿营兵已经请来了满脸横肉的湖广提督荣宝，荣宝一踏进大厅就骄横地叫道："是谁敢扫了老子的兴？"

另一个绿营兵狗仗人势地叫道："大人，就是这个婊子敢叫人打您的人！"

荣宝定睛一看仪凤，一脸的骄横急变为满脸的阿谀，连忙跪下打千，称道："奴才荣宝给格格请安！奴才该死，有眼不识金镶玉，奴才罪该万死！"

两个绿营兵见势不妙，连忙跪下捣蒜似的磕头。

仪凤认出来人竟是她的小表舅荣宝，冷冷地说："原来不可一世的人是小表舅啊，快请起来吧！"

荣宝仍旧跪着，谀声连连地说："奴才不敢，奴才冲撞了格格，罪该万死。"

仪凤说："以后少作孽多积德就是了，起来吧！"

荣宝起来后狠狠地踹了绿营兵两脚，骂道："丢人现眼的东西，还不快滚！"

两个绿营兵连爬带滚地跑走以后，荣宝问道："格格怎么到武昌来了？"

仪凤说："我是特地来给我的奶妈做寿的。"说着介绍了满喜，又介绍了蔡继武，然后又问，"小表舅，你不再为难这个小姑娘了吧？"

荣宝说："奴才不看僧面也得看佛面啊！"

仪凤叫水根给了小姑娘一块碎银，小姑娘千恩万谢地走了。

荣宝阿谀地说："今天是奴才履新的日子，在隔壁大厅备下十余桌酒，请格格和奶妈一家移樽就驾吧？"

仪凤道："多谢美意。这里都是我奶妈请来的街坊邻里，不能怠慢了他们。小表舅请便吧！"

荣宝自讨没趣地告退了。

街坊邻里们一听说仪凤贵为格格，都不约而同地围过来敬酒，一时间酒宴陡生华彩，平添了几分热闹，仪凤心里乐得开了花。

荣宝悻悻地回到他的宴会厅，一个绿营兵卑躬屈节，低首下心地对他说："大人，已经替大人去另请一个卖唱的了。这一回，保证色艺双绝，绝不让您看了生气。"

正说着另一个绿营兵引着乔装成卖唱女的郑安芳走进，后面跟着拎着胡琴的五爷。

一个绿营兵讨好地问："大人，您看了还满意吗？"

荣宝正由几个协统和标统围着轮番敬酒，色迷迷地瞥了郑安芳一眼，说："小妮子长得跟水葱儿似的，就不知道唱得怎么样了？"

那个绿营兵又说："赶上戏园子里挂头牌的啰！"

荣宝的眼光跟苍蝇似的在郑安芳隆起的胸脯上溜来溜去，说："唱好了，晚上就陪本督睡觉了！"说着和几个协统和标统都淫荡地大笑起来。

郑安芳风情万种地一摆身段，曲线条如同波浪波动着，撞击着荣宝的眼帘，说："大人赏识，小女子就献上一曲《游龙戏凤》如何？"

荣宝大喜，道："《游龙戏凤》可是写前朝正德皇帝下江南，碰到开店的凤姐，正德借呼酒唤菜调戏她，好听，好听!"

那几个协统、标统鹦鹉学舌地跟着起哄：

"大人就是正德帝，那小妮子就是凤姐，哈哈哈!"

"这一段荤曲正合大人的口味!"

"好听，好听，就唱这一折!"

郑安芳柳眉一挑，杏眼一灿，梨涡一露，回嗔作喜，道："我说五爷，操起胡琴，咱就给各位大人露上一手!"

五爷端坐着，将胡琴布往大腿上一搭，搁上胡琴，开始运弓过门，一段西皮流水就从弓弦下滑了出来。

郑安芳丰采照人，开始唱道：

"军爷作事理太差，不该调戏我们好人家。好人家来歹人家，不该斜插这海棠花。扭扭捏捏捏捏扭扭十分俊雅，风流就在这朵海棠花。"

郑安芳边唱边想，如果贸然朝酒桌后的荣宝开枪，可能人杂会失手，不如把这好色之徒引出来再下手，所以就停下不唱了。

正在听得摇头晃脑、拍案度曲的荣宝连忙问道："怎么不唱了?"

郑安芳故意卖弄风骚地说："小女子见大人打板拍曲，一定也会唱，不如请大人出来和小女子对唱?"

一个协统兴奋地大叫："好哇！大人票一曲让小的开开眼!"

一个标统高兴地叫道："大人唱正德皇帝，小妮子唱凤姐，两人来一段游龙戏凤！哈哈哈!"

又一个协统说："小的恭请大人出马!"

又一个标统也说："小的恭请大人出山!"

荣宝得意洋洋地站起来说："今天是本督的好日子，给你们露一手可是锦上添花!"说着走到郑安芳身边，用手托着郑安芳的下巴，说道："凤姐请了。"

郑安芳暗喜在心，道："军爷请了。"便开始唱道：

"军爷作事理太差，不该调戏我们好人家。"

旗人一向擅长京戏，所以荣宝毫不费劲地唱道：

"好人家来歹人家，不该斜插这海棠花。扭扭捏捏捏捏扭扭十分俊雅，风流就在这朵海棠花。"

正在隔壁大厅里替满喜敬酒的仪凤忽然听到传来的唱曲声，似曾相识。她就搁下酒杯，循声去寻找。

蔡继武连忙拦阻她道：“格格，唱曲的都是不入流的，有伤格格尊贵，不必过去的好。”

仪凤说：“听唱曲的声音像我一个熟人，我过去瞧瞧。”说着带着水根走到隔壁大厅去，蔡继武暗暗叫苦，只好跟去。

此时唱曲正唱到高潮迭起，郑安芳接着唱道：

“海棠花来海棠花，倒被军爷取笑咱。我这里将花丢地下，从今后不戴这朵海棠花。”

郑安芳唱完从头上拔下一朵簪花扔在地上。

站在门口人群外听戏的仪凤惊讶地发现唱曲的竟然是郑安芳！她不知道郑安芳为什么要给小表舅荣宝唱曲，正诧异之时，只见荣宝接着唱：

“李凤姐，做事差，不该将花丢在地上，为军的用手忙拾起……”

荣宝一边唱，一边弯腰去捡地上的簪花。就在这千载难逢的一瞬间，郑安芳开始从怀里掏出手瑟手枪——

一直盯着郑安芳举动的仪凤连忙冲出人群，本能地用身子挡住已经弯起腰来的荣宝，叫道：“不要开枪！不要开枪！”

郑安芳猝不及防，手枪僵在手中，光芒四射的眼睛，流露出要强的神色，也流露出热烈的心情，却被仪凤眼光里有一种什么东西把它们羁绊住了。

几个持枪的协统和标统一拥而上，将郑安芳抓住了。

五爷见势不妙，撞倒几个想揪住他的官兵，跃上窗户，跳楼而下，仓皇逃走了。

郑安芳被官兵押走的时候，还回头看着余悸未消的仪凤。那仿佛沉浸在极度悲痛中的、充满了愤恨绝望的眼神，叫人不忍多看。

122

审讯室的四周墙上贴满了《字林西报》，上头刊登着郑安芳的退亲声明。郑安芳独坐在房间中间的一张椅子上，环视四面的报墙，感慨万千。

她做梦也没有想到，在行刺即将得逞的那一刹那，竟然会出现仪凤挡住了荣宝，而自己竟然也没有朝仪凤扣动手枪的扳机。究竟是自己与情敌仪凤之间有着同病相怜的因缘，还是自己与陈定剑之间的情缘还没有完全斩断，以至怕伤害了他所爱的女人而让他悲痛？

她坦荡地坐着，目光在报纸声明的字里行间流淌，心里在诘问自己，自己究竟是为了要去行刺才断然写下这份退亲声明，还是为了绝情才写下退亲声明的？

铁门开了，走进审讯的荣宝，问道："郑小姐是圣约翰大学的名媛，应当知道本督叫人贴满报纸的含意？"

郑安芳说："我连退亲声明都写了，证明我去意已决，一去不回头。"

荣宝笑道："不对，你不满意海军陈家的二儿子，想另择佳婿，才写了这份声明，证明你留恋尘世，留恋人生。所以，只要你供出你的同党，本督就释放你，让你去寻求中意的人生，如何？"

郑安芳讥讽道："大人错了！你是浑浑噩噩的官僚，饱食终日，鱼肉百姓，岂能懂得革命党的胸襟？陈定剑是人中龙凤，海军中的翘楚，我是为了刺杀你不连累他，才登报声明的，明白吗？"

荣宝问道："'八月十五杀鞑子'是什么意思？"

郑安芳答道："这是历史故事，难道大人从小没有读过历史书吗？"

荣宝道："不这么简单吧？是你们革命党准备在八月十五举事的暗号？"

郑安芳说："不知道。"

其实，湖广总督瑞澂已经探知革命党准备在八月十五（十月六日）造反。他命令在八月十五这天全城戒严，官兵皆不能离营外出。军中除值勤士兵可允许带少量子弹以外，所有弹药一律集中收缴，统一保管。荣宝还建议把守卫楚望台军械库的工程营士兵调离，遭到混成协协统黎元洪的反对，他认为，此举会更加激起士兵的反感而引发哗变。由此，提议未获瑞澂的支持。然后荣宝抓到了郑安芳，亟想从她的口中撬出革命党指挥部所在地的机密，说：

"只要你讲出革命党指挥部的地址，本督就放了你！"

郑安芳说："大人，你知道我现在在想什么吗？我在想一个被你杀死的同志写的诗。他叫陈更新，是我的同乡，在广州起义的时候牺牲的。这首诗是他去参加起义之前写的，叫《偶题》：'料峭春寒动酒悲，剧怜贫病过花时。伤时愧比陈同甫，落魄何如杜牧之！末路知交三尺剑，满腔热血两行诗。头颅拍拍羞无价，三十当前好自为'。这就我此时的心情！"

荣宝忿忿地说："郑小姐，不要误以为本督好嘲弄？本督没有下令对你动刑，那是因为仪凤格格吩咐过，本督才对你法外开恩。所以你还是识相点，免得本督动怒了，对你大刑伺候!”

郑安芳泰然一笑，说：“带本小姐去刑房吧，本小姐正想见识见识你的杀人刑具!”

荣宝一想起仪凤的再三叮咛，就只好压下怒火，悻悻地退出审讯室，身后传来郑安芳吟诵诗句的声音：

“末路知交三尺剑，满腔热血两行诗!”

郑安芳没有被请去刑房，而是由荣宝请到“海星”号穹甲巡洋舰上去见陈定剑。她被押进管带室，独自面对着陌生的环境，锦心如铁。

“海星”号穹甲巡洋舰完成了例行检测后，由上海开赴武汉，刚抵达锚地，管带铁祥就得知了叔叔荣宝几遭遇刺的消息。铁祥急去拜见荣宝，才知道凶手是陈定剑的退了亲的未婚妻郑安芳。铁祥是对郑安芳说的怕牵连陈定剑才故意事先退亲的这句话表示怀疑，才提议让两人见面，地点就安排在“海星”号上，一旦陈定剑涉嫌谋反，就一举拿下。

陈定剑得知郑安芳行刺失败被囚，心如刀绞。他一踏进管带室，就知道在舷窗下躲着窃听的铁祥和荣宝，一旦自己露出破绽，不但身陷囹圄，孙中山密嘱的让整个舰队起义反正的计划，也将全都落空。

她穿着一身囚服，面对着一张悬挂的航海图站着，似乎在从航海图中测量陈定剑的感情之路。她背对着他，把自己沉浸在房间的黑暗中。她的记忆里牢牢地珍藏着那个遥远的初春和广州，那时他们刚刚经受了广州新军起义的战斗洗礼，心心相印，以身相许，她成了他的未婚妻。

他轻轻地问道：“你还好吗？他们没有折磨你吧?”他凝视着她动人的背影，像多愁善感的情人忽然找到初恋的第一个吻时，会有的感受。

她轻启绣口，说：“有格格的叮嘱，他们还不敢。难道你不知道格格也在武昌吗?”

他觉得有股紧迫感紧紧地捉住了他，说：“知道。听说她来看她的奶妈。”

她的记忆里勾不起一点憎恨他的东西了，说：“她其实是为了你才到这里陶冶心情的，我猜得出。如今省事了，你可以轻轻松松地再接受她了，免得我碍手碍脚。”

他心里有什么东西迸裂了，说：“你不是为了这个才去行刺的吧?”

她说："哪能这么肤浅？你不知道我是个革命党，更不知道革命党有视死如归的精神吗？"她回想起在"威廉王子"号上和他初见的往事——像一只关在笼子里很久的鸟儿，突然被放开了——现在正朝她迎面飞来，在她头上盘旋，使她充满无限的甜蜜。

他很想在"海星"号上将她劫持了，林守武带着一班革命党人的士兵极力怂恿他动手，可是他一想到陈家的敌人铁祥和荣宝叔侄在暗中向他嘲笑，一想到争取舰队的起义重担，才忍痛取消了。

他负疚地说："令尊大人因为你写了退亲声明，气得吐了血，不过送进医院就医后，已经无大碍了。"

她低低地抽泣道："我是个不孝的女儿，我爹就托付给你了，等我驾鹤西去之后，再告诉他我的事。"

他语带双关地说："放心吧，你所有未竟的事情都由我来帮你做。"

她用恍若隔世的声音说："还记得在'威廉王子'号上，我曾经说过，万一你先死了，我终身不嫁，为你贞守洁到天年。如今我要先死了，我不要你为我终身不娶，好好地和格格相厮守吧，这是我的祝愿。"

他知道两人之间的对话到尽头了，慢慢地转身，想多留住她一身的香气在心房中，然后缓缓地走出管带室。

仿佛有一阵狂风打来的风浪遮没了她孱弱的身影，她无声地倒了下去。

123

荣宝做梦也没有想到救了他性命的仪凤，竟然背叛了他。

仪凤准备跟随返航的"海星"号穹甲巡洋舰回上海去，临走前，她要求荣宝让她见一次郑安芳，地点安排在春来茶楼。荣宝也想请仪凤开导郑安芳，就同意了，并派绿营兵跟围铁桶似的将春来茶楼团团围了起来，谅郑安芳插翅也难飞。

偌大的春来茶楼没有其他茶客，只有侍候的跑堂和在雅室中喝茶话别的仪凤和郑安芳，雅室外头就把守着一群绿营兵，所以荣宝十分放心，坐在另一间雅室中品茗，静候佳音。

雅室内外，寂静无声，气氛肃穆，杯盖相磕之声可闻。雅室里，墙壁上镶着七彩的玻璃，点着一盏高级威尼斯枝形吊灯，家俱漆着意大利国喜好用的淡雅颜色，浅黄色和金色杂之以绿色和蓝色，煞是高雅而华贵。

仪凤站在画几前悠闲地画几笔翎毛花卉，端杯喝茶的郑安芳没有明白她画中的含意。

仪凤不知是说给雅室外监听的绿营兵们听的，还是说给郑安芳听的，问：“因为我，你才被抓了，恨我吗?”

“不恨，换了我也会这么做，也会救自己的小表舅的。”郑安芳的手铐脚镣被仪凤请求卸去，所以才自如地在斗方大的空地上踱来踱去。

“事后，我很后怕，也很后悔，不过谁叫我是旗人呢？我很想和你掉换个角色，来分担你的磨难。”仪凤语出真心，两难往往是她遇见陈定剑之后常常出现的选择。

“不要怜悯我，我其实对你很不好，不仅霸道，还欺负过你。记得吗，有一次在海军医院门口，我领着一队‘荡妇’骑着洋车挡住了你乘坐的马车，不让你去探望受伤的定剑?”郑安芳回想起当时自己打扮成上海夷场的“时装士女”横行街头时，是多么的豪爽!

仪凤也被勾起了对往事的追踪。当时她要进入海军医院看望陈定剑，被郑安芳的一群“荡妇”给挡了驾，幸亏乔治医生帮她解了围。等她赶到病房，陈定剑的病榻边早有了捷足先登的郑安芳了。仪凤说：“我记得你那时的胸口还别着一朵好看的‘钮子鲜花’。”

郑安芳得意地说：“它是用绸绢花或者鲜花制成的，不知道现在上海夷场中的男女还时不时兴戴‘钮子鲜花’了?”

仪凤安慰地说：“还戴的，但是怎么戴也没有你戴得好看。”

郑安芳毫不伤感地说：“您回上海后，帮我做两朵，一朵您自己戴，一朵送给定剑戴，你们俩一定戴了很般配。”

仪凤大为动容，问道：“你写退亲声明，就是为了让自己下决心去行刺，是吗?”

郑安芳掩饰内心的波动，说：“不是，革命党怎么可能英雄气短，女儿情长?”

仪凤在花卉上画了一只飞翔的蝴蝶，弦外有音地问：“这只飞蝶喜欢吗?”

郑安芳不知蕴藏的含义，说：“可惜少了一只，成双成对才能游嬉花丛间呀!”

仪凤坦言地问道：“如果您是这一只蝴蝶，想飞到花间去吗?”

郑安芳黯然地说：“你才是这只蝴蝶，等待另一只雄蝴蝶的飞来，成双入对，游戏花间。”

这时跑堂进来续茶水。郑安芳一见跑堂，大吃一惊，他竟然是李沪生!

郑安芳正想开口，李沪生用手指压在自己的嘴唇上，表示噤声。她再看看仪凤，仪凤手指画上飞翔的蝴蝶，她顿时明白了：他们要救她脱离险境。

原来，郑安芳行刺失败，加上湖广总督瑞澂和荣宝察觉了革命党准备农历八月十五举事，所以起义总指挥决定将起义时间推至农历八月十八日（十月十一日），并且决定派蔡继武设法救出郑安芳。蔡继武找到了仪凤要求帮忙，仪凤正后悔自己害了郑安芳，日后如何面对陈定剑的时候，便爽朗答应了。于是蔡继武暗中联络了五爷、李沪生、陈定琴他们设计下营救的方案，并将它顺利付诸实施。只怕郑安芳不领会逃跑的意图，就派伤刚痊愈的李沪生乔装成跑堂向她暗示。

一俟郑安芳明白过来，李沪生向仪凤使个约定的眼色，仪凤假装出事地惊叫：“快来人哪!”

几乎与之同时，李沪生踩动了地板上的暗钮，地板立刻打开一个洞，李沪生抱着郑安芳纵身跳入地洞，顺着地洞里装的滑道溜到茶楼外去了。

雅室外把守的绿营兵们冲进来，见状大惊，不知所措。

仪凤假装害怕地说：“那个跑堂是革命党!”

等到荣宝闻声赶进来，气急败坏地大叫：“还不赶快跳下去追!”

一个胆大的绿营兵跳下地洞想追，撞上了李沪生预先埋设的碰栓炸弹，轰的一声，连人带泥炸塌堵在地洞里。

荣宝大叫：“快追！快追到街上去!”等到绿营兵都追出去了，才记起余悸未消的仪凤，忙不迭地问道，“格格，你受惊吓了吧?”

仪凤拍拍胸口，说：“小表舅，吓死我了，吓死我了!”

第三十一章

124

同盟会中部总会设在武昌的秘密据点里，李沪生正在制作土炸弹。他面前的桌子上摆满了黑铅、铁片、罐头盒、盐酸、硫黄等物。

李沪生和五爷他们成功地营救出郑安芳后，就转入替武昌革命党人制作炸弹的任务。李沪生受过“专业”训练，加上起义时间紧迫，所以他专门负责制作，几个敢死队学生负责把风，郑安芳和陈定琴负责装炸弹。只有五爷没事干，倚在卧榻上抽香烟。

这是一九一一年农历八月十六日（十月九日）的傍晚。

一个把风的学生引着蔡继武匆匆地走进来，蔡继武是负责来取炸弹的，说：“出大事了！”

五爷跳起来了，问：“莫非起义的时间又暴露了？”

蔡继武说：“就在今天下午，有三个共进会的同志被逮捕了，他们是彭楚藩、刘复基、杨洪胜，幸亏起义的总指挥蒋翊武逃脱了。不幸的是革命党人的花名册，还有共进会和文学会的重要文件都落在清廷的手中。”

郑安芳闻声从里屋赶出来，说：“革命党花名册落在清廷手中，如果不提早动手，就只能坐以待毙！”

陈定琴担心地说：“那还不是等着挨刀子？”她自从经历过重庆保路同志军的起义洗礼后，变得成熟了，对革命党的感情也加深了，也希望自己能成为一个革命党人。

蔡继武说：“蒋翊武已经签署了起义命令，决定提前起义——时间定在今天晚上十二点，以南湖炮队中的革命党人鸣炮为号，各军同志一齐起义。”

五爷办事慎重，又敦实了一句：“也就是说南湖炮队是炮声响还是不响，成为今天晚上起义的关键？”

蔡继武说：“对，你们也做好准备吧！”

陈定琴将两篮炸弹交给蔡继武，说：“今天的都在这里了。”

蔡继武高兴地说：“这些炸弹今天晚上就可以派上用场了。”说完了在学生们的掩护下走了，刚走到门口，又转身叮咛，“听说附近有不少军谘府派出的侦探在到处搜寻革命党，你们小心点。”

五爷说：“知道了，我们会小心的。”

蔡继武走后，李沪生又加紧制作土炸弹，说：“我争取给你们每人做一颗，晚上好参加战斗。”

郑安芳和陈定琴回到里屋开始销毁机密文件，五爷无所事事地又抽起香烟。

五爷抽烟喜好乱弹烟灰，李沪生警告他：“小心点，不要引爆了炸药。”

五爷毫不在意，说：“我又不是活死人，忙你的吧！”

里屋，陈定琴问郑安芳：“见到我二哥啦？”

郑安芳无限感慨，说：“人到临死，见到旧情人的感觉可谓无所顾忌，爱得痛快，恨得痛快！”

陈定琴关切地问：“那您对我二哥，是爱得痛快还是恨得痛快？”

郑安芳说：“是恨得痛快。”

陈定琴说：“对情人来说，恨不就是爱，爱也就是恨吗？”

郑安芳坦白地说：“我现在爱的是李沪生，他简单，纯洁。跟你二哥在一起太累，你的感觉也是一样的，不如分开为好。”

陈定琴说：“你们革命党都以革命为己任，而把爱情看成累赘。”

郑安芳反问道："说说你吧，你和周友三怎么样了？"

陈定琴说："我只知道他在武昌，也不知道他到底在哪里？我看得出，清廷在他的心中是一块磐石。"

郑安芳说："他那五品官来得蹊跷，我怀疑他向你隐瞒了什么难言的苦衷。"

陈定琴说："我也这么以为。他说到武昌向朝廷弹劾荣宝，谁知荣宝反而升了湖广提督，他倒寂寂无闻了。"

郑安芳说："知人知面不知心，你应当提防着他，明白吗？"

陈定琴点点头，说："如果他反对革命党，我就毫不犹豫地和他分手。"

说音刚落，从外头传来一声巨响，在四射的火光中，李沪生被气浪推倒在地。陈定琴和郑安芳连忙抢出里屋，一看，五爷惊呆了，动也不动。而李沪生幸亏当时走开去放一颗新制好的炸弹，谁知五爷的烟灰弹落在桌上的黑炸药中，遽然引起爆炸——所幸的是李沪生恰恰离开桌前，躲过了一次扼杀。

五爷被一块铁皮炸伤了脖子，鲜血顺着他的公牛般的强颈流了下来，陈定琴连忙替他包扎。

五爷急忙叫道："你们快走！军警马上就到了！"

李沪生一拉郑安芳夺门而去。郑安芳叫道："定琴，你们快来！"

陈定琴说："你们先走！我们马上就来！"

李沪生和郑安芳带了把风放哨的敢死队学生刚刚转移，一群军谘府的侦探提着毛瑟手枪已经包围了这座据点。

陈定琴只听见从楼道传来一个熟悉的声音："堵住各个出口，不要放走一个革命党！"

群军谘府的侦探已经冲进来，飞快地抓住了陈定琴和五爷。

一个侦探对随后进来的一个穿便装的大官禀报道："大人，抓住两个革命党，其余的逃走了！"

陈定琴一见大官，吃了一惊：他正是她思念已久的未婚夫周友三。

周友三见了陈定琴，一阵错愕，急问道："定琴，怎么会是你在这里？"

陈定琴继续给五爷扎脖子上的绷带，说："他受伤了，我替他包扎。"

周友三挥退了侦探们，对陈定琴说："你怎么跟革命党混在一起？"

陈定琴反诘道："你不是曾经同情保路同志军吗？那么我同情革命党有什么大惊小怪？"

周友三说："保路同志军原本是良民，与反逆革命党有天渊之别。定琴你不该参与谋逆!”

陈定琴恍悟道：“你不该对我隐瞒了实情！原来你是清廷军谘府的官员!”

周友三说：“实话告诉你吧，我原本是军谘府的密使。从重庆回来后，没有告倒荣宝，朝廷又任命我为军谘府的密使，专司缉拿革命党。”

陈定琴说：“你放了五爷，我可以跟你走。”

周友三说：“他是革命党，绝对不能放走。”

陈定琴抓起桌上的一把工具刀往自己的脖子上一横，威逼道：“快让他走！不让他走，我就自戮!”

周友三担忧地说：“定琴，不要胡来!”

陈定琴将工具刀压在自己的脖子上，鲜血已经流了出来，言之凿凿地喊道：“快让他走！不放，我就死!”

“别别别！别胡来！我放，我放人还不行吗?”周友三无可奈何，他既爱陈定琴，又怕她一时倔犟戮了自己，于是对闻声赶进来的部属大声呵斥道，“让开！让他走！让他走!”

五爷半信半疑，看看周友三，又看看陈定琴，犹豫不决。

陈定琴催促道：“五爷，快走！快走!”

五爷只好忍痛丢下陈定琴，夺门而去。

周友三说：“定琴，现在你可以跟我走了吧?”

陈定琴说：“跟你走可以，答应我辞了军谘府的官不做，可以吗?”

周友三问：“为什么？你父亲，你二哥和三哥都不在做官吗？为什么单单要我辞职?”

陈定琴说：“因为我明白了，广州新军起事，长沙米潮和广州起事，你都替清廷通风报信，对不对？你做的官是伤天害理的官，所以你要我就必须辞官!”

周友三说：“朝廷有恩于我，我不能辞职!”

陈定琴斩截地说：“那我们退亲吧，你走你的阳光道，我走我的独木桥!”

周友三惊愕地说：“退亲？断无此理！来人哪，把陈小姐拉回去!”

“谁敢!”陈定琴持刀威逼向她包围的侦探们，侦探们面面相觑，不敢贸然动手。

周友三大怒：“她是我的人，带走!”

侦探们围上前，想动手拉她，不料她用工具刀往脖子上一抹，幸亏周友三抢得快，夺掉她手中的刀，但是她已经割破了皮肤，鲜血涌出，慢慢地倒了下去。

“定琴！定琴！”周友三连忙抱起她大叫，“快备车，去医院！”

一阵忙乱中，陈定琴被周友三送往日本的同仁医院抢救，她用忠贞的鲜血在她与周友三的婚姻聘书上划下了句号。

125

等到半夜十二点，南湖炮队的炮声没有响，回到工程营苦等的蔡继武预感情况不妙，他料想不到前往炮队宣布起义命令的三个革命党人因为躲避清军的搜查，耽误了起义的时间，实际上当夜的起义计划已经流产。蔡继武因为连夜的策划、操劳，昏昏沉沉地睡了过去。

十月十日早晨，蔡继武被嘹亮的起床号惊醒，他走出帐篷，碰到从外面买菜回来的司务长，告诉他，昨天督府杀了三个革命党，血淋淋的首级搭在两块砖头上，还被拍成照片，贴在城墙上示众。这时候，三个革命党被砍头后拍下的照片发送至军营，蔡继武看了倍感危机逼人。革命军在营中的代表、正目熊秉坤召集营中的同志秘密开会，商讨对策。

蔡继武说：“民不畏死，奈何以死惧之?”

熊秉坤说：“反正花名册落在清廷手中了，早晚是个死，不如今天拼死一场，侥幸能生还!”

另一个革命党士兵说：“为革命而死，死得其所!”

又一个士兵说：“砍头不过碗大疤，怕什么?”

还有一个士兵说：“与其让人家砍我们的，不如我们砍人家的去!”

熊秉坤说：“如果再不动手，彭楚藩、刘复其、杨洪胜的下场，就等着我们!”

蔡继武说：“熊代表，你下命令吧，我们听你的!”

于是熊秉坤宣布，下午吹晚操号的时候起义。不料，提督荣宝取消了晚操，熊秉坤又将时间推至晚上七点，即点头道名和二道名中间的空隙。

岂知，排长陶启胜得知起事后，立刻叫上两个护兵，直奔他所辖的排，企图阻止，情急之下，士兵程正瀛急了，抬手朝他打了一枪，正中他的腰肋。

程正瀛的这一枪，揭开了武昌首义的序幕！后人之所以纷纷将武昌起义的第一枪归功于熊秉坤，是因为一九一四年，孙中山和熊秉坤在日本，孙中山当众称赞地介绍道："这位就是武昌首义第一枪的熊同志。"一九一九年，孙中山写国庆社论的时候，又把"第一枪"归功于熊秉坤。时会使然，革命需要"第一枪"鼓舞士气，岂在乎真伪呢？

枪声遽响之后，工程八营内的革命士兵，顿时大噪，抓起武器，冲出宿舍。熊秉坤带领大家冲出营门，直奔屯囤积军械弹药的楚望台。

与此同时，陆军测绘学堂的全部学生，冲出教室，推开拦阻的教官，撕烂窗帘和被单在左臂上捆扎白布条为标记，赤手空拳，奔向楚望台。

楚望台作为武昌最重要的军械库，有日本六厘米五步枪一万五千支，德国七厘米五毛瑟双筒枪一万多支，汉阳造单筒六厘米五长枪数万支，子弹不计其数。

负责楚望台守备任务的是工程八营左队，革命党人的正队长叫罗炳顺，副队长马荣。听到枪声后，督守楚望台的督练课长李克果命令左队官吴兆麟召集队伍训话："有接近楚望台者，格杀勿论！"

罗炳顺与马荣相看一眼，故意说："监督官，我们士兵手里一粒子弹也没有，乱党都有枪弹，冲杀过来怎么阻挡？"

马荣跟着附和，道："总不能拿这把烧火棍去打乱党吧？"

这时候，枪声越来越近，罗炳顺大声叫道："乱党要来了，不能等死吧？"

李克果中计了，连忙命令打开仓库给士兵们发放子弹。

士兵们排着队到仓库领取子弹，井然有序。等到最后一个士兵拿到子弹，马荣朝天放了一枪，大叫："同志们，反啦，反啦！"

早已按捺不住的士兵们纷纷朝天放枪，吓得李克果目瞪口呆，和吴兆麟趁乱逃走了。

待到熊秉坤和蔡继武率领起义的工程营二十九标和三十标的革命党来到，总共有四百多人。

蔡继武大声说："大家安静一下，请革命士兵总代表熊秉坤宣布纪律！"

熊秉坤往高处一站，大声宣布了十条命令，最重要的一条是：本军冠革命军三字，称"湖北革命军"，今晚口号："同志协力"！

这时候，哨兵押着吴兆麟过来。

熊秉坤问："吴队官，你去哪里了？"

吴兆麟说："我怕你们杀队官，才溜了。"

蔡继武说："大家都是汉人，不会为难你。我养娘还是满人哩，怕什么？"

熊秉坤说："吴队官，我们准备推你为临时总指挥。"

吴兆麟连声反对，说："不行，不行，你们不杀我就感恩不尽了，哪里当总指挥?"

熊秉坤谦虚地说："我才是个正目，这里你的官阶最高，又是日知会成员，你当然胜任!"

众士兵异口同声地表示拥戴，吴兆麟拗不过，就大声问众人："你们当真推举我为总指挥?"

"当真!"士兵们声遏行云。

"既然如此，大家一定要服从统一指挥!"吴兆麟毕竟是队官，训练有素，"愿意吗?"

"愿意!"士兵们誓言铮铮。

"违令者，斩！愿意吗?"吴兆麟不放心，又垫了一句。

"愿意！愿意！愿意!"士兵们连喊三声，壮志凌云。

大革命不仅大浪淘沙，而且后浪推前浪，推出了名不见经传的熊秉坤和吴兆麟这样一批撬动大清帝国百年基石的大英雄。

当即，吴兆麟命令队伍整械，补足弹药后，兵分三路进攻湖广总督瑞澂的署衙。

第一路由邝杰指挥，从紫阳桥向王府口前行，经长街直攻督署正门。

第二路由马荣指挥，经水陆街攻击署衙后面的第八镇司令部，包抄督署后门。

第三路由熊秉坤指挥，从津水闸向保安街挺进，直扑督署大门。

不料，瑞澂早有准备，在督署周围布有荣宝的重兵。

革命军士兵冒着枪林弹雨进攻，死伤惨重。

蔡继武急了，拎着两篮的土炸弹冲到督署前炸倒的石碑后，不断地碰击栓钉，投出一颗又一颗的土炸弹，无奈威力不够，杀伤力甚小，对绿营兵的马克沁机枪阵地构不成损伤。眼看着一批又一批的革命军士兵倒在血泊中，在这千钧一发之际，南湖的炮队赶到了。炮队以督署门口的旗杆为标准点，在革命军士兵放火的照明中，发炮猛轰。

轰轰！轰轰！轰轰！在排炮的轰击中，督署的大门口机枪阵地化为齑粉，督署的大堂、签押房和第八镇司令部的马房夷为平地。革命军士兵挟着大炮的千钧威力，如潮水般攻进督署。瑞澂和荣宝早就溜之大吉，武昌完全落入革命军手中。

这时候，距士兵程正瀛第一声枪响，仅仅才过去十二小时。

蔡继武将一面红黑两色的九角十八星旗升上了督署大门的旗杆。这是共进会所采用的旗帜，代表十八省铁血共和，即史称的“铁血十八星旗。”

126

十月十日，武昌首义的这一天傍晚，“海星”号穹甲巡洋舰升火待发，准备返回上海高昌庙基地。

仪凤带着水根来到码头，铁祥和陈定剑以及全舰军官早已在码头上恭候了。仪凤见到两位互为情敌的旧情人感慨万千。此次她来武昌，就是为了淘洗郁结在心中的愁闷，岂料旧愁未净，新忧又添。郑安芳遽然声明与陈定剑退亲，是预料之外，也是意料之中。她从此与陈定剑有了重拾坠欢的可能，然而铁祥会善罢甘休吗？她拂了皇太后的面子，皇太后会耿耿于怀吗？她正心事杌陧的时候，铁祥堆满笑容地行了个旗人的礼仪，说：

“奴才给格格请安，欢迎格格乘坐鄙舰。”

铁祥故意当众不行海军礼仪，而行旗人之礼，以表示他与仪凤的血缘关系，皇族的夤缘，是陈定剑这个汉人无法替代的。

陈定剑行的是海军军礼，潇洒倜傥，令仪凤看了为之动情。陈定剑说：“欢迎格格乘坐‘海星’号，‘海星’号的所有官兵随时为您效劳。”他的说辞符合海军的热忱和礼仪。

仪凤向所有列队欢迎的军官报以微笑，说：“军官们，你们是大清国皇家海军的骄傲，我向你们致敬！”

军官们被格格的端庄仪容所吸引，齐刷刷地敬个军礼，说：“欢迎格格！”

于是铁祥上前轻托着仪凤的臂弯往舷梯走去，这时候周友三急匆匆地赶进码头来，被卫兵拦住。周友三焦急地大叫：“让开，我是军谘府特使周友三！”

陈定剑听见了，连忙上前喝令卫兵放行周友三。仪凤发现周友三神色不对，也转身赶了过来。

陈定剑忙问：“友三，你怎么找到这里来，发生何事？”

周友三支支吾吾，不知如何启齿。

仪凤机灵，问道：“是不是定琴出事了?”

周友三点点头，舌头根打了结，说不出话来。

陈定剑焦急地追问道：“说呀，出了何事？到底出了何事?”

周友三无可奈何，只好如履薄冰地说起陈定琴自杀未遂的事情和缘由。

陈定剑如当头被击了一棒，原来自己的好友周友三竟是军谘府密使！那么广州新军起义、长沙米潮和广州起义的泄密，均与他有关！然而他又袒护重庆保路同志会，还释放了五爷，可见他良心未泯，就说：

“事已至此，快带我去见舍妹。”

仪凤说：“定剑，看来令妹已经医生救治，并无大碍，你随军舰回上海，我留下，替你照看令妹，到时一起和她回上海。”

周友三说：“这办法甚妥，有我和仪凤格格照料定琴，定剑尽可放心。”

陈定剑感激地说：“格格，舍妹就托付给你了。”

仪凤义不容辞地说：“放心，我视定琴如同自家的小妹，不会有误。”

铁祥走过来问道：“格格，发生了何事?”

于是仪凤将事情的来龙去脉说了一遍，说：“铁祥大人，我等定琴痊愈了以后再回去。”

铁祥说：“周大人，那么格格就托付给你了。我等告辞。”

“告辞，代问候舍妹。”陈定剑一揖，和铁祥一起走了。

“海星”号响了三声汽笛，缓缓地离开了码头。

周友三带着仪凤和水根乘坐马车前往日本同仁医院探望陈定琴。

在马车上，仪凤问周友三：“定琴是个至诚温顺的姑娘，为何要同你退亲?”

周友三有苦难言，说：“她一听说我是军谘府密使，以为我双手沾满鲜血，要我辞官，我不肯，她就退亲。”

仪凤嘴唇上滑过了一丝迷惘的苦笑，说：“女人哪，往往把婚姻想象得很圣洁，不知道这是对，还是错。”她不知是指陈定琴，还是讽喻她自己。

周友三用茫然的、暗淡的声音说：“格格，求您一件事，见到了定琴替我求求情，挽回她的心。”

仪凤深谙感情的奥妙，说：“解铃人还得系铃人，我帮不了你，就像没有人帮得了我一样。”

正在这时候，坐在马车夫旁边的水根大叫：“格格，前头出现了大批的人群，好像逃难来的！”

仪凤从右边车厢探出头看去，只见夜色中人头汹涌，黑压压地朝马车压过来。周友三从左边车厢看出去，嘈杂声涌着幢幢人影冲过来，不一会儿将马车团团围住了。仪凤听他们说旗语，也用满族话搭讪，才知道他们是从中和门逃出来的旗人。

仪凤又问：“发生什么事了？”

一个旗人说：“乱军造反了，杀进中和门，见旗人就杀！”

另一个旗人说：“巡防军和他们打起来了，中和门烧了半条街，快逃吧！”

周友三急问：“官爷呢？没有官爷出头管吗？”

又一个旗人说：“官爷被杀的杀，逃的逃，没有一个敢出头。你也快逃吧，要被乱军抓住了准被砍头！”

仪凤担忧地说：“水根，我们快去找满喜，去找满喜！”

水根担心地说：“兵荒马乱的，怎么找？”

突然，一颗飞来的炮弹落在人群的中间爆炸，难民倒下一片。又一颗炮弹在马车旁边炸开，马被炸死，马车掀翻在地。水根和车夫连忙将仪凤和周友三从马车里拉出来，人群溃退过来将仪凤和周友三他们冲散了。

紧接着大队的革命军冲过来，一边开枪，一边驱赶人群，喊叫声、哭声、骂声、喊杀声乱成一片。

仪凤独自拼命地逃跑，后面有三个革命军士兵边开枪边追赶：“站住！站住！这个臭婊子给我站住！”

仪凤慌不择路，逃进一条死巷子，没有出路了，她回头只见三个穿青灰军装的革命军士兵向她追过来，他们的左臂上都扎着白布条。

为首的正目脸露淫光，说：“臭婊子，看你往哪里跑？”

一个士兵说：“正目，是个旗婆子！”

正目流着口水，说：“先尝尝鲜再说！”

另一个士兵胆怯地说：“正目，有军纪，动不得。”

正目斜他一眼，说：“你怕就放风去！”说着开始解裤带。

另一个士兵冲上去扭住仪凤的手，仪凤徒劳地又挠又踢，还是被抓住了。

哗啦一声，仪凤的襟衣被正目撕开了，仪凤挣扎着喊叫：“救命！救命！救命！”

正目得意地说：“你喊破了嗓子也没有用，就是协统、标统来了也管不了老子拉屎放屁!”

突然，两声枪响，两个士兵先后应声栽倒。正目正要掏枪——呯的又一枪，他的天灵盖被子弹掀翻，血浆飞溅，仰天倒下。

开枪的是荣宝，带着一群穿黄色军装的绿营兵冲过来，叫道：“格格，奴才来迟了，死罪死罪!”

仪凤吓得嘴唇发抖，说：“小表舅……你来得正好……”

荣宝脱下自己的军大衣给她裹上，说：“快走！乱军要攻过来了!”说着在士兵的簇拥下带着仪凤，投进浓浓的夜色中去。

远处，炮声隆隆，那是革命军的炮火炸毁了湖广总督的督署。

127

十月十一日早上，天快亮的时候，蔡继武和一个排的革命军士兵跟随着副队长马荣举着火把、提着步枪冲进四十一标第三营管带谢国超的家，寻找第二十一混成协协统黎元洪。

谢国超的家再大，也遮蔽不了黎元洪像熊一样的肥大身躯，一下子，几十把上了明晃晃刺刀的日本六厘米五步枪围住了他。

黎元洪吓得浑身哆嗦，说：“我平常待兄弟们不薄，为何杀我?”

马荣恭敬地行个军礼，说：“协统大人，我们不杀你，是请你出来主持大局的!”

黎元洪余悸未消，浑身跟筛糠一样抖动，说：“革命党人有德有才之人众多，为何偏偏挑我这社鼠祠狐之辈?”

蔡继武说：“你是耿介之士、左旗之帅，主持大局非你莫属。”武昌城内的驻军，分为右旗和左旗。左旗辖第三十一标和第四十一标，右旗辖第二十九标和第三十标。左旗的第三十一标归荣宝管辖，而第四十一标都归黎元洪的第二十一协统辖。清廷的这种军队构建，出于以汉制汉，以满制汉的安排，看似用心，其实反而给革命党以可乘之机。黎元洪自然成为这种混乱局面的木偶傀儡的最佳人选。

马荣说：“吴兆麟总指挥在楚望台等你，请随我们去见他。”

黎元洪推诿地说："吴兆麟是老军官，有他主政，何必多我一个？"

蔡继武一听，火冒三丈，用刺刀往黎元洪的脖子上一架，说："你若不去，现在就死！"

黎元洪吓得脸色苍白，说："我去，我去还不行吗？"

于是这一伙革命军押着黎元洪去了楚望台。

黎元洪，湖北黄陂人。一八八五年，他考入天津北洋水师学堂，与陈世恩是同学。毕业后，被派往广东水师服役，充当"二管轮"。甲午海战爆发，他本人随舰队北援参加，充当"广甲"舰主驾驶。大东沟一役，日本联合舰队偷袭，"广甲"管带吴敬荣贪生怕死，下令舰船脱离战场，在大连湾搁浅。又发觉有日舰追来，吴敬荣率先再逃，黎元洪只好与其余官兵坐小艇逃跑，被大浪打翻小艇多人毙命，黎元洪身上幸有一件救生衣，才得以获救。嗣后，北洋水师全军覆没，他跟陈世恩一样，拘押数月，除名回籍。后来他投奔两江总督张之洞，因为科班出身，军事能力强，被保送日本深造。回国后，当湖北武备军被改编为两镇时，他充任第二镇统制官。后来第二镇缩编，改番号为第二十一混成协（独立旅），他得任协统。他与荣宝分执湖北军界的牛耳。

十月十日晚上九点，黎元洪在黄陂司令部，接到督署的电话，知道他所辖统的工程营二十队和辎重二十一标发生兵变。

当时他十分心焦，下令邻近的炮队第二十一营去镇压，岂知炮队反正。又过了半小时，消息传来，南湖炮队已经入城，在楚望台上架大炮，轰击督署。湖南总督瑞澂逃往江中"楚豫"号炮舰避难。

这时，有一个革命军的联络员士兵马荣棠跑进司令部高呼："革命成功了，汉人同胞快回去支援攻打督署！"

黎元洪立刻拔剑，杀了马荣棠，以免他摇动军心。

但是官兵已经混乱，纷纷弃械逃窜。黎元洪见大势已去，只好换了便衣，躲进谢国超家避难。如今他被押往楚望台，不知是吉是祸，他忐忑不安。

到了楚望台，革命军士兵列队举枪敬礼，鸣号欢迎。黎元洪吓了一跳，以为要将他处以极刑。

吴兆麟向他迎来，毕恭毕敬地欢迎："协统大人出马，定能旗开得胜。"

黎元洪不安地说："为什么要造反？一旦失败，株连九族。"

吴兆麟解释道："如今武昌在革命军手中，如果没有一个像样的组织机构来领导，再没有一个威权人物在坐镇，容易群龙无首，易生哗变。"

蔡继武说："仅靠我们这些排长、队官，恐难服众，而且道义上也站不住脚，容易让外省把我们的起义当成兵变。"

黎元洪犯难作色，说："朝廷有恩于我，我怎么说背叛就背叛？"

马荣看了勃然大怒，拔出战刀要砍黎元洪，骂道："不识抬举的东西！你杀了我们联络的同志，我还没有跟你算账哩！想死，说一声，我成全你！"

黎元洪哭丧着脸，说："罢罢罢！我豁出这条老命了。事已至此，意欲如何？"

吴兆麟等人说："听凭协统大人做主！"

黎元洪毕竟是统帅，说出了自己的担忧："武昌是长江边的一座孤城，朝廷有大军很快就从四方云集，附近又有荣宝军队，一旦里应外合，如何抵抗？"

吴兆麟胸有成竹，说："我军万众一心，所怕何来？如果败退，可以安抵湖南。"

黎元洪叹了口气说："你们是逼我铤而走险了！"

当下吴兆麟、蔡继武和马荣等拥戴着黎元洪前往省谘议局会见谘议局局长汤化龙。

汤化龙，三十七岁，湖北浠水人，进士出身，又到日本进入政法大学研习法律，是个典型的洋务派。他一见黎元洪的到来，和秘书长石山俨等许多议员起身恭迎，先表示自己全心赞成革命，然后一转话释："鄙人不知兵，诸事听凭黄陂兄调度。"他称黎元洪为黎黄陂，除了风雅，更有敬重。

蔡继武心灵神会，带头说："我等拥戴协统大人为'大都督'！"

众人异口同声地拥戴："我等愿推协统大人为'大都督'！"

黎元洪把头摇得像拨浪鼓，说："我何德何能当'大都督'？"

蔡继武一听他想打退堂鼓，哗啦一声，拉开枪栓，说："你不想当？那就到阴曹地府去当'大都督'！"

一群士兵一边把枪栓拉得哗啦响，一边义愤填膺地说：

"他不当，就瞧不起咱们，杀了他！"

"他早该砍头了，给脸不要脸！"

"杀了他，祭死去的烈士兄弟！"

"……"

蔡继武见黎元洪还在扭扭捏捏，一气之下，就提笔在准备发布的文告上签下"都督黎"三个大字，说："生米煮成熟饭了，还怕你抵赖不成？"

黎元洪一见木已成舟，只好勉强应允。

很快这张文告贴到武昌街头，极大地镇抚了大乱过后的军心、民心，也稳住了革命军的阵脚，为武昌首义后的革命之火在中国燎原，起了至关重要的作用，也赢得了革命的宝贵时间。一时间，武昌城内，满城竞说《中华民国军政府鄂军都督黎布告》：

今奉军政府命　告我国民知之
见我义军到处　尔等勿用猜疑
我为救民而起　并非贪功自私
救尔等于水火　拯尔等之疮痍
尔等前受此虐　甚于苦海沉迷
只因异族专制　故此弃尔如遗
须知今满政府　并非我汉家儿
纵有冲天义愤　报复竟无所施
我今为此不忍　赫然首举义旗
第一为民除害　与众戮力驱驰
所有汉奸民贼　不许残息久支
贼昔食我之肉　我今寝贼之皮
有人急于大义　宜速执鞭来兹
共图光复事业　汉家中人立期
建立中华民国　同胞无所差池
上民工商尔众　定必同逐胡儿
军行素有纪律　公平相待不欺
愿我亲爱同胞　一例敬听我词

第三十二章

128

仪凤跟随着荣宝和一群残兵逃出武昌城，到了长江边上的一座军备仓库，一路上陆陆续续地有不少打散的清军加入他们的队伍，荣宝点了一下人数，约有一个营的兵力。

军备仓库临江，原先是专供军队运输船装卸军用物资的停泊点，备有弹药、军服和过冬的草褥。可是溃兵们无心恋战，围在茫茫的长江边指望有海军的军舰来运他们逃离险境。可是长江上片帆皆无，武昌城的炮火吓退了长江上所有的来往船只，就连海军唯一留守在长江上的“楚豫”号炮舰也退往下游待命，免遭革命军炮火对它的袭击。

溃兵们嚷嚷着要弃械易装解散，各奔东西逃命。一向恃众杀寡、恃强凌弱的荣宝面临颓局也没了主意，他躲在弹药仓库里正准备换上便装，率先逃跑。

仪凤走进弹药仓库，一见荣宝的狼狈样，就动怒地说：

“小表舅，你身为朝廷命官，怎么准备逃跑?”

荣宝哭丧着脸说：“仪凤，你到哪里去了？大势已去，快准备逃跑吧！”说着叫亲兵递给她一套男装，叫她换上。

仪凤将男装往地上一扔，气急急地说：“呸！你不配当我的小表舅！贪生怕死，目无纲纪，日后我要向太后参倒你！”说着转身往外走。

荣宝连忙叫道：“等等！我的小姑奶奶，我也是没有办法，才出此下策的！不逃掉，你有什么回天之术?”

仪凤一听他转变了态度，就停下脚步，说：“刚才我带了几个士兵去看仓库，守库的库兵全部逃走了。这里有四座仓库，一座放草褥，一座放粮食，一座放军服，还有一座放弹药。仓库地处高坡，后面临江，是装卸码头，前面临路，便于装车，是个易守难攻的营地。我们只要守住仓库，没有两三个协的兵力是攻不下仓库的。”

荣宝一怔，问道：“什么，你打算要守在这里?”

仪凤露出一种大将临危救难的口气，说：“有何不可？此处吃、住、穿、军备不愁，一应俱备，只缺固守的决心。我军尚有一个营的兵力，可以固守待援。”

荣宝沮丧地说：“总督大人已经逃上‘楚豫’号炮舰，弃城而去，哪有援军可待?”

仪凤卓有远见地说：“武昌发生兵变，朝廷不会袖手旁观，顷刻之间，便有大军从四面八方赶来围剿。如果小表舅固守待援，一旦大军赶到，加入反攻，小表舅便成中流砥柱、反败为胜的名将，朝廷将不会亏待你的功绩。”

荣宝渐渐地恢复了信心，说：“所言不差，可是溃兵如水，一旦不听命令，犹如洪水将淹没你我，这如何是好?”

仪凤硬着头皮道：“事到如今，兵败是死，弃城也是死，不如拼死一战，还有一线生机，这便是告诉外头溃兵的道理！走吧，见机行事！”

荣宝扔了手中的便装，和仪凤走出仓库。仓库外，溃兵们如无头苍蝇团团转，弃械与固守，莫衷一是。他们一见仪凤和荣宝走出，鸦雀无声了，都恶狠狠地盯着仪凤和荣宝，似乎要将他俩生吞活剥了。

荣宝大声地说：“弟兄们，这位是仪凤格格，她有话要说！”

一个排长不服地叫道：“格格？就是太后来了也没有用，是能替我们挨刀，还是挡子弹?”

一个正目说：“排长大人，先听听她怎么说，再作道理也不迟啊！”

溃兵们慌不择路地嚷嚷：

“听格格说话！先听格格的！”

“先听格格的，再走不迟！”

“对呀，人家好歹是格格，连提督大人都听她的，不妨先听听！”

“……”

仪凤向众人挥挥手，溃兵们又安静了，才说：“弟兄们，我叫仪凤，是海军副大臣代春贝勒的独生女儿，因为到武昌城看望我的奶娘，恰逢兵变，才滞留此地。昨天晚上遇险，多亏营中几位兄弟的搭救，请这几位兄弟出列。”

十几个绿营兵陆续走出行列，站成一排，仪凤一看，正是昨天晚上的救命恩人，便朝他们跪下，大声说：“各位兄长，从今往后，你们就是我的大哥！请受小妹三拜！”说着连拜三拜。

这一群绿营兵受宠若惊，慌忙跪下回拜，齐声说：“格格如此看重我等，请受我等回拜！”

仪凤起身，上前一一扶起这十几个绿营兵，连连说：“大哥请起！大哥请起！”

这一群绿营兵起身后，仪凤说：“大哥们请站到小妹身边来。”绿营兵们闻声站在仪凤身后，仪凤顿时拥有了一群手执钢枪的亲兵，更显得信心百倍，又说：

“弟兄们，大敌当前，必须万众一心，否则弃械逃跑是死，固守待援可活！我刚才查过了，我们手中有四座仓库，有弹药，有粮食，有军服，有草褥，又有一个营的兵力，可谓兵强马壮。只要坚守几天，相信朝廷的援兵一定赶到，海军的舰队也会赶来增援，到那时，弟兄们将是大清的功臣！”仪凤信誓旦旦地向众人晓以道理，以期成功。

不料那个排长带头寻衅，说：“弟兄们，总督大人都逃走了，凭什么我们要给清廷卖命？”

仪凤说：“我是女流之辈，难道这位大哥还不如我敢为国家、为社稷赴汤蹈火吗？”

排长煽动地说：“弟兄们，她是格格，大清皇家有她的一份，她当然得卖命保住大清。可是咱们是大清的泥土，大清的垃圾，大清好歹与我们何干？”

仪凤说：“养兵千日用兵一时，今日大清有用着我们的地方，我们能当孬种吗？”

排长又说：“大清是她家的，跟我们无干，弟兄们，走哇！回家去！”

溃兵们正蠢蠢欲动，仪凤从荣宝的腰间拔出手枪，对准排长开了一枪，排长当场毙命。仪凤高声叫道："想逃跑者死！"

仪凤身后的十几个绿营兵横下钢枪哗哗一声，拉开枪栓，对准溃兵，威风凛凛地面众簇拥着仪凤，溃兵们被镇住了。

仪凤威赫地说："弟兄们，仓库易守难攻，只要守阵得法，一定能击退乱兵的进攻！现在请正目以上的军官们都站出来！"

当下有十几个管带、队官、排长和正目军官站出队列。

仪凤对一个队官说："你带十几个弟兄去军服仓库搬出军服让弟兄们换上新军装，让乱兵们看了以为我们是一支劲旅！"

队官领命而去。

仪凤又对一个排长命令道："你带十几个弟兄去弹药仓库搬出弹药，让弟兄们补充。"

排长领命而去。

仪凤说："打仗我是外行，下面由提督大人发布命令！"说着将手枪交还荣宝。

荣宝对仪凤驾驭溃兵的魄力佩服得五体投地，说："弟兄们，本督愿意听从格格的调遣！"

军官们齐声说："我等愿意听从格格的调遣！"

仪凤说："如果不听从调遣的，一律军法从事，可愿意？"

荣宝等人一齐回答："愿意！"

于是仪凤和荣宝等人围着蹲在地上，开始用一把刺刀在地上画着地图，商议如何固守仓库的办法。

这时候，一个哨兵跑来禀报："格格，有人来了！"

仪凤大声命令道："弟兄们，赶紧换上新军装！"

士兵们纷纷换上新军装，顿时精神焕发，士气大振。

仓库前头的大路上，尘头起处，驰来一匹快马。

仪凤、荣宝以及军官们在士兵的簇拥下走到营地门口，那匹快马已经驰到了，滚鞍下马的正是革命军排长蔡继武，左臂扎着白带，手执一面白旗，一见仪凤，惊喜地说：

"原来格格在这里！害得我好找。"

仪凤高兴地说："蔡大哥，原来是你？我干娘还好吗？"

蔡继武悲戚地说："我娘被乱枪打死了，店铺也被炮火烧了。"

仪凤听了很悲痛，说：“干娘死得这么惨，那你来此做甚?”

蔡继武说：“我奉鄂军军政府的命令来劝你们投降!”

仪凤愤怒地说：“你们是乱臣贼子，我等岂能听命于你?”

蔡继武解释道：“我们不是兵变，是中华民国军政府，黎元洪大人是都督!”

仪凤正色地说：“回去告诉贼逆黎元洪，我等乃堂堂朝廷命官，不屑于豕狗为伍，一旦朝廷援军到来，尔等乖乖献上首级！去吧!”

蔡继武说：“你等的气度，确实让我佩服，不过打仗是男人的事，请格格离开此地，与我一道回城，确保无虞!”

“住口!”仪凤斥道，“我乃皇家格格，生是皇家臣民，死是皇家雄鬼，岂能与你同日而语？去吧!”

蔡继武无可奈何，说：“格格，你我各为其主，但是又情同手足，我留下这匹战马，聊表为兄寸心。”

仪凤说：“各安天命，好自为之吧!”说着让一个军官牵过蔡继武的战马。

蔡继武抱拳一揖，转身走了。

仪凤对荣宝说：“提督大人，革命军很快就会来进攻，请布置作战计划。”

荣宝很快地布置了固守的计划，军官们一一领命。

仪凤说：“敌众我寡，提督大人，我有个建议。”

荣宝说：“但讲无妨。”

仪凤说：“营房背面临水，三面临着大路，是否围绕着营房挖一条大壕沟，将草褥填充沟内，撒上火药粉，然后诱敌深入，再放火歼敌。”

荣宝和军官们都称道叫绝，当下分头行事。

荣宝问道：“仪凤，怎么会知兵用兵?”

仪凤谦虚地说：“久在海军，听惯阿玛和萨统制他们议论军事，所以一知半解，也不知能否临时抱佛脚。”

荣宝有感而发，道：“如果你是男儿郎，当是一员领兵战将。”

仪凤有点后怕，说：“充其量是逼上梁山，还望小表舅壮胆。”

荣宝说：“三军待战，粮草先行，眼下只剩下最后一件大事，让官兵吃饱肚子。”

仪凤说：“这件大事由我来指挥。”说着领着那十几个绿营兵走去埋锅做饭。

荣宝长长地吁了一口气，在心里掂量着此仗是否能够一举成功，便带着亲兵去督挖壕沟了。

129

进攻是从黄昏时分开始的。

一个标三个营的革命军一字排开同时向仓库营地发起进攻，他们的如意算盘是用三个营打一个营，让荣宝首尾中间三不顾，自取其乱。荣宝毕竟是老将，只派出三个排的兵力挡在壕沟之外当诱兵，双方一接火，革命军在马克沁机枪的一通扫射之后，开始以众凌寡地进攻。三个排的绿营兵只是用排枪一阵一阵地射出。革命军乘势而来，以为绿营兵不堪一击，踩着倒下的伙伴的尸体汹涌而来。荣宝见时机已到，分别叫人打了三发信号枪，那三个排的绿营兵连忙往回撤，分别从身后的架在壕沟的三座木排上撤入营地，再将木排拆入壕沟中。革命军不知是计，乘胜追击，三个绿营兵各手执火把跑向壕沟准备点火。不料，他们先后均被革命军的乱枪打死。眼看着革命军已经冲到壕沟边，要踩着垫在壕沟中的草褥，越过壕沟冲入营房阵地，只见仪凤情急之中跳上战马举着火把向壕沟冲去。

革命军不断地向仪凤开始射击，无奈战马飞快，驮着仪凤策马冲到壕沟边，弯腰点火。壕沟里的沾着火药的草褥一触即燃，烧起熊熊大火。仪凤策马沿着壕沟不断地弯腰点火，一条火带瞬间燃起，冲入壕沟的革命军身上着火，在火海中挣扎。此时，埋伏在营盘内的绿营兵们的轻重武器一并开火，如秋风扫落叶卷倒了前赴后继的革命军。革命军死伤惨重，留下大批的尸体在壕沟中燃烧，跟潮水一样地退回武昌城内，不再来犯。

有几个冲过了壕沟的革命军被绿营兵团团围住了，为首的正是排长蔡继武。

“杀了他们，枭首示众！”一个管带官向荣宝提议。

荣宝毫不含糊地说：“听格格的！”

仪凤骑着战马走过来，脸上身上全是被烟火熏炙的灰痕，显得更加英武。

士兵们从四面八方围拢而来，盯着仪凤看。

管带官大声地问仪凤：“格格，杀了他们，以振军威吗？”

骑在马上的仪凤威严地扫视着士兵们，说：“弟兄们，我们是朝廷的军队，不是土匪马贼，以杀人取乐。放了他们，好让革命军知道，我们是有纪律的劲旅，不是乌合之众！同意吗？”

“同意！”士兵们的喊声响遏行云。

荣宝大声下令：“放人！”

士兵们让开一条路，让蔡继武几个逃生。

蔡继武激动地对仪凤喊道：“谢谢格格！后会有期！”

仪凤在马上说：“回去告诉黎都督，与人方便，与己方便！”

蔡继武回到武昌城内，将仪凤的话告诉了黎元洪。

黎元洪感叹地说：“好一个格格！活脱脱是一个女中豪杰！也罢，她有仁，咱有义，不必再去进攻了，就让他们在城外枯守着给朝廷唱挽歌吧！”

蔡继武听了，暗暗地替仪凤松了口气。

就在蔡继武替仪凤释忧的时候，周友三和水根正在到处寻找仪凤。

周友三、水根与仪凤被革命军冲散了以后，四下里寻觅仪凤，不料正撞上五爷、郑安芳、学生敢死队和一群革命军士兵，他们的左臂上都扎着白布带。周友三来不及躲避，被五爷抓住了。

五爷用手枪顶着周友三的脑袋，说：“周大人，重庆一别，听说你到武汉当上军谘府特使了？来人哪，杀了他！”

郑安芳阻止道：“等等！他的未婚妻陈定琴可是自己人，怎么能杀了他？”

五爷一想起广州起义的失败和长沙米潮中丁二姐母子的被杀，气就打不一处来，说：“他是披羊皮的狼，军谘府的高级谘使，害了咱们多少人？”

郑安芳说：“在重庆保路运动中他也帮过咱们不少忙，他大哥现在可是重庆保路同志会会长，别杀他，叫他反正！”

五爷说：“看在你的面子上，放他一马。周大人，跟我们干，怎么样？”

周友三说：“士可杀，不可侮，你们动手吧，放了水根，他什么都不懂！”

水根说：“我是海军统制部的车夫，要杀周大人，连我一起杀了！”

一个士兵踹了水根一脚，说：“死鸭子，嘴硬！看老子不杀了你！”说着拉开枪栓，被五爷拦住了。五爷开导说：

“周大人，你不跟我们干也可以，你不想想陈定琴为了谁躺在医院里？”

郑安芳说：“你难道想再让她为你死一次吗？”

周友三一想到痴情而又执著的陈定琴就气馁了，说：“好吧，我只好对不起列祖列宗了，对不住对我有恩的朝廷了，说吧，要我做什么？”

五爷说：“带我们去监狱放出被关押的革命同志。”

周友三撕下一块白色衬布替自己的左臂扎上，说：“好，我带你们去，水根，你自己去找仪凤格格吧！”

郑安芳一愣，问道：“什么，仪凤在武昌城？”

水根将仪凤来武昌的缘由说了一遍，又担心地说：“格格要出事，我也不想活了！”

五爷说：“不必担心。”于是就命令两个学生跟着水根去找寻仪凤。

郑安芳叮咛道：“万一有急事，可到指挥部来找我们。”

水根走后，郑安芳心想，在她和陈定剑之间，梗着仪凤，是她难逃的一个劫数，即使在这炮火连天的武昌城内，也少不了仪凤的身影。

130

紫禁城养心殿的西暖阁里，隆裕皇太后正在大发光火，说：“为什么造反是发生在武昌？为什么造反的偏偏是新军？”

摄政王载沣、军谘府大臣载涛、海军大臣载洵和军谘府副大臣康禄面面相觑，承受着太后劈头盖脸的责问。刚才，是康禄头一个拿着武昌新军造反的电报急匆匆地赶进西暖阁来向太后报信的，过门槛的时候，因为门槛太高，他心急如焚跑得匆忙，还摔了一跤，跌落了一颗门牙，到现在嘴巴还在作疼。

载沣是皇族内阁的核心，回答太后责问的苦果自然由他先吃，说：“原因有五。武汉号称九省通衢，各种新兴思潮在此地汇集不足为奇，这是其一。多年的天灾人祸，农业纷纷解体，大批的流民、灾民集中在武昌，积势待发，这是其二。当年张之洞举办各种教育，在为朝廷培养出一大批可树之才的同时，也滋生出不少广具知识的乱臣贼子，这是其三。新军中中级军官，不少是日本士官出身，他们在日本读书时，深受西洋各种理论影响，即使是身享高官厚禄的高级军官，大多数也很‘识时务’，随波逐流，这是其四。其五，是革命党在新军中使用‘抬营主义’手段策反新军，由下而上，由内到外，所以成功必不偶然。”

隆禄太后恍然道：“原来是这诸多原因，可恨，可恼！”

载洵安慰道：“太后不必动怒，林子大了什么鸟也都有，这是自然的事，只要把罗网织好了，还怕恶鸟不擒？”

隆禄太后忧心忡忡地说：“此次武昌造反，不比孙文诸次起事，仅隔两天，汉口和汉阳相继失守。尤其是汉阳，是最大的兵工厂所在地。汉阳一失，失去枪炮子弹无数。七弟，你说说损失情况。”

载涛说：“太后圣明。仅过山炮，有六十尊，钢炮一百多尊，炮弹数万发，快枪十万多支，子弹二百多万发。这些装备足足让乱党如虎添翼。”

康禄说：“令人担忧的事，远不止如此，一旦乱党在武昌得手，湖南、陕西、四川诸省将人心思变，局势板荡。奴才以为，立刻派大军镇压，灭野火于初始之中。”

隆禄太后问：“你们以为派谁去当统帅为宜?”

众人的信赖目光都落在载沣身上。大家心知肚明，剿平武昌的人选只有两个——袁世凯和陆军大臣荫昌。

荫昌，字五楼，满洲正白旗人。这位满人，学识颇丰，国子监生出身，早年就读同文馆德语班。毕业后，他曾去德国陆军深造，与时为皇太子的德皇威廉二世同班，私交甚笃。学成后，荫昌进入北洋新军，做到武备学堂总办的职位。袁世凯小站练兵时，请荫昌推荐人才，他颇具慧眼，推荐了后来成为“北洋三杰”的段祺瑞、冯国璋、王士珍。一九〇〇年，荫昌在袁世凯手下的山东办理过军务，与义和团打过仗。一九〇六年，他任清廷陆军部右侍郎。一九一一年，“皇族内阁”成立后，荫昌被任命为陆军大臣。

众人一律看好荫昌出帅，不料载沣却出乎意料地说：“太后，奴才以为合适的统帅人选是袁世凯。”

隆裕太后惊讶地说：“五弟，袁世凯当初出卖先帝，你可是力主杀他之人，难道此事忘了?”

载沣平静地说：“太后问的是谁最适合当平乱统帅呀!”

隆裕太后钦佩地说：“五弟有公正之心，令人佩服。说说理由。”

载沣说：“凭资历，袁世凯一人，能顶五百个荫昌。论机敏权变，袁世凯总在危急关头，力挽狂澜。奴才仅举三个例证，可窥全豹。第一个例证，当初，某个清军军官因为凌辱朝鲜人而违犯军规，袁世凯欲照章程将其处以极刑。统领吴长庆亲至袁世凯的住处说情，怕袁世凯不给面子，坐着不走。袁世凯请吴统领翻阅案头图书，自己借故出去。等回来后，袁世凯向长官叩头请罪，禀报自己刚才出去已将那个违法的军官斩了。第二个例证，那时朝鲜局势动荡，朝鲜的亲日派想推翻亲清的现政权，想借邮电总局落成，设下鸿门宴陷害三位大清驻军长官。去赴宴则性命难保，不去则有失宗主国之国格，真是进退两难。其中两位长官胆怯，不敢去，唯有袁世凯不惧，他怀揣手枪，提前一小时突现宴会，令对方措手不及。酒席刚开始不久，他又突然起身告辞，并手牵政变头目朴泳孝一路谈笑出了大门，令阴谋者的诡计落空了。第三个例证，后来，亲日派仍不死心，又宴请大清驻朝鲜商务官员和各国公使。席间，果然有人持刀闯入，并且有武装叛乱分子冲入王宫。袁世岂闻讯，未待请示朝廷，便亲率二百清兵前往弹压。岂料，朝鲜士兵已经直接出面保护宫中的政变分子，双方对峙起来，情势万分危急之时，袁世凯亲率二百清兵攻入宫中，一举救出被围困的国王李熙。袁世凯在朝鲜两次政变中表现出的大智大勇，令统领吴长庆欣慰不已。他曾向分管朝鲜事务的李鸿章大人请功，赞赏袁世凯是'治军严肃，调度有方，争先攻剿，尤为奋勇。'所以奴才以为剿平武昌的统帅，非袁世凯不可。"

康禄反对，说："奴才以为袁世凯固然适合，可是朝廷两年多没杀他就不错了，焉能临乱再起用他，朝廷没有面子不说，而且尚显皇家匮乏人才!"

载涛说："武昌是汉人造反，如果再派袁世凯这个汉人去平乱，万一上下其手，里外勾结，趁势作乱，岂不是引狼入室?"

隆裕太后问："六弟，你以为如何?"

载洵一向并不排斥汉人，他与萨镇冰和陈世恩关系融洽，就说："汉人也有忠心朝廷的，并不可怕，可怕的是起用了袁世凯，不能彰显皇族治世之盛!"

这一句话正说中了隆裕太后的心病。"皇族内阁"治政以来招至朝野物议，认为"皇族内阁"只是绣花枕头，银样镴枪头，如果派袁世凯任统帅，岂不是自己打自己的嘴巴？于是隆裕一锤定音，说："六弟所言正合心意，就选派荫昌为帅吧!"

"喳!"众人异口同声，造成了决策的错误。

"皇族内阁"的十字架不仅让清廷背负着陷入失策的泥沼，而且面临崩溃的深渊。

武昌起义爆发时，清军新军尚有九个镇在北方，其中的精锐正集中在河北永平准备演练"秋操"。武昌枪响，载沣尽可速派这些皇家禁卫军乘火车直扑武昌剿"乱"，此外，还可以命令江北提督段祺瑞率领江浦混成协坐船前去助剿。可是载沣信不过南方的军队，又认为段祺瑞是袁世凯的心腹，没有同意。

此外，另有一个选择，可以从京畿陆军或河南新军中马上抽派队伍赶赴武昌平"乱"，但是庆亲王奕劻害怕载沣的弟弟载涛趁军队调拨的时机，用京城内的禁卫军先把奕劻灭口了，坚执不同意。结果，奕劻反调来自己信得过的荫桂题的武卫军把守京城九门，保卫他的庆亲王王府，造成决策的延搁和失误，白白坐失良机。

最终，清廷还是决定从永平调军去武昌镇压，但是，时间已经延误了三天！

朝廷抽兵，组成两个军，第一军由陆军第四镇、第二镇的混成协以及第六镇的混成第一协组成，荫昌自任“总统官”。第二军的“总统官”是冯国璋，他率陆军第五镇、第三镇的混成第五协，以及第二十镇的混成第三十九协，赶往武昌弹压。朝廷为了彰显“皇族内阁”决不坐纵顽嚣、肩有从戎之责，特地派康禄前往督战。朝廷谕旨颁下调两军陆军速赴武昌的同时，一道十万火急的电喻发往上海：责令萨镇冰率巡洋和长江舰队入鄂协战。

一场围剿和反围剿的战争终于在长江的中游爆发了。

131

河南洹水边上的洹上村里，显得格为静谧，养寿园别墅的书房中安静得只有围棋落子棋盘的声音。袁世凯和陈定书面坐手谈，悠闲异常。

就在武昌起义的第二天，陈定书被袁世凯邀请到养寿园做客小住。恰好，武昌起义的消息传来，顿时养寿园中的宾客沸腾了，无不妄猜朝廷要重新启用袁大帅出山弹压。袁世凯正在做寿，闻讯立即让人撤去酒宴，挥退戏班，并且婉劝宾客离开，以示与国难共担当。陈定书还告诉袁世凯，尤其在此时，不以物喜，不以己悲，洹水村内尤为安静，才不致有幸灾乐祸之嫌。

袁世凯很为陈定书的主意称道，两人以棋为友，以茶为酒，静观时局之变。

棋盘设在那张大理石的八仙桌上，没有棋格，下的是盲棋，棋格全装在两人的脑海中，运筹帷幄，决胜于千里之外，把在一旁侍茶的秋菊都看傻眼了。

待秋菊去烧开水后，陈定书轻声问道：“在下闲居京城，无法把握全局，不知武昌之变，数营乱军，可成大势？”

袁世凯沉吟半晌，才说：“湖广总督瑞澂之流是平庸之辈，无法抵挡造反新军中的新锐，如不及时控制，贼势可成燎原大火。”

陈定书说：“听说朝廷已派荫昌统军，他的身后依畀的是皇族内阁，势不可挡哩！”陈定书自从认祖归宗之后，已经对皇族意识有了潜在的唤醒，很想有朝一日为皇族海军出力。

袁世凯见解独到地说：“摄政王的皇族内阁尽是在紫禁城红墙内养成的王爷，不经风雨，未历世事，恐怕不是虎狼之辈的对手。”

陈定书说：“大帅所言极是。在下以为当今能统兵者只有荫昌与大帅二人，而荫昌实地骄弱，真正能驾驭全局者唯大帅也！”

袁世凯不置可否地摩挲着下巴，往陈定书的白棋阵的眼中填入一粒黑子，说：“叫！”

陈定书一看，棋眼堵死，作不成活，说：“大帅出其不意，攻其不备，甘拜下风！”

这时，秋菊提着一壶新沏的茶走进，她虽已出嫁，仍不改勤快的作风，一边续茶，一边说：“大帅，来贵客了。门房报，是荫昌总统官求见。”

袁世凯放下手中的棋盒，连忙说：“原来是陆军大臣大人到了，快出大门迎接。”

“不必了，恩帅，自家人何必见外？”话音刚落，走进身穿黄呢军装，脚登德国长统靴，剪了辫子，唇上留着两撇德皇威廉式翘髭的荫昌，对着袁世凯行了标准的德国式军礼，“荫昌见过恩帅！”荫昌早年在袁世凯手下办过军务，同山东义和团打过硬仗，私交甚笃。载沣当初要杀袁世凯，荫昌替袁世凯说过不少好话，所以袁世凯从不把他当外人。

荫昌洋洋得意地说：“恩帅，在下如今才明白‘春风得意马蹄疾’诗句的含意了！”

袁世凯有意岔开他的轻率话题，称他的“字”，说：“五楼，这位是陈定书，前‘江天’号炮舰的管带，镶黄旗，刚刚认祖归宗。”

陈定书连忙打千，道：“奴才叩见陆军大臣大人！”

荫昌好玩不正经，说：“久仰，久仰。你是海军，以后见了我不必打千，就行海军礼！”

陈定书立刻行了个德国式海军军礼，说：“是！”

荫昌对陈定书说：“平定武昌之乱，不仅有了我的陆军，还有您的海军，可谓水陆齐头并进，一举歼敌。”

袁世凯见他如此轻敌，善意地警告他：“五楼，知道湖北方面的都督黎元洪是何许人吗？”

荫昌不屑一顾，说：“不就是留日的老丘八吗？拢共不过几个营的陆军，怕他作甚?”

袁世凯告诫地说：“他出身海军科班，当过北洋舰队的管驾，又在日本深造陆军，可谓陆海皆通，不可小觑。”

荫昌见袁世凯说得如此认真，就讨教道：“依恩帅之意何为?”

袁世凯发自衷心，说：“不可轻敌，小心驶得万年船。”

荫昌说：“难怪恩帅大有今亮之称，五楼明白。”不料荫昌是个五分钟热度的人，经袁世凯一劝，他却谨慎变成磨蹭了。事后，直至十月十七日，他也没有组织清军发动过任何有力的出击，自误战机。

袁世凯有意举荐，说：“听说海军统制萨大人将率巡洋、长江舰队协助作战，是否让熟悉海军的定书跟侍身边当海军的联络官，以助绵薄之力?”

荫昌一听有皇族子弟加入作战，由衷地欢迎，说：“就担心委屈了定书兄弟。”

陈定书是个聪明人，一见袁世凯替他拓开一条明路，就感恩地说：“有大人引领，定书当不辱使命。”

就在荫昌专程拜访袁世凯的时候，上海海军统制部里正在召开战前会议，准备整军经武舰发武昌。

代春主持军务会，他怒发冲冠，口气强硬，因为几乎与上谕同时到达他手中的还有水根从武昌英国人的海关发来的紧急电报：仪凤格格在战乱中失踪，生死未卜。

代春视如仇寇地说：“武昌兵变，乱党猖獗，如不剿灭，天理何在?国法何在?”边说边目视着端坐在两旁的萨镇冰、陈世恩、铁祥、陈定剑、陈定棋等各舰的管带和帮带，眼光中闪着灼人的怒火。

萨镇冰说：“北援事关君臣大义、将帅职责。君父有难，臣子岂能袖手旁观?乱军即使不南下一步，我海军将士也应该受命驰援。”

陈世恩说：“恩师教诲的是，救君父之难是臣子义不容辞的职责。贝勒爷位居督战，卑职愿随恩师亲带海军前往靖难。”

铁祥自恃皇族，摆出一副当仁不让的神气，说：“如今国家有难，格格蒙尘，即使武昌贼势再大，奴才也要赴汤蹈火，取势剿贼。”

陈定剑不屑说空话，心忧仪凤，急如火焚，说：“启禀贝勒爷，下官提议，时不我待，不如兵分两路，公私兼顾。”

代春急问：“如何兼顾？”

陈定剑说：“不如先派‘海星’号穹甲巡洋舰载上海军陆战队先行武昌，与‘楚豫’号炮舰会合，互为倚靠，设法营救格格。巡洋舰队和长江舰队随后抵达，联合作战。”

铁祥一见陈定剑占了先机，连忙说：“奴才愿意率舰前去救格格。”

代春不由大喜，问道：“萨统制以为如何？”

萨镇冰说：“此计甚妥，请贝勒下令。”

代春说：“我督战上海，还是由萨统制下令。”

萨镇冰庄严地颁发命令：“铁祥大人、陈定剑大人听令！‘海星’号今夜起航，前往武昌与‘楚豫’号会合，待命备战。”

铁祥与陈定剑一齐回答：“遵命！”

萨镇冰又说：“陈定棋大人听令！速带本营官兵乘坐‘海星’号前往武昌寻找格格。”

陈定棋响亮地回答：“遵命！”

代春叮咛了一句：“此事由定剑大人督办！”

陈定剑高兴地回答：“遵命！”

铁祥恨得咬牙切齿，哼了一声。

萨镇冰对腰板笔挺地坐着的其他管带命令道：“各位管带大人听令，本督率领‘海琛’号星夜赴汉昌，陈世恩统领率巡洋舰队进入长江，溯江而上援鄂。电令驻守粤洋的‘海筹’、‘海容’号连夜北上驶往武昌协助。令长江统领沈寿堃率领长江舰队溯江而上援鄂，与原驻武昌之‘楚豫’、‘建威’、‘海鹗’、‘江贞’等炮舰攻打武昌。并通告各国领事，兵轮一到，即开炮轰城，无视领事团决议驳复阻止。”

“遵命！”各位管带凛然难犯地齐声回答。

在雄壮的回答声中，陈定剑蓦地发现代春一夜之间突然老了十岁似的，白发陡添，皱纹陡增，萎靡不振。陈定剑心如刀绞，后悔那一天在武昌为什么不把仪凤带回上海呢？

散会以后，陈定剑走出海军统制部准备返回“海星”号，只见黄昏的薄暗中有人向他踉跄地跑来，一看正是五爷的手下三舅，腹部流着血。

陈定剑惊讶地说：“三舅，你怎么受伤了？”

三舅捂着伤口说；“有侦探追杀我。”说着掏出一纸命令，又说，“这是孙先生的命令!”

那纸染着鲜血，写着孙中山的手令：“策动海军易帜，驰援武昌起义。”

这时候追踪三舅的上海道侦探福贵持枪赶来，见状叫道：“好哇，原来他要找的接头人是陈大人!”

陈定剑正要掏枪，福贵已经举枪对准陈定剑，说：“别动！陈大人，乖乖地交出密信!”说着伸出一只手夺过陈定剑手中的命令。

陈定剑扶着奄奄一息的三舅，无法伺机反击，心内如焚。

福贵冷笑道：“好哇，原来你们是孙文的同党，走，跟我去见铁祥大人，让他跟你陈大人做一个了断！走!”

陈定剑只好搀扶着三舅跟着福贵走，突然，一把飞来的匕首从背后刺中了福贵，福贵惨叫一声，扑倒在地。

乌鬼从后头追上来，用脚踢了踢倒在地的福贵，拔出匕首，说：“哼，想断我的财路，妄想!”

陈定剑问：“乌鬼，你怎么救我们?”

乌鬼说：“他当初叫我绑架格格，还想把我灭口，这仇不报不行!”

这时候，三舅咽气了，死在陈定剑的怀中，陈定剑悲痛地用手揉合上他的眼睛。

“把五爷的人交给我安葬吧!”乌鬼说着扛起三舅走了。

陈定剑撕碎了孙中山的手令，让碎纸飘在江风中，如同一群悼念三舅的白蝶，在纷飞，纷飞。

第三十三章

132

“海星”号穹甲巡洋舰抵达武昌后，铁祥决定兵舰等待大队人马到达后再一致行动，陈定剑和陈定棋带上几个海军陆战队的士兵乔装打扮后上岸分头去寻找仪凤。铁祥衔恨，派一个亲信士兵梁钟汉跟踪陈定剑，嘱他见机行事，不让陈定剑援救仪凤得逞。

上岸后，陈定剑与陈定棋分头寻人，他料定仪凤陷在武昌城内。

革命军占领武昌后，城门戒严，防止奸细混入，尤其汉阳门森严壁垒。陈定剑聪明，乔装成苦力，革命军自然对他的外形不疑，他又趁机替进城的革命军粮车推车，就顺利地混入城内。

这一天是十月十七日，军政府前的阅马场上正在举行祭天誓师大典，围观的军民人山人海。陈定剑混在人群中，既安全又可以觅寻革命党的熟人诸如五爷、郑安芳好打听仪凤的下落。

阅马场中央高筑一座土坛，架起熊熊的燎火，具太牢无酒之仪，再摆上轩辕黄帝之牌位，设上香案置上玄酒，祭旗猎猎，钟鼓齐鸣。

黎元洪一身蓝呢戎装，议长汤化龙为导，湖南同盟会元老谭人风授旗剑，居正宣讲革命初衷，最后，由都督黎元洪跪颂祝文：

……义声一动，万众同心，兵不血刃，克复武昌，我天地、山川、河海、祖宗之灵，实凭临之！（我）元洪投袂而起，以承天庥，以数十年群策群力呼号流血所不得者，得于一旦，以岂人力所有及哉！日来搜集整备，即当传檄四方，长驱漠北，吊我汉族，歼彼满夷，以我五洲各国立于同等，用顺天心，建设共和大业！凡我汉族，一德一心，今当誓师命众……

而后，礼官周友三朗读誓师辞，三军举枪鸣放，山呼万岁。围观军民，无不热泪盈眶，斗志昂扬。

陈定剑一眼瞥见土坛上的周友三，不禁高兴，原来他也是革命党！陈定剑想挤到土坛前去见周友三，无奈人墙如堵，靠不上前去，反而踩到了一个人的脚。那人回头，正是水根！

“陈大人！”水根脱口而出，“你怎么到这里了？”

陈定剑连忙捂住水根的嘴，说：“别叫大人，叫我定剑。”陈定剑还不能暴露自己是革命党的真实身份，他得伺机完成孙中山交办的任务：策动整个舰队易帜。

“快告诉我，格格在哪里？”陈定剑急切切地问，不让水根有喘息的机会。

水根说：“有格格下落的消息了。”

陈定剑连忙问：“她在哪里？”

水根说：“我昨天碰见奶娘满喜的儿子蔡继武了，他如今是革命军的指挥，他说格格和荣宝在一起，固守在城外的军用仓库那里。”

陈定剑问：“军用仓库在哪里？”

水根说：“就在江边五号码头边上。舰队来了吗？只要舰队一来，派船去五号码头接应，就可以把格格救出来了。”

陈定剑低声地说：“‘海星’号到了，舰队也要来了，咱们走吧！”

突然，有人大声地喊道：“陈定剑！”

“有！”陈定剑本能地回答了一声，转身一看，惊呆了。

几个手持钢枪的革命军士兵已经将陈定剑和水根包围了。

为首的排长说道：“‘海星’号穹甲巡洋舰帮带陈大人居然亲自进城来刺探

情报？把这两个奸细都抓起来！”

几个士兵一拥而上，抓住了陈定剑和水根。

陈定剑声辩道：“我不是奸细，我是来找人的！”

排长大声斥道：“王八鳖鱼一个样，带走！”

围观的军民一听说抓住奸细，一边咒骂，一边往陈定剑和水根的头上、身上扔破鞋、烂果，发泄愤怒。躲在人群中的乔装的士兵梁钟汉见计已逞，看着陈定剑和水根在一片詈骂声中被抓去，转身回去向铁祥复命。原来刚才正是梁钟汉向革命军告发陈定剑和水根，企图借刀杀人，一了铁祥的怨恨。

正站在土坛上向欢呼军民散发传单的郑安芳，忽然瞥见坛下如海的人群中有一群革命军押着一个熟悉的身影往阅马场外走。她定睛一看，那人正是陈定剑，她的俏冤家！

郑安芳连忙跑下土坛，想向陈定剑奔去，可是汹涌的人流将她团团围住，要她手中的印着黎元洪祝文的传单。郑安芳连忙将传单塞给一个士兵分发，她挤出人群，向欢呼声不辍的阅马场跑去，到处觅不见被革命军抓住的陈定剑。

她焦急万分，连忙向值勤站岗的革命军士兵询问：“同志，见到几个同志抓住一个奸细过去吗？”

士兵回答：“这么拥挤的人群，怎么看得清抓没抓到一两个奸细？”

郑安芳又问：“知道抓到的奸细都关在哪里吗？”

士兵回答：“武昌城里大大小小，固定临时的监牢有十几个，谁说得清关在哪里？再说每天抓到被枪毙的奸细跟走马灯似的又有谁分得清？”

郑安芳心急如焚，万一陈定剑被糊里糊涂的士兵随便枪毙了，岂不是当了革命的冤鬼？她决定拿上军政府的令箭，挨个监牢去寻找陈定剑，让他逃出生天。

就在阅马场誓师的第二天，黎元洪指挥革命军先发制人，向驻守刘家庙火车站的清军发动进攻。

荫昌纸上谈兵，不啻是赵括第二，他不等大部队集结完毕不进攻，结果挨了革命军的突袭，在革命军的排炮轰击中，被打得落花流水。由于调度无方，铁道挤塞，弹药未及时运到，荫昌和他的那些军中的“留学生”出身的军官们束手无策。

挨到新军强大的第四镇开到前线，武昌起义，已经过了第十天。

十月二十三日，荫昌把指挥部从信阳搬至孝感，由于一再延误战机，一切都为时过晚了。

这其间，十月二十二日，湖南独立，陕西独立，九江也发生了革命党人的起义，大清的藩篱开始崩塌了。

英法德美四国银行团的美国代表、法国代表，还有美国驻华公使嘉乐恒、英国驻华公使朱尔典，以及洋人的驻京公使团，一致向朝廷要求袁世凯出山，并派专门人入宫向载沣传达清晰的信息——希望袁世凯以“皇权执行者”的身份出来。本来就与袁世凯沆瀣一气的庆亲王奕劻、那桐、徐世昌等人，趁势而发，向载沣施压要求重新起用袁世凯。

载沣正如袁世凯所预料的那样是在紫禁城高墙内长大的阿哥，处乱则慌，遇事失措，所以重新起用袁世凯，完全暴露了他的怯懦与无能。

133

郑汝才走进河南信阳袁世凯的行辕，就听见袁世凯在唱他自己编写的通俗易懂的《劝兵歌》。这是袁世凯在小站练兵时现写的，他不仅狠抓军事训练，而且也做到以德育人，让用一套全新的建军思想教育出来的新军与萎靡不振的绿营兵有所不同：

谕尔兵，仔细听：
为子当尽孝，为臣当尽忠。

朝廷出利借国债，不惜重饷来养兵。
一兵吃穿百十两，六品官俸一般同。

如再不为国出力，天地神鬼必不容。
自古将相多行伍，休把当兵自看轻。

一要用心学操练，学了本事好立功。
军装是尔护身物，时常擦洗要干净。

郑汝才走进书房里，合拍跟着唱：

二要打仗真奋勇，命该不死自然生。

如果退缩干军令，一刀两断落劣名。

袁世凯一见来了郑汝才，笑道："原来汝才也爱唱《劝兵歌》？"

郑汝才笑道："该到大帅唱练兵歌的时候了，在下也可以扬扬大帅当年练兵的威风。"

郑汝才因为女儿与陈定剑退亲，气得吐血住院，调养时日，也气休病痊，得知袁世凯要重新出山，连忙从上海赶到信阳，乞求机宜。

袁世凯弦外有音地问："《劝兵歌》的第六要点是怎么唱的？"

郑汝才说："'六要敬重朝廷官，越伤违令罪不轻，要紧不要说谎话，老实做事必然成'。"

袁世凯说："朝廷要我出任湖广总督、钦差大臣，可是我浑身是病，不仅老腿病未见好，左胳膊也坏了，气喘发高烧，连血压也高了，这就是我的'实话'，'要紧不要说谎话'嘛！"

郑汝才听了哈哈大笑，说："大帅真是以其人之道还治其人之身啊！哈哈哈！"

袁世凯说："朝廷当初不是让我'回籍养病'吗？所以我就以实话相告嘛。"

郑汝才神秘地瞅了他一眼，说："有人托在下转来湖北军政府都督黎元洪呈给大帅的一封信。"

"这个黎黄陂，兵贵神速嘛！"袁世凯接过郑汝才递上的信札。

"公果能归来乎？与吾徒共扶大义，将见四百兆之人，皆皈心于公，将来民国总统选举时，第一任中华共和大总统公固然不难从容猎取也。"

袁世凯轻蔑地将信札往八仙桌上一扔，说："燕雀安知鸿鹄之志？"

郑汝才不知道袁世凯所说的"鸿鹄之志"是指什么，直至后来袁世凯称帝之时，郑汝才才恍然大悟当初他拒绝当总统的理由。

这其间，天下板荡，时局叠变。十月二十七日，滇西腾越革命；十月二十九日，山西太原独立；十月三十日，昆明"重九起义"，推选蔡锷为云南都督；三十一日，江西南昌光复。袁世凯见势不妙，才向朝廷表示自己出山。

十月三十一日，袁世凯到达信阳。

郑汝才在信阳见到袁世凯的时候，他正在等待朝廷上谕的到来，袁世凯相信，当今治理天下，舍他其谁呢？

郑汝才讨不到回复黎元洪的机宜，朝廷的谕旨到了，以袁世凯为"内阁总理大臣”，总掌军政大权。

袁世凯对郑汝才说：“你回去告诉黎元洪，袁某人可不是怯懦的荫昌，我要同他在长江决战！”

郑汝才轻轻地吁了一口长气，他当初对袁世凯的孤注一掷，掷对了！

郑汝才走后，十一月八日，北京的资政院开会，正式推举袁世凯为内阁总理大臣。看到这封电文，袁世凯就把军事指挥权交给亲信冯国璋、段祺瑞，自率卫队北上京城，组织责任内阁。

临行之前，袁世凯任命陈定书为海军江湖舰队的统领，从而掀起了汉阳、汉口之战的“阳夏战争”的高潮。

134

海军江湖舰队是由长江舰队中的“江”字号的浅水炮舰划拨组建的，旗舰是“江天”号炮舰，它的组建机动性强，灵活性大，可以楔入河汉港湾打击革命军，是袁世凯手中的一柄出鞘利剑。统领陈定书到任后，即到停泊在刘家庙江岸附近的巡洋舰“海琛”号上拜谒萨镇冰和陈世恩。

萨镇冰和陈世恩正在围看阳夏战争的态势图，陈定书春风得意地走进管带室，向他俩打千道：“卑职参见萨统制大人，拜见养父大人！”

萨镇冰欣赏备至地看着陈定书，说：“定书大人快请起！”

陈世恩高兴地拍拍陈定书的肩膀，说：“你来得正好，萨统制正在组织进攻刘家庙的计划，想听听你的灼见。”

陈世恩见陈定书复官归来，而且由袁世凯奏保擢升统领，甚是高兴，但又想他已经认祖归宗，又觉得遗憾。

萨镇冰似乎已经看出陈世恩的思绪小船陷在哪一道漩涡里了，就逗趣地说：“父子相见，先公后私，议完战事，再话家常。”

“是，统制大人。”陈定书走到态势图边，指着刘家庙的江岸说，“卑职以为乱军取得刘家庙初捷，正在庆祝狂欢。他们以为我大清海军跟陆军一样不堪一击，不如将计就计，先佯将巡洋和长江舰队撤出刘家庙江面，让江湖舰队从河汉绕到乱军的炮兵阵地背后发起攻击，等到乱军掉转大炮向我江湖舰队攻击，巡洋和长江舰队再迅速返回刘家庙江岸，从正面向乱军炮兵阵地发起攻击。这样前后夹击，一定可以摧毁乱军炮兵，让陆军一举攻占刘家庙。”

陈世恩说：“此计甚好，只是乱军所用的都是德国克虏伯大炮，炮火甚猛，就怕江湖舰队吃亏。”

陈定书说：“舍不得孩子套不得狼，江湖舰队可以在晚上驶入河汉，等到天亮就发起突袭，打他一个措手不及。”

萨镇冰欣赏不已，说：“如今的定书，可不是从前的定书了，士别三日当刮目相看啊！”

陈定书说：“统制大人，您同意这个进攻方案了？”

萨镇冰说：“如今咱大清舰队集结在武汉江面的舰艇有‘海琛’、‘海星’、‘海容’、‘海筹’四艘巡洋舰，‘江天’、‘江贞’、‘楚有’、‘楚同’、‘楚泰’、‘楚豫’六艘炮舰，‘辰’、‘宿’、‘湖隼’、‘湖鹗’五艘鱼雷艇。此外，‘建安’号驱逐舰、‘江利’号炮舰、‘列’号鱼雷艇派往江西，‘飞鹰’、‘建威’两艘驱逐舰、‘江元’号炮舰派在安徽，在江宁警戒的有‘镜清’号练习舰、‘南琛’、‘登瀛洲’号运输舰、‘楚谦’、‘楚观’、‘策电’号炮舰、‘联鲸’号座舰、‘湖鹏’号鱼雷艇。除了‘海圻’号巡洋舰赴英国参加英皇加冕典礼外，我海军的作战舰艇几乎全都集中在长江一线布防。如果我海军不能一举击溃乱军，则有损我海军脸面，有损我等在座的脸面，那何苦重建海军？”

陈世恩说：“我等重建海军，毋庸讳言，一弘扬国威，二安民保境，如今局势动荡，贼焰嚣张，当为朝廷殄灭贼类，尽忠王事，请恩师下令。”

陈定书信誓旦旦地说：“我海军是坐言起行的军队，不敢言称敢立堪称彪炳的功业，但是能顺从君父的面命，血热衷肠，赴汤蹈火，请大人下令！”

萨镇冰说：“只要轰毁乱军的炮兵阵地，刘家庙就会大乱，刘家庙一旦攻陷，武昌城即可收复，就依定书所言行事吧！”

萨镇冰说完去了指挥台，留下陈世恩父子叙谈家常。

“养母大人可好？”陈定书改口称生母任文娟为养母，可见他的心已经回归宗庙。

陈世恩说：“她很好。我一定将你复官的消息告诉她，让她不必再为你每天在观音神龛前烧保佑香了。”

陈定书关心地问：“弟妹们都安好吧？”

陈世恩说：“定棋到了前线。定琴和周友三在武昌城内，如今周友三可是革命党的参议员了。郑安芳和你二弟退了亲。”

陈定书说：“这是预料中的事，二弟喜欢的人是仪凤格格。”

陈世恩说：“仪凤格格陷在武昌城内，下落不明，已经派你二弟和三弟去找她了。”

陈定书说：“孩儿和北洋军方面有关系，可以让他们也设法寻找仪凤格格。”

陈世恩说：“你如今有了袁大帅的依畀，切不可恃宠骄傲。”

陈定书说：“孩儿谨记。”

陈世恩告诫地说：“袁大帅一代枭雄，深不可测，你务必小心。”

陈定书说：“养父大人，孩儿不认为他是枭雄，他可是中国的华盛顿！”

陈世恩知道袁世凯有恩于陈定书，他无法让定书回心转意，只好叮咛道：“袁大帅对皇族未必真心，朝廷重新启用他，也是明知不是伴，情急且相随罢了，你居中生存，好自为之。将来千万不要为了袁大帅而同海军生隙寻仇。”

陈定书忙问：“有什么预兆吗？”

“没有，为父只有不祥的预感。”陈世恩面对茫茫局势，难以判定。

武昌城内，革命军官兵仍旧沉浸在大捷的喜悦中，庆功设宴，把酒言欢，根本不把清军的北洋军和海军放在眼中。黎元洪三番五次下令各军加强守备，都没有引起足够的重视。

郑安芳带着五爷找遍了城中的大大小小监牢都没有找到陈定剑的下落，她害怕陈定剑真被当成清军奸细被枪毙了。情急之下，她和五爷直奔都督府求见黎元洪。

都督府外，卫兵戒备森严，根本不让郑安芳和五爷入内。

郑安芳气得骂道：“都是革命同志，凭什么不让我们进都督府见黎都督？”

五爷大声地吼道：“老子在为革命冲锋陷阵的时候，黎都督还不知道在哪里坐衙门呢？”

恰巧，周友三从门口经过，听见了郑安芳和五爷的声音，转身说道：“这不是郑小姐和五爷吗？”

郑安芳说：“友三，可见到你了，快带我们去见黎都督！”

五爷说：“友三，你如今是参议员，当了大官了，不会不帮革命同志了吧？”

周友三笑道：“没有二位，我哪有幸参加革命？说吧，要我做什么事？”

郑安芳于是将陈定剑和水根被革命军抓的事说了一遍，焦急地又说：“我们怕陈定剑被误当奸细给枪毙了，想见见黎元洪大人。”

“好，跟我来！”周友三也怕陈定剑出事，立刻带人去见黎元洪。

办公室里，黎元洪正在对一群革命军的协统和标统发火，说：“你们不要把我黎某人的话当耳边风，再不加强备战，北洋军和海军突发奇袭，我看你们哭都来不及！”

一个协统说：“都督大人，卑职刚刚得知，刘家庙江面上的巡洋舰和炮舰都吓得退走了。”

一个标统说：“还是咱们的克虏伯大炮威风，抖一抖，吓走了萨镇冰，哈哈哈！”

另一个标统笑道：“各位同志，晚上我做小东，汉江楼大宴宾客，也请黎都督光临。”

黎元洪一听，着急了，说：“萨镇冰可是我的恩师，向来足智多谋，我对他知根知底，各位千万不可掉以轻心。”

另一个协统说：“黎都督，你是杞人忧天了，荫昌被我们吓跑了，袁世凯也是半斤对八两。”

一个标统说：“黎都督，同盟会的黄兴快到武昌了，如果他一到，更是大振我们的士气，怕北洋军作甚？”

“走！喝庆功酒去！黎都督，赶快来噢！”另一个协统鼓捣着众人呼啸而去，黎元洪欲阻不了。

周友三带着郑安芳和五爷走进，周友三对黎元洪说：“都督，有两位革命同志求见你。”

黎元洪摆开一脸的豁达，说：“都是枪林弹雨中求生的同志，说什么求见？请，快请坐。”

周友三说：“你们说是人命关天的大事，快向都督禀报吧！”

郑安芳不等坐下，就说：“海军中有一个同盟会的秘密会员叫陈定剑的，被误当成奸细给抓了。”

黎元洪一怔，问道：“陈定剑？莫非是鼎鼎大名的海军陈家的陈定剑？”

郑安芳说：“正是。其父是海军统领陈世恩，他是‘海星’号穹甲巡洋舰的帮带。”

黎元洪问道：“他为什么进武昌城？为什么被抓了？”

郑安芳只好说：“他是进城找我的，我是他的未婚妻。”郑安芳忘了自己已经与陈定剑退亲了，但是为了救他，只好豁出去了。

黎元洪又问：“他关在哪个牢房?”

五爷说：“不知道，我和郑小姐已经找遍了所有的牢房，都找不到他的下落。”

黎元洪说：“听说刘家庙火车站又添设了一个临时监狱，可以去那里找找。”

周友三趁机说道：“恳请都督写个放人的手令?”

“好的。”黎元洪当即铺纸濡笔，写下放人手令。

“多谢都督!”郑安芳接了手令，和五爷转身就走。

“等等!”黎元洪说道，“小姐刚才说救的人叫陈定剑?”

郑安芳说：“是的，是陈世恩统领的二儿子。”

黎元洪说：“论起来，我和陈世恩可是海军中的同窗，陈世恩如今是萨镇冰的左膀右臂，不能怠慢了他的公子。友三，派一排的弟兄陪郑小姐去救陈定剑，再把他送到我这里，我要见见他，让他设法策动海军反正。”

周友三回答：“是!”说着带着郑安芳和五爷速速离去。

此时，陈定书率着他的江湖舰队已经悄悄地驶入刘家庙后头的河汉，离开炮时间不足两个时辰了。

135

天蒙蒙亮的时候，第一颗炮弹从“江天”号炮舰的前炮的炮膛飞出去，撕碎了片片雾霾，落在刘家庙革命军的炮兵阵地上，欻然爆炸。

接踵着，第二颗炮弹、第三颗炮弹、第四颗炮弹在第一颗炮弹爆炸、校正目标后，相继在革命军的炮兵阵地上爆炸。

革命军的炮兵们在庆祝了一夜的狂欢酒宴后，正在营房中呼呼大睡，被猛烈的爆炸声惊醒了，有的抱头鼠窜，有的宿酒未退，有的哭爹喊娘，有的被炮弹撕碎，有的仓促掉转炮口向河汉方向胡乱开炮还击。

海军江湖舰队的炮弹一排一排地在革命军的炮兵阵地上反复地犁扫。无奈，海军的江湖舰队的浅水炮舰用的都是旧式的阿姆斯特朗大炮，抵不住革命军新式的克虏伯大炮火力的迅猛，很快海军的进攻被革命军迅速组织起来的反击炮火压住了。一颗炮弹击中“江天”号的后甲板，炸死了三个水兵。陈定书坚持不退，他站在指挥台上沉着地指挥舰队继续攻击，等待巡洋舰队和长江舰队的援助。

“轰轰！”又有两颗炮弹相继击中“江天”号，甲板上燃起大火，大火向弹药舱烧起。陈定书立刻组织水兵们扑火，一边沉着地指挥炮击。其他炮舰见旗舰“江天”号继续在还击，阵脚不乱，便组织火力按陈定书的指挥猛烈攻击。

就在这个节骨眼上，萨镇冰率领着巡洋舰队和长江舰队及时返回，重新出现在刘家庙一带的江面上向革命军的阵地发起排山倒海的正面攻击。革命军的炮火阵地被前后夹击，首尾难顾，顿时陷入一片火海，完全失去战斗力。

转眼间，海军的江湖舰队和长江舰队以及巡洋舰队的炮火席卷了革命军所有的阵地，也炸中了刘家庙的火车站。

火车站的地下室里关押着陈定剑和水根，还有几个清军的俘虏，一听见炮弹在头顶上的车站爆炸，知道北洋军和海军开始反攻了。俘虏们兴奋得大叫：

“咱们有救了！”

“弟兄们来救我们了！”

“菩萨保佑，乱军都打跑了！”

陈定剑从爆炸声中听得出是舰炮在轰击，恐惧地大叫：“你们不要高兴了，这是舰炮在轰击，它能炸开地下室，咱们都活不了！”

水根急问：“那怎么办？看守全部跑了，咱们怎么办？”

陈定剑说：“咱们一起喊，一起喊，喊人来砸开牢门！”

于是几个人一起喊“救命”，可是声音被炮弹声给淹没了。

就在他们绝望的时候，只听见传来觅寻的喊声：“有人吗？有人吗？”

“有！有人！有人！”水根连忙大叫。

陈定剑和几个俘虏也跟着喊叫：“救命！救命啦！”

一阵嘈杂的脚步声冲下地下室来，引来了郑安芳、五爷、周友三和一群革命军士兵。

郑安芳发现了陈定剑，叫道：“定剑！定剑！”

陈定剑兴奋地叫道：“安芳，我在这里！”

水根叫道：“郑小姐，快救我们出去！”

五爷说：“你们让开！”然后命令士兵们开枪打烂铁锁。

周友三踹开铁门，说：“快走！快走！”

陈定剑、水根和几个俘虏跟随着郑安芳他们刚刚出了地下室，一颗炮弹飞来穿透地板，击中了地下室，轰然爆炸。

周友三支走了几个俘虏，在革命军士兵的掩护下，带着陈定剑他们穿过混乱的刘家庙向武昌城内迅速地撤去，此时冯国璋指挥的北洋军在海军舰炮炮火的支援下潮水般地涌进刘家庙火车站。

革命军的重镇刘家庙失守了。

周友三和郑安芳他们护送着陈定剑和水根到了武昌军政府，但是没有见到黎元洪，因为北洋军已经向汉口乘胜反扑，黎元洪到前线督战去了。

于是周友三、郑安芳和五爷送陈定剑和水根出了武昌城。

陈定剑对周友三说："我真羡慕你们在为革命作战，日后黎都督有什么要事找我，我万死不辞。"

水根悄悄地告诉郑安芳，这次他和陈定剑是寻找失陷在武昌的仪凤才被抓的，郑安芳听了很孤寂。她走到陈定剑面前说：

"你知道吗，我跟自己说了千百遍，今后再也不管您和仪凤的闲事了，可是我还是救了您，我真傻！"

陈定剑说："谁叫咱们是革命同志？"

郑安芳说："你为什么不说因为我爱着你？若即若离地爱着你？"

陈定剑说："这大概是你我的宿命吧！"说着回头向正在同周友三及五爷话别的水根说，"水根，该走了！"

水根抱拳一揖，才跑到陈定剑的身边，说："陈大人，我打听清楚去五号仓库码头怎么走了。走吧！"

"各位，后会有期！"陈定剑抱拳揖别后，领着水根大步流星地走去。

他的身后，炮声轰轰，那是海军舰队配合北洋军进攻汉口的炮声。

在汉口外围，北洋军在海军炮火的支援下，势如破竹，把革命军打得节节败退。但是革命军顽强抵抗，北洋军三天两夜都攻不下汉口，气得北洋军第一军总统官冯国璋下令士兵纵火。

大火之下，烈焰席卷三十多里，无数百姓葬身火海，遍地焦土，乘借火势，北洋军攻占了汉口。

第三十四章

136

陈定剑和水根刚刚进入五号仓库守军的千里眼视线内，就有十几支的步枪瞄准了他俩。

陈定剑连忙扬起早已准备好的一块白布挥舞着，一边叮嘱水根切忌乱动，规规矩矩、不慌不忙地向仓库走去。

不一会儿，出现了两个游哨。一个游哨横枪斥道："站住！是乱军吗？"

陈定剑连忙解释："不是乱军。我是海军'海星'号穹甲巡洋舰帮带陈定剑，这位是我的随从水根，我们要求面见格格！"

另一个游哨呵斥道："什么格格？这里没有格格，快走！不走，就吃枪子！"

陈定剑不吃这一套，说："我是代春贝勒专门派来接格格的，误了大事，军法从事！"

一个游哨讥讽道："天都塌了，谁还管军法？"

陈定剑骂道："胡说！冯国璋大人的北洋军已经攻陷汉口了，谁说天塌了，你不怕砍头？"

另一个游哨口气松弛了，说："看来你懂的真不少，像自己人。我问你，格格叫啥名字？"

陈定剑说："她叫仪凤。"

那个游哨才答应了，说："跟我来吧！"说着引着陈定剑和水根进了仓库营地。

仓库的营地中央，仪凤和一群管带、队官和排长正围着一张敌我态势图在研究计划。仪凤身穿一套黄色军服，脚蹬一双德国长统靴，头上戴着一顶大盖帽，手里拿着一根马鞭在地图上指指点点，周围的军官洗耳恭听，佩服得五体投地，令陈定剑见了，惊讶万分。

一个游哨报告："禀报格格，有人求见。"

仪凤抬头看见了陈定剑和水根，惊喜地说："你们怎么找到这里来了？"

陈定剑顿觉得有千言万语不知从哪里说起，就说："格格，是贝勒爷让我来找您的，恰巧遇上水根，才知道您在这里。"

水根激动得喉咙壅塞了，半天才说："格格，小的有罪，跟丢了格格！"

仪凤笑道："别难过，我不是好好的吗？"然后对军官们介绍道，"各位兄弟，这位是家父的爱将、海军穹甲巡洋舰'海星'号帮带陈定剑。这位是我的随从水根。"

军官们一一唱名，自报家门。

陈定剑负疚地说："在下来迟了，承蒙各位兄台救了格格，在下替代春贝勒、替海军谢过大家。"

一个管带由衷地说："陈大人，要说感谢，应当是我等感谢格格救了大家。"

一个队官说："没有格格领着我等打了一个大胜仗，哪有今天安身立命之地？"

一个排长道："别看格格是金枝玉叶，打起仗来胜过男儿，是女中大将军！"

陈定剑这才恍然军官们对她言听计从的原因，便说："格格磐磐大才，又有各位拥戴，一定不逊诸葛孔明。不过，格格仍贝勒掌上明珠，皇族宝玉，请容许在下接她回去，后会有期。"

军官们面面相觑，犹恋不舍，但又不敢言明苦衷。

水根看出疑惑，问道："莫非各位心有苦衷，不愿让格格离去？"

一个管带道破了窘境，说："我等兄弟本是溃兵，由于格格出头，才使我等立足信心，固守此地，并且打退乱军进攻，站稳脚跟，信心倍增。如今，朝廷大军反攻，攻克汉口，提督荣宝借口进城面见冯国璋大人竟然几天不回，抛下我等兄弟只依畀格格领头。一旦格格离去，群龙无首，我等不战即亡，所以我等不愿格格离去，才有苦难言。"

陈定剑问仪凤："不知格格尊意如何？"

仪凤说："当初我的性命是各位兄弟搭救的，兄弟如今有难，我不能一意孤行，抽身而去。你回去转告阿玛，我仪凤生是大清人，死是大清鬼，决不抛下同生死、共患难的兄弟，愿同仓库营地共存亡！"

水根焦急地说："可是格格是千金之躯，如何亲冒炮火？"

仪凤断然说道："我和弟兄们同为大清臣民，不分尊卑，有何不能同生死共患难？我的主意已定，毋庸多言。"

陈定剑听了十分动容，说："既然如此，我和水根留下陪同格格。"

仪凤果决地说："您身为帮带，应当回去复命，有水根留下陪我即可。"

陈定剑无可奈何，只好遵命。仪凤命令管带，替陈定剑找来一条舢板，让他摇船回去。自己则送陈定剑往江边码头走去。

陈定剑说："我以为自己差一点见不到您了。"

仪凤问："整个舰队不是都来了吗？兵强马壮，为什么说见不到了？"

陈定剑说了自己和水根被抓的经过，说："事出突然，怀疑有人出卖了我，但不知道是谁。好在被郑安芳搭救了。"

仪凤很奇怪，问："郑安芳怎么有办法救您？"

陈定剑只好兜出实情，说："她是革命党，同盟会的会员。"

仪凤吃了一惊，说："原来她是革命党？怪不得她不安分在学校读书，我起初还以为她要大小姐脾气，处处任性，却原来事出有因。您和她交往这么久，都没有察觉吗？"

陈定剑装糊涂，说："她当小姐任性的时候，你以为她是一朵有刺的玫瑰花，刺人但是迷人，把一切都掩盖了。"

仪凤独运慧心，说："幸好她和您退亲了，要不会断送您的前程的。"

陈定剑掩饰道："道不同，不相与谋嘛，也许是这一点她才和我退亲的。"

"那她为什么又要救您呢？"仪凤怀疑地扫了他一眼，那眼光欲明究竟。

陈定剑又不敢实说自己也是革命党才获救的，支支吾吾地回答不上来。

“只有一点解释，她在心底还爱着您，对吗?”仪凤见他一脸的窘态，忽然开心地大笑起来，像一个孩子突然抓住了一只不听话的小狗，戏谑地训了一顿，很得意，很快活。

陈定剑反问道：“即便是这样，她还爱着我，你就愿意放弃吗?”

仪凤说：“才不哩！如今我是没有羁绊的人了，我有权追求自己的幸福，和心中的恋人生活在一起，不知道他是否也愿意再开始新的航程?”

陈定剑的目光和她的目光交揉在一起，说：“愿意，他十分愿意开始新的航程。”

仪凤笑了，在经过一场鏖战之后，即将面对一场新的激战之前，沉重的神情因为有新的感情雨露滋润，而心花绽放。

管带已经准备好了舢板，让陈定剑登程。

陈定剑许下诺言，说：“我回去后，一定让萨统制派兵船来接全体官兵离开这里。”

仪凤主意已定，说：“不，还是请海军赶来援战，一战定乾坤!”

陈定剑摇着舢板，缓缓离岸。

仪凤挥手道：“我等着兵船来助战!”

陈定剑摇着舢板驶入江心，水流湍急，送着舢板飞流而去，恰如一只水鸟翩翩地在波浪中翻飞。

仪凤转身跑上码头的高台目送，只见那舢板在波涛中起伏，一会儿高，一会儿低，在浪尖和涛底穿梭，将她的心带走了。

137

武昌城内，蔡继武率领着一队革命军士兵骑马巡街。每个士兵高举一面杏黄旗，上书三个赫然大字：

“黄兴到!”

所到之处，围观者欢呼，声遏行云。

在武昌首义陷入颓局之机，黄兴的到来，犹如大旱之望云霓。

黎元洪一见黄兴，就拉着他敦厚的手，兴奋地大叫："克强兄你来了，武汉幸甚！革命幸甚！"

周友三和其他革命同志对黄兴的到来，情绪激昂。

周友三率先发表动议："鄙人提议推举克强兄为两湖大都督。"他不满黎元洪对战局的控制不力，想让黄兴凌驾于黎元洪之上。

五爷一向崇拜黄兴，说："群龙无首，如今来了龙头，就要降雨灭灾！"

郑安芳顾全大局，认为此议可能导致分裂，就说："我有个提议，推黄部长为战时总司令。"

黎元洪心想，黄兴充其量只是同盟会坐第二把交椅的角色，虽然多年来充当统筹部部长，出生入死，四处参与起义，但屡战屡败，屡败屡战，指挥人马不过百十号人，百十条枪，怎比黎元洪出身海军科班参加过中日甲午海战，指挥过一个协的新军？反观黄兴即将面对的敌手，可是北洋骁将冯国璋，是淮军名将聂士成手下的猛将，曾在朝鲜与日军血战过，又是小站练兵的宿将，纵横捭阖，远在黄兴之上。但天时难违，众口难铄，黎元洪装出大肚能容天下难容之事的模样，恭请黄兴主持军事。

于是，黎元洪遵照汉人古制，大办仪式，登坛拜将，亲授黄兴关防、令箭，大有古代齐王求将的风范。

嗣后，黄兴率领革命军进抵汉阳与北洋军的总统官冯国璋一决雌雄。

不料，黄兴与军务部主持战略的部长孙武、副部长蒋翊武和张振武意见相左。黄兴认为应该把守军全部布置在汉阳正面，侧翼派出少量军力作牵制则可。孙武等人认为新沟是蔡甸咽喉，蔡甸是汉阳门户，应该在这两个地方布防。

黄兴一意孤行，不予采纳。

结果，冯国璋的用兵与孙武等人不谋而合，对汉阳只佯攻，而主力则先绕路猛攻蔡甸、新沟二地，然后从侧面直扑汉阳。

等黄兴醒悟，为时晚矣，汉阳命悬一线！

黄兴走投无路，提出一个釜底抽薪之计：反攻汉口！

蔡继武接到命令，为配合反攻汉口，率他新任标统的独立标团反攻五号仓库营地。

仪凤率领一个营的清军固守仓库营地早作了应战准备。

她和军官们研究出一个以少胜多的战术：即在仓库前的战壕上布防一个队（连）的士兵，在战壕的前沿开阔地上埋设许许多多的火药桶，全部用导火索连接好埋在土中，然后再派一个队（连）的敢死队士兵在开阔地诱敌深入，将革命军引入开阔地中爆炸围歼。此战的关键是必须挑选几个敢死队的士兵专门负责点燃导火索。

仪凤集合全营官兵，又让人抬出一筐光洋，然后说：“弟兄们，可惜我要指挥作战，否则我头一个报名当敢死队！有志者，请上前一步，每人发三块大洋当安家费！”

顿时，不少官兵纷纷出列，斗志昂扬。

她一看，队列中站着水根。就上前问：“水根，你只是车夫，不是士兵，怎么会放枪打仗?”

水根当仁不让，说：“水根一无所长，白吃军饷，逢此机会，一显身手！格格，我虽然不会打仗，可是我不怕死，请求去点导火索!”

仪凤听了兀自感动，说：“好，有志气，算你头一个!”

当下有七八个士兵报名充当点导火索的敢死队队员，仪凤朝他们跪下三拜，说：“阵地存亡，就拜托诸位将士了!”

官兵们全都下跪，撮土为香，对天祈拜，齐声道：“皇天后土，实所共鉴!”

当夜，按计划布置完毕，各队官兵进入预先指定的位置。

天刚蒙蒙亮，前哨报告发现约摸一个标的革命军向仓库营地方向进逼。

仪凤刚刚发出战斗准备的命令，敢死队已经同对方接上火了。

蔡继武发现仪凤分散兵力，讥笑女人不知兵，就下令全力猛攻，指望各个击破。

果然，一队的清军敢死队丢下二三十具尸体就顶不住了，仓皇地往后撤退。水根和七八个点导火索的队员就假装中弹毙命伏在尸体堆中，等待时机。全标的革命军在蔡继武的指挥下，冲入开阔地，向战壕发起冲锋。战壕中的守军拼死抵抗。

一俟革命军全部进入开阔地，水根和七八个队员就各自点燃导火索，导火索从四面八方迅速向埋在地下的火药桶点燃——轰轰！轰轰！革命军脚下的火药桶一一爆炸，将一千多名的士兵炸得哭爹喊娘、狼奔豕突、死伤无数。

蔡继武愤怒地大叫：“弟兄们，不要退！不要退！给我冲！给我冲!”

爆炸过后，蔡继武纠合着幸存的几百名革命军继续向战壕冲来，一时间，守军预料不及，手慌脚乱，弃壕逃跑。

仪凤带着最后一队的清军守住营地作负隅顽抗，但是寡不敌众，火力渐渐被革命军压住。

就在危急关头，一阵排炮在革命军的冲锋队伍中爆炸，紧接着又一阵排炮，在战壕中炸开，革命军士兵纷纷倒下，如风摧蔗林一样干净利索。原来，这是及时赶到的陈定书指挥的“江天”号炮舰，从仓库后头的江面上开炮支援，及时地让仪凤的守军转败为胜。

蔡继武见大势已去，带着残存的革命军士兵往回逃跑。但是一颗舰炮炸中了蔡继武，他倒下去的时候，眼前闪过的是在空中飘扬的革命军的旗帜——铁血十八星旗。

同样失败的是黄兴亲自指挥的汉口反攻战，虽然，革命军乘着清军猝不及防攻入汉口，但是冯国璋定下心后连忙组织死守，等待段祺瑞从孝感派大军来增援。尽管黄兴骑着高头大马，手举军刀指挥，身先士卒，但是也挡不住北洋军日益增多的援兵的到来，结果革命军抵挡不住在海军舰炮的炮火支援下的北洋军的进攻，一口气败下阵来，纷纷地往江边逃跑。无奈何，黄兴早已下令拆毁江上的浮桥，本意在“破釜沉舟”，结果适得其反，溃兵争渡，淹死无数。

此次反攻汉口，革命军损失千余人，士气大伤。继而的汉阳保卫战就犹如一盘散沙，在北洋军和海军舰炮的连续猛攻下，革命军丧失斗志，四分五裂，尤其是援鄂的湖南革命军湘军一协王隆中部丢下黄兴，分批逃回湖南，革命军独木难撑将倾的大厦。

十一月二十七日，汉阳失守。

黄兴仰天长啸，欲举枪自尽，被同志劝阻。

黄兴末路计穷，竟不合时宜地提出放弃武昌，收拾残兵，乘流而下，会合南方革命军进攻南京的主张。

听者一片哗然，都反对黄兴放弃武昌的提议。

周友三愤愤地说：“武昌乃首义之地，如果放弃不顾，拱手相让，天下寒心，革命即死。武昌若失，敌人雄踞上游，兵锋刻下南京，我们只能落得洪杨一样下场！”

五爷更激愤，说：“再有敢言放弃武昌者，即是汉奸！”

郑安芳拔出手枪，砰的一声，拍在桌上，毅然决然地说：“是汉奸，杀无赦！”

黎元洪等一批领导者纷纷起立鼓掌，黄兴形影相吊，孤立无援，黯然地离开会场。

这一夜，黄兴悄然地离开了草湖门，搭船前往上海，在他辉煌的一生中，划下一个黯淡的句号。

也在这一夜，仪凤告别了与她相依为命的全营官兵，和水根搭上了“江天”号炮舰离开了仓库营地，再辗转上了一艘运输舰前往上海。

临走之前，她亲自为战死的蔡继武下了葬，叮咛他到了阴间与奶娘满喜相依为命，她烧了祭奠的纸钱。

那被火焰腾起的纸灰在星空中翻飞，好像一群蛱蝶在明灭映照，如絮如霜，如梦如烟，一会儿全都消失在茫茫的夜色中去了。

138

九号码头仓库笼罩在黑暗中，黑漆漆的，只有手电筒在打着信号灯，一闪一闪的，宣告平安无事。

不一会儿，从黑暗中走出来周友三、郑安芳和身穿革命军青灰军装的李沪生。

陈定剑带着林守武迎了上去。陈定剑高兴地说：“友三，我终于盼到这一天了。”

周友三说：“我带来了黎都督给萨统制的亲笔信，请求看在革命大义之上，为国家为民族着想，海军易帜反正!”

陈定剑同感颇深，说：“我看到革命军在阳夏战争中连遭重挫，很是忧心，长此以往，武昌首义有夭折的危险，海军是应该掉转船头，为革命开炮了!”

郑安芳说：“定剑，您不知道，如今武昌城内，军心不稳，人心惶惶，清军大有一口吞并武昌之势，希望就寄托在海军身上了。”

李沪生苦口婆心地说：“定剑，现在就看海军的了，成败在此一举。”他自从伤愈后参加了革命军，显得比在重庆时更加稳重了，目光中不再有情感的嫉妒，而是多了几分成熟。

陈定剑说：“起义是一件大事，我希望黎都督能够和萨统制私下见一次面，以期成功。”

周友三兴奋地说：“萨统制与黎都督可是师生之谊，两人若能相见，对扭转革命局势大有裨益，我回去定当转告。”

陈定剑说：“我很遗憾，上一次没有见到黎都督，但愿这一回能够如愿。”

“我们回去，定当转达海军的厚意。”郑安芳从瘦削的姑娘长成了体态丰盈的少女，她就像充满液汁的果实，把一身做姑娘时穿的衣裙绷得紧紧的，一双眼睛已显出咄咄逼人的神气，大胆而又妩媚。李沪生俨然一副护花使者的神态，手枪插在腰带上随时准备拔出来，就与来犯者厮杀、搏斗。

陈定剑问道：“我家小妹安好吗？”

周友三说：“她如今在革命军医院当看护，俨然是伤病员心目中的一位女神了。”周友三自从参加革命党后，和陈定琴之间的矛盾冰消云释，两人和好如初。

郑安芳弦外有音地问：“格格找到了吗？她可安好？”

陈定剑不知就里，说：“格格找到了，已在海军的安排下返回上海了。”

郑安芳酸溜溜地说：“在炮火连天的武昌城中能找到为爱情而活着的格格，确实有爱神的眷顾啊！”

陈定剑真想告诉她有关仪凤指挥打仗俨如贯盔顶甲的将军的实情，让她吃惊、让她嫉妒，可是一想，她说出这番话泄漏出她还在暗恋着自己的底蕴，怎么不叫他替李沪生可惜，但又不敢吱声。

林守武提醒道：“各位同志，此处不宜久留。”

于是陈定剑约好下次见面的时间和地点，便分散了。

殊不知，他们的秘密会见已经被铁祥的亲信梁钟汉窥见了，当即回舰报告了铁祥。铁祥正在苦恼，因为袁世凯的上台皇族内阁正式解散，他的皇族海军的地位岌岌可危，为了挽救他在海军中的地位，必须阻止萨镇冰与黎元洪的见面，阻止朝廷在阳夏战争中的由胜转败的危险发生！

他当即掏出一把手枪交给梁钟汉，又拿出三根金条，说：“为了大清，你等他们谈判时，把姓萨的给杀了，嫁祸陈定剑，嫁祸革命军！”

梁钟汉害怕，双手发抖，不敢拿枪，更不敢拿金条，说：“大人，小的不敢……小的不敢……”

“为什么？”铁祥逼问道。

梁钟汉嘴唇打着颤儿，说：“他……他他……可是海军兄弟心中的旗舰，我下不了手……”

铁祥说：“你出卖陈定剑给革命军就下得了手？”

梁钟汉说："大人，那是奉你的命令……"

铁祥阴笃笃地笑道："人总是你卖的，卖一个跟卖两个，都是卖，可是到手的钱财可大不一样！"说着又往他的手中添了两条金条。

梁钟汉见钱眼开，说："大人，小的豁出去了！为了大人，刀山敢上，火海敢跳！"

铁祥拍拍他的肩头，说："事成以后，本大人升你当水手长！"

梁钟汉说："多谢大人栽培！"

巡洋舰"海琛"号上灯火通明，管带室里，萨镇冰和陈世恩面对沙盘上的敌我双方的态势图，忧心忡忡。

沙盘上，插满代表革命军的白旗，白旗插遍湖南、九江、西安、太原、南昌、上海、贵阳、杭州、苏州、广西、福州、安徽、广东。

陈世恩感叹道："恩师，学生也曾经在沙盘上插过同盟会的起义态势图，曾几何时，竟然在沙盘上插中国起义的态势图，真是白云苍狗，沧桑之变那！"

萨镇冰说："这正应了那句老话，人情如纸张张薄，时势如棋局局新。咱们海军赖以生存的长江口岸都相继被革命军占据了，海军何去何从？"

陈世恩担忧道："最担心的是上海被陈其美的起义军占领了，高昌庙的海军基地岌岌可危，一旦损失殆尽，海军将没有煤栈的保证供给，只是一堆废铁。请恩师，及早拿定主意。"

萨镇冰看了陈世恩一眼，知道他的弦外之音是什么，就说："世恩，朝廷待你我不薄呀！"

这时，副官走进禀报陈定剑有急事求见。

萨镇冰让他即刻晋见。

陈定剑走进后，低声说："统制大人，卑职带来了黎都督的一封急信。"

萨镇冰突然拔出手枪对准陈定剑的脑袋，厉声道："大胆！你敢私通革命党！我毙了你！"

陈定剑镇定地说："杀卑职之前，让卑职将话说完。"

"讲！"萨镇冰的手枪始终抵住陈定剑的脑门，弄得陈世恩左右不是，不敢动弹。

陈定剑说："统制大人，黎都督不是以交战的敌方身份给您修书，他是以学生身份向师长您写信，叙谈师生之谊的。"

“算你聪明，为什么不早说?”萨镇冰收了手枪，其实他在考验陈定剑的胆识。陈世恩这才松了口气。

萨镇冰展开黎元洪的来信，只见他在信中毕恭毕敬地称他为老师，接下来概述清廷无道，百姓涂炭。又云君主制度积弊甚多，吾辈深有体会，如今武昌军民揭竿而起，誓要推翻君主制度，建立共和政体。请恩师审时度势，共襄大举。

萨镇冰阅信后默无一言，走出管带室。陈定剑想追出去索问回信，被陈世恩阻止了。

萨镇冰站在甲板上，倚栏远眺，汉口的天空上一片火光，那是北洋军火烧汉口的余烬。他想像逃难的难民川流不息地从兵燹中穿过的情景，不由得眼眶潮湿了。他自责道：“萨镇冰啊，萨镇冰，你重建海军，旨在救国救黎民，可是到头来都助纣为虐，毁国害民，倾长江之水也难洗清你的罪孽!”

正当萨镇冰在痛苦自责之时，陈世恩走到他的身边告诉他冯国璋派人送来袁世凯的命令，命令说他已经专程到湖北劳军，要萨镇冰和陈定书在今夜九点到肖家港车站晤面。

萨镇冰一听袁世凯来湖北督军，心中不禁掂量，大战在即，形势逼他必须作出抉择。

当晚，萨镇冰和陈定书上岸后，从刘家庙坐火车到肖家港车站。由于实行灯火管制，四周一片漆黑。一个副官将他俩引上一列火车，进入车厢，车上灯火通明，车窗上都蒙着双层黑窗帘，隔断了外头弥漫着硝烟味的新鲜空气。袁世凯穿着翎顶辉煌的品服正在俯着敌我态势图——如今他可以堂而皇之地在地图上推演他的抱负，用不着再在那一张大理石纹的八仙桌地图上暗度陈仓了。此次他带领一帮亲随、幕僚，直奔汉口前线，表面上是犒军，实际上是旨在对朝廷施加压力，所以他召集陆军将领面商机宜，对冯国璋用烧杀手段取得汉口大捷大加褒奖。但是他对萨镇冰的“协同作战”难加掌控，这便是他约见萨镇冰的目的。

袁世凯一见萨镇冰和陈定书走进来，未待他俩行军礼，就热络地迎上来，乐呵呵地说：“鼎铭啊，可把您给盼来了！我盼望你来犹如大旱之望云霓啊！哈哈哈!”

萨镇冰没有被他戴上炭篓子，分寸有加地说：“卑职惶恐。卑职王命在身，岂敢懈怠。”

陈定书行礼道：“卑职给大帅请安。”他用的是满人的礼仪，恰到分寸。

袁世凯笑呵呵地挥挥手，说：“家不叙常礼，免了。”

萨镇冰向来治军严厉，说："定书是卑职，岂能无礼?"

袁世凯解释道："不必责怪他，他是本帅的丫姑爷。"

萨镇冰不解，问："什么丫姑爷?"

袁世凯笑道："鼎铭有所不知，定书落难的时候，路过寒舍，我和他谈得很投契，我便将我的书房丫环秋菊送给他当如夫人，这算袁某人对海军聊表的寸心。"

萨镇冰说："多谢大帅对海军的倚重。"

袁世凯顺水行舟地说："鼎铭，此番汉口克复，海军功居首位。陆军冯总统官、段总统官都交口称赞。日内陆军将乘胜进击武昌，还要借重海军了。"

萨镇冰压不住内心的义愤，说："大帅，汉口一役，冯总统官下令纵火，造成生灵涂炭、屋舍成灰，如此作战，不是军人应有之理。"

袁世凯替冯国璋打掩护，说："冯总统官的确太过分了，本帅已经责难他了，事后他也很后悔，追悔当初因无奈之举而留下的遗憾。"

萨镇冰见他一味偏袒，便三缄其口了。

袁世凯见话不投机，就另起话题，说他已经下令发给海军将弁、官兵人人双饷，战后还要论功行赏。

萨镇冰依旧三缄其口。

袁世凯自讨没趣，但是大战在即，他又不得不依靠海军，耐着性子说："鼎铭，不日开战，不知海军可否依畀?"

萨镇冰推托地说："从武昌到青山两岸二十里，乱军设有克虏伯大炮百余尊，而且江水日浅，兵舰溯江出战，诸多不利。"

袁世凯话锋一转，问："定书大人，你有可高见?"

陈定书不敢冲撞萨镇冰，也不敢拂了袁世凯的命令，只好机敏地说："回大帅，萨统制所言不无道理，不过兵舰舰炮的射程比乱军的大炮射程远，可以以远打近，以虚避实。"

袁世凯大为欣赏，说："不愧是皇家海军的后起之秀！堪当大任！堪当大任!"

陈定书连声推诿："大帅过奖，卑职岂敢。"

袁世凯扫了萨镇冰一眼，突然厉声命令："萨镇冰、陈定书听令!"

萨镇冰和陈定书躬身抱拳，齐声道："卑职接令!"

袁世凯强硬地说："命令海军各舰协助陆军进攻武昌，若有半点疏失挨延，当以军法论处!”

“喳!”萨镇冰和陈定书接下命令。

走出车厢的时候，萨镇冰明白了，袁世凯借进攻无非是压制革命军，向朝廷恃功邀赏，让两边都落入他的掌控之中。

萨镇冰的心，陷入了无底的痛苦深渊。

139

第二天，萨镇冰眼见拖延误战耽搁不下去了才命令舰队向武昌的革命军打空炮，炮弹都落到长江的水面上，没有造成损失。袁世凯见海军如此助战，气得暴跳如雷，七窍生烟。但是他知道，如果再催逼萨镇冰，反而会将海军逼向革命党。于是他打电报给北京的军谘府，请将陈定书的如夫人秋菊派往武昌监督陈定书，防止海军生变。

黎元洪给萨镇冰写了第二封信，乃由陈定剑转呈。

信一开头提到他因为第一封信没有得到回音而坐卧不安：“夫子大人函丈：前肃一函，早邀钧鉴，然至今未奉训谕，心中惕悚莫安!”接着黎元洪以诚恳的笔调转入正文，道出肺腑之言：“洪当武昌变起之时，所部各军，均已出防。空营独守，束手无策。党军驱瑞都（督）出城后，即率队来洪营，合围搜索。洪换便衣避匿室后，当被索执，责以大义。其时枪炮环列，万一不从，立即身首异处。洪只得权为应允。吾师素知洪最谨厚，何敢仓促出此。虽任事数日，未敢轻动，盖不知究竟同志若何，团体若何，事机若何……今已视师八日，万众一心，同仇敌忾……而连日各省纷纷之士，大都留学东西各国各种专门学校及世代簪缨，学有专长，阅历极富；并本省官绅人等，故外交着手，各国已认为交战团体，确守中立。党军亦并无侵外人及一私人财产之事，不但在中国历史上视为创见，即各国革命史，亦难有文明若此。可知清国气运既衰，不能任用贤俊，至使聪明才智之士，四方毕集，岂又洪一人之力所能致哉!……洪有鉴于此，识事机大有可为，乃誓师宣言，矢志恢复汉土，改革专制政体，建立中华共和民国……洪受业于师，学识浅陋，不能担负重任，已向同志宣告，将以党军之所要挟者，倩诸先生，登轮要求师宪。昔人谓谢安云：斯人不出，如苍生何？同胞万声一气，谓吾师不出，如四万万同胞何？刻下局势，只要吾师肯出，拯救四万万同胞，则义旗所至，山色改观……洪非为私事干求函丈，实为四万万同胞请命。满汉存亡，系于师台一身。齐王反手，洪计之已熟。否则同胞视为反对此志之人，即以满奴相待，虽洪亦不能禁止其不邀击也。”

萨镇冰阅毕，沉吟半晌，才说了一句：

“黎元洪原也是海军中人，天津水师学堂毕业后在北洋供役，甲午黄海之役，舰沉浮水而生。”

陈定剑说：“统制大人，他可是偏向着我们海军，图谋出路。”

萨镇冰微闭上眼睛，半躺在管带室的坐椅上，沉思不语了。

这时候，陈世恩急急地走进，递上一封电报。

萨镇冰一看，跳了起来。

电报是代春发来的，上写着驻吴淞“策电”炮舰在大副林舜藩的率领下，以餐桌布代替白旗，宣布起义。海军吴淞炮台也紧跟着响应起义！

这是海军起义的第一艘军舰，一旦海防堤坝崩裂，后果将不堪设想。而且淞沪是海军主要基地，失去依畀，沿长江而生存的舰队将陷入万劫不复的绝境。

萨镇冰在斗室大的管带室里踱来踱去，似乎在用他的有力的虎步丈量海军生存的得失。

陈世恩父子一言不发，相互递着焦急的眼光，等待着萨镇冰作出重大的决策。

萨镇冰突然在陈定剑的面前停住脚步，低声而坚定地说：“你去联络，我要会见黎都督。”

陈定剑惊喜地瞅了一眼陈世恩，陈世恩投以赞许的眼色，陈定剑回答道：“遵命！”旋即离去。

会见安排在一个星光闪烁的晚上，地点是江边一间堆放船械的船屋前，黎元洪在周友三、五爷、郑安芳和李沪生的陪同下前来赴约。萨镇冰在陈定剑的引领下，由陈世恩、陈定棋和林守江等一个棚（班）的海军陆战队士兵护送着向船屋走来。

他们谁也没有发觉，在船屋的屋顶上趴着预先埋伏的铁祥的亲信士兵梁钟汉，手执手枪，伺机谋杀。他的埋伏地点是由海军陆战队的排长肖木旺提供的。肖木旺获了郑汝才的命令，阻止海军叛变袁世凯倒向革命军。

黎元洪一见萨镇冰，抢先上前两步，单膝跪下，执弟子礼，说："学生拜见恩师。"

萨镇冰说："各为其主，不必拘礼。"

黎元洪起身后说："恩师一代海军宿将，北洋泰斗，弟子去信唐突，还望见谅。"

萨镇冰说："为师苦衷，望能体谅。"

黎元洪劝道："武昌起义，各地响应，正义事业，势在必成。望恩师同海军袍泽早日反正，同立殊勋。"

萨镇冰面对黎元洪的坦言，心中既有羡慕的成分，也有惶恐不安的忧虑。海军舰艇部门繁多，仅靠一二人振臂高呼，难控全舰，在未得确切把握前，只能偾事。二则海军待遇优渥，大大高于陆军，也使海军军官倾向保守。三则革命党人工作重点在新军和会党，没有着力在海军中开拓。所以萨镇冰对自己将何去何从，沉浸在痛苦的思考和艰难的选择之中。萨镇冰回答道：

"彼此心照，各尽其职。"

埋伏在船屋顶上的梁钟汉见时机已到，端起手枪瞄准萨镇冰准备开枪，偏偏在这时候，从江上突然响起一声汽笛的声音，心存虚惊的梁钟汉吓了一跳，枪口一偏，子弹打在萨镇冰身边的缆碇上。郑安芳眼疾手快，一边大叫："屋顶上有人！"一边用身子挡住萨镇冰。

呯！第二声枪响，子弹击中郑安芳，鲜血涌出伤口，她倒了下去，被陈定剑抱住。

陈定棋和林守江连忙朝屋顶上开枪，梁钟汉中弹，从屋顶上滚下来。

陈定剑拼命叫喊："安芳！安芳！"

郑安芳只说了一句："格格是个好女人，我不该一直与她作对，找她去吧……"说着头一歪，死去了。

陈定剑悲痛欲绝。

李沪生陷入被突然打击的沉痛中，泣不成声。

陈定棋摇晃着奄奄一息的梁钟汉，追问道："快告诉我，是谁指使你干的？是谁？"

梁钟汉说："……是铁祥……"话未说完就气绝了。

萨镇冰大为震动，对黎元洪痛下决心地说："激流行舟，不进则退，我不会当阻止历史潮流的罪人！"

一个关于海军命运，关于武昌起义转败为胜的决策，终于在船屋旁边诞生了！

萨镇冰对陈世恩郑重地说：“你可用我的名义下令，通知武汉江面各舰退到九江，然后宣布起义。”

陈世恩关切地问：“恩师将何去何从？”

萨镇冰神情肃穆，脑海中一一掠过一生经风见雨的情景：从孩提时代就读马尾船政学堂，到漂洋负笈英伦苦学兴国；从津门执行教习，到升“威远”号练舰管带；从甲午海战悲歌威海，到沉沦原籍布衣度日；从重建海军统领南北洋舰队，到武昌首义为国分忧，无不是宦海沉浮，求索漫漫。想到这里，萨镇冰道：“勿以我急，到时我将自行离开‘江贞’（炮舰），回归三山故里。”

他想了一想又对众人道：“人各有志，不能勉强。喜昌、吉升、荣续等几个满人管带愿意随同革命，则好，如不愿意参加举义，可给足盘缠，以礼相送。”

当夜，萨镇冰的座舰“江贞”号在淡淡的夜幕中打出信号灯：

“我去矣！以后军事，尔等各舰艇好自为之。萨镇冰。”

各舰官兵闻讯都跪上甲板，凝望“江贞”号炮舰，只见“江贞”号旁已放下一个舢板，接着放下一副软梯，萨镇冰从软梯上下来，坐在舢板上，然后舢板摇向停在江心等候的英国太沽公司的商轮，载着一代伟人往上海方向驶去。虽然他采取自行引退，以“身体有病必须赴沪就医”为由离舰出走，但是当时各舰官兵都行礼向远去的统制、恩师、前辈告别。

“江贞”号拉响了三声告别的汽笛。

“海筹”号、“海容”号、“海琛”号巡洋舰和江面上的所有舰船都拉响了三声汽笛，向萨镇冰告别，将海军的惜别之情抒写在苍穹之上。

“海星”号穹甲巡洋舰没有拉响汽笛，陈定剑带着陈定棋和一群海军陆战队士兵冲上“海星”号夺舰起义。

铁祥拒不投降，开枪顽抗。他被陈定剑开枪打伤左臂后，跳江逃走。

“海星”号上升起一面白旗，向武昌江岸上的革命军宣告海军起义了！

“海筹”号、“海容”号、“海琛”号巡洋舰按陈世恩下的命令开始撤离，中途挂上白旗驶向九江。

但是陈定书率领的江湖舰队拒绝起义，拒绝撤离武汉江面，它向“海星”号穹甲巡洋舰的新任管带陈定剑打出信号灯：“王命在身，断然不从。”并下令将舰炮的炮口对准“海星”号穹甲巡洋舰。

“海星”号连忙将舰炮对准“江天”号炮舰，兄弟阋墙之战，一触即发。

随同“海琛”号巡洋舰前去九江的陈世恩得知后，分别致电两个儿子，释嫌和谈，不要刀枪相向。

双方约好谈判的地点在江边的船坞上。

袁世凯的密使秋菊陪同丈夫陈定书前来。她深知海军陈家血缘维系海军的生命力之强大，她已经收买了早就投靠袁世凯的“江天”号炮舰军需尤泰林，要他暗中勾连官兵准备夺舰谋反。尤泰林自从在广州起义中出卖过陈定书之后，整天提心吊胆，六脉不调，总怕被陈定书察觉，所以为了自保，暗中投靠了袁世凯。

陈定剑只带了三弟陈定棋前来。兄弟聚首，感慨万千。

陈定书对陈定剑和陈定棋介绍秋菊道：“二弟、三弟，这是你们的新大嫂、我的如夫人秋菊。”

秋菊忙行个万福，说：“秋菊见过二弟、三弟。”

陈定剑一见秋菊的美貌中藏匿着尖刻，便说：“事出突然，不知何人保的大媒?”

陈定书颇有几分得意，说：“是袁大帅保的媒。大哥在落难时，是袁大帅将他的书房丫环秋菊赐给大哥，滴水之恩当涌泉相报。”

陈定剑说：“报恩与报国不可两全，报国事大，报恩事小，大哥当三思。”

陈定书坚执地说：“如今有袁大帅主持内阁，朝廷定会洗革弊政，二弟三弟不可背弃朝廷。”

陈定棋说：“朝廷腐败，共和当立，父亲大人和萨统制大人都已经主张为国自立，大哥为何执迷不悟?”

“住口!”陈定书斥道，“朝廷有恩于陈家，何以忘恩负义?”

秋菊插话道：“二位弟弟，你大哥所言有理，不可让天下人耻笑陈家!”

陈定剑道：“忘恩是朝廷忘顺天之恩，负义也是朝廷负背民之义。”

陈定棋苦口婆心地说：“大哥，你还记得当时你去北京认祖归宗，父亲大人到车站相送，叮嘱我兄弟三人，有朝一日不可作阋墙之战吗?”

陈定书支支吾吾，答不上话来。

陈定剑说：“如今父亲大人和小妹也都参加了革命党，我们一家当为共和出力，望大哥反正，共立殊功!”

秋菊见陈定书意志开始动摇，说道：“夫君，不可被他们蛊惑，袁大帅待你恩重如山，你不可背信弃义!”

“好一个恩重如山，好一个背信弃义，完全是骗人的鬼话!”说这话的是“江天”号炮舰的大副和几个水兵押着军需官尤泰林走来。

陈定书问：“这是怎么回事?”

大副说：“陈大人，你走后，尤泰林在勾连官兵准备夺舰，被我等察觉了。”

尤泰林连忙跪在陈定书的脚下，捣蒜似的磕头，说：“大人饶命！大人饶命!”

陈定书厉声喝道：“说！是谁指使你的?”

尤泰林指着秋菊说：“就是她，她是袁大帅派来的密使。”

陈定书恍然大悟，对秋菊怒不可遏地责问：“原来你是袁世凯派来的奸细?”

秋菊说：“杀了我吧!”

陈定书说：“伸出你的手来!”

秋菊不解，伸出一只手，陈定书击了三掌，说：“三掌休妻，从此两不相干，你走吧!”

秋菊和尤泰林悻悻地离去，官兵们一片欢呼。

陈定书悔恨地说：“大哥糊涂，几乎酿成兄弟阋墙，江湖舰队从此跟随你们起义!”

陈定剑激动地说：“大哥，下令发出通电吧!”

陈定书向大副下命令：“回舰后，立即发出起义通电!”

于是一道宣告江湖舰队起义的电波沿着长江两岸传遍全国，袁世凯得知陈定书摒弃他而选择了革命，感叹道“我太低估了陈家的选择正义的力量!”电报，也传到了上海高昌庙海军统制部，可是统制部内无人接通电报——统制部内一片混乱，起义的海军官兵和革命军士兵冲进统制部，逼迫代春贝勒投降。

代春拒不投降，吞枪自杀。在他拿起手枪准备开枪的那一刹那，他重新看见了中法马江海战爆发的那一天，他很年轻，还是个见习的海军军官，正做着当皇家海军舰长的梦，在马江码头上邂逅了同样年轻的任文娟。她的手里挽着一只食篮，脚边还蹭着一只小黄狗。

当时的他问她：“这么说你也在旗？芳名叫什么?”

当时的她回答：“奴家叫任文娟，满语名字叫春喜。”

“我叫代春，你叫春喜，我们俩真有缘分!”代春又看见她，春喜满月一样姣好的脸。

他勾动了扳机，枪声击碎了他建立皇家海军的美梦。

枪声响的那一瞬间，远在福州的任文娟正在睡午觉补眠。这几天她被蜩螗的局势所纷扰，为远在武汉江面上用舰炮打仗的陈世恩父子担忧，搅得她夜夜失眠。今天她实在撑不住了，将疲乏的身子歪靠在烟榻上打了一会儿盹，就梦见年轻的代春在马江的军舰上被法国军舰的炮火击中，掉下江里，沉了下去。摇舢板的她——也是那么年轻——急忙去救他，可是舢板拼命摇，就是摇不动，眼看着掉在江中的代春孤立无援，伸着手徒劳地挣扎，她只好纵身跳入江中，向他游去。

代春绝望地在喊："春喜，救我！春喜，救我！"

她快速地向他游去，游去，眼见游到了他的身边，倏地，他被一个大漩涡吸了下去，他的呼声被淹没了！

任文娟被噩梦吓醒了。她猛地坐起来，一身冷汗，胸脯不断地起伏，余悸未定。

她预感不妙，埋藏在心底的隐忧终于出土冒芽了。她当即赶到电话局往上海高昌庙的海军统制部打电话，被告知线路中断，无法接通。她立刻给马尾海军要港统领部打电话，才得知上海高昌庙的海军统制部发生起义了，代春吞枪自尽。

电话筒从她的手中掉到地上，她如被枪击中一样栽倒在地上。

她大病了一场，也哭干了眼泪，然后拖着孱弱的身子去了马尾的水师营坟场——那块与代春私订终身而又分手的伤心地——替代春立了个衣冠冢。场上立了个无字碑，就挨着她爹的坟——生前因她爹的水师缘欠下了孽债，如今也因为皇家海军梦了却一段姻缘。

令她欣慰的是，她打听到，当海军统制部里发生枪战的时候，仪凤在水根的掩护下，乘乱逃进了公共租界，在那里，美国姑娘安娜和她的父亲乔治传教士庇护了她。

140

就在三艘"海"字号巡洋舰驶向九江起义的这一天，驻南京下关的海军十三艘舰艇也驶向镇江，与镇江起义军都督、福州人林述庆联系，易帜起义。驻上海的数艘舰艇也先后起义，长江舰队统领沈寿堃也从九江自动下野到上海。至此，自光绪末年至宣统年间，由萨镇冰和载洵惨淡经营了十余年的清廷海军都投向了革命军，成为革命军的舰队，由新任临时海军司令陈世恩率领重新开赴武汉前线，协同革命军向清军进击，终使南北双方在武汉首次达成停战协议，宣布武汉地区停战三日。嗣后又约定延期三日，继而再延期十五日。武汉战事自此停止。

第三十五章

141

铁祥逃到南京的时候，南京已经是一座孤城。

他选择逃到南京的原因有二：一是叔叔荣宝因固守武昌有功，被朝廷调为江宁总兵；二是陈定剑率领的穹甲巡洋舰“海星”号增援镇江起义的十三艘海军舰艇编队，支持镇江的林述庆起义军，铁祥伺机要夺回他的“海星”号，重任管带。

南京，东南形胜，六朝古都，沿江上溯，控遏江汉，沿流而下，直逼江宁。南京北高南低，四面环山，城墙坚厚，易守难攻，山屏水蔽，拱卫古都。

但是，继上海、苏州光复之后，无锡、常州、太仓、昆山相继光复。南京的门户镇江，在城外第九镇十八协新军的起义下，光复了。不久，江苏的常熟、江阴、宜兴、吴江、清江浦、通州、扬州、海州也被革命军攻克，南京遂成了孤立无援的桥头堡。

鉴于南京“据守长江天堑之险要，扼鄂皖苏沪之交通，握东南各省之咽喉”，因此同盟会在武昌起义之后，即着手准备夺取南京，与武昌革命军遥相呼应，最终在战略上形成与清廷的南北对峙大势。

此时，在南京城内外驻有清廷的新旧两军。旧军即为江北防营和江宁巡防军，由张勋和荣宝分别率领。新军为第九镇，由统制徐绍桢统率。

为此，张勋邀请两江总督张人骏、江宁将军铁良和总兵荣宝在提督督署商量对策。

张勋忧心忡忡，道：“各位大人，纵观局势，江宁危急，不知有何应变之策?”

张人骏拧着山羊胡，沉思片刻，说：“金陵城内的第九镇新军有三十三标（团）和三十四标，外加骑兵第九标，炮兵第九标标统赵声系乱党，一直在军中蛊惑人心，被本督革职，所以第九镇新军中有乱党根基。况且第九镇十八协已经在镇江参与造反，所以第九镇极不可靠，不得不防。”

铁良是满人中一直号称“知兵”的将军，曾为陆军部大臣，后受摄政王载沣排挤，才贬至江宁，他果然善出奇兵，说：“本将军有一招妙计，出其不意，攻其不备，不如把第九镇的士兵全部缴械。”

荣宝小心翼翼地问：“此招甚妙，可是万一激起兵变，怎么办?”

一句话压得满座无声，不能不说荣宝问得不无道理。

铁良怔忡地说：“第九镇兵多将广，不能不防，还望各位大人，另出制约奇招。”

张勋想了想，说：“不如本督派出三个营的精锐，紧靠三十三标驻地布防，以备不测。同时再将大炮架在猫儿山，炮口直指三十三标营房。”

荣宝一拍大腿，叫道：“好！我把狮子山防营的大炮也指向三十三标，这叫双龙抢珠!”

张人骏毕竟老奸巨猾，没有说话，端着盖碗茶，用茶盖慢慢地刮去茶汤上的浮茶梗，尖起嘴唇嘬着茶水。

张勋征询地问道：“不知恩督大人有何高见?”

张人骏放下盖碗杯，咂咂嘴皮，说：“城内两军如此弓张剑拔，杀气腾腾，教百姓士绅如何安居乐业，有碍观瞻嘛。”

荣宝阿谀地说：“想必恩督已有奇招?”

张人骏说：“不如将徐绍祯的第九镇新军移师城外，驻兵于金陵城外六十里的秣陵镇。”

张勋落井下石地说："恩督，还要严格限制第九镇新军的弹药使用，每人只发三颗子弹，再将大炮和机枪统统扣押，净身出门！"

铁良笑道："此计不错，可是海军的十四艘舰艇如何应付？尤其是巡洋舰'海星'号可是穹甲主力舰，一旦协助第九镇造反，足让我等腹背受敌！"

荣宝说："新军不必惧怕，可畏的是海军，武昌失手，就是海军的离叛才导致的，所以海军不可忽略小觑。"

这时候，戈什哈来报，"海星"号管带铁祥求见。

张人骏大喜，下令召见。

铁祥走进，风尘仆仆，满脸凝重，一副九死一生的神情，打千行礼，道："败军之将铁祥拜各位大人！"

张人骏道："胜败乃兵家常事，铁祥大人何出此言？"

铁祥说："太后倚重，建立皇家海军，可是卑职无能，痛失座舰'海星'号。"

荣宝安慰道："贤侄不必难过，留得青山在，不怕没柴烧。"

铁良说："常言道，覆巢之下焉有完卵？太后有知，谅不会见怪，何况你已经尽力，何言无能？"

张勋说："铁祥大人来得正好，我等在为造反的海军十几艘舰艇担忧，不知有何应付之良策？"

铁祥说："金陵不比武汉，四周环山，城墙坚厚，可以倚仗山上炮台的大炮对付江上的兵舰。其次，'海星'号穹甲巡洋舰是十三艘舰艇的主力舰，擒贼先擒王，请拨给卑职一队精锐，待我伺机夺舰，一旦得手，其他十三艘舰艇就不足为惧。"

张勋大喜，说："果然是海军将才，本督拨给您一队敢死队，请大人训练！"

铁祥拘拳一揖，说："不夺'海星'号，当以死谢罪！"

荣宝问："贤侄，夺了'海星'号的仇家是谁？"

铁祥恨得咬牙切齿，说："是我的冤家对头陈定剑。"

张勋忙问："陈定剑？就是新任海军临时总司令陈世恩的儿子？"

铁祥说："正是。莫非提督大人与他有旧？"

张勋流露出几分先见之明的得意，说："早料到要同他打交道了，看看到底鹿死谁手！"他不由得想起金屋藏娇的计谋，也许有朝一日还可以将顾玉秀派上用场，说着得意洋洋地笑起来。

142

南京秦淮河边的乌衣巷的别馆里，灯火通明，香气扑鼻，阿花燉的一只老母鸡的鸡香传遍了半条巷子。

顾玉秀亲自下厨掌勺，替刘得胜饯行。下午突然来了一纸命令，调刘得胜回营，率领敢死队参加铁祥的夺舰行动。遽别，让刘得胜猝不及防，犹恋不舍，整个人变得木讷不语，心事重重。顾玉秀当即吩咐阿花备酒备菜，准备聊表寸心。

一桌的淮扬佳肴，一瓶洋河大曲，把个刘得胜感动得泪水涟涟，喉咙壅塞。

顾玉秀举杯说道：“刘大哥，这一杯酒表示小妹的衷心厚意，先干为敬。”说着仰脖饮干杯中酒。

刘得胜心知肚明，说：“顾姑娘，此番一别，不知何日再见，我连干三杯，当谢姑娘的高情大义。”

顾玉秀诧异不已，说：“我与大哥近在咫尺，何出此言?”

刘得胜说：“张大帅猜忌心重，不容许我再回别馆，此去敢死队，九死一生，如何再见?”

顾玉秀明白张勋是个醋坛子，容不得别的男人觊觎他的禁脔，就安慰道：“你我清白，不必顾忌，当初调你去湖南平息米潮事件，回来不是擢升您为排长?”

刘得胜想起看过的一折戏《晴雯补裘》，说到贾府上下都怀疑晴雯与贾宝玉有私情，晴雯叹息，早知今天，何必当初与贾宝玉一尘不染呢？便直抒情怀道：“顾姑娘，我心中并不清白，我其实暗暗喜欢姑娘，今日若不说，岂不是白白冤枉一场?”

阿花端着一盘炒菜正要从厨房走进小厅，在门口听见了，心内如打翻了五味瓶一样，苦、辣、酸、甜、咸的滋味都涌上心头，进退不得，驻足侧听。

顾玉秀早知有这一天的到来，并不错愕。自从刘得胜到会乐里当马弁之始，她就发现有一双勇敢、多情、悯怜、满足的目光在她的背后呵护着她，让她高枕无忧，让她心安理得。当那一次刘得胜为了保护她，代她受过——遭受张勋训斥而切掉一只小拇指时——她发现这份安宁就被打破了，他随时会向她倾吐自己的爱忱，她等待着，终于等到了这一天。

于是她说："刘大哥，你喜欢我，其实我心中明白。可是我已经嫁人，而且心中另有所爱，料想到刘大哥心中也有一本账，何必要欠上这一笔孽债哩？"

刘得胜道："顾姑娘早就爱上陈定剑大人，我有自知之明，只求姑娘分一杯羹给我则可，我并不奢望全部。"说着抓住了顾玉秀的纤手，往自己壮实的胸膛上贴，让她感觉到自己非分而又理性的心跳。

顾玉秀没有狠心将手骤然抽开，而是有意贴在他的胸脯上，好比一只路过的小鸟停在危险的枝头上歇息片刻。

顾玉秀劝道："阿花跟随我多年，是个可心的丫头，她早已心仪于你，若不嫌弃，我替你俩保个红媒，岂不是皆大欢喜？"

门外的阿花听了心里怦怦跳。

岂料刘得胜婉拒了，说："阿花虽好，无法跟顾姑娘相比，我宁可替顾姑娘拎鞋子，也不愿牵阿花的手！"

阿花一听，恨泪涌了出来，扭头跑回厨房生闷气，也不上菜了。

顾玉秀抽回自己的手，打拆了他冥顽的畸恋，说："此言差矣，伤了两个人的心。一个是阿花，一个是我。伤阿花的是痴心，伤我的是苦心。"

刘得胜坚执地说："得罪顾姑娘之处，请多多海涵，可是我刘某人宁可吃不上一口鲜杏，也不可滥吃烂桃一筐！"

顾玉秀问："大哥对我如此用心？"

刘得胜说："今天若无份，我可等来世！"

顾玉秀听了很感动，说："若有来世，当会大哥！"

刘得胜大喜，道："但凭此言，缘订来世！"说着斟酒，连饮三杯。

顾玉秀也陪着痛饮三杯后，道："小妹有一事相求。"

刘得胜说："但讲无妨。"

顾玉秀问道："大哥奉命参加敢死队，奉命夺舰，可知道夺的是哪一艘舰？"

刘得胜说："不知。"

顾玉秀又问："长官是谁？"

刘得胜说："不知。"

顾玉秀叮咛道："如果碰到的是定剑，请大哥手下留情。"

刘得胜反讥道："顾姑娘不是自动放弃他了吗，何苦还惦记着他？"

顾玉秀叹息道："《红梅阁》中唱得好：可怜一场春梦断，两行清泪如涌泉。

不该湖上识一面，断桥错赞薄情男。”

刘得胜答应了：“既然如此，大哥应允就是。”

顾玉秀举杯道：“为此，小妹敬大哥一杯！”

刘得胜豪宕地仰脖喝下了杯酒，咣当一声，将杯子砸在地上，应下承诺。

而此时的阿花将自己幽闭在厨房中，用手中的火钳将灶火捣灭了，嘴中不停地骂：“不让你吃，不让你吃，不让你吃……”但又不知道自己究竟恨的人是谁。

她回想起当初自己要把身子给刘得胜，他不要，原来他心中惦记的是顾玉秀让人看了馋涎欲滴的胴体！她必须让这诱人的胴体在刘得胜的视线中消失了，才有可能将他的视线转移到她丰满的肉体上。

一气之下，阿花摘下围兜，匆匆地出了别馆，上了停在巷口的一乘小轿，吩咐直奔江南提督府，求见张勋。

张勋正同荣宝饮茶，商量如何防范第九镇新军造反的事。有消息传来，第九镇新军奉命从南京移防秣陵的途中，不少官兵啧有烦言，有人甚至公开叫嚷杀回南京。

荣宝是个粗人，一听就说：“提督大人，一不做二不休，乘第九镇脚跟未稳，干脆派兵围歼了它！”

张勋与荣宝这个旗人不同，粗中有细，遇事常常三思，说：“心急吃不了热豆腐，贸然发兵，正好给革命党有可乘之机。”

荣宝不满张勋婆婆妈妈似的谨慎，说：“依大人之见，难道就静观其变？”

“不！”张勋奸诈地说，“等虎伤人，不如逼虎伤人，到那时，再将它一鼓荡平。”

荣宝说：“请大人明示。”

张勋狠毒地说：“明天派人将徐绍桢的家人给杀了，以儆效尤！”

荣宝正中下怀，说：“卑职遵命。”

正说着，亲兵来报，阿花求见。

张勋心想这一回阿花不会又是来请他去吃“美人肝”的吧？便下令召见。

阿花走进，纳头就拜。

张勋笑问：“阿花，是不是顾姑娘又烧出什么好菜差你来请我去尝尝？”

阿花斗着胆说：“小女有事相求大帅？”

张勋问：“何事？”

阿花说：“小女恳求大帅不要差遣刘得胜去当敢死队。”

张勋勃然大怒，觉得在荣宝面前丢尽脸面，拍桌骂道：“大胆奴婢！竟敢插手军务大事！来人哪，拖出去责打三十军棍！”

早有两个亲兵闻声赶进，叉起阿花往外拖。

阿花大叫：“大帅，不差请刘得胜，小女有要事告发！”

张勋更气了，敢同他做交易，只有死路一条，喝道：“拖出去，打！”

“慢！”荣宝发现有蹊跷，出面阻止，“大人，俗话说，四两压千斤，说不定这个丫头能说出天大的秘密。”

张勋阻止道：“放开她！”

亲兵们松开阿花，阿花连忙跪下，说：“小女子是有要事告发，先请大帅恕罪。”

张勋说：“恕你无罪，讲！”

阿花说：“顾姑娘私通革命党。”

张勋一怔问：“有何铁证？”

阿花说：“她将五万元银票送给革命党陈定剑购买大炮。”

张勋又问：“有何人证？”

阿花说：“刘得胜不知情，但是为了护主向大帅承认私拿银票去赌钱，便是人证。”

张勋想起刘得胜切断小拇指的往事，便怒火中烧。照他的脾气，在往日，他一定派人立刻将顾玉秀抓来治罪；可是在顾玉秀成了他手中一粒制约陈定剑棋子的今天，他按捺下了心中的怒火，对阿花怒斥道：

“你立刻回去，不许再提此事，本督自有道理！”

阿花说：“可是大帅，你还没有答应小女留下刘得胜！”

张勋怒斥道：“住口！休提刘得胜，滚！”

阿花连哭带嚷被轰出了提督署衙。

荣宝劝张勋息怒，说：“大人，如夫人可是宝眷，切不可听信谗言，丢失大人的脸面。”

张勋说：“张某人食君禄为君忧，岂可徇私？不过，当下时局纷扰，动一发牵全身，张某人自当自省。荣宝大人，明天一早，你亲去乌衣巷，将顾玉秀抓起来！”

荣宝一愣，不知道张勋的芦葫里卖的是什么药，就应声道：“喳！”

143

刚到秣陵镇的第九镇新军终于起义了。

直接的导火索是张勋派人杀了统制徐绍桢的家人，引起官兵的愤慨，在军中同盟会会员的鼓动下，即刻子弹上膛，刺刀上枪，准备杀回南京。

徐绍桢派其参谋长沈桐午任总指挥官，率队进攻雨花台清军炮台。三十三标和三十四标的官兵冒着清军的炮火勇猛冲锋，已经打到了距炮台一公里的山坡下，由于他们枪中仅有的三发子弹打光，被清军的火力压住，不能前进。

这时候，五爷带着李沪生和一群学生敢死队冒死送来一批弹药。这些弹药，是通过五爷向乌鬼购买的，即刻分发给革命军，无奈也是僧多粥少。情急之下，参谋长沈桐午下令将子弹集中起来，供前排的士兵使用，后排的士兵端着空枪冲锋。

清军的马克沁重机枪阵地喷射出一串串火舌，吞噬了不少冲锋的第九镇新军的士兵，最后，仍有百余名新军官兵端着空枪攻上炮台，与清军展开肉搏。

不料，凶悍的清军炮兵将大炮平射，炮火跟暴风骤雨一样席卷了正在肉搏的清军和新军官兵。

起义的第九镇官兵不支，只得沿着宁镇大道撤往镇江，在他们的身后丢下数百具新军官兵的尸体。

被大炮震得昏迷的李沪生结果遭清军擒获。

李沪生被囚禁在总兵衙门的大牢里，同牢的还有顾玉秀和二百多个南京无辜的百姓。这些百姓仅仅因为绞了辫子，或者戴了起义的白袖标，就被认定为革命党，准备第二天处以极刑。

顾玉秀并不畏惧，倒觉得是自己淹蹇生活的一种解脱。

当今天早上，她送走了刘得胜之后，突然遭到衙役的拘捕，她怒目相对，斥责衙役：“大胆！奴家是提督大人的宝眷，竟敢如此无礼！”

班头吼道：“提督大人打仗去了，你叫天天也不应！带走！”

阿花吓坏了。她开头以为向张勋告发顾玉秀，张勋只不过会将顾玉秀看紧了强迫同她圆房而已，没想到将天捅破了——顾玉秀竟以私通革命党之罪遭拘捕。

阿花扑上去抱住班头的腿，不让他带走顾玉秀，不料当头挨了一棍，昏死过去，才失去了顾玉秀。

顾玉秀蜷缩在牢房旮旯里，任凭她周围的囚徒们徒劳地叫冤哭喊，她的脑海一片空白，眼前一片漆黑，做好了从容就死的准备。她想到自己这一生，跟中药铺柜台上的抹布一样，揩来揩去，都是苦的，不如就这样为了陈定剑而死去，了却短暂的一生。

李沪生发现了可怜的顾玉秀，走到她的身边，安慰道："不必害怕，早死早投胎，过二十年又是一条好汉!"

顾玉秀抬头看了他一眼，说："明天就要死了，你还说玩笑话?"

李沪生说："我恨不得眼下就死，好去那边见她，要不然她太寂寞了。"

顾玉秀见他说得很认真，就问："她是谁，值得你如此追随她?"

李沪生一往情深地说："她是我的同学，叫郑安芳，武昌起义的时候死了。"

"郑安芳?"顾玉秀吃了一惊，又问，"是不是在上海圣约翰大学念书的阔小姐?"

"正是。她不是阔小姐，她是一位真正的革命党。"李沪生怀着无限的追思说，眼眶已经潮湿了，"在我的心目中，她就是一位秋瑾式的女侠。"

"怎么，这么好的一位小姐死了？这么说，我也要到那边去才能同她拌嘴了?"顾玉秀回想起与她为了陈定剑而结下的难解的纠葛，不由得黯然神伤。

"怎么，你也认识郑安芳小姐?"李沪生遽遇一位谈友，很兴奋，忘了身处的绝境。

"不瞒您说，我和她喜欢上了同一个男人。"人之将死，其言也善，顾玉秀觉得没有必要隐瞒和郑安芳的感情藤葛，坦然地承认道，"如今想想，都是流水无痕的事。"

李沪生说："姑娘指的是陈定剑吧？他如今可是'海星'号穹甲巡洋舰的管带，革命军的海军将领，他已经来金陵了。"

"他来金陵了?"顾玉秀预感对刘得胜的叮咛是对的，有可能刘得胜将和陈定剑打上一仗，她不由得替陈定剑担心了，"总算把他给盼来了。"

李沪生对陈定剑的企盼是与顾玉秀不同的，没有了往日的嫉妒，有的只是万丈豪情，说："和陈定剑一起来的是十四艘的海军舰艇，够威风的了，撑的是革命党的腰，壮的是革命党的胆!"

顾玉秀很想探听陈定剑的现状，想想明天已是将死之人，再与红尘何干？就压下了浮上心头的绮念，说道：“可惜再也见不到他了……”

李沪生未减豪情，说：“我说过了不必灰心，丧气，有陈定剑他们替我等了结未竟事业，我已经如遂平生之志了。”

这时候，牢门打开了，门外出现一队荷枪实弹的清兵。

牢房中立刻响起一片号啕大哭声，唯有李沪生对顾玉秀抱拳一拱，豪宕地说：“顾姑娘，先行一步了！”说着分开众人，径直向牢门外走去。

清军们立刻涌进牢房，开始驱赶犯人。

屠杀是在总兵衙门的院子里开始的。

李沪生和二百多名犯人被强行押到这里，被命令跪成两排，辫子垂下来，脖子向前探。

顾玉秀跪在第二排的最后一位，她不知道魂归何处，嘴里不住地念着“南无阿弥陀佛”。

荣宝率着他的二百多名清兵列队环立，上身赤裸，手执短刀，杀气腾腾。队伍中，刘得胜带着他的一个排的敢死队在铁祥的监视下，虎视眈眈地面对犯人而立，准备行刑。但是刘得胜没有发现跪在队列后头的顾玉秀。

荣宝一挥令旗，如狼似虎的清兵一拥而上，每人瞅准一个犯人，手起刀落，人头落地，一人一刀。头颅用手拎起来，然后清兵们开始喝血。他们相信喝人血会让自己更勇敢、更凶猛。刘得胜和他的敢死队则掏出馒头，蘸上鲜血，吃了起来。

一个兵丁将一块人血馒头献给铁祥，铁祥铁青着脸，怀着对陈定剑的仇恨，啃起馒头。

一个胖大的清兵像个凶神恶煞，抓着短刀走向顾玉秀。顾玉秀吓得浑身筛糠似的发抖，仿佛置身在地狱中看见魔鬼在活生生的吃人，吓得尖吓一声，那个胖大清兵已经举起短刀——呼的一声枪声，那个胖大清兵中弹毙命，栽倒在顾玉秀的脚下。张勋气咻咻地走到顾玉秀的身边，大声吼叫：“谁敢杀本督的夫人！”说着抱起晕死过去的顾玉秀，穿过尸体遍地的院子，走出衙门。

刘得胜蓦地发现死囚的队伍中原来有顾玉秀，惊呆了，哇地一声将吃下去的人血馒头全吐了出来。

顾玉秀醒来的时候，发现自己躺在乌衣巷别馆的床铺上，阿花跪在她的床边负罪般地抽泣。

顾玉秀蠕动着嘴唇问：“阿花，我没有死吗？”

阿花惊喜地说：“顾姑娘，你可醒过来了？你没死，你没死，是大帅把你从死人堆里救回来了!”

顾玉秀问：“那你为什么还哭?”

阿花如箭穿心，说：“我有罪，我害得姑娘差一点被杀……”

顾玉秀又问：“此话怎讲?”

阿花原原本本地讲述了自己的罪过，说：“我以为让大帅吓吓姑娘，让他收了姑娘，没料到被荣宝大人听见了，他瞒着大帅抓了你，差点害死了姑娘。”

顾玉秀叹息了一声，不知是怨自己，还是怨阿花，道：“长得俊俏，不是好事……”

阿花发自衷心地哀求：“姑娘，你不要赶我走，阿花要当牛当马来赎罪。”

顾玉秀说：“你起来吧!”

“你不答应，我不起来。”阿花匍匐在地磕头，额头都磕出血来。

顾玉秀说：“我答应不撵你走，起来吧!”

阿花捧来一碗药，说：“这是养心汤，是大帅派郎中抓来的药。”

顾玉秀喝下汤药，心里流动着一股温暖，问道：“大帅，说什么了吧?”

阿花说：“大帅说，上海发生了造反，代春贝勒自杀，格格失踪，听说格格躲进了夷场。大帅请姑娘去上海走一趟，找到格格，将她接来江宁。”

仪凤那颀长的、像用纤细的笔勾勒出来的有边有棱的身影，在顾玉秀的脑海中显得清晰起来。仪凤对顾玉秀的倾心、真挚都能理解和体恤，从不嘲笑顾玉秀对陈定剑的爱，至今回忆起来，让顾玉秀的心烫贴。顾玉秀对阿花说：

“你去告诉大帅，我明天就去上海找格格。”

“明天？姑娘，你多歇两天再走吧。”阿花恳求道。

“明天，就明天，早一天去，早一天让格格脱离苦海。”顾玉秀想到这里，被磐石重压般的心头轻松起来了。

第三十六章

144

上海中部同盟会总部得悉起义军攻打南京失利，认为南京地处重要的战略地位，革命党人如果不能攻克南京，非但难以完成江苏及东南各省的革命任务，甚至也无以同武汉革命形势构成对清廷的威胁。为此，宋教仁等革命党人在上海召开紧急会议，一致决议发动江浙各军组成联军，作为进攻南京的基本力量，并通电已经光复的各省速派援军，共同对敌。会议推举徐绍桢为江浙联军总司令，统一指挥。先后到达镇江听候调遣的援军有：刘之洁率苏军三千人，朱瑞率浙军三千人，再加上林述庆领镇江军三千人，洪承点率沪军一千人，黎天才率粤军六百人和第九镇新军退到镇江所部，共计一万四千余人。

临时海军总司令陈世恩派陈定棋率一营海军陆战队赶来助战，海军用运输舰送来上海增援的充足弹药。湖南、湖北两省军政府共解饷银二百万两，一时间，众人拾柴火焰高，江浙联军兵精粮足，稳操胜券。

相比之下，清军在南京尚有兵力两万人：有铁良指挥的驻防旗兵一标，炮兵一营，张勋的步、炮四个营，还有苿宝的三千绿营兵。

在联军司令徐绍桢主持下，召开了紧急军事会议，讨论进攻南京的计划。并决议由浙江军任中坚，自麒麟门攻占紫金山。苏军攻南路，由句容进占雨花台。粤军攻北路，占领乌龙山、幕府山两炮台。镇江军攻天堡城炮台。陈定棋的海军陆战队做机动策应。海军的十四艘舰艇担任运兵掩护。

十一月二十四日，江浙联军首先在马群、孝陵卫一带展开激战。革命军在海军的掩护下，乘着舰炮炮火的凛冽攻势，在乌龙山登陆。炮台上的清军已被革命军策反，挂起白旗反正，乌龙山炮台即被联军攻占。

十一月二十五日，随着幕府山炮台、下关东西炮台的反正，革命军攻占马群、孝陵卫阵地。

第二天，张勋亲率七千辫子军反攻，想拼死夺回孝陵卫等外围阵地和炮台。

双方血战成胶着状，死伤惨重，不分胜负。

紧要关头，张勋脱光上衣，手握双枪亲自上阵。他身后的几千辫了军也脱光上衣，冒着深秋的寒气跟着他发起冲锋。

张勋一马当先冲进革命军的阵地，左右开弓，扳击双枪，将革命士兵连连倒毙。等到子弹打光了，他扔了双枪，抄出插在身后腰带上的两把短刀再松开盘辫，亮出系在辫梢上的匕首，然后三路并击：他左砍右砍，砍倒两个革命军士兵，再将长辫一甩，如伸出一只长长的援手，将系在辫梢上的沾了见血封喉毒药的匕首划过革命军士兵的脖子，革命军士兵当即死去。

辫子兵们跟张勋一样，一手拿刀砍，一手用枪击，再挥动辫子刀进击，打得革命军丢盔弃甲，死伤无数，炮台阵地眼看被张勋夺回，就在这千钧一发之际，陈定棋率着一个营的海军陆战队赶到，打得辫子军措手不及，大败而逃。来不及逃走的辫子军都被生擒了，革命军士兵气得割掉了他们的辫子。

张勋缩回南京城，负隅顽抗，凭借坚城高地，用炮火猛烈攻击攻城的革命军士兵，还时时出城反击，在南京城周数处与革命军展开拉锯战。

顾玉秀下了火车，刚出上海火车站，就被侦探福贵发觉了。

上海光复后，福贵就跟着上海道杜仲芳制造了革命党，他当初没有被乌鬼杀死，如今却成了上海知事府的高级侦探，真应了那句话“祸福难料”。他发现竟然来了张勋的小妾，简直是从天上掉下金元宝，连忙叫手下的盯住顾玉秀，自己则去向杜仲芳禀报。

顾玉秀想起仪凤在夷场有个美国朋友安娜，便直接去了教会医院。

安娜正在照料病人，她的身边有一个见习护士当她的助手。顾玉秀一看，这个助手正是她朝思暮想的仪凤，喜出望外地叫道：“格格，奴家可找到你了！”

仪凤一怔，问道：“顾姑娘？原来是你来找我，想必有什么要事吧？”

顾玉秀说：“病房不是谈话的之地，可以借一步说话吗？”

“可以。”于是仪凤向安娜告假。

安娜说：“有朋自远方来，不亦乐乎？这可是你们老祖宗孔子说的，快去吧！”

仪凤带着顾玉秀走到医院后的小花园里小憩。两人坐在石椅上促膝谈心。

顾玉秀不禁回忆起她曾经同仪凤在陈定剑的家乡——福州林则徐的祠堂里——坐在桥上聊天的往事，历历如昨，便说：“听说格格家遭变故，很是担心，特地从江宁来看看格格。”

仪凤经过这一场浩劫后，脸庞清减了许多，神色依旧憔悴，只有她穿的看护的蓝色裙子，如无涯的大海。

仪凤感激地说：“多谢顾姑娘还念着旧情，特地来看我。我有安娜和他的父亲乔治医生照顾，过得甚好。”

顾玉秀丰腴的脸蛋儿和鲜润的嘴唇与仪凤的容貌相比，简直有霄壤之别，所以顾玉秀觉得与她坐在一起，是对她的某种伤害。为此，顾玉秀很想匆匆离开她，逃离这般地狱似的煎熬，可是言犹未尽，顾玉秀又不能走开。见她也毫无撑拒的意思，顾玉秀就说：

“格格知道陈定剑的消息吗？他如今可是‘海星’号穹甲巡洋舰的管带，是革命军海军的江宁舰队的统领。”

不料仪凤说了一句让顾玉秀吃惊的话：“早知道他是革命党，当初我和阿玛何必费心屡次救他？”

顾玉秀回护地说：“当初他是革命党，可是他不能暴露真实的身份，还请格格谅解。”

仪凤恨恨地说：“那么他就可以欺骗我的真实感情吗？”

顾玉秀说："他爱你是真心的，忠诚革命也是真心的，这就是他常常矛盾与痛苦的地方，以致为了爱你而不惜蹉跎了奴家对他的一片真心。"

仪凤苦笑了一下，说："他是革命党也好，正好了了这一段孽缘。"

顾玉秀阻止地说："格格休出此言！如今郑宏芳小姐已经仙逝了，你正好可以与他成全了这一段多舛的姻缘。"

仪凤摇摇头，说："这是痴人说梦！"

顾玉秀问："为何？"

仪凤说："我跟阿玛一样活着只有一个念想，那就是建立一个大清的皇家舰队。如今这个美梦被葬送了，这个掘墓人就是陈定剑，就是陈家，就是他们身后的许许多多海军官兵！试问，一个摧毁了我的梦想的人，我还可能与他双飞双宿吗？"说完了，她起身行了个礼，径直地往花园外走去。

顾玉秀突然想起张勋的邀请，可是话到嘴边又咽了下去，她明白了，教会医院是格格的最后、最好的归宿。

顾玉秀离开了夷场进入上海老城厢，想到自己的爹娘住过的棚户区去看看，不料却被福贵带领的一群革命军逮捕了，押入大狱。

145

仪凤返回病房后，神情恍惚，安娜一看就知道她的思绪打在哪一个死结上了，问道："怎么，顾姑娘还没有将陈定剑璧还于您？"

"是我婉拒了。"仪凤帮她整理着医疗器械，准备交班。

安娜知道她的心里苦，安慰道："陈定剑是个汉人，你是旗人，汉人和旗人本是一家人，并没有水火般的矛盾。只不过汉人要推翻的是帝制，要实行的是共和，不是要消灭旗人，这不妨碍你和定剑的爱情。"

仪凤说："可是我是旗人中的皇族，定剑要推翻的正是皇族赖以生存的帝制，毁灭我的祖宗法制，叫我如何有颜面对列祖列宗？"

安娜开导地说："在我们美国曾经发生过一场废除奴隶制度的南北战争。南方的庄园主们赞成奴隶制度，而北方的革命派主张废除奴隶制度，于是诞生了一部很著名的小说《飘》，里头的女主人公南方庄园主的女儿赫思佳就爱上一个北方革命派的男主人公。爱情，可以无视一个民族内的矛盾障碍而结合，因为他们同属于一个血浓于水的民族。”

仪凤心里淤塞的河流开始慢慢地疏浚了，但是依旧心神不定地问：“安娜，我真的可以再爱杀死我阿玛的革命党吗？”

安娜说：“陈定剑并没有杀你的阿玛，他是很爱你阿玛的，只不过你阿玛是追随他幻灭了的理想而去，罪不在陈定剑。”

仪凤惶惶地说：“我担心我的额娘不允许我的选择……”

安娜说：“别忘了你的定书哥哥也是革命党，他不也是旗人吗？”

仪凤的心中豁然开朗了，如同明镜一样照亮了自己的症结，说：“真的可以接纳陈定剑？”

安娜说：“放心吧，你额娘能接纳你的定书哥哥，也一定能接纳你的陈定剑，何况朝廷不是还在吗？留得青山在，不怕没柴烧嘛！”

仪凤感慨地说：“是啊，朝廷还在，这可是不幸中之大幸。”

安娜说：“其实你心里是舍不得陈定剑的，难道你真的愿意将陈定剑拱手送给顾姑娘？”

仪凤被说中了藏在九曲回肠中的心事，承认道：“不愿意……”

正说着，水根兴冲冲地来了。光复以后，水根仍旧在海军统制部当车夫，只不过是如今的海军统制部成了革命军临时海军司令部。水根说他之所以还留在司令部是为了替仪凤留心陈定剑的消息，结果盼到陈定剑从南京前线回来催粮款，所以就匆匆地赶来向仪凤报告。

水根热心肠地说：“格格，陈管带回来了。他一办完公事，马上就来看格格，如今在花园里等你。”

“我……我不想见他。”仪凤犹豫了一下，收拾好医疗器械，就转身想走，被安娜劝住了。安娜说：

“刚才说的话都不作数了？”

“我怕见到他，就想起革命党，就想起我阿玛的死。”仪凤心海中的沉渣又泛起了。

水根说：“格格，您知道吗？陈管带一回来，就和陈司令他们为代春贝勒举行了公祭。”

仪凤吃了一惊，说：“为我阿玛举行公祭？”

水根说：“陈管带说，贝勒爷筹建海军有功，海军应当纪念他。”

安娜说："可见他是至诚君子，去见见他吧，格格。"

"好吧，我去见见他。"仪凤心存感激地走了。

安娜望着她葱俊的背影，在心中祈求上帝保佑她的幸福。

花园里，陈定剑不安地踱来踱去，焦急地等待着仪凤。他从南京前线征衣未卸地赶来办完公事，明天一早即乘着装运粮食的运输舰返回前线，很想在临走时见上仪凤一面。代春的死，在他和仪凤之间划下了一道难以逾越的鸿沟，令他忐忑不安。

仪凤走进花园，花园中犹如陡添了一株细瘦的芍药，可怜楚楚。

陈定剑连忙迎上去，问："仪凤，你清减了许多，吃了不少苦吧?"

仪凤牵起了伤心事，说："家遭变故，天意如此，我并不怨天尤人。"

陈定剑坦白地问："你也不怨我是革命党，并且向您隐瞒真相吧?"

仪凤说："现在不埋怨了。安娜劝我说，美国有一部著名的小说《飘》，写了美国的南北战争，书中的男女主人公并不因为战争分隔了他们的爱情。"

陈定剑问："你愿意做书的女主人公郝思佳吗?"

"我愿意。"仪凤觉得自己用轻轻的足音穿过心灵的走廊，与陈定剑的心相通了。她本想把她那激动的全身像海浪似的把他卷住，可是碍于憧憧的花木——仿佛花木有灵在窥视着她——她控制了自己。

不料，陈定剑一把拉过她，用穿着硝烟未散的军服的有力身躯紧紧地箍住了她，将焦灼而干裂的嘴唇压在她苍白而颤抖的双唇上，令她几乎昏眩。她仰起头，露出一种少女般的羞怯接受他的抚爱，接受他的迟到的补偿。

陈定剑用手轻抚着她消瘦的脸颊，凝视着她含情脉脉的眼，说："明天一早我就要走了，等战争结束，我陪您祭奠您的阿玛，再和您一道去看您的额娘，并向她提亲。"

仪凤感到一种从未有过的幸福，将自己的脸贴在他刚毅的脸上，汲取爱人的滋润。

正当他俩在两情缱绻的时候，安娜气咻咻地赶来，说："定剑先生，出大事啦!"

陈定剑连忙松开仪凤，问："安娜，出什么大事啦?"

安娜上气不接下气，说："水根赶来报告，说顾姑娘被革命军抓住将她游街示众!"

陈定剑听了大吃一惊，问："顾姑娘怎么到上海来了?"

仪凤说："她是专程来看我的。"

陈定剑急问："在哪里游街?"

安娜说："水根说在租界外的老城厢的城隍庙口。"

陈定剑慌忙跑去。仪凤和安娜紧紧地跟上。

146

老城厢的城隍庙紧挨着夷场的出口处，围着里三层外三层的上海市民观看张勋小妾顾玉秀的游街。

游街的队伍由上海县知事杜仲芳率领，一队革命军士兵押着顾玉秀。她的胸前吊着一块纸牌，上写"张勋小妾顾玉秀。"高级侦探福贵带着一群侦探在驱赶围观的市民，叫嚷道："让开！让开！让队伍过去!"

可是人群越围越多，水泄不通，将游街队伍团团围住。不少的市民因为仇恨张勋在南京屠杀无辜的市民，而迁怒顾玉秀，将破鞋、烂果往顾玉秀头上、脸上、身上扔。顾玉秀忍住侮辱，低下头，让凌乱的头发遮去她羞耻的脸和无助的眼睛。

鸨母阿金闻讯赶来，不断地哭求杜仲芳："老爷，她是无辜的，求你放了她吧!"

杜仲芳冷冰冰地说："滚开，老鸨婆！她是张勋的小老婆，罪有应得!"

阿金扑通一声跪了下去，捣蒜似的磕头，哀求道："大人，她捐过不少钱给革命党，求您开恩，放了她!"

"来人哪，把她轰走!"杜仲芳鄙夷不屑地大声下令。

福贵命令两个侦探架起阿金拖出人群外，阿金只能徒劳地哭喊："放了她！放了她！她是个好人哪！放了她！她是个好人哪!"

"住手!"突然一声厉喝，这是赶来的陈定剑在大声喝阻，"放开阿金姆妈!"

阿金一见来了陈定剑，抢上去抱住他的双腿，哀求道："陈大人，快救顾姑娘！快救顾姑娘哪!"

陈定剑上前，对杜仲芳一抱双拳，道："杜知事，在下是革命军海军江宁舰队统领陈定剑，请大人立即释放这位顾姑娘!"

安娜和仪凤随后赶来，见状大为吃惊，对顾玉秀的遭遇甚为同情。

顾玉秀听见陈定剑的声音，抬起头，一甩遮去半张脸的乱发，看见陈定剑眼光睿朗的脸，一股泪泉从眼中迸出。陈定剑血红的眼睛由恳求变成愤怒了，对着杜仲芳义正词严地又说："请大人立即释放顾姑娘！"

杜仲芳本是朝廷鹰犬，因为见风使舵，摇身一变成了革命党，最怕有人看不起他，斥他不革命，所以恼羞成怒，说：

"大人自称是革命党，为何同情刽子手张勋的小妾？"

陈定剑掷地铿锵地回答："张勋是刽子手不假，可是顾姑娘却暗中支持革命党，两次赠巨款资助革命，都有记录在案！"

杜仲芳驳斥道："信口雌黄！既是同情革命党，又为何当了张勋的小妾？"

陈定剑解释道："妓家女子，身不由己，情当可谅。"

杜仲芳狡诈一笑，道："分明是大人不守军规，与妓家暗通款曲，如今又刻意回护，以私殉公！大人自称是海军江宁舰队统领，为何不在前线与张勋作战，而躲在上海后方暗渡风情？"

陈定剑因为张勋固守南京，阻断了南北火车的相通，也使得南粮无法北调增援南京的江浙联军，他才赶赴上海商洽用轮船调运军粮，这其中的原委杜仲芳不知，系关军情，陈定剑也无法当众宣布，就说：

"在下因军务在身，才羁留上海。今日事关公正，事关人命，所以请大人立即放人！"

福贵大声地攻讦："大人，这个陈定剑当年因为与顾玉秀私通，绯闻传遍上海，连洋人办的《字林西报》上都有他抱着姓顾的照片！"

围观的市民一听，议论纷纷，责有詈言：

"什么海军，分明是张勋的同党！"

"张勋的同党，罪不可赦！"

"把他抓起来，一起游街！"

"……"

仪凤一听，为陈定剑担忧，说："定剑，秀才遇着兵，有理说不清，你快走，以后再来救顾姑娘！"

陈定剑理直气壮，说："顾姑娘有难，我决不离开！"

仪凤发现为了顾玉秀，陈定剑可以掬出整个心来。

杜仲芳一见市民怨言鼎沸，大声下令："来人哪，把这个假革命党，真奸细抓起来!”

几个革命军士兵一拥而上揪住了陈定剑。

“放开他!”一阵呵斥传来。

水根引着陈世恩和一队海军陆战队的士兵赶来，团团地围住了杜仲芳。

杜仲芳色厉内荏，上前一揖，道：“总司令大人，何事将您老人家惊动了?”

陈世恩言之凿凿，说：“听说知事大人有违革命军规，擅自抓人游街，可有此事?”

杜仲芳不甘示弱，说：“我奉军政府之命，将张勋小妾游街，以示严惩，扬我军威，何罪之有?”

陈世恩申斥道：“顾姑娘暗中支援革命，是革命一大功臣，请大人立即放人!”

杜仲芳狡辩道：“张勋中断铁路，使我军不能运粮，不能放人!”

陈世恩神气轩昂，说：“我已经同张勋通了电话，他答应恢复铁路通车，以交换顾姑娘!”

杜仲芳无话可说，胁肩谄笑：“总司令高明，高明!来人哪，把人放了!”说完了带着福贵等人悻悻地离去。

陈定剑立刻上前替顾玉秀摘下游街纸牌，说：“玉秀，你受委屈了!”

顾玉秀压抑下怨怼，好些问句已经挤在她喉头专等这个空隙就要出来了，一瞥见仪凤在一旁，就执拗地说了一句：“奴家已经遭受够多的委屈了，多一个又何妨?”向众人道个万福，算是致谢，在阿金的搀扶下，离去了。

陈定剑被顶个倒呛气，半天说不出话来。

仪凤忽然感觉到顾玉秀在陈定剑的心目中可以生死相托!

147

陈定剑离开上海前的当天晚上去了郑安芳的公馆。管家郑二说，郑汝才已经在袁世凯的内阁中履新上任，他留在家中替小姐守灵。

陈定剑在郑安芳的灵前上了香，拜了三拜，便开始守夜。

郑安芳牺牲的时候，他在她的身边，没有救下她，自己觉得很内疚。广州起义和长沙闹米潮，他都陪伴着郑安芳，都能化险为夷，偏偏这一次武昌起义，他与她竟然天人永隔，教他如何不负疚？

他不由得回想起与她的初次相见，那是在德国的“威廉王子”号轮船上，她乔装成卖花女，从吴淞口码头上船来卖花，与他接头。

那时他是个初出茅庐的学生兵，而她是个成熟的同盟会联络员；他满腔热情，经验不足，她一身是胆，心直口快。他遇到了她，直是秀才遇到兵，有理说不清。

她单刀直入地说：“我叫郑安芳，上海圣约翰大学的学生，也是同盟会在上海的联络员。你不必自报家门，上船前我就知道了。顺便告诉你，我还是你的同乡，我老家住在福州城内黄巷，所以他们才特地派我同你接头，希望你不要丢福州人的脸。”

他少年气盛，自有学识，自成主张，怎么容忍一个黄毛丫头的训斥，便刁难地问：“我虽然久居海外，但是深知革命与暗杀二者相辅而行的道理，为什么小姐对暗杀的拼命主义如此执迷？”

她不甘示弱，以同盟会中的“长辈”自居，对新入会的他进行宣导：“自广州起义失败以来，革命同志牺牲太多了。只有擒贼先擒王，收效才快。从史坚如、吴樾到徐锡麟都是前赴后继的。”

他渐渐地有点喜欢上她的执著，故意逗趣地问：“革命是何等事业，岂能靠刺杀一二宵小就幻想唾手而得？”

她生气了，脸颊涨得绯红，让他看了觉得动心，说：“你知道徐锡麟被捕受审的时候，狗官问他，‘恩铭是你的恩师，你为什么毫无心肝行刺他？’徐锡麟严正回答道：‘恩铭对我的确好，但那是私惠。而我杀他，是为天下的公愤’。你与徐锡麟相比，简直是霄壤之别！”

他见她动气了，觉得有失绅士风度，连忙挽留住她的情绪，说：“告诉你吧，家父选择，与我无关，我以身许国，早就视死如归，皇天后土，实所共鉴！”

她才回嗔作喜，说：“算我没有看错你。这一篮花就交给你了。”

他觉得接过来的不是一篮花，也不是藏在花篮中的行刺用的炸弹，而是她托付给他的处女之心。

他感动了，似乎掬到的是一颗沉甸甸的心，当即写了一封信郑重地交给她，说：“这是我的遗书，请替我保管。如果我到九泉之下去拜会徐锡麟，请你将它交到《上海新报》发表。我自感浅陋，无有谭嗣同的豪言，更无秋瑾的壮怀，只是在遗书中声明此举与家人无涉，唯我一意孤行而已！”

她一听，义形于色，发自少女的真心，说：“你我虽然萍水相逢，但是你的不渝忠贞，让我别具肝肠。如果你追随先烈而去，我生不能以身相许，当为你年年祭墓，终身不嫁。”

他听到的不啻是轻若微飔、绵绵如莲丝的情话，从搐搦着的嘴唇里发出低声的惊呼：“万万不可！小姐可当我的红粉知己，切不可当同命鸳鸯！”

她俨乎其然地挺起胸脯，酥软地贴在他的身上，尖起红唇，在他的嘴唇上啄了一下，犹如蜻蜓点水。

他傻了，顿时笼罩在一阵突如其来的激动中，目送着她下了舷梯，穿过码头，消失在迷茫的暮霭里。

深夜回忆，历历如昨，如今斯人远杳，夫复何在？

陈定剑不禁潸然泪下。

不知什么时候，管家郑二已经替他轻轻地搭上一件御寒的大衣，他都没有察觉。

灵堂里凝固着疑非人世的寂静，时间似乎停止了脚步。陈定剑大有“去年今日此门中，人面桃花相映红”之慨，起身推窗，天已薄亮，于是又添新香，再拜三拜，告辞了郑二，含泪而去。

“姑爷，你还会回来吗？”郑二还是唤他姑爷，以志对小姐的告慰。

“我不配当她的姑爷！”陈定剑想起在广州的春宵之夜，她委身于他，无求无告，只为惺惺相惜，而他却有负于她。

不是蓝田曾种玉，怎能巫女会襄王？

他怀着这一句古话中的意蕴，走进凌晨的轻寒中去。

第三十七章

148

十一月二十八日，江浙联军总司令徐绍桢重新进行部署，由十五艘战舰组成的革命军舰队驶入战场，支援革命军在长达十五英里战线上进行进攻。舰队的战线太长，也给铁祥的偷袭夺舰造成可乘之机。

是夜，天降大雨。寒雨如铁幕裹着江面，又冷又硬，逼得“海星”号穹甲巡洋舰上的哨兵瑟缩在雨衣里不敢自如动弹。江面上雨幕重重，视线模糊，令值星的枪炮军士长林守武很担忧，不断地呵斥提醒哨兵站岗不能打盹。可是就在林守武下班后，在右甲板上守夜的哨兵还是抱着枪打瞌睡了。

这时候，有十几个清军的敢死队员在铁祥的带领下冲破雨幕从江上潜到巡洋舰的右舷下，各自用手中的弓箭向上射出一根软绳钩。软绳钩准确地勾住了右舷的舷槛。铁祥带着十几个敢死队员顺着各自的软绳钩飞快地爬上军舰。紧接着第二批十几个敢死队员如法炮制也登上军舰。每个敢死队员人手一支枪，一把匕首，按训练的分工，迅速地奔赴各个既定的目标。

铁祥带着两个清军的敢死队员直奔管带室，目标是杀掉陈定剑。偏偏扑了空，管带室内空无一人。原来陈定剑召集军官们在指挥台开会，准备部署天亮进攻的方案。偏偏排长刘得胜带着十几个敢死队攻取指挥台，他一看到陈定剑怔住了，陈定剑猝不及防有人夺舰，一时错愕。铁祥冲进来大叫：

“刘得胜，还不动手?”

刘得胜只好硬着头皮下令：“弟兄们，把他们抓起来!”

十几个敢死队队员一拥上前抓住了陈定剑和七八个军官。

铁祥得意地用手枪顶着陈定剑的头，说：“姓陈的，你也有今天！你毁了我的皇家海军，今天我也毁了你!”

陈定剑怒斥道：“铁祥大人，朝廷末日到了，希望你和我们一道革命!”

“呸!”铁祥啐了一口，说，“我是堂堂大清皇族，鸿鹄岂能与燕雀为伍?”

这时候，一个敢死队队员赶来禀报：“大人，不费一枪一弹，全都俘虏了!”

铁祥狂妄地叫道：“好！先杀了陈定剑祭旗，然后向舰队发起攻击!”

刘得胜阻止道：“大人，不是说好不杀人的吗?”

铁祥说：“别人可以不杀，陈定剑跟我有仇，必须杀掉!”

刘得胜想起顾玉秀的叮咛：见了陈定剑放他一马。就说：

“大人，夺舰不是私事，杀人更不是私事!”

铁祥志得意满，说：“混账东西！你胆敢不听本人指挥？现在我命令你开枪，杀了陈定剑!”

刘得胜不从，辞色庄重，说：“我不开枪，也决不滥杀俘虏!”

铁祥恼羞成怒，说：“你不杀他，我先杀你!”说着将枪口转向刘得胜。

刘得胜不屈服，说：“你打死我，我也不开枪!”

铁祥斥之再三，见刘得胜不从，便朝刘得胜开了一枪。

“你!”刘得胜怒目圆睁，倒了下去。

“刘得胜——”陈定剑大声呼叫，引起了敢死队员们的义愤。

一个敢死队员骂道：“他娘的！敢杀老子的刘排长?”

“杀了这个狗官!”另一个敢死队员义愤填膺地叫道，随即朝着铁祥连开数枪，铁祥气绝身亡。

又一个敢死队员叫道：“弟兄们，反啦！反啦!”

敢死队员们连忙放了陈定剑和海军军官们。

陈定剑上前抱起奄奄一息的刘得胜问："你为什么要这么做？"

"顾姑娘……交代……"刘得胜说完，头一歪，死在陈定剑怀中。

陈定剑终于明白了顾玉秀对他的良苦用心。

第二天一早，寒雨初歇，雾霭散尽，革命军的海军舰队配合革命军开始了新一轮的进攻。张勋还控制着东北城墙外紫金山上的几个山头，南面的雨花台，以及南京城的大部分地区。在海军的炮击和革命军勇敢的冲锋之后，革命军攻克了虎山和西北方向的四个大门及堡垒。紧接着，革命军又在激烈的交锋中由海军炮轰紫金山和雨花台堡垒，张勋和铁良率领的辫子军隐藏在九十英尺高、三十英尺厚的城墙后进行了最后一搏。陈定棋采用了在美国西点军校学习过的战术——沃尔夫攻克魁北克的战术，带着海军陆战队秘密抄小路冲上了一个比清军阵地还要高的山头，狠狠炮击清军阵地。尔后在夜里，由陈定棋带着海军陆战队带着手雷和刺刀冲锋，逼迫清军撤退，先占领了南门堡垒，而后相继攻破坚固的朝阳门、虎山和狮子山堡垒。

战至此时，南京只剩下最后一个天险——天堡城。

张勋派辫子军精锐一营，又派荣宝的旗兵六百名，拥重炮十余门，马克沁机关枪数挺，负隅顽抗。

到十一月三十日，江浙联军仰攻六日，只在天堡城下留下尸山血海，寸步难行。

陈定剑指挥海军江宁舰队的所有炮火猛轰天堡城，大炮轰击的烟雾形成了蘑菇云，炮击轰炸的火光照亮了天空，陈定棋的海军陆战队和粤军革命军乘势发起最后的强攻。他们高唱着一首自由的赞美歌，歌词非常粗犷：

自由将降临这片土地，
那一刻像巨人飞入天空一样伟大，
我们正遭受黑色炼狱一般的奴役，
快来吧，自由勇士们，你们会带给我们阳光和希望。
目睹祖国的灾难，
其他人全成君王，
我们能忘掉民族的苦难吗？
伟大的中国现在就像一片无边的荒漠。
我们正为中国开创新的时代，
所有真正的中国人都在呼唤新天地的到来，

我们的民族精魂和广东最高的山峰（南岭）一样高，

自由之魂，引导、保护我们吧！

在歌声引领下，最终，十二月一日黎明，革命军攻占了天堡城，南京终于敞开了大门。

见大势已去，两江总督张人骏通过美国领事向联军乞和。由于张人骏对交出张勋的条件不置可否，革命军没有停止攻城。

十二月二日，南京终于光复。

张人骏、铁良和荣宝逃入泊在长江上的日本军舰避难。

张勋下落不明。

149

一个风平浪静、伸手不见五指的夜晚，一条亮着角灯的舢板悄悄地摇向泊在江心的“海星”号穹甲巡洋舰。

从舰上放下来一副软梯。一个着男装、戴毡帽的人爬上了“海星”号。来人正是乔装的阿花，她被引进管带室，将一封密信交给了陈定剑。

顾玉秀在信中说，她和张勋没有拜过天地，也从未圆过房。张勋说，此举的目的是素仰陈定剑和海军的威名，以期有朝一日将顾玉秀完璧归赵。今日以一纸休书，归还顾玉秀自由身。她恳求陈定剑放张勋和他的两千残军一条生路，免遭生灵涂炭，以合厚生之德。

陈定剑回想张勋固然残暴嗜杀，但是对待顾玉秀垂怜有嘉，屡救顾玉秀于险境，不失为一个人中丈夫。于是对阿花叮嘱：复命如约，厚生合德。

第二天晚上，一艘挂着德国旗、偷载着张勋和他的两千残军的轮船从“海星”号穹甲巡洋舰的大炮口前缓缓驶过。前哨的炮艇发来信号询问：“有一艘行踪可疑的轮船驶出炮火监视范围，是否开炮?”

陈定剑下令：朝天开炮。

于是在隆隆的炮声中，张勋的轮船逃得无影无踪了。

史书上却作如此记载：张勋率两千残卒出汉西门逃遁，联军一路蹑杀，追至临淮关止。张勋遂败入徐州。

150

革命军攻克南京，袁世凯又惊又喜。他在给冯国璋的电报中说："不得汉阳，不足以夺革命之气；不失南京，不足以寒清廷之胆。"可见时局如棋，皆在袁世凯的手谈之中。

十二月六日，载沣无奈，只得辞去其"摄政王"一职，"皇族内阁"彻底烟消云散，清廷完全由"孤儿寡妇"弱肩支撑，天下尽入袁世凯彀中。

到十二月底，南北和谈共举行五次正式会议。袁世凯釜底抽薪，以"君主立宪"与革命党的讨价还价，再拿革命党的"民主共和"威胁清廷。

清廷只得同意召开临时国会公议国体的要求。而南北双方已经有了草约五条，最主要内容有三：一、确立共和政体，二、优待清皇室，三、拥推促使清廷退位者为大总统。

袁世凯以为大总统宝座唾手而得，不料，孙中山的突然回国，击碎了他的美梦。

孙中山自欧美一路而来，头戴博士帽，身穿笔挺西服，毫无倦意，一下轮船，向同志们宣布：

"我身上一文不名，今所带回者，乃革命精神耳！"

顿时欢呼雷动，响遏行云。

十二月二十九日，十七省代表投票，有十六票赞成，拥举革命领袖孙中山为"临时大总统"。其中一张反对票，是湖南代表谭人凤，把票投给了黄兴。

一九一二年一月一日，南京礼炮轰鸣，孙中山正式就任中华民国临时大总统。南京为中央临时政府所在地。

一月十日，决定五色旗为国旗，十八星旗为陆军军旗，青天白日旗为海军军旗。

一月二十二日，孙中山自南京电告袁世凯保证说，只要清帝退位，他即刻辞去大总统一职，让位于袁世凯。因为孙中山、黄兴等革命党人，辛亥首义领导人，立宪派和西方列强都一致认为，在一九一二年的中国，只有袁世凯一个人，才有真正的实力与能力使"中华民国"成为现实，才能和平解决清廷退位的问题，使整个中国，避免民族内部陷于血海苦战之中。

一九一二年二月十一日，袁世凯向南京临时政府发去一份措辞恳切、情深意长的电报（即袁世凯“真电”，真是十一日的代字）：

南京孙大总统、黎副总统、各部总长、参议院同鉴：共和为最良国体，世界所公认，今由帝政一跃而跻及之，实诸公累年心血，亦民国无穷之幸福。

大清皇帝既明诏辞位，业经世凯署名，则宣布之日，为亲政之终局，即民国之始基。从此努力进行，务令达到圆满地位，永不使君主政体再行于中国。

现在统一组织，至重且繁，世凯亟愿南行，畅聆大教，共谋进行之法；只因北方秩序不易维持，军旅如林，须加部署；而东北人心，未尽一致，稍有动摇，牵涉全国，诸君皆洞鉴时局，必能谅此苦衷。

至共和建设重要问题，诸君研究有素，成竹在胸，应如何协商统一组织之法，尚希迅即见教。

袁世凯　真

第二天，即一九一二年二月十二日，隆裕太后向全国下颁以宣统语气所发的退位诏书：

联钦奉隆裕太后懿旨：前因民军起事，各省响应，九夏沸腾，生灵涂炭，特命袁世凯遣员与民军代表讨论大局，议开国会，公决政体。两月以来，尚无确当办法，南北睽隔，彼此相指，商辍于途，士露于野，徒以国体一日不决，故民生一日不安。

今全国人民心理多倾向共和，南中各省既倡议于前；北方诸将亦主张于后，人心所向，天命可知，予亦何忍因一姓之尊荣，拂兆民之好恶。用是外观大势，内审舆情，特率皇帝将统治权公之全国，定为共和立宪国体。近慰海内厌乱望治之心，远协古圣天下为公之义。

袁世凯前经资政院选举为总理大臣，当兹新旧代谢之际，宣布南北统一之方，即由袁世凯以全权组织共和政府，与民军协商统一办法。

总期人民安堵，海宇又安，仍合汉满蒙回藏五族完全领土为一大中华民国，予与皇帝得以退处宽闲，优游岁月，长受国民之优礼，亲见郅治之告成，岂不懿欤！钦此

至此，统治中国二百六十多年的清朝，连同在中国施行了两千多年的帝制，

在革命的炮声中终于完结了。

一个崭新的共和政体的国家诞生在大好春光的大地上。

二月十三日，得知清帝逊位，南京的孙中山按照先前许诺，在向南京政府临时参议院请辞的同时，送交举荐袁世凯为中华民国临时大总统的咨文。

二月十四日，参议院开会，十七省代表全票推举袁世凯为中华民国临时政府大总统。

就在陈定剑和他的海军舰队在南京拱卫共和国诞生的时候，建立皇家海军的希望彻底破灭的仪凤悄悄地离开了上海，登上德国“威廉王子”号轮船前往德国。她给水根留下一封信，请他转交陈定剑，信上只有一句话：“落花有意流水无情”。不知道这是写她对建立皇家海军幻灭的心态，还是折射她的爱情，总之，她心灰意冷地走了，去了有皇家海军存在的德国。

151

三月初的一天，正是江南莺飞草长、桃红李白的日子，陈定剑来到南京秦淮河畔乌衣巷的别馆，接顾玉秀到上海参加陈定棋和安娜、周友三和陈定琴的婚礼。他还想告诉顾玉秀，她认识的林守江的妹妹，已经与投靠了袁世凯的肖木旺解除了婚约。

柔细的柳丝，轻拂的碧水，让深藏在乌衣巷皱褶中的别馆有如珍珠般地闪亮。

他轻轻地推开虚掩的小门，就听见春燕在屋檐上的啁啾声。复道琳廊，回栏曲榭，春光未老，红雨纷飞。窗台上有一盆春花，正吐佳色，似乎在迎迓他，令他想入非非。

阿花闻声应客，一见定剑，喜出望外，说顾姑娘去江边祭奠刘得胜，片刻即回。

他枯坐无味，忐忑不安，不知顾玉秀可肯与他返回沪上。他不由得攥紧了手中的那只珐琅胭脂盒，这是爱情的信物，如今一握，如掬顾姑娘的芳心，不知可肯担托？

一瓣桃花被风从窗外吹进，飘落在方砖地上，有点寥落之感。

客厅的屋梁上有对燕子在巢中呢喃，引得陈定剑抬头细听，但见燕子交颈，耳鬓厮磨。

陈定剑抬手招燕，不想，有一只燕子竟飞下屋梁，栖落在他的手臂上。他定睛一看，燕尾上系着一张纸片，上写两句小诗：

“误到华胥国里来，玉人终日苦怜才。”

陈定剑省然记起，这是典出《六朝事迹类编》中有关乌衣巷的逸闻，颇为别致，其文如下：“王榭，金陵人，世以航海为业。一日，海中失船，泛一木舟登岸。见一翁一妪皆衣皂，引榭至所居，乃乌衣国也，以女妻之。既久，榭思归，复乘云轩泛海。至其家，有二燕栖于梁上。榭以手招之，即飞来臂上。取片纸小诗系于燕尾曰：‘误到华胥国里来，玉人终日苦怜才。云轩飘出无消息，洒泪临风几百回。’来春，燕又飞来榭身上，有诗云：‘昔日相逢冥数合，如今暌违是生离。来春纵有相思字，三月天南无雁飞。’至今岁竟不至，因此榭所居为乌衣巷。”

其实，陈定剑深知乌衣巷乃东吴时禁军驻地，由于当时禁军官兵着黑色军服，因此俗称“乌衣营”，乌衣巷之名即由此来。飞燕传书的乌衣巷之说，虽悖于史实，但是对爱情的憧憬向往则反映了古人的一种境界。

想到这里，陈定剑觉得小诗应该还有两句，于是又向梁上的另一只燕子招手，那只燕子也飞到他的手臂上，一看，果然燕尾上也系有一张纸片。上写两句诗：

“云轩飘出无消息，洒泪临风几百回。”

陈定剑忽然犹如看见了顾玉秀的心扉，上面镌刻这四句诗，抒发她的惆怅，她的期盼。

他仿佛目睹了顾玉秀在纸上片写下这四句小诗，分别系在二只喂熟的燕子的燕尾上，然后将燕子送回屋梁，等待他的到来。

这时候，他突然听见院子里的小门呀的一声开了，传来了顾玉秀欢快的声音：

“阿花，是不是家里来客人了？”

他连忙抢出门外去，只见顾玉秀正走进小门，门框刹那间将她葱俊的身姿框在门框中，定格在他的眼帘中，那么漂亮，那么迷人。

他欢叫着，向她奔去。

图书在版编目（CIP）数据

惊涛 1911 / 邓晨曦著. -- 福州：海风出版社，2011.8
ISBN 978-7-5512-0010-3

Ⅰ.①惊… Ⅱ.①邓… Ⅲ.①长篇小说－中国－当代 Ⅳ.①I247.5

中国版本图书馆 CIP 数据核字（2011）第 167094 号

惊涛 1911

邓晨曦 著
策　　划：窦胜龙
责任编辑：胡立昀
书籍设计：林巧玲
出版发行：海风出版社
（福州市鼓东路 187 号　邮编：350001）
出 版 人：焦红辉
印　　刷：福州青盟印刷有限公司
开　　本：787×1092mm　1/16
印　　张：35 印张
字　　数：580 千字
印　　数：1-2000 册
版　　次：2011 年 8 月第 1 版
印　　次：2011 年 8 月第 1 次印刷
书　　号：ISBN 978-7-5512-0010-3/I·209
定　　价：68.00 元